JN265521

ヨーロッパ中世世界の動態像

―― 史料と理論の対話 ――

森本芳樹先生古稀記念論集

九州大学出版会

序

　本論文集は，森本芳樹先生を中心に組織された「西欧中世社会経済・史料論」研究会の共同研究の一環として，2000年に上梓された田北廣道編著『中・近世西欧における社会統合の諸相』(九州大学出版会)の姉妹編の位置を占めている。当初の計画では，本書の中心課題が古文書学など専門知識の必要な「西欧中世史料論」であることを考慮して，この分野に造詣の深い名古屋大学の佐藤彰一氏と九州大学の岡崎敦氏のお2人に，編集作業をお願いする予定だった。しかし，準備を進める中で刊行予定年が，森本先生の久留米大学比較文化研究所の御退職と時期的に重なることから，この計画を森本先生の古稀記念論集の形で引き継ぎ，九州大学の田北と藤井の2人が編集作業を担当することとなった。

　ところで，これまでの本研究会の活動の足跡に関しては，森本芳樹編著『西欧中世における都市・農村関係の研究』(九州大学出版会，1988年)および上記『中・近世西欧における社会統合の諸相』(九州大学出版会，2000年)の編者序文を参照願うとして，この場では本論文集が，森本芳樹編訳『西欧中世における都市と農村』(九州大学出版会，1987年)を嚆矢とし，過去四半世紀にわたり積み重ねてきた研究会の成果の集成を示すことを確認しておきたい。なお，本記念論集の執筆者は，上記のような経緯もあって，九州大学と久留米大学の大学院において直接指導を受けた諸氏ならびに上記研究会メンバーに限っている。周知のように，森本先生は「所領明細帳研究における5人の名人の1人」と国際的にも高い評価を受けておられ，内外にわたり幅広い交友関係を築いてこられた。しかし，そうしたすべての知己の方に寄稿を頂くのは残念ながら不可能であり，古稀記念論集の体裁をとりながらも，執筆者が身近な友人たちに限定されていることをここでお断りしておかねばならない。

　さて本書は，「史料論」を手がかりとして新たな歴史像の再構築を目指すという共通の認識に立ちながらも，大きく2つの柱から成り立っている。第1は，

史料をそれが作成された同時代ないし伝来してきた過程の中におくことで，史料自身の在りようを見つめ直す，という趣旨の「史料論」であり，第2は，史料をもって同時代を語らせるという，歴史学に本来的な方法論たる史料の分析・解釈を中心とした論考である。むろんこれら2つの仕方での「史料との対話」はコインの両面をなし，切離することのできないものであるが，本書では，あえていずれかの要素がより濃く現れている論文を各々別の柱立ての中に置くことで，初期中世から後期中世までの西欧世界の動態像を描こうと試みるのである。

森本先生は，歴史研究の基本である「研究史のフォローと史料批判を踏まえた厳密な実証研究」の重要性を機会ある毎に強調されてきた。上記2分野での執筆者個々人の現在の到達点を示す各論考に対する評価については，森本先生御自身に委ねるとし，最後に，執筆者一同を代表して今後の先生のご健康といっそうのご活躍とを祈念し，序を締めくくりたい。なお，研究会の雰囲気を伝える意味もあって，この種の論文集としては異例なことだが，巻末に執筆者の森本先生に対する「思い出」を収録しているので，一読願いたい。本書成立に当たっては，九州大学出版会の藤木雅幸編集長と永山俊二さんに多大のご協力を頂いた。末筆になって恐縮であるが，深く感謝の意を表して筆を置く。

（編者記）

2004年1月

目　次

序 i

第 1 部　史料論の世界

〈初期中世〉

1. 司教グレゴリウスの沈黙 .... 佐藤彰一　3
　　──歴史叙述とその作者──

2. カロリング期の聖者伝 .... 梅津教孝　21
　　──『ボニファティウス伝』を中心に──
　　は じ め に 21
　　　I. 『ボニファティウス伝』の成立と性格 22
　　　II. 『ボニファティウス伝』と後の時代 31
　　お わ り に 35

3. confirmation と affectation の間 .... 丹下　栄　43
　　──カロリング期の財産割当文書をめぐって──

4. 8-10 世紀イタリア北部の裁判集会文書 .... 城戸照子　63
　　は じ め に 63
　　　I. 8-10 世紀イタリア北部における裁判集会の記録 65
　　　II. 農民身分をめぐる 12 通の裁判集会文書 72
　　む す び 80

5. アングロ・サクソン期文書における古英語の利用 ……… 森　貴子　87
　　　──ウスター司教座関連文書の検討から──
　　はじめに ……………………………………………………………… 87
　　　I.　中世初期イングランドにおける文書の作成 ……………… 88
　　　II.　ウスター司教座関連文書における古英語の利用 ………… 91
　　おわりに ……………………………………………………………… 101

〈盛期中世〉

6. 紀元千年頃の俗人の土地領有をめぐって ………………… 足立　孝　111
　　　──スペイン北東部リバゴルサ地方の場合──
　　　I.　問題の所在 ……………………………………………… 111
　　　II.　『ベナスケの巻物』と『バリャブリーガの巻物』………… 113
　　　III.　土地領有の社会的・経済的背景 ……………………… 118
　　　IV.　結　論 ………………………………………………… 126

7. カンタベリ大司教トマス＝ベケット関連書翰の
収集と伝来 ………………………………………… 苑田亜矢　137
　　はじめに ……………………………………………………………… 137
　　　I.　トマス関連書翰集の刊本 ……………………………… 140
　　　II.　アラン＝オヴ＝テュークスベリの集成 ………………… 142
　　　III.　ベケット＝グループの集成 …………………………… 145
　　　IV.　フォリオット＝グループの集成 ……………………… 154
　　おわりに ……………………………………………………………… 156

8. 13世紀後半イングランドの裁判実務書 ……………… 直江眞一　165
　　　──『ルフィールド本』を中心として──
　　はじめに ……………………………………………………………… 165
　　　I.　ルフィールド修道院 …………………………………… 166

	II.	『ルフィールド本』	168
	III.	『訴訟および法廷の書』	173
	おわりに		181

〈後期中世〉

9. 慣習法文書としてのモンスの特権 .... 斎藤絢子 189
    はじめに 189
    I. 1295年における都市モンスとエノー伯ジャンの協定 192
    II. 1295年の特権 197
    III. 1295年前後における伯とモンスの共同体 200
    まとめにかえて——第二期慣習法文書としてのモンスの諸特権 ... 203

10. 工業規約の史料論 .... 藤井美男 211
    ——中世都市メヘレンとアトの事例——
    はじめに 211
    I. アト工業規約の伝来状況 214
    II. メヘレン初期工業規約の諸問題——再論—— 216
    III. アト1328年規約の検討 218
    おわりに 223

11. 領邦の記憶 .... 中堀博司 235
    ——ブルゴーニュ公国南部におけるオフィシエ（1386–1435年）——
    はじめに 235
    I. 『覚書』と宣誓の記述 236
    II. オフィシエの空間的・時間的分布 241
    III. オフィシエの職務カテゴリ 248
    IV. 『覚書』からみたオフィシエの諸側面 252
    おわりに 255

第2部　史料と理論の対話

〈初期中世〉

12. 8・9世紀モンテ・アミアータ修道院の証人戦略と
    領民支配 .... 西村善矢　267
    はじめに 267
    　I.　証人選択の方法と証人副署の法的・社会的機能 268
    　II.　在地社会の文書作成慣行 271
    　III.　修道院の文書作成活動と証人戦略 277
    　結　　論 286

13. 「プラキタ」の復活とシャルル禿頭王の王権 .... 加納　修　293
    はじめに 293
    　I.　シャルル禿頭王の「プラキタ」と「パンカルタ」 295
    　II.　宮廷伯と世俗権力 301
    　III.　文書形式とシャルル禿頭王の王権 304
    　おわりに 308

14. 外来と土着 .... 市原宏一　313
    ──考古学資料を基にしたバルト南岸地域史研究の課題──
    　I.　北西スラヴ社会の交流に関する研究動向 313
    　II.　交易・輸入品と外来品 317
    　III.　他地域へもたらされた財 328
    　IV.　むすび──北西スラヴ社会の対外交流── 331

〈盛期中世〉

15. 11世紀のイングランドにおける「よき人の社会」と
  「地域」の誕生 .... 鶴島博和 347
    はじめに 347
      I. 11世紀にジェントリは誕生したか 348
      II. よき人々の登場 352
      III. 州裁判集会における問題解決のプロセスと「近隣」 359
    おわりに 364

16. 12世紀パリ司教座教会において
  「参事会員であること」....................................... 岡崎　敦 375
    はじめに 375
      I. モー司教とパリ参事会との間の紛争文書 375
      II. パリ参事会における食事の配給問題 377
      III. パリ司教座教会において「参事会員であること」............ 382
    おわりに 387

17. 12世紀修道院領の積極経営とは何か？............ 舟橋倫子 397
      ——アフリヘム修道院領をめぐって——
      I. アフリヘム修道院領研究の視点 397
      II. ブラバン公領南西部のアフリヘム領 400
        ——他修道院領との接点——
      III. 修道院所領とブラバン公 405
        ——フランシーズ文書と流通税免除特権文書の分析——
    おわりに 409

18. 11-13世紀ラ・トリニテ修道院海浜所領
  ウィストラムの展開 .... 藤本太美子 415
    はじめに 415

I　ウィストラムとその港 416
　　　II　12世紀までの所領ウィストラム 419
　　　III　13世紀のラ・トリニテ修道院によるウィストラム管理政策 424
　　おわりに 426

19. ソルボンヌ学寮草創期の後援者たち .... 大嶋　誠　435
　　はじめに 435
　　　I　ロベール・ド・ソルボンの学寮建設計画 436
　　　II　主要な支援者 440
　　　III　教会人，俗人による支援 444
　　結びにかえて 449

20. 13世紀ポワトゥーにおける伯権力と都市民 .... 大宅明美　455
　　　──ラ・ロシェルの都市内商業をめぐって──
　　はじめに 455
　　　I　ラ・ロシェルの伯取引所の建設とその廃止 456
　　　II　「なぜ商人たちは伯取引所に来ないのか」 459
　　　III　「都市民自身の商業施設」とは 462
　　　IV　ラ・ロシェルの都市内商業と伯権 467
　　むすび 471

21. 13世紀後半サン・トメールのバポーム
　　通過税免除特権をめぐる一考察 .... 山田雅彦　475
　　　──ある例外の背景とその波紋──
　　はじめに──1276年のある特権文書と問題の所在── 475
　　　I　1202年バポーム通過税規定における通関・免除の
　　　　 原則と紛争の火種 477
　　　II　バポーム通関制度におけるサン・トメールの位相 479
　　　III　1270・80年代におけるバポーム通過税の免除と非免除を
　　　　 めぐる紛争の発生──トゥールネとラーンを中心に── 485

　　　　　　　　　　　　　　目　次　　　　　　　　　　　ix

　　お わ り に 492

〈後期中世〉

22. キングストン・アポン・ハルの建設 .... 田村理恵 497
　　は じ め に 497
　　　 I. ウィック・アポン・ハル（Wyke upon Hull）の形成 499
　　　 II. バラの確立 503
　　　 III. 権原の開示と権利の明確化 508
　　お わ り に 511

23. 中世後期フランス都市財政における
　　ぶどう酒税について .... 花田洋一郎 517
　　は じ め に 517
　　　 I. 中世都市財政史研究におけるぶどう酒税 518
　　　 II. シャンパーニュ諸都市におけるぶどう酒税 525
　　お わ り に 530

24. ドイツ中世都市「最古の悪臭防止文書」............................ 田北廣道 543
　　　　──15世紀後半のケルン経済社会──
　　は じ め に 543
　　　 I. 15世紀ケルン溶鉱施設・鍛冶屋の周縁部への移動 545
　　　 II. 1490年銅溶鉱施設のための燃料確保 551
　　　　　──木炭不足のなかの経済発展支援──
　　　 III. 共同体関係の変化──屋根葺き工と運搬人の場合── 556
　　む す び 562

25. 裁判史料を通じてみたユースの利用に
　　関する一考察 .... 高　友希子 569
　　　　──Capell v. Scott（1493-4）を手がかりに──
　　は じ め に 569

I.	裁判史料	571
II.	受益権の流動化——Capell v. Scott 事件の検討を通じて——	572
III.	受益権の拡大	579
	——リチャード3世治世1年法律第1号の解釈の変容——	
	むすび	581

26. 16世紀のカナリア諸島における奴隷現象 .... 関　哲行 589
　　——「奴隷包摂社会」論，「差別論的奴隷」論を中心に——

I.	問題の所在	589
II.	スペインにおける奴隷研究と史料	591
III.	16世紀のカナリア諸島の基本構造	593
IV.	16世紀のカナリア諸島の奴隷現象	597
V.	「差別論的奴隷」論からみた奴隷名と奴隷の出生	605
VI.	むすび	608

森本研究室と研究会の思い出 613

第 1 部

史料論の世界

司教グレゴリウスの沈黙
——歴史叙述とその作者——

佐 藤 彰 一

　1994年，トゥール司教グレゴリウスの没後千四百年を記念して開催された幾つかの国際研究集会のひとつ，オクスフォード大学で行われた集会の導入役を果たしたピーター・ブラウンは，その報告を「トゥールのグレゴリウスについて，われわれが知る必要があることは総て知っていると考えた時代があった。それもそれほど昔のことではない」，という印象深い言葉で始めている[1]。古代後期 Late Antiquity という概念の歴史学界への定着にあたって，最も大きな寄与をなしたプリンストンの碩学の言葉に重ねて言うならば，歴史家は今，これまでとは異なる眼差しをグレゴリウスの著作，わけてもその主著『歴史十書』[2]に向けている。そして新しい刊本の必要が痛感され，その準備が現在進められていることも言い添えておかなければならない[3]。

　近年グレゴリウスの『歴史十書』へ研究者が向ける強い関心は，その底流にこの記録が対象にした6世紀のガリア社会と，そしてなかんずくこれまで歴史家がフランク国家に対して与えてきた評価への疑問の高まりが，その原因としてあるのは確かである。ローマ帝国の崩壊と踵を接する形でその歴史を歩み始めたゲルマン部族国家の社会は，暴力と流血が絶えない「野蛮」で，支配者としての徳目も弁えていない君主が統治する世の中であった。ゲルマン的野性漲る社会の出現は，帝国の崩壊後にふさわしい事態であり，『歴史十書』は，まさしく歴史の断絶を主張する論者の見方にかなった年代記であった。

　だが後期ローマ史の研究が進むにつれて，初期ゲルマン諸国家における末期ローマ的な社会・統治構造の継承の側面が評価され，断絶よりもむしろ連続局

面に注目しつつ再構成された歴史像が，より過去の現実を正確に映した像ではないかとする見解が，ここ数十年の間に学界で多数を占めるようになってきた。かくして，ロマニスト的な発想からするガリア社会像，フランク国家像と大きく隔たる『歴史十書』の叙述に対して，再審の目が向けられるようになってきたのである。こうした動向の中心となったのが，K. F. ヴェルナーであり，具体的にグレゴリウスの執筆意図まで踏み込んで，この史書がはらむ歴史的バイアスについて大胆な仮説を提示したのが弟子のM. ハインツェルマンである[4]。グレゴリウスは，一見するとその際立つリアリズムとは裏腹に，この叙述を通じてカトリック・キリスト教を選び取った民族が体現する一個の「神の教会」としての運命を描いたのであり，現実の社会を覆っていた時代の雰囲気の忠実な再現ではないのだ，と強く主張したのであった[5]。

　現在の後期古代・中世初期史研究の分野での英国の研究者たちの活躍は華々しいものがあるが，その多くはオクスフォードのJ. M. ウォーレス＝ヘイドリルが育てた弟子たちである。彼は1951年の論文で，グレゴリウスの様々な面でのバイアスを指摘し，故意の沈黙も少なくなく，「いずれにしても，グレゴリウスは危険な証言者である」と注意を喚起していた[6]。とくに租税をめぐる言説を，そうした例として力説しているのが本稿の主題との関連で興味深い[7]。ウォーレス＝ヘイドリルの高弟のなかで，とくにメロヴィング朝期の専門家として『歴史十書』の脱構築に力を注いでいるのがI. ウッドである。先に紹介したグレゴリウス没後千四百年記念論集に寄せた論稿や，自らが主幹を務める「ローマ帝国の変容」プロジェクト論集，第12巻に載せた研究は，逐一内容の紹介は割愛するが，師が展開した構想を個別具体的に追究した作業の成果と評価できる[8]。われわれはこのように脱構築が進むグレゴリウスの『歴史十書』を素材として，この歴史家が，われわれ自身も含め後代の者たちにそのように信じ込ませようとした事柄の背後にある「事実」を，彼が黙して語らずにすませたこと，その沈黙の意味をメロヴィング朝期におけるローマ的な租税制度の帰趨の問題との関わりで取り上げ，この歴史記述が内包する問題の一端を明らかにしようと思う。

司教グレゴリウスの沈黙 5

*
* *

　西暦589年のある日，アウストラシア分王国の王妃の宮宰フロレンティアヌスなる人物が，おなじく王妃の宮廷伯ロムルスとともに，ポワティエからトゥールに到着した[9]。彼らは一群の宮廷役人を引き連れて，キルデベルト二世の名のもとに貢租を徴収するために到来したのであった。そもそも彼らがアウストラシア宮廷の所在する北東ガリアのメッスから，長旅をおしてポワティエに赴いたのは，キルデベルトの父で575年に暗殺者の刃に斃れたシギベルト一世の時代になされたままの税額査定を更新し，この間に死亡した人々が負担していた税額が減額されないままに残り，これを寡婦や孤児，障害を抱えるものたちが担って苦しむ不正常な事態を是正するためであった[10]。だがこのアウストラシア役人の一団がトゥールにもやって来るとは，誰一人として予想していないまさに寝耳に水の突然の到来であったのである。彼らは思いがけない偶然から，ポワティエで都市トゥールの課税台帳を入手するという僥倖に恵まれ，これを根拠にトゥールの住民から国王貢租を徴収すべく，勇躍グレゴリウスが司教を務めるこの都市にやって来たのであった[11]。

　これは『歴史十書』の中でも非常によく知られた挿話である。この第9書30章は歴史家たちがメロヴィング朝期の租税「制度」研究において，頻繁に引用してきた箇所である[12]。当時トゥール司教であったグレゴリウスは晴天の霹靂のように降って湧いた難題に対して，この都市の実質的な「支配者」として，以下のような長い抗弁を開陳して課税回避のための必死の努力を行った。すこし引用が長くなるが，その部分を以下に掲げる。

　　王クロタールの御代に課税査定が実施されたのは隠れもなき事実であり，その書付けは同王の面前に提示されました。けれども王が名師聖マルティヌスへの烈しい畏怖に取りつかれたために，それは焼却されました。クロタール王が薨じられた後，ここの住民はカリベルト王に忠誠を誓いました。同王もまた新法と新たな慣習を住民に対して課すことをせず，物故された父王の統治のもとで生きていたのと同じように生活できるよう約束し

たのです。住民にとって掠奪にひとしい新しい指令を出して，害をなすことはしないと宣言されました。しかるに，この時トゥールの伯を務めていたガイゾは，すでに述べたように以前の課税査定人たちが作成させた査定簿を入手し，貢租を徴収し始めたのです。しかし司教エウフロニウスに阻止されてしまい，僅かな金額の徴収分をもって王の面前に進み，国王貢租の内容が記されている査定簿を示しました。だが王は嘆息し，聖マルティヌスの霊力を畏れ，これを火中に投ぜられたのです。王は徴収した黄金を聖マルティヌス聖堂に返却し，トゥールの住民はなんぴとたりとも，いかなる貢租も当局に納めることはないと恭しく宣せられました。同王が薨去された後，シギベルト王がこの都市を領有され，いかなる貢租の重荷を課すこともしませんでした。このようにして，今キルデベルトは父の死後14年目の統治を行っていますが，この都市に何の要求もしていませんし，またいかなる貢租負担も求めませんでした。今となって貢租を課すか否かはあなたの権限によるものです。カリベルト王の誓約に背くならば，過ちを犯すことになりはしまいか，よくよく思案してみることです。私がこのように言うと，彼らは答えて曰く，「われわれがいま手にしているこの書冊をご覧なさい。この中にここトゥールの住民が負担する貢租が記されています」。そこで私は言った。「この書冊は王の宝庫からもたらされたものではありません。ずっと長い年月にわたって使われていなかったものです。ただある市民たちの敵意のゆえに，それが誰かの家に保存されていたとしても，それは驚くには当たりません。けれども，かくも長い時間の経過の後に，われらの市民を掠奪すべくこの書冊を持ち出した者たちに，神は裁きを与えることでしょう」。こうした事態が進む間，この書冊を持ち出したアウディヌスの息子がその日のうちに発熱し，3日目に絶命した[13]。

さらに事件の説明が続く。

この事が起こった後，われわれは王のもとに使者たちを送り，この案件についての裁定を下した訓令を授けるよう求めた。すると時を措かず，聖マルティヌスへの崇敬の念ゆえにトゥールの住民は課税査定をされてはな

らないという趣旨の国王文書（epistula cum auctoritate）を使者たちが携えて帰って来た。この文書が読み上げられると，件の案件のために派遣された者たちは祖国に帰任した[14]。

　以上が589年に突然出来した都市トゥールにとっての危機的な事態顛末についてのグレゴリウス自身による説明である。ここには6世紀末葉のメロヴィング国家の構造的ベクトルの様々な力線が，あたかも断層地帯で地層の複雑な露頭が姿を表わすように見て取れる。システムの内実はシステムの軋様，破綻によって顕在化するとすれば，589年の一事件はまさしくメロヴィング王朝期の貢租システムの在り方を探るための，恰好の手掛かりを与えてくれる筈である。
　さらにこの出来事の経過の中で明らかになることは，事件の決着の仕方いかんによっては，聖マルティヌスの司教座をあずかるグレゴリウス自身にとって，国王貢租の免除という既得権益を市民のために護り通せなかった責任の問題も生じる，極めて重大な帰結をもたらしえた可能性である。それだけに事件の経過を叙述するグレゴリウスのペン捌きにしても，必ずしも事実に即して詳らかにするのが躊躇われる側面があったとしても不思議ではない。たとえばこの事件の発端となったトゥールの反古同然の古い課税査定書を持ち出し，ポワティエに滞在中の宮宰フロレンティアヌス一行にこれを渡してトゥールに来るよう仕向けた「アウディヌスの息子」とだけ呼び，その実名をグレゴリウスが明かすことをしない人物はいかなる素性の者か，また古い査定書が「市民たちの敵意のゆえに」，という謎めいた仄めかしの言葉で表現されるような理由で隠匿されていたのはなぜなのか。こうした疑問の答えを求め，縺れた糸を解きほぐして事件全体の脈絡を明らかにするためには，時間を4年ほど遡った585年のトゥールに戻る必要がある。

＊
＊　＊

　この年トゥールでは，二つの門閥間で陰惨で血腥い私闘が繰り広げられていた[15]。事件はトゥールの南30キロ程のところにあるヴィクス・モンタロマギンシム（現在地マントラン）[16]で，クリスマスの祝日に起こった。この日シカルとい

う人物が，アウストレギシルスという人物を交えて主の生誕を祝っていたが，この地の司祭が召使に伝言を託して，自分のところで開く酒席に人々を招待する旨伝えようとした。招待された中にこの二人も入っていたが，理由は説明されていないものの，アウストレギシルスがその召使を斬殺してしまった。これが復讐のロンドの発端である。司祭と昵懇の間柄であったシカルは，司祭に代わって復讐するために教会で，アウストレギシルスを待ち伏せる。このことを察知したアウストレギシルスは武装を調えて教会に向かい，かくしてシカル，アウストレギシルス双方の郎党が入り乱れての戦いになった。どうやらシカルの側が劣勢となったらしく，彼は聖職者に混じって自分のヴィラに逃走したのである。アウストレギシルスは司祭の館で遺された銀や衣類，そして4人の傷ついたシカルの家人を見つけ，これら4人を皆殺しにし，財物を奪った[17]。ここでこの凄惨な事件の第一幕が終わる。すなわちアウストレギシルスは殺人と掠奪の廉で告発され，審理がトゥールの法廷で始まった。

　事態はこうして決着するかに見えたが，シカルの予期せぬ行動でさらに紛糾する。彼はアウストレギシルスが奪った品物が，アウノとその息子およびその兄弟のエベルルフスのもとに保管されているのを知り，裁判の進行を無視して，アウディヌスとともに彼らを襲撃し，彼らと奴隷を殺し，財物を奪い去った。こうした不測の事態に遭遇したトゥールの法廷は，おそらく司教グレゴリウスの主導のもとに，アウノ一族の慰撫につとめ，あまつさえ教会の銀を差し出して復讐を思いとどまるよう説得した。だがアウノのもう一人の息子と思われるクラムネシンドゥスは正式の賠償を求め，受領を拒否した[18]。そうこうする間に，ポワティエ地方に領有するヴィラに住む妻のもとを訪れていたシカルが死んだとの噂がトゥールに広まった。クラムネシンドゥスは直ちに行動を起こし，血縁の者や友人と謀らってシカルの留守宅を襲い，殺し，火を放ち，掠奪を行った。その後事態が一応の沈静化を見て，シカルとクラムネシンドゥスが法廷に出頭した。判決はクラムネシンドゥスの側の凶行により，シカルは当初の半額の賠償金で許された。この半額の賠償金さえシカルは自分で支払うつもりはなく，結局教会が自ら拠出して代わりにこれをクラムネシンドゥスに支払って，一応の和解が成ったのであった[19]。一連の経過の中で明らかなことは，司教グレ

ゴリウスがこの紛争解決のために最も力を尽くし，それゆえ双方の党派と物的，心理的に抜き差しならない関係に陥ったと思われることである。父と兄をシカルに殺されたクラムネシンドゥスに金銭を与えて，復讐を思い止まらせようとして果たせなかったこと，彼とシカルとの和解を是が非でも達成するために，賠償金の支払を渋るシカルに代わって教会の金銭を支出して，クラムネシンドゥスを満足させたことなどを考えるならば，グレゴリウスはこの事件に，いわば首までどっぷりと浸かっていたのである。

　こうして第二幕は降ろされた。第三幕はその3年後の588年，換言するならば，宮宰フロレンティアヌス一行がポワティエ，そしてトゥールに到着する1年前に始まる。『歴史十書』第9書19章は，「先に述べたトゥールの市民の間に起こった終結済みの戦いが，再びめらめらと烈しく燃え上がった」[20]，という書き出しで始まる。奇妙なことにシカルとクラムネシンドゥスは和解後に，大いに親密になり飲食を共にするばかりか，ひとつ床に眠ることもあるほどであった。だが，シカルはある時酒の勢いで，軽率極まりない次のような暴言をクラムネシンドゥスに対して吐くのである。「おお，この上なく親しい兄弟よ。汝は私に大いなる感謝を捧げるべきだ。私が汝の親族を殺めた（あや）がゆえに，汝は賠償金を受領し，汝の家には金銀が溢れている。もしこの事件が汝を少しばかり景気づけなかったならば，汝は今ごろ裸の無一文であっただろうに」[21]。クラムネシンドゥスはこれを苦い心でうけとめ，心の中で呟いた。「もし自分が親族の非業の死に復讐しないならば，男子としての面目を失い，弱い女と呼ばれるにちがいない」[22] と。彼はすぐに明かりを吹き消すと，シカルの頭を斧で二つに断ち割った。シカルは命の最後の際に微かな声を発すると，どうと倒れ息を引き取った。クラムネシンドゥスは直ちに正当な復讐の行為であることを王キルデベルトのもとに訴え出たが，シカルが庇護者と仰いでいた王母ブルンヒルディスが怒りはじめたために身の危険を感じ，親族が住むブールジュ地方に逃げた。だが最終的にはクラムネシンドゥスの言い分が認められ，シカルに非ありとして，彼は一時没収された財産も返還され，管轄の大公から身柄保証の証書も得た[23]。この証書はメロヴィング期の諸種の文書の雛型を収録した『マルクルフ書式集』にも，その文例が遺されているが，たとえ正当な事由があったとしてもこの文書

の名義人への攻撃を一切禁ずる旨が認められている証書である[24]。これにより，シカルの党派は以後クラムネシンドゥスへの手出しが出来なくなってしまったのである。トゥール地方を断続的に震撼させた熾烈な戦いを終結に導き，平和を取り戻す責任を帯びていたのが，たびたび指摘するように司教グレゴリウスである。クラムネシンドゥスへの「身柄保証書」の付与によって復讐の連鎖を断ち切ることに最も関心を寄せていたのは，ほかならぬ司教自身であった。司教は実質的に都市の支配者として，治安の維持に責任を負っていたのである[25]。こうしたいかにも熟達した状況把握と予防措置によって手も足も出ない状態に置かれたシカルの党派が，グレゴリウスに対してもった反感と敵意は容易に想像できる。グレゴリウスはグレゴリウスで，最終的にシカルを一連の事件の元凶として葬り去るべく，「ところでシカルはおおよそ20歳で死んだ。その若さにして生前，軽はずみで酒飲みで人殺しであり，酔っ払って多くの者に害を与えた」[26]と付け加えるのを忘れていない。ところで585年から588年までの足掛け4年におよぶ流血の凄惨な争いの経過の中で，われわれが言うところの第二幕の始まりにアウノ＝クラムネシンドゥス一族を襲撃するシカルの仲間にアウディヌスという名前の人物がいたことを想起されたい。グレゴリウスの言葉をそのまま引用しよう。

> シカルは日を経ずして，アウストレギシルスが掠奪した財物がアウノとその息子および兄弟のエベルルフスのもとに保管されていると聞き，裁判集会を歯牙にもかけずに，アウディヌスと結託し，騒動を起こし，武装した者たちを引き連れて夜陰に紛れて襲撃し，彼らが眠る家に押し入り，父と兄弟と息子を殺害し，奴隷を殺して家畜と財物を持ち去った[27]。

ここにその名前が挙げられているシカルの協力者アウディヌスは，この時代におけるこの種の武力集団の在り方から推して，おそらくシカルと血縁関係にあった者と思われる。このアウディヌスが，4年後の589年にポワティエを訪れていたアウストラシアの王妃宮宰一団に，トゥールの古い課税査定書を差し出してグレゴリウスを窮地に陥れた人物の父親であったのはまず間違いないところであろう。

シカルはトゥール地方だけでなく，ヴィエンヌ川を挟んで西に隣接するポワティエ地方にも所領を有しており，彼の妻トランクィラは日頃からポワティエ地方に住んでいた[28]。彼女はシカルが殺されたことを聞くと，財産も息子たちも抛擲してパリの南南東にあるノジャン・スュル・セーヌ近くのヴィクス・マウリオペス（vicus Mauriopes）の両親のところに逃げ帰った。そしてこの地で再婚することになる[29]。母がこのような形で出奔した後に，ポワティエの所領で母親と暮らしていた幼い息子たちはどのような境遇におかれたのか，グレゴリウスは何も語らない。だが最も容易な想定として浮かんでくるのは，シカルの党派，血縁の者たちが，この遺棄に等しい仕打ちを受けた子供たちを養育したのではないか，というものである。シカルの妻が所領をそのままにして両親のもとに急ぎ去ったのであるから，息子たちの生活を支えるための物的基盤に不足はない。こうして「アウディヌスの息子」を含む，シカルの党派の者たちの一部はポワティエ地方に拠点を移していた可能性が大きい。あるいはもしかすると，シカルの妻の出奔も自ずからする自発的な行動ではなく，かつてのシカルの仲間たちとの軋轢が原因であったのかも知れない。いずれにしても589年にフロレンティアヌスたちがポワティエに到来した時期，旧シカル党派はおそらくポワティエ地方に活動の拠点を移しており，この関連でのトゥール課税査定書の提供という事態が起こったと見られるのである。

　こうして，一方においてグレゴリウスが第7書47章と第9書19章の二つの章に隔てて書き分けた軽挙暴虐な若者シカルが引き起こした前後4年におよぶ流血の私闘——グレゴリウスはこれを「内戦（bella civila）」と形容している[30]——およびそれに続いたはずの語られることがないシカルの党派の鬱勃たる怒りを伴った事態収拾の動き，そして他方におけるトゥールへの課税査定団の到来，これら二つの事態の流れがつくり出すベクトルが収斂する点こそが「アウディヌスの息子」なのである。彼の行動のうちに，われわれはこの地方における当時の「国家」的賦課の徴収体制と，政治文化の錯綜した絡みあいを見てとることができる。そこで重要なのは，繰り返しになるが，グレゴリウスが当然にその名前を知っていながら，決してそれとして挙げようとはせず，終始一貫「アウディヌスの息子」と形容するに留めるこの人物が，なぜ今は使われていない古

い租税査定書を持ち出し,フロレンティアヌスに渡したのか,その理由を明らかにすることである。

この問いかけは,それまでトゥールが享受していた国王貢租免除特権がいかなる内実のものであったかを検討しなければ十全な答えを期し難いと言わねばならない。

＊
＊　＊

594年頃にグレゴリウスが死没するが[31],それから約1世代ほど後にダゴベルト一世が,トゥールの都市(urbs)の国王貢租を免除する特権を与えた事実が『ノワイヨン司教エリギウス伝』から知られる。ちなみにこの伝記の著者はエリギウスの友人であり,若い頃ダゴベルトの宮廷で共に過ごし,長じてこれまた共にこの王の有能な官僚として活躍した仲である[32],ルアン司教アウドイヌスであった。彼は次のように述べている。

> エリギウスはその上,国王から同教会(トゥール教会)に多大な恩恵を獲得した。すなわち国王ダゴベルトは聖証人マルティヌスの栄光を讃えて,エリギウスの願い出により,王の国庫に納められるべき総てのケンススを同教会に与え,かつこの行為を文書により確認した。かくして教会は国庫のケンスス徴収の権利を悉く自らのものとし,今日にいたるまでこの都市では司教の文書によって伯が任命されるほどなのである[33]。

ここで「かつこの行為を文書により確認した」,とある「文書」と同種のものが,おそらく589年にキルデベルト二世が,司教グレゴリウスの意を託されてやって来た使者に与えた「epistula cum auctoritate」であったとすれば,アウドイヌスの記述に従うならば,「貢租免除」とは実は免除特権享受者による徴収業務の実施と,その国庫納入免除を内実とするものであり,徴税それ自体が消滅するということではないのは明らかである。この違いは重要である。本来国庫に納められるべき貢租が,この「貢租免除」により,トゥール教会の金庫に流れ込んでくるという事態が想定されるからである。

ところで589年の時点で都市トゥールが国王貢租の免除をすでに獲得し,長

期にわたって納入免除の実績をもっていた事実を，本稿の冒頭で長々と引用したグレゴリウスのフロレンティアヌスへの抗弁に照らして，疑うのは困難であるとしよう。それならば一世代後に何ゆえにあらためてダゴベルトの恩恵に縋らなければならなかったのだろうか。この疑問に端的に答えるならば，こうした免除特権は決して永続的に保証されるものではなかったということである。これは限られた紙幅で本格的に検討するには，余りに重大な問題であるので，ここでは長期の時間幅で見たとき貢租免除と新規賦課とが，状況に応じて交替するような現象として捉えておくのが適切である，とだけ述べるに留める。免除特権は当該都市，教会勢力あるいはグレゴリウスのような都市の利益を代弁するような人物と，王権やこれを支える側近集団との時々の関係によって変動しうる極めて不安定な内実のものであった。先の589年の事件がトゥールの引き続きの国王貢租免除の形での決着をみたとしても，それ以後の経過のなかで，この都市に王権が再び貢租要求をしたとしてもなんら異とするにはあたらない。殊にこの間ブルンヒルデが実質的に指導したアウストラシア勢力と，ロタール二世の率いたネウストリア分王国とが長期にわたって断続的に戦い，最終的にネウストリアが勝利するというフランク国家を二分する大乱が起こった事実を考慮するならば，尚更そうした可能性を捨て去ることはできない。グレゴリウスはアウストラシア宮廷，とくにシギベルト一世の強力な推挽によってトゥール司教に叙任された人物である[34]。トゥール司教座はアウストラシア分王国に属し，この王権に忠誠を誓っていたがゆえに，クロタール体制の確立により旧来の免除特権を剥奪された可能性を頭から否定し去ることはできないのである。614年のクロタール二世の統一政権発足の記念すべきパリ公会議に，大司教座で欠席しているのは他ならぬトゥール司教を含めてわずか3司教であり[35]，さらにあたかもこれと表裏のように，トゥール大司教管区に属するものの一貫してクロタール二世に忠実であったル・マン司教ベルトラムヌスが出席し，その伝記の伝えるところでは，この公会議を主導したのであった[36]。もしこれが事実であるとするならば，新政権とトゥール司教座との間で軋みが顕在化し，好ましからざる緊張関係が生まれていたと想定すること，その帰結として国王貢租免除特権が撤回されたとする推測は，それほど無理があるとは思えない。

＊
＊　＊

　ここで先の問題，すなわちなぜ「アウディヌスの息子」はトゥールの課税査定書をフロレンティアヌスに手渡したのか，その理由を詮索しなければならない。ひとことで言うならば，彼がこうした行動に訴えた理由はグレゴリウスその人への個人的な怨恨であったとわれわれは推測する。トゥール司教は入念に計算され，仕組まれた復讐の標的となったのである。グレゴリウスにとって，仮にトゥールの新たな課税査定が実施され，徴税が行われたならば，「国王貢租」免除によりそれまで国家にかわって教会が収取し，自らが管理していた潤沢な財源を失うという重大な事態に立ちいたる。たとえば既に見たように，こうした財源をトゥール司教座教会が自由にしていたからこそ，贖罪金の支払に応じないシカルに代わって，治安の回復への配慮を優先させつつ，グレゴリウスはそれを教会の金庫から支出し，一応事態の沈静化を実現できたのであった。地方の秩序と利害関係の調整者たる司教たちにとって，こうした社会的機能を引き受け実践するためには，この種の財源の恒常的掌握は欠くべからざる手段であったと言える。貧民の救済事業は，教会が帝国ローマに代わって担った役割であったが，これも信徒の喜捨というはなはだ不安定な要素にのみ依拠するわけにはゆかず，教会が独自の財源を有していればこそ，ひとつの社会制度として機能したのである[37]。トゥール教会を代表し，また地域統括の実質上最高責任者であったグレゴリウスにとって，都市トゥールへの新規課税による既得収入源の喪失は，自らの威信と地方「福祉」の財源をともに失うという，容易ならざる状況の出現を意味したのであった。「ある市民たちの敵意のゆえに(inimicitiis horum civium)」というグレゴリウス自身が書き記した謎めいた言葉は，先に縷々その経過を追った二つの党派の抗争に遠因する根深い問題を，あたかも「アウディヌスの息子」と，せいぜいその仲間の暴走に起因する単純な事件であるかのごとく取り繕いながら，その実その真の意図を見抜いている彼が発した暗澹たる吐露であった。

　おそらくグレゴリウスは，シカルの残党が自らに向けた憎悪の刃の兇々しさ，敵意に触れた時，心底震撼したに違いなかった。またそれだけに必死の抗弁と

抵抗を試みたのであった。その甲斐あって，キルデベルト二世の決断により，あらためて免除特権の証書を獲得し，この事件は落着した。その張本人を「アウディヌスの息子」とのみ称し，その名前を明かさないのは，この人物の自らへの恨みの深さを，名前を言挙しないことにより封じ込め，事実として認知するのを避けたいとする思惑もあったであろう。あるいは自分をかくも危機的な状況に追い込んだ者の名前を，己れのペンで記すもおぞましいとする憎しみの感情もまじっていたかも知れない。この点で，「アウディヌスの息子」が熱病に襲われ，3日後に死亡するといういかにも聖人伝的なトポスは，実は純粋のフィクションによる極めて修辞的技巧の可能性もなくはない。直接に名前を挙げない以上，その人への根拠のない誹謗中傷の類は，その法的責任が予め阻却され，しかしながらその社会的攻撃性が存分に効力をもち続けることは周知の事柄だからである。

　だがこのような説明はグレゴリウスの心情，心理からする彼の「沈黙」の説明であって，トゥールの新規課税査定問題がはらむ射程を全面的に覆い尽くす説明としては不十分である。その奥には彼があえて取り上げ，仔細に解説することを控えた「語らずにすませた」事実があった。そしてこの事実は，メロヴィング朝期フランク国家における国王貢租「免除」の実態をも浮かび上がらせずにはおかない内容であった。グレゴリウスが隠蔽しようとした，あるいはもっと穏当な表現をするならば，彼が言挙せずに済まそうとしたのは，国家的賦課である国王貢租と，教会によるその回収とが深く連関している事実である。現実には制度的に両者は密に絡まりあっているのに，彼は故意の言い落としにより，これらをあたかも二つの異なる別々の現象であるかのように装っている。王権による免除措置が，市民にとって即座に賦課からの解放に繋がらず，おそらく軽減された形でであろうが収入の一部（おそらく「十分の一」[38]）の教会への納入として相変わらず生き続けている事実，その事態連関を公式に認めることを，司教としてグレゴリウスはなんとしても避けたかった。信徒たちによる教会へのこうした物的寄与は，あくまで「喜捨」の観念で理解されるべきものであったからである。「アウディヌスの息子」はまさしく狙いすましましたように，トゥール教会が抱えていたこのジレンマを衝いたのであった。

著者グレゴリウスが後代のトゥール司教に望んだことは、自身が著述した聖人伝や詩編註解とならんでこの『歴史十書』も「破棄せしめたり、部分的に取捨選択して書き直したりせずに、われわれが遺した通りそっくりそのままに保存する」[39]ことであった。この禁を破った者への呪詛の言葉と、最後の審判の日に下されるであろう罰の威嚇を付すという彼が取った周到な措置のおかげもあって、その願いはかなえられた。ウォーレス=ヘイドリルが推測しているところによれば、『歴史十書』は何よりもまずトゥールに訪れる巡礼者たちを読者として想定していたのであり、巡礼の善男善女に対して聖ヒラリウスのポワティエや聖ディオニシウスのパリといった名だたる聖地に匹敵する都市としてトゥールを聖化することが目的であった[40]。教会が「喜捨」の名目で収取しているものの内実が、国家的賦課の系譜を引く「負担」であることを殊更に明示することを避けたいとする気持ちは、グレゴリウスがこの書物に寄せた願いに照らしてみれば、いたって自然な感情であろう。だが実際には、前に引用した『聖エリギウス伝』から明白に見てとれるように、国王貢租の免除は、実態としてその収取元が教会に変わるという変化しかもたらさなかったのである。グレゴリウスの沈黙の重さは、トゥール教会が獲得しつつある名声の重さと、免除特権がトゥール教会にもたらしている利益の重さに見合ったものだったのである。

注

1) Peter Brown, Gregory of Tours: introduction, in *The World of Gregory of Tours*, ed. by K. Mitchell / I. Wood, Brill, Leiden / Boston / Köln, 2002, p. 1.
2) 日本語訳は兼岩正夫、臺幸夫氏らの手で、『歴史十巻』(東海大学出版会)と題して1975年に刊行された。読者の便宜を考えれば、筆者もまた『歴史十巻』を標題として用いるべきなのであろうが、あえて『歴史十書』とした理由は、まずこの著作にもともと付された題は『Historiarum libri decem』であり、この中の「liber」の概念は「巻」というよりも「書」と訳すほうが適切と思えたこと、ついで西欧における書物の歴史において、4世紀から5世紀にかけて書物の物的な体裁が、大きく巻物(rotulus)から今日風の書冊形式(codex)に転換するという重要な変化が生じており、ここでは巻物を連想させる『十巻』という表現よりも『十書』というほうが、そうした文化史的背景を踏まえるならば、よりふさわしいと考えたからである。
3) Grégoire de Tours, *Histoire des Francs*, éd et trad. Robert Latouche, nouvelle édition, Les Belles-Lettres, 1999, p. 29 の avertissement を参照のこと。

4) そうした観点を鮮明にしているのが例えば K.-F. Werner, *Naissance de la noblesse. L'essor des élites politiques en Europe*, Fayard, Paris, 1998, pp. 42–66; M. Heinzelmann, *Gregor von Tours (538–594). ‹ Zehn Bücher Geschichte ›. Historiographie und Gesellschaftskonzept im 6. Jahrhundert*, Wissenschaftliche Buchgesellschaft, Darmstadt, 1994（その英訳は id. *Gregory of Tours. History and Society in the Sixth Century*, translated by C. Carnoll, Cambridge Univ. Press, Cambridge, 2001）である。
5) Heinzelmann, *Gregor von Tours, passim*.
6) J.-M. Wallace-Hadrill, The work of Gregory of Tours in the light of modern research, in id. *The Long-Haired Kings and Other Studies in Frankish History*, Methuen, London, 1962, p. 69.
7) *Ibid.* pp. 66–68 参照。
8) I. Wood, The individuality of Gregory of Tours, in *The World of Gregory of Tours, op. cit.* pp. 29–46; id. Deconstructing of communities in the family, in *The Construction of Communities in the Early Middle Age. Texts, Resources and Artefacts*, ed. by R. Corradini / M. Diesenburger / H. Reimitz, Brill, Leiden, 2003, pp. 149–171.
9) Gregorii Turonensis Historiarum libri decem,（以下 Greg. Turo. Hist. と略記）lib. IX, c. 30, *MGH. SRM*, t. 1, pars 1, fasc. II, p. 448 参照。
10) *Ibid.*
11) *Ibid.*
12) とりあえず最近の 1 例だけ挙げるとすれば，J. Durliat, *Les finances publiques de Dioclétien aux Carolingiens (284–889)*, Thorbecke, Sigmaringen, 1990, pp. 310–314 の付録として加えられた箇所の詳細な検討を参照。なお p. 312 には，これまでこの部分を租税史の角度から取りあげた主要な研究のレフェランスが掲げられている。
13) " 'Discriptam urbem Turonicam Chlotari regis tempore, manifestum esse, librique illi ad regis praesentiam abierunt; sed, conpuncto per tomorem sancti Martini antestis rege, incensi sunt. Post mortem vero Chlothari regis Charibertho rege populus hic sacramentum dedit; similiter etiam et ille cum iuramento promisit, ut leges consuetudinesque novas populo non infligeret, sed in illo, quo quondam sub patris dominationem statu vixerant, in ipso hic eos deinceps reteneret; neque ullam novam oridinationem se inflicturum super eos, quod pertinerit ad spolium, spopondit. Gaiso vero comes eiusdem temporis, accepto capitulario, quem anteriores scriptores fecisse commemoravimus, tributa coepit exegere. Sed ab Eofronio episcopo prohibitus, cum exacta parvitate ad regis direxit praesentiam, ostendens capitularium, in quo tributa continebantur. Sed rex ingemiscens ac metuens virtutem sancti Martini, ipsum incendio tradedit; aureus exactus basilicae sancti Martini remisit, obtestans, ut nullus de populo Toronico ullum tributum publico redderit. Post cuius obitum Sigyberthus rex hanc urbem tenuit nec ullius tributi pondus invexit. Sic et nunc XIIII. Anno Childeberthus post patris obitum regnans, nihil exegit, nec ullo tributi onere haec urbs adgravataconqemuit. Nunc autem potestates vestrae est, utrum cenceatis tributum, an non; sed vidite, ne aliquid noceatis, si contra eius sacramentum ambulare disponitis' Haec me dicente, responderunt: 'Ecce librum prae manibus habemus, in quo census huic populo est inflictus'. Et ego aio: 'Liber hic a regis thesauro delatus non est nec umquam per tot convaluit annus. Non est mirum, si pro inimictiis horum civium in cuiscumque domo reservatus est,

Iudicavit enim Deus super eos, qui pro spoliis civium nostrorum hunc post tanti temporis transacto spatio protulerunt. Sdum autem haec agerentuir, Audini filius, qui librum ipsum protulerat, ipsa die a febre cooreptus die terita expiravit' . . . ", Greg. Turo. Hist. lib. IX, c. 30, *op. cit. MGH. RSM*, t. 1. pars 1, pp. 448–449.

14) "Post haec nos transmisimus nuntios ad regem, ut, quid de hac causa iuberit, mandata remitterert Sed protinus epistulam cum auctoritate miserunt, ne populus Toronicus pro reverentia sancti Martini discriberetur. Quibus relictis statim viri, qui ad haec missi fuerant, ad patriam sunt regressi.", *ibid.*

15) Greg. Turo. Hist. lib. VII, c. 47, *op. cit.* pp. 366–368 参照。

16) A. Jacobs, *Géographie de Grégoire de Tours. Le pagus et l'administration en Gaule*, Furne, Paris, 1858, p. 118 参照。

17) Greg. Turo. Hist. lib. VII, c. 47, *op. cit.* p. 366 参照。

18) *Ibid.* p. 367 参照。

19) *Ibid.* pp. 367–368 参照。

20) "Bellum vero illud, quod inter cives Toronicus superius diximus terminatum, in rediviva rursum insania surgit.", Greg. Turo. Hist. lib IX, c. 19, *op. cit.* p. 432.

21) " 'Magnas mihi debes referre grates, o dulcissime frater, eo quod interfecerim parentes tuos, de quibus accepta compositione, aurum argentumque superabundat in domum tuam, et nudus nunc essis et egens, nisi haec te causa paululum roborassit' ", *ibid.* p. 433.

22) " 'Nisi ulciscar interitum parentum meorum, amittere nomen viri debeo et mulier infirma vocare'.", *ibid.*

23) " . . . Quod ita fecit. Sed quoniam, ut diximus, regina Brunechildis in verbo suo posurat Sicharium, ideoque res huius confiscari praecepit; sed in posterum a Flavino domestico redditae sunt. Sed et ad Aginum properans, episolam eius elicuit, ut a nullo contingeretur. Ipsi enim res eius a regina concessae fuerant.", *ibid.* pp. 433–434. 事態を収拾するための，正規の確立した手続は極めて興味深いものがある。クラムネシンドゥスは当初ブルンヒルデの怒りをかい，その財産が没収の憂き目にあったが，おそらくグレゴリウスの要請によりキルデベルトゥス二世が容喙した結果と思われるが，それらはクラムネシンドゥスに返還された。そして身柄保証書を取得するのであるが，この部分の解釈には曖昧な部分が残っている。すなわち Aginus について，グレゴリウスが著した『聖マルティヌス奇蹟伝』第4書41章に登場する大公アギヌスとする解釈の他に，これを地名と見て南東フランスの「アジャン」と取る論者がいるからである。さらに最後の一文「Ipsi enim res eius a regina concessae fuerant」の ipsi を Aginus とすれば——われわれの解釈はそうであるが——クラムネシンドゥスは二度没収財産の返還を受けたことになる。この点について，O. M. Dalton, *The History of the Franks by Gregory of Tours*, 2 vols Oxford, 1927, vol. 2, p. 388 は「ipsi」を domesticus Flavianus と解釈し，R. Buchner, Gregor von Tours, *Zehn Bücher Geschichte*, Wissenschaftliche Buchgesellschaft Darmstadt, 1955–56, Bd. 2, p. 259, n. 6 において，「Aginus」が地名でなければ「ipsi」はやはり domesticus Flavianus であるとしている。また Grégoire de Tours, *Histoire des Francs*, trad. par R. Latouche, *op. cit.* p. 206 は全くコメントを加えておらず，解釈によっては Flavianus, Aginus どちらとも取れる訳文である。われわれの

解釈は「ipsi」は Aginus を意味し，大公アギヌスが地方の支配官として，例えば身柄保証書の発給や，財産の没収やその返還などを職務の一環として行っていたと推測する。だがそれはあくまで中央の指示によるのであり，これを管掌したのが domesticus Flavianus であった。したがってフラヴィアヌスからの「返還」は現実のものというより，法的な認可であり，フラヴィアヌスのしかるべき指令のもとに，実際に没収財産がアギヌスから返還された。おそらく没収を実施したのもアギヌスであったと推測される。ここには往々にして軽視されがちな，メロヴィング国家における中央と地方の一定の行政司法諸業務の連繋・分掌体制が垣間見られる。メロヴィング国家の司法システムにおけるこうした側面については加納修「プラキタと 7-9 世紀フランク王国の文書制度」『史林』85-1，2002 年参照。

24) 『マルクルフ書式集』第 2 書 18 番の「Securitas pro homocidio facto, si se pacificaverint」や『トゥール地方書式集』第 38 番「Securitas de homocidio」などが実例を提供している。Marculfi Formularum Liber II, no. 18, Formulae Turonenses, no. 38, Formulae Merowingici et Karolini aevi, in *MGH LL.* Formulae, pp. 88–89, 156–157 参照。

25) S. T. Loseby, Gregorie's cities; urban functions in Six-Century Gaul, in *Franks and Alamanni in the Merovingian Period. An Ethnographic Perspective*, ed. by I. Wood, The Boydell Press, Woodbridge, 1998, pp. 239–284; L. Piétri, *La ville de Tours du IV{^{e}} au VI{^{e}} siècle. Naissance d'une cité Chrétienne*, École Française de Rome, Rome, 1983, pp. 247–334 参照。

26) "Obit autem Sicharius quasi annorum XX. Fuit autem in vita sua levis, ebriosus, homicida, qui nonnullis per ebrietatem iniuriam intulit." Greg. Turo. Hist. lib. IX, c. 19, *op. cit.* p. 433.

27) " . . . paucis infra diebus Sicharius audiens, quod res, quas Austrighyselus direpuerat, cum Aunone et filio adque eius fratre Eberulforetinerentur, postposito placito, coniunctus Audino, mota seditione, cum armatis viris inruit super eos nocte, elisumque hospicium, in quo dormiebant, patrem cum fratre et filio interemit resque eorum cum peccoribus, interfectisque servis, abduxit, . . . ", Greg. Turo. Hist. lib. VII, c. 47, *ibid.* pp. 366–367.

28) Greg, Turo. Hist. lib. VII, c. 47 および lib. IX, c. 19 を参照。

29) Greg. Turo. Hist. lib. IX, c. 19, *ibid.* p. 433 参照。

30) "Gravia tunc inter Toronicos cives bella civilia surrexerint . . . ", Greg. Turo. Hist. lib. VII, c. 47, *ibid.* p. 366.

31) Lexikon des Mittealters, H. H. Anton の執筆になる Gregor von Tours の項目参照。

32) P. Riché, *Éducation et culture dans l'Occident barbare, VI{^{e}}–VIII{^{e}} siècles*, Seuil, Paris, 1962, pp. 377–380 の古典的な叙述，修道院史の側からする F. Prinz, *Frühes Mönchtum im Frankenrech. Kultur und Gesellschaft in Gallien, der Rheinlanden und Bayern am Beispiel der monastischen Entwicklung (4.-8. Jahrhundert)*, R. Oldenburg, München / Wien, 1965, pp. 124–141, そして最近の研究として J. Heuclin, *Hommes de Dieu et fonctionnaires du roi en Gaule du Nord du IV{^{e}} au IX{^{e}} siècle (348–817)*, Presses Universitaires Septentrion, Lille, 1998, pp. 153 et sq. などを参照。

33) "Magnum insuper beneficium eidem ecclesiae apud regem obtinuit. Namque pro reverentia sancti confessoris Martini, Eligio rogante, omnem censum, quod regi publicae solvebatur, ad integrum dagobertus rex eidem ecclesiae indulsit atque per cartam confirmavit. Adeo autem

omnem sibi ius fiscalis censurae ecclesia vindicat, ut usque hodie in eadem urbe per pontifici litteras comis constituantur.", Vita Eligii episcopi Noviomagensis liber 1, c. 32, *MGH. SRM.* t. IV, p. 688.

34) Heinzelmann, *Gregory of Tours*, *op. cit.* p. 33 参照。
35) L. Duchesne, Fastes épiscopaux de l'ancienne Gaule, t. 2, Paris, 1910, p. 308. デュシェヌは614年頃にトゥール司教であったと推測される Leupacharius が死亡したか，死の床にあったのではないかと考えているが，死亡していたなら直ちに後継司教が選ばれたはずである。根拠がある想定ではない。これほど重要な公会議であってみれば，代理人の出席が当然考えられるべきである。おそらくトゥール司教座そのものがカテゴリカルに忌避された可能性がある。
36) 佐藤彰一「ル・マン司教ベルトラムヌスの遺言状(616年)—ある聖界貴族を通して見たフランク社会 (1)—」『名古屋大学文学部研究論集 CI・史学34』1983年，163頁参照。
37) 佐藤彰一「教会登録貧民考」同『ポスト・ローマ期フランク史の研究』岩波書店，2000年，53–87頁参照。
38) 今後綿密に論証しなければならないが，差し当たりの仮説として述べることが許されるならば，クロタール政権の確立はアウストラシア宮廷とのあまりに親密な関係にあったトゥール司教権力の凋落を意味し，トゥール司教座からの租税免除特権の剥奪，あるいはそれの相当部分の修道院勢力，わけてもサン・マルタン修道院への賦与という事態があったのではないかと考えられる。サン・マルタンの「会計文書」に現れる十分の一の農産物賦課「アグラリウム」は，こうした系譜をひく負担と見ることができるのではなかろうか。
39) "... ut nunquam libros hos aboleri faciatis aut rescribi; quasi quaedam eligentes et quaedam praeterrelicta sunt.", Greg. Turo. Hist. lib. X, c. 31, *op. cit.* p. 536.
40) Wallace-Hadrill, *op. cit.* pp. 69–70 参照。

カロリング期の聖者伝
――『ボニファティウス伝』を中心に――

梅 津 教 孝

はじめに

　聖者伝（Vita Sanctorum）は，聖者の現世における生活を記したもので，ハギオグラフィー（hagiography, hagiographie, Hagiographie）[1]と呼ばれる一群の史料類型の一つに属しているが，その中に含まれる奇蹟譚の存在の故に，実証主義歴史学の立場からは扱いにくい史料とされてきた。勿論，全く使われなかったわけではなく，例えば，法制史・経済史の分野では，とりわけ中世初期の研究について，聖者伝の記述が用いられてきたことは周知の通りである。しかし，その利用は聖者伝の記述のごく一部を用いるというものでしかなかったのであり，聖者伝は全体として，それが作成された時代におかれて考察されることはなく，20世紀前半までは，その史料価値を正当に評価されはしなかったのである。聖者伝史料に対するこの態度は，同時に，この種の史料に向き合う歴史学自体の基本姿勢・方法論のあり方をも映し出していると言えよう。

　現在では，*Monumenta Germaniae Historica*（以下 *MGH*.と略）においてメロヴィング期の聖者伝の編集にあたったクルーシュ KRUSCH, B. や，20世紀前半のフランス中世史学界の大立者であったロット LOT, F. らが，聖者伝史料に対して下した「教会による詐術的文学」[2]や「今日の新聞小説のような低俗な文学」[3]という評価に与する研究者はいないと思われるが，それでも，「聖者伝」あるいは「ハギオグラフィー」と聞くと，何となく身構えてしまう心性は，この種の史料が，いまだに，それが用いられる歴史研究の場が，政治史研究や経済史研究な

どとはいささか離れたところにあって，それを取り扱うための方法論に馴染みが薄いことによるところが大きいと思われる。

聖者伝を含むハギオグラフィーを用いた研究の現状については，*Hagiographica* という雑誌の1999年号が，過去30年間にわたる各国のハギオグラフィー研究を総括する特集号になっており，これによって国別の状況を把握することができる。本稿に関わりがあるのはドイツとフランスであるが，ドイツについてはプリンツ Prinz, F., そしてフランスについてはドルボー Dolbeau, F. によって，それぞれまとめられている[4]。ここでは紙幅の制約もあり，詳細には踏み込まないが，大まかに言って，両国とも，当該聖者伝が書かれた時代の心性（mentalité）や，聖性（sanctitas）の解明に，これを用いていると言うことができよう。そして年代的には，ドイツでは古代末から中世初期の，フランスでは中世盛期以降の聖者伝が主な研究対象となっている。とりわけ，本稿の対象と年代的に近いメロヴィング期の聖者伝に関しては，グラウス Graus, F. や前出のプリンツなどの画期的な研究が存在し[5]，その他にも多くの研究が行われている一方で，カロリング期のそれは，管見の限りでは必ずしも多いとは思われない[6]。また，そのうちのいくつかは，メロヴィング期に書かれた聖者伝の，カロリング期における改訂・書き直しの問題に関心が集められている[7]。このように，カロリング期に成立した聖者伝に関する個別的な研究は，いまだ十分な展開を見せているとは言えない。

本稿は，このような研究史の上に立って，8世紀後半に執筆された『ボニファティウス伝』を主な素材として，とりわけカロリング初期の聖者伝に関する史料論的なアプローチを視野に入れながら，当聖者伝の性格に関する問題と，それが同時代に占めた位置に関する考察を行うものである。

I. 『ボニファティウス伝』の成立と性格

本論に入る前に，聖ボニファティウス並びに『ボニファティウス伝』について簡単に触れておきたい。

ボニファティウスは，672年ないし675年にイングランドのウェセックス

Wessex 王国で生まれ、少年期の教育をエクセター Exeter そしてナースリング Nursling という修道院で受けた。717 年に初めてフリースラント Friesland への伝道を試みるが、失敗してナースリングへ戻る。721 年、ローマへ赴いて、教皇グレゴリウス 2 世 Gregorius II（在位 715 年–731 年）から、異教徒伝道の任務を授けられると、主にドイツのヘッセン Hessen・テューリンゲン Thüringen で伝道活動に従事し、この後再び故郷の土を踏むことはなかった。彼はローマ教皇と緊密な連絡を取りながら、これらの地域のキリスト教化に努めただけではなく、この時期のフランク王国の実質的な支配者であったカロリング家、とりわけ宮宰カールマン Karlmann の支持を得ながら、王国内の教会の改革にも取り組んだが、この改革は 747 年にカールマンが修道士となって政治の世界から身を引いてしまったために、ボニファティウスは後ろ楯を失うこととなった。ピピン 3 世 Pippin III の単独統治下のフランク王国で次第に孤立していったボニファティウスは、80 歳近くになって 3 度目のフリースラント伝道に赴き、ここで 754 年に殉教する。以上が、極めて大雑把ではあるが、ボニファティウスの生涯について、我々が先行研究によって知りえるところである[8]。

　ボニファティウスを主人公とする聖者伝で、現在まで伝えられているものは、フルダ Fulda の聖人祝日表 Martyrologium に収められているものを含めて全部で 7 種類ある[9]。本稿で中心として取り上げられるのは、注 9 で列挙されている『ボニファティウス伝』の第 1 のものである。それは後述するように、当該聖者伝の執筆に当たり、その情報が、ボニファティウスを直接に知っていた人物に由来する唯一のものであること、そして、後に作られた他の『ボニファティウス伝』は勿論のこと、ボニファティウスと何らかの関わりのあった人物の聖者伝にも影響を及ぼしている点で、最も重要であると考えられるからである。

　第 1 の『ボニファティウス伝』に関する基礎的な情報は次の通りである。

　この作品の著者はヴィリバルドゥス Willibaldus といい、マインツ Mainz にあるザンクト＝ヴィクトル Sankt Victor 教会の司祭であったと考えられている。これの作成の経緯については、ヴィリバルドゥス本人が、『ボニファティウス伝』の序文の中で述べている。それによれば、この作品は、マインツにおけるボニファティウスの後継者であったルルス Lullus と、ヴュルツブルク Würzburg

司教メギンゴズス Megingozus 両名の求めによるものであり[10]，そのための情報は，このルルスとメギンゴズス，並びにボニファティウスの弟子たちによって与えられたとある[11]。この作品は，序章とそれに続く9つの章からできており，それらの章のタイトルとその梗概は以下の通りである。そして梗概の中で述べられている出来事については，その年代を括弧の中に記しておいた。

第1章　「少年期に彼が神への奉仕を開始したこと」：4〜5歳の頃，修道生活を志したが父親の反対を受けた。しかし，年老いた父は彼の願いを受け入れ，彼はエクセター修道院へと送られた(680年頃)。

第2章　「はじめに若さのもつ誘惑を打ち破り，すべての善に打ち込んだこと」：少年期に入って，彼は一層の高みを目指すようになり，ナースリング修道院へと移った。そこで彼の名声はより高いものとなった(791年頃)。

第3章　「教えの御言葉をすべての者たちに示し，成年に達するより前に，自らの恣意によってではなく教えを理解していたこと」：聖書の教えを人々に語るにあたり，極端に走ることなく衡平を保っていた。また，聖書が述べるところに従って生活していた。

第4章　「彼がすべての長上たちによってケントへ遣わされたことについて，そして，その後にフリースラントへと赴いたことについて」：西サクソン王イネ Ine のもとで，聖職者間の問題に関する教会会議が開かれて，そこで，カンタベリー Cantorbury 大司教のもとへ派遣される使者としてボニファティウスが選ばれる。彼は任務を果たして戻り，その名声は一層高まる。暫くの後，ボニファティウスは周囲の反対を押し切って，伝道のためにフリースラントへ渡る。ここにはレドボドゥス Redbodus という王がいて，彼のもとで教会は荒らされ，聖職者は追放されていた。半年ほど滞在したが，故郷へ戻った(716年)。

第5章　「修道院長の死後，修道士たちとともに少しの間とどまり，その後に，司教の推薦状を携えてローマへと赴いたこと」：ナースリング修道院へ戻ると，修道院長がこの世を去り(717年)，ボニファティウスはその後

継者になるよう求められたが，これを断った。再び伝道の熱意が燃え上がり，司教の推薦状を携えてローマへ向かった。グレゴリウス2世に拝謁し，ゲルマニア伝道の指示を受け，ゲルマニアへ赴いて，テューリンゲンの伝道に取りかかった(719年)。その後，フリースラント王の死の報を受けて，ボニファティウスはフリースラントへ向かい，同地で伝道を行っていたヴィリブロルドゥス Willibrordus と共に3年間伝道に従事した(719年–722年)。グレゴリウス2世がボニファティウスを司教にしようとするが，彼はこれを固辞した。

第6章 「(タイトルは伝来の途中で失われた)」：ザクセン Sachsen・ヘッセン Hessen での活動を教皇に報告すると，教皇からローマを訪れるようにとの要請があった。ボニファティウスはローマでグレゴリウス2世に拝謁し，司教叙階を受けた(722年)。ヘッセンへ戻り，異教の象徴であった神木を切り倒して，多くの者たちがキリスト教に改宗した。テューリンゲンでは異端を論破し，教会組織上の整備が行われ，オールドルーフ Ohrdruf 修道院が創建された(724年頃)。ボニファティウスの名声はヨーロッパ中に広まり，ブリタンニアからも多くの者が来て，ヘッセン・テューリンゲンで伝道を行った。グレゴリウス2世がこの世を去り，グレゴリウス3世 Gregorius III (在位731年–741年)が後を襲った(731年)。フリッツラール Fritzlar (724年)とアメーネブルク Amöneburg (721年)修道院を創建した。

第7章 「異端を追放して，バイエルンを4つの司教区に区分したこと」：ヘッセン・テューリンゲンの伝道は進展していた。3度目のローマ訪問。戻るとバイエルンへ赴き，布教活動に従事し，教会の改革を行う。ここで，バイエルン公オディロ Odilo の同意を得て，4つの司教区を設置した(739年)。ザルツブルク Salzburg・フライジング Freising・レーゲンスブルク Regensburg，そしてパッサウ Passau である。カール＝マルテル Karl Martell がこの世を去り，カールマンとピピンが後を継いだ(741年)。当時のフランク王国は聖俗にわたって乱れており，彼らはボニファティウスの指導の下に，信者を悪習から解き放とうとした。

第8章 「生涯を通じて伝道の情熱をもち続け,どのような最期でこの世を去ったか」:カールマンのもとで教会会議が開催され,ボニファティウスはマインツ大司教座に着いた(748年)。教会会議は,それまでほとんど,あるいは全く開かれていなかったが,開催されるよう何度もカールマンを促した。年老いてきたので,アイヒシュテット Eichstätt にヴィリバルドゥス Willibaldus を,ヴュルツブルクにブルクハルドゥス Burchardus を置いて,フランキア東部の教会のことを委ねた(742年)。ピピンが王国の単独支配者になった(747年)後も,そして王となった(751年)後もカールマンによって始められたことは継続された。しかし,ボニファティウスは高齢になっており,すべての教会会議に列席することもかなわず,彼の弟子であったルルス Lullus を司教にして,自らの後継者とした(752年)。そして,テューリンゲンの教会を彼に委ねて,ボニファティウスはフリースラントの伝道へと旅立った。彼はフリースラントで殉教し,その遺骸はフルダへ運ばれた(754年)。

第9章 「殉教の血が流された場所で教会を建てる準備をしていた者たちに,生き生きとした泉が現れたこと」:ルルスの語るところによれば,ボニファティウスが殉教した地に教会を建てようとした。そこをある男が馬で通りかかると,馬が止まって,ひづめで土をかいた。そこから,その土地ではありえないことだが,泉が湧きだした。

各章で述べられていることが,おおよそ何年のことなのかということを見て気が付くのは,第8章での叙述がとても早足になっているということである。このことは,『ボニファティウス伝』の各章に用いられた単語数を検討すれば理解されよう。各章で用いられている単語の数は以下の通りである。序文(450語),第1章(566語),第2章(678語),第3章(404語),第4章(802語),第5章(1,403語),第6章(1,560語),第7章(558語),第8章(2,469語),第9章(331語)。このように,第8章には群を抜いて多くの語が用いられている。梗概にある通り,第8章には742年から754年までの13年にわたるボニファティウスの事蹟が記されている。ボニファティウスの殉教はここで扱われており,その意味で,

この章が『ボニファティウス伝』のクライマックスを構成することになる。従って，この章に最も力点が置かれ，その結果最も多くの語が用いられていることは容易に理解されるところである。しかしその結果，総語数 2,469 のうち，フリースラントへ出発して殉教するまでの 3 年間の記述に 1,833 語が費やされることとなり，フリースラント伝道へ赴く前の 10 年間の事蹟が僅か 636 語で片づけられるという，甚だバランスを欠く構成になってしまっている。この 10 年間が，書き記すほどの事件もなかったというのであれば，636 という語数も頷けない訳ではないが，実際にはそうであったとは思われない。そのことは，ボニファティウスの書簡を見ることで確認することができる[12]。ここで言うボニファティウスの書簡というのは，彼とローマ教皇その他の人物との間に交わされたものであり，これを編集したタングル TANGL, M. のエディションによれば 69 通存在する[13]。その内，第 8 章でわずか 636 語ですまされた期間である 742 年から 752 年までの約 10 年間に交わされた書簡の数は，31 通と半数近くに上っている[14]。試みに，10 年ごとの書簡の数の推移をみてみると，年代が完全には同定できない書簡があるために一定の留保をしたうえで，732 年から 741 年までが 14 通，722 年から 731 年までが 4 通，それ以前，即ち伝来する最古のボニファティウスの書簡の年代である 716 年から 721 年までが 6 通と，最後の約 10 年間に交わされた書簡の数が突出しているのがわかる。まさにこの時期に，カールマンとピピン 3 世の治世が始まり，ボニファティウスは，彼らの協力を得て，それまでのゲルマニアにおける伝道活動に加えて，フランク王国における教会組織の改革にも取り組んでいたのである。

　ここでは，書簡集の成立について詳細に立ち入ることはしないが，タングルやラウ RAU, R. といった研究者たちによれば，これらの書簡はボニファティウスが手許においていたものであり，彼の死後，後継者であるルルスが纏めさせたものであると考えられている[15]。そうであるならば，この『ボニファティウス伝』の著者であるヴィリバルドゥスが，ルルスとメギンゴズスの命を受けてこれを著す際に，書簡集を参照し得たことは大いにありうることである。しかしながら，ヴィリバルドゥスがこれを積極的に利用した痕跡は認められない。例えば第 8 章では，ボニファティウスがマインツ大司教になった後に，ヴィリバ

ルドゥスをアイヒシュテットの，ブルクハルドゥスをヴュルツブルクの司教にそれぞれ任命していることになっているが[16]，これは年代的には順序が逆である。2人の司教のうちブルクハルドゥスについては，これを確認する書簡を教皇ザカリアスが出しており，そこにはこの書簡の発給年月日が記されている[17]。これらの出来事は教皇からの書簡に言及されており[18]，これらの教皇書簡にはそれが出された年月日が記されているために，ヴィリバルドゥスが書簡を参照していたのなら，このようなことは起こらなかったはずである。また，書簡を参照すれば，彼はその叙述をより詳細にすることができたと考えられる。では彼は『ボニファティウス伝』の執筆に書簡を全く参照しなかったのか。しかしこれも，研究者によって否定されている。ボニファティウスはグレゴリウス3世が教皇職に就いた時，挨拶のための使者をローマに派遣したことがヴィリバルドゥスによって伝えられている[19]。その際，使者たちはボニファティウスの書簡を携えていたに違いない。この書簡は現在は伝えられてはいないが，グレゴリウス3世の後継者であるザカリアス Zacharias（在位741年–752年），その後継者ステファヌス2世 Stephanus II（在位752年–757年）が教皇職についた際に，ボニファティウスが使者を通じて送った書簡が伝えられている[20]ことから，この推定は間違っていないと思われる。ボニファティウスの書簡集を編集したタングルは，ヴィリバルドゥスは，ボニファティウスが使者に持たせた書簡の内容をパラフレーズして『ボニファティウス伝』に取り込んでいると言っている[21]。この見方が正しいとすれば，彼はボニファティウスの書簡集を利用することのできる立場にありながら，ボニファティウス最後の約10年間の記述については，あえてこれをほとんど使わなかったのだということになる。この理由について，ここでは，これを彼が『ボニファティウス伝』に全く記載しなかった事件，あるいは消極的にしか記載しなかった事件の存在に求められるように思われる。

　第1は，ボニファティウスのマインツ大司教座への着座に関する記述である。ヴィリバルドゥスはこの件について，その事実のみを伝えている[22]。そのため，この件については，何の問題もなく事が運んだかのような印象をうける。しかし，教皇ザカリアスがボニファティウスに宛てた2通の書簡によれば，事はそ

う単純ではなかったようである。ボニファティウスは，大司教として当初はケルン Köln への着座を希望していたのだが，最終的にはマインツに着座せざるをえなくなったこと，そしてその原因が，フランク人たちが約束を履行しないためであったことが書簡には述べられている[23]。

　第2は，『ボニファティウス伝』には全く触れられてはいないが，744年におこった3名の大司教任命にかかわる事件である。これは当時のフランク王国の教会組織の再編成の一齣として位置づけられているのだが，これについては，まず，ピピンの支配下のソワッソンで744年3月2日に開催された教会会議決議第3条にその言及がある。ここでは，首都大司教としてアベル Abel とハルトベルトゥス Hartbertus の名前のみがあげられている[24]。そして，744年6月22日付けの教皇ザカリアスからボニファティウスに宛てられた書簡では，先の2名にグリモ Grimo を加えた3名について，教皇は彼らを首都大司教として確認し，パリウムを送付する旨を伝えている[25]。しかしその僅か5ヵ月後の11月の教皇ザカリアスからの書簡は，3つ要請されていたパリウムを，ボニファティウスが8月の書簡で1つにしたことに対する驚きの表明と，それに関する説明を求めている[26]。そして，これら2通の書簡から7年もたった751年，ボニファティウスは教皇宛ての書簡で，この問題についても，フランク人の約束の不履行があったことを述べているのである[27]。

　ケルンとマインツの問題，3名の大司教の問題，それぞれその背景となったところを直接に伝えてくれている史料は伝来していない。しかしながら，共に，ボニファティウスがフランク人による約束の不履行を教皇に訴えているところから考えると，彼とフランク人との関係が，この時期芳しいものではなかったことがうかがえる。実際，フランク人司教のうちには教会に害を及ぼすものがいると，751年11月4日付けの教皇ザカリアス宛ての書簡でボニファティウスは述べている[28]。勿論，今問題としている年代幅の中で，書簡には記されていながらヴィリバルドゥスが『ボニファティウス伝』に書いていない事柄は他にも存在する。とりわけ目につくのは，ボニファティウスが自分の活動に対する妨害があることを訴えたり，フランクの聖職者たちの状況を嘆いたりしているというものである[29]。要するに，ボニファティウスが最後にフリースラントへ旅

立つまでの約10年間は，彼の活動に対する妨害との戦いの日々であったとの印象が強いのであるが[30]，ヴィリバルドゥスの作品においては，この辺のことがすっぽりと抜け落ちている。

　何故このようになっているのかを，我々は直接の証言によって知ることはできない。しかし，周囲の状況からある程度の類推をすることは可能であろう。この『ボニファティウス伝』が書かれてから，どこに置かれて，どのように用いられていたのかを明らかにしてくれる材料はない。伝来する最古の写本は，9世紀の初頭のフライジングの教会に由来するものであるが，これが，どこにあったものを筆写したのかについての情報はない。しかし，ヴィリバルドゥスが，前述の通り，マインツのザンクト＝ヴィクトル教会の司祭であったと考えられていること，そして，この聖者伝を作るように求めた人物のうちの1人であるルルスがマインツの司教であったことを考え合わせるならば，少なくとも最初のコピーの1つはマインツに置かれていたと考えるべきである。さらに，ボニファティウスの後継者としてマインツの司教となったルルスであるが，彼はボニファティウス同様イングランドの出身で，ボニファティウスの弟子となって，738年から彼と行動を共にしていた人物である[31]。ボニファティウスの晩年の約10年間が，フランク人による妨害との戦いの年であったとするならば，ルルスはそれをつぶさに見ていたであろうことは想像に難くない。ボニファティウスの同郷者，すなわち，フランク人から見れば異邦人であり，彼の後継者としてマインツの司教になったルルスの立場を考えると，ボニファティウスとフランク人との間にあった対立は，彼にとっては微妙な問題であったはずである。『ボニファティウス伝』を読むのはイングランド出身者のみであるはずはなく，時が経つにつれて確実にフランク人の方が多くなっていくはずであり，ここにフランク人と対立していたボニファティウスの姿を描くことは，必ずしも得策であったとは思われない。まさにここにこそ，『ボニファティウス伝』の第8章の前半部が，参照し得たであろう書簡をほとんど用いずに，ボニファティウスとフランク人との対立に関わる多くのことが省略されて描かれた理由が求められるのではないだろうか。その意味で，この作品は，ボニファティウスを称賛するための聖者伝であると同時に，ある種，政治的な文書であったとも言えよう。

II. 『ボニファティウス伝』と後の時代

ヴィリバルドゥスのこの『ボニファティウス伝』が，同時代ならびに後の時代に占めた位置はどのようなものであったのだろうか。この聖者伝の写本は，レヴィゾンによれば40近くにものぼる[32]。この数は，例えばエギンハルドゥス Eginhardus が著した，あの有名な『シャルルマーニュ伝』Vita Karoli Magni の写本数約 80 には遙かに及ばないものの，この時代の聖者伝の写本数としてはかなり多い方であろうと思われる[33]。

ヴィリバルドゥスの『ボニファティウス伝』が，ほぼ同時代のあるいは直後の時代の人たちによって知られていたことについては，夙に指摘されている。『ボニファティウス伝』の編集者であるレヴィゾンは，この作品の一節が引用されていたり，言及されているものを，聖者伝に限定しても 6 つあげている。それらは，その作成年を括弧内に入れて列挙すれば以下の通りである[34]。

1) Vita Willibaldi auctore sanctimoniali Heisenheimensi（778 年頃）
2) Vita Wynnebaldi auctore sanctimoniali Heisenheimensi（778 年頃）
3) Vita Sturmi auctore Eigil（9 世紀初頭）
4) Vita Gregorii auctore Liudgero（790 年頃）
5) Vita Leobae auctore Rudolfo（842 年より前）
6) Vita Pirminii auctore monacho Hornbacensi（9 世紀初頭）

作成年代について見るならば5番目の『レオバ伝』Vita Leobae が少しとぶが，それ以外は，『ボニファティウス伝』の作成からほぼ半世紀のうちに収まる。『ボニファティウス伝』の作成から比較的近い時期に作成されたいくつもの聖者伝に，引用・言及が行われているということは，この作品が，かなり早い時期からそれなりの影響力をもっていたことの表われであると考えてよかろう。そして 1 番から 5 番までの聖者伝の主人公はボニファティウスの弟子であるので，これらの伝記の作成に，彼らの師であるボニファティウスの伝記が参照されることは自然なことでもある。しかし，6 番目の『ピルミニウス伝』については，

いささか様子が異なる。

　ピルミニウス(生年不詳，753年没)は，アクィタニア Aquitania あるいはヒスパニア Hispania の出身で，現在のドイツ南部を中心に伝道活動を行った人物である[35]。没年から見ても，ボニファティウスの活動時期と完全に重なる。この『ピルミニウス伝』[36]の第9章と第10章に，ボニファティウスが登場する。第9章では，ボニファティウスとピルミニウスとの会見と，ボニファティウスのフリースラントへの旅立ち・殉教の様が，第10章では，ボニファティウスの遺体がマインツからフルダへと運ばれて埋葬された様が描かれているのである。『ピルミニウス伝』は10章で終わるため，ボニファティウスとピルミニウスとの関わりは，この作品のいわばクライマックスを形作ることになる。ところが興味深いことに，『ボニファティウス伝』にはピルミニウスに関する言及が一切ない。これは単にヴィリバルドゥスによる作品のみならず，前注9で紹介した，現在伝来するすべての『ボニファティウス伝』についても言えることであり，ボニファティウスの書簡集についても事態は同様である。ピルミニウスとボニファティウスとが実際に面識があったのかということについては明確なことは言えないものの[37]，以下のことは想定できるように思われる。仮に『ピルミニウス伝』に書かれているようなことが実際にあったのだとしても，当該作品の主人公ではないボニファティウスに関する記事を，ピルミニウスの伝記のクライマックスにあたる部分にもってくるというのは尋常なこととは思われず，そこには作者[38]の何らかの意図が込められているはずである。作者の意図を明示的に伝えている史料は伝来しないが，ここではそれを，『ピルミニウス伝』が作成された時期にボニファティウスがもっていた権威の高さに求めたいと思う。確かに，ボニファティウスとピルミニウスとの個人的な直接の接触についての史料は存在しないが，ピルミニウスの弟子とボニファティウス＝グループとの間に関係があったことは史料上で確認することができる[39]。このことは，先に述べたように，『ピルミニウス伝』の作者が『ボニファティウス伝』の一部を同聖者伝に引用していることと相俟って，『ピルミニウス伝』の作成にあたって，ボニファティウスの存在が一定の影響力をもっていたことの傍証となりえよう。一方，ボニファティウスとピルミニウスとは『ピルミニウス伝』にあるような形

で出会ったことはないと想定するならば、あの場面は『ピルミニウス伝』の作者が創作したということになるわけで、そのこと自体、ボニファティウスの権威の、一層明白な利用の証ということになるだろう。この作品が書かれた9世紀初頭といえば、ボニファティウスを直接に知っていた人たちもほとんどがこの世を去っていた時期である[40]。ボニファティウスに関する情報は、勿論口伝えもあったであろうが、書かれた物、具体的には『ボニファティウス伝』に、より多くを負うようになっていたと考えられる。そのような状況下で、『ボニファティウス伝』には全く言及されていないボニファティウスとピルミニウスとの会見の模様が『ピルミニウス伝』に伝えられているということは、『ボニファティウス伝』には依らないボニファティウスのイメージが、事の真偽は別として、ここに形成されていたであろうことを示しているように思われる。

　さて、今一つ注目すべきものは前掲の、『ボニファティウス伝』に言及・引用した聖者伝の4番目にある、フリースラントと西ザクセンへの伝道を行い804年にミュンスター Münster の司教となったリウドゲルス Liudgerus によって記された『ユトレヒト修道院長グレゴリウス伝』[41]（以下『グレゴリウス伝』と略記）である。この作品の主人公グレゴリウスはボニファティウスの弟子で、ボニファティウスの死後、フリースラントの伝道に従事した人物である。この作品の著者リウドゲルスはグレゴリウスの弟子、即ちボニファティウスの孫弟子にあたる。この『グレゴリウス伝』の第4章に、ボニファティウスの「殉教に関して書かれた書物」という文言が出てくる[42]。『グレゴリウス伝』の成立は790年頃と現在は考えられている[43]。そうであるならば、ここに言及されているボニファティウスの「殉教に関して書かれた書物」というのは、これまで検討してきたヴィリバルドゥスの『ボニファティウス伝』以外にはありえない。ということは、リウドゲルスは『グレゴリウス伝』執筆時には、既に、ヴィリバルドゥスの『ボニファティウス伝』の存在のみならず、内容についても知っていたと考えられる。にもかかわらず、これら2つの聖者伝の間には大きな食い違いが存在する。とりわけそれは、ボニファティウスの司教叙階に関してである。この出来事は、『ボニファティウス伝』では第6章に[44]、一方『グレゴリウス伝』では第4章と第7章に記されている[45]。各々の聖者伝の内容はおおよそ以下の

通りである。

　まず『ボニファティウス伝』から。ボニファティウスがローマを訪問する契機となったのは，彼が教皇グレゴリウス2世へ宛てたヘッセン地方の布教状況の報告書ならびに幾つかの質問であった。これを彼はビンナ Binna という人物に持たせてローマへ送った。これに対して教皇は返書を送った。そこにはボニファティウスをローマへ招待する旨が書かれていた。ローマへ赴いたボニファティウスはグレゴリウス2世に謁見し，教皇はボニファティウスが司教職にふさわしい人物であるかどうかを確かめるために試問を行った。この後，教皇はボニファティウスを聖アンドレアの祝日(11月30日)に司教に叙階し，彼に新たにボニファティウスという名，それに教会法令集を与えた。そして，ボニファティウスはカール＝マルテルへの推薦状をグレゴリウスから与えられて帰途についた。

　一方『グレゴリウス伝』ではどうか。カール＝マルテルの死後，その子カールマン・ピピンがフランク王国の支配者となった。その教会改革の姿勢を見てボニファティウスは彼らに接近し，宮廷で名声を高めていく。名声が上がるに従ってボニファティウスを司教にという声が高まるが，彼がフランク人ではないことを理由に，これに反対する勢力も存在した。ボニファティウスは反対勢力との討論の結果これを破り，司教に推され，カールマン・ピピンから司教座としてマインツを与えられた。これ以後，教会会議を開催するなど，フランクの教会のために尽力した。ボニファティウスはカールマン・ピピンによってローマに遣わされた。これは教皇グレゴリウス3世から司教叙階を受けるためである。ボニファティウスのローマ行きはこれが初めてのことであった。彼はここで司教叙階を受けると共に，本名であるヴィンフリドゥス Winfridus にかえて，ボニファティウスという名前を教皇から与えられた。

　纏めると，『ボニファティウス伝』では，司教叙階のために彼がローマへ赴いたのはカール＝マルテルがフランク王国の支配者であった時期であり，当時の教皇はグレゴリウス2世であった。一方，『グレゴリウス伝』では，ボニファティウスはピピンとカールマンによってローマへ遣わされ，グレゴリウス3世によって司教の叙階を受けたということになっている。つまり2つの聖者伝で

は、ボニファティウスのローマ行きの経緯・時代・当事者が全く異なっているのである。このことは、前述したように、リウドゲルスが『ボニファティウス伝』を知り、かつ参照することができたはずであることを考えれば奇異なことと言わざるを得ない。この問題については筆者自身、1991年に発表した論文[46]で扱い、彼が『ボニファティウス伝』の記述を無視し得たのは、ボニファティウスの司教叙階の情報が、恐らくは彼の師であるグレゴリウスに由来するものであり、それを『ボニファティウス伝』に優先させたためであろうとの考えを提示したことがある。換言すれば、『ボニファティウス伝』は、グレゴリウスがリウドゲルスに与えた情報と矛盾する場合には、無視され得る存在であると言うことになる。リウドゲルスは『グレゴリウス伝』に書ききれなかったボニファティウスに関する出来事については、『ボニファティウス伝』の参照を求めており[47]、読者が2つの聖者伝を読めば、ボニファティウスの司教叙階に関する部分における矛盾には当然気が付くはずである。恐らくリウドゲルスにとって、この矛盾は何らの意味ももっていなかったのであろう。彼にとっては、師であるグレゴリウスの言葉が絶対であり、これと矛盾しない限りにおいて、あるいはグレゴリウスが述べなかった事柄においてのみ、先行する「書かれた物」(=『ボニファティウス伝』)は参照が認められ、そうでない場合には、先行する「書かれた物」の権威は無視されたのである。この点は、この時代において「書かれた物」が占めていた位置を考える上で手がかりとなるかもしれない。

　ボニファティウスのすぐ後の世代に作られたいくつかの聖者伝において、彼がしばしば登場していることは、彼がもった影響力が一定の広がりを得ていたことを証しするものであると考えられるが、そこに描かれているボニファティウス像は、必ずしも『ボニファティウス伝』にのみ由来するものではなく、それらは、あるいは我々には伝えられていないと考えられるもの、あるいは創作、あるいは間違いに基づくものであった。

おわりに

　ヴィリバルドゥスによる『ボニファティウス伝』は、書簡集などの別系統の

史料が存在することによって，通常の聖者伝では判りにくい年代などが，比較的はっきりと特定できるという点で少し特異なものである。このことによって，我々は，ヴィリバルドゥスが，恐らくは敢えて書かなかったと考えてよいであろう事柄を特定することができ，また恐らくは，それが，「政治的」な動機に由来するものであろうということを推論した。中世におけるボニファティウスのイメージは，現在まで伝来する写本の数が示しているように，まさにこの聖者伝によって，多くの教会人に共有されてきたと考えてよいであろう。そして現在は(その始まりは，注9の7番目にあげてあるオトゥローによる『ボニファティウス伝』[48]に遡ると思われる)，書簡など別系統の史料との比較検討により，我々はヴィリバルドゥスが提示したのとは異なるボニファティウスのイメージを得ている。通時的なボニファティウス像の変化とでも言うことができよう。しかし同時に，共時的な変化とでも言うべき，『ピルミニウス伝』や『グレゴリウス伝』に見られるように，ヴィリバルドゥスの『ボニファティウス伝』に依拠しないボニファティウスのイメージがあったことも確かである。そしてそのイメージの形成に際して，ヴィリバルドゥスの『ボニファティウス伝』が果たしたと思われる役割も一様ではなかった。先にも述べたようなヴィリバルドゥスの『ボニファティウス伝』の特異性から考えて，聖者のイメージの通時性・共時性が，他の聖人伝にどの程度妥当するかについては留保が必要であろうが，ある時代の聖者のイメージは単一の，それも当該人物を主人公とした聖者伝からのみ形成されるのではなく，複数の源から形成されることがあり得るのだということは，常に意識されておく必要があるように思われる。

注

1) ハギオグラフィーという史料類型に関しては，以下の文献を参照。DELHAYE, H., *Cinq leçons sur la méthode hagiographique*, Bruxelles, 1934; AIGRAIN, R., *L'hagiographie. Ses sources — Ses méthodes — Son histoire*, Paris, 1953, réimp. avec un complément bibliographique par Robert GODDING, Bruxelles, 2000; DUBOIS, dom J., LEMAÎTRE, J.-L., *Sources et méthodes de l'hagiographie médiévale*, Paris, 1993. VON DER NAHMER, D., *Die lateinische Heiligenvita. Eine Einführung in die lateinische Hagiographie*, Darmstadt 1997. とりわけエグラン AIGRAIN, R. のそれは，内容的には古くなっている部分があるとはいえ，巻末に付されている，本書が再版された段階での約100ページにわたる文献目録の故に有用である。

2) KRUSCH, B., Zur Florians- und Lupus-Legende. Eine Entgegnung, in: *Neues Archiv der Gesellschaft für ältere deutsche Geschichtskunde*, Bd. 24 (1899), S. 559.
3) LOT, F., *La fin du monde antique et le début du moyen âge*, Paris, 1927, édition d'avril 1989, précédé d'une préface par Pierre RICHÉ, Paris, 1989, p. 173.
4) PRINZ, F., 30 Jahre Hagiographie-Forschung in Deutschland, in: *Hagiographica*, vol. 6 (1999), pp. 91–102; DOLBEAU, F., Les travaux français sur l'hagiographie médiolatine (1968–1998), in: *Hagiographica*, vol. 6 (1999), pp. 23–68.
5) GRAUS, F., Die Gewalt bei den Anfängen des Feudalismus und die "Gefangenenbefreiungen" der merowingischen Hagiographie, in: *Jahrbuch für Wirtschaftsgeschichte* (1961), Teil 1, S. 61–156; PRINZ, F., Heiligenkult und Adelsherrschaft im Spiegel merowingischer Hagiographie, in: *Historische Zeitschrift*, Bd. 204 (1967), S. 529–544. これらについては，佐藤彰一による動向紹介論文がある。佐藤，「メロヴィング朝期聖人伝研究の動向」『ポスト・ローマ期フランク史の研究』岩波書店，2000年，89–109頁。
6) カロリング期の聖者伝に関する文献については，AIGRAIN, *L'hagiographie*, p. 459 を参照。
7) この点に関しては，例えば以下の論文・文献を参照。HEENE, K., Merovingian and Carolingian Hagiography. Continuity or Change in Public and Aims?, in: *Analecta Bollandiana*, t. 107 (1989), pp. 415–428; SCHEIBELREITER, G., Die Verfälschung der Wirklichkeit. Hagiographie und Historizität, in: *Monumenta Germaniae Historica, Schriften*, Bd. 33: *Fälschungen im Mittelalter. Internationaler Kongreß der Monumenta Germaniae Historica, München, 16.–19. September 1986*, Teil V: *Fingierte Briefe, Frömmigkeit und Fälschung, Realienfälschungen*, Hannover 1988, S. 283–319; VON DER NAHMER, D., *Die lateinische Heiligenvita*, S. 106 ff.
8) ボニファティウスの活動に関する研究としては以下を参照。TANGL, M., Das Todesjahr des Bonifatius, in: *Zeitschrift des Vereins für hessische Geschichte und Landeskunde. Neue Folge*, Bd. 27 (1903), S. 223–250, jetzt in: TANGL, M., *Das Mittelalter in Quellenkunde und Diplomatik. Ausgewählte Schriften*, Bd. I, Graz 1966, S. 25–46; TANGL, M., Das Bistum Erfurt, in: *Geschichtliche Studien, Albert Hauck zum 70. Geburtstage*, Leipzig 1916, S. 108–120, jetzt in: TANGL, M., *Das Mittelalter in Quellenkunde und Diplomatik. Ausgewählte Schriften*, Bd. I, Graz 1966, S. 47–59; SCHIEFFER, Th., Angelsachsen und Franken. Zwei Studien zur Kirchengeschichte des 8. Jahrhunderts (*Akademie der Wissenschaft und der Litteratur Mainzer Abhandlung der Geistes- und Sozialwissenschaftlichen Klasse*, Jahrgang 1950, Nr. 20); SCHIEFFER, Th., *Winfrid-Bonifatius und die christliche Grundlegung Europas*, Freiburg im Breisgau 1954, Neudruck, Darmstadt 1980; LÖWE, H., Bonifatius und die bayerisch-fränkische Spannung, in: *Jahrbuch für fränkische Landesforschung*, Bd. 15 (1955), S. 85–127; LÖWE, H., Pirmin, Willibrord und Bonifatius. Ihre Bedeutung für die Missionsgeschichte ihrer Zeit, in: SCHÄFERDIEK, K. (hrsg.), *Kirchengeschichte als Missionsgeschichte*, Bd. II: *Die Kirche des früheren Mittelalters*, 1. Halbband, München 1978, S. 192–226; JÄSCHKE, K.-U., Die Gründungszeit der mitteldeutschen Bistümer und das Jahr des Concilium Germanicum, in: *Festschrift für Walter SCHLESINGER*, Bd. II, Köln / Wien 1974, S. 71–136; ANGENENDT, A., Pirmin und Bonifatius. Ihr Verhältnis zu Mönchtum, Bischofsamt und Adel, in: BORST, A. (hrsg.), *Mönchtum, Episkopat und Adel zur Gründungszeit des Klosters Reichenau* (*Vorträge und Forschungen*, Bd. 20), Sigmaringen 1974, S. 251–304;

PADBERG, L. E. v., *Wynfreth-Bonifatius*, Wuppertal / Zürich 1989.

9) これら7種類の聖者伝は以下に収められている。LEVISON, W.（hrsg.）, *MGH. Scriptores rerum Germanicarum in usum scholarum*, t. 57: *Vitae sancti Bonifatii archiepiscopi Moguntini*, Hannover / Leipzig 1905, unveränderter Nachdruck, 1977. 以下に，各々のボニファティウス伝について，そのタイトル・所収ページ・編者レヴィゾン LEWISON, W. の推定による成立年代を記しておく。Vita Bonifatii auctore Willibaldo, S. 1–58（754年–768年）; E martyrologio Fuldensi, S. 59–61（900年頃）; Vita altera Bonifatii auctore Radbodo qui dicitur episcopo Traiectensi, S. 62–78（9世紀前半）; Vita tertia Bonifatii, S. 79–89（917年–1075年）; Vita quarta Bonifatii auctore Moguntino, S. 90–106（11世紀前半）; Vita quinta Bonifatii, S. 107–110（11世紀）; Vitae Bonifatii auctore Otloho libri duo, S. 111–217（1062年–1066年）.

10) *Vita Bonifatii auctore Willibaldo*, Praef., S. 1: Dominis sanctis et vere in Christo carissimis Lullo et Megingozo coepiscopis Willibaldus, licet indignus, in Domino presbiter. Praecepto piae paternitatis vestrae effectu pariter et voto non propriae ludis litterari scientia confidens, sed debitum oboedientiae obsequium vestrae inpendens sanctitate — libenter parui arduumque quod suggesistis exiguis viribus opus inchoavi, ad perfectionis terminum fine tenus deducens.

11) *Vita Bonifatii auctore Willibaldo*, Praef., S. 2: Conpulistis enim me, ut ad normam eorum, quorum aut vitae castimoniam aut morum sanctimoniam sancti procul dubio patres elegante verborum ambage cartis inserendo tradiderunt, — petentibus relegiosis ac catholicis viris, quibus vel in Tusciae partibus vel in Galliae terminis vel in Germaniae aditibus aut etiam in Brittaniae limitibus sancti Bonifatii martyris fama miraculorumque choruscatio perstrepuit, — sicut discipulis eius secum diu commorantibus vel vobis ipsis referentibus conperirem, prochemium mediumque aut finem vitae eius, quanta valeam indagatione, litteris inseram.

12) ボニファティウスの事蹟について，その年代を比較的詳細に把握することができるのは，この書簡集の存在によるところが極めて大きい。『ボニファティウス伝』は，一般の聖者伝同様，年代を記すことに殆ど関心を示していない。ボニファティウスの書簡集のエディションについては以下を参照。TANGL, M.,（hrsg.）, Die Briefe des heiligen Bonifatius und Lullus, in: *MGH. Epistolae selectae*, t. I, Berlin 1916, unveränderter Nachdruck, München 1989; RAU, R.（hrsg.）, *Briefe des Bonifatius, Willibalds Leben des Bonifatius nebst einigen zeitgenössischen Dokumenten*（*Ausgewählte Quellen zur deutschen Geschichte des Mittelalters*, Bd. IVb）, Darmstadt 1968. 本稿での書簡の引用は，タングル TANGL が与えた書簡の一連番号に基づいて行う。

13) ここで言うボニファティウスの「書簡集」というのは，言葉の厳密な意味でのそれではない。確かに，ボニファティウスがローマ教皇その他の人物と交わした書簡が多数を占めているものの，彼が差出人でも名宛人でもない書簡も存在するし，通常は書簡の範疇には入らないもの，例えば，ボニファティウスが司教に叙階された時の誓約や，教会会議決議などもこの中に含まれている。さらに，ボニファティウスの後継者であったルルスを差出人・名宛人とする書簡も40通程存在する。タングルのエディションでは，書簡には149番までの一連番号が付されているが，これらの内，ボニファティウスが差出人あるいは名宛人となっている最初の書簡は9番，そして最後のそれは109番である。

これら 101 通の書簡等のうち，厳密にボニファティウスを差出人・名宛人としているのは 69 通である。

14) 書簡には必ずしもそのすべてについて発行年月日が記されているわけではない。タングルは，発行年月日が明記されていない書簡については，そこに記されている内容などから一応の発行年代を推定し，そのエディションでは，推定された発行年を括弧の中に入れている。しかし当然ながら，当該書簡の発行年を 1 年のうちに絞り込むことのできないものも多数存在する。例えば，94 番書簡の発行年は 732 年から 754 年の間に置かれている。ここで問題としている年代である 742 年から 752 年の間にボニファティウスが差出人・名宛人となって出された書簡の総数は 40 通であるが，このうち 9 通が，例に挙げた 94 番のように発行年の上限と下限との差が大きく，この 11 年の中に入る可能性もあるが，そうでない可能性もある。このような書簡は，ここでは排除した。

15) Vgl. TANGL, M., Studien zur Neuausgabe der Briefe des hl. Bonifatius und Lullus, T. I, in: *Neues Archiv für ältere deutsche Geschichtskunde*, Bd. 40 (1916), S. 639–790, jetzt in: TANGL, M., *Das Mittelalter in Quellenkunde und Diplomatik. Ausgewählte Schriften*, Bd. I, Graz 1966, S. 60–177; TANGL, M. (hrsg.), Die Briefe des heiligen Bonifatius und Lullus, S. III–XXXIX; RAU, R. (hrsg.), *Briefe des Bonifatius*, S. 9–22.

16) 上述の第 8 章の梗概を参照。

17) TANGL, Die Briefe des heiligen Bonifatius und Lullus, Nr. 53. ここでは末尾に以下のように発給年月日が記されている。Data Kalende Aprilis, [imperante] domino piissimo augusto Constantino a Deo coronato [magno] imperatore anno vicesimo quarto, post consulatum eius anno secundo, indictione undecima. これは 743 年 4 月 1 日のことである。

18) ボニファティウスがマインツに着座したことは，748 年 5 月 1 日付けの教皇ザカリアスの書簡に述べられている。TANGL, Die Briefe des heiligen Bonifatius und Lullus, Nr. 80. 発給年月日については以下のように記されている。Data Kalendis Maii, imperante domno piissimo augusto Constantino a Deo coronato magno pacifico imperatore anno vicesimo nono, post consulatum eius anno septimo, indictione prima.

19) *Vita Bonifatii auctore Willibaldo*, c. 6, S. 34: Cumque ingens utriusque populi multitudo fidei sacramenta, multis milibus hominum baptizatis, perciperet, iam defuncto beatae memoriae Gregorio secundo sedis apostolicae papę et glorioso praefatae sedis Gregorio iuniore apostolici culminis cathedram praesidente, denuo Romam nuntii eius venerunt sanctumque sedis apostolicae pontificem adlocuti sunt eique prioris amicitiae foedera, quae misericorditer ab antecessore suo sancto Bonifatio eiusque familiae conlata sunt, manifestaverunt.

20) ボニファティウスが教皇ザカリアスおよびステファヌス 2 世の教皇登位の際に送った書簡は，それぞれ，TANGL, Briefe des heiligen Bonifatius und Lullus, Nr. 50, 108 である。

21) TANGL, M., Das Todesjahr des Bonifatius, S. 28 f.

22) *Vita Bonifatii auctore Willibaldo*, c. 6, S. 41: In quo Bonifatius archiepiscopus, Magontiae civitati ipso Carlomanno consentienti ac donante pontificatu praesidens, ...

23) TANGL, Briefe des heiligen Bonifatius und Lullus, Nr. 60 (754 年 10 月 31 日), S. 124: De civitate namque illa, quae nuper Agrippina vocabatur, nunc vero Colonia, iuxta petitionem Francorum per nostrae auctoritatis preceptum nomini tuo metropolim confirmavimus et tuae

sanctitati direximus pro futuris temporibus eiusdem motropolitanę aecclesiae stabilitatem; TANGL, Briefe des heiligen Bonifatius und Lullus, Nr.80（748 年 5 月 1 日）, S. 179–180: Alia denique scripta tuae fraternitatis continebant, quod iam olim de Agrippina civitate scripsisti, quod Franci non perserveraverunt in verbo, quod promiserunt; et nunc moratur tua fraternitas in civitate Magontia.

24) Concilium Suessionense, in: WERMINGHOF, A. (hrsg.), *Monumenta Germaniae Historica. Concilia*, t. II.: *Concilia aevi Karolini*, pars I, S. 34: Idcirco constituimus per consilio sacerdotum et optimatum meorum et ordinavimus per civitates legitimus episcopus et idcirco constituemus super eos archiepiscopus Abel et Ardobertum, ut ad ipsius vel iudicia eorum de omne necessitate ecclesiastica, resurrent tam episcopi quam alius populus.

25) TANGL, Briefe des heiligen Bonifatius und Lullus, Nr. 57, S. 103: De episcopis vero metropolitanis, id est Grimone, quem nos iam conpertum habemus, Abel sive Hartbercto, quos per unamquamque metropolim per provincias constituisti, hos per tuum testimonium confirmamus et pallia dirigimus ad eorum firmissimam stabilitatem et ęcclesiae Dei augmentum, ut in meliori proficiant statu.

26) TANGL, Briefe des heiligen Bonifatius und Lullus, Nr. 58, S. 106: Nunc autem denuo tuas suscipientes syllabas valde sumus, ut diximus, mirati, eo quod antea nobis una cum memoratis principibus Galliarum pro tribus palliis suggessisti et postea pro solo Grimone. Sed volumus, ut nobis tua indicet fraternitas, cur nobis ita direxisti antea pro tribus et postmodum pro uno, ut et nos certi redditi ex hoc nulla in nobis sit ambiguitas.

27) TANGL, Briefe des heiligen Bonifatius und Lullus, Nr. 86, S. 193: De eo autem, quod iam preterito tempore de archiepiscopis et de palleis a Romana aecclesia petendis iuxta promissa Francorum sanctitati vestrae notum feci, indulgentiam apostolicę sedis flagito, quia quod promiserunt tardantes non impleverunt.

28) TANGL, Briefe des heiligen Bonifatius und Lullus, Nr. 87, S. 198: De Milone autem et eiusmodi similibus, qui ęcclesiis Dei plurimum nocent, ut a tali nefario opere recedant, iuxta apostoli vocem oportunę inportunae predica.

29) この種の問題をボニファティウスは，教皇や，イングランドにいる仲間などに書簡で打ち明けている。以下の書簡を参照。括弧内は書簡の発行年。TANGL, Briefe des heiligen Bonifatius und Lullus, Nr. 63（742–746）; 66（742–746）; 78（747）; 90（751）; 91（747–751）.

30) 今なおボニファティウス研究のスタンダードとなっているシーファー SCHIEFFER, Th. の著作の第 5 章第 2 節は，「ボニファティウスの改革の頂点と危機」というタイトルが与えられ，多くのページがその叙述にさかれている。Vgl. SCHIEFFER, *Winfrid-Bonifatius*, S. 199–256.

31) ルルスについては，とりあえず以下を参照。SCHIEFFER, Th., v° "Lul(lus)", in: *Lexikon für Theologie und Kirche*, Freiburg im Breisgau 1961, Sonderausgabe, 1986, Bd. 6, Sp. 1213.

32) ヴィリバルドゥスによる『ボニファティウス伝』の写本については，LEVISON, W.（hrsg.）, *MGH. Rerum Germanicarum in usum scholarum*, t. 57: *Vitae sancti Bonifatti archiepiscopi Moguntini*, S. XVII–XXVII を参照。

33) 『シャルルマーニュ伝』の写本については，RAU, R.（hrsg.）, *Quellen zur karolingischen Reichsgeschichte*, 1. Teil: *Die Reichsannalen; Einhard Leben Karls des Großen; Zwei "Leben"*

Ludwigs; Nithard Geschichten, Berlin 1955, S. 161 を参照。因みに前注 9 に挙げた, ヴィリバルドゥスによるもの以外の『ボニファティウス伝』の伝来する写本の数は, Vita altera Bonifatii auctore Radbodo qui dicitur episcopo Traiectensi が 4, Vita tertia Bonifatii が 6, Vita quarta Bonifatii auctore Moguntino が 3, Vita quinta Bonifatii が 3, Vitae Bonifatii auctore Otloho libri duo が 18 である。

34) LEWISON, *Vitae sancti Bonifatii archiepiscopi Moguntini*, S. XVII.
35) ピルミニウスについては, とりあえず ENGELMANN, U., v° "Pirmin(ius)", in: *Lexikon für Theologie und Kirche*, Bd. 8, Sp. 517–518 を参照。
36) 『ピルミニウス伝』のエディションとしては以下を参照。HOLDER-EGGER, O. (hrsg.), *Vita sancti Pirminii auctore monacho Hornbacensi*, in: WATTENBACH, W. (hrsg.), *MGH. Scriptores*, t. XV, pars I, Hannover 1887, unveränderter Nachdruck, Stuttgart 1992, S. 21–31. この聖者伝の史料的価値は高く評価されてはいない。Vgl. WATTENBACH-LEVISON, *Deutschlands Geschichtsquellen im Mittelalter. Vorzeit und Karolinger*, II. Heft: *Die Karolinger vom Anfang des 8. Jahrhunderts bis zum Tode Karls des Großen*, Weimar 1953, S. 179.
37) この点について, レーヴェ LÖWE, H. は有り得ないことではないとし, 一方, アンゲネント ANGENENDT, A. は, 極めて疑わしいと述べている。Vgl. LÖWE, H., Pirmin, Willibrord und Bonifatius, S. 199 f.; ANGENENDT, A., Pirmin und Bonifatius, S. 250 f.
38) 『ピルミニウス伝』の作者については, 彼が, ピルミニウスが 742 年頃に創建し, その遺骸が収められていたホルンバッハ Hornbach 修道院の修道士であること以外は何もわからない。
39) ピルミニウスの弟子で, ストラブール Strasbourg 司教となったヘッドー Heddo がボニファティウスの教会改革に関わっていたことは, ボニファティウスの書簡集に収められている 3 通の書簡にその名が記されていることから見て取ることができる。Vgl. TANGL, Die Briefe des heiligen Bonifatius und Lullus, Nr. 44, 56, 82. また, 同じくヘッドーが, 749 年 9 月 27 日付けの文書で, アルヌルフザウ Arnulfsau に修道院を建設することを確認した際の下署者として, ボニファティウスの弟子であるルルスとメギンゴズスの名前が登場している。BRUCKNER, A. (hrsg.), *Regesta Alsatiae aevi merovingici et karolini, 496–918*, I. Quellenband, Strasbourg / Zürich 1949, Nr. 166, S. 99. Vgl. LÖWE, Pirmin, Willibrord und Bonifatius, S. 199.
40) ボニファティウスの主だった仲間および弟子たちの名前と没年を列挙すれば以下の通りである。マインツ大司教ルルス(786 年), ヴュルツブルク司教ブルクハルドゥス Burchardus (753 年), ヴュルツブルク司教メギンゴズス(769 年), フルダ Fulda 修道院長ストゥルミウス Sturmius (779 年), ユトレヒト修道院長グレゴリウス(776 年), アイヒシュテット司教ヴィリバルドゥス(786 年頃), ハイデンハイム Heidenheim 修道院長ヴュンネバルドゥス Wynnebaldus (761 年), ビショッフスハイム Bischofsheim 修道院長レオバ Leoba (781 年)。
41) HOLDER-EGGER, O. (hrsg.), Vita Gregorii abbatis Traiactensis auctore Liudgero, in: *MGH. Scriptores*, t. 15, pars 1, S. 66–79 (以下これを, Vita Gregorii と略記する)。リウドゲルスならびに彼の作品である『グレゴリウス伝』の史料論的な分析については, 拙稿, 「リウドゲルス著『ユトレヒト修道院長グレゴリウス伝』への覚え書き—聖者伝史料の理解の

ために──」『西洋史学論集』第 29 輯，1991 年，1-13 頁を参照。
42) Vita Gregorii, c. 4, S. 71: Ex eo die quantum claruerit sapientaia ipsius omni regno Francorum, quantasque synodos cum religiosis regibus ad correctionem populi postea instituisset, non in isto opusculo modo dicendum est, dum in modum solis effulserit in templo Dei ac praedicatione sua et exemplis omnes nebulas effugarit infidelitatis et hereticae pravitatias; quoniam et ista omnia in libello de passione ipsius scripto plene et lucide manifestantur.
43) Vgl. Löwe, H., Liudger als Zeitkritiker, in: *Historisches Jahrbuch*, Bd. 74 (1955), S. 86.
44) Vita Bonifatii auctore Willobaldo, c. 6, S. 27-30.
45) Vita Gregorii, c. 4, S. 71; c. 7, S. 72-73.
46) 前掲拙稿，6 頁。
47) 前注 42 を参照。
48) これにはボニファティウスの書簡がふんだんに用いられている。

confirmation と affectation の間
――カロリング期の財産割当文書をめぐって――

丹　下　　　栄

　シャルル禿頭王が発給した王文書を編纂した G. テシエは，文書を分類するにあたって財産確認文書 confirmations de biens とは別に，affectations de biens――ここでは仮に，財産割当文書と呼んでおこう――という一項を設けた[1]。しかるべき土地財産の帰属を認証するという点では一般の所領確認文書と共通する文書を，テシエは教会財産の一部を特定の部署に割りあて，もっぱらその用にあてることを規定，あるいは認証するという機能に着目し，あえてひとつの類型を措定している。ちなみに J.-F. ベーマーが編んだ『帝国文書目録』[2] でも，また『モヌメンタ・ゲルマニアエ・ヒストリカ』のディプロマータ部のうち，テシエの仕事が世に出たあとに刊行された巻でも，こうした文書類型の存在が特に意識された形跡は見あたらない。もちろん，財産割当文書にカテゴライズされる文書が歴史家の目に止まらなかったわけではない。たとえば J.-J. ウーバンクスのニヴェル修道院領[3]，H. プラテルのサン・タマン修道院領の研究[4] は，いずれもこうした文書を用いて，修道士団用財産の形成を所領史のなかのひとつの画期として描きだした。E. レーヌによる教会領についての古典的作品[5] もまた，これらの文書を縦横に駆使している。しかしながら，テシエのカテゴライズを明確に意識した発言を行ったのは，R. ファン・カーネヘムの「シャルル禿頭王のサン・ベルタン修道院あて 877 年 6 月 20 日付文書」[6] がほとんど唯一の存在である。私自身を含めて，多くの歴史家にとって，財産割当文書は所領確認文書と同一視できるものであった。事実，所領の景観，構造を探る材料として扱うかぎりでは，両者が同一の史料類型に属すると考えても，不都合はほと

んどなかったのである。しかし所領と外部世界との関係，さらには所領の社会的機能への関心が従来にもましてたかまっている現在，教会財産のある部分を経営し，その果実を手にしていたのが修道士，あるいは参事会員であったことの意味は，教会史の文脈だけではなく，所領史の文脈においても一考に値すると思われる。財産割当文書は，何を，どのように記録しているか。なぜこのような文書が作られたのか。2つの，それぞれは単純な問いを重ねあわせるなかから，これらの文書が書かれた時代へ，今までとは異なった角度からの照明が当てられることが期待されるからである。この稿は，こうした見通しに立って財産割当文書を読みとく可能性を探る，ささやかな試みである。

　まず，財産割当文書とはどのような文書なのか。テシエが典型的な財産割当文書とみなすのは，単に個々の所領を割りあてるのではなく，割りあてる財産の列挙，あるいはその構成要素についての叙述を含むものであった。すなわち典型的な財産割当文書は修道士団や参事会の用にあてるために割りあてられた財産をあるまとまりとして記録することをめざし，その結果として真の「財の分割 partitiones bonorum」を表現する文書となっている，と彼は指摘した[7]。そのような文書としてテシエは，参事会用財産 menses canoniales を確認するもの8通，修道士団用財産 menses conventuelles を確認するもの 37 通をあげている（表参照）。このなかには司教や修道院長による財産の割りあてを認証したもの，彼自身が割りあてを行ったもの，さらにはルイ敬虔帝やロタール1世が発給した財産割当文書を更新したものが含まれる。財産割当文書を発給したのは，むろんここに名をあげた3人の王にかぎられるわけではない[8]。しかし予備的検討としては，シャルル禿頭王が発給した文書を中心として考察を進めることが許されるであろう。

　ひとつの例として，847年3月23日付でサン・タマン修道院に対してシャルル禿頭王が発給した文書（ACC, No. 92）を一瞥しよう（以下，発給者について特記しないものはいずれもシャルル禿頭王による文書である）。それによると，サン・タマン修道院の修道士が修道院長の意志に不安を覚え，ルイ敬虔帝が発給した文書を持って王のもとを訪れ確認を求めたのに対して，シャルルは修道士の願いを容

れ，ルイ敬虔帝が割りあてを認証した土地財産を確認した。個別所領の列挙は修道院周辺の小保有地などを別として，基本的には地名のみで行われている。これに続いて，文書の後半部にはシャルルによる修道士団用財産の追加が規定されている。この部分では，Pabila (現在地名不明)にある森について「ウィルハドゥスという人物が修道院に寄進した」とその来歴を記録し，さらに，「ラトフリドゥスが修道院に寄進し，寄進者の意思によってルドがプレカリアとして保有していた土地をルドの死後分割し，半分を教会の財務管理人 thesarius ecclesiae に，半分を修道士の用に充てる」9) という文言が見られる。そして，収入の十分の一 nona が修道士に与えられるヴィラ(ルイ敬虔帝による規定の確認)，鶏 300 羽がクリスマスと復活祭に修道士に与えられるヴィラがそれぞれリストアップされ，最後に門番 porta と施療院 hospitale pauperum に与えられる十分の一税やマンスが記録されている。

　サン・タマンの 847 年文書では，修道士に割りあてられた財産を描写する様式は比較的単純である。しかし相当数の文書には，地名以外にも土地財産についての具体的情報が見いだされる。たとえば 844 年 9 月 27 日付，サン・リキエ修道院あての文書 (ACC, No. 58) では，ボーヴェ・パグス所在の Gellis (現在地名不明)について，セティクス seticus と呼ばれる土地経営の中心となるべき場所が 6 箇所，それに葡萄畑 6 アルパンの存在が記され，モンティエランデル修道院が受領した文書 (ACC, No. 70) は，各所領のマンスの数，およびバシリカの存在を列挙したのち，「そしてこれらのヴィラとバシリカをすべてのものとともに完全に，すなわちマンキピア，耕地および非耕地，葡萄畑……とともに……」修道士に与えるという，従物書式に副った文言が続いている。このように，割当文書における土地財産を記録する様式は，地名のみを記すものを含めて寄進文書やプレカリア証書などの土地取引文書のそれとほぼ共通であり，この点からも，特に所領史の分野において財産割当文書が土地取引文書と同じように扱われていたのにはそれなりの理由があるといえよう。

　しかし財産割当文書には，取引文書などには見られない独自の情報も含まれている。そのひとつは修道士たちに供される食事に関する条項である。862 年 9 月 19 日付サン・ドニ修道院あての財産割当文書 (ACC, No. 247) には，サンリッ

ス Senlisse とマルーユ Mareuil について,「修道士の食堂における彼らの食物を補給するために,すなわち魚を養魚場か都合のよい天然の湖から入手したり,他の必要な食物を得るために,またホスピキウムの食物を入手するために譲与する」[10] と記されている。また,852 年 4 月 3 日付,マルムティエ修道院あて文書 (ACC, No. 147) には,ルイ敬虔帝の命日とシャルル禿頭王の誕生日(死後はその命日)に修道士たちの特別の食事が供されるよう定める規定が見られる。次にあげられるのは,しかるべき所領で行われる経済活動についての記述である。サン・ジェルマン・デ・プレ修道院が得た 872 年 4 月 20 日付の文書 (ACC, No. 363) には「日常の食事での飲用のためのワインがティエ Thiais とヴィルヌーヴ・サン・ジョルジュ Villeneuve-Saint-Georges に所在する修道院長の葡萄畑からも修道士団の葡萄畑からも与えられる」とあり,さらに「上述のヴィルヌーヴ・サン・ジョルジュで働いている 2 人の修道士に,そこで与えられる慣習であったものが与えられ,また葡萄圧搾機が慣習に従って補修され,空のワイン壺が準備され,そしてワインが慣習に従って修道院に運ばれる」[11] と定められている。こうした文言は,個別所領における経済活動に光を当ててその場所の個性を浮かびあがらせるのみならず,所領全体のなかでの当該所領の位置づけを知るうえでも重要な材料となることが期待されるであろう。

　いまひとつ見逃せないのは,修道士団などが必要とする物資のリストである。ここで多数を占めるのは小麦をはじめとする穀物,ワイン,乳製品などの食料である。しかしシャルル禿頭王からサン・ドニ修道院に与えられた文書 (ACC, No. 247) には,皮革,鉄のインゴット,熊手や大釜など,農具や生産財までもが列挙されている。こうした物資のリストを持つのはサン・ドニのほかにはサン・ジェルマンの財産割当文書 (ACC, No. 363) にかぎられる。しかしたとえば,867 年 10 月 30 日付でアラスのサン・ヴァースト修道院に発給された文書 (ACC, No. 304) に見られる,「亜麻が修道士の用にあてられるすべてのヴィラから羊毛とともに計 400 リブラ,財庫にもたらされる」[12] というくだりは,あきらかに必要物資の量を確定,確保する意図を反映していよう。こうした必要物資についての情報は,当時の度量衡と現在のそれとの対応関係,さらには必要物資のすべてが修道士自身によって消費されたのか,等々の解決困難な問題を抱え[13]

ているが，当時の物質文明の一端を知るうえで重要な意味を持っているといえよう。

　財産割当文書の，少なくとも一部には，土地取引文書には通常もりこまれない情報，とくに消費にかかわるそれが含まれていることを確認したうえで，いま一度，土地財産の描写に目を向けよう。財産割当文書においても，文書の最大の眼目は土地財産の特定であり，その機能を無視して文書の性格を検討することは許されないからである。

　まず注目すべきは，財産割当文書においては，はじめにあげたサン・タマン文書にも見られたように，1通の文書のなかで財産を描写するさまざまな様式が併存している例が多い点である。これもすでに見たサン・リキエ修道院あての文書では，地名のみの列挙，セティクスや葡萄畑への言及，さらにマンスの記録，というように異なる描写様式が順を追って現れる。そして877年6月20日付サン・ベルタン修道院あての文書（ACC, No. 430）では，修道院長によって修道士に割りあてられたヴィラを認証する部分では地名のみが列挙されているのに対して，文書の後半部，シャルル禿頭王があらたに修道士奉公人に割りあてたヴィラを列挙する部分では，それぞれのマンス数，教会，ところによってはマンキピアの存在までが記されている。極端な表現をとるならば，財産割当文書は一面では，さまざまな描写様式のパッチワークの観を呈している。ただし，それを雑多な様式の無秩序，無原則な利用と見てはならない。シャルル禿頭王による財産割当文書，およびその前駆となるルイ敬虔帝のもの，あわせて50通ほどを検討すると，そこからは少なくとも2つの流れが浮かびあがってくる。

　流れのひとつは，財産の描写が時を追うにしたがって具体性を増し，実務に資する情報が増加しているという局面である。比較的長期にわたって，何通かの財産割当文書を遺しているサン・タマン修道院の場合を見よう。最初の財産割当文書は822年6月29日付でルイ敬虔帝によって発給された[14]。所領についての情報はマンス数が基本で，ほかに小地片であるmansioniles，漁場（簗場），沼沢地などが記録されている。それから四半世紀ほどのちにシャルル禿頭王は，すでに簡単にふれた847年3月23日付文書（ACC, No. 92）を発給した。この文書

はルイ敬虔帝の822年文書とは別の文書を確認したものとされる[15]が，全体は2つの部分に分けられる。前半部のルイ敬虔帝期に行われた財産割当を確認する部分に較べ，後半部，あらたな財産の追加を規定する部分では情報量が格段に増えている。さらに864年9月20日付文書（ACC, No. 273）は，一部マンスにガラス職人 vitrearcus が居住することを伝え，いくつかのヴィラについては，所領明細帳を思わせる様式で記録がなされている[16]。さらに872年2月4日付文書（ACC, No. 357）では，あらたに修道士団用財産につけ加えられたドティニィ Dottignies について，「2ボニエの面積を持ち，マンキピアが居住する」としたのに続いて，それとは別に交換によって得られたマンキピアの存在について語り，4人の個人名をあげている[17]。

　従来からの財産より新たに割りあてられたものをより具体的に描写するという傾向は，モンティエランデル修道院の文書についても認められる。この修道院に伝来する財産割当文書のうち，それぞれ845年5月5日（ACC, No. 70）および857年1月25日（ACC, No. 191）という日付を持つ2通は，財産割当の確認を行う部分は基本的には同一の文言で，所領ごとにマンス数，そしてバシリカの存在を記録している。しかし857年文書にのみ見られる新規の割当部分では，ブレ Brais についてマンスと教会に加えて，採草地が存在し，そこで修道院の従属民 homines が作業をすることが記録され，コルネ Cornet では2人のマンキピアの個人名が記されるというように，情報の具体性は時間の経過とともに高まっているかに思われる。

　いまひとつの局面は，財産とその果実を得る者との関わりの濃淡に規定される。サン・ドニ修道院に伝わるいくつかの財産割当文書がそれをほのめかしている。832年，修道院長ヒルドゥイヌスは1月26日付で，特定の財を修道士団に割りあてる文書[18]を作成した。この文書は150人の修道士が年間に必要とする物資の量を査定し，ついで修道士団に鶏などを納める78箇所のヴィラを列挙している。同年8月26日付の文書[19]で，ルイ敬虔帝は修道院長が提示した文書をもとに，修道士団の必要物資——ヒルドゥイヌス文書と同内容——を確認し，さらに修道士団に委ねられた30箇所のヴィラを認証した。そして862年9月19日にシャルル禿頭王が発給した文書（ACC, No. 247）は，修道士の飲用に充てる

ワインを生産する所領のリスト,鶏の貢租義務を負うヴィラの列挙,必要な物資の確定とその調達に関する規定,祝祭日の特別献立を供出するヴィラのリスト,修道士団が管理する所領の列挙,という構成をとり,ちょうど先行する2通の文書を1通に合体させ,それにいくつかの要素を追加したという様相を示している。

ところで,シャルルの文書が先行する文書から受けついだ要素のうち,修道士団が必要とする物資のリストでは,ライ麦の必要量がルイ,ヒルドゥイヌス文書の900ミュイから1,300ミュイに増加し,そのほか鉄,熊手や大鎌など,食糧以外の物資があらたに加わっている。また修道士に割りあてられたヴィラのリストは,どちらの文書も約30のヴィラを列挙するが,両者に共通して現れるのはおよそ半数にすぎない。これに対してヒルドゥイヌス文書に初出した,鶏を納めるヴィラのリストは,ほとんどそのままシャルルの文書に再現されている。この背後には,依然として修道院長の管理下におかれ,復活祭とクリスマスに鶏がもたらされるだけの,その経営に修道士が直接関与する余地のないヴィラと,実際に彼らに管理が委ねられたヴィラ,あるいは実際に彼らが必要とする物資の種類と量とでは,修道士にとって関心の切実さに大きな開きがあり,より関心の低い要素では先行する文書の文言をそのまま踏襲する傾向が強くなっていたという事情があるように思われる。

これと関連して,財産割当文書においては,財を列挙するさいの配列,描写が先行する文書とは相当異なっている場合が多いことを指摘しておかねばならない。モンティエランデル修道院に伝来する2通のような例もあるが,一般に財産割当文書では,先行する文書を忠実に再現しようとする指向はきわめて希薄である。この印象は,所領確認文書,特に修道院創建時に一括して寄進された土地に関する記録と対比することで,いやがうえにも強められる。所領確認文書の例としてはまず,サン・ドニ修道院に遺された751年の所領確認文書[20],およびキルデリク2世がスタヴロ・マルメディ修道院に与えた所領確認文書[21]があげられよう。これら2通の確認文書は,いずれも更新にあたって文言の改変をほとんどうけていないという特徴を持っている。前者はピピンによる発給の直後,まったく同一文面のコピーが作られた (ChLA, No. 596)。そして775年

6月26日付，カール大帝による文書（ChLA, No. 618）は，ディスポジティオの部分に関しては2箇所ほどヴィラの名がつけ加えられたほかはピピンの文書と同一である。そして後者に現れる，修道院本拠地の周囲をランドマークのつらなりによって確認する文言は814年10月1日付ルイ敬虔帝の文書[22]，950年2月1日付オットー1世の文書[23]に，地名表記のわずかな変化以外はまったく同一の文言で再現されている。一般に流通税関連文書，イムニテ文書など，特権の賦与や確認に関わる文書では先行する文書の文言をそのままひき写した例が稀ではないのと較べたとき，財産割当文書における，先行し，参照すべき文書に対する「忠誠度」の低さは，ひときわ印象的といわねばならない。それは裏を返せば，財産割当文書が持つ，先行する文書の文言を忠実に再現することよりも現状を記録することを優先する指向のあらわれといえよう。すなわち，9世紀を通じて，修道士たちは割りあてられた土地への関わりを深化させ，そのなかで高まった財のあり方への関心が，文書の更新にあたっても，財産の現況を示すだけでなく，土地経営の実践にも役立つ情報を織りこもうとしたという想定を可能にしていると思われる。この想定はまた，時を経るにしたがって所領経営の実務に資する情報が財産割当文書のなかに織りこまれていくという事情ともよく折りあうものであろう。

　このような想定が正しいとすれば，財産割当文書には実務資料としての性格が与えられていたことになる。それはまた，財産割当文書と所領明細帳との親近性へとわれわれの注意を導いていく。867年10月18日付，サン・タマン修道院あて文書（ACC, No. 303）を見よう。ここではバリス Barisis（ラン近辺）所在の土地財産（当時はゲルフスという人物がベネフィキウムとして保有）について，領主直領地 mansus dominicatus に葡萄畑4ボニエ，耕地27ボニエ，採草地1ボニエ，森50ボニエ，水車1基が付属し，自由民マンス17，非自由民マンス4があること，さらにピエールマンド Pierremande に教会1（土地20ボニエ，マンキピア4人が付属），領主直領地に耕地40ボニエ，採草地，森，それに自由民マンス22があることが記されている。

　この所領明細帳の記述を彷彿させる文言はただちに，カロリング期の所領明

細帳を遺している修道院領の多くにその作成とほぼ同時期に作られた財産割当文書が伝来していることを想起させる。サン・ジェルマン・デ・プレ修道院の場合，ルイ敬虔帝，およびシャルル禿頭王が発給した割当文書は，それぞれ8つのヴィラを列挙しているが，両方の文書に共通して現れる5箇所のうち3箇所，すなわちエピネ・シュル・オルジュ Epinay-Sur-Orge, ノジャン・ラルトー Nogent-l'Artaud, エスマン Esmans, およびルイの文書に現れるラ・セル・サン・クロー La Celle-Saint-Cloud とシャルル文書の villa supra mare（現在地不明）は，所領明細帳[24]にそれぞれ1章をさいて記録されている。また，サン・ベルタン，モンティエランデル両修道院[25]の場合も，財産割当文書が記録する個別所領のうちかなりの部分が所領明細帳にも記録されているのが見てとれる。

　ここで注目すべきが，さきに簡単にふれた，ピピンによるサン・ドニ修道院あて所領確認文書（ChLA, No. 595）をめぐる A.-J. ストクレの主張である。クーデタを起こす直前の宮宰ピピンが発給したこの文書によれば，奪われた所領の回復を求める修道院長の願いをうけて調査団が各パグスを巡って現地調査を行い，その結果を文書に記録したという。この文書は，厳密にはテシエがいう意味での財産割当文書には該当しないが，修道院の権利を回復して修道士の活動の物的基礎を確保することをめざしているという点で，財産割当文書と一脈通じるものを持っているといえよう。そしてストクレは，ピピンの文書に記された作業手順は所領明細帳の作成時に行われるものとまったく同一であり，したがって1回の現地調査をもとに所領明細帳と所領確認文書という2種類の書類が作られたであろうと主張し，サン・ドニ修道院においてもかつて所領明細帳が作成された可能性が高いと想定した[26]。ちなみにキルデリク2世がスタヴロ・マルメディ修道院に与えた所領確認文書[27]でも，調査団が修道院の周囲をへめぐったことが記され，領域の確定は調査団の行程を再現するランドマークの連なりによってなされている。一方また，所領明細帳の各章（個別所領）の配列が調査団の行路にしたがっていることも，しばしば指摘されるところである[28]。もしストクレの考えが正しいとすれば，サン・ベルタン，モンティエランデル両修道院，さらにはサン・タマン修道院にあっても，作成時期が近接し，記録対象のかなりの部分が共通している財産割当文書と所領明細帳は，その土

台として現地調査の結果を共有していたと想定することが可能になってこよう。

ただし，個別所領の配列に関するかぎり，所領明細帳と財産割当文書との間になんらかの対応関係を見いだすことは困難である。サン・ジェルマン・デ・プレ修道院の場合，所領明細帳，ルイ敬虔帝およびシャルル禿頭王がそれぞれ発給した財産割当文書という3つの史料間に所領配列の対応関係は認めることができない。またモンティエランデル修道院の場合，所領の配列は2通の割当文書（ACC, Nos. 70, 191）において共通であるものの，所領明細帳のそれとは大きく異なっている。サン・ベルタンの場合も割当文書と所領明細帳との間に配列の共通性はほとんど見いだされない。しかし，それにもかかわらず，所領明細帳と財産割当文書とがある共通の基盤を持っていたことを，いくつかの史料は示唆している。そのひとつは，867年10月18日付のサン・タマン文書（ACC, No. 303）である。この文書における財の描写が所領明細帳のそれと酷似していることはすでに述べたとおりであるが，それは単に所領明細帳一般の様式と似ているというにとどまらず，サン・タマン所領明細帳の断片[29]という特定の史料ときわめて近しい関係にあることが見てとれるのである。すなわち，両者ともに領主直領地を示すのに通常よく用いられる mansus indominicatus ではなく，mansus dominicatus という語を使い，さらに，その様相を描写するさいにも，mansus indominicatus ad quem aspiciunt de terra arabili[30]，あるいは領主直領地の存在を記したあとで文をあらため，Habet ibi de terra arabili[31] と書きつぐ方式をとらず，「領主直領地に耕地48ボニエが付属する」Ad mansum dominicatum pertinent de terra arabili bunaria .XLVIII.[32] という，動詞として pertinere なる語を用いたやや特異な文言を採っている。

所領明細帳の用語法は，おおむね標準的な様式に則ってはいるものの，細部では史料ごと，あるいは章ごとにかなりの変化が見てとれる。このようなヴァリアント，あるいは書式からの逸脱に対して，最近の見解はむしろ積極的な意味を与えようとしている。すなわち近年，所領明細帳は19世紀の歴史家が考えていたような統一的，計画的な作業によって短期間のうちに一気に作成されたものではなく，かなり長期にわたる，現場の裁量の余地を相当残した小規模，部分的な作成作業の集積から生まれたものであることが強調され，さらにはその

複層性に着目して動態的分析を行う可能性が指摘されている[33]が，表記のゆれは，この史料の非統一性，複層性を証拠だてるものにほかならないからである。この考えにたてば，サン・タマンにおいて，他の史料とはいささか異なる書式が所領明細帳と確認文書で共用されている事実は，両者が所領管理の道具として同じような位置づけにあり，そしてまた，いわば所領管理の現場のイニシアティヴで作成されたことを示唆する。この仮説は，所領明細帳と割当文書に共通してみられるひとつの現象によって側面から補強されるであろう。それは文言のなかに時としてはさまれた空白である。ロップ修道院所領明細帳にはこうした空白が頻出し，これがひとつの特徴ともなっている。たとえば，J.-P. ドゥヴロワの刊本でゼゲルセム Zegersem 所領群とされた部分では，耕地，採草地の面積，教会，ビール醸造所，水車からの貨幣貢租の額などが，いずれも単位は明示されながら数値の部分は空白のまま残されている[34]。ロップ明細帳のオリジナルは失われ，したがって，9世紀の時点で問題の部分が空白となっていたのか，後に数字が消されたのか，筆写者が数値を省略してそこを空白にしたのかを判断することは不可能である。しかし，オリジナルが今日まで伝わるサン・ジェルマン・デ・プレ修道院所領明細帳にも，こうした空白が存在する。第19章エスマンにおいて領主直領地に耕地が9耕圃，304ボニエあるとしたのに続いて，しかしそこに播種可能な穀物については，ミュイという単位まで書きながら，数値は空白(ヘーゲルマンによれば5字分の空白)のまま残されている[35]。なお，第8章ノジャン・ラルトーでも穀物播種量の数値が欠落しているが，この場合は文中に空白は挿入されていない[36]。サン・ジェルマン所領明細帳の場合は，すでに述べたように原本が伝来し，私自身が現物を肉眼で見たかぎりでも，空白部分にかつて何かが書かれていた痕跡は見いだされなかった。おそらくロップ明細帳の場合も，18世紀の写本に残るのと同じ空白が9世紀の獣皮紙のうえにも存在していた可能性は高いといえよう。そしてサン・タマンの867年10月18日文書 (ACC, No. 303) にも，こうした空白が見いだされる。すなわち，ピエルマンド Pierremande に所在する採草地と森の記述に際して，「採草地 [空白] ボニエ，森 [空白] ボニエ」と，地目表示に続いて若干の空白をあけたのちに，ボニエという面積単位のみを記している[37]。この文書はオリジナルが伝来

しており，エーヌ県文書館所蔵の原本を実見した結果からも，文書作成時点からこの空白が存在したことはまず間違いないものと思われる。

　ロッブ明細帳に見られる空白について森本芳樹は，実際に各所領を巡回した調査団の記録をまとめるにあたっては範例が用意され，具体的な数値が得られなかった場合にはそこを空白としたまま作業が進んでいったという状況を想定している[38]。この説は，あらかじめ書式が用意されていたと想定することで，所領明細帳の統一的，規範的性格を強調しているようにも見えるが，しかし今日ではむしろ，不明な数値をあえて書かず，空白をおくことによって後日の書きこみを可能にしていることをほのめかしつつ，所領明細帳の実務的性格，あるいは外的体裁の維持よりは現実の描写を優先する指向を浮きぼりにしていると評価すべきであろう。そうだとすると，サン・タマン割当文書のうち，所領明細帳とほとんど同じ文言を持つ文書に所領明細帳と同様な空白が見いだされることには単なる偶然以上のものがあろう。ロッブ所領明細帳の空白をめぐる森本の想定は，おそらく財産割当文書にも妥当する。すなわち財産割当文書の，少なくともその一部のディスポジティオ部は，所領明細帳と共通の範例をもとに修道士によって下書きがなされ，書記はそれをもとに王文書を作成したと思われるのである。しかしそれを実証することはきわめて困難であり，さらにその意味を読みとるにはまだまだ時間が必要である。他日を期すしかない。

　以上，ささやかな予備的検討からは，財産割当文書は，単にある財産の形態と帰属を特定するだけではなく，その現況を，財産を割りあてられた者の土地経営における関心にそって記録するという指向を持っているという想定が浮かびあがってきた。この想定が誤りでないとすると，このような財産割当文書の性格は，文書が記録しようとした対象の性格とも関連していると考えることができよう。すなわち，これらの文書が記録するのは，単なる土地財産ではなく，教会財産のなかでも特別の地位にある修道士団用財産，あるいは参事会用財産であった。現在までのところ所領史の水準では，検討対象となる財産が修道院長の管理下にあるか，それとも修道士にゆだねられているのかは，さほど問題とされてこなかった。しかしながら，教会財産の一部がその長の管理下を離れ

ているという事実が，所領経営，あるいは文書作成になんらかの作用を及ぼすことはないであろうか。稿を閉じるにあたって，この問題について若干の覚えを記しておこう。

レーヌによれば，修道士団用財産は初期カロリンガーによる教会領の簒奪，還俗を出発点とし，衰微，堕落した教会組織，とりわけ修道院の改革を担保するものとして生まれた。その形成過程は，修道士が必要とする物資の確定，その物資を生む財産，ないしは財源の確定——収入は修道士に与えられ，しかし管理は修道院長の権限——，財産管理権の修道士への移譲，というみちすじをとり[39]，財産割当文書は，いうまでもなくこの最後の段階を画するものであった。ここでただちに問題となるのが，教会法上は不可分一体であり，修道院長によって統一的に管理されるべき修道院財産が，この大原則を逸脱してまでも分割され，一部が修道院長の管理から離れたのはなぜか，そして，この事態に王権が深く関与していたのはなぜかという2点である。この問題もまた，本稿の射程をはるかに超える。ここではとりあえず，サン・ベルタン修道院の得た財産割当文書を扱ったファン・カーネヘムの論文に，いくつかの興味深い論点が提示されていることを指摘しておこう。彼は所領明細帳と財産割当文書という2つの史料に記録された所領の異同をもとに所領明細帳の作成時期を推定し，また修道院財産が修道院長用，修道士団用，さらには奉公人団用というように分割されていく過程をあとづけた[40]。とくに重要と思われるのは，この財産割当文書が修道士団と奉公人団との財をめぐる争いを解決するために，後者の専用とする財産を確定することを眼目としていたという指摘である[41]。実際，財産割当文書のいくつかには，ある財産を修道院長から修道士に移管するとの記述が見られる[42]。すなわち修道士への財産の割りあては，一方ではほとんどつねに院長の側では財産の減少を引きおこしていたのである。そのとき，財産の移動をめぐる緊張関係は一般の土地取引に較べて格段にたかまらざるをえないであろう。いいかえれば，財産の割りあては単なる財の異動ではなく，教会財産をめぐる争いにひとまずの決着をつける行為であり，したがって財産割当文書には紛争解決のために作成された文書という性格が負わされることになる。実際，教会財産の分割，割りあては多くの場合，教会組織内での紛争と同時進行

していた。A. ディルケンスが明らかにしたロッブ修道院の場合でいえば，修道院財産の分割を行ったのは，ロタール2世の義理の兄弟で862年に修道院長職を奪ったフベルトゥスであった。しかもこの分割によって彼は，修道士に割りあてたものよりはるかに多くを自身，およびその従者のものとしたのである[43]。ディルケンスの考えによれば，修道士団用財産は，したがって修道士団の必要の最低水準を充たすにすぎず，他はすべて敵対勢力たる院長の裁量下に置かれたことになる。おそらく修道院長と修道士との力関係がこのようなかたちでの「紛争解決」をもたらしたのであろう。そしてこの例は，いささか極端ではあっても，決して例外的存在ではなかったのである。この想定が正しいとすると，修道士団，あるいは参事会の物的基盤は財産分割によって確保されたという考えは，かなりの修正を余儀なくされるであろう。このような状況のもとで，財を割りあてられた修道士たちは，一方ではそれを「合理的」に経営して収入を可能なかぎり増やすこと，また一方ではかろうじて手中にした財産を他者の簒奪，横領から護る手だてを確保することを余儀なくされる。前者は修道士たちを所領構造の改革，またその道具たる所領明細帳の作成に向かわせるであろう。そして後者は彼らを財産割当文書の獲得へ向かわせる。その文書は「現にある」財産や諸権利を克明に，つまり対立する側にも無視できぬかたちで明記しなくてはならなかった。修道院長と修道士という2つの，そしてカーネヘムの想定するような状況の下では門番や施療院など，さらに多くの対立する利害関係者のいずれをも拘束しようとする点で，財産割当文書は，すぐれて紛争解決文書の機能をも負わされていたことになる。

　この想定が誤りでないとするならば，財産割当文書と所領明細帳とは，その文言以上に，それを生みだした社会条件において，きわめて近しいものを持っていたということができるであろう。それを説得的にあとづけるのは，これもまた他日を期さざるをえない。しかし現状でも，財産割当文書は，一見さまざまな文書のコラージュのように見えて，修道士による割当財産への関与の深化と関わりながら，そして対立する者に対する権利の防御(と，おそらくは権利簒奪への予感)を念頭に置きつつ文言が決定されたという意味において，所領史の分野においても土地取引文書とは別個の独自性を主張しうるものと思われる。

注

1) Tessier, G., *Recueil des actes de Charles II le Chauve, roi de France*, Paris, 1943–55, t. 3, pp. 220–227. 以下 ACC と略し、史料を指示するときは番号を本文中に記す。
2) Böhmer, J.-F., *Regesta Imperii*, t. 1, *Die Regesten des Kaiserreichs unter den Karolingern 751–918*, Innsbruck, 1908.
3) Hoebanx, J.-J., *L'abbaye de Nivelles des origines au XIVe siècle*, Bruxelles, 1951.
4) Platelle, H., *Le temporel de l'abbaye de Saint-Amand des origines à 1340*, Paris, 1962.
5) Lesne, E., *L'origine des menses dans le temporel des églises et des monastères de France au IXe siècle*, Paris, 1910.
6) van Caenegem, R., "Le diplôme de Charles le Chauve du 20 juin 877 pour l'Abbaye de Saint-Bertin", *Revue d'histoire du droit*, t. 31, 1963, pp. 403–426.
7) ACC, t. 3, pp. 221–222.
8) 他の王が発給した文書については Lesne, *L'origine des menses* および Bernhardt, J.-W., "Servitium Regis and Monastoc Property in Early Medieval Germany", *Viator*, 18, 1987, pp. 53–87 参照。
9) ACC, t. 1, p. 250; Res etiam quas Ratfridus eidem cenobio dedit quasque Rhodo jure precario possidet secundum voluntatem ipsius Ratfridi decernimus atque sancimus ut post obitum Rhodonis ita dividantur ut medietas earum thesauro ecclesie conferatur, altera vero medietas ad usus transeat monachorum.
10) ACC, t. 2, p. 65; Has ergo villas duas, scilicet Scindelicias et Marogilum, specialiter in refectorio fratrum ad victum illorum supplendum, videlicet ad pisces comparandos vel in piscatoriis seu lacunis congruenti ingenio adquirendos, ceteraque necessaria victui apta, hospitumque receptionem in eodem refectorio clementer conferimus.
11) ACC, t. 2, p. 310; Vinum autem in potum cotidianum refectionis ex Teodaxio et Villa Nova, tam de vineis dominicis quam parcionibus fratribus dari censuimus; sin autem ex eisdem vineis ad numerum duum milium modiorum non pervenerit, tunc idem numerus ex reliquis abbatiae villis in fratrum et hospitium usus in refectorio edentium juxta veterem consuetudinem ad abbate percompleatur. Duobus etiam fratribus in eadem Villa Nova laborantibus, quae dari ibidem consuetudo fuit dentur, et torcularia juxta solitium reemendentur, et vasa vinaria preparentur, vinumque ex more ad monasterium deferatur.
12) ACC, t. 2, p. 175; Linum vero omne ex omnibus villis fratrum usibus deservientibus cum lana usque ad summam CCCC libram ad cameram venient.
13) この問題については Rouche, M., "La faim à l'époque carolingienne: essai sur quelques types de rations alimentaires", *Revue Historique*, 1973, pp. 295–320; Hocquet, J.-C., "Le pain, le vin et la juste mesure à la table des moines carolingiens", *Annales ÉSC*, 1985–3, pp. 661–686 参照。
14) Bouquet, M. (ed.), *Recueil des historiens des Gaules et de la France*, t. 6, Paris, 1870 (以下 HF6 と略記), No. 108.
15) ACC, t. 1, p. 248.
16) ACC, t. 2. p. 114; hoc est in villa Leziacas mansum dominicatum cum edificiis et terris et silvis

et pratis, cum vineis, cum servitoribus VI, . . .
17) ACC, t. 2, p. 295; et in Dottiniacas bunuaria duo cum mancipiis utriusque sexus ad hec loca pertinentibus necnon et alia mancipia commutata, Hastbertum videlicet et Gontuvaram atque Gontrannum necnon et Bertlindem cum infantibus suis, . . .
18) MGH; Concilia, t. 2, pars 1, pp. 688–694.
19) HF6, No, 176.
20) Atsma, H. / Vezin, J. (ed.), *Chartae Latinae Aantiquiores*, t. 15, Dietikon / Zürich, 1986 (以下 ChLA と略記), No. 595.
21) MGH, Diplomata Regum Francorum e stirpe Merovingica (以下 MGH, DM), No. 108.
22) Halkin, J. / Roland, C.-G., *Recueil des chartes de l'abbaye de Stavelot-Malmédy*, t.1, Bruxelles, 1909, No. 25.
23) MGH, Diplomata Regum Imperatorum Germaniae, t. 1, No. 118.
24) Hägermann, D., *Das Polyptychon von Saint-Germain-des-Prés. Studienausgabe*, Köln / Weimar / Wien, 1993.
25) Ganshof, F.-L., *Le polyptyque de l'abbaye de Saint-Bertin (844–859). Édition critique et commentaire*, Paris, 1975; Droste, C.-D., *Das Polyptichon von Montierender. Kritische Edition und Analyse,* Trier, 1988.
26) Stoclet, A.-J., "Evindicatio et petitio. Le recouvrement de biens monastiques en Neustrie sous les premiers Carolingiens. L'Exemple de Saint-Denis", Atsma, H. (ed.), *La Neustrie. Les pays au nord de la Loire de 650 à 850*, Sigmaringen. 1989, t. 2, pp. 130–134.
27) MGH, DM, No. 108.
28) 森本芳樹『中世農民の世界——甦るプリュム修道院所領明細帳』岩波書店，2003, pp. 96–97, 108–109.
29) Hägermann, D. / Hedwig, A., *Das Polyptychon und die Notitia de Areis von Saint-Maur-des-Fossés.* Analyse und Editon, Sigmaringen, 1990.
30) Devroey, J.-P., *Le polyptyque et les listes de biens de l'abbaye Saint-Pierre de Lobbes (IXe–XIe siècles)*, Bruxelles, 1986, p. 5.
31) *Das Polyptychon von Saint-Germain-des-Prés*, p. 53.
32) *Das Polyptychon und die Notitia de Areis von Saint-Maur-des-Fossés*, p. 104.
33) 森本芳樹『中世農民の世界』pp. 33–35.
34) *Le polyptyque et les listes de biens de l'abbaye Saint-Pierre de Lobbes*, p. 15; Est in Sigulfi villa mansus indominicatus habens bunari . . . , de prato in villa Braglo bunari . . . , silva in Perninca ad porcos . . . . Ecclesia I solvens . . . . Camba I solvens . . . , molendinum solvens . . . .
35) *Das Polyptychon von Saint-Germain-des-Prés*, p. 153; Habet ibi de terra arabili culturas .VIIII., quae habent bunuaria .CCCIIII., et possunt seminari . . . de modiis.
36) *ibid.,* p. 53; et possunt seminari de frumento modii.
37) ACC, t. 2, p. 169; et mansum dominicatum ubi ascipiunt de terra arabili bunuaria quadraginta, de prato bunuaria,   de silva bunuaria   ,et mansos ingenuiles viginti duos, . . .
38) 森本芳樹「中世初期における領主制の諸形態——ベルギー諸地方の場合——」(3)『経済学研究』(九州大学経済学会) 35-1.2, 1969, p. 25.

39) Lesne, *L'origine des menses*, pp. 26–51.
40) Caenegem, "Le diplôme de Charles le Chauve", pp. 415–418.
41) *ibid.*, p. 417.
42) ACC, t. 2, p. 169; celsitudini nostrae monachis in eodem cenobio Deo militantibus, ex rebus ipssius abbatiae.
43) Dierkens, A., *Abbayes et chapitres entre Sambre et Meuse (VIIe–XIe siècles), Contribution à l'histoire religieuse des campagnes du Haut Moyen Âge*, Sigmaringen, 1985, pp. 107–108.

表　シャルル禿頭王が発給した財産割当文書

日付(年月日)	番号	受給者	種別	地名のみ記録	パグスごとに記録	来歴	地目	財産の表記 面積	財産の表記 マンス	財産の表記 従物書式	居住者	土地以外の収入源	N.B.
843? 5 21	22	St-Riquier	V	○									聖職者12名
844 9 27	58	St-Riquier	V		○		葡萄畑	○					
844 1 5 ~45	61	St-Martin de Tours	V										所領リストは後代の挿入
845 5 5	70	Montierender	V						○	○			
845 8 30	74	Marmoutier	V	○									
847 3 23	92	St-Amand	V	○			葡萄畑		○			nona	
849 2 26	111	Jumièges	V	○	○								
849 6 25	116	St-Aubin	V	○			葡萄畑						塩の給付
850 4 17	125	Châlons-sur-Marne	N	○								nona, decima	所領リストなし
850 5 24	126	Nevers	N									nona, decima	
851 4 19	137	Paris	N	○									
852 2 10	144	Orléans	N	○									
852 4 3	147	Marmoutier	V	○			ポルトゥス				homines		refectio
852? 5 7	148	St-Remy de Sens	V	○									
852 9 6	149	Saint-Cybard	V			○				○			
852? 9 17	150	Langres	N			○	colonica						
853 6 30	156	St-Germain d'Auxerre	V	○			葡萄畑, ポルトゥス		○				
853 3 21 ~54	160	St-Wandrille	V	○					○				修道士70名
855 7 25	173	Tournai	N	○			葡萄畑*	○				流通税	*120ミュイ収穫

confirmation と affectation の間　　　　　　　　　　　　　　　　　　　61

年	月	日	No.	修道院名	V	○	○	内容	○	○	備考1	○	備考2	○	備考3
856	2	29	183	St-Riquier	V	○									
857	1	25	191	Montierender	V		○	採草地		○	マンキピア、名を記載				
857	2	6	192	Montierender	V			耕地、採草地、葡萄畑	○	○	マンキピア				
859	6	14	206	St-Andoche	V	○		葡萄畑、森		○			修道女60名		
862	4	23	239	St-Martin de Tours	V			factus, colonica, 森		○	ファミリア		nona refectio		
862	9	19	247	Saint-Denis	V		○	葡萄畑		○			必要物資リスト、refectio、修道士150名 refectio		
864	6	20	269	St-Germain d'Auxerre	V		○	葡萄畑		○			refectio		
864	9	20	273	St-Amand	V			耕地、森、採草地、葡萄畑	○	○	職人、マンキピア		祭壇、聖アマンドゥスの墓の燈明のため		
866	6	16	293	St-Symphorien	V			葡萄畑、※採草地、耕地	○				※収穫量記載		
867	10	18	303	St-Amand	V		○	耕地、森、採草地、葡萄畑		○	マンキピア		Laon所在の土地からワインが十分にもたらされる		
867	10	30	304	St-Vaast	V	○		葡萄畑、ビール工場、水車			流通税		修道士112名、羊毛、亜麻		
869	7	21	326	St-Bénigne	V			耕地、※葡萄畑、※※colonica	○	○			市場		※播種量記載 ※※※収穫量記載
870	2	4	334	Maroilles	V		○	森、ビール工場		○	マンキピア				
866 8 ?~870 4 ?			338	St-Médard	V	○		水車		○			nona		refectio

日付 (年月日)	番号	受給者	種別	財産の表記									N.B.
				地名のみ記録	バスごとに記録	来歴	地目	面積	マンス	従物書式	居住者	土地以外の収入源	
871 10 7	352	Langres	N				葡萄畑						四至表記
872 2 4	357	St-Amand	V	○	○		葡萄畑,水車	○	○		マンキピア名を列挙	市場からの流通税	
872 4 13	361	St-Amand	V		○		水車		○				
872 4 20	363	St-Germain-des-Prés	V		○				○	○			必要物資リスト, refectio, 修道士120名
872 5 ? ～875 12 25	399	Rouen	N	○	○	○	耕地,葡萄畑,採草地	○					
876 5 26	407	St-Ouen de Rouen	V	○	○	○	葡萄畑		○			Rouenのポルトゥスからの(収入)の1/2	
877 6 20	430	St-Bertin	V	○	○		葡萄畑	○	○		マンキピア		修道士60名, ファミリア112名
877 6 24	431	St-Mihiel	V	○	○		葡萄畑		○				Vicの製塩釜
877 7 9	433	Nivelles	V	○	○		水車,ビール工場,葡萄畑		○			decima	
877 7 11	434	St-Bertin	V				耕地,森	○			マンキピア		
877 7 11	435	Marchiennes	V	○	○		水車,葡萄畑		○				
877 7 11	436	Hasnon	V	○	○		ビール工場,森※		○				※豚60頭放牧

種別: N → menses canoniales, V → menses coventuelles
財産の表記は, 1通の文書中に複数の様式が併存する場合がある.
※, ※※は当該文書のN.B.に注釈あり.

8–10世紀イタリア北部の裁判集会文書

城戸照子

はじめに

　「歴史とは何か」という問いは古くて新しいが，その中に潜む「歴史史料とは何か」という問題関心は，ここ数十年で特に先鋭化してきたように思われる。我が国における西欧中世史研究でも，19世紀フランスで確立されたマビヨンの「実証学派」的な史料へのアプローチが尊重される一方で，いわゆる社会史的な問題関心から，取り上げられる史料は多彩になり，その分析手法は一層洗練されてきた。そして，その中で史料そのものの捉え方が，歴史学の重要な課題として一層意識されるようになってきたのである。

　こうした史料学への新たな関心は，我が国の西欧中世史研究では1980年代以降，いわゆる「史料類型論」に一つの求心性を見せたように思われる。ヨーロッパ中世史学界における類型論研究の中心地の一つであるベルギーのルーヴァン大学中世史研究所では，当時，始まったばかりの中世ラテン語テキストの大規模な電算処理が史料処理センター（Centre traitement électronique des documents 略称セテドック CETEDOC）で進められていた。その一方で，作成と形式の観点から「群」として把握された史料類型論研究が活発になり，史料論のシリーズが刊行され始めたのである（ジェニコ [21]）[*]。

　社会史研究が隆盛するおりから，ことにフランスの中世史研究では，特定の時期の空間を可能な限り復元する「構造史」や「全体史」の試みが活発になり，特にP. Toubertの研究に見られるように洗練されていった[1]。「全体史」や「構

造史」という分析視角を持ち，史料類型論を意識すればするほど，多様な類型の史料を読み解き，分析結果を有機的に連関させ立体的に配置することで，より精緻な全体像が浮かび上がってくるという考え方に導かれる。ある種素朴かもしれないがこうした手法は，その後，ことに考古学的史料にも目配りした研究を進めているイギリスの Ch. Wicham の手法にも見て取れるであろう（Wicham [17][18]）。筆者が関心を持つイタリア中世史研究では，中世初期にも相対的に多様な類型の史料が多数伝来しているため，この手法は特に効果的と思われる。

とりわけ，筆者が分析の焦点としているカロリング朝イタリアの農村研究では，所領明細帳，農地契約，『裁判集会』« placitum » の記録という3つの類型の文書群がかなりの数量，司教や修道院といった教会領主のもとに伝来している。それら3類型の史料と史料群相互の連関を比較検討することで，8世紀から11世紀までの農村の構造と変動を追跡することができる（Andreolli-Montanari [6]）[2]。

イタリア北部では，古典荘園制はカロリング期の到来とともに持ち込まれた新しい経営形態だと考えられている（Andreolli-Montanari [6] pp. 57–66; pp. 161–175）。確かに，ビザンツ帝国領とその影響が強かった地域では，古典荘園制的経営は不在なのである。本来自由身分だった小経営農民たちは，経済的没落から800年代後半から紀元1000年までの間に，徐々に領主の荘園制に取り込まれて保有農民化していく。その具体相は，領主と自由身分の小経営農民との間での，農地契約（livello 契約）に現れている。契約として領主直領地の賦役労働を負担することで，農民の領主への従属がより強く意識されるようになり，領主の側ではそれを梃子に農民を自分の従属民だとみなすようになっていくからである。

それに反発する農民側の抵抗は，自由身分を主張して裁判集会に提訴する農民の姿に看取できる。そうした農民の訴えが，800年代から900年代初頭まで，まさに自由農民が没落し荘園制的経営が確立しつつある中，最も強く打ち出されているのは，偶然ではない。そして，荘園制が確立される800年代後半から紀元1000年頃にかけて，それと軌を一にして所領明細帳が作成され始め記録が充実していく。筆者はもともと，中世初期の農村社会分析のために最初に所領明細帳を取り上げ，次いで農地契約やイタリア王国期の王文書と所領明細帳か

らの分析を組み合わせる試みに着手してきた (城戸 [24] [25] [26])。本稿では, 700 年代末から 900 年代初頭までの裁判集会文書を史料類型論の枠内で取り上げ, この史料群の特徴と問題を考察しながら, イタリア北部農村社会の変動を分析するための新しい手がかりとして位置づけたい。

I. 8-10 世紀イタリア北部における裁判集会の記録

(1) 裁判集会——史料刊行と研究動向——

ビザンツ帝国領とそれに形式的に臣従していたヴェネツィアは別として, イタリア半島の北部地域は, 700 年代から紀元 1000 年頃までのおよそ 300 年間, 幾度もの政治的変動を経験していた。この地域は, ランゴバルド族からカロリング朝の支配下に入り, その断絶後に在地諸王が並立するイタリア王国時代を経て, 10 世紀中葉以降オットー朝の支配勢力の確立によって理論的には神聖ローマ帝国の版図に組み込まれるに至る。本稿では残念ながら, 全く異なる政治経済構造を持つビザンツ帝国領を取り上げることができないが, それらを除いた地域を, ここでは便宜上イタリア北部と呼ぶことを許されたい。

一般に公権力を持つ存在が支配の根幹とする法制度や法体系, 裁判は, 政治権力の変遷を反映すると想定される。その点で, イタリア北部の法と裁判が, ことに国制史的な問題関心において, 常に中心的な検討課題の一つであり続けたことは言うまでもない。

とりわけカロリング期から 12 世紀までのイタリア北部では, 『裁判集会』« placitum » という制度を通じた紛争解決手段が尊重されており, その集会での仔細を記録した文書が, 相対的に多数, 伝来している。それらは C. Manaresi の編纂によって, Fonti per la storia d'Italia (Dall' Istituto Storico Italiano per il Medio Evo, Roma) シリーズ中, 3 巻 5 分冊 (no. 92, 96, 97, 3t. en 5 vol.) で, *I placiti del « Regnum Italiae »*, Roma, 1955–1960 (『《イタリア王国》の裁判集会』) のタイトルで刊行された (Manaresi [2])。ここに収録されていないランゴバルド期の記録は L. Schiaparelli, Codice Diplomatico Longobardo (Fonti per la storia d'Italia. Dall' Istituto

Storico Italiano per il Medio Evo, 2 vol., 1929–1933）で刊行されている（Schiaparelli [3]）。

その後 1975 年にミラノで R. Volpini が，特に 9 世紀から 11 世紀において Manaresi 版に取り上げられていない約 50 通の文書を補完的に検討，収録して刊行し，現在までに 774 年から 1150 年頃までの裁判集会の文書は 500 通を超えるものが確認された（Volpini [4]）。« Fines Spoletini »（スポレート公国）と « Fines Beneventari »（ベネヴェント公国）の史料を含み，この時期の史料群としては注目すべき量であり，同時期のカロリング朝支配下にある他の地域と比較しても，イタリア地域での裁判集会文書は質，量ともに抜きんでているといえる。

もとより裁判機構や法制度に関しては，19 世紀末以来の重厚な研究蓄積があるが，規範的史料に基づきカロリング王国の裁判制度を概観する F. Ganshof の古典的論文（Ganshof [11]）を経て，1960 年代からこうした裁判集会の記録に基づいた法社会学的研究が進展する。最初は特に裁判集会で見られる在地権力の関係や役人の社会階層の分析が，重視された。G. Tabacco や V. Fumagalli らの研究史上画期をなす業績で，裁判集会の記録は大きく取り上げられてきたが（Tabacco [13], Fumagalli [9]），ことに 1980 年代になるとイタリア北部のみならず，ドイツ，イギリスを研究対象とする事例でも研究の総合が試みられている（Davies [8]）。なかでもケンブリッジ大学を中心とする研究グループは社会史研究の問題関心から，紛争解決手段の分析のために，裁判集会文書も含めた国制史史料を，いわば文化人類学的アプローチで読み解くという手法を導入して注目された。

さらに 1990 年代には，紀元 1000 年までのイタリア北部を対象とした，裁判をテーマとする個別研究が得られた。F. Bougard の『イタリア王国の裁判。8 世紀末から 11 世紀初頭まで』がそれである（Bougard [7]）。ここではカピトラリア，王文書，私文書，裁判集会文書など多様な類型の史料が取り上げられ，様々な形で社会に埋め込まれている裁判の形態を明らかにしようと試みられている。なかでも裁判集会文書は，カピトラリアと並んで重視されている。

ただし，1990 年代以降，中世初期の裁判制度をめぐる問題関心は多様化しており，裁判集会だけを取り上げる個別事例研究は必ずしも多くない。最近では，ヨーロッパの中世初期史を取り上げる最も重要な国際研究集会であるスポレー

ト学会の 1994 年のテーマが,『中世初期の裁判(5-8 世紀)』([5])であった。昨今の研究領域の広がりを反映して,東ローマ帝国の裁判組織,ユダヤ法の変遷,ムハンマドからハールーン・アル・ラシッドまでのイスラム裁判,「裁判外 (extra-judical) の解決手段」まで多岐にわたる報告が並ぶ。本稿で取り上げるカロリング期の « placitum » については,直接それを検討課題としたものはないが, Fumagalli がイタリアでの研究動向を,裁判集会を中心テーマに簡明に紹介する一方 (Fumagalli [10]),ケンブリッジ学派の問題関心に基づいて P. Geary が,「裁判外の解決手段」で裁判集会を超える係争解決手段を考察している (Geary [12])。いまや,裁判集会が中世初期社会の解明の手がかりとして,研究史上重要な位置づけを得ているのは明らかである。個々の裁判集会の分析が,狭義の法制史研究に寄与するだけではなく,その同時代人の抱える問題とその解決能力,その背後にある文化を看取する手がかりたりうることは,すぐに確認される。ではその実態とはどのようなものか。

(2) 裁判集会とその記録

一般には,カロリング期の自由人には裁判集会への出席義務があり,欠席は伯への罰金支払いを課されて負担が重かったが,裁判に携わる専門的な役人の職務が確立するにつれて自由人の参加義務は年 3 回に減り,負担が軽減したといわれる。実際のところは裁判役人の中でも scabinus 制度の確立までは,« tria placita » がどの程度徹底していたかは,不明だとされる (Bougard [7] p. 206)[3]。

年 3 回になってからの裁判集会も,開催月は固定されておらず,皇帝の『巡察使』 « missus » と呼ばれる役人の巡回の都合や在地の政治状況でも変化する。ただし,傾向として春が多いこと,例外はあるがキリスト教暦で重要な行事のある時期は避けること(待誕節 2 週目を超えない,降誕節後 4 日は避ける,謝肉祭から復活祭の期間も開催しない,6 月末の聖ヨハネ,聖ペテロの祝日を避ける,週のうち金曜と日曜は例外的)は確認される。

開催場所には,屋内,屋外を問わず最低でも 20 人から 40 人程度の人数が出席できる場所が選ばれる。パヴィアの « in saclo palacio »,つまり王の宮廷での開催が分かる表現もあるが,伯の所領や教会の前庭など,慣習によって決めら

れた場所も多い。« in laubia » と付記される場合は，laubia 自体が地域と時代によって示すものが様々だが，裁判集会の開催場所として，公衆の面前であり十分に開かれた構造を持つ，例えば「列柱廊」のような空間であると考えられている。

裁判集会の出席者は，裁判を主宰する公権力の代理人（伯，皇帝の missus など）および裁判集会の実施運営に携わる裁判役人（scabinus, gastaldius, locopositus, sculdahis など），さらに在地と教会の有力者からなる列席者，主役である係争の両当事者，それに加えて証人といった，大まかに分けて4つの集団で構成されている[4]。

裁判に関する公権力の在地の代理人として，もちろん第一に伯が裁判集会開催の任を負う。しかし実際には，司教も伯と同程度の重要な立場で裁判集会に登場し，また伯は司教と協力関係にあることが多い。伯は教会関係者同士の係争には介入できないし，土地に関する係争で当事者の一方が教会関係者の場合は，最初の訴えは必ず司教が取り上げるからでもある。従って教会や修道院の土地に関わる係争が裁判集会に持ち出され，その内容が記載された文書が伝来した場合，その史料中に必ず教会，修道院を代表して裁判に関わる人物が存在するのは，しごく当然であることは注意しなければならない。

集会が開会されると，両当事者の言い分が述べられ，それを裏付ける証人の発言が続く。もし当該係争が，以前に一度裁判集会で取り上げられたものの再審議であれば，改めて前回までの両者の言い分とそこでの判決が，今回の発言に先立ってその場で繰り返される。

興味深いのは，発言が直接的に記載されているために，臨場感にあふれる主張を数多く聞くことができる点である。例えば，「これに対して，上に名前の列挙された領民たちは答えた。『私たちと私たちの両親が聖ヴィンケンティウス修道院の従属民であったというのは，真実ではありません。そのように修道院分院所領の長である Gunipertus 様と Adelpertus 様は訴えていらっしゃいますが……』」« At contra respondebant ipsi prenominati homines: 'Non est veritas quod nos aut parentes nostri servi fuissemus sancti Vincentii, sicut iste Gunipertus prepositus et Adelpertus querunt, ... » といった叙述が続く（no. 58, p. 206 / l. 26–29.）[5]。

この « Non est veritas » という表現は一種の決まり文句だが，裁判集会における一方の当事者の領民が，対等に自分たちの主張を述べている様子が明瞭に現れていて印象的である。こうした双方の主張，証言の後で，判決が言い渡され，裁判集会は閉会する。その後，裁判集会の様子が文書作成者の « notarius » の手によって記録され，文書の文末に主宰者および証人の署名が下署されて作成される。文書は係争当事者の勝者側，多くは教会領主や修道院のもとに保管され，他の文書とともに伝来することになる。

Manaresi 版で刊行された，後にイタリア王国を構成する領域に伝来する裁判集会文書は，B. Hübner (Hübner [1]) によって刊行された，フランスやドイツ領域に伝来した文書に比べて，もともとかなり数が多い。Bougard によれば，その数字は以下のようである (Bougard [7] p. 112)。774–800 年（イタリア王国 = 23 通・フランス–ドイツ地域の合計 = およそ 30 通。以下，イタリア王国を I，フランス–ドイツ地域 F-D と略記して比較する），801–850 年（I = 81・F-D = 116），851–900 年（I = 74・F-D = 90），901–950 年（I = 45・F-D = 45），951–1000 年（I = 146・F-D = 59），1000–1050 年（I = 163・F-D = 刊行対象外）。

ここから明らかなのは，イタリア王国地域の伝来数が相対的に多いことと，特に 950 年以降それが顕著なこと，900 年からの 50 年間には両地域とも文書の伝来数が減少している点である。この時期，より正確には 945 年から 962 年まで，文書作成者の notarius の活動が停滞的になる時期と一致するという。裁判集会の開催件数だけが文書数に直接反映されているわけではなく，文書作成状況からの理由も考慮されなくてはならないのである。

数日間続く 1 回の裁判集会では何件もの係争が扱われ，係争事例ごとに文書が作成される。また 1 つの係争がなかなか解決せず，時を経て，複数の文書に記録される事例もある。逆に裁判集会での記録が残されないまま，紛争が解決されることもありえるし，そもそも伝来している公的な裁判集会以外にも，有力者の調停による示談が口頭でのみ進められて問題解決に至った事例もあるはずである。ともあれ，文書数，裁判集会の数，係争自体の数には，相関関係があるものの，単純に同じ数という訳ではないことに注意したい。こうした裁判集会の文書形式には，ある共通性がうかがえる。次節でこれを検討しよう。

(3) 文書形式の変化

　裁判集会自体を示す用語には，« placitum »，« mallum »，« inquisitio »，« breve inquisitionis »，« judicatum » などの多くの表記が使われた。その記録もまた地域と時代によって，« notitia judicati »，« judicatum »，« judicatus »，« notitia brevis »，« brevis » などと，多様な名称を持つ。標準的な文書は，以下のような要素を含んでいる。最初は短い祈願の言葉に始まり，場所と日付，裁判の主宰者，さらに列席する人物名が列記される。続いて « Notitia »，« Dum » などの用語の後で，係争の当事者の紹介，係争内容の説明，両当事者の応酬，証人の名前と証言，判決が記載される。文書の最後は文書作成者の名前，裁判を主宰した人物や列席した人物の署名が続く。

　伝来した文書を比較検討すると，まずスポレート公国の文書，次いでルッカを中心としたトスカーナ地方の文書，さらにパヴィアを中心とするイタリア北部の文書とで，政治権力の違いを反映した地域的な相違が見られるとされる (Bougard [7] pp. 119–137; Fumagalli [10] pp. 607–613)。

　スポレート公国は，アドリア海に面した半島東部地域を占め，ティレニア海に面したローマを中心とするラティウム地方と背中合わせだが，この地域は他地域と比較してランゴバルド支配下の影響が連続していると思われる。ここではまず 820 年代に，裁判集会の表記が « in placitum » に，裁判集会の開催目的を明示するのに « decidere intentiones » から « pro singulorum hominum justitia facienda ... » へ，判決を導入する用語も « decretare » から « rectum parare » あるいは « judicare » へ変化したとされる。続いて，850 年代には判決を導入する用語が « recte nobis comparuit et judicavimus ... » と変化していく。

　トスカーナ地方でも，810–820 年代と 850 年代で，スポレート公国と同様の変化が生じるという。裁判集会の目的が « residentes in judicio » で表現されて « judicium » という用語が一般的になり，またさらに 850 年代以降は以前の « audire » を用いる表現に代えて « justitiam facere et deliberare » という表現がさらに添えられた。850 年代以降は加えて文末に « pro securitate » という表現が導入され，文書作成者が勝訴した側のいわば保証のために，当該文書である « notitia » を

作成する，と記述されている。

　イタリアにおけるカロリング勢力の中心地パヴィアでは，文書作成者である« notarius » がパヴィアの出身か否かで，細かい相違があるものの，おおむね文書形式は共通しているという。820 年代以降と 850 年代が変化の区切りとなる点は他の 2 地域と同様である。パヴィアにおいてはことにランゴバルドからカロリングへ支配勢力が交代した際に文書形式に大きな変化があったかどうかが問題となろう。ランゴバルド期最後のものとして伝来した notitia が 762 年，カロリング期の最初の notitia が 798 年であるから，ほぼ 790 年から 800 年が移行期とされる。この時期の前後で，特に裁判集会の目的を明示する表現が « ad singulorum hominum causas » から « in judicio » へ変わり，勝訴した側の « pro securitate » として文書が作成されたとの表記もそれ以前の « admonitio » に代わって使われている。

　これら 3 地域では，700 年代から 800 年代末まで，ランゴバルドからカロリングへの政治権力の変化を含む時期も裁判の一般的形式には根本的な変化がなく，文書上もローマ期以来の在地での慣行が基底部分としては連続していた。ただしその中でもカロリング勢力の確立以降パヴィアを中心とした文書行政の影響で，裁判集会を表す « placitum »，裁判集会の開催目的を表現する « justitiam facre / accipere »，所有の表現として使う « investire / revestire » が用語法として導入されたことが見て取れるという。パヴィアの影響から，3 地域に共通する同様の変化が見られることも，注目すべき変化であろう。

　こうした変化が確認された裁判集会文書は，実際にはどのように記載されその内容はどのような点が強調されていたのだろうか。次章では，イタリア北部に伝来する 12 通を取り上げ，その係争の内容とともに，文書形式について，検討する。

II. 農民身分をめぐる 12 通の裁判集会文書

(1) 裁判集会での証言重視

　本稿で取り上げる 12 通の裁判集会文書は，ボローニャ大学の中世史研究所によるここ 20 年の農村研究の出発点となった『イタリアの荘園制。8–11 世紀の土地所有と農民労働』において，農民の自由身分の喪失をめぐる係争の典型的な事例として，選択，引用されているものである (Andreolli-Montanari [6] pp. 99–114)。そこでは，本来自由身分を有すると主張する農民が，保有地での賦役労働を負担することによって，土地を所有している領主の従属農民と見なされることに関わる係争が，取り上げられる。

　その文書の中で農民側の，彼らは自由身分であるという申し立ては，農民の父親が従属農民として賦役労働をしていた，あるいは当人が賦役労働をしているという領主側の証人の証言によって退けられ，従属身分と確認される。賦役労働を納付しても自由身分が認められたのはただ 1 例で (no. 110 と no. 112)，12 件の裁判集会のほとんどで，農民側に不利な判決がでているといえる。

　この裁判集会文書で最も注目されるのが，裁判を主宰する上級権力者であれ，列席している在地有力者グループであれ，両当事者であれ証人であれ，文書にはずらりとその名前が列挙されている点であろう[6]。列席者の記名の最後は，『その他多数の者と』« reliqui multis » という決まり文句で終えられているが，それ以外は，有力者はもちろん農民一人ひとりの名前もすべて列記される。証言の中で出された農民の父親も書き留められ，名前を総計すると 50 名を超えることもある。

　当事者の農民や列席者の名前を網羅的に記録することへの熱意からは，公開の裁判集会の，いわば演劇的とでもいえる雰囲気が想起される。農民が自由であるか非自由であるか，書かれた証拠がまれであるこの時代に，最も挙証力があるとされるのは，証人の証言であった (Andreolli-Montanari [6] p. 100)。そして判決後，文書が作成される場合には，証言の妥当性とともに，誰が裁判集会の

場に出席し同じ判決を聞いてその判決が正当だとの認識を共有したか，その事実こそが重要なのだと，この名前の列記は示唆しているようである。

　証言の重みが印象づけられるのは，ここで取り上げた裁判集会の中でも，『文書によって』« per cartulam » と『証言によって』« per testimonia » と，対立する2種類の証拠が提出された際に，文書よりも証言（農民に不利な証言だが）の方が採用された事例が確認される時であろう（no. 9, p. 27/l. 3.）。つまり，たとえ文書によって本来自由身分であると確認されていても，従属的な賦役労働を一定期間負担していれば，事実としてその者は従属身分であると規定されたのである。すなわち，裁判手続き上では文書よりも証言が重視され，現実では文書に規定された身分より，実態として知られている処遇による身分の方が，より妥当なものとして確認されたわけである。

　それが最も明確に現れたのは，827年5月トリノのContenasco所領で開催された裁判集会において，ノヴァレーゼ修道院とその従属農民と見なされた領民との間の係争に出てくる，Hunno（あるいはUnno）とその父Dionisiusの以下の場合である。『そして，同じこの場で，名前の挙がった人々に対して，領民がlibertas文書を差し出して示した。この文書は，Unnoの父親であるDionisius殿が彼らに出したのだった。そして当該Hunnoはこの文書を有しながら，同修道士達には30年間，証言としてそれに言及せずにやってきた。そして，同Dionisiusと同Hunnoは30年間，従属身分として，賦役労働を行ってきていた』« . . . et ibidem ostenderunt ipsis pernominatis homines cartola libertatis, quam dominus eorum Dionisius, qui fuit genitor Unnoni, in eos emisiset, et ipse Hunno cum ipsos monachos ipsa cartola per testimonia de treginta annorum tacita fecisset, et ipsi per treginta annis eidem Dionisius vel eidem Hunnoni servitio fecissent sub conditionem. » (no. 37, p. 116/l. 26–p. 117/l. 1.)。

　この場合，自由身分を証明するlibertas文書がある点で特別だった2名も，結局，他のノヴァレーゼ修道院の領民同様，修道院の従属農民であるとされてしまう。文書があっても30年間に亘って沈黙してきたこと，30年間の沈黙は従属という現状を，法的にもそうと見なしうる期間であることが，判決の論拠であると思われる。裁判手続きの次元でいえば，文書よりも30年間の従属状態の証

言の方が，重視され採用されたことになる。

　こうしたいわば「証言重視主義」は，直ちに想定できるように，当時の領主－農民関係からいえば，当然領主に有利である。有力領主は，証人となるべき領民に圧力をかけ自分の望む証言を強制することも可能だからである（Andreolli-Montanari [6] p. 100)。ただし，係争においては有利であるはずの領主側でも証人が揃わないことはあるが，その場合にも証言重視主義の原則は，貫徹しているように思われる。証人が不在だとたとえ領主側でも不利だという点で，証人の重要性はますます浮かび上がってこよう。

　その第1例として，854年Tritas所領での裁判集会文書を確認しよう。Ofene所領の領民は従属身分であることを主張している聖ヴィンケンティウス修道院側は，以下のように発言している。「確かに私たちはルドヴィクス殿の祖父君である至聖のルドヴィクス帝[ルイ敬虔帝]の王文書を持っておりますし，そればかりではなく皇帝ロタリウス殿のご子息であるこのルドヴィクス殿[ルイ2世]が，当該修道院のために祖父君が作成されたその王文書を再度確認した別の王文書も，有しております。修道院側が証人をほとんど持ちえなかったがために，そこから，王権の側からこのような取り調べがなされなければならなくなったとは申しましても」« Certe nos habemus preceptum Ludovici prioris avio domni Ludovici piissimi augusti, nec non et aliud preceptum quod iste Ludovicus, domni imperatoris Lotharii filius, iterum reconfirmavit ipsum preceptum quod avus suus fecerat in ipso monasterio, ut unde pars predicti monasterii testes minime habere posset, exinde inquisitio fieri deberet sicut et de regia parte. » (no. 58, p. 207 / l. 2–7.)。

　寄進文書と確認文書の2通の王文書がたとえあったとしても，現在の裁判集会に証人が出席できないのは不利であるという状況が見て取れる。確かに裁判集会で一番重要なことは，公権力の代理人たる伯や，司教，裁判役人だけでなく列席の人々を納得させるための，多数の生身の人間の証言なのではないかと思われる。文書も，ただ単に存在するだけではなく，裁判集会に提示されてその重要性が共通に認知されることが必要なのである。

　領主側が，領民が従属身分である論拠として所領の寄進文書を提出した事例が，もう1件ある。905年7月のBellano所領での裁判集会の文書では，領主で

ある聖アンブロシウス修道院側が，Lemontas 所領の農民身分をめぐり，以下のように発言して，寄進文書を提出している。「そうして今は亡き栄えあるロタリウス帝とカロルス帝が，所有者の法によって，この修道院の利益になるように，土地とそこに居住している従属民とともに，この所領を譲与下さったのでありました。そして，お二方が魂の救済のために譲与された上，この栄えある皇帝がたが手ずから確実になさった王文書を，私たちは今この場に持っております」« Que cortem et servi seu terra, ubi ressedeunt, a parte eiusdem sancti loci domni et gloriosi imperatores dive memorie Lottharius et Karolus proprietario jure concesserunt, et pro anime suorum remedium perdonaverunt et precepta ab ipsis gloriosis imperatores propria suorum manus firmatos presens abemus. » (no. 117, p. 433 / l. 20–25.)。そして所領の 35 名の農民が，この修道院の従属身分から逃れようとしている，と申し立てたのであった。

前述の 854 年の文書と同様，ここでは当該農民の居住する所領を譲与する王文書を所有している。寄進文書だけでは不十分として，さらに修道院側は 3 名の証人を呼んで，「ここで最初に，Andreas de Vixiniola が言った。『私はこれらの Lemontas 所領の領民たちとその両親たちが，常に Lemontas 所領の従属民であったことを知っています』」« Qui in primis Andreas de Vixiniola dixit: 'Scio isti homines Lemontini et parentibus eorum semper essent servi de curte Lemontas.' » (no. 117, p. 435 / l. 4–6.) と証言させた。あと 2 名の証人たちも「同様に言った」« similiter dixerunt » (no. 117, p. 435 / l. 7.) と，記録されている。

さらにもっと注目すべきことに，証言によって，農民側の方が領主の訴えを退け自由身分を確認させた例が，900 年のミラノの裁判集会で見られる。「最初に尋ねられた上述の Podo は，言った。『私はそれら Ursus ...（以下 10 名の農民名）が自由人であり自由人の父親から生まれたことを知っています。ただ，Blestatio にある程度の家屋と財を持っていて，それで Palatiolo 所領で賦役労働をしていますが，決して彼らの人身的な身分からではなくて，従属身分だから賦役労働をしているのではありません。そして，そのほかの彼らの所有はその法において所有し，また自由身分を持っています』」« In primis super ascripto Podo inquisitus dixit: 'Scio isti Ursus, Bonipertus, Hildefredus, Luvefredus, Bonifredus,

Hisembertus, Lupus, Gisevertus, Magnus, Dominicus et Ropertus liberi homines esse et de liberis parentibus nati; tantum habent aliquantis casis et rebus in Blestatio, unde faciebant operas ad curtem Palatiolo, nam de eorum personis nunquam operas condicionaliter fecerunt et alia suorum proprietate in suorum jure et libertate habent.' » (no. 110. p. 409 / l. 3–10.)。あとに名前の列記された 12 人が同じように尋ねられて，同様のことを言った，とされている (no. 110, p. 409 / l. 12–13.)。

そして領主側の代表である advocatus が，「この件について多くのことが調べられましたが，誰からも，どんな調査結果も証人も確証も探せませんでしたし，持っていません」 « multum ex hac causa inquisisset, nullo homine, inquisitionem nec testem nullamque firmitatem invenire potuisset nec haberet, . . . » (no. 110, p. 409 / l. 22–24.) と彼らが従属身分であることを示す証拠や証人が見つからなかったことを述べて，領民たちは「彼らは人身的には自由であり，それは今後永遠にそうでなくてはならない」 « de suorum personis liberi esse et permanere deberent. » (no. 110, p. 410 / l. 3–4.) との判決を勝ち取っている。

こうした裁判集会の様子から，裁判集会では様々な文書も提示されるが，同時にその場で証人が証言することが非常に重視されており，場合によっては文書よりも証言の方がより実態を反映しているとして重きをおくことがあることが分かる。

（2） 再提訴の可能性

領主と領民が同じ公開の場所で向かい合う裁判集会で言い渡された判決は，その後どのような強制力を持っていたのだろうか。ここで取り上げる 12 通の文書のうち，当該文書に記録された裁判集会に先行して，以前の裁判集会で係争が取り上げられ判決がでている例は決して少なくない（例えば no. 37 / 827 年，no. 89 / 880 年，no. 102 / 897 年）。最初の裁判集会と翌年の裁判集会の文書がそれぞれ 1 通ずつ残っている係争も 1 件あり（no. 110 / 900 年と no. 112 / 901 年），こうした複数の裁判集会にまたがって審議された係争の経緯を見ることができる。多くは農民側が従属身分であるという判決を不服として再度提訴したものだが，文書番号 no. 110 と no. 112 の 1 件は農民の自由身分が認められたのを不服とす

る領主側が再度提訴したものである。

　827年の例では，Contenasco所領での裁判集会の記録に残るのは，「そして，以前の判決で以下のように……」« Et continebat in priori judicato quod ... » (no. 37, p. 116 / l. 19–20.)，「この判決に従って，またより以前にあったそれらに……」« secundum ipso judicato, et ipsi in antea ... » (no. 37, p. 117 / l. 17–18.) という簡単な言及である。ここから2度に亘る先行した裁判集会があったのではないかと考えられる。

　880年11月の係争では，パヴィアの宮廷で開催された裁判集会に提訴されたのは，トリノで同年880年4月に開催された裁判集会で，自分が従属民であるという判決を強制的に受け入れさせられたとの異議の申し立てである。Maurinusとその息子Ansepertusが，同年の2度目の裁判集会に，自分たちが自由身分を有していると訴えている。

　この二人の領民は，「その文書は，何らとどめることにはなりませんでした。というのも，あらゆることがそこでなされたとされるものの，それは力によってなされたのであって，決して正義によってなされたのではないからであります」« notitiam ipsam nichil eorum impediret, eo quod omnia quicquid inde factum esset, per forcia factum fuisset, jam non per juditium. » とまで，発言している (no. 89, p. 320. / l. 4–6.)。

　残念ながら880年の4月の文書は伝来していないが，同じ年11月に再度訴え出ているのは領民側の力強い行動力を示している。しかも，notitiaがいったん作成されたとしても，納得できないなら再び訴えて，自分の言葉でそれを言明しているのが印象的である。最終的な判決では，従属身分であるという決定は覆らなかったが，農民にこれほどの可能性が認められていたこと自体が，重要であろうと思われる。

　897年の文書には，先行する892年の裁判集会文書への言及がある。ただしその文書自体は伝来していない。897年の裁判集会は « comes palacii » の肩書きを持つAmedusがフィレンツェへ派遣されて開催され，ルッカ司教領の保有農民の財について一括した係争の解決が試みられたが，肝心の農民の裁判集会への欠席で，裁判集会が機能したとは言い難いやや特殊な事例である (no. 102.)。

最後に，900 年 Palatiolo 所領の 11 名の農民の自由身分が確認され，さらに翌年 901 年に 6 名の農民の自由身分が再確認された no. 110 と no. 112 の事例を見てみよう。ここでは最初の裁判集会の判決を書いた文書が，翌年の裁判集会に提出されて再確認されている。「それで，Luvefredus...（以下 4 名の農民名）らは上で手中に持っていると言った文書を提示した。これが再読され，それには以下の内容が含まれていた……」 « Tunc ostenderunt ipsis Luvefredus, Bonifredus, Ursus, Bonipertus et Lupus notitiam que ut supra pre manibus habere dixerunt. Que relecta, continebatur in ea ita: ... » (no. 112, p. 416. / l. 33–p. 417 / l. 1.)。

　これらの例からは，判決による両者の利害調整ができなかった場合，裁判集会への再提訴が可能なことが分かる。その際，前回の文書が提出されると新しい裁判集会で読み聞かされ，再提訴の事情が説明されつつ証言の内容が再検討されて，新たな判決を出す際の論拠となっている。ここでは，以前の裁判集会文書が 2 度目の裁判集会に列席した人々の前で読みあげられるのが重要で，ただ文書があるだけではなく，そこでの証言と判決が公開の場で再検討されてまた周知されていく過程が，重視されているといえる。

（3） 裁判集会文書の効力

　農民身分が自由か非自由かを問う裁判集会の場では，libertas 文書よりも現状の従属状態を示す証言が重視されたり，寄進文書だけでは農民の従属身分が決まらずにやはり現状の証言が必要だったりした。これらから文書と証言は，両方が提示され補完的に利用されるとはいえ，2 つの証拠の重みは，ともすれば証言に傾きそうだとの印象が得られた。裁判集会という公開の場で列席者を納得させるための効果を想定しても，ともかく証言が重視されていることは明らかであろう。

　それでは，裁判集会での判決が記載された文書自体は，どのような重要性を持つのだろうか。もし新しい証言が得られたら再考されることがありえたのだろうか。前節で取り上げた，no. 110 と no. 112 の連続する文書を再度検討してみよう。

　900 年に伯 Sigefredus の前で advocatus publico である Adelgius が，11 名の農

民が従属身分にあると主張したが，農民側は13名の証人を立て，彼らが自由身分であることが確認された（no. 110.）。901年の再提訴の文書では，同じく伯Sigefredus の前で，vassallus eidem comiti palatii である Vuaningus と advocatus publico comitati ipsius である Ambrosius が，そのうちの数名はやはり従属身分であるはずであると申し出たのである。901年の文書では最初に advocatus の主張，前回の裁判集会での内容の繰り返しがあって，その後で，前回の裁判集会の文書が，以下のように読み上げられた。「当該文書が命令によって読み上げられて，先述の列席者たちは Vuaningus と Ambrosius に，この文書に対して何か言いたいことはあるか，この文書が正しく真正のものと思われるか，また名前の挙がった領民に対して，文書で読み上げられたように，人身的身分，家屋，財は自分たちの所有として持っているように思われることについて，何か反論したいかどうか，彼らの自由身分に反駁したいか否か，を尋ねた」« Notitia ipsa ab ordine relecta, interrovgaverunt predicti auditores eosdem Vuaningum et Ambrosium advocatus, quid contra ipsam notitiam dicere volerent, si se concrederent bona et verax esse, aut si aliquid contra eosdem denominatos homines, quibus in eadem legitur notitia, de eorum personis seu casis et rebus, quibus ipsi ad suorum videtur tenere proprietatem aliquid contradicere volerenti, aut de eorum libertate inobviare, an non. » (no. 112, p. 417 / l. 2–9.)。

その答えが「この文書に対して何も言いたいことはなく……」«... quod contra notitiam ipsam nihil dicere volerent ... » と始まって，領主側は，900年に続いて901年にも農民の自由身分を認めることになった (no. 112, p. 417 / l. 11.)。

ここでは，先行する文書で農民が13名もの証人を得ていること，今回領主側から新しい証人が呼ばれていないことから，先行の文書内容が再確認されることになった。領主側に反論が可能か問いかける列席者の口調が，聞かされた先行文書の内容に納得していることが示唆されているようで，興味深い。この事例から少なくとも裁判文書は，他に反証となる新たな証言でもない限りは，かなりの挙証能力を持つと考えられている。

さらに，裁判集会文書の効力を間接的に示す文言が文書中の末尾に見られる。定式化した表現で「このように判決がなされ『X の保証のために』」« pro securitate X »，当該文書が，私某という文書作成者によって書かれ……」という表現がそれである。

　領主側の言い分が認められた場合は，「前述の修道院の保証のために……」 « pro securitate predicti monasterii » (no. 58. p. 208 / l. 19–20.) などのように表記され，非常にまれな場合だが農民側の主張が認められた際には，« pro securitate eorum Ursoni,... » (no. 110. p. 410 / l. 12–14.) と農民の名前が列記されている。後の紛糾を避けるための決まり文句ではあろうが，裁判集会の文書にはそうした効力があることを示す文言といえるのではないか。

むすび

　ここで取り上げられた裁判集会文書は，時代や地域によって文書形式や裁判役人の存在に細かな相違がある。ただ，法文書の形式や裁判制度の展開を跡づける史料としてのみ利用するよりも，「当時の社会の断面図として，小さな年代記として」取り上げた方が，得るものが多いと考えられてきた（Andreolli-Montanari [6] p. 100）。しかし，Bourgard の研究のように，個々の史料の描写的な利用にとどまらず，やはり史料「群」としての特徴を体系的に分析することが必要との発想も，史料類型論としては重要であると思われる。個別史料の限界と同様，特定の史料「群」の持つ歴史情報も部分的であること，そうした史料「群」が作成され伝来するあり方自体が歴史情報であることを，意識する必要があるからである。

　とはいえ，最近の史料類型論には，実はそうした史料の単なる静態的な分析を乗り越えようとの提言がある。こうした近年の潮流を鳥瞰し，「史料論に関わる議論は，『確実な史料テキスト』を歴史学に提供する歴史補助学としての作業以上のものが含まれている」，「史料を存在させている構造的な連関自体が歴史情報」なのであるというマニフェストの下，西欧中世史料論と歴史学の関係を突き詰めて捉えた論文も発表されている（岡崎 [22]）。

　史料論のいわば最前線にたったその論文では，類型論自体は自明のひとつの手法として扱われ，従前のままでは不十分だから新たにそれが効力を持つため

には，史料の「かたち」，史料の機能，複合的な情報体としての史料類型化，類型化できない史料の位置づけといった観点からの，一層洗練された類型論が必要だと主張されている。

本論では，この最前線にたつほどの鋭利な分析視角を残念ながら持ち得なかった。しかし少なくとも，伯，司教，領主，教会関係者，修道士，自由農民，従属農民，農民の寡婦，裁判役人，文書作成者など様々な社会階層の人々が出会う裁判集会という演劇的な場で，この文書がその躍動的な応酬を臨場感あふれるやり方で写し取り，場合によっては作成されたものが読み上げられて実務的に利用されているのが分かった。

この裁判文書が史料「群」としてどのような生命を有したかは，まだこれからの検討課題ということになる。Fumagalliのいうように，同時代のそれぞれの教会や修道院の年代記や聖者伝史料の伝来と同じ文脈に戻して，再検討するのも必要となろう（Fumagalli [10] pp. 615–616）。農村構造解明のための他類型の史料と補完的に検討することも緒に就いたばかりである。裁判集会が開催されない「紛争解決」手段という，別方向の研究から逆照射する形で，裁判集会の位置づけと史料伝来の意味を問い直すのも，重要であろう[7]。

本論は，紀元1000年までのイタリア北部社会の中世初期の裁判集会文書を紹介し，その分析の足がかりを示すことに限定せざるを得なかったが，相対的に豊富なイタリア北部の史料を示すことで，西欧全体での史料伝来の比較検討のための材料を提供して，少しでも史料論の問いかけと発展のために資することができればと考える。

表 8-10世紀イタリア北部における裁判集会文書

no. (M-no.)	開催	裁判権	主宰者	列席者	当事者1	当事者2	証人	下署
1 (M-9)	796.7.5 Pisa	Pisa司教	diaconus, locopositus, scabinus	diaconus presbiteri, subdiaconus, notarius, vassus domni regi, gastaldus, marepas ら 24 名他	vicedominus (聖マリア司教座教会)	領民 3 名	4 名	21 名 *notarius* による文書作成(以下同)
2 (M-34)	822.5.20 Milano	明示なし	gastaldius, locopositus, scavinus presbiter	gastaldius, locopositus, scavinus presbiter ら 8 名他	monachus, praepositus (聖アンブロシウス修道院)	領民 1 名 = Lubas (故 Dominicus の寡婦)	6 名	5 名 *notarius* 不明
3 (M-37)	827.5 Contenasco 所領 Torino	皇帝	comes vel misso domni imper.	vassis domni imper., judices domni imper., scavini comiti, scavini Tauri, vassis comiti, capellanus dom. imper. ら 18 名他	avogatus, monachi (ノヴァレーゼ修道院)	領民 17 名 領民 2 名 (villa Auciatis)	23 名	5 名 *notarius*
4 (M-49)	845.2.26 Torento	王	missus palatinus	missus locopositus, scavini sculdaissii, vassi domnici ら 30 名他	abbas, advocatus (Organo の聖マリア修道院)	領民 1 名 領民 2 名 領民 5 名	2 名 2 名 3 名	28 名 *notarius*
5 (M-58)	854.2 valle Tritana の Tritas 所領	皇帝	castaldeus	episcopus, scabinus, gastaldeus, sculdaissii clerci ら 27 名他	prepositus (聖ヴィンケンティウス修道院の cella di Trita), advocatus	領民 9 名 (Balba, valle Tritana, villa Ofene)	20 名 さらに 3 名	6 名他 *notarius*
6 (M-72)	872.1 valle Tritana	皇帝	vice comes palatii, scabini palatii, castaldeus missus domni imper.	scabinus, notarius, sculdais ら 4 名他	abbas, abbocator, monachi	領民 58 名 (Balba, valle Triana の 7 定住他)	4 名	9 名 *notarius*

82　第1部　史料論の世界

8–10 世紀イタリア北部の裁判集会文書　　　　83

7 (M-89)	880.11 Pavia in saclo palacio, intus caminata minor	王	comes palacii	rex, episcopus, comites, judices sacri palacii judices Ticinenses ら 23 名他	abbas, scavinus Tauriensis, advocatus (ノヴァレーゼ修道院)	領民 2 名 (in valle Bardonisca in villa qui dicitur Ultes)	12 名	7 名 notarius
8 (M-102)	897.3.4 Firenze in atrio ante basilica S. Ioanni Batista	皇帝	comes palacii, marhius	episcopus, judex domni imper., vassallus marhioni, vicecomes scavinii ら 14 名他	episcopus, advocatus	領民 63 名 (ルッカ司教所領内)但し裁判集会欠席	892 年文書に依拠するため証人不在 (892 年文書は伝来せず)	5 名 notarius
9 (M-110)	900.5 Milano curte ducati, in laubia	伯	comes	vicecomes, judices domni regis, scavinus ら 31 名他	comes, advocatus publico comitati	領民 11 名 (curte Palatiolo)	13 名	17 名 notarius
10 (M-112)	901.9 Milano curte ducati, in laubia	伯	comes palatii, comes Mediolani	vicecomes, judices domni imper., judices Mediolani, notarii ら 14 名他	advocatus publico comitati, vasallus comiti palati	領民 6 名	M-110 の判決の確認のため証人不在	9 名 notarius
11 (M-117)	905.7 villa Belano, in laubia solarii	皇帝	archiepiscopus, judex sacri palacii, missi domni imper.	diaconus de Medio., subdiaconus, judices domni imper., notarius ら 28 名他	abas, advocatus (聖アンブロシウス修道院)	領民 35 名 (pago dicitur Lemontas)	3 名	14 名 notarius
12 (M-122)	906–910 Papia in sacro palacio, in laubia	王	episcopus, archiepiscopus	episcopus, comes, vassus domni regis, notarius ら 31 名他	abbas, advocatus (聖アンブロシウス修道院)	領民 32 名 (locus qui dicitur Lemontas)	文末欠落で不明	文末欠落で不明

注 Manaresi, C.: *I placiti del "Regnum Italiae"*, 1 (a. 776–945) より作成
　M-no. の数字は、Manaresi 版刊行史料の史料番号
　cler. = clericus　　dom. = dimni　imper. = imperatoris　Medio. = Mediolani (Milano)

84 　第1部　史料論の世界

注

* 本稿では参照文献は末尾に目録として掲げ，文中では(著者名[末尾目録の番号]頁数)という表記で，割注の形で引用する。
1) 1973年に刊行された P. Toubert の，ローマを中心としたラティウム地方の中世社会の構造史 (Toubert [14]) では，城砦を核とする防備定住地再編が中世の定住構造と在地社会を変化させるという incastellamento 理論とともに，多様な類型の史料分析を有機的に統合した研究手法が一躍注目された。
2) 我が国の西欧中世社会経済史の分野で，所領明細帳史料に基づき古典荘園制を中世初期農村構造の要と位置づけた研究成果として，ここでは，ことに重要な丹下 [28]，森本 [29][30] だけを挙げるにとどめたい。これらはイタリアから見ればアルプス以北のいわば本場の古典荘園制を取り上げているため，イタリア農村構造との比較対象の照合基準ともなる非常に重要な研究成果である。
3) 本節での裁判集会の具体的な詳細については，多くを Bougard [7] の研究に依拠している。とりわけ，pp. 205-218 を参照のこと。
4) 本稿末尾の表「8-10世紀イタリア北部における裁判集会文書」を参照のこと。
5) これ以降，史料の引用箇所は，Manaresi 版での no. X，ページ数 (p.) / 行数 (l.) の順で引用する。
6) 残念ながら本稿に付した表では人名ではなく人数しかあげられなかったが，文書には固有名詞の長い記述が続く。
7) 歴史学における「紛争解決」問題については70年代以来長い研究史があるが，昨今の錯綜した国際情勢を背景に，今また優れて現代的な分析視角となっている。2000年の歴史学研究会の大会では合同部会に「歴史の中の暴力と秩序」というテーマが選ばれた(『歴史学研究』742)。特集をもとに，「シリーズ歴史学の現在」2では『紛争と訴訟の文化史』(歴史学研究会 [31]) も刊行されている。さらに，本稿で取り上げた時代とはやや異なってはいるが，南欧社会を取り上げた点で興味深い(足立 [19])，メロヴィング朝後期の分析が主となる(加納 [23])，カロリング期司教裁判権の問題と関連して(五十嵐 [19]bis)，伝統的な「神の平和」というテーマの包括的読み直しがはかられた(江川 [20]) など，個別論文も増える傾向にあり，「紛争解決」方法の考察という問題関心は，深いところで研究者に常に共有されているように思われる。

史　料

[1] Hübner, R. (ed.): *Gerichtsurkunden der fränkischen Zeit, 2. Die Gerichtsurkunden aus Italien bis zum Jahre 1150,* in *Zeitschrift der Savigny-Stiftung für Rechtsgeschichte. Germanistische Abteilung / Kanonistische Abteilung,* 14, 1893.

[2] Manaresi, C. (ed.): *I placiti del « Regnum Italiae », Fonti per la storia d' Italia* (Dall' Istituto Storico Italiano per il Medio evo), t. 3 (vol. 5), no. 92, 96, 97, Roma, 1955-1960.

[3] Schiaparelli, L. (ed.): *Codice diplomatico longobardo. Fonti per la storia d' Italia* (Dall' Istituto Storico Italiano per il Medio Evo), 2vol., no. 62-63, 1929-1933.

[4] Volpini, R. (ed.): *Placiti del « Regnum Italiae »* (*sec. IX-XI*). *Primi contributi per un nuovo*

censimento, in *Contributi dell'Istituto di storia medioevale*, vol. III, Milano, 1975, pp. 245–520.

研究文献

[5]　AA.VV.: *La giustizia nell'alto medioevo (secoli V–VIII)*, Settimane di studio del centro italiano di studi sull'alto medioevo, XLII (Centro italiano di studi sull'alto medioevo), Spoleto, 1995.

[6]　Andreolli, B., Montanari, M.: *L' azienda curtense in Italia. Proprietà della terra e lavoro contadino nei secoli VIII–XI*, CLUEB, Bologna, 1983.

[7]　Bougard, F.: *La justice dans Royaume d' Italie. De la fin du VIIIe siècle au début du XIe siècle*, École Française de Rome, 1995.

[8]　Davies, W., Fouracre, P.: *The Settlement on Disputes in Early Medieval Europe*, Cambridge, 1986.

[9]　Fumagalli, V.: *Terra e società nell'Italia padana. I secoli IX e X*, Torino, 1976.

[10]　Fumagalli, V.: Le vicende delle formule giudiziarie nella documentazione altomedievale sino all' età carolingia, in [5], pp. 607–619.

[11]　Ganshof, F.-L.: Charlemagne et l'administration de la justice dans la monarchie franque, in *Karl der Grosse. Lebenswerk und Nachleben*, I, Düsseldorf, 1965, pp. 394–419.

[12]　Geary, P. J.: Extra-judical means of Conflict Resolution, in [5], pp. 569–605.

[13]　Tabacco, G.: *I liberi del re nell'Italia carolingia e postcarolingia* (Biblioteca degli « Studi medievali », 2), Spoleto, 1966.

[14]　Toubert, P.: *Les structures du Latium médiévale. Le Latium méridional et la Sabine du IXe siècle à la fin de XIIe siècle*, 2 vol., Rome, 1973.

[15]　Wickham, Ch.: *Early Medieval Italy. Central power and local society 400–1000*, London-Basingstoke, 1981.

[16]　Wickham, Ch.: *Studi sulla società degli Appennini nell'alto medioevo. Contadini, signori e insediamento nel territorio di Valva (Sulmona)*, Bologna, 1982.

[17]　Wickham, Ch.: Documenti scritti e archeologia per una storia dell'incastellamento: L'esempio della Toscana, in *Archeologia Medievale*, XVI, 1989, pp. 79–102.

[18]　Wickham, Ch.: Early Medieval Italy: The Last Twenty Years, in *Archeologia Medievale*, XXVI, 1999, pp. 7–20.

[19]　足立孝:「11世紀アラゴン王国における国王法廷と和解」『史林』83–6, 2000年, 74–103頁.

[19]bis　五十嵐修:「教会巡回裁判の誕生――カロリング期における公的秩序と教会」『西洋史学』184, 1996年, 1–17頁.

[20]　江川温:「「神の平和」運動の軌跡が照らしだすもの」『フランス史からの問い』(服部春彦・谷川稔編), 山川出版社, 2000年, 4–24頁.

[21]　レオポール・ジェニコ(森本芳樹監訳):『歴史学の伝統と革新』九州大学出版会, 1984年.

[22]　岡崎敦:「西欧中世史料論と現代歴史学」『九州歴史科学』31号, 2003年, 1–20頁.

[23]　加納修:「フランク時代の仮装訴訟とは何か」『史学雑誌』110–3, 2001年, 42–62頁.

[24]　城戸照子:「9世紀イタリア中・北部の農地契約――中世初期イタリア農村社会解明の

ために——」『経済学研究』(九州大学), 1992年, 57-1, 131–156頁.
[25] 城戸照子:「中世初期イタリア北部の農村構造——サンタ・ジュリア・ディ・ブレシア修道院所領明細帳の分析から——」『経済学研究』(九州大学), 1994年, 59-3・4, 211–234頁.
[26] 城戸照子:「8–10世紀北イタリアにおける流通構造と地域統合——修道院経済との関係——」田北[27], 2000年, 207–246頁.
[27] 田北廣道編著:『中・近世西欧における社会統合の諸相』九州大学出版会, 2000年.
[28] 丹下栄:『中世初期の所領経済と市場』創文社, 2002年.
[29] 森本芳樹:『西欧中世経済形成過程の諸問題』木鐸社, 1978年.
[30] 森本芳樹:『中世農民の世界。甦るプリュム修道院所領明細帳』岩波書店, 2003年.
[31] 歴史学研究会編:『紛争と訴訟の文化史』(シリーズ 歴史学の現在2), 青木書店, 2000年.

アングロ・サクソン期文書における古英語の利用
——ウスター司教座関連文書の検討から——

森　貴　子

はじめに

　近年における中世初期(アングロ・サクソン期)イングランド農村史研究の隆盛の中で，重要な史料として再評価されているのが，主に土地に関する権利譲渡の際に作成された文書charterである。かつては，これが形式的な記録であり，対象とされた土地や権利について具体的な内容を持っていないことから，農村史研究での枢要な史料とされることは少なかった。しかし最近では，所領の長期的追跡を通じて，荘園制の形成を含む農村の展開を把握しようとするのが有力な研究潮流となっており，そこでは，7世紀以降1066年のノルマン征服に至るまで，年代的には不均等だが多数伝来している文書が，積極的に利用されているのである[1]。

　こうした動向をうけて筆者は，文書伝来の豊富なウスター Worcester 司教座所領の動向を追究してきた。文書の多角的な検討から，これまでのところ，10世紀頃からウスター司教座による所領経営が本格化したとの所見を得ているが[2]，作業の中で筆者の関心をひいたのが，古英語での記載が散見されるという事実である。これは10世紀以降とくに顕著であり，しかも全体として形式的な記載のうちに，所領内部をかいま見せてくれる描写が現れる場合に多い。イングランドへの文書導入の歴史的経緯からして，そもそもラテン語で作成されていた文書での古英語の使用は，どのような意味を持つのだろうか。本稿は文書における古英語記載を検討することで，ウスター司教座による所領展開の一面

を明らかにしようとするものである。まず，イングランドにおける文書作成慣行に関する一般的な理解を整理しておこう。

I. 中世初期イングランドにおける文書の作成

(1) 教会による導入とイングランド的特質

　イングランドにおける文書作成の歴史は，キリスト教の受容と共に始まる[3]。宣教師によって導入されたラテン文字を用い[4]，まずは王による教会への恒久的な財産譲渡を確実化するために，ローマ末期の私文書をモデルとして発給された(王文書＝diploma)。導入時期については長く激しい論争があるが，最古のオリジナル文書は679年ケント王の発給とされる[5]。これら王文書は，その教会起源に相応しい形式を持つ。すなわち，宗教的な呼びかけで始まり，土地財産譲渡の宗教的動機が続く。その後に具体的な措置(譲渡者の名前・身分／受領者の名前／対象とされる土地・財産／譲渡の条件／土地の地理的位置・境界)が述べられ，さらに譲渡を侵害した者に対する宗教的な罰(呪詛)，証人リスト，日付が加えられる。そしてこれらが優れて教会の言語であったラテン語で記録されているのである。

　ところで，イングランドの王文書には，いくつかの独自性があると言われる。まず，大陸の王文書が王の尚書部で作成されたのに対し，イングランドではそれが土地財産の受領者によって記録された，という点である。アングロ・サクソン期のイングランドにおける王の尚書部の存在を巡っては長く議論が戦わされてきたが，少なくとも10世紀初頭までに関してはその不在が一般的主張であり，王文書は受領者側の教会や修道院によって起草されたという[6]。次に注目されるのは，イングランドにおいては，王文書の正当性を保証するはずの証人による署名が，彼ら自身によってなされていないという指摘である。オリジナルで伝来した文書の筆跡から，署名欄は全て同一人物(たいていは本文を記録した書記)によって書かれたことがわかる。この点はP. シャプレが初期王文書の真正性を検討した論考で詳細に扱っており，イングランドでは証人欄の「自らの

手で」« propria manu » 署名したという文言は自署の意味ではなく，書記によって準備された文書を証人が「手で触って」承認したことを示すという[7]。

ところで，中世初期社会における王文書の具体的な機能は，時期によって異なっていたとされる。正当性が証人たちが手で触れる「行為」で保証されることからも明らかなように，譲渡は証人たちが一堂に会する儀式を通じてなされたと広く考えられている。ことに導入の初期段階では，王文書の主要な機能は象徴的で，対象とされた所領の芝土が祭壇に置かれるのと同様の意味を持っていた。譲渡自体は証人たちの面前で行われる儀式によって効力を保証され，その過程で王から受領者に渡される文書は，ことに証人となった俗人たちにとっては，記録された内容よりもむしろ，土地引き渡しを可視化する点に価値を有していたのである。しかし古英語でボック « boc » とも呼ばれた文書は，特権的に保有される土地(ブックランド，bocland / bookland)を創りだしたために，8世紀後半には俗人もそれを欲するようになる(俗人宛王文書の登場)。また，ブックランドが移譲される場合には王文書もともに移されたため，その所持がブックランド保有の根拠となり始めた(王文書の権利証書化)。ただしこの場合でも，移譲による持ち手の変更を書き留めている例が少なく，また盗まれたものでさえ土地保有の根拠とされているところから[8]，王文書は内容ではなくそれを所持すること自体が決定的であり，その意味では保有権の象徴という役割に留まっていたようである。

(2) 文書の多様化と古英語の利用

イングランドにおける文書作成は，9世紀頃から新たな段階を迎える。王文書においては，いわゆる三公共負担(軍役・橋梁修築・城塞建築)への言及が現れる[9]と同時に，譲渡対象とされた土地に関する境界標示がより頻繁かつ詳細となってくる。さらに私人発給の文書が増大し，しかもその内容が多様化する。多くを占めるのは，王以外の主体(ことに教会)が王文書の形式に従って作成した私文書 private deed である。その特徴は，基本的に土地の恒久的譲渡を記している王文書と対照的に，こちらは，ほとんどが期限付きの貸与(主として三世代)を扱っている点にある。その他にも9世紀以降には，俗人による文書利用を

特徴づける遺言書，奴隷解放文書，紛争解決記録，財産目録，婚姻契約などが伝来しており，様々な場面で多彩な関心に基づいて文書作成が行われるようになったことがわかる。そうした文書を巡る新たな事態の中で，古英語が度々用いられるようになったのである。11世紀には王による新しい文書形態として書簡形式の令状 writ が現れるが，これも通常古英語で書かれている。こうした現象をどのように解釈したらよいのだろうか。

　9世紀以降の古英語記載の増加は，イングランドにおけるラテン語能力の低下として，研究史では消極的に捉えられる傾向が強かった。近年ではN. ブルックスがその代表で，大司教座で聖職者教育の中心地でもあったカンタベリー Canterbury において，9世紀に起草された文書に見られるラテン語文法の乱れと古英語の利用から，この点を示唆している[10]。しかし新たな視角からの問い直しも進んでおり，その一つが記憶と記録との関係を読み解こうという文化史的アプローチである。例えばP. ギアリは，ヨーロッパ的な文脈の中でイングランドも参照しつつ，文書において日常語が用いられたのは，口頭で述べられた記憶を文字化する必要があったためとしている。記録された記憶は係争や土地譲渡を扱う儀式において読み上げられ，証人に周知された。そしてこの「儀式の際の台本」scripts for performances は一回性のものではなく，将来の儀式における聴衆をも意識したものであったという[11]。過去と現在，そして未来を射程に入れ，口頭での記憶を媒介する記録という観点を打ち出したことは，口頭伝達の記憶か文字使用かという二律背反的な見方の克服として大変興味深い。しかしながら儀式の重要性はアングロ・サクソン期当初からの事実であり，発話や行為の見聞が第一義的であったそこでは，おそらくラテン語文書も翻訳されて口述されていたと思われる。従って，なぜ9世紀になって，それまでの口述でのやりとりが古英語で記録されるようになったのか，説明が残されていると言えよう。

　その点をより明確に論じているのがS. ケリーで，古英語の利用は文書の俗人への普及と機能の変化を示すとして，積極的に評価している。そこでは，ラテン語を基礎とした言語を持つフランクやイタリアと異なり，イングランドではラテン語が外国語であったという指摘から出発して，その習得の前提としての

日常語(古英語)の読み書き能力の重要性が強調されている。キリスト教布教活動の過程でラテン文字での古英語表記が確立していったが，それはラテン語を扱えない在地聖職者に日常語に翻訳された教典を学習させるためでもあった。さらに，有力家系の若者はキャリアの出発点として教会で読み書きを学習しており，最終的に聖職者にならずにラテン語能力の獲得には至らずとも，古英語を読み書きできる(少なくとも読むことが可能な)段階にまでは到達していた。そして世俗世界における書き言葉としての古英語の順調な受容が，9世紀以降に多彩な内容を持つ古英語文書の登場という形で現れたのであり，それはまた，在地的な情報をラテン語よりも正確に，より発音しやすく表現することで，言語教育を受けていない広範な人々にも接近可能な日常語の機能性が重視されたためでもあった。ケリーによれば，詳細な境界標示や訴訟での役割に代表されるように，この段階で文書は「真に書かれた記録として」as true written records 機能し始めたのである[12]。

以上の議論は，日常語としての古英語が文書に現れることの意味を，文書作成の現場に接近しつつ積極的に理解しようとしていて示唆的である。しかし本稿では，これらの成果に学びつつも，農村史的観点からこの問題を問い直してみたい。先述のように，文書の古英語表記のうちに，ウスター司教座所領の展開と領主の意図が現れていると思われるからである。

II. ウスター司教座関連文書における古英語の利用

(1) ウスター司教座関連文書の概要

ウスター司教座は，中世の農業中心地ミッドランドの西部に位置する。680年の司教座創設以来1066年のノルマン征服までに，司教領に関して伝来している文書は210通以上の多数にのぼる。この良好な伝来は，11世紀編纂でイングランド最古の文書集成，いわゆる『ヘミングのカーチュラリ』« Hemingi Chartularium Ecclesiae Wigorniensis »[13] によるところが大きい。

これら文書は，主として王文書と私文書から成っている。司教座が受領した

王文書は7–9世紀が中心で、王からの譲渡を通じて着実に所領を集積していったこの時期は、所領形成期と位置づけられる。10–11世紀になると今度は私文書が大半を占めるが、ほとんどがウスター司教座による発給で、期限付貸与を記している。ことに司教オズワルド Oswald の在職期（961–92年）には《 miles 》《 minister 》《 fidelis 》などと呼ばれる俗人従士層（古英語では《 thegn 》）への土地貸与が盛んで、その背景には、王権から国制における重大な役割を期待された司教がそれに応じるために、この層に社会経済的基盤を与えようとしたという事情があったようである[14]。これら文書の作成主体は、10世紀初頭までは王文書が受領者による起草であったという前述の一般的理解に従えば、ほぼ一貫してウスター司教座であったと考えられる。

(2) ラテン語と古英語の割合

ウスター司教座関連文書に用いられた言語の割合を示してみれば、以下のようになる[15]。

7世紀	ラテン語のみ 80%	ラテン語と古英語 20%	
8世紀	ラテン語のみ 76%	ラテン語と古英語 21%	古英語のみ 3%
9世紀	ラテン語のみ 69%	ラテン語と古英語 20%	古英語のみ 11%
10世紀	ラテン語のみ 27%	ラテン語と古英語 57%	古英語のみ 16%
11世紀	ラテン語のみ 32%	ラテン語と古英語 50%	古英語のみ 18%

ラテン語だけで書かれた文書が支配的な7–8世紀に見られる古英語記載は、ラテン語で書かれた主要部分への付加（ことに境界標示）やラテン語文言の翻訳、または改竄であり、通例は後代の処置とされる。ウスター司教座に関しても、文書起草時の古英語記載が現れるのは9世紀からである。特に10世紀以降は古英語利用が顕著で、ラテン語だけでの記録は3割程度に減少している。その場合でも、多くがラテン語と古英語との混合で書かれた文書であることからして、古英語利用のラテン語能力低下による説明は、妥当性を欠いている。

(3) 古英語での記載部分

それでは一通の文書のうちで、いかなる情報が古英語で書かれたのだろうか。

表には古英語での記載がある全ての文書を整理しているが，あらかじめ必要な説明を交えながら，古英語利用の特質を概略的に指摘しておきたい。まず文書の真正性は，本稿のように古英語での境界標示を分析する場合には，それがアングロ・サクソン期文書で最も頻繁に改竄された箇所だとされているだけにきわめて重要だが[16]，ここでは，当該期の文書を広くリスト化し，各々について研究者の見解をまとめた P. ソーヤーの業績に依拠する[17]。これは1968年の初版以来アングロ・サクソン期文書を対象とする仕事での必携書となってきたが，最近新たな成果を取り入れた改訂版がケリーによって編纂され，オンライン版として公開されている[18]。

次に伝来状況・筆写時点について見てみよう。前述のように，ウスター司教座関連の文書の大半が11世紀後半に修道士ヘミングが編集したとされるカーチュラリに筆写された形で伝来している。ただしこれは実際には，ヘミング一人による一時点の仕事ではなく，11世紀前半の筆写活動も含まれており[19]，それらは筆写時点の欄で区別してある。オリジナルは8通伝来しており（この数は，ウスター司教座関連の全文書212通を対象としても変わらない），表では同じ欄にその旨を記してある。また，その他の伝来経路によるものが7通，逸失しているが存在を確認できる15通がある。複数の写本が伝来している場合には，それらの関係を考慮してオリジナルにより近いと思われるものの年代を表示した。

文書類型に関しては，王文書とその形式に従った私文書がほとんどである。ただし，ことに初期王文書の古英語部分が，後代の改竄とされていることは既述した。内容は土地譲渡に関するものが圧倒的で，ここでは恒久的な譲渡を譲与，期限付きの譲渡を貸与として区別した。文書類型と内容とを合わせてみれば，上述の二類型に当てはまらないものは，譲渡の経緯や紛争解決など，通例の譲渡とは異なる情報を記録しているものが多い。古英語の利用程度では部分的に用いられる例が多いが，古英語での記載部分を分類した項目からは，譲渡行為自体を表示した文書の主要部分には及んでいないことを確認できる。

以上から明らかなように，古英語が利用されているのはその大半が貸与を記した私文書で，しかも部分的である。そして，ともかく文書根幹部分のラテン

語での記載から，貸与など土地譲渡行為の文書作成は，ラテン語主体の王文書形式に従うとの前提があったと考えてよい。

① 境界標示

　古英語で記載されている箇所で，最も目立つのが境界標示である。アングロ・サクソン期文書においては，譲渡対象とされた土地の境界や地理的説明が含まれる傾向がもともと強いが，オリジナルの王文書を取り上げて検討したK.ロウによれば，10世紀以降には古英語で境界を付すのが慣例になっていた。筆写された文書に境界を持たないものが多々あるのは，後代の集成に際して書記が省略してしまう場合が頻繁にあったからで，それは文書に境界標示を導入する文言があるのに，境界自体は記録されていない多くの例から明らかだとしている[20]。10世紀初めからは独自の尚書部を持つとされる王の文書慣行と，この時期以降私文書が主体となるウスター司教座の状況を単純に重ね合わせることはできないが，それでも同様の傾向が看取できる。すなわち，9世紀以前の境界記載文書の割合が，後代の改竄とされているものを含めても3割程度に留まるのに対し，10世紀には5割近くになっているだけでなく，これ以降境界は全て古英語で記載されていることから，古英語での境界標示の普及が確実である[21]。8通のオリジナルのうち境界があるのは4通で，筆写による伝来を中心とする全体的傾向からそれほどかけ離れてはいないようである。

　さらに注目したいのは，古英語での境界が普及してくる10世紀以降とそれ以前では，境界標示の内容に大きな相違が見出せることである。初期の文書では，譲渡対象の土地については，「古くからの境界をもって」«cum antiquis confiniis»などとして具体性を欠くか[22]，ともかく簡潔なものが多い。真正文書の例を挙げてみると，727年から736年の間にマーシアMercia王エセルバルドÆthelbaldが発給した文書では，ウスター司教ウィルフリッドWilfridにバッツフォードBatsfordを譲与するという主旨が述べられた後に，「境界が知られることによって，この土地は他の者との争いを免れる。すなわち，この地所は，南は人が自分のものとすることができない山，東は王の道，そして北は川の流れによって囲まれているのである」«notis limitibus hæc terra ab aliis litem discernit agris montis ad meridiem versus. haut parvam obtinet partem. ad orientem via regia septa. ab aquilone fluvialibus cingitur undis » として[23]，ラテン語で三辺が標示されている。さらに，778年にマーシア王オッファOffaが発給したラテン語文書も同様で，ここではマーシアの副王国ウィッケHwicceの支配者であるアルドレッドAldredにセジベローSedgeberrowの地所を与える際に，「この地所の境界は以下の通りである。東は境界となっている渡し場，南はイバラの生い茂った丘，西は石の塚，北は荒れた塚である」« Sunt hi termini agelli istius ab oriente gemaere ford a meridie thornhyrst ab occasu stanbergas ab aquilone ruanberg » とある[24]。標示のための項目が少なく簡潔で，東西南北といった四囲表示をしているこれらの事例からは，初期には境界を細かく書き留める意志がそれほど強くなかった，と指摘することができる。

　こうした解釈は，初期と10世紀頃からの境界標示とを比較してみれば，いっそう説得的となる。一例を挙げれば，962年に司教オズワルドが彼の« minister »（古英語部分では« thegn »とされている）キネルムCynelmにアプトンUpton-upon-Severnの地所を三世代に限って貸与した文書では（表 no. 36: 以下 no. は表での番号を指す），ラテン語部分に続いて古英語で境界が付されているが，そこには9世紀までの標示とは大きく異なった特徴を見出すことができる。「以下がアプトンに属す土地の境界である。始めに，セヴァーン河からrinnnan［不明］の池へ，それに沿って修道院の境界へ，さらにその境界沿いに行くと開けた耕地に出る。犁と大鎌が進むように森まで行くとオークの木へ，さらに森沿いに進んで樹皮を剥がれたオークの木に至る。オークの木から古い囲いへ，そしてそこから速い水流へ，さらに水流に沿って榛の木を過ぎると土地の囲いに至る。囲い沿いにずっと行くと，曲がったオークの木へ，そこからスゲの生えた湿地へ向かう。そこには土手が突き出ている。そこからまっすぐ進むとイチイの高台へ，そこからさらに濁った湿地へ。その湿地からrinnnanの池に出る。そして池沿いに行って境界となっている小川に，その小川沿いに進んで澄んだ池へ至る。池をこえてまっすぐ行けば囲いがあり，これに沿って進むと，セヴァーン河である。そしてセヴァーン河に沿って行けば，再びrinnnanの池に出る。」« Ðis synd þa lond gemæra to uptune ærest of sæuerne on innan pullæ. ondlong pulles þæt to þæra hina gemære ondlong þæs gemæres þæt hit cymð on þone feld a be þan puda spa sulh ꞇ siþe hit gegan mæge þæt hit. cyme to þære æc þæt spa forð be þam puda þ on þæ rugan æc of þære æc on þone aldan hagan ondlong hagan þæt on þa l[h]ydan onlong lhydan up onlong alre on þone æcer geard a be þæm geared þæt on þa pon ac þæt spa on sec mor þær þet dic to sceot þ þonon on gerihte on eopr hyc þæt spa on fulan mor. of þæm more on rinnan pul ondlong pulles on mær broc ondlong broces þæt on sciran pul. forð on gerihte ofer þæt pul to þan hagan on gerihte on þone hagan ondlong þæs hagan on sæfern ondlong sæfern þæt eft to innan pulle. »[25]。この詳細な境界は，あたかも現地を歩んだような一巡表示になっており，自然地理的な以前の標識と比べて，耕地，囲い地のように人間活動の成果を示す標示が登場している。筆者は別の機会に，ウスター司教領関連文書にある境界すべてを取り上げて，こうした特徴が10世紀以降共通した傾向であると指摘したが[26]，ともかくここからは，所領の境界に対して初期よりもずっと強い関心が向けられていると結論できるのである。

　ところで，このような詳細な境界が文書に付されるまでの具体的なプロセスに関しても，ロウによる説明が示唆的である。すなわち，文書とは独立に境界だけの記録がオリジナルで伝わっていること，またオリジナルで境界標示が他の部分とは異なった時点で書かれている例があることなどから，文書作成に先立って実際に現地調査が行われ，そこで書き留められたメモから文書に取り込まれたとしているのである[27]。『ヘミングのカーチュラリ』にも境界だけの記録がいくつか含まれているが[28]，これらは現地調査の折の第一次的な記録が書き写されたものの可能性が大きい。いずれにせよ前掲ほどの詳細な境界標示は，集団的な現地調査で参加住民の発言を書き留めながらでなければ，不可能だったはずである。そしてそこで相応しい言語が，まさに住民の日常語である古英語だったと考えるのが自然であろう。

　② 要約

　文書における古英語利用で次に目立つのは，要約と解釈できる部分である。まず，969年に司教オズワルドが彼の «fidelis» エセラード Ætheleard にティディ

ントン Tiddington の土地を三世代貸与した文書では (no. 53)、ラテン語で叙述した後に、もう一度古英語で「それゆえ、主君[イングランド王エドガー Edger]の許しによって司教オズワルドがエセラードへ、文書によって三世代の間与えた土地の全体は、ティディントンの5ハイドと *Faccanlea* の1ハイド1/2である……」«Þonne is ealles þæs landes æt tid. V. ᛬ æt faccanlea oþer healf hid þe Ospald bisceop bocað Æþelearde mid his flafordes leafe þreora manna dæg . . .» と書かれており、これに返還義務の確認や呪詛が古英語で続いている[29]。また、前掲962年の私文書では (no. 36)、ラテン語部分と古英語での境界の後に、「それゆえ、主君[エドガー王]の許しをもって、司教オズワルドが彼の«thegn»キネルムに、文書によって三世代の間与えた土地の全体は6ハイドである……」«Þonne is ealles þæs landes. VI. hida þe Osold bisceop bocað Kynelme his þegne mid his hlafordes leafe þreora manna dæg . . .» とあり、さらにラテン語で日付と証人欄が続く。このように、表で要約の欄に分類されているのは、王の許可、譲渡者と受領者、土地面積、貸与期限などが、先行する主要な情報をまとめる形(地所名は必ずしも含まれない)で記録されたものを指している。

ところで、こうした要約には文書作成と異なる時点での記録である可能性がある。文書の裏には、地名や受領者名、あるいは相続人などの情報を書き留めることがあったが[30]、これらは文書集成への筆写の際に文面に取り込まれたと思われる。実際『ヘミングのカーチュラリ』の文書には年代的複層性が認められるものがいくつもあり、この点は後述する。しかし表に示したように、オリジナル文書の中にも要約的記載を持つものがあり、文書作成時から要約を古英語で記す意図があったことは確かである。

③ 返還義務確認

10世紀以降頻繁に行われた期限付きの貸与と関連して、地所返還義務を念押しし、強調する記載がなされる場合がある。やはり司教オズワルドによる事例では (no. 45)、966年に「代父」«compater»(古英語では«thegn»)エアドリック Eadric にアルベストン Alveston 他を貸与した際、「死後、彼はこの地所を二人の相続人に残すことができる。そして彼らの命が終わった時には、この地所

は，ウスター司教の使用のために完全な状態で復帰すべし」« post vitæ suæ terminum duorum derelinquat cleronomo eorumque vitæ finito curriculo ad usum primatis in Wiogornaceastre redeat immunis » と，ラテン語で期限が明記されている。それに続いて古英語で「それゆえ，司教オズワルドが彼のセインであるエアドリックに文書で与えた土地は 3 ハイドであり」« Þonne is ealles þæs landes þreo hida þe Ospald biscop bocað Eadrice his þegne » と要約的な記述がなされ，その後「以下のような条件が付いている，すなわち，彼が何をしようとも，彼の死後二人の命が終わったら，この地所は毀損されることなく聖なる場所[ウスター司教座]へ復帰すべし」« on þa gerad pyrce þ he pyrce þ þ land seo un for porht into þære halgan stope tpe[g]ra monna dæg æfter him » と，ラテン語文言での規定を，返還義務に重点を置き換えて古英語で繰り返している[31]。表に見られるように，返還義務確認条項は要約に続くのが通例となっている。

④ 呪詛

やはり貸与期限終了後の返還を確実にしたいという関心に基づいているのが，呪詛の明記である。大量の貸与を行った司教オズワルドの文書ではある程度定まった言い回しがあり，「もしある者が，正当な理由なくこれを破るなら，悔い改めるのでなければ，神に対して償うことになるだろう」« gif hpa butan gepyrhtum hit abrecan pylle hæbbe him piþ God gemæne. buton he ær to dædbote gecyrre » (no. 52)[32] が典型である。そして，これに「彼の命の最後の日に」« on þan ytemestan dæge þisses lifes » (no. 53) といった句が付されたり，あるいは「神は命の書から彼の名前を消すであろう」« God adilgie his noman of lifes bocum » (no. 60) などの文言で置き換えられる形も見られる[33]。前述のように，呪詛文言は初期ラテン語文書にも確かに見出せるが，その場合は土地譲与を侵害する第三者に対する警告であった。しかし 10 世紀以降これが特に古英語で記載されるようになったのは，俗人宛の貸与が活発な状況の中で，第三者のみならず所領相続人をも考慮に入れたためと言えるのではないだろうか。

⑤ その他

以上四項目に分類できない古英語による文言としては,まず奉仕規定がある。そもそもウスター司教座関連文書では,土地譲与・貸与に伴う義務の記載は特記条項の形をとっていて,全体の3割程度に登場するだけである[34]。これらのうち古英語によるものは司教発給文書に限られ[35],受領者に課された義務としては三公共負担（「軍事奉仕,城壁建造,橋梁修築」« ferdfare ⁊ palgeporc ⁊ brycgeporc »: no. 44 / 48 / 69 / 90 / 92 / 105 / 109）,教会税（« circ sceatt »: no. 40 / 67 / 91）,農業賦役（「教会への奉仕として毎年2エーカーを耕し,播種し,刈り取って運ぶべし」« he ælce geare of þam lande ge erige tpegen æceras ⁊ þær on his circsceat gesape ⁊ þæt eft geripe ⁊ in gebringe »: no. 38 /「一年に二度,全力で働くべし。すなわち一度は草刈り,もう一度は収穫においてである」« he mid eallum cræfte tpuga on geare æne to mæþe ⁊ oþer siðe to ripe »: no. 40）[36],運搬賦役（「教会への運搬」« circanlade »: no. 44 / 69）など,多様な義務が明記されている。

譲渡対象所領の内部に関わる記載も限られているが,それでも10世紀以降増加し,大半が古英語によっている[37]。それらは採草地（no. 28 / 31 / 45 / 57 / 78 / 88）や漁場（no. 28）,森林（no. 45 / 90）,粉挽場（no. 45 / 73 / 88）,教会（no. 61）,開墾地（no. 113）などへの言及であり,散発的とはいえ貴重な情報となっている。興味深いのは現場に即した記述であり,例えば,ヨーク大司教を兼任したウルフスタン Wulfstan 一世が1017年に兄弟エルフウィッグ Ælfwig にベントリー Bentley in Holt を三世代貸与した際には（no. 97）,「その地に正当に属する全てのものと共に」« cum omnibus ad eundem locum rite pertinentibus » とラテン語で記した後,「すなわち,境界となっている土手に面した果樹園……,そしてそこに属している屋敷地である。これらの屋敷地は,鍛冶職人であるエルフリックの屋敷地とエッダの息子エアドウィンのそれとの間に位置している。さらにセヴァーン河の東岸にある採草地の一区画……」« þæt is se orceard æt [mærdice] . . . ⁊ þa hagan þe þærto gebyriað þ sindon þa betpeox ælf [rices smiðes] ⁊ eadpines æddan sunan ⁊ æ [nne mæds] plot be eastan sæfern . . . » と[38],古英語で地目と場所を具体的に挙げている。その他にも,領主経営の核であるインランド « inland » の存在を明記し（no. 92）,あるいはその状態を描写する（「そしてインランドは全て周りの堀で

囲まれている」« ᛋ all ðæt inn lond beligeð an dic utane »: no. 27) など[39]，所領内部への関心が現れている。

　さらに目を引くのは，所領住民に関する古英語でのかなり詳しい記載2例である。一つは，ウスター司教座が受領した地所に関連するもので，マーシアの統治者エセルレッド Æthelred II が司教座に，オックスフォードシャー Oxfordshire の地所と領民を譲与した9世紀末の文書には (no. 19)，以下のようにある。すなわち，まずラテン語での「さらにこの譲与に加えて，以前はベンジントンで王の村に属していた領民6人を，その子孫共々この教会へ文書に記して所属させた……」« insuper etiam huic donationi in augmentum sex homines qui prius pertinebant ad villam regiam in Beonsincgtune cum omni prole et stripe eorum ad eandem conscripsimus ecclesiam... » との叙述に続いて，古英語で「以下はベンジントンからウスター司教区のピルトンへ，記録されて譲与された人々の名前であった。彼らは子孫共々，永遠に与えられた。すなわち，アルフムンド，ティドルフ，ティドヘフ，ルル，ルル，そしてエアドウルフ。」« Þis earon þara manna noman þe gepritene earon from bynsincgtune to readanoran in þ bisceoprice to uueogerna cestre mid heara teame ᛋ mid þy tudre þe from him cume a on ece yrfepardnysse. Alhmund. Tidulf. Tidheh. Lull. Lull. Eaduulf. » と明記されているのである[40]。また，899年から904年の間に司教ウェルフェルス Werferth は，親族キネスウィス Cyneswith にエルムストーン・ハードウィック Elmstone Hardwick の一部を三世代に限って貸与しているが，全文が古英語で記録されているその文書は (no. 24)，同じ場所で貸与対象とならなかった土地と所領民について，「残りの2ハイドと農民チェオルル，そしてエルムストーンの森林は，貸与が続く限り，プレストベリーへ属すべし」« ellas ðæt tpega hida lond ᛋ ða ceorlas ᛋ se Alhmunding snaed here into Preosdabyrig ða hpile hit unagaen seo » として，近隣所領への所属に編成し直している[41]。これら文書は，いずれも単一地所の譲渡に留まらず，その他の領民の譲渡や独立性の高いチェオルル « ceorl » の除外などが措置内容に含まれており，それらを現場に即して書き留めようとする司教座の意図が，古英語による記述となって現れたと考えてよい。

　最後に，現場での口頭発言と文書への古英語での記載との緊密な関係を示す

事例を挙げておきたい。963年の文書で (no. 38)，司教オズワルドは彼の《 minister » エルフリック Ælfric にコザリッジ Cotheridge を三世代貸与しているが，ここでは，ラテン語による主要部分，古英語での奉仕規定，古英語での境界標示，そしてラテン語での証人欄という順序で記述が進み，最後に以下の文言が付されている。「余エルフリックは，親愛なる余の主君に以下のことを知らせる。すなわち，余は貴殿から獲得したこの所領を，余の死後子息のエセルシージに与える。そして彼の死後，男系親族に対する限りは，彼が望むいかなる者にもこれを与えることができる」« Ic Ælfric cyþe minan leofe flaforde þæt ic on Æþelsige minan suna þæs landes þe ic to gearnode æfter minan dæge to habbanne his dæg ꝛ æfter his dæge to syllanne þæm þe him leofast seo ꝛ þæt sio on þa spere hand. »[42]。受領者エルフリックによる一人称で書かれていることからも，これを彼が口頭で発言したことの記録と考えるのがごく自然と思われる。貸与の際にはやはり儀式があり，そこでの発話が文書の最後に付加された可能性が高い。

おわりに

本稿では，ウスター司教座関連文書における古英語の記載について，網羅的に考察を試みた。結果として強調したいのは，それが所領の境界標示，構成要素描写，所領民リストなどによって現場に密着した詳細な情報を伝えていたことであり，現地での調査や聞き取りなどを通じて所領の現実を書き留めようとした司教座の積極的な所領経営の現れと解釈できることである。日常語としての古英語は，書き言葉としてのラテン語では追いつかない，現場の豊かな現実を表現するために有効な手段と考えられたのである。

ただ忘れてはならないのは，やはり譲渡行為を記す文書には相応しい形式が存在するという前提があったことで，10–11世紀にも法行為はラテン語で簡潔に記された文書が大半を占めていることが，それを示している。その中で，伝統的に正式な形式を大きく逸脱しない範囲で，司教座の積極経営への関心を組み込んでいこうという姿勢が，古英語記載に現れているように思う。すなわち，境界標示の頻繁化と詳細化は，そもそも初期王文書に少数とはいえ簡潔な境界へ

の言及があって、これが文書の構成要素として認められていたことを基礎にしていたのであろう。

　もちろん、ことに10世紀以降古英語での記述がより頻繁となるのは、俗人への貸与の活発化という社会的背景と無関係ではありえない。期限終了の暁には、所領が当初の境界や構成要素を保ったままウスター司教座に返還される、そうした配慮が強く働くようになったはずであり、それは措置部の要約、返還義務の確認、そして呪詛が古英語表記されていることからも明らかである。貸与の儀式では、文書のこれらの箇所は受領者と証人に周知されるべく読み上げられたと思われる。そしてケリーの指摘のように、ラテン語を読めない俗人の一部が古英語なら読めたのだとすれば、これらの記載が在地社会で持つ効力は大きかったはずだ[43]。

　しかし注意しなければならないのは、古英語で詳しく記録することで所領をより積極的に管理・運営していこうという姿勢は、貸与に限ったことではないという点である。文書の伝来状況からして、10世紀以降ウスター司教座の所領政策では、土地貸与による間接経営がどうしてもクローズ・アップされてしまうが、当時イングランドで広く見られた領主による直接経営の拡充は[44]、ここにも確実に現れていた[45]。本稿で対象とした史料でも、その点は、9世紀末の所領民リストが司教座の受領した土地に関する古英語での記録であったこと、さらに10世紀の貸与文書に司教座が留保する土地や所領民への言及があることのうちに示されている。したがって、文書における古英語の利用は、司教座が所領経営一般へ積極的な関心を持ち始めたことを示している、としてよいだろう。

　筆者はこれまで、ウスター司教座関連文書の一見形式的で無味乾燥な記述から、それでも10世紀頃から司教座による土地経営への積極性が浮かび上がると論じてきた[46]。本稿によって筆者のこれまでの主張が改めて裏付けられたように思う。最後にこの主張をさらに補強するために、こうして古英語を交えて作成された文書に期待された、実効的な機能を示す二つの事実を指摘して終わりたい。第一は文書形式としてのキログラフ chirographs（一葉の羊皮紙に同一の内容を二度以上書き記し、境目に付された《CYROGRAPHUM》という文字を横切って切り離した複数一組の文書）の活用である。表で注記したように、貸与

を記したオリジナルからは，遅くとも10世紀からこれらがキログラフで作成されたことがわかる[47]。ウスター司教領で9世紀末から土地を巡る紛争が生じていたことは，その解決を記録した文書から看取できるが(表の内容欄を参照)[48]，キログラフ作成は古英語で詳しく記録した文書について，司教座がさらに念入りにその形態で真正性を保証して，将来起こりうる争いを回避しようとしたことを示唆している。

　第二が相続人名の記録である。『ヘミングのカーチュラリ』に筆写された文書には，冒頭の表題部分や末尾に，しばしば，貸与地の二世代目，三世代目の相続人名が書き留められているが(表の注を参照)，オリジナルのうち二通では相続人名が裏書きされており[49]，おそらく『カーチュラリ』にはこうした文書の裏書きが筆写されていたと考えられる。現場を反映するために日常語によって，真正性を保証するためにキログラフの形態によって作成された文書は，さらに後々まで参照され，裏書きが施されていた。ここにも，文書を機能的に用いて所領を管理していこうというウスター司教座の姿勢が，一貫して見出せるのである。

注

1) 森貴子「イングランド中世初期農村史研究の最近の動向」『史学雑誌』109-111, 2000年, 89-111頁。
2) 森貴子「権利譲渡文書に見るアングロ・サクソン期ウスター司教領の動態」『西洋史学』194, 1999年, 45-68頁/同「« Rectitudines Singularum Personarum » 再考—アングロ・サクソン後期ウスター司教領の構造解明にむけて—」『九州歴史科学』28, 2000年, 60-82頁。
3) 一般的説明は，D. Whitelock, 'Introduction', in Do. (ed.), *English Historical Documents*, I, c. 500-1042, London & New York, 1955 (2nd edn, 1979), pp. 369-382.
4) ただしキリスト教導入以前にも記録活動はあったようで，それを示すのが，古英語をラテン文字表記する際の，wを表すρやthを示すþなどといったルーン文字の使用である。
5) P. H. Sawyer, *Anglo-Saxon Charters: an Annotated List and Bibliography*, London, 1968 (以下Sと略記), no. 8.
6) 鶴島博和「‹Rex Anglorum›—十世紀イングランド統合王国の構造」『西洋史研究』新輯19, 1990年, 146-159頁を参照。
7) P. Chaplais, 'Some Early Anglo-Saxon Diplomas on Single Sheets: Originals or Copies?', *Journal of Society for Archivists*, iii, no. 7, 1968, pp. 315-336.

8) Cf. S. Kelly, 'Anglo-Saxon Lay Society and the Written Word' in R. McKitterick (ed.), *The Uses of Literacy in Early Medieval Europe*, Cambridge, 1990, pp. 36–62. esp. pp. 44–46.
9) « trinoda necessitas » と呼ばれる王へのこの一般的な義務は，9 世紀頃から徐々に確立していった。鶴島博和「十一―十二世紀のイングランドにおける『国家』と『教会』」，佐藤伊久男編『ヨーロッパにおける統合的諸権力の構造と展開』創文社，1994 年，201 頁。
10) N. Brooks, *The Early History of the Church of Canterbury*, Leicester, 1984, pp.164–174.
11) P. J. Geary, 'Land, Language and Memory in Europe 700–1100', *Transactions of the Royal Historical Society*, 6th ser., vol. 9, 1999, pp. 169–184.
12) Kelly, art. cit.（前注 8）
13) T. Hearne (ed.), *Hemingi Chartularium Ecclesiae Wigorniensis*, Oxford, 1723.
14) アングロ・サクソン期を通じたウスター司教座所領の展開は，森「権利譲渡文書」（前注 2）。司教オズワルドによる貸与に関しては，同稿の表 1 を参照されたい。また王国統治におけるウスター司教座の位置づけは，鶴島「『国家』と『教会』」（前注 9），171–225 頁。
15) 森「権利譲渡文書」（前注 2），表 1 を参照。
16) N. Brooks, 'Anglo-Saxon Charters: A Review of work 1953–73; with a Postscript on the Period 1973–98' in Do., *Anglo-Saxon Myths: State and Church 400–1066*, London, 2000, chap. 9, p. 194.
17) Sawyer, *op. cit.*（前注 5）
18) The Electronic Sawyer, an online version of the revised edition of Sawyer's *Anglo-Saxon Charters* section one [S 1–1602], *prepared under the auspices of the* British Academy / Royal Historical Society, by S. E. Kelly (http://www.trin.cam.ac.uk/sdk13/chartwww/eSawyer.99/eSawyer2.html)
19) N. R. Ker, 'Hemming's Cartulary', in R. W. Hunt, W. A. Pantin, R. W. Southern (eds.), *Studies in Medieval History presented to F. M. Powicke*, Oxford, 1948, pp. 49–75.
20) K. A. Lowe, 'The Development of the Anglo-Saxon Boundary Clause', *NOMINA*, 21, 1998, pp. 63–100.
21) ウスター司教座関連の全文書中，境界が記載されている数は以下の通りである。*7 世紀: 5 通中 1 通（＝古英語）*8 世紀: 33 通中 12 通（＝ラテン語 4 通／古英語 7 通／ラテン語・古英語 1 通）*9 世紀: 45 通中 11 通（＝ラテン語 2 通／古英語 8 通／ラテン語・古英語 1 通）*10 世紀: 95 通中 46 通（＝全て古英語）*11 世紀: 伝来が不完全な 13 通を除く 21 通中 7 通（＝全て古英語）。森「権利譲渡文書」（前注 2），表 1 を参照。
22) S. 77: W. de Gray Birch (ed.), *Cartularium Saxonicum*, 3 vols and index, London, 1885–1899（以下 B と略記），no. 75. 本稿では文書の大部分を，現在最も信頼できるこの Birch 版に刊行された形で利用した。また，古英語文書の刊本として定評のある A. J. Robertson (ed.), *Anglo-Saxon Charters*, Cambridge, 1956,（以下 R と略記）も参照した。さらに，編集方法の相違（文書形態の取扱いなど）を考慮しつつ，本稿の文脈に相応しい刊本を必要に応じて挙げておいた。
23) S. 101; B. 163.
24) S. 113; B. 223; D. Hooke, *Worcestershire Anglo-Saxon Charter-Bounds*, Suffolk, 1990（以下

Hooke と略記), no. 10. 同じ文書の後半で, アルドレッドは当地所を司教座に譲与している。
25) S. 1300; B. 1088; Hooke, 34.
26) 「西欧中世初期荘園史料をめぐって―大陸とイングランドとの比較―」(森本芳樹と共同報告), 比較中世史料研究会(於京都大学, 2000年12月16日)。なお, この報告での筆者の担当部分は, 近く独立の論文として刊行予定である。
27) Lowe, art. cit. (前注20), pp. 64–65.
28) S. 1549 / 1554 / 1556 / 1568 / 1573 / 1591 / 1592 / 1593 / 1595 / 1596 / 1598 / 1600 / 1601. ただし, これら境界のみの記載は, 年代を始めとする前後関係が不明なため, 本稿の表からは除外している。
29) S. 1318; B. 1232.
30) ここでも, オリジナルの4通 (no. 27 / no. 60 / no. 100 / no. 105) には裏書きがある。
31) S. 1310; B. 1182; R. 43.
32) S. 1317; B. 1236.
33) no. 53 = S. 1318; B. 1232 / no. 60 = S. 1326; B. 1233; R. 46.
34) 森「権利譲渡文書」(前注2), 49頁, 表2, 表3を参照。
35) 922年に司教ウィルフェリス Wilferth が個人的にウスター司教座に対して行った譲与では, 死後の祈禱が条件とされている。no. 28 = S. 1289: B. 636: R. 21. 「余はウスターの共同体の食卓に, クリフォードにある一片の土地を与える…。この所領から得る利益によって, 彼らが余の命日を毎年十分に祈禱してくれるように。」« ic sylle sumne dæl londes æt Clifforda higen to hiora biode æt Weogernaceastre ... hio ælce gere of ðæm londe ec be sumum dælæ gemyndgien ða tide mines forðsiðes mid ðæm nytnessum ðe hio on ðæm londe begeten. »。こうした明言は希有な例だが, おそらく司教座への譲与の場合には同様の宗教的な奉仕が期待されていたであろう。
36) no. 38 = S. 1303; B. 1106; R. 35 / no. 40 = S.1305; B. 1110; R. 36.
37) 森「権利譲渡文書」(前注2) の表2, 表3から, 10世紀以降に所領の内実を示す記載の増加を看取できる。本稿での作業からこれらに一部修正を加えた上で算出してみると, 古英語が用いられているのは記載件数(文書数ではない)の6割から7割である(10世紀46件中28 / 11世紀15件中11)。
38) S. 1384; J. M. Kemble (ed.), *Codex Diplomaticus Aevi Saxonici*, 6 vols, London, 1839–48 (以下 K と略記), no. 1313; Hooke, 60. この貸与はウルフスタンがウスター司教を辞してヨーク大司教専任となった翌年のものだが, ウスター司教座への返還の明記から, 司教領と考えてよい。
39) S.1281; B. 609; R. 18.
40) S. 217; B. 547. 確かにこの文書の真正性については一部で疑問が提出されたが, ことに最近では, 所領住民に関する貴重な情報としてたびたび引用されている。例えば, R. Faith, *The English Peasantry and the Growth of Lordship*, Leicester, 1997, p. 84.
41) S. 1283; B. 560; R. 16.
42) S. 1303; B. 1106; R. 35.
43) Kelly, art. cit. (前注8), pp. 59–62.

44) Faith, 'The Growth of Small Estates and the Beginnings of the Seigneurial Life', in *op. cit.*（前注40）, chap. 6, pp. 153–177.
45) 森「« Rectitudines »」（前注2）。
46) 森「権利譲渡文書」（前注2）。
47) no. 27 = S. 1281; B. 609 / no. 60 = S. 1326; B. 1233 / no. 80 = S. 1347; J. Earle ed., *A Handbook to the Land-Charters and other Saxonic Documents*, Oxford, 1888（以下 Earle と略記）, pp. 207–209 / no. 95 = S. 1385; Earle, pp. 234–235 / no. 100 = S. 1393; Earle, pp. 239–240 / no. 105 = S. 1394; Earle, pp. 242–243 / no. 113 = S. 1405; Earle, pp. 247–248.
48) ウスター司教座の紛争解決文書については，P. Wormald, 'Charters, law and the settlement of disputes in Anglo-Saxon England', in W. Davies and P. Fouracre (eds.), *The Settlement of Disputes in Early Medieval Europe*, Cambridge, 1986, pp. 149–168 で詳細に検討されている。ここでの主張の一つは，俗人世界に文書がかなり普及していたという点にある。
49) no. 27 / 100. ただし，これら自体は『ヘミングのカーチュラリ』に収められていない。

＊ 本稿は，文部科学省の科研費の助成を得た「中世初期イングランドにおける所領と社会——ウスター司教領の構造と展開——」(15720174) の成果の一部である。

表　ウスター司教座関連文書における古英語の利用

no.	S.	年	真正性	伝来状況・筆写時点	文書類型	内容	古英語の利用程度	境界標示	要約	懲戒譴責	呪詛	その他	注
1	64	699–709	△	11C前半	王文書	土地譲与	部分	○					イングランド最古の貸与？
2	1254	718–745	○	11C前半	王文書	土地貸与	部分	○					ラテン語からの翻訳？
3	98	743–745	△	11C前半	王文書	通行税免除特権	全部						
4	55	757	△	11C前半	王文書	土地譲与	部分	○					
5	142	757–775	△	11–12C	王文書	土地譲与	部分	○					
6	104	759 or 774	×	11C前半	王文書	土地譲与	部分	○					
7	60	770	×	11C前半	王文書	土地譲与	部分	○					
8	145	775–777	△	11C前半	王文書	土地譲与	部分	○					
9	1185	781–796	△	11C後半	王文書	土地譲与	部分	○					
10	126	786,89–90	△	11C後半	記録	土地譲与	全部						
11	174	814	△	11C前半	王文書	土地譲与の経緯	部分	○					
12	179	816	×	11C前半	王文書	土地譲与	部分	○					
13	1432	822–823	○	11C前半	私文書	土地譲与の経緯	部分	○					
14	1272	849	○	11C前半	記録	土地貸与	全部？						
15	201	851	×	11C後半	王文書	土地譲与	部分	○					
16	211	866	×	11C前半	王文書	土地譲与	部分	○					
17	1838	873–915		逸失	記録	都市内の権利解決	全部						
18	216	875	×	11C後半	王文書	土地貸与	部分	○				所領民リスト	
19	217	880,887	△	11C前半	王文書	土地譲与	部分	○					
20	218	883	△	11C前半	記録	紛争解決	ほぼ全部	○					
21	223	884–901	○	11C前半	記録	都市内の権利譲与	全部						
22	1416	892	○	17C	私文書	土地貸与	部分		○？				不完全
23	1441	896	○	11C前半	私文書	紛争解決	全部						
24	1283	899–904		逸失	私文書	紛争解決	全部					奉仕規定/付属物件/所領再編	
25	1446	903	○	11C前半	記録	土地貸与	全部						
26	1280	904	○	11C前半	記録	土地貸与	ほぼ全部						
27	1281	904	○	オリジナル	私文書						○	付属物件/相続人名（裏書）	キログラフ下部
28	1289	922	○	17C	私文書	土地譲与	ほぼ全部	○				奉仕規定/付属物件	

no.	S.	年	真正性	伝来状況・筆写時点	文書類型	内容	古英語の利用程度	古英語での記載部分					注
								境界標示	要約	忘義離縁	呪語	その他	
29	401	929	×	11C前半	王文書	土地譲与	部分	○					
30	402	929	×	11C前半	王文書	土地譲与	部分	○					
31	1297	943 for 963	○	11C前半	私文書	土地貸与	部分	○	○			付属物件	
32	633	956	△	11C後半	王文書	土地譲与	部分	○					
33	1370	961–72	○	11C前半	私文書	土地貸与	部分	○			○	付属物件	相続人名
34	1843	961–972		逸失			部分?						
35	1299	962	○	11C前半	私文書	土地貸与	ほぼ全部	○	○				相続人名
36	1300	692	○	11C前半	私文書	土地貸与	部分	○	○			付属物件	相続人名
37	1301	962	○	11C前半	私文書	土地貸与	部分	○	○				相続人名
38	1303	963	○	11C前半	私文書	土地貸与	部分	○	○			奉仕規定/付属物件/相続人指定	
39	1304	963	○	11C前半	私文書	土地貸与	ほぼ全部	○	○			相続人名	
40	1305	963	○	11C前半	私文書	土地貸与	部分	○	○			奉仕規定	
41	1306	963	○	11C前半	私文書	土地貸与	部分	○	○				相続人名
42	1307	963	○	11C前半	私文書	土地貸与	部分	○	○				
43	731	964	△	12C前半	王文書	特権賜設定	全部	○			○	奉仕規定	相続人名
44	1309	966	○	11C前半	私文書	土地貸与	部分	○	○			付属物件	相続人名
45	1310	966	○	11C前半	私文書	土地貸与	部分	○	○				相続人名
46	1311	966	○	11C前半	私文書	土地貸与	部分	○			○		相続人名
47	1312	967	○	11C前半	私文書	土地貸与	部分	○			○	奉仕規定	相続人名
48	1313	967	○	11C前半	私文書	土地貸与	部分	○			○		相続人名
49	1314	967	○	11C前半	私文書	土地貸与	部分	○					相続人名
50	1315	967		逸失	私文書	土地貸与	部分	○	○				相続人名
51	1316	967	○	11C前半	私文書	土地貸与	部分	○	○				相続人名
52	1317	969	○	11C前半	私文書	土地貸与	部分	○			○		相続人名
53	1318	969	○	11C前半	私文書	土地貸与	部分	○					相続人名
54	1319	969	○	11C前半	私文書	土地貸与	部分	○					相続人名
55	1320	969	○	11C前半	私文書	土地貸与	部分	○					相続人名
56	1321	969	△	11C前半	私文書	土地貸与	部分	○				付属物件	
57	1322	969	○	11C前半	私文書	土地貸与	部分	○					相続人名

アングロ・サクソン期文書における古英語の利用

No.	ID	年	記号	時期	種別	内容	範囲	○	○	○	○	備考1	備考2
58	1323	969	○	11C前半	私文書	土地貸与	部分	○						相続人名
59	1325	969	○	11C前半	私文書	土地貸与	部分	○						相続人名
60	1326	969		オリジナル	私文書	土地貸与	全部					○	地所名(裏書)	キロクラフ上部
61	1327	969	○	11C前半	私文書	土地貸与	部分	○					付属物件	
62	1367	972-92	○	11C前半	私文書	土地貸与	部分		○				付属物件	
63	751	973	△	11C後半	王文書/私文書	土地譲与	部分	○						相続人名
64	1329	974	△	11C前半	私文書	土地貸与	部分	○						
65	1372	975-78	○	11C前半	私文書	土地貸与	ほぼ全部	○						相続人名
66	1373	975-78	○	11C前半	私文書	土地貸与	ほぼ全部	○					奉仕規定/付属物件	相続人名
67	1374	975-78	○	11C前半	私文書	土地貸与	ほぼ全部	○					奉仕規定/付属物件	相続人名
68	1330	977	○	11C前半	私文書	土地貸与	部分	○					奉仕規定	
69	1332	977	○	11C前半	私文書	土地貸与	全部	○						相続人名
70	1334	977	○	11C前半	私文書	土地貸与	部分		○					相続人名
71	1335	977	△	11C前半	私文書	土地貸与	部分		○					相続人名
72	1336	977	○	11C前半	私文書	土地貸与	部分	○					付属物件	
73	1337	978	○	11C前半	私文書	土地貸与	部分	○						
74	1338	978	○	11C前半	私文書	土地貸与	部分	○						
75	1339	978	○	11C前半	私文書	土地貸与	部分	○						
76	1340	979	○	11C前半	私文書	土地貸与	部分	○					奉仕規定/付属物件	
77	1342	980	○	11C前半	私文書	土地貸与	ほぼ全部	○						
78	1369	983-85	○	11C前半	私文書	土地貸与	部分			○				
79	1346	984	○	11C前半	私文書	土地貸与	部分	○(裏書)						
80	1347	984		オリジナル	私文書	土地貸与	部分				○			キロクラフ下部
80	1348	984	○	11C前半	私文書	土地貸与	部分	○						相続人名
82	1350	985	○	11C前半	私文書	土地貸与	部分	○						相続人名
83	1351	985	○	11C前半	私文書	土地貸与	部分	○						
84	1352	985	○	11C前半	私文書	土地貸与	部分	○						相続人名
85	1353	987	○	11C前半	私文書	土地貸与	部分		○					
86	1355	988	○	11C前半	私文書	土地貸与	部分	○						相続人名
87	1356	988	○	11C前半	私文書	土地貸与	部分	○						相続人名
88	1358	988	○	11C前半	私文書	土地貸与	部分	○					付属物件	相続人名

第1部 史料論の世界

no.	S.	年	真正性	伝来状況・筆写時点	文書類型	内容	古英語の利用程度	境界標示	要約	古英語での記載部分 祈願文言	呪詛	その他	注
89	1361	989(83-85)	△(年代)	11C前半	私文書	土地貸与	部分	○				奉仕規定/付属物件	相続人名
90	1362	990	○	11C前半	私文書	土地貸与	全部	○				奉仕規定	
91	1363	990	○	11C前半	私文書	土地貸与	ほぼ全部					奉仕規定/付属物件	
92	1366	991	○	11C前半	私文書	土地貸与	部分					奉仕規定/付属物件	
93	1381	996	○	11C前半	私文書	土地貸与						奉仕規定	
94	1846	1003-23		逸失		部分?							
95	1385	1003-23	○	オリジナル	私文書	土地貸与	部分	○					キログラフ下部
96	1848	1016-33		逸失		全部							
97	1384	1017	○	17C	私文書	土地貸与	部分	○				付属物件	
98	1847	1017		逸失		部分?							
99	1849	1037		逸失		部分?							
100	1393	1038	○	オリジナル	私文書	土地貸与	部分	○				付属物件/所領名・相続人名(裏書)	キログラフ上部
101	1851	1038-46		逸失		部分?							
102	1852	1038-46		逸失		全部?							
103	1853	1038-46		逸失		部分?							
104	1854	1038-46		逸失									
105	1394	1042	○	オリジナル	私文書	土地貸与	全部	○		○		奉仕規定/所領名(裏書)	キログラフ上部
106	1395	1042		逸失	私文書	土地貸与	部分	○				付属物件	
107	1396	1042	△	逸失	私文書	土地貸与	部分						
108	1058	1044-51	△	12C	私文書	土地貸与	全部		○			特権譲渡	
109	1406	1046-53	○	17C	私文書	土地貸与	部分	○		○		奉仕規定	
110	1227	1046-62	△	11C後半	私文書	土地譲与	全部	○					
111	1409	1051-55		逸失	私文書	土地譲与	全部					奉仕規定	
112	1232	1052-57	○	11C後半	記録	土地貸与	部分	○		○			ラテン語版も存在
113	1405	1058	○	オリジナル	私文書	土地貸与	全部	○				付属物件	キログラフ下部
114	1156	1062		逸失	令状	司教叙任	全部					特権譲渡	
115	1158	1062		13-14C	令状	流通税譲与	全部						

* S: P. H. Sawyer, *Anglo-Saxon Charters*, London, 1968.
* 真正性: ○＝真正文書 △＝一部の研究者が疑問視─部分的改竄・付加 ×＝偽文書

紀元千年頃の俗人の土地領有をめぐって
——スペイン北東部リバゴルサ地方の場合——

足 立　　孝

I.　問題の所在

　紀元千年頃といえば社会変革の一大画期という認識が，西地中海世界を研究の主たるフィールドとする中世史家のあいだで共有されるようになって久しいのは周知のごとくである[1]。もっとも，伝来する史料の大半が教会，なかんずく修道院によって編纂された「証書集（cartulaire, cartulario, cartoral）」に由来するものである以上，変革の主な担い手というべき肝心の俗人の動向をめぐっては，はなはだ断片的な情報に頼らざるをえないか，あるいは教会史料がはらむバイアスによって多少なりとも歪められたイメージを注意深くときほぐさなくてはならないのも無理からぬことである。だが10世紀後半から11世紀をつうじて約15,000点もの文書史料が伝来するスペイン北東部カタルーニャ地方には，俗人のオリジナル文書や，後代に教会の手で書写され「証書集」に収録されるにいたった俗人文書の写しが例外的に数多く伝来しており，紀元千年頃の俗人の実態を比較的正確に把握することが可能であるとされる。
　たとえば，バルセローナ近傍の集落プルベンサスの富裕農民を父祖とするビバスなる人物の家族については，すべてオリジナルの状態で文書が伝来している。ピエール・ボナシーは，これを材料として，ビバスとその子供たちが売買をつうじて土地財産を急速に集積しながら，ついには貴族的な社会エリート集団の一員として社会的上昇をとげるにいたった道筋をあざやかに描きだしている。986年から1040年までに76件もの土地売買を行ったビバスを筆頭に，彼ら

が展開した土地の集積活動は、富と権力の象徴ともいえる塔などの防備建築物や、バルセローナの市場開設場所に近接した店舗にまでその手を広げながら、故地プルベンサスの枠組みをはるかに越えるものとなったという。こうしたなかで、ビバスの長子ペラは、ジローナ副伯主宰の法廷に有力貴族の1人として参列するまでになっている[2]。

　他方、同じくバルセローナへの交通路沿いに位置するレシャックで生を受けたゴルトレッドなる人物に関しては、同司教座聖堂教会の証書集に収録された一群の写しが伝来しており、ビクトル・ファリアス・スリータのごく最近の研究において検討の対象とされている。ゴルトレッドもやはりレシャックの富裕農民家族の出自であり、叔父には司祭で富裕な土地所有者でもあった人物がいる。彼の場合にも、土地財産の集積手段はもっぱら購入であり、全体で76件あるうち68件が996年から1020年までのわずか25年間に集中して行われた。なお彼の子供たちの大半は農民的な生活環境をぬけだすまでにはいたらなかったが、唯一、父親から大部分の土地財産を相続した末子のミル・ゴルトレッドがバルセローナ司教座聖堂参事会員となり、社会エリート集団への仲間入りを果たすにいたっている[3]。

　このような社会的上昇を可能にした社会的・経済的条件として、いずれの場合にも強調されているのが、プルベンサスおよびレシャックと都市バルセローナとの近接性である。かれらは購入した土地の代価の90パーセント以上を貨幣、とくに金貨で支払っているが、これは、当時のキリスト教徒西欧世界随一の金の流通センターであったバルセローナ市場の活況ときわめて密接な関係があるとされる[4]。彼らは生産物をバルセローナで売りさばいて貨幣を獲得し、周辺農村の葡萄畑や菜園など、とくに商品作物を生産する土地の購入にこれをあてている。このように、バルセローナ市場の購買力によって活性化された土地市場は農村への貨幣経済の浸透をいっそう促したが、こうした傾向は富裕農民の総数を増加させるのではなく、むしろ少数の富裕農民家族への土地の一極集中という結果をもたらすことになったという[5]。

　ところで、もしビバスやゴルトレッドのような俗人の経済活動がピレネー山脈の急峻な山塊のただなかにおいても展開されていたとしたら、以上のような

説明はいかなるかたちをとることになるであろうか。本稿が対象とするピレネー山脈中部のリバゴルサ地方は、カタルーニャ地方とアラゴン地方のはざまに位置する急峻な山岳地帯であり、無数の渓谷群が縦横にはしるこの地域には、バルセローナに匹敵する都市どころか、そもそも都市拠点とよぶに値する集落さえ存在しない。だがここでもまた、ある俗人家族によってくりひろげられた土地の集積活動のあかしである一連の文書が、後代に編纂された証書集を介して伝来している。まずはそれを材料として、彼らが展開した活動を以下で再構成してみよう。前述のように、社会的・経済的条件が異なるなかでもある程度似かよった活動が行われえたとすれば、ビバスやゴルトレッドのケースとは異なる論理でその要因が説明されなくてはならない。このあたりには、近年とみに注目を集めている土地市場をめぐる問題も深く関わってくるはずであり[6]、本稿の作業はこうした問題を考える一助にはなりうるであろう。

II. 『ベナスケの巻物』と『バリャブリーガの巻物』

冒頭でも触れたように、リバゴルサはピレネー山脈とプレピレネーの諸連峰に囲まれた奥深い山岳地帯である。そこでは、2,000メートルを超える山々が東西に列をなしていて、これに北から南へとそそぐ河川がほぼ垂直に交差し、狭隘な渓谷が南北にわたって穿たれている。すなわち、エセラ川とその支流イサベナ川、そしてノゲーラ・リバゴルサーナ川である。イサベナ川上流にはサンタ・マリア・デ・オバーラ、ノゲーラ川上流にサンタ・マリア・ダ・ラバーシュ、同河川中流にサンタ・マリア・デ・アラオンといった具合に、各渓谷にはリバゴルサのおもだった修道院とその所領が所在しており、各々の修道院に伝来する証書集や文書群が貴重な情報源となっている(地図)[7]。

さて以下で検討の対象となる証書集は2点あり、それぞれ『ベナスケの巻物 Rótulo de Benasque』ならびに『バリャブリーガの巻物 Rótulo de Ballabriga』と呼ばれている。これらはいずれも正確には知られていないある時期にサンタ・マリア・デ・オバーラ修道院の文書庫に加えられて、今日まで伝来するにいたっている[8]。その呼称からも容易に判断されるように、それらは革紐でつながれた

数葉の羊皮紙を木製の芯に巻きつけた正真正銘の「巻物 (volumen, rotullus)」である。以下では便宜上，前者を RB，後者を Rb と呼ぶことにしよう。RB は 7 葉構成で，つながれた羊皮紙の全長が約 4 メートル，幅は平均で約 21 センチ，Rb は 4 葉構成で，全長が約 2 メートル，平均幅は 18 センチであり，いずれの場合にも，テクストの向きと配列から，すべての羊皮紙がつながれたあとで表面から裏面へと順に文書が書き写されていったものと推測される。RB に書写されたテクストは 69 点で，それらはすべて 11 世紀中葉のカロリーナ小文字で書かれており，そのうち 55 点が書体の特徴から 1 人の手になるものと想定される。他方，Rb には 27 点のテクストが収録されていて，そのうち 25 点がやはり 11 世紀中葉に 1 人の手で書き写されたものである[9]。

　これら 2 点の「巻物」は，サンガという名の同じ女性を妻とする 2 組の夫婦によってくりひろげられた事実上 1 世代かぎりの経済活動の記録である。サンガは，まず 1010 年頃から最初の夫エナルドとともに RB に収録された文書に姿をあらわすようになり，ついで 1025 年になるとアポ・ガリンドという名の 2 人目の夫と Rb の文書に登場するようになる。彼女は大半の文書で 2 人の夫とともに行為主体となっており，このあたりからも「巻物」の編纂が彼女の存在を軸とするものであったことが窺われる。ただ「巻物」は，個々の文書であつかわれた土地物件の所在地を分類基準として編纂されている。すなわち RB は，エセラ川上流のベナスケのテリトリウム (territorium de Benaschum) とソス渓谷 (Valle Sositana) を対象としたものであり，これに対して Rb はもっぱらイサベナ川上流，サンタ・マリア・デ・オバーラ修道院近傍のバリャブリーガ (Valle Apricha) というウィラ (villa) に関係するものである。だからここではさしあたり，次のようにごく簡単にまとめておくことにしよう。すなわち，RB はエナルドとサンガ，ついでアポ・ガリンドとサンガがベナスケ周辺でくりひろげた活動の記録であり，Rb はもっぱらアポ・ガリンドとサンガがバリャブリーガで営んだ生活の足跡である。

　サンガたちが活動を開始したのは，リバゴルサ伯家の断絶 (1003 年) にはじまり，アンダルス宰相アブド・アル・マリクによる侵攻 (1006 年) を経て[10]，東西の政治勢力がリバゴルサ支配を虎視眈々と狙うようになった，いわば政治的危機

のさなかであった。具体的には，リバゴルサ南部を制圧したナバーラ国王サンチョ3世，パリャース・スビラ(上パリャース)伯ギエム2世，さらにリバゴルサ伯家の血をひくカスティーリャ伯サンチョ・ガルシアの妹マヨールが同地の支配をめぐって三つ巴で睨み合う事態となっていたのである。こうしたなかでサンガの最初の夫エナルドは，カスティーリャ人であるマヨールの「誠実者(fidel)」にして，「遠く隔たった地から私(マヨール)のもとにはせ参じ，できるかぎりの奉仕をなした」人物と記されている[11]。ベナスケの地に身をおちつけた彼は，1010年頃から1020年頃までの約10年間にわたって，妻サンガとともに土地財産の集積にいそしんでいる。両人に関係する文書は合計54点あり，その内訳は土地売買を内容とする文書が50点と大半を占め，そのほかに贈与文書2点，確認(および特権)文書1点，裁判文書1点となっている。これらのうち贈与文書ならびに確認文書はいずれも，彼らが果たした「良き奉仕（bonum servicium)」に対する報償として発給されており，彼らがとりむすんでいた社会関係の一端をかいまみせてくれる。

とくに注目されるのは，やはりマヨールとの密接な関係である。たとえば1010年頃に発給された同人の確認文書では，エナルド夫妻がベナスケで購入するあらゆる土地財産について，いかなる者に対しても「奉仕」を負担することがないとした特権が賦与されている[12]。また1018年頃には，ソス渓谷のカステホン・デ・ソスに所在する葡萄畑を賦与されており[13]，翌1019年に当該葡萄畑をめぐって紛争がもちあがったときに，エナルド夫妻を勝訴にみちびいたのは，ほかならぬマヨールの主宰する法廷であった[14]。他方，彼らは，在地住人との関係もおろそかにしていない。たとえばサンチョなる人物は，彼らによって果たされた「良き奉仕」の代償として，ベナスケの家屋を賦与し，同時に耕地2，粉挽水車1基を売っている[15]。また司祭ブランデリコの寡婦オネーカとその息子たちが土地を賦与したのも，エナルドとサンガが彼女に「良き奉仕」を果たしたためであった[16]。なおここでいう「奉仕」の具体的な内容はさだかではないが，彼らが所有する動産のなかに馬や鎧で防護された鞍が登場することから[17]，軍事的な性格のそれが含まれていた可能性もある。

54点中50点が土地売買文書という前掲のデータがものがたるように，エナル

ド夫妻がくりひろげた土地の集積活動はもっぱら購入に依拠していた。彼らは，ベナスケのテリトリウムからソス渓谷にわたって，耕地51，葡萄畑18，家屋5，採草地4，家畜小屋3，粉挽水車1，そして自有地（alodium）と表記されるのみでその内実は不明の土地1を，わずか10年のあいだに購入している。支払い手段は，50件中39件で貨幣が用いられており，貨幣と現物が3件，現物のみが8件となっている。貨幣支払いの場合，代価はつねにソリドゥスで計算されているが，実際に使用されたのはアルゲンテウス（argenteus）と呼ばれる銀貨であった[18]。これに対して，家畜（牛，馬），小麦，鞍，鉄製農具が支払いに用いられた現物である。なおエナルド夫妻が土地売買に投下した財貨の総量は，貨幣換算されている現物も含めると，全体で379ソリドゥス19アルゲンテウスにのぼる[19]。

　サンガが自ら行為主体となっている1020年頃の土地売買文書には，もはやエナルドの姿はみあたらない[20]。サンガもまた，これを最後に1025年までしばらく「巻物」の世界から身を隠すことになる。同時期にマヨールは，国王サンチョ3世に率いられたナバーラ王国軍の圧力に押され，「誠実者」たちとともにソス渓谷に逃げ込むも，結果的にこの地から放逐されてしまう[21]。エナルドもまた，マヨールとともにこの地をあとにしたか，あるいは戦闘中に死没してしまったかもしれない。同国王によってこの地が制圧された直後の1025年11月の土地売買文書では，すでにサンガはアポ・ガリンドの妻としてバリャブリーガの地に身を寄せているのである[22]。

　彼女の新たな夫となったアポ・ガリンドは，もともとバリャブリーガの地に根を下ろしていた富裕な土地所有者であったようである。Rbには，サンガと結婚する前に彼が行っていた経済活動の一端を示す，1020年頃の文書が幾つか収録されている。それらは，土地売買文書9点，交換文書1点，贈与文書1点，補償（emendatio）文書4点からなるが，ここではまず，贈与文書と補償文書に注目したい。とくに補償文書は，彼になんらかの損害を与えた人物が土地などを贈与してそれを補償する目的で作成したものである[23]。また1点の贈与文書においても，これと同じように贈与の動機が，彼に与えた損害を償うものであることが明記されている[24]。彼が被った損害とは，具体的にいえば，彼が貸し付

けた貨幣や家畜がなんらかの理由によって返済されなかったことによるものであった。このあたりから，彼が同地でいかなる社会的・経済的地位にあったかが透けてみえるように思われる。

　彼は，1020年頃の一連の文書において，全体として耕地10，葡萄畑3，菜園1，そして複数の家屋を獲得している。もっとも彼が集積した土地はあくまでバリャブリーガの領域にとどまっていた。だがサンガとの結婚によって，イサベナ川上流域とエセラ川上流域を隔てる山々(史料ではアラス(Aras)と呼ばれている)が一気に飛び越えられることになる。1025年から1045年にいたるまでに，彼らは，バリャブリーガにおいて土地売買を10件，前述の補償1件，交換1件をおこない，ベナスケのテリトリウムならびにソス渓谷では12件の土地売買をおこなっている。こうして彼らが獲得したのは，バリャブリーガで耕地6，葡萄畑2，菜園4，採草地1，複数の家屋，それ自体完結した経営地と推測される自有地3，ベナスケのテリトリウムで耕地12，家屋1，干草置場1，家畜小屋1，さらにソス渓谷で葡萄畑5であった。ここでもやはり売買が土地の集積手段として卓越しているが，この場合にも90パーセントが貨幣で支払われており，現物支払いはわずか2件にすぎない。なお彼らが投下した財貨の総量は，全体で140ソリドゥス24アルゲンテウス，7ソリドゥス相当の牛，小麦1モディウスであった[25]。

　アポ・ガリンドは，1045年頃の確認文書において，リバゴルサ併合をもくろんで進出してきたアラゴン国王ラミーロ1世の「誠実者」を早々と名乗っている[26]。異なる庇護者をもつ2人の人物を夫に迎え，政治的危機の只中を泳ぎきったサンガの生涯は，自他ともに特別なものとみなされていたのであろうか。「巻物」全体を通じて最後の年代に同定されるテクストに，故地ベナスケのサンタ・マリア・イ・サン・マルティン修道院にあてたサンガの遺言状とおぼしき文書がある。このテクストは損傷が激しく，作成年代が欠如しているうえに，寄進の対象となった土地も彼女の全財産を網羅しているとは思われないのであるが，エナルドとアポ・ガリンドの魂を供養するとした文言から判断して，少なくとも後者が存命であった1045年より後に作成されていることは疑いない。テクストの末尾では，息子たちが，寄進された土地財産を元手に同修道院の監督

下で彼女の命日を祝うよう義務づけられている[27]。

　前述のようにRBおよびRbがいずれも11世紀中葉の文字で筆写されているとすれば、この「遺言状」からさほど期間をおかずに編纂活動が開始されていたことになる。彼らの血縁者には司祭や裁判官がいたふしがあるが[28]、文書の筆写から保管にいたる一連の作業を念頭におくならば、血縁関係のある一個人だけでなく、教会や修道院による組織的なバック・アップがあったと仮定したほうがよさそうである。その場合、関与した可能性が最も高いのは、やはりベナスケのサンタ・マリア・イ・サン・マルティン修道院ということになろう。だがRB以外に同修道院に関する所見はみあたらず、いかなる確証も得られない。ただ土地財産や権利を代々守り続けるといった意識がはたらけば、サンガの死後にすぐさま1世代かぎりの証書集を編纂させるのはいささか奇異に思われる。結局のところ「巻物」は、サンガの遺志を汲んだ息子たちが、波乱に満ちたその生涯を讃える目的で編纂させた文字どおり「記念碑」にすぎなかったかもしれない。

III.　土地領有の社会的・経済的背景

　冒頭で紹介したビバスやゴルトレッドの場合と同じように、サンガたちの土地の獲得手段はもっぱら購入であった。ビバスとゴルトレッドが活動を開始した10世紀末葉はちょうどアンダルス宰相マンスールのバルセローナ侵攻(985年)の災禍もさめやらぬ頃であり、荒廃した近郊農村では、土地の過剰供給、穀物価格の高騰、貨幣需要の増大(捕虜の身請け金需要)といった経済状態にあったという。これが、両人が短期間に大量の土地を集積しえたおもな要因の一つとみなされている[29]。前述のようにリバゴルサにおいても、サンガたちが活動を開始する4年ほど前(1006年)にムスリムによって壊滅的な被害がもたらされているから、地域全体としてみれば、同じような経済状態を想定することも不可能ではないかもしれない。だが被害の程度には、同地域内部でもかなり大きな差があったと考えなくてはならない。実際、1006年の侵攻の矢面に立たされたのは、エセラ川中流域と、伯領の政治的・経済的中心であるイサベナ川流域で

あり，そこでは幾つもの史料所見によってその惨状が伝えられているが[30]，とくにここで検討の対象となっているベナスケのテリトリウムおよびソス渓谷，ならびにバリャブリーガについては，被害がおよんだ痕跡がまったくないのである。こうなってくると，ことサンガたちの活動にかぎっては，土地の需給関係を基礎とした前述の説明は妥当しないかもしれない。そこで以下では，まずベナスケのテリトリウムおよびソス渓谷，ついでバリャブリーガの農村構造を詳しく検討してゆくことによって，集中的な土地購入が可能になった要因の一端に光をあててみたい。

前述のように売買に供されたのは，もっぱら耕地や葡萄畑などの地片であった。1家族が所有する土地財産の全体が一度に売りに出されることは稀であり，対象となったのは耕地，葡萄畑，菜園など，境界標識で画定された個々の地片であったのである。だがときには，1つの地片にも満たないような極小な土地さえもが売却されている。たとえば地片の1部分を表現するソルテ（sorte）とかソルティクラ（sorticula）といった言葉が，しばしば葡萄畑に付加されている[31]。また地目を問わず，地片の2分の1とか3分の1とかが売られることもあった[32]。果ては1本の胡桃の木でさえ，3分の1や4分の1に分割されて売られているのである[33]。

もっとも個々の地片の正確な面積については，残念ながら，知るところがきわめて少ない。一般に耕地面積は当該地で播種される作物の容積で表現されるが，この記述がみられるのはRBおよびRbを通じてわずかに4例にすぎない[34]。そこで用いられている容量単位は，クアルタ（quarta），セクスタリウス（sextarius）（2例），ヘミーナ（hemina）である。これらの数値はいずれも3を超えていない。半世紀前にリバゴルサでしばしば用いられていたのはモディウス（modius）であり，その2分の1に相当するセモディウス（semodius）が用いられることもあった[35]。たとえば11世紀第2四半世紀までのバルセローナでは，クアルタが3分の2モディウス，セクスタリウスが6分の1モディウス，ヘミーナが12分の1モディウスにそれぞれ相当したとされる[36]。容量の内容には地域的・時間的偏差があったと考えなくてはならないから，一概にはいえないのであるが，こうした変化は地片規模の減少傾向を反映するものといえるかも

しれない。

　以上から想定される土地の狭小化・細分化は、いかにして生じたのであろうか。この点については、売却の対象となった地片の由来を逐一追跡してゆけば、おおよその見当がつく。リバゴルサにかぎらず、スペイン北部全域では、西ゴート法の伝統的な慣行が多かれ少なかれ残存している。なかでも女子も排除されない厳格な分割相続の慣行と、財産の個人所有の原則は相当強固に根づいていたようである。RB および Rb においても、売却対象の由来について記述があるものに限定すれば、父親から相続したケースが8件と最多ではあるものの、このほかに父母から(1件)、祖父から(1件)、そして母親から(1件)といったものもあれば、子供をもたなかったのであろうか、姉妹から(1件)といったものまで、きわめて多岐にわたっているのである[37]。もっともこうした慣行は必然的に土地を分裂せしめるものであり、それがもたらす帰結を当時の人々が認識していなかったはずはない。冒頭で紹介したゴルトレッドの末子が家産の大半を相続していたように、土地財産の分裂を避けるべく、全財産を子供の数に応じて分割せずに、とくに一子を優遇して[38]、残りの財産を兄弟で共同所有させる手段もときにはとられていたようである。たとえば複数(3名から7名)の兄弟姉妹が連名で1地片を売却するケースが3例あるが、これもそうした手段がとられていたことを間接的に示すものといえよう[39]。

　また土地の細分化に並行して、隣接する地片の所有関係はいっそう錯綜した状態になってゆく。この点をめぐっては、ベナスケのテリトリウムおよびソス渓谷と、バリャブリーガとを別個に検討する必要がある。まずベナスケのテリトリウムとソス渓谷が、いかなる空間組織のもとに編成されていたかをふりかえっておかなくてはならない。前者には、ベナスケとセルレルとよばれる2つの定住地がある。テリトリウムそのものはベナスケの地名をとっていることから、領域編成上のヒエラルキーが両者のあいだで確立していたものと想定されるが、とくにセルレル内部の土地が個別にあつかわれる場合には、セルレルのテリトリウム(ないしウィラ)として独立したかたちで表現されることもあった。他方、ソス渓谷には、ビリャノーバとカステホン・デ・ソスとよばれる2つの定住地がある。これら2定住地の場合には、いずれもソス渓谷内のロクスない

しウィラと表示されるのみで、その内部にこれに準ずるロクス名称はほとんど登場しない。このように用語法は双方の領域でかならずしも一定していないのであるが、少なくとも、該当する領域範囲が広い順に、テリトリウムまたは「渓谷」、ついでウィラ(またはロクス)、最後にロクスといったように、呼称の序列関係が多少なりとも認識されていたように思われる。

　表1は、サンガたちがベナスケのテリトリウムとソス渓谷で獲得した財産をそれぞれ所在地ごとに分類したものである。ここから、次の4点が指摘される。第1に、ここに分布する土地は極度に細分化していて、個々の地片の所有関係もきわめて錯綜している。売却ないし贈与された特定の地片が売主(贈与主)自身の土地と隣接するケースはみられないし、隣接物のなかに同一の所有者の人名が登場することさえきわめて稀である。第2に、極度に細分化され、所有関係が錯綜しているといっても、地片そのものが分布するのは特定の場所であった。それらは概して、道と水流のあいだやそれらの結節点付近において、たがいに境を接しながら密集していたようである。第3に、特定の場所に集中する地片は、同一の地目にほぼ統一されていたと想定される。隣接地片は所有者名のみで表現されるケースも多く、それが実際にいかなる地目に相当するかは判断しずらいところがあるが、耕地と葡萄畑が隣接するような場合には一般にその旨が明記されるから、所有者名のみの地片は獲得された地片と同一の地目に属したと考えられる。第4に、第3の所見と関連して、居住空間と労働空間の分離がおぼろげながらもみてとれる。とくにベナスケがウィラと表示されている場合には、そこに登場するのがもっぱら家屋(casa, casal)であることに注意されたい。

　以上4点から、エセラ川上流域では土地利用の形態が想像以上に組織化されていたことがわかる。ただ組織化された土地利用という点では、以下の事実をみすごすわけにはいかない。前述のようにサンガたちが獲得した土地は、ベナスケのテリトリウムからソス渓谷におよんでいるが、全体としては、ベナスケで耕地と葡萄畑、セルレルでとくに採草地と耕地、ソス渓谷のビリャノーバとカステホン・デ・ソスでもっぱら葡萄畑がそれぞれ獲得されている。だがこうした分布状況がみられるのは、単にサンガたちがそれらの土地を意図的に選択

したからではなくて，土地利用の形態がもともと4ヵ所の拠点ごとになかば特化される傾向があったからである。複数の地片をくりかえし売却した売主たちはみな，これらの4拠点に土地を分散して所有しており，サンガたちの土地財産と非常によく似た分布状況を示している。したがって河川に沿って展開する隣接した二つの領域は，それぞれ特定の地目に特化された4ヵ所の拠点を軸として編成された，事実上一つの所有と経営のユニットをなしていたようである。

次に，バリャブリーガに目を転じてみよう。「アプリカ渓谷（Valle Apricha）」に由来するその地名が雄弁にものがたるように，この地はイサベナ川上流域に位置する狭隘な小渓谷であった。背後に屹立するアラス山地から南東方向にくだってイサベナ河谷に合流する小渓谷そのものが，同ウィラの領域をなしている[40]。伯領の政治的・経済的中心であった同河川流域にはカルベーラを筆頭に伯領地が集中しており，その多くは寄進を通じてサンタ・マリア・デ・オバーラ修道院に帰属することとなった[41]。ただ伯領地の空間的布置については，バリャブリーガに関する情報はないにひとしい。1010年頃に伯ギリェルモによってサンタ・マリア・デ・オバーラ修道院に発給された寄進文書では，同伯の側近のなかにカルベーラやサン・エステバン・デル・マルといった主要城塞の保有者とならんで，ガルーソ・デ・バリャブリーガなる人物とその兄弟アンシーラが名を連ねているが，彼らが伯のもとでいかなる行政的役割を担ったかは判然としない[42]。またバリャブリーガの定住中心にはラス・カサス・コムタレス（Las Casas Comtales「伯居館」）という名が冠せられており，ここに伯領地の痕跡がわずかにみてとれる程度である。なお1006年にイサベナ河谷一帯がムスリムによって徹底的に蹂躙されたとき，近隣のラルイなどでは教会が灰燼に帰しているが，自然の要害に閉ざされたバリャブリーガまで攻撃の手がおよんだかはさだかではない。

表2では，アポ・ガリンド夫妻が同地で獲得した土地の一覧を示してある。ここから得られる所見は，次のとおりである。まずウィラ領域の内部には，家屋，耕地，葡萄畑，菜園，果樹園が分布する10あまりのロクスが点在している。各ロクスの正確な空間配置は不明であるが，分布する地目に注目すると，前述のラス・カサス・コムタレスを筆頭に，ウィラとかカレーラ（「道」の意）といった

名でよばれている互いに近接した幾つかのロクスでは，もっぱら家屋とこれに付属した家畜小屋が分布しているのがみてとれる。おそらくこれが，バリャブリーガの定住中心に相当するであろう。また定住中心の周囲には，菜園や果樹園といった集約的な経営を必要とする地片がとみに集中している。これに対して，サン・クレメンシオとカラ・プラートといったロクスは耕地や葡萄畑で編成されており，前者とはあきらかに異なる土地利用に供されている。ここでもやはり，居住空間と耕作空間とが分離する傾向がみられたわけである。だが耕地や葡萄畑が分布するロクスでは，ベナスケのテリトリウムとソス渓谷で顕著であった地片分布のありかたがすっかり影をひそめている。地目は各ロクスごとにかならずしも統一されておらず，耕地と葡萄畑が混在し，互いに隣接するケースさえみられる。またアポ・ガリンド夫妻に売却・贈与された地片が，売主（贈与主）自身の世襲財産（ヘレディタース hereditas）に隣接しているケースが比較的数多くみられる点も指摘しておかなくてはならない。したがってバリャブリーガでは，定住中心と耕作空間の分離傾向こそみられるものの，各家族の自有地が，本来の多角経営の枠組みを失うことなく混在しているといえよう。

　耕地や葡萄畑の分布状況にみられる相対的な粗放性については，定住と開発のプロセスの始点が考慮に入れられなくてはならない。ベナスケやカステホン・デ・ソスの初出は10世紀後半であるが，定住地の形成は確実にこれより前にさかのぼる[43]。これに対してバリャブリーガの初出は1010年頃である[44]。むろん売却対象となった土地のなかには父祖伝来のものもみられることから，この年代以前に定住地そのものは形成されていたと考えられるものの，前者ほどには古くないかもしれない。くわえて1006年のイスラーム侵攻の折には，直接攻撃の矢面に立たされることはなくとも，ムスリムの到来に怯えた住人たちがバリャブリーガの地をあとにして，土地経営の深化が一時的に滞り，逆に直接侵攻を受けていないベナスケのテリトリウムとソス渓谷では，これと正反対の傾向が生じた可能性もあろう。いずれにしても以上のような差異を考慮に入れるならば，サンガたちの活動を土地の需給関係を一律に適用して説明することは甚だ難しいように思われる。

　そこで，検討の方法を少し変えてみよう。まず売主が誰か，彼がいかなる社

会集団に属したかは，きわめて微妙な問題である。一般に売主は，窮乏化した挙句，生計上必要な食糧，農作業に必要な役畜や農具，あるいはそれらの購買にあてられる貨幣を入手しようとして，やむなく土地を売るものと想定されている。たしかに耕地にしろ，葡萄畑にしろ，年間で売買が頻繁に行われる時期がちょうど播種期にあたっていて，収穫期に相当する夏季にはほとんど売買が行われないこと[45]（これはスペイン北部全域で確認される所見に一致する）や，対価として支払われた現物に生活必需品（小麦，役畜，犂など）がしばしば含まれていること[46]は，こうした論理を傍証するものかもしれない。また前述のように女子も分割相続の対象に含まれるために，売主のなかには女性が主体となっているものが比較的多い(RBでは50点中20点，Rbでは19点中5点)が，これは未婚女性にしろ，寡婦世帯にしろ，ライフ・サイクルに即した労働力の減少に対応して，土地が周期的に売りに出されるケースがありえたことを想定させるものであり，これもやはり経営規模の小さい零細な農民家族が売主の中心をなしていたことを暗にものがたっているといえるかもしれない。

　だがこうした説明は，ことの一面を捉えているにすぎない。実際，RBの50点の売買文書ならびにRbの売買文書19点において，それぞれ売主となっている土地所有者家族の数は，じつをいうと予想以上に少ないのである。すなわちRBに収録された50点の土地売買文書のうち19点が，5家族が繰り返し行った売買を内容としており，耕地を例にとっていえば，サンガたちによって購入された合計63の耕地のうち30がこれらの5家族によって売却されたものであった。Rbにいたっては，こうした傾向はさらに顕著である。すなわち合計19点の売買文書のうち12点までがやはり5家族による売買の記録となっていて，たとえば耕地16のうち6，葡萄畑5のうち4，菜園5のうち3が彼らによって売却されているのである。ここでRBならびにRbに頻繁に登場する主要な家族をそれぞれ詳しく追跡してみると，彼らがくりひろげた土地売買がかなり狭い人的サークルの枠内で優先的に行われていたことがわかる。

　RBにおいては，エステファニアなる女性の家族が最も興味深い。彼女の父親は，エナルドとサンガによって果たされた「良き奉仕」の報償としてベナスケの家屋を賦与し，同時に耕地2，粉挽水車1基を売却した前述のサンチョなる人

物である。彼女自身は，6点の売買文書において，父親から相続した耕地3，葡萄畑1（兄弟ビロルとともに），採草地1，家畜小屋1を売却している。さらに彼女の兄弟ビロルは，のちに1点の文書で耕地5を一気に売り払っている[47]。サンチョを父祖とするこの家系は，エナルド夫妻が「良き奉仕」を果たしていることから判断して，もともと彼らよりも有力な在地住人であったようにみうけられる。この点に連ねていえば，司祭ブランデリクスの寡婦オネカの家族についても同じことがいえる。オネカと彼女の息子アトとラモンは，やはりエナルド夫妻が果たした「良き奉仕」の報償として，彼らに土地を賦与しているが，その後，息子アトは父親から相続した耕地1を彼らに売却しているのである[48]。

　前述のようにエナルドは，この地に根ざした土地所有者ではない。彼はマヨールとともにこの地にやってきた新参者であり，確立した在地の共同体の内部に自らの身の置き場所を探し出さなくてはならなかったはずである。その手段が，まずはサンガとの結婚であり，ついで在地住人に対する「良き奉仕」の遂行であったと想定されるのである。興味深いのは，こうしたかたちで懇意になった家族は，世代が替わってもあいかわらずエナルドたちに土地を売却するという構図がみられることである。これとよく似たことは，サンガの2人目の夫アポ・ガリンドについてもあてはまる。

　Rbについては，とくに3家族を例にとってみよう。これらの家族はいずれもアポ・ガリンドに借財を負っており，その返済に土地をあてる前述の補償行為を出発点として，その後も彼に対して一連の土地売却を行っている。たとえばドゥランドとその妻ガルセンダは，まず2ソリドゥス3アルゲンテウスの借金を返済すべくアポ・ガリンドに耕地を与える。そして2人は耕地，ついで複数の家屋をそれぞれ2ソリドゥスで彼に売却し，さらには互いに耕地の交換におよんでいる。その後，夫が死没して寡婦となったガルセンダはあいかわらずアポ・ガリンドに対して，耕地1，菜園1，バリャブリーガに所在する自有地の一部，そして葡萄畑1を順次売却している[49]。またガリンド・ウリクシオも，まずは補償行為から始まる。彼は「悪しき行い（malas facturas）」（この場合にも借財の未返済が問題となっている可能性がある）の補償として，葡萄畑と豚小屋をアポ・ガリンドに与えたのち，葡萄畑1，家屋1を次々と売却してゆく[50]。さ

らにウラートとその妻トダについても同様に，借金12ソリドゥスの返済に家屋をあてたのち，菜園を2ソリドゥス4アルゲンテウスで売却するにいたる[51]。

　アポ・ガリンドは，エナルドと違って，もともとバリャブリーガの地に根を下ろしていた在地の土地所有者である。隣人に貸付を行っているほどであるから，彼の経済的地位は人々のよく知るところとなっていたのであろう。だが実際にそれを願い出た家族はその数が限定されているし，ひきつづき土地を売っていったのは上の3家族にかぎられる。彼らは，貸付を受けたものの返済できずに土地を手放し，その後も自らの土地を次々と売却してゆく。ここには，ベナスケのテリトリウムやソス渓谷にも増して，前述の窮乏化の論理がよくあてはまりそうである。だがそれは，アポ・ガリンドを多少なりとも知っている人々で形成されたひじょうに狭いサークルの枠内でもっぱら行われているのであり，どちらかといえば，隣人関係にあるこれらの家族への援助の色合いが濃かったようにもみうけられるのである。

　前述のようにアポ・ガリンドの活動圏は出生地と想定されるバリャブリーガを越えることはなかったが，それもサンガとの結婚によって一気に拡大することになった。以上をふまえていえば，彼らは自らがそれぞれ根を張った地域を結婚をつうじて互いに接合させることによって，より広い範囲で土地を購入することが可能になったのである。逆にいえば，結婚という一つの社会関係を媒介としなくては，土地売買の範囲はもともと彼らが互いにとりむすんでいた人的諸関係の枠内にとどまっていた可能性もおおいにあろう。

IV. 結論

　冒頭で述べたように，スペイン北東部には俗人の経済活動の記録が比較的数多く伝来している。オリジナル文書，教会や修道院の証書集に例外的に収録された写し，あるいは俗人が自ら編纂させた証書集など，さまざまな媒体をつうじて，彼らがくりひろげた活動の一端が追跡されうるのである。こうしたなかで本稿であつかわれた2点の俗人証書集は，編纂の経緯，文書の行為主体など，あらゆる点で例外的な性格をもつひじょうに興味深い素材であった。それらは，

サンガという1人の女性を妻とした2組の夫婦がくりひろげた事実上1世代かぎりの経済活動の記録であり，編纂の様式や収録された文書の記述から判断して，妻サンガの存在を軸とし，おそらく彼女の生涯を讃える目的で編纂されたある種の「記念碑」に相当するものと想定されるのである。

　サンガたちが35年間にわたってくりひろげた土地の集積は，冒頭で紹介したバルセロナ近郊の富裕農民家族がそうであったように，もっぱら購入によるものであった。いずれの場合にも活動を開始する直前にイスラーム侵攻を経験していることから，それを可能ならしめた要因についても同様の説明が適用されるものと考えられてしまうかもしれない。だがほとんど農業企業家のように描かれていたプルベンサスのビバスやレシャックのゴルトレッドとは違って，彼らの活動はいかにもローカルで在地の社会関係を生かした，あるいはより正確にいえば，それによって媒介されなくてはそもそも成立しない類のものであったように思われるのである。

　実際，サンガの1人目の夫エナルドはよそ者であったから，まずは彼女との結婚，ついで特定の在地住人に対する「奉仕」を果たすなかで，買主として認められていった。2人目の夫アポ・ガリンドの場合は，財貨の貸付が関係の起点となって，買主に選択されていたふしがある。こうした状態であったから，彼らの活動は自らの拠点を大きく越えることがなかったわけである。だがアポ・ガリンドとサンガが結婚することによって，事態は大きく変化する。彼らの活動圏は，両人がそれぞれうちたてた社会関係を背景として，異なる2つの渓谷，すなわちエセラ川上流域とイサベナ川上流域におよぶことになる。もっとも両人の結婚がなければ，彼らの活動圏は，それぞれがとりむすんでいた社会関係のネットワークのおよぶ範囲を越えることはけっしてなかったと考えられる。

　以上のように，土地売買が何らかの社会関係を媒介としなくては行われえないという事実は，紀元千年頃の土地集積のありかたを需給関係によって一律に説明することがいかに難しいかを示唆している。社会関係のありかたやそれがおよぶ範囲は，売買主体の社会的地位や，それがとりむすばれる「場」によってさまざまなかたちをとるであろうし，ことによってはそれぞれの「場」が異なる論理で動いている可能性さえありうるであろう。それゆえわたしたちは，個

別所見のさらなる蓄積と同時に,比較と総合というきわめて困難な作業に着手しなくてはならないのである。

注

1) ここではさしあたり下記を参照されたい。P. Bonnassie, Du Rhône à la Galice: genèse et modalités du régime féodal, *Structures féodales et féodalisme dans l'Occident méditerranéen (X^e–XIIIe siècles)*. *Bilan et perspectives de recherche*, Paris, 1980, pp. 17–84; J. M. Salrach, Les féodalités méridionales: des Alpes à la Galice, *Les féodalités*, Paris, 1998, pp. 313–388.

2) P. Bonnassie, Une famille de la campagne barcelonaise et ses activités économiques aux alentours de l'an Mil, *Annales du Midi*, 76, 1964, pp. 261–303.

3) V. Farías Zurita, Compraventa de tierras. Circulación monetaria y sociedad campesina en los siglos X y XI. El ejemplo de Goltred de Reixac, *Anuario de estudios medievales*, 29, 1999, pp. 269–299.

4) バルセローナ近郊を筆頭にカタルーニャ地方全域における金貨の流通をめぐっては,P. Bonnassie, *La Catalogne du milieu du Xe à la fin du XIe siècle. Croissance et mutations d'une société*, 2 vols., Toulouse, 1975–1976, t. 1, pp. 372–384.

5) ジュゼップ・マリア・サルラクは,こうした傾向を10世紀後半に成立した土地市場に特有の現象とみなしている。J. M. Sarlach, El mercado de la tierra en la economía campesina medieval. Datos de fuentes catalanas, *Hispania*, LV/3, núm. 191, 1995, pp. 924–930.

6) モニク・ブーランとクリス・ウィッカムの主宰のもと,歴史学,人類学,経済学の専門家が一堂に会して,「中世の土地市場 Le marché de la terre au Moyen Âge」と題された国際研究集会が2000年6月に開催されている。またこれよりさかのぼること5年前には,『ヒスパニア』誌上で「中世ならびに近代の土地市場。概念の再検討 El mercado de la tierra en la Edad Media y Moderna. Un concepto en revisión」と題する特集が組まれていた。*Hispania*, vol. LV/3, núm. 191, 1995, pp. 817–1024.

7) これらの修道院証書集に収録された文書のうち,紀元千年までのものについては,1955年にラモン・ダバダルによって『カロリング期カタルーニャ』シリーズの一環として刊行されている。R. d'Abadal i de Vinyals, *Els comtats de Pallars i Ribagorça* (Catalunya carolíngia III), 2 vols., Barcelona, 1955. 紀元千年以降の文書については,それぞれ下記の史料集がある。A. J. Martín Duque, *Colección diplomática de Obarra (siglos XI–XIII)*, Zaragoza, 1965; I. Puig i Ferreté, *El cartoral de Santa Maria de Lavaix: el monestir durant els segles XI–XIII*, La Seu d'Urgell, 1984; J. L. Corral Lafuente, *Cartulario de Alaón (Huesca)*, Zaragoza, 1984.

8) Archivo Histórico Nacional, *Códice 1239* (Rótulo de Benasque); Facultad de Filosofía de Letras de la Universida de Zaragoza, *Rollo de Ballabriga*.

9) A. J. Martín Duque, *Colección diplomática de Obarra*, pp. XV–XVII. なお以下では,この史料集をCDOと略記する。

10) 1006年のイスラーム侵攻によって,エセラ川中流域から伯領の政治的・経済的中枢であるイサベナ河谷が蹂躙され,ロダ司教座聖堂教会までもが壊滅的な被害を受けてい

る。F. Galtier Martí, *Ribagorza, condado independiente desde los orígenes hasta 1025*, Zaragoza, 1981, pp. 86–92.
11) CDO, doc. no. 15 (1010, III), 25 (1018, II, 2): « quia ego tu fuisti de terra aliena et benisti a me et fecisti a me serbicios quales tu mihi potuisti facere et placuerunt mihi ».
12) CDO, doc. no. 15 (1010, III): « Et dixit Maior comitissa ad Enardu: quantum comparas in Benaschum, sine capu masu, non requirat nullus homo per nullum seruiciu que tu non facias ad nullum homine ». この特権規定に先立って，エナルドが彼自身のセニョール (senior) であったガシアンから購入した家屋と葡萄畑について確認がなされている。
13) CDO, doc. no. 25 (1018, II, 2).
14) CDO, doc. no. 82 (c. 1019).
15) CDO, doc. no. 28 (c. 1018).
16) CDO, doc. no. 54 (1015–1019).
17) CDO, doc. no. 28 (c. 1018), 40 (1015–1019, VI).
18) アルゲンテウスという貨幣呼称の用例は，カタルーニャからガリシアにいたるスペイン北部全域で広く確認されるが，その呼称のもとで実際に流通した貨幣が何であったかは解釈が分かれるところである。カタルーニャ史では伝統的にデナリウス貨とみなされていて，1ソリドゥスすなわち12アルゲンテウスとする対応関係が自明視されている。これに対してカスティーリャ＝レオン史ではむしろアンダルスのディルハム(カーシミー貨)か，ソリドゥスで重量計算された銀地金(秤量貨幣)であったと想定されている。なお西のアラゴンでは，11世紀後半にデナリウス貨が使用されはじめるまで，ディルハムが土地売買で頻繁に用いられている。ただピエール・ボナシーが想定するように，ディルハムが2分の1ソリドゥスに相当するとすれば，リバゴルサではむしろデナリウス貨が用いられたとみなすべきかもしれない。それというのも，ソリドゥスの端数としてアルゲンテウスが付加される場合には，その額に1から8までの幅があるからである。P. Bonnassie, *La Catalogne*, t. 1, pp. 384–389; C. Sánchez Albornoz, Moneda de cambio y de cuenta en el reino astur-leonés, *Moneta e scambi nell'alto medioevo* (Settimane VIII), Spoleto, 1961, p. 181; W. Davies, Sale, price and valuation in Galicia and Castile-León in the tenth century, *Early Medieval Europe*, II (2), 2002, pp. 163–165; 拙稿「宴(アリアラ)と11世紀アラゴン地方農村社会―土地売買文書の分析を中心として―」『史学雑誌』第110編第1号，2001年，67頁。
19) その内訳は，貨幣270ソリドゥス19アルゲンテウス，100ソリドゥス相当の黒馬，合計9ソリドゥスの穀物である。
20) CDO, doc. no. 86 (c. 1019–1020, III).
21) F. Galtier Martí, *Ribagorza*, pp. 221–223.
22) CDO, doc. no. 105 (1025, XI, 18).
23) CDO, doc. no. 90 (c. 1020, IV), 94 (c. 1020, V), 95, 101 (c. 1020, IX).
24) CDO, doc. no. 97 (c. 1020, III).
25) 結婚前にアポ・ガリンドが支払ったのは，32ソリドゥス4アルゲンテウス，それぞれ7ソリドゥスと8ソリドゥスの牛2頭である。
26) CDO, doc. no. 119 (c. 1043–1045, II).

27) CDO, doc. no. 133 (post. 1045).
28) RB の文書の大半を作成した司祭アトなる人物はサンガの息子であった可能性がある。CDO, doc. no. 118 (c. 1043–1045, IV). また Rb に収録された文書についても，司祭アトなる人物が同じく書記としてしばしば登場するが，これが同一人物であったかは不明である。また RB には，2 組の夫婦以外に裁判官サンチョなる人物を行為主体とする 1 点の文書が含まれている。彼はこのほかにも，マヨールがエナルドとサンガに賦与した特権文書やその確認文書で文書そのものの確認をおこなうなど，両者を結びつけるチャンネルになっていたことが窺われるが，人名の類縁性から推測して，サンガの血縁者であったかもしれない。CDO, doc. no. 15 (1006/1010, III), 25 (1018, II, 2), 26 (1006–1018, III, 1).
29) P. Bonnassie, Une famille, pp. 261–303; J. M. Sarlach, El mercado, pp. 924–930.
30) エセラ川中流域の被害については，CDO, doc. no. 85 (1020, X), 102 (1023, XI). イサベナ河谷では，ラルイの教会とロダ司教座聖堂教会が大きな被害を受けている。CDO, doc. no. 9 (1008, XII); A. Canellas López, *La colección diplomática de Sancho Ramírez*, Zaragoza, 1993, doc. no. 12 (1068, VIII, 18). 東のノゲーラ・リバゴルサーナ川流域には攻撃の手はおよばなかったものの，サンタ・マリア・デ・アラオン修道院が一時的にムスリムに貢納を支払っている。J. L. Corral Lafuente, *Cartulario de Alaón*, doc. no. 224 (1010).
31) CDO, doc. no. 17 (1006–1010), 87 (c. 1020, IV), 100 (c. 1020).
32) CDO, doc. no. 48 (1015–1019, III), 67 (1015–1019, VI), 87 (c. 1020, IV), 113 (1035, X, 18).
33) CDO, doc. no. 124 (c. 1043–1045, I).
34) CDO, doc. no. 42 (1015–1019, I), 56 (1015–1019, VI), 63 (1015–1019, I), 67 (1015–1019, VI).
35) J. L. Corral Lafuente, *Cartulario de Alaón*, doc. no. 10 (841–845, I), 11 (845, VI, 26), 16 (845, XI, 27), 23, 24 (846, VII), 25 (847, IV, 12), 26 (847, IV).
36) G. Feliu, Algunes consideracions sobre la metrologia altmedieval catalana, *Acta medievalia*, 22, vol. 2, 1999–2001, pp. 134–136.
37) CDO, doc. no. 27 (c. 1018, I), 38 (1015–1019, VI), 48, 49 (1015–1019, III), 50 (1015–1019), 55 (1015–1019, V), 56 (1015–1019, VI), 66 (1015–1019, IV), 71 (1015–1019, I), 72 (1015–1019, I), 81 (1015–1019, I).
38) カタルーニャではこれをメリオラティオ (melioratio) といい，一般に一子が財産の 3 分の 2 を相続する。ビバスやゴルトレッドについては，P. Bonnassie, Une famille, p. 117; V. Farías Zurita, Compraventa, pp. 280–290.
39) CDO, doc. no. 38 (1015–1019, VI), 47 (1015–1019, I), 110 (1025–1034, XI, 18).
40) CDO, doc. no. 128 (c. 1043–1045, V), 129 (c. 1043–1045, IV), 130 (c. 1043–1045, VIII): « villa Valle Apricha, de Aras usque in Isavana ».
41) R. d'Abadal i de Vinyals, *Els comtats*, t. 2, doc. no. 157 (947, IX), 217 (972), 236 (975), 289 (c. 990); CDO, doc. no. 9 (1008, XII), 10 (post. 1008, XII), 19 (1010–1012, VIII, 6), 20 (1013, VII).
42) CDO, doc. no. 19 (1010–1012, VIII, 6).
43) ベナスケの初出は 964 年から 979 年に同定されるロダ司教座聖堂教会の寄進文書におい

てであり，カステホン・デ・ソスは 988 年頃のサンタ・マリア・デ・オバーラ修道院の寄進文書で初出する。いずれも入植・開墾を目的とする文書ではないので，文書の作成年代よりも前に両者は形成されていたと考えられる。J. F. Yela Utrilla, *El cartulario de Roda*, Lérida, 1932, pp. 137-138（964-979）; R. d'Abadal i de Vinyals, *Els comtats*, t. 2, doc. no. 276 (988, I).

44) CDO, doc. no. 19 (1010–1012, VIII, 6).
45) 耕地の売却は 1 月から 6 月まで，葡萄畑は 12 月から 4 月までの期間に集中している。
46) 小麦は，CDO, doc. no. 42 (1015–1019, I), 65 (1015–1019, IV), 76 (1015–1019, V), 128 (1043–1045, V).役畜は，CDO, doc. no. 38 (1015–1019, VI), 86 (c. 1019–1020, III), 88 (c. 1020, X), 96 (c. 1020, V), 105 (1025, XI, 8).犂などの農機具は，CDO, doc. no. 49 (1015–1019, III), 77 (1015–1019, V). なお牝羊が 20 頭から 30 頭の規模で支払い手段となっているケースが 2 例あるが，これらについてはむしろ，売主が土地片を売って経営全体の重心を牧畜業にシフトしようとしたと解釈すべきかもしれない。CDO, doc. no. 56 (1015–1019, VI), 71 (1015–1019, I).
47) CDO, doc. no. 28 (c. 1018), 48 (1015–1019, III), 50 (1015–1019), 66 (1015–1019, IV), 73 (1015–1019, I), 116 (1025–1035, IX).
48) CDO, doc. no. 54 (1015–1019, V), 56 (1015–1019, VI).
49) CDO, doc. no. 90 (c. 1020, IV), 91 (c. 1020, V), 92 (c. 1020, III), 122 (c. 1043–1045, V), 123 (c. 1043–1045, I), 128 (c. 1043–1045, V), 131 (c. 1043–1045, II).
50) CDO, doc. no. 95 (c. 1020, IX), 120 (c. 1043–1045, III), 126 (c. 1043–1045, II).
51) CDO, doc. no. 101 (c. 1020, IX), 127 (c. 1043–1045, III).

表1 ベナスケのテリトリウムとソス渓谷の土地分布

ベナスケのテリトリウム*

場所	no.	売主・贈与主	地目	隣接物
Benasque (villa)	15	S. Gassian	c, v	
	28	Sanci	c	
	40	Garsia, Oneca	c	P. Riquisindus
	75	Donatus	c	◎ / Securia
	109	Atus, Oria	c	◎ / 公道
subtus villa	37	Ato Garsia	t	堰
	65	Asnerus	c	◎ / 道
Benasque (locus)	63	Ato Garsia	t	Raimundus / Encilga
			t	Miro Garsia / Encilga
Travesseras	41	Keno, filiis suis	v	◎
	44	S. Ecco, Ingilga	v	Lopa / 道
	45	P. Enneco, P. Martinus	v	◎ / 道
	46	Bradila	v	◎ / 道
	60	Ubirana	v	◎ / Endisclus
	78	Gimar	v	Ichila / Martinus
	79	Bonofil	v	◎
	80	Donnu	v	◎ / Atus
Las Ripas	27	Menosa	t	
	56	Atus filii Oneca	t	水流 / 公道
	67	Dadilles	t	Fedancus / 公道
Quadro	23	Oneca	t	◎ / サン・マルティン修道院
	38	Raimundo, fratres suos	t	
	58	Bona	t	◎ / Guifredus
Coma de San Pedro	39	Bertrandus	t	Sanci Uegus / Sanci iudex / 荒蕪地
	50	Estefania	t	◎ / Asnerus
subtus recallo	68	Raimundo Garsia	t	Rodeball / Sanci Uegus
	106	Alnallus, Barone 他	t	Aciuella / 道
	112	Gilberga	t	◎
	115	Oneca	t	◎ / Aciuella / Miro Garsia / 叢林
El Ponte	62	Bonfil Bagol de Sos	v	○ / 公道 / Centullus de Gia / P. Oriol
Cerler (locus)	48	Estefania	p	◎
	49	Bernardo Asnerus	a	
	55	Bertrandus	p	
	58	Bona	t	◎ / 荒蕪地
	59	Ato Garsia	p	
	64	Mira, filiis suis	t	◎ / Ramio
	66	Estefania	co	◎ / S. Bernardus
	68	Raimundo Garsia	p	Radeball / Sanci Uegus

紀元千年頃の俗人の土地領有をめぐって

場所	no.	売主・贈与主	地目	隣接物
Lacuna	28	Sanci	t	◎ / Raimundo
			t	◎
			m	エセラ川
	53	Gisilo	t	◎ / 叢林
			t	Rosa の子供たち
	76	Gelmundus	t	Atus / P. Oriol
	105	Baron	t	◎ / Oriol
La Janella	57	Ato Garsia	t	
	86	Bertrandus	t	
Ritobu	71	Ato Garsia	t	
	73	Estefania	t	◎ / 公道
	86	Bertrandus	t	水流 / Oriol Donato
	116	Uilloru	t	◎ / Richelles
Prato de Ritobu	71	Ato Garsia	t	犂耕地/サン・マルティン修道院
	86	Bertrandus	t	◎ / Oriol Donato
	116	Uilloru	t	◎
subtus ipsu pratu	43	Ecco	t	◎ / 水流
	77	Gondemaro, Riculfo	t	◎ / 水流
pratu de stag de Barde	57	Ato Garsia	t	
	86	Bertrandus	t	

【注記】no.: 史料番号; 地目: c（家屋）/ co（家畜小屋）/ t（耕地）/ v（葡萄畑）/ p（採草地）/ m（粉挽水車）/ a（「自有地」）; 隣接物: S. (senior) / P.（司祭）/ ◎（サンガ夫妻）/ ○（売主・贈与主）*ベナスケのテリトリウムはベナスケとセルレルという二つの定住地とその付属領域からなっており，上の表では二重線でそれぞれを区別してある。

ソス渓谷*

場所	no.	売主・贈与主	地目	隣接物
Villanova	17	Gimara	v	Bradila
	18	Ginta	v	◎ / 道 / Baron Golugo
	47	Gimar 他	v	公道 / Ginta
	61	Bonfil Bagol de Sos	v	Riculfus / Franco de Gia / 荒蕪地
	107	Galindo, Chitilo	v	◎/公道
Castejón de Sos	25	女伯マヨール	v	Altemir の子供たち (Riculfus, Guielmus)/Atus Amoratus
	110	Oriolus 他	v	◎ / 公道 / P. Johannes
	114	Elmetruncus	v	(loco Sanctum Saturninum)
			v	(Extriuisi)
			v	(Traveseras)

【注記】no.: 史料番号; 地目: c（家屋）/ co（家畜小屋）/ t（耕地）/ v（葡萄畑）/ p（採草地）/ m（粉挽水車）/ a（「自有地」）; 隣接物: S. (senior) / P.（司祭）/ ◎（サンガ夫妻）/ ○（売主・贈与主）*ソス渓谷はビラノーバとカステホン・デ・ソスという二つの集落とその付属領域からなっている。

表2 バリャブリーガの土地分布

場所	no.	売主・贈与主	地目	隣接物
Las Casas Comtales	92	Garsindes, Durandus	c	○(hereditas) / Ario の子供たち
	124	Guielmo Ato	h	◎ / Ario の子供たち
Carrera	101	Urrato, Tota 他	c, co	「ウィラの端の Carrera に」
	124	Guielmo Ato	クルミ	
	128	Garsindes	h	○(hereditas)
Media Villa	96	Baron Rateri 他	c	◎ / Ato Baron
El Campo	91	Durandus, Garsindes	t, ar	◎
(「ウィラのそば」)	99	Ato Miro	h, ar	○
	122	Durandus, Garsindes	t	◎ / P. Oriol
	127	Urrato, Tota	h	◎ / Gelemundus / Ario の子供たち
San Clemencio	87	Guielmo Ato	v	◎ / Durandus / Baron Garuzo
	90	Durandus, Garsindes	t	◎
	100	Ava Cheno	v	○(hereditas)
El Prato	88	Iunia, Ato Enneco	t	◎ / Egica
	89	Oliveros, Balla Regales	t	◎
	100	Ava Cheno	t	○(hereditas)
La Planella	93	Sancio Urrato	t	◎ / サン・エステバン修道院
	94	Alvino	t, クルミ	◎ / サン・エステバン修道院
	125	Ezo	t	◎ / サン・エステバン修道院
Sorba	97	Bertrandus, Balla	t	○(hereditas) / Riculfus
	100	Ava Cheno	t	Gelemundus / Baron の子供たち
Marungosa	121	Hisnardus	t	○(hereditas)
	123	Garsindes	t	○(hereditas) / Gifre の子供たち
subtus ipsa era	93	Sanci Urrato	t	Guielmo Baron / サン・エステバン修道院
	97	Bernardus, Balla	t	○(hereditas) / サン・エステバン修道院の葡萄畑
El Torculari	131	Garsindes	v	○(hereditas) / P. Atus / Borrell
Lacuna	122	Durandus, Garsindes	t	◎
Las Comas	120	Galindo Urixonis	v	Ato の子供たち / Altemir Oriol
Chantino	126	Galindo Urixonis	c	○(hereditas) / P. Oriol
Trassera	98	Egica 他	t	公道 / Ichila
その他	128	Garsindes	a	「アラス山地からイサベナ川まで」
	129	Guielmo Ato	a	terris, vineis, casas, casales, ortis,
	130	Ava	a	cannamares, arboribus, pratis, pascuis, ductibus vel reductibus ...

【注記】no.: 史料番号; 地目: c(家屋) / co(家畜小屋) / t(耕地) / v(葡萄畑) / h(菜園) / ar(果樹園) / a(「自有地」); 隣接物: P.(司祭) / ◎(サンガ夫妻) / ○(売主・贈与主)

紀元千年頃の俗人の土地領有をめぐって　　　　　　　　　　135

地図　紀元千年頃のリバゴルサ地方

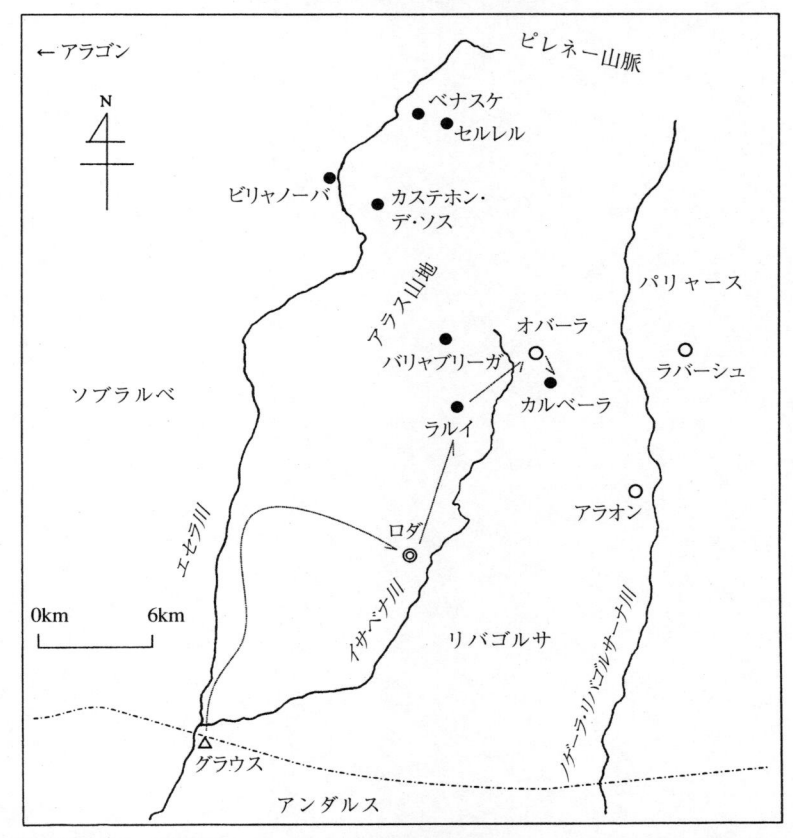

◎司教座聖堂教会 / ○修道院 / △ムスリム城塞 / ●主要定住地 / ──イスラーム侵攻の経路（1006年）

カンタベリ大司教トマス＝ベケット関連書翰の収集と伝来

苑　田　亜　矢

　　　　　は　じ　め　に

(1)　課　　題

　イングランドにおいて1164年のクラレンドン法（Constitutions of Clarendon）を一契機として生じた有名な「ベケット論争」は，王権（regnum）と教権（sacerdotium）の管轄領域の劃定に関わる国制上の大問題を争点としたものであったことから，中世イングランド史およびイングランド法制史といった分野の数多くの研究者達によって注目されてきたが，彼らによる研究は，「ベケット論争」のクライマックスで起こったカンタベリ大司教トマス＝ベケットの殉教後に産み出された実に10点以上のトマス＝ベケットの伝記であるトマス伝に依拠しているところが少なくない。

　殉教という衝撃的な事件ゆえに盛んに作成されたトマス伝のおかげで，「ベケット論争」についての詳細な研究が可能となっているということは確かであるが，我々がこの史料を用いる際には，以下のことに注意が必要である。すなわち，トマス伝が，悉く1170年のトマスの殉教以後に作成されたものであるために，「ベケット論争」が生じた1164年以降のトマスが生きた期間の状況を純粋には語ってはいないのではないか，あるいは，伝記という史料的性格上，トマスに偏った見方を示しているのではないか，という疑いから逃れられないという史料的限界を持っているということである。当然といえば当然ともいえる

伝記についてのこのような史料的限界は——従来から指摘を受けてきた点ではあるが——D. J. A. マシューによって最近の論文の冒頭で確認されるとともに，伝記ではなくトマス関連書翰（Correspondence of Thomas Becket）に光が当られるべきだということが指摘されている[1]。このような中，「ベケット論争」の核心を解明する史料としてのトマス関連書翰の有用性ないし重要性にいち早く着目していたA. ダガンによって，ついに，待望の『カンタベリ大司教トマス=ベケット関連書翰集（The Correspondence of Thomas Becket）』が公表された[2]。トマスが差出人か名宛人となっているトマス関連書翰のみを集めたこの『書翰集』には，ラテン語のテクストと英語訳が見開きで掲載されている。編集にあたっては，残存する写本複数の伝来・系統についての入念な検討が行われ，そのうちの重要な写本複数が校合してある。この点は，これまで多くの研究者によって最も利用し易い位置にあったロバートソン版の全7巻のうちトマス関連書翰に充てられている後半の3巻[3]でも果たされていなかった重要な点である。また，信頼できる年代考証に基づいた書翰の時系列に沿った編集についても，ロバートソン版よりも優れているといえる。

以上のような状況をふまえれば，トマス関連書翰を「ベケット論争」を検討するための史料として用いる前に，トマス関連書翰が12世紀以降誰によりどのようにして収集されて，どのような写本にどのようなかたちで収録され，そして伝来しているのかという，収集活動と伝来状況を確認しておくことは，「ベケット論争」ないし12世紀後半のイングランドを対象とする研究者達にとって決して無駄ではないように思われる。

ところで，筆者は共同研究として，すでに，トマスと対立関係にあったロンドン司教ギルバート=フォリオット（在位1163–1187年）が[4]，「ベケット論争」の最も激しい時期の1166年後半に，トマスから受け取った書翰2通に対する返書として書いた「ムルティプリケム=ノービース」書翰の検討を行い[5]，また，現在も共同研究として，この「ムルティプリケム=ノービース」書翰が書かれる原因となったトマスの2通の書翰，すなわち「フラテルニターティス=ベストレ（Fraternitatis vestre）」書翰（以下，F書翰，と略記）と「ミランドゥム=エト=ベヘメンテル（Mirandum et vehementer）」書翰（以下，M書翰，と略記）の分析に取

り組んでおり，これらの書翰の検討のためにも，トマス関連書翰の収集活動と伝来状況を検討しておくことは重要な意味を持つ。

　そこで，本稿では，トマス関連書翰の中でも，F書翰とM書翰の2通に焦点を絞って検討することにしたい。その際に問題としたいのは，F書翰とM書翰の2通が，ともに同時期（1166年7月）に発せられ，ともに「ムルティプリケム＝ノービース」書翰が書かれる原因だとされているにもかかわらず，トマス関連書翰を収めた基礎的な写本においては必ずしも一緒に並べて収録されているわけではなく，2通の内いずれか一方しか収録されていない場合もあるということである。したがって，このことの理由を，2通の書翰それぞれの起源と伝来を辿ることにより明らかにしたいと考える。この課題に答えることが，最終的には，12世紀後半のカンタベリ大司教トマスとロンドン司教ギルバートのアーカイヴにおけるトマス関連書翰の収集活動や伝来状況，さらには両アーカイヴの関係を明らかにすることになると考える[6]。

(2) 考察手順

　この課題に答えるために，最初に刊本のありかたを確認してから，写本を検討することにする。

　まず，第Ⅰ節における刊本の検討では，ダガンが編集した『書翰集』に先行する刊本が持つ問題点とともに，それらの刊本が，主として，アラン＝オヴ＝テュークスベリの集成の写本に依拠して編集されたことを確認する。そして，ダガンの『書翰集』がその問題点をふまえて作成され，アランの集成の写本よりも重要な写本に依拠して編集されていることを確認する。

　以上をふまえた，第Ⅱ節以下における写本の検討については，最初に第Ⅱ節において，ダガンが編集した『書翰集』に先行する刊本が依拠したアランの写本における，F書翰とM書翰の位置と伝来を検討する。位置については，両書翰が，一部例外を除いて，一緒に並んで登場していることを確認する。このように両書翰が並んで登場しているのは，アランが集成に着手する前に，すでに，トマス関連書翰の集成複数が作成されており，アランはそれらを参考にして書翰を時系列に並べかえて収録したからである。ここから，アランの集成に含ま

れる両書翰の伝来に関しては，それがアランが参考にした先行する集成複数に遡りうることが確認される。

したがって，続く第III節と第IV節においては，アランが集成に着手する前に作成されていたトマス関連書翰集の写本——これをダガンはより重要な写本と位置づけている——を検討する。第III節ではトマスのアーカイヴに由来する集成を，第IV節ではギルバートのアーカイヴに由来する集成を取り扱うという順番で，F書翰とM書翰の位置と伝来を検討する。この順番で考察をすすめる理由は，アランが参考にした集成が主としてトマスのアーカイヴに由来する集成だからであり，そのトマスのアーカイヴに由来する集成に含まれるF書翰ないしM書翰の起源が，ギルバートのアーカイヴにあると考えられるからである。

以上の考察をふまえて，「おわりに」では，トマスのアーカイヴでトマス関連書翰の収集に従事していたハウスホウルドによって，ギルバートのアーカイヴに保管されていたF書翰とM書翰が入手されたと考えられる点について考察する。そこでは，敵対していた両者のアーカイヴの接点がどこにあったのかの手がかりを示すことによって，両アーカイヴの関係を明らかにすることにしたい。

I. トマス関連書翰集の刊本

最初の本格的なトマス関連書翰集の刊本として紹介しなければならないのは，C. Lupus (ed.), *Epistolae et Vita Divi Thomae Martyris et Archiepiscopi Cantuariensis*, Brussels, 1682——リューパス版——である。このリューパス版は，後述のアラン＝オヴ＝テュークスベリによるトマス関連書翰の集成の第二改訂版を含むVatican, Latin MS 1220 (b写本) に基づいて作成された17世紀の写本であるVatican Latin MS 6027 に依拠して編集されたものであり，535通のトマス関連書翰を含む[7]。その後，M.-J.-J. Brial, *Recueil des historiens des Gaules et de la France*, xvi, Paris, 1814, pp. 208–487——ブリアル版——が，リューパス版と2つの写本(アランの集成の第三改訂版を含む12世紀末から13世紀初めの写本 Paris, Bibl. Nat.,

Latin MS 5320 (e 写本) と第二改訂版を含む 15 世紀初めの写本 Paris, Bibl. Nat., Latin MS 5372) に基づいて 337 通の書翰を編集している。しかし,いずれの刊本も,トマス関連書翰の写本としてはより新しい時代に属する不完全な写本に基づいて編集されたために,決して満足のいくものとはなっていない。

その後,Giles (ed.), *Patres Ecclesiae Anglicanae*, 35 vols., 1843–48, *Epistolae Sancti Thomae Cantuariensis*, 2 vols., 1845, reprented in J. P. Migne (ed.), *Patrologiae Cursus Completus Patrum Latinorum*, 190, Paris, 1893, pp. 435–740――ジャイルズ版――が,従来の刊本および写本複数に基づいて 344 通の書翰を編集している。書翰が差出人ないし名宛人ごとに配列されていて年代順に配列されていない点や個々の書翰の編集において行われたはずの校合作業で用いられた写本が書翰ごとに示されていない点は致命的ともいえる。

このようなリューパス版とジャイルズ版の欠点を踏まえた,J. C. Robertson and L. B. Sheppard (eds.), *Materials for the History of Thomas Becket*, Rolls Series, 67, 7 vols., London, 1875–85, vol. V–VII――ロバートソン版――が,主としてアランの集成の初版を含む London, Brit. Libr., MS Cotton Claudius B II (a 写本) と[8]従来の刊本に基づいて,808 通の書翰を編集している。この,ロバートソン版が数多くの書翰を年代順に配列するという試みのもとでより多くの写本に基づいて編集されているという点は評価されてよいかもしれない。しかしながら,結果的には,信頼できる年代考証ができておらず,写本の利用に関する次の点にも問題が残る。すなわち,写本の分類番号が間違って示されている点[9],書翰によっては写本が参照されずに刊本だけが参考にされている点,そして,この版が主として依拠した写本についての採用理由が説明されていない点である。さらには,そもそもトマス関連書翰の写本としてより重要な写本が参照されていない点も指摘されている。

そのような問題をふまえて登場したのが,A. Duggan, *The Correspondence of Thomas Becket: Archbishop of Canterbury 1162–1170*, OMT, Oxford, 2 vols, 2000――ダガン版――である。この版では,トマスが差出人か名宛人となっている 329 通の書翰のラテン語のテクストが,検討対象に取り上げられた実に 40 近い写本の中でも重要だと位置づけられた 17 点の写本の校合に基づいて――書翰ごとに

写本間の異同について詳細な註記がある——編集されている。編集にあたって，より重要な，アランの集成に先行する写本が参照されている点，英語訳を初めて伴いつつ，より信頼できる年代考証にしたがって配列されている点が評価できる。

　ここで，以上の刊本における F 書翰と M 書翰の位置も確認しておこう。最初に取り上げたリューパス版では，M 書翰 (no. 108) と F 書翰 (no. 127) は互いに離れた位置に現れ，ジャイルズ版でも，イングランドの全聖職者宛の F 書翰 (no. 75)——事実上ギルバートに宛てられている[10]——とギルバート宛の M 書翰 (no. 130) が，名宛人ごとに配列するという基準に沿って，相互に離れた位置に登場している。他方，年代順に配列するという努力が払われているロバートソン版では，F 書翰 (no. 223) と M 書翰 (no. 224) は並んで登場するが，1166 年という発給年については編者により特に議論されているわけではない。この点，ダガン版では，ともに 1166 年 7 月初めに出された書翰として F 書翰 (no. 95) と M 書翰 (no. 96) が並んで登場している。

　それでは，ダガン版に先行する刊本が参照したアラン＝オヴ＝テュークスベリの集成について検討しよう。

II.　アラン＝オヴ＝テュークスベリの集成

(1)　アランが依拠した書翰集

　アランは，カンタベリ大司教座付属修道院のクライスト＝チャーチの修道士 (1174 年以降) を経て，同修道院長 (1179 年以降) となった人物である。彼は，1174 年以降，すなわちトマスの死後にカンタベリに来て，その後トマス関連書翰の集成に着手したと考えられている。

　アランの集成 (Alan Collection) には複数の写本が残されており，それらは初版，第二改訂版，第三改訂版の 3 つに分けることができる[11]。いずれの版も 5 巻から成り，各巻は，1164 年のトマスの亡命開始から 1173 年のトマスの列聖までを 5 区分したそれぞれの時期を取り扱い，年代順に配列する計画に基づいて各

巻および各巻の書翰が配置されている[12]。問題の F 書翰と M 書翰は，第一巻に——第二改訂版を除いては並んで——登場する。彼は，先行するどのような書翰集を参考にして両書翰を作品の中にとりこんだのだろうか。それを，この集成に収録されている書翰の起源をたどることによって考えてみたい。

アランの集成全体には，1174 年までにカンタベリで作成されていたと推測される「α型」と「β型」と呼ばれるトマス関連書翰の集成のうち[13]，「α型」にみられる書翰のすべてと「β型」にみられる書翰のうち 1 通を除いたすべてが含まれている[14]。また，「α型」と「β型」から派生した 3 つの系統の集成から成るベケット＝グループのうちの 2 つの系統（ヴァチカン系とランベス系）にみられる書翰の内 44 通を除いたすべてが[15]，アランの集成のとくに第三巻から第五巻までにみられる。ただし，書翰の配列の点ではいずれの系統の集成の書翰の順番とも一致がみられない[16]。さらに，アランの集成の主に第一巻と第二巻には，「α型」と「β型」から派生したベケット＝グループの 3 系統の集成のどれにも登場しない書翰 185 通も見られる。その 185 通については，内 96 通がジョン＝オヴ＝ソールズベリが書いた書翰，残る 89 通は実に様々な差出人からの，しかし「ベケット論争」に関する書翰から成っている[17]。

以上から，アランの集成は，「α型」，「β型」，この 2 つから派生した集成，そして，カンタベリにおいて作成されていた，ジョンの書翰集を始めとする，ベケット＝グループを構成する集成以外の集成を参考にして作成されたと考えられる。ただし，F 書翰と M 書翰に関する限り，編集にあたって参考にされたのは，「α型」，「β型」，ないしその 2 つから派生した集成だったと考えられる。なぜならば，両書翰は，「α型」ないし「β型」に含まれているからである。

以上のように，アランの集成に含まれる F 書翰と M 書翰は，アランが集成に着手する前に作成されていた「α型」，「β型」，ないしそれらから派生した集成に起源を持っているということになる。それゆえに，第III節においては，「α型」と「β型」の集成とはどのような集成なのか，また，それらから派生した集成にはどのようなものがあるのかを検討したい。だが，それらについて検討する前に，次の (2) においてアランの集成のそれぞれの版の代表的な写本における 2 通の書翰の位置について確認しておきたい。

(2) 写　本

ⓐ **a 写本：** London, Brit. Libr., MS Cotton Claudius B II※

ロバートソン版が主として依拠したのがこれである。カンタベリ大司教座付属修道院たるクライスト＝チャーチにおいて 1170 年代末から 1180 年代に作成されたとされる a 写本は，アランの集成の初版のコピーである[18]。

ダガンによれば，a 写本は，アランの集成の最初の写本の忠実なコピーとされているもので，カンタベリからサイレンスタへと移され，そこで，「別の写本 (alius liber)」や「別の改訂版 (alius emendatior liber)」[19] などの他の写本との校合が行われている。ゆえに，a 写本の欄外や行間には多くの書き込みがある。なお，校合の際に参照された「別の写本」等は，アランの第二改訂版やジョンの書翰集などであったと考えられている。

598 通の書翰が年代順に 5 巻に整理されている a 写本において，M 書翰 (no. i. 124, 85–87v) と F 書翰 (no. i. 125, fos. 87v–93) は，1167 年秋までの時期を対象にする第一巻に並んで登場する。

ⓑ **b 写本：** Vatican, Latin MS 1220

リューパス版が関係しているのがこれである。b 写本は，14 世紀末に教皇グレゴリウス 11 世(在位 1370–78 年)のために作成されたもので，アランの集成の第二改訂版から派生した写本だと考えられている[20]。第二改訂版そのものは残念ながら残存していないが，それから派生したと考えられる b 写本から，第二改訂版の内容・構成を知ることができる。

アランの第二改訂版のコピーが含まれている b 写本の後半部分の fos. 54v–254v に[21]，全部で 535 通の書翰が，やはり 5 巻に整理されている。M 書翰 (no. i. 108, 100–101v) と F 書翰 (no. i. 127, 106–109v) は第一巻に登場しているが，ここでは隣り合ってはいない[22]。

ⓒ **c 写本：** Cambridge, Corpus Christi Collage, MS 295※

これは，13 世紀初めに作成された写本で，1180 年代末に完成されたアランの集成の第三改訂版のコピーを含むものである[23]。アランの集成の第三改訂版を伝える写本の中では e 写本よりも重要な写本であるにもかかわらずブリアル版

では参照されていないし[24]，その後のロバートソン版においても利用されていない。

　c写本は，その最初に書かれているタイトルからクライスト＝チャーチに起源があるとされ[25]，その後，カンタベリ大司教マシュー＝パーカー（Matthew Parker）の手を経て，16世紀にケムブリッジのコーパス＝クリスティ＝カレッジの所蔵となっている。

　c写本においても，収録されている569通の書翰は5巻に整理されており，M書翰（no. i. 127, fos. 45v–46v）とF書翰（no. i. 128, fos. 46v–50）が並んで収録されている[26]。

III.　ベケット＝グループの集成

　さて，ここからは，「α型」と「β型」がどのような集成なのか，そして，それらから派生した集成にはどのようなものがあるのかを検討する（以下，図を参照）。

　この2種類の集成は，トマスが差出人として出した書翰の控えないし草稿や，トマスが名宛人として受け取った書翰などに基づいて，1174年までにトマスのアーカイヴで作成されていたと考えられているが，そのオリジナルは残念ながら現存しない。そのために，「α型」と「β型」の構成や内容を，直接には知ることはできないのだが，この2種類の集成から派生したと思われる現存する複数の写本からそれを推測することが可能である。逆にいえば，その現存する複数の写本は，「α型」から派生したボドリアン系，「α型」と「β型」から派生したヴァチカン系，「α型」と「β型」から得られた素材に新しい素材を組み合わせたランベス系の3つの系統に分けることができるというわけである。この3つを検討しながら，「α型」と「β型」を明らかにし，それぞれの系統の写本における両書翰の位置と起源について確認しよう。

(1) ボドリアン系

① 「α型」とボドリアン系

まず,「α型」から派生したボドリアン系写本群を検討して「α型」を明らかにしながら,両書翰について確認する。

「α型」は,1166年から1170年までをカバーする79通の書翰から構成されており,このことが,以下のA写本の分析から示され,続く3点の写本との比較により確認されている[27]。

② 写　本

ⓐ **A写本：　Oxford, Bodl. Libr., MS Bodley 509** ※

A写本は12世紀末に作成された170葉から成る写本で,1603年までにエク

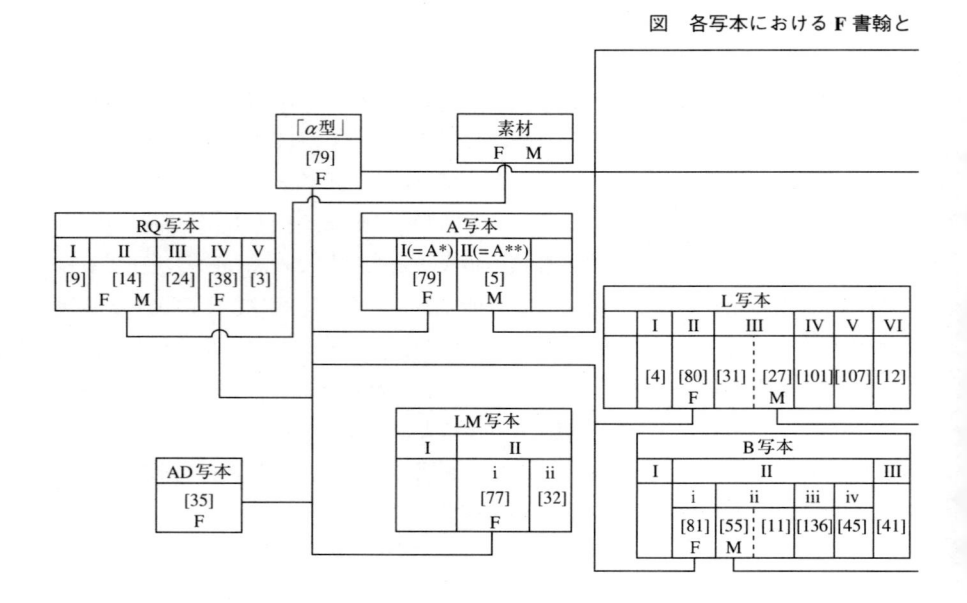

図　各写本におけるF書翰と

セタ司教ウィリアム=コットン（William Cotton）（在位 1598–1621 年）によりボドリアン図書館に寄贈されたものである。

全部で 84 通のトマス関連書翰が収められている fos. 34v-109v においては，fo. 102v に 7 行分の空欄があり，fo. 34v からその空欄までの前半部分（= A*）に 79 通が収められている。この 79 通が「α型」に依拠して書かれた書翰である。差出人・名宛人に着目すると，54 通がトマスが差出人か名宛人である書翰，22 通が教皇書翰，2 通がヘンリ 2 世の書翰，1 通がルイ 7 世の書翰となっている。問題の 2 通の書翰については，F 書翰（no. 16, fos. 54v–63）が，前半部分に登場する[28]。

ⓑ　**AD 写本：　London, Brit. Libr., Addit. MS 1777**

A 写本で収録されている書翰のうち 35 通の書翰が同一順序で収録されているのが AD 写本である。14 世紀初めに作成された 47 葉から成る AD 写本は，A*

M 書翰の位置と各写本の関係

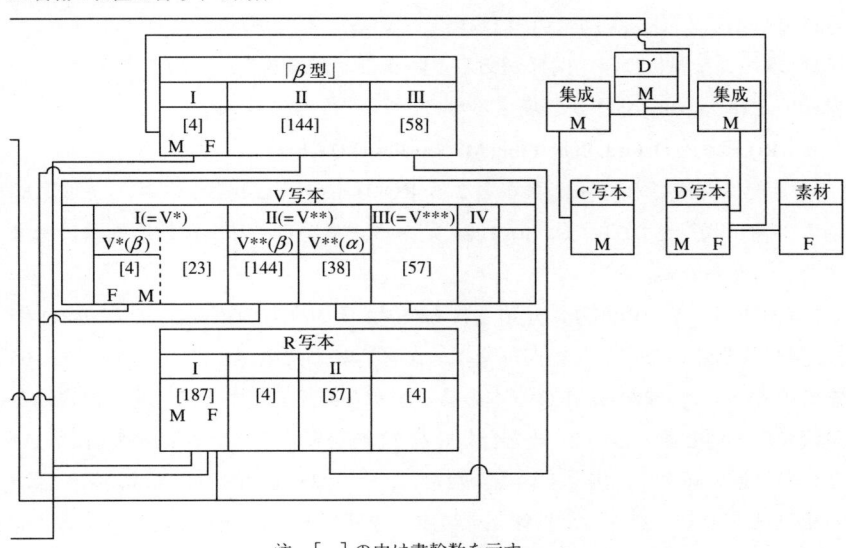

「β型」				D' 集成 M	集成 M
I [4] M F	II [144]	III [58]			

V 写本					C 写本 M	D 写本 M F	素材 F
I(= V*) V*(β) [4] F M	[23]	II(= V**) V**(β) [144]	V**(α) [38]	III(= V***) IV [57]			

R 写本			
I [187] M F	[4]	II [57]	[4]

　　　注　[ ] の中は書翰数を示す。
　　　　　F は F 書翰を，M は M 書翰を表す。
　　　　　各写本を結ぶ実線は相互に関係があることを示す。

の no. 5 の書翰の途中から始まり，no. 41 の書翰の途中で終わっている。また，no. 11 と no. 12 の書翰は省略されている。見出し（rubric）部分が空白のまま残されていることなどから，作成途中の段階のものとされている。F 書翰（no. 10）が登場する[29]。

ⓒ **LM 写本： Oxford, Bodl. Libr., MS Laud Misc. 666**※

13 世紀末ないし 14 世紀初めに作成された LM 写本は，アーマー（Armagh）大司教ジェイムズ＝アシャ（James Ussher）（在位 1625–56 年）により所蔵された後，カンタベリ大司教ウィリアム＝ロード（William Laud）（在位 1633–45 年）の手を経て，現在はボドリアン図書館に所蔵されている。LM 写本は，全体の頁付けが，fos. v–liii と fos. 1–190v という連続した 2 つに区別されており，fos. 1–190v にトマス関連の 109 通の書翰が収められている。

この fos. 1–190v の部分の前半部分に含まれる no. 1 から no. 77 の書翰が，A 写本における A* の no. 1 から no. 76 までの書翰と一致しており（1 通だけは LM 写本での追加），A* の残りの nos. 77, 78, 79 の書翰も，fos. 1–190v の後半部分にではあるが（nos. 86, 87, 91 に）登場している。したがって，fos. 1–190v の前半部分は，「α 型」に深い関係があるということができる。その前半部分に，F 書翰（no. 16, fos. 38v–55v）が登場する[30]。

ⓓ **RQ 写本： Oxford, Bodl. Libr., MS Rawlinson Q.f. 8**※

12 世紀に作成された 122 葉からなる RQ 写本の fos. 1–122 には，全部で 88 通の書翰が収録されている。fo. 122v にある記載からイリー司教座聖堂に由来すると考えられる。

RQ 写本は，5 つの部分に分類されるが[31]，そのうちの第四部（nos. 47–84）が「α 型」に基づいている。第四部では，A 写本における A* の no. 1 から no. 65 までの 65 通の書翰から，RQ 写本の第一部から第三部ですでに登場した書翰と重複する 6 通とその他の 21 通を合わせた 27 通が省略された結果，38 通が，A* と極めて近い順序で登場している。ただし，その 38 通の内の 6 通は，第一部から第三部ですでに登場した書翰と重複する書翰であり，その 6 通に F 書翰（no. 60, fos. 90–93v）が含まれる。したがって，F 書翰は，RQ 写本の第四部に登場するのみならず，第二部にも登場する（no. 22, fos. 35–43v）のである。その第二部

については，次の③で触れる。

③ 「α型」には含まれていないM書翰

一方のM書翰は，これまでに取り上げた4点の写本には登場しないかというと，そうではなく，A写本とRQ写本においてだけは登場する。ただし，それら2つの写本に登場するM書翰は「α型」とは無関係である。

A写本において，M書翰は，空欄があるfo. 102vに続く後半部分（= A**）に現れる。ここには，5通の書翰だけが登場するのだが，これらはギルバートのアーカイヴに起源があることが指摘されている[32]。その5通の内の1通がM書翰（no. 81, fos. 104v–107v）である。

また，RQ写本にもM書翰が現れる。M書翰が登場するのは，RQ写本の第二部（nos. 9–22）であるが，ここには，トマスのアーカイヴとギルバートのアーカイヴに由来する集成でも確認できる書翰が12通と，RQ写本とその関連写本1点によってしか伝来していないギルバートのイリー司教ナイジェル宛書翰（no. 16）[33]と，ヘンリ2世とルイ7世の間で結ばれた1160年の和約（no. 10）の，合計14通が収められている。RQ写本の第二部の作成にあたって参照された素材が何であったかは判明していないが，RQ写本第二部に含まれる書翰のテクストの表現（readings）からすると，どちらかといえばトマスのアーカイブに由来する集成が参照されたのかもしれないことが指摘されている。この第二部には，M書翰（no. 21, fos. 32–35）のみならず，前述の通りF書翰（no. 22, fos. 35–43v）も登場する。

（2）ヴァチカン系

① 「β型」とヴァチカン系

この系統として取り上げるV写本とR写本からは，「β型」の存在が確認できる。

「β型」は，148通のトマス関連書翰と58通の教皇書翰の，合計206通から成る[34]。すなわち，以下のV写本のV*（β）とV**（β）およびR写本に現れるトマス関連書翰148通と，V写本のV***とR写本に登場する教皇書翰56通に

V*** で確認できる教皇書翰1通[35]とR写本で確認できる教皇書翰1通[36]を合わせた58通である。

② 写　本
ⓐ　V写本：　Vatican, Latin MS 6024

1175年から1200年までの間に作成されたとされているV写本は，fo. 1にある記述から，Bagnorea司教Laelius Ruini（在位1612-21年）の手を経て，17世紀にバチカン図書館の所蔵となっていることがわかる。トマス関連書翰が集められたfos. 72-139v (= V) には，全部で267通の書翰と11通の重複書翰が収められている。

Vは4つの部分に分けられる[37]。そのうち両書翰が登場するのは第一部 (nos. 1-27) (= V*) である。この部分に含まれる27通は，現存するどの集成の順番とも一致はしないとされている。ただし，27通の内，次に取り上げるR写本にも登場する4通，すなわちV写本のnos. 4, 11, 13, 12 (= V* (β)) だけは，「β型」に依拠して作成された書翰だとされている。この4通に含まれるのがF書翰 (no. 12, fos. 77-80v) とM書翰 (no. 13, fos. 80v-81v) である。ここで注意しておきたいのが，この2通のうちでは，F書翰の方だけが，ギルバートのアーカイヴの伝統を反映していると，ダガンが分析をしているということである[39]。したがって，V写本が依拠した「β型」に含まれるF書翰とM書翰のうち，F書翰はギルバートのアーカイヴに起源を持つと考えられている一方で，M書翰は──「β型」が作成された──トマスのアーカイヴに起源を持つと考えられているということである。

「β型」は，V写本の第一部だけでなく，第二部および第三部の作成にあたっても参考にされている。第二部 (nos. 28-207 + 2通) (= V**) では，nos. 28-169に書翰の一部分だけが現れる1通[40]と番号が重なっている1通 (no. 84b) を合わせた144通 (= V** (β)) が「β型」に依拠している書翰だと考えられる。続くnos. 170-207の38通 (V** (α)) は，「α型」に依拠していると考えられる。このV** (α) では，「α型」の中から，V** (β) ですでに登場した書翰と，教皇書翰は，省略してあり，V* ですでに登場しているF書翰も省略してある。また，第三

部 (nos. 208-264) (= V***) の 57 通は,「β型」の中の教皇書翰[41]に依拠して作成されている。

以上から明らかになったのは, V 写本に含まれる F 書翰と M 書翰は, 第一に, トマスのアーカイヴで作成された「β型」の派生であるということ, 第二に, ダガンの分析結果を用いれば, そのうちの F 書翰がギルバートのアーカイヴに起源を有し, M 書翰はトマスのアーカイヴに起源を有しているということである。そしてこの 2 つのことから, 第三に,「β型」に含まれる F 書翰と M 書翰については, F 書翰がギルバートのアーカイヴに, M 書翰がトマスのアーカイヴに起源を有すものだとされているということが明らかになった。

ⓑ R 写本: London, Brit. Libr., Royal MS 13. A. XIII

12 世紀末に作成された R 写本には, 252 通の書翰が含まれている。R 写本の fo. 128v にある記述からすると, 中世においては, マートン在のセント゠オーガスティン派修道院 (priory) に属していた。この修道院は, トマスがその付属学校に通ったことがあるとされている修道院である[42]。写本はその後, ジョン゠ラムニー (John Lumley) 卿 (1534-1609 年) の手を経て, 英国図書館に所蔵されている[43]。

R 写本の全体は, fo. 107 を境に, 前後半の二部に分けられる。前半部 (nos. 1-187) は, トマスが差出人ないし名宛人となっている書翰と「ベケット論争」関連の書翰から成っており, 後半部 (nos. 192-248) は教皇書翰から構成される。この 2 つの部分に登場する書翰は, V 写本にも登場している書翰であって, その順番については V 写本の通りというわけではないものの V 写本の順番との間に一定の規則性がある。そのため 2 つの部分は, V 写本に関連があるといえる。すなわち, R 写本の前半部分には V** (α) および V* (β) と V** (β) で登場するすべての書翰が, 後半部分には V*** の中にある書翰のうち 1 通[44]を除いたすべてが登場しているのである[45]。要するに, R 写本については, 前半部分は「α型」および「β型」から, 後半部分は「β型」から派生したものということができる。

注目しておかなければならないのは, R 写本の前半部分の冒頭 4 通 (nos. 1-4) が, V 写本の V* (β) の 4 通 (nos. 4, 11, 13, 12) と一致しており, この 4 通に M 書翰

(no. 3, fos. 4–6) と F 書翰 (no. 4, fos. 6–11) が含まれていることである。したがって，R 写本に含まれる M 書翰と F 書翰は，V 写本，ないし「β型」の派生であり，ここにダガンの分析結果をあわせれば，R 写本の M 書翰はトマスのアーカイヴに，F 書翰はギルバートのアーカイヴに起源を有しているということになる[46]。

(3) ランベス系

① 「α型」および「β型」とランベス系

以上により，「α型」と「β型」の構成が大まかにではあるが示され，両書翰の位置と起源も確認されたと思われるので，以下では，「α型」と「β型」の素材を利用した上に，新たな書翰を付け加えているランベス系の写本における両書翰の位置と起源を確認する。

② 写　本

ⓐ L 写本：　London, Lambeth Palace, MS 136※

13 世紀の初めに作成された L 写本は，347 通の書翰を含む。これは番号が付されていない冒頭の 2 通と，重複する 15 通の書翰を除いた数字である。

全体は 6 つの部分に分けることができ[47]，両書翰は第二部と第三部に別々に登場する。すなわち，「α型」の 79 通が参考にされている第二部 (nos. 7–86) に F 書翰 (no. 22, pp. 29b–41) が登場し，「β型」と関係がある第三部 (nos. 87–144) に M 書翰 (no. 109, pp. 130–134) が登場する。第三部では，現存の写本のいずれとも一致しない順番で書翰 58 通が現れるが，この内の 27 通については，V*(β) と V**(β) と V*** に現れる書翰と同じものであり，そのうちの 1 通が，M 書翰なのである。したがって，L 写本では，F 書翰は「α型」に，M 書翰は「β型」に依拠して作成されたといえる。

ⓑ B 写本：　Oxford, Bodl. Libr., MS Bodley 937※

12 世紀末ないし 13 世紀の初めに作成された B 写本の全体の中で，ランベス系に関係しているのは fos. 175–446 の部分，すなわち，B 写本の全体を 3 部に分けたうちの後半の 2 つの部分（B-II と B-III，と表記）である[48]。この部分に

363通(重複書翰6通を除く)の書翰が含まれており，F書翰は4つの部分から構成されるB-IIの中の第一部 (nos. 1–81) に，M書翰がその第二部 (nos. 82–147) に登場する。

　B-IIの第一部 (nos. 1–81) の81通は，「α型」の派生である。すなわち，テクストと順番はL写本のnos. 7–86と同じなのであり，ここにF書翰 (no. 16, fos. 195v–205) が現れる。

　その第二部 (nos. 82–147) の66通には，L写本の第三部に収められた書翰と，テクストと順番が同じ部分がある。すなわち，L写本の第三部の58通から3通が削除され，11通が新たに追加されているのだが，L写本にあるM書翰は削除されずに登場する (no. 101, fos. 278–281v)。

　したがって，B写本でもL写本と同様，F書翰は「α型」に，M書翰は「β型」に依拠して作成されたといえる。

(4) 小　括

　以上のベケット＝グループに属する写本の検討から判明することについて整理しておきたい。

　F書翰は，「α型」にも「β型」にも含まれる。ただし，「α型」に含まれているF書翰はトマスのアーカイヴに起源を持つと考えられているのに対して，「β型」に含まれているF書翰は，ギルバートのアーカイヴに起源を持つとされている。

　他方，M書翰は，「α型」には含まれないが，「β型」には含まれる。この「β型」に含まれるM書翰は，ダガンによれば，トマスのアーカイヴに起源を持つものとされている。

　しかし，ダガンがいうように，「β型」に含まれるM書翰が，トマスのアーカイヴに起源を持つものだと考えると，矛盾が生じるように思われる。なぜならば，トマスのアーカイヴで作成された「α型」に含まれないM書翰が，「α型」と同じ時期に同じアーカイヴで作成された「β型」には含まれていることになるからである。また，「α型」の派生であるA写本に含まれるM書翰は，「α型」の完成から一定の時間が経過した後で，ギルバートのアーカイヴに由来

する素材から入手されたものだと推測できるからである。

　それゆえに，「β型」に含まれるM書翰が，「β型」に含まれるF書翰と同様に，ギルバートのアーカイヴに起源を持つものだったという可能性はないのかについて，続く第IV節で，ギルバートのアーカイブに由来する集成を取り扱いながら，検討してみたいと考える。

IV.　フォリオット＝グループの集成

（1）　フォリオット＝グループの集成の中のトマス関連書翰

　ロンドン司教ギルバート＝フォリオットのアーカイヴに由来する集成について現存する写本は次の2つである。それらについては，以前，彼の「ムルティプリケム＝ノービース」書翰について検討した論稿で簡潔に整理を試みた[49]。これらの書翰集には，ギルバートが差出人ないし名宛人になっている書翰や「ベケット論争」関連の書翰が収められているため，ギルバートのトマス宛書翰やトマスのギルバート宛書翰といったトマス関連書翰も含まれる。

（2）　写　　本

ⓐ　C写本：　Oxdord, Bodl. Libr., MS e Musaeo 249※

　これは，12世紀後半，おそらくは1170年代後半に作成された写本で，ウェストミンスタ修道院を経てベルボワール修道院に渡り，トマス＝ケイヴ卿を経てボドリアン図書館に寄贈されたものである。C写本には，ギルバート関連書翰447通が含まれている[50]。

　C写本を，その内容や形式などからいくつの部分に分けるかについては，R. W. サザーン，ギルバートの書翰およびチャーターを編集したA. モーリーとC. N. L. ブルック，そしてA. ダガンの間で，それぞれ異なるが[51]，「ベケット論争」関連の1163年から1168年までの書翰が収録されている部分（fos. 47v–62v）に，M書翰（no. 150, fos. 53v–55）が登場する。F書翰は登場しない。

ⓑ **D写本:** **Oxford, Bodl. Libr., MS Douce 287**※

　これは，1175年から1200年の間に作成された，ギルバート関連書翰を収録した写本で，最高法官（Chief Justiciar）リチャード＝ド＝ルーシーによって1178年に立てられたケント在のレスネス修道院に所蔵されていたものである。

　D写本のfos. 43–101v には，94通の書翰が収録されている[52]。その94通の内，75通はC写本にも登場する書翰で，一部はC写本の順序と同一である。このことなどから，D写本が依拠した集成と，C写本が依拠した集成は同じ素材(以下，D′としておく)から派生した部分を持つと考えられている[53]。

　C写本に登場していたM書翰はD写本にも登場している (no. 16, fos. 57–59v)。一方，C写本に登場しなかったF書翰は，D写本には登場する (no. 17, fos. 59v–65)。ただし，F書翰は，D写本ではfo. 65のまえに挿入された羊皮紙に書かれていると指摘されているため[54]，後に挿入されたことが推測される。挿入されている位置が興味深い。なぜならば，fos. 65–71に書かれているのは「ムルティプリケム＝ノービース」書翰 (no. 18) だからである。この際，D写本の作者は，M書翰とF書翰が「ムルティプリケム＝ノービース」書翰が出される原因と考えていたとも推測できると思われる。

(3) 小　　括

　以上から，次のことを確認することができたといえよう。それは，第一に，1170年代後半に作成されたC写本と1175年から1200年までに作成されたD写本の両方にM書翰が含まれていることである。第二に，C写本とD写本は，共通の素材D′から派生した部分を持ち，C写本とD写本の両方に含まれるM書翰は，D′に起源を持つものだと考えられるということである。そしてそのD′は，D写本が作成されるまでに，すなわち1174年までにギルバートのアーカイブで作成されていたと考えられることから，第三に，「α型」と「β型」が作成される頃には，すでに，ギルバートのアーカイブでは，M書翰が，ギルバート関連書翰の集成の中に収められていたと思われるということである。そして第四に，F書翰は，C写本には登場しておらず，それのD写本における収録のされ方からして，D写本が作成されはじめて以降に発見ないし入手されたのかも

しれないということである[55]。

おわりに

(1) 「β型」に含まれるM書翰の起源

今日まで伝来しているトマス関連書翰の主たる起源は、F書翰とM書翰に関する以上の検討からも示されるように、トマスのアーカイヴかギルバートのアーカイブのいずれかにあるが、「β型」のM書翰は、いずれのアーカイヴに由来する書翰なのだろうか。

ダガンによれば、「β型」に含まれるF書翰はギルバートのアーカイヴの伝統を反映していると指摘されていた。確かに、「β型」の派生であるV写本に含まれるF書翰については、ギルバートのアーカイブに由来する写本(とくにD写本)と一致する表現がかなりの程度で認められる[56]。しかし、表現の一致という点に留意しながら「β型」の派生であるV写本に含まれるM書翰についても検討した結果、この書翰についても、ギルバートのアーカイヴに由来するC写本ないしD写本の表現との一致がかなりの程度でみられると思われたのである[57]。

さらに、「β型」を書翰の配列という点に着目して検討してみたところ、その先頭の4通は、C写本ではなくD写本の書翰と同じ順番で現れていることが判明した(以下、表、参照)[58]。したがって、「β型」の先頭の4通は、D写本ないしD写本に関連のある写本と関係があると考えられないだろうか[59]。もし考えられるとするならば、「β型」については、先頭の4通を除いた残りの202通が

表　各写本における書翰の順番

D写本	C写本	V写本	R写本	「β型」
3	348	4	1	1
12	149	11	2	2
16	150	13	3	3
17	—	12	4	4

1174年までに完成されたあとで、トマスのアーカイブにおいて、D写本ないしD写本に関連する写本の中のF書翰とM書翰の存在が知られるようになり、そのような写本を参考に、「β型」の先頭の4通が付け加えられたとも考えられないだろうか。

以上のような推測が成り立つとすれば、「β型」においては、先頭の4通を除く202通はトマスのアーカイヴに起源を有すると思われる一方で、先頭の4通に含まれるF書翰とM書翰は、ギルバートのアーカイヴに起源を持つと思われるのである。そしてこのことを前提とすると、まずは「α型」を参考にしてF書翰を収録し、その後で「β型」を参考にしながらM書翰を収録したランベス系においては、F書翰はトマスのアーカイヴに起源があり、M書翰の方は、トマスのアーカイヴではなくて、ギルバートのアーカイヴに起源があることになろう[60]。

(2) トマス関連書翰をめぐるトマスとギルバートのアーカイヴの関係

以上の検討からいいうるのは、おそらくはトマスが生きていた時代からトマス関連書翰を収集し始めたトマスのアーカイヴには[61]、少なくともM書翰は保管されていなかったということ、ゆえに、トマスのアーカイヴで書翰集の作成に従事していた彼のハウスホウルドによって、ギルバートのアーカイヴに由来する素材からM書翰が手に入れられたということである。そして、これらのことに、「β型」に含まれるF書翰もギルバートのアーカイヴに起源を持つものであったことを考えあわせるならば、遅くともトマスの死後数年間のうちに、カンタベリのアーカイヴとロンドンのアーカイヴの間にはある種の接点があったと考えられるということである。それでは、トマスのハウスホウルドは、いったいどのようにして、トマスの敵対者であったギルバートのアーカイヴに由来するM書翰とF書翰を入手できたのだろうか。

一つのてがかりは、トマス伝の作者であるエドワード＝グリムとウィリアム＝フィッツスティーヴンにあるように思われる[62]。トマスのイングランドへの帰還後にカンタベリに来て、トマスの殺害時には聖堂に居合わせてトマスを守ろうとしたグリムは、どの伝記作者よりも早い1171年にトマス伝の作成に着手

した人物である。彼のトマス伝の作品本体の中には6通だけのトマス関連書翰が挿入されているが，そのうちの1通がM書翰なのである。挿入されている書翰の由来は，しかしながら，彼のトマス伝についての12世紀の写本が伝来していないことと，残存しているテクストに多くの修正が施されていることから，特定することが困難であるとされている。ただし，1171年から作成されたグリムのトマス伝の中でも，彼の本来の計画に基づいて作成された部分を反映していると思われる本体の中にM書翰があるということは，グリムが，伝記を作成していた時点でM書翰を入手していたことを示しており，このことは興味深い。

一方，トマスが大司教に登位した時からトマスと行動を共にしていた人物で，トマスのチャプレインであり，副助祭でもあったウィリアム＝フィツスティーヴンのトマス伝には，F書翰とM書翰が現れる。ここで，興味深いのは，彼のトマス伝を伝えている最も古い写本が，ロンドンにあったギルバートのアーカイヴに由来するD写本だということとともに[63]，彼のトマス伝の中に登場するF書翰とM書翰が，このD写本にみられるものと同じ表現を含むということである[64]。すなわち，彼は，D写本に関係する写本を参考にして自分のトマス伝の中にF書翰とM書翰の一部を引用したと考えられるのである[65]。ロンドンとの関わりが指摘されている彼によって[66]，D写本に関連する写本が参考にされながら両書翰の一部が引用されていたということは，彼を通じてトマスのハウスホウルドに，ギルバートのアーカイヴに由来する素材に基づいたF書翰とM書翰の存在が知られていたということを，推測させるであろう。

(3) 今後の課題

以上のように，トマスのアーカイヴでは，おそらくはトマスの存命中からトマス関連書翰を収集する活動がトマスのハウスホウルドによってすすめられ，その結果，数多くのトマス関連書翰の集成が今日まで伝来しているといえる。そのため我々は，トマス関連書翰についても史料に恵まれているといわねばならないが，我々が「ベケット論争」を検討しようとする場合，「ベケット論争」が生じた1164年以降のトマスが生きた期間に収集されていた書翰に基づいて作成された集成である「α型」と「β型」およびギルバートのアーカイヴで作成さ

れた集成（D'）に着目することが最もよいように思われる。したがって，それらの集成に含まれており，また「ベケット論争」の最も激しい時期に書かれたF書翰とM書翰に注目することが，当時の視点から「ベケット論争」を解明することにつながると考える。その2通が「ベケット論争」について何を語ってくれるのか，それについては，今後，この2通の書翰の内容を検討したあとで明らかにしたいと考える。

注

1) D. J. A. Matthew, 'The Letter-Writing of Archbishop Becket', in *Belief and Culture in the Middle Ages: studies presented to Henry Mayr-Harting*, ed. by R. Gameson and H. Leyser, Oxford, 2001, p. 287.
2) A. Duggan (ed.), *The Correspondence of Thomas Becket: Archbishop of Canterbury 1162–1170*, OMT, Oxford, 2 vols, 2000（以下，*CTB* と略記）。マシュー論文は，この書翰集の刊行前に執筆されている。
3) J. C. Robertson and L. B. Sheppard (eds.), *Materials for the History of Thomas Becket*, Rolls Series, 67, 7 vols., London, 1875–85（以下，*MB* と略記），vol. V–VII.
4) ギルバートについては，差し当たり，次注5) の文献，243–245頁，を参照。
5) 直江真一・苑田亜矢「ムルティプリケム・ノービース（翻訳と解説）——ロンドン司教ギルバート・フォリオットの一書翰——」『法政研究』第66巻第3号（2000年），239–285頁。
6) 以下では，ダガンによる2点の業績，A. Duggan, *Thomas Becket: A Textual History of his Letters*, Oxford, 1980（以下，Duggan と略記），pp. 1–171, 227–270; *CTB*, vol. I, pp. lxviii–clxv, に依拠する部分が少なくないが，できうる限り，筆者自身で，写本を閲覧するかそのマイクロフィルムないしコピーを入手して分析することに努めた（写本の分類番号のすぐ後に※印が付けられているものは，筆者がいずれかの方法で確認したものを示す）。なお，本稿では便宜上，「クラレンドン法」等の「文書」も含めて「書翰」としている。
7) 筆者未見。Duggan, p. 18; *CTB*, p. cxvii, を参照。
8) 後述，B写本，C写本，D写本，L写本も用いられている。Duggan, p. 20, nn. 3, 5, 6; *CTB*, p. cxvii.
9) ロバートソン版のO写本: Oxford, Bodl. Libr., MS Bodley 509 は，Oxford, Bodl. Libr., MS Bodley 937 の誤り。同V*写本: Vatican, Latin MS 6027 は，Vatican, Latin MS 6024 の誤り。Duggan, p. 20, n. 3, も参照。
10) *CTB*, p. 389, n. 1, p. 373, n. 1 to no. 93.
11) アランの集成全体については，Duggan, pp. 85–98; *CTB*, pp. lxxx–lxxxiv, を参照。拙稿「国王ヘンリ2世の Constitutiones と Assisa について——『1169年の Constitutiones』をてがかりに——」國方敬司・直江眞一編『史料が語る中世ヨーロッパ』刀水書房（2004

12) ただし，第二巻と第三巻は順番が逆。詳細は，Duggan, pp. 90–91, を参照。
13) ダガンにしたがって，「α 型（Archetype α）」と「β 型（Archetype β）」という表現を用いる。*CTB*, pp. lxix–lxxi. これらは，かつては，それぞれ「ボドリアン型（Bodleian Archetype）」と「バチカン型（Vatican Archetype）」と表されていた。Duggan, pp. 11–12. 1174 年までに作成されていたと考えられている点については，Duggan, pp. 87, 92; *CTB*, p. lxxxi, を参照。
14) *CTB*, Table 1 and 2: pp. cxix–cxxiv の表が，「α 型」および「β 型」と，アランの集成を対照している。「α 型」と「β 型」の集成については，後述，本文参照。
15) ダガンの研究に基づいて，「α 型」と「β 型」から派生した 3 つの系統をボドリアン系，ヴァチカン系，ランベス系とし，それらをベケット＝グループと呼んでいる。各々の系統については，後述，本文参照。
16) Duggan, p. 92 and n. 1.
17) アランの写本に含まれるジョンの書翰 96 通については，Duggan, p. 93, n. 1, を，89 通については，Duggan, p. 93, n. 2, を参照。1174 年までに，カンタベリにおいては，ジョン＝オヴ＝ソールズベリによって，彼自身の書翰や「ベケット論争」関連の書翰の集成が作成されていた。Duggan, pp. 94–98. ジョンによる書翰集は，大司教シオバルドの名のもとで書かれた書翰 135 通と，1162 年にトマスが大司教となって以降の 180 通の書翰から成る。W. J. Millor and H. E. Butler (ed. and trans.), C. N. L. Brooke (rev.), *The Letters of John of Salisbury, I: The Early Letters (1153–1161)*, London, 1955 と，W. J. Millor and C. N. L. Brooke (ed.), *The Letters of John of Salisbury, II: The Later Letters (1163–1180)*, Oxford, 1979. 1162 年以降の書翰 180 通は，London, Brit. Libr., Addit. MS 11506 と Paris, Bibl. Nat., Latin MS 8562 という 12 世紀末に作成された 2 つの主たる写本により伝えられている。W. J. Millor and C. N. L. Brooke, *op. cit.*, pp. xlvii–xlviii. ジョンはトマスの亡命中はほとんどトマスに同行していなかったが，トマスが差出人あるいは名宛人となっている書翰を含む「ベケット論争」関連の書翰を大司教の手を通して入手していたと考えられている。Duggan, p. 98, n. 1.
18) 本写本の内容および構成については，Duggan, pp. 100–123; *CTB*, pp. lxxxiv–xciii, を参照。
19) a 写本の欄外に書かれている。
20) b 写本の内容および構成については，Duggan, pp. 124–134; *CTB*, pp. xcii–xcv, を参照。
21) b 写本の前半部分には，*Quadrilogus II* が含まれている。*Quadrilogus II* について，詳しくは，Duggan, p. 126 and n. 3, を参照。
22) Oxford, Bodl. Libr., MS Bodley 937, fos. 1–170 にも第二改訂版からの書翰 222 通が登場する（Duggan, pp. 14, 131–134; *CTB*, pp. xcv–xcvi）が，F 書翰と M 書翰は，その写本には登場しない。
23) c 写本の内容および構成については，Duggan, pp. 134–144; *CTB*, pp. xcvii–xcviii, を参照。
24) e 写本では，fos. 145–191 に第三改訂版の要約版が含まれている。
25) 「カンタベリのクライスト＝チャーチの聖トマス関連書翰集（Epistole Sancti Thome Martyris Christi Cantuarie)」とある。

26) 第三改訂版の要約版については，London, Brit. Libr., MS Arundel 219 も残されている。*CTB*, pp. xcix-xcx.
27) 「α型」の書翰79通については，Duggan, Appendix I: pp. 229-232; *CTB*, Table 1: pp. cxix-cxx に整理してある。
28) A 写本の内容および構成については，*A Summary Catalogue of Western Manuscripts in the Bodleian Library at Oxford*, Oxford 1953（以下，SC，と略記），no. 2672: vol. 1, p. 484; Duggan, pp. 11, 25-34; *CTB*, p. lxxi, を参照。
29) AD 写本の内容および構成については，Duggan, pp. 11, 34-35; *CTB*, p. lxxii, を参照。
30) LM 写本の内容および構成については，SC, no. 1051: vol. 2, part 1, p. 44; Duggan, pp. 11, 35-38, *CTB*, p. lxxii, を参照。
31) RQ 写本の内容および構成については，SC, no. 27836: vol. 5, p. 368; Duggan, pp. 11, 38-47, Appendix II: pp. 233-235; *CTB*, pp. lxxii-lxxiii, を参照。A. Saltman, 'Two Early Collections of the Becket Correspondence and of other Contemporary Documents', *Buletin of the Institute of Historical Research*, 22, 1949, pp. 152-153.
32) 5通はギルバートに関係する書翰であり，その内，Etsi circa nos 書翰（*MB*, vol. VI, no. 486）は，後述のフォリオット＝グループのC写本に現れるテクストにだけ見られる一節と同じ節を含んでおり，また，Vestram pater 書翰（*MB*, vol. V, no. 204）のテクストは，フォリオット＝グループの写本に見られるテクストと一致している。Z. N. Brooke, A. Morey and C. N. L. Brooke (eds.), *The Letters and Charters of Gilbert Foliot*, Cambridge, 1967（以下，*GL* と略記），p. 220, n. to line 20; Duggan, p. 33.
33) RQ 写本の関連写本とは，London, Brit. Libr., Harleian MS 215 のことである。14世紀に作成されたこの写本は，その前半部分に登場する書翰のテクストや順序が RQ 写本の第二部のそれと一致しているために，RQ 写本に基づいて作成されたと考えられる。Duggan, p. 40; *CTB*, p. lxxvi.
34) 「β型」の書翰206通については，Duggan, Appendix III: pp. 236-244; *CTB*, Table 2: pp. cxxi-cxxiv, に整理してある。
35) この1通は，V 写本で no. 214 として掲載されている Ad aures nostras 書翰である。Duggan, p. 55, n. 1, p. 242.
36) この1通は，Magnificentie tue 書翰（*MB*, vol. VI, no. 476）である。Duggan, p. 242, n. 2, を参照。
37) 本写本の内容および構成については，Duggan, p. 11, 48-53; *CTB*, pp. lxxiii-lxxv, を参照。
38) Duggan, pp. 51-52; *CTB*, p. lxxiv.
39) V* の27通のうちギルバートのアーカイヴに由来する集成と同じ表現を用いているとされているのは，F 書翰と次の5通である。すなわち，Loqui de Deo 書翰（*CTB*, no. 68），Desiderio desideraui 書翰（*ibid.*, no. 74），Celebre proverbium 書翰（*ibid.*, no. 76），Fratres mei 書翰（*ibid.*, no. 78），Si littere nostre 書翰（*ibid.*, no. 97），である。*CTB*, p. lxxiv, n. 124.
40) この1通は，Sacrorum canonum 書翰（*CTB*, no. 198）である。後述のL写本およびB写本と比較することにより，この書翰の全体は再構成できる。*CTB*, p. cxxii, n. 1.
41) その内，Ego Girardus 書翰（*MB*, vol. VI, no. 421）だけは教皇書翰ではない。Duggan, Appendix III: p. 242, を参照。

42) *MB*, vol. III, p. 14.
43) R 写本の内容および構成については，Duggan, pp. 12, 53–66; *CTB*, pp. lxxv, を参照．
44) V 写本の no. 214 の Ad aures nostras 書翰である．前注 35 を参照．
45) とくに，Duggan, p. 55 and n. 1, を参照．
46) このヴァチカン系に属する写本には，Loan, Bibl. de la Ville, MS 337 もある．13 世紀に作成されたこの写本の fos. 29–64v には 78 通のトマス関連書翰が含まれる（Duggan, p. 12; *CTB*, p. lxxvi）．またこの写本を参考にした部分と，前述の RQ 写本の第二部を参考にした部分とで構成されるのが，14 世紀に作成された London, Brit. Libr, MS Harleian 215 で，この写本の fos. 1–101 には 91 通の書翰が含まれている（Duggan, p. 12; *CTB*, p. lxxvi）．
47) L 写本の内容および構成については，Duggan, pp. 12, 67–74; *CTB*, pp. lxxvii, を参照．
48) B 写本の内容および構成については，SC, no. 3088: vol. 2, part 1, pp. 587–588; Duggan, pp. 12, 74–84; *CTB*, pp. lxxviii–lxxix, を参照．本写本を 3 部に分けたもう一つの部分については，前注 22 を参照．
49) 直江・苑田，前掲稿，248 頁以下．
50) C 写本の内容および構成については，SC, no. 27835: vol. 5, pp. 367–368; *GL*, pp. 2–11; Duggan, pp. 146–158; *CTB*, pp. ci–ciii, Table 5A and 5B: pp. cxxxv–cxxxvi, を参照．
51) Duggan, pp. 146–158; *GL*, pp. 2–11; R. W. Southern, review for *GL* and *Gilbert Foliot and His Letters*, *English Historical Review*, vol. 83, 1968, p. 786.
52) D 写本の内容および構成については，SC, no. 21861: vol. 4, p. 580; *GL*, pp. 14–16; Duggan, pp. 158–161, Appendix VIII: pp. 265–268; *CTB*, p. ciii, Table 5A and 5B: pp. cxxxv–cxxxvi, を参照．なお，この D 写本には，ウィリアム＝フィッツスティーヴンのトマス伝（fos. 3–42v），ジョン＝オヴ＝ソールズベリのトマス伝（fos. 43–402v）も収められている．
53) *GL*, p. 15.
54) *GL*, pp. lii, liv, n. 2
55) ただし，D 写本に登場する F 書翰は，「α 型」に登場する F 書翰とは異なる表現をもっているため，ギルバート側で受け取った書翰に基づいているものであって，トマスのアーカイヴに由来するものではないと判断される．
56) F 書翰の表現で，V 写本と D 写本の間に一致がみられるのは 37 点であった．なお，F 書翰のテクストは，ダガン版では，19 頁．*CTB*, no. 95, p. 388, n.g; p. 390, nn.p, y, a, i, l; p. 392, n.o; p. 394, nn.h, p, q; p. 398, n.z; p. 400, n.e; p. 404, nn.x, z; p. 406, n.a, n; p. 408, nn.x, y, z; p. 410, n.g; p. 412, nn.s, e, f, j, k; p. 414, nn.r, s, f; p. 416, n.z; p. 418, nn.q, v, g, j, r; p. 422, nn.z, d; p. 424, n.e.
57) M 書翰の表現で，V 写本と C 写本ないし D 写本との間に一致がみられるのは 14 点であった．ただし，M 書翰は，ダガン版では 8 頁で，F 書翰と比べて短い．*CTB*, no. 96, p. 426, heading, nn.d, k, r; p. 428, n.x; p. 430, nn.d, h, n, v, h; p. 432, n.f; p. 434, n.q; p. 438, n.g; p. 440, n.i. また，V 写本と関係のある R 写本と，C 写本ないし D 写本との間の一致点が見られるのは 23 点であった．*CTB*, no. 96, p. 426, nn.b, c, j, k; p. 428, n.r; p. 430, nn.d, n, v, b, d, h; p. 432, nn.m, t, f, h, o; p. 424, n.d; p. 436, n.s; p. 438, nn.z, e, f, g; p. 440, n.d. ちなみに，ダガンにより，ギルバートのアーカイヴと関係があることが指摘されている A 写

本の M 書翰と，C 写本ないし D 写本のそれとの間には 20 点の一致があった。*CTB*, no. 96, p. 426, nn.i, j, k; p. 428, nn.x, r; p. 430, nn.d, n, v, b, d, h; p. 432, nn.t, h; p. 434, n. q; p. 436, nn.x, z; p. 438, nn.z, e, f, n.

58) 「β型」: nos. 1, 2, 3, 4 = V*(β): nos. 4, 11, 13, 12 = D 写本: nos. 3, 12, 16, 17. 表を参照。
59) ただし，「β型」: no. 4 = V*(β): no. 11 = D 写本: no 12 の表現は，ギルバートのアーカイヴの伝統との方にだけとくに近いというわけではない。この書翰は，「α型」にも見られる書翰なので，V 写本では，「α型」の集成と，D 写本ないしこれに関連する写本の両方が校合されたのかもしれない。
60) M 書翰について，ランベス系の L 写本ないし B 写本の表現が C 写本ないし D 写本と一致する点を，14 点確認できた。*CTB*, no. 96, p. 426, heading, nn.b, c, d, e; p. 428, n. p; p. 430, n.h; p. 432, nn.m, t, m; p. 434, n.q; p. 436, n.x; p. 438, nn.z, f.
61) トマスは，1170 年末に，当時教皇庁チャンセリーであった (*CTB*, p. 888, n. 2) グラティアーヌス宛に，教皇のレジスタ (registrum) の中に「ベケット論争」に関連する教皇書翰が保管されるよう頼むとともに，教皇庁側で記録が紛失している場合のためにトマスが受け取った教皇書翰の写しを送ると書いていることから (*MTB*, vol. VII, no. 695, p. 353; *CTB*, no. 301, p. 1282)，トマスのハウスホウルドによってすでに論争に関係する書翰の収集・保管が開始されていたと思われる。
62) トマス関連書翰は，そのほとんどが，本稿で取り扱ったような書翰集という形態で伝来しているが，伝記に挿入ないし引用されるかたちで伝来している場合もある。それぞれのトマス伝に何通の書翰が挿入・引用・言及されているのかの紹介は紙幅の関係で割愛せざるを得ないが，Duggan, Table 1–7: pp. 271–287, が参考になる。
63) 前注 52)，も参照。
64) フィッツスティーヴンのトマス伝では，トマス関連書翰 7 通が長目に引用され，31 通が一部を引用されるか短く触れられていることが確認されている。Duggan, pp. 187–200, Table 3: pp. 274–275. この 31 通の書翰の中に F 書翰と M 書翰がある。また，ダガンにより，ギルバートのアーカイヴの伝統を反映している書翰として指摘されている V*(β): nos. 4 の Dcesiderio desideravi 書翰も引用されている。
65) *GL*, p. 16; Duggan, pp. 195–196. D 写本に含まれるトマス伝は，フィッツスティーヴンによるトマス伝の，より早い時期の草稿であり，1172–4 年の期間に作成されたものではないかとされている。
66) 彼はロンドンで生まれており，また，D 写本には彼の手になるロンドン＝シティーについての叙述が残されている。

13世紀後半イングランドの裁判実務書
——『ルフィールド本』を中心として——

直江眞一

はじめに

　13世紀後半イングランドにおいては，所領経営のための実務書が多く書かれた。代表的なものに，リンカン司教ロバート＝グロウステスト（Robert Grosseteste）著とされる『所領経営規則』（Rules），『ウォルタ＝オヴ＝ヘンリ』（Walter of Henley）の名で通用している作品，著者不明の『執事職のための書』（Seneschaucy），『家政の書』（Husbandry）等がある[1]。これらの作品は多く集合写本集の中で伝来しており，しかも法典ないし法集成と共に伝来している場合が少なくない。この事実は，法的知識に対する需要と所領経営の実務的知識に対する需要が重なっていたことを示唆するものであろう[2]。しかし，一口に所領経営に関わる人々の法的関心と言っても，その具体的な所在を明らかにするためには，個々の写本集の構成と内容を詳細に分析・検討する必要があることは言うまでもない。そのような作業を通して，国王裁判所の法であるコモン＝ローと地方における法実務の関連についても一定の知見を得ることが可能となるのではないかと思われる[3]。

　以下においては，『ルフィールド本』（Liber Luffield）として知られる写本集を対象として，その構成を分析し，とりわけそこに収められた裁判実務の手引書『訴訟および法廷の書』（De placitis et curiis tenendis）の内容を検討することによって，本写本集作成者ないし所持者の関心と地方における法実務のあり方を明らかにすることを課題とする。『ルフィールド本』を考察対象とする理由とし

ては, 後述するように, 当該修道院に関する証書や書翰の他, 様々な法典ないし法集成と所領経営関連書等, 何よりも広汎な素材が収録されていること(上記の『所領経営規則』および『ウォルタ＝オヴ＝ヘンリ』も含まれている)に加え,『訴訟および法廷の書』についてはすでに F. W. メイトランド編の刊本も存在することをあげることができる。

I. ルフィールド修道院

(1) 略　史

最初に,『ルフィールド本』が由来するルフィールド修道院について概観しておこう。ベネディクト派ルフィールド修道院が存在する場所は, イングランド中央部ノーサンプトンシァとバッキンガムシァの境にあるウィットル＝フォレスト (Whittle Forest) である。修道院の建物自体は主としてバッキンガムシァにあったが, 付属教会はノーサンプトンシァに属していた。オクスフォドから北東約 20 マイル, 交通の要衝に位置している。現在, 建物は跡形もなく消滅し, オクスフォドとノーサンプトンを結ぶ幹線道路である A43 から少し入ったシルバーストーン (Silverstone) に僅かに残っている「修道士の森」(Monk's Wood) なる地名に当時の名残を見ることができるだけである。

『ヴィクトリア州別史』(Victoria County History) のノーサンプトンシァとバッキンガムシァ部分に掲載されているルフィールド修道院に関する記述と G. R. エルヴィ編の『ルフィールド修道院チャーター』の解説によれば, 同修道院の略史は以下の通りである[4]。創建は, 12 世紀前半レスタ伯ロバート＝ボーシュ (Robert Bossu) によるが, 国王ヘンリ 1 世と王妃マチルダのチャーターによって当初よりいわば王立修道院としての性格を有していた。1171 年ないし 1174 年には教皇アレクサンデル 3 世から所領確認の勅書を獲得し, また 1230 年には国王ヘンリ 3 世から聖十字架称賛の祝日 (9 月 14 日) の前日から 3 日間続く年市 (fair) 開催の特権を獲得している。もっとも, 1330 年以降はこの特権に関する言及は見出されないようである。国王によるパトロネッジ関係は, 1244 年秋に

修道院が略奪行為に遭った時にヘンリ3世が物質的・金銭的援助をしたことにも示されている。1286年にエドワード1世は，修道院の過重債務対策として世俗財産 (temporalities) 管理のために国王書記を任命している。他方で14世紀には修道院は，国王書記1名に対する年金 (pension) 支払ないし扶養 (maintenance) の義務を果たしている。15世紀末には国王への直接的帰属を承認する教皇アレクサンデル6世の勅書が出され，最終的に16世紀初めにはウェストミンスタ修道院の国王礼拝堂に併合されることによって，ヘンリ8世による修道院解散令を待つことなく，その歴史を閉じることとなった。

創建時の基本財産自体さほど大きくはなく，その後多くの寄進が行われたわけでもない。1291年時点での世俗財産の総価値は，24ポンド19シリング$7\frac{1}{2}$ペンスである。したがって，修道士の数は常に小規模だったと推測される。1493年の教皇勅書によれば，修道院の価値は260フロリン金貨相当であり，荒れた建物に修道院長と僅か2名の修道士がいただけとされている。

(2) 修道院長職をめぐる混乱

後述するように『ルフィールド本』の大部分は1280年頃に作成されているが，その当時は修道院長職をめぐる混乱の時期であった。『司教登録簿』(Episcopal Register) および『開封勅許状録』(Patent Rolls) からは歴代の修道院長の名前が判明するが，それによれば，1275年に就任したウィリアム＝オヴ＝エステンストンが1279年ないし1280年に辞任して以来，1294年にウィリアム＝オヴ＝ブラックリによって22年の安定した在任期間が始まるまでの14年間に，実に7名もの人物が入れ替わっている。

すなわち，1280年に修道院を訪問したカンタベリ大司教ペッカムが後にリンカン司教候補オリバー＝サットンに宛てて書いた書翰は，エステンストンの放縦，とりわけ女性を修道院内に入れた行為を非難しており，これが原因でエステンストンは辞任に追い込まれたと考えられる。後任はアダム＝オヴ＝ハンレッドであるが，彼は1284年に辞任している。しかし，翌1285年リンカン司教サットンは，修道士による新修道院長ブラックリの選挙を無効と宣言し，自らハンレッドを再び選任した。ハンレッドは再び2年後に辞任している。1287

年に修道士達は今度はリチャード＝オヴ＝シルベストンを選挙したが，彼は直ちに辞任。次に選出されたジョン＝オヴ＝ホートンも2年後の1289年に辞任。同年選挙されたギルバート＝オヴ＝マーズも数日中に辞任し，ピーター＝オヴ＝シャルストンに交替するが，シャルストンも1294年にリンカン司教の命令に対する不服従で退任させられ，ブラックリが再び就任した。要するに，この間，修道院長は死去によって交替するというルールは存在していない。2人が司教によって退任させられ，1人は選挙を無効とされ，他方2人の候補者は就任を拒否したわけである[5]。

修道院長の度重なる交替の背後には，修道院の経済政策をめぐる対立が存在していたと推測されているが[6]，恐らくこのような混乱期にルフィールド修道院の最初のカーチュラリが作成され[7]，そこに収められた文書の写しをも部分的に含む『ルフィールド本』の大部分が成立した模様である。すでにエステンストンの前任として1263年に修道院長に就任したラルフ＝オヴ＝シルベストンの時代に，所領経営のための様々な技法が学ばれ始め，ウォルタ＝オヴ＝ヘンリ自身当地を訪れ，その専門的知識を基に指南したのではないかとも推測されている[8]。

後述するように『ルフィールド本』の大半の作者はジョン＝オヴ＝オクスフォドと考えられているが，彼は，ハンレッドが最初1280年に修道院長に就任した時すでにルフィールドの修道士であり，訴訟代理人 (procurator) を務めるなど，ハンレッドの右腕として活躍した人物であった[9]。さらに，1287年から1289年まで修道院長を務め，その後フランシスコ派修道士に転じた前述のジョン＝オヴ＝ホートンこそ，ジョン＝オヴ＝オクスフォドだった可能性が指摘されている[10]。

II. 『ルフィールド本』

(1) 構成および伝来状況

『ルフィールド本』は現在，ケンブリッジ大学図書館（Cambridge University

Library) に保管されている。分類記号は，写本部門の Ee I, 1 である。本写本集については，すでに筆者自身，その一部に注目したメイトランドの研究に依拠しつつ[11]，オクスフォド大学において学識法(ローマ法および教会法)の教育のみならず実務的法学教育がなされていたことを例証する史料として紹介したことがある[12]。もっともメイトランドは，当該部分が不動産譲渡等の書式の集成，荘園会計に関する書式，『訴訟および法廷の書』からなること，またその最初の部分がジョン＝オヴ＝オクスフォドの手になり，内容的にオクスフォド大学と強い結び付きを示すということ等は指摘したものの，本写本集全体の構成や伝来状況について明らかにしたわけではなかった。しかしその後，とりわけ外形的特徴から本写本集全体を分析した D. オシンスキーの研究が出される一方[13]，ケンブリッジ大学図書館の写本カタログも 19 世紀半ばの版に加え[14]，対象を法写本に限定した J. ベイカー編の詳細なカタログが最近出版され，本写本集の構成も仔細な点まで明らかにされるに至った[15]。これらに依拠するならば，『ルフィールド本』の構成と伝来状況は以下のごとくである。

まず外形的には，本写本集は全 276 葉からなり，判型は縦約 30 cm×横約 20 cm のフォリオ判である。各頁は 2 つのコラムに分かれ，頁毎の行数は折丁あるいは収録項目によって 33 行から 61 行と一様ではない。全体は大きく 11 の文書群から構成されており，全部で 75 項目である(186–187 頁の「付表」参照)。

次に筆跡について見ると，大部分は 13 世紀後半の書体によってラテン語あるいはフランス語で書かれている。複数の書き手の存在が認められるが，そのうち少なくとも 3 人については識別可能である。対象項目で分類するならば[16]，(a)『ブラクトン』(Bracton)からの抜粋の大部分(第 9 項目，第 12 項目)，『ヘンガム＝マグナ』(Hengham Magna)(第 10 項目)，グロスタ法(1278 年)(第 43 項目)，国王マナの土地評価 (extent) の書式(第 47 項目)，計測法 (compositio ulnarum et perticarum) に関する論文(第 56 項目)等の部分。さらにこの部分の書き手は，他の書き手によるテクストにタイトルあるいは註釈を付けている場合もあり，それ故本写本集全体の編集にも関与していた人物と判断される。さらに対象項目から判断するならば，法と所領経営の双方に関心を有していたと推測され，ジョン＝オヴ＝オクスフォドであった可能性が高い。(b) 次の 3 箇所。

すなわち，①『ウィリアム征服王の法』(Hic intimatur) のフランス語版 (第3項目) と『グランヴィル』(Glanvill) (第4項目)，②ウェストミンスタ第2法 (1285年) (第29項目) とウィンチェスタ法 (同年) (第30項目)，③不動産譲渡の書式の集成等に始まり『訴訟および法廷の書』で終わる部分 (第50–53項目)。書式の集成中に現れる年代はほとんどが1270年代である。第50項目の最後には (f. 231v)，「ジョン＝オヴ＝オクスフォドによる以下のものを作成する方法と術，終わる」(Explicit modus et ars componendi ... secundum Johannem de Oxonia) として，証書 (carta)，割印証書 (cyrograffum)，遺言 (testamentum) 等と並んで，様々な書翰の書式が掲げられている。とりわけ興味深いのは，「学生が父親に金を無心するための書翰」(littera pro pecunia patri a scolari destinata) であろう。ここからは，これらの書式を指示したのがジョン＝オヴ＝オクスフォドであること，またこれらの書式ないし書翰作成術がオクスフォド大学で教えられており，ジョンはそれをルフィールド修道院に伝えたのであろうことが推測される[17]。しかしこのことは，(b)がジョンの自筆部分であることを意味するものではない。最後に(c)として，「財務府に関する制定法」(Les Estatuz del Eschekere) (年代不詳) (第5項目)，「巡回裁判官審問条項」(Chapters of the Eyre) (年代不詳) (第35項目)，パン＝エール法 (Assisa panis) (年代不詳) (第55項目) 等の部分。

前述したようなルフィールド修道院の規模を考慮するならば，文書の収集・筆写に何名もの修道士が関与したとは考え難い。それ故，以上の筆跡の分析からは，ジョン＝オヴ＝オクスフォドが『ルフィールド本』所収の文書の大半を収集・編集し，かつ自らその少なからざる部分を書いたと結論付けてよいであろう。グロウステストの『所領経営規則』(第67項目) については，訴訟代理人としてジョンがリンカンを訪れた際に入手した可能性がある。ジョンが1289年にルフィールド修道院を後にしたとするならば，本写本集の原型は1280年代に成立したということになる[18]。

なお，本写本集が14世紀に入っても依然としてルフィールド修道院で保管・活用され続けていたことは，例えば，エドワード3世治世第3–4年にノーサムプトンシァで実施された国王巡回裁判におけるルフィールド修道院長に対する「権原開示訴訟」(quo warranto) の写しである第11項目等から判明する。ル

フィールド修道院による最後の加筆は，余白に書き込まれた第64項目である。これは，修道院長に対する6シリング8ペンスの債務弁済と16シリングの損害賠償金支払をウィリアム＝ケイポンなる者に命じたシェリフ宛強制執行令状（levari facias）の写しであり，エドワード4世治世第5年（1465年）と記されている。

ルフィールド修道院消滅後の本写本集の行方に関しては，巻頭の遊び紙（f. 1v）に，「F. テイトの蔵書。騎士ロバート＝コトンから入手。1609年11月28日」（Liber F. Tate ex dono Ro. Cotton militis, 28 Nov. 1609）と書かれていることから，ロバート＝コトン（1571–1631年）が一時これを所有し，その後フラーンシス＝テイト（1560–1616年）の手に渡ったことが判明する。言うまでもなく，両者はいずれもルネサンス期を代表する著名な古物収集家である。また同所には，「ルフィールド本」（Liber Luffield）との表記もある。「ルフィールド本」と命名したのは，おそらくテイトであろう。

(2) 特　徴

「付表」を一見して明らかなように，本写本集には，きわめて多様な文書が収録されている。ルフィールド修道院に直接関係する証書・書翰・令状・裁判記録等の他，『グランヴィル』・『ブラクトン』・『ヘンガム＝マグナ』といった法書類，マグナ＝カルタに始まる13世紀の諸制定法，『令状方式書』（Register of Writs）・『訴訟および法廷の書』といった裁判実務書，『ウォルタ＝オヴ＝ヘンリ』等所領経営の実務書の類である。ここでは，これらの内容すべてについて個々的に検討する余裕はなく，法的素材に限定して，本写本集がきわめて実務的な観点から作成・編集されているという事実を再確認させる若干の点に触れておきたい。

第一に，『グランヴィル』について見ると，第2巻第19章（f. 17v）まではラテン語で書かれているが，以下はフランス語である。『グランヴィル』の写本は現在42確認されているが，そのうち4写本が全部ないし部分的にフランス語に翻訳された版である。これらはいずれも13世紀後半に成立しており，この時期における法律フランス語の重要性を考慮するならば，実務的対応の一つとみる

ことができる。別稿で明らかにしたように、1180年代末に成立した『グランヴィル』は13世紀後半においても依然として国王裁判所における訴訟手続に関する実務的手引書として存在意義を保持していた。直前に置かれた『ウィリアム征服王の法』は、13世紀後半の時点からみればいかにも時代遅れの法源であるが、これも元々ラテン語で書かれたもののフランス語翻訳版であり、『グランヴィル』と共に伝来している例は少なくない。他方、本写本集には、『グランヴィル』を収録した他の写本集類型にみられるようなアングロ＝サクソン諸法典は存在しない。歴史的関心に基く収集ではなかったということであろう[19]。

　第二に、『ブラクトン』はほとんどが要約であるが、収録されている最初の部分（第9項目）が、人の分類（De personis）に関する記述の途中、すなわち「国王直領地（dominium domini regis）における人の分類」から始まっている点（f. 41v）は興味を引く。農民の様々な身分（servus / nativus / villanus / glebae ascripticius / liber homo）に言及した箇所である[20]。その後巻頭に戻るのであるが、この一見奇妙な配列は、「国王直領地における人の分類」以前の部分がもっぱらローマ法上の人の分類についての説明であることを考慮するならば、実際的な処置と解釈することができるのではなかろうか。ローマ法上の奴隷（servus）あるいは奴隷解放（manumissio）、自権者（sui iuris）と他権者（alienus）の区別、家長権（patria potestas）、後見（tutela）と補佐（cura）の説明等は13世紀のイングランドにおいて現実的な問題ではなかったからである。他方、最後の方についてみると、『ブラクトン』の要約は未完のまま、長大な「抗弁について（De exceptionibus）」の途中で終了している（f. 127v）。これは折丁の最初の一葉を使っており、次頁（f. 128r）は空白のまま、当該折丁の残りの部分（ff. 128v–135v）は『ヘンガム＝マグナ』にあてられている[21]。ほぼ同時代に人民訴訟裁判所（Common Pleas）の首席裁判官であったラルフ＝ヘンガムによって書かれた訴訟手続の簡単な解説書の方が便利と思われたのであろう[22]。このような構成のため、本写本集に収められた『ブラクトン』はテクスト校訂という観点からは、「事実上役に立たない」といわれているが[23]、作成時はそれなりの意味を有していたと思われる。

　第三に、本写本集には、以上の法書もその一つである裁判実務書が他にも多

く収録されている。『要録』(Fet Asaver)（第13項目）は，1270年頃成立した著者不明のフランス語文献である。成立当時『ヘンガム＝マグナ』に次いでポピュラーなものとして，本写本集収録のもの以外に50以上の写本が伝来している[24]。『令状方式書』（第32項目）は，国王裁判所において訴訟を提起するための要件である令状の目録である。もとより『グランヴィル』も『ブラクトン』も令状の解説書としての性格を有していたが，令状の種類が増加するにつれ，その時点で利用可能な包括的な令状の目録が必要とされるようになった。その量は，法曹養成機関であるロンドン郊外のインズ＝オヴ＝チャンセリ（Inns of Chancery）における講義におそらく由来する註釈等が付加されることによって，13・14世紀中に急激に増大していった[25]。現在刊本の形で広く知られている『訴訟類例集』（Casus Placitorum）（第14項目）あるいは『訴答方式書』（Brevia Placitata）（第58項目）等も，場所は不明であるにしても，13世紀半ば頃に行なわれていた講義のノートに由来するのではないかと考えられている[26]。

『訴訟および法廷の書』（第53項目）もまた，以上のような裁判実務書に属する。これまた実務的有用性という観点から収録されたものであろう。次に，その内容について立ち入って検討してみよう。

III. 『訴訟および法廷の書』

(1) 内　容

本書はまず最初に，次のように述べて，裁判所の種類が多様であること，また地方ごとに法と慣習が異なっていることを強調している。

> 以下の諸裁判所においては，それぞれ異なった仕方で訴答が行われるということを理解せよ。諸裁判所とはすなわち，〔ウェストミンスタの〕ベンチの (de banco) 裁判官の面前での主君たる国王の裁判所，巡回裁判官の面前での主君たる国王の裁判所，州およびハンドレッドにおける場合のような上記以外の主君たる国王の裁判所，伯の裁判所，バロンの裁判所，騎士の裁判所，自由不動産保有者の裁判所，司教の裁判所，修道院長の裁判所，リベルタスと呼ばれるその一定の〔権利〕にしたがって自由に保有している

その他の聖職者の[27]裁判所である。それ故，訴答を行う者，また裁判所を開かなければならない者は，いかなる種類の裁判官，セネシャル，様々なベイリフであれ，すなわち，例えばシェリフであれ，ハンドレッド裁判所出仕義務者 (hundredarius) であれ，マナのベイリフであれ，彼にそのような権限を与え，彼をそのようなものとしている彼の書面 (litera) に十分注意しなければならず，決して命令の限度を越えてはならず，その書面に含まれていること以外の何かをしてはならない。同様に彼は，その州，ハンドレッド，裁判所，あるいはマナにおいて存在している慣習を，また上述のものに属しているリベルタスを知らなければならない。というのは，法も慣習も様々な地方において様々な仕方で存在しているからである (ff. 233r–233v)。

次いで，裁判記録 (rotulus placitorum vel curiarum) を保管することの必要性と開廷期 (terminus) について一般的に言及がなされた後，とくに年2回開催される十人組 (franciplegiagium; thewinga) 検査のための裁判所 (curia visus franciplegii) とその際に残されるべき記録に注意が向けられる[28]。十人組検査については後で詳細な説明がなされるわけであるが，その前にセネシャルからハンドレッドあるいはマナのベイリフに対して宛てられる裁判召集のための書翰の書式と，その裁判における記録の形式が複数掲げられている。記録形式は，実際にはセネシャルが主宰するにせよ，開廷権者が国王である場合(国王のマナ法廷)，俗人領主である場合，司教である場合，聖職者である場合に応じて異なる。すなわち，前2者の場合には国王の治世年によって，また司教の場合には在位年によって，さらに聖職者の場合には西暦紀元によって年代を表示しなければならないとされている[29]。

ところで，セネシャルが裁判召集のために出す書翰の書式の直前には，国王令状，不出頭理由申立 (essonium)，訴訟の移送などに関する以下のような記述がある。

また次のことを知るべきである。主君たる国王の裁判所から由来する令状によるのでなければ，主君たる国王の主たる裁判所においては，いかなる者に対するいかなる訴えも，決して開始せられてはならない (nunquam movebitur)。そして，その場合には，訴訟追行の保証 (securitas de prosequendo) が受け入れられた後，善き召喚人達によって被告が召喚されるべし。それは，このことについて令状中で言われていることにした

がって，上述の裁判所のいずれかにおいて答弁すべく出廷するためである。何故ならば，特権領（franchisa）以外では[30]，主君たる国王の裁判所から出された令状によるのでなければ，誰も自らの自由保有不動産について，その領主の裁判所において，いかなる者に対しても答弁する義務はないからである（f. 233v）。

これは，『グランヴィル』時代にすでに存在していた「令状なければ何人も答弁する義務なし」（nemo tenetur respondere sine brevi）というコモン＝ロー上の大原則を述べたものである[31]。前半では国王裁判所について述べているのに対して，後半においては領主裁判所が対象となっている。両者の関係は明瞭ではないが，恐らくいずれの裁判所においてもこの原則が妥当するという趣旨であろう。この原則の起源に関しては論争があるが，国王裁判権による領主裁判権に対する干渉であることは疑いない[32]。

また，不出頭理由申立も通常コモン＝ロー上の手続として理解されているが[33]，とくに国王裁判所に限定することなく，これについては次のような簡単な言及がなされている。

また次のことを知るべきである。すなわち，召喚された者は裁判所の慣習にしたがって適法に自ら不出頭理由申立をなすことができ，不出頭理由申立が試みられ，動産差押（districtio）がなされた後[34]，裁判所の中間判決（consideracio）によって，訴えの審理がなされ，判決によって終了させられなければならない（f. 233v）。

移送に関しても，領主裁判所から州裁判所への移送令状（tolt）と州裁判所から国王裁判所への移送令状（pone）に基づく手続が，両者を区別することなく，一言触れられているにすぎない[35]。

また次のことを知るべきである。すなわち，領主裁判所が正義に[36]欠けるのであれば，訴えは州〔裁判所〕あるいはベンチの〔国王〕裁判官の下へ移送され，そこで審理され判決が下されなければならない（f. 233v）。

さらに，これまた一般的な裁判理念とでも呼ぶべきものが次のような形で掲げられている。

また次のことを知るべきである。すなわち，できうる限り自己の権限下にあるすべての訴えを正しい判決によって迅速に終結させなければならず，また〔訴訟当事者の〕懈怠 (defectus) を正すようにさせ[37]なければならない。また，あらゆる原告の訴えを辛抱強く聴取しなければならない。貧者を保護しなければならない。懇願や寵遇を理由として，また儲けの目論見から，誰かに権利侵害をなしたり，悪しき判決を下したりしてはならない。そうではなく，言葉において嘘をつかず，判決において正しく，協議において先見の明があり，委ねられたことに忠実であり，行いにおいて[38]力強く，温情において秀でており，徳のすべての公正さにおいて優れていなければならない。何故なら，このようにしてカエサルのものはカエサルに，神のものは神に返すことができるからである。そして，彼の判決は永遠のものとなり，彼の名は賞賛されるであろう。また，このようにして，塵の中から困窮している者を拾い上げ，泥の中から貧しい者を高めるお方が，彼を小さなベイリフ管区 (balliva parva) から王国へと移し，その結果彼はプリンケプス達と共に席に着き，栄光の座を保持するであろう (f. 233v)。

以上の箇所は，とくに領主裁判所に限定することなく，王国内のあらゆる裁判所に共通する事柄として書かれたものであろう。しかし，最初に引用した冒頭の部分から明らかなように，他方で各裁判所はそれぞれ独自の法と慣習を有しているのであり，本書の記述の中心が領主裁判所に置かれていることは疑いない。このことは，直前に引用した部分の最後で，とくに裁判管轄区としての「ベイリフ管区」に言及がなされているところからも明らかであろう。それ故，この引用箇所の後にベイリフ宛書翰の書式が続くわけである。

ベイリフ宛書翰の書式が終わると，やや唐突な形でセネシャルによる十人組検査における審問条項が続く[39]。

〔1〕年齢12歳〔以上〕の者が全員十人組 (liber plegiagium) に所属しているかどうか。また，その年齢の者で十人組に所属していない者は誰か。〔2〕十人組長 (capitalis plegius) は誰であれ，その十人組 (tewinga) に誰が属しており，また何人属しているかを知っている[40]かどうか。〔3〕出仕義務 (secta) を負っているすべての者がそこにいるかどうか。また誰が欠席しているか。〔4〕また，特権が充分に保持されているかどうか。また誰によって特権が侵害されているか。〔5〕パン＝エール法が遵守されているかどうか。また誰がパン＝エール法を遵守していないか。〔6〕叫喚追跡について (De utesio levato et persecuto)。〔7〕流血について (De sanguine fuso)。〔8〕水流変更につい

て（De aqua mutata）。〔9〕新たに築かれた壁および溝について（De muro et fossa）。〔10〕また，新たに造られた道路について（〔De〕chemino）。〔11〕よそ者を受け入れた者について（De hospitatoribus）。〔12〕犯人蔵匿者について（〔De〕receptoribus malorum）。〔13〕法廷で定められたところにしたがって夜警となる者について（〔De〕vigilantibus de nocte secundum statutum curie）。〔14〕破壊された橋および土手道について（De pontibus et calcatis fractis）。〔15〕修復されるべき道路について（〔De〕cheminis emendandis）。〔16〕死亡した者から受領されている違法なタリッジおよび支払について（De tailagiis et pacacionibus）。〔17〕以上の後，その他発生している訴え，訴訟，事件について（〔De〕ceteris querelis, placitis et casibus contingentibus）（f. 234r）。

このように審問条項が列挙された後，「裁判所の書記はすべてのことを書き留めなければならない」（clericus curie debet omnia abbreviare）として，最初に〔3〕について，法廷への出仕義務違反があった場合における罰金（finis）支払およびそのための差押の記録を残すための書式が掲げられる。その上で，〔1〕以下の各条項毎に記録の書式が列挙されることになる。一例を挙げれば，〔5〕については，次のごとくである。

また，以下のことが尋ねられた。パン＝エール法その他の法廷の立法（assise curie）が忠実に遵守されていたかどうか。そして，次のように証言された。すなわち，猟師Wの最後の醸造（taberna）が法によっていなかったと。そこで，彼は6ペンスの憐憫罰金（misericordia）を支払うべし[41]。保証人NとN，云々。また，法廷全体あるいはハンドレッドあるいは地方（patria）が，穀物の市場価格（forum bladi）が改定されたのに，パン＝エール法が改定されていないと訴えた。そこで，法廷あるいはハンドレッドの判決により以下のことが命ぜられた。すなわち，〔エールについては〕今後，農村においては[42] 4ガロンが1ペニーで，また市場村（villa mercatoria）においては3ガロンが1ペニーで売られるべし，と。また〔パンについては〕，ハンドレッド全体にわたって4つのパンで1ペニーになるべし，と（f. 234r）。

しかし，〔6〕の叫喚追跡の記録の書式は，途中から被害者訴追である私訴（appeal）の手続についての解説になる（f. 234r-234v）。その中で特記すべきは，以下の諸点である。

(a) 私訴手続において原告は，被告の行為が「神の平和」（pax Dei），「主君た

る国王の平和」(pax domni Regis)，「領主の平和」(pax domini) に違反して行なわれたと主張することになっている点。これは刑事的事件における定型的表現であろうが，そもそも「神の平和」はイングランドには存在しておらず，また領主裁判所における手続であるにもかかわらず「領主の平和」のみならず「国王の平和」も言及されている。

(b) 不出頭理由申立とそれに伴う動産差押については，すでに前述したような一般的言及がなされているが，民事的事件(土地訴訟)と刑事的事件(小麦の違法刈取略取)の書式においても，不出頭理由申立人 (essoniator) による具体的な手続が描かれている。

(c) 証明方法として，陪審審理が用いられている点。被私訴人は「自らを隣人あるいは地方の評決に委ねた」(posuit se super veredictum visneti vel patrie) という定型的表現が用いられている。陪審審理は，国王裁判所においても 13 世紀後半中に徐々に定着していくにすぎないが[43]，領主裁判所においても並行して普及していったということであろうか。もう一つの証明方法は雪冤宣誓 (vadiare legem) である。雪冤宣誓は，被私訴人が「十分に防御した」(se bene defendebat) あるいは「十分に否定した」(sufficienter nagavit) 場合に可能であった。他方，私訴人の側には，証言 (secta) が必要とされている。「証言を有していなかったが故に」(quia non habuit sectam)，被私訴人は答弁する必要がないとされ，私訴人が憐憫罰金を科されている例が挙げられている。証人 (testes) の数は 2 人ないし 3 人である。

(d) 私訴人と被私訴人の間で和解が生じた場合には，私訴人は「虚偽の訴えの故に，あるいは自らの訴えを追行しなかったが故に」(pro falso clamore vel quia non fuit prosecutus querelam suam)，憐憫罰金を科される。被私訴人が雪冤に成功した場合も同様に，私訴人は虚偽の訴えを理由として憐憫罰金を科される。

以上の私訴手続の解説が終了すると，最後に (ff. 234v–235r) 各種宣誓の方式が登場する[44]。具体的には，十人組成員となるにあたっての宣誓，ベイリフの就任宣誓，証人が証言をする際の宣誓，土地訴訟において当事者に代わって決闘を行なう闘士 (pugil) の宣誓，臣従宣誓 (homagium) の 5 つである。これらの宣誓に関して注目されるのは，領主裁判所でなされるにもかかわらず，国王へ

の言及がなされていることであろう。十人組成員となるにあたっての宣誓では次のような文言が入っている。

　私は，主君たるイングランド王ヘンリに[45]，またとりわけ私の領主たる主君 N に対して忠誠を果たす所存であります。そして私は，N のベイリフ達の命令に従います[46] (f. 234v)。

　また，主君に対する臣従宣誓においても，国王への忠誠が留保されている。

　彼は，自らの主君の外套 (capa) の中で，主君の手に〔自らの〕手を合わせることによって自らを委ね[47]，次のように述べる。「私は，あなたから保有されるべき[48]該保有不動産についてあなたの臣下となります。そして，現に存在し命あるすべての者に対抗して，あなたのために生命四肢とこの世の名誉をかけて[49]忠誠を尽くします。但し，主君たるイングランド国王ヘンリ[50]とその相続人達，また――もし彼らが他の主君を有しているのであれば[51]――私の他の主君達への忠誠は留保して」。そして，彼は自らの主君に接吻すべし，云々 (f. 235r)。

　この後には，同一筆跡で書翰の書式が続いているが[52]，残余の部分 (f. 235r の右コラムの下半分) には全く別の筆跡で修道院長ウィリアムの 1308 年付けリンカン司教宛書翰の写しが書き込まれている (第 54 項目)。その部分は元々空白だったことが明らかである。したがって，先の審問条項の〔7〕以下の項目についてはとくに書式が掲げられていない等不完全な印象も残るが，『訴訟および法廷の書』は，以上の宣誓書式で完結していたとみてよいであろう。

(2) 意　義

　『訴訟および法廷の書』は以上のように，十人組検査を中心に，主として領主裁判所における裁判実務の手引書として書かれたものである。周知のごとく，十人組検査は元々，州を管轄する国王の地方役人であるシェリフが，州を構成する各ハンドレッドにおいて開催するシェリフ巡回裁判 (sheriff's tourn) の際に果たす職務であった。しかし，13 世紀末には実際にはきわめて多くの領主が十人組検査の特権を有していた。領主にとってこの特権の保持は，パン＝エール法

に関する特権の保持が財政的に重要な意味をもっていた以上に，警察権力を把握する上でより重要な意味をもっていたのである。さらに，十人組検査特権のみならず各種犯罪についての起訴の受理と処罰まで含めて，シェリフ巡回裁判の管轄事項全体について特権を有していた領主裁判所は，リート裁判所（court leet）と呼ばれている[53]。

ところで，『グランヴィル』はもとより『ブラクトン』にもシェリフ巡回裁判あるいはリート裁判についての言及は存在しない。体系的法書における解説は，13世紀末の『フリータ』（Fleta）等を待たねばならない。他方で，現実的必要性から地方の裁判主宰者向けに十人組検査についての手引書が書かれるようになるわけであるが，本書は正にその一つであり，リート裁判所の実務がきわめて具体的に描かれている。しかも，本書所収の審問条項は現存最古のリストと言われており，後のリストと比較して不完全であるとはいえ，最初期の審問条項として貴重なものであることは疑いない[54]。これが，本書の第一の意義であろう。

第二に，より注目したいのは，本書に登場する裁判手続とコモン＝ローとの関係である。本書を通して，裁判記録の保管，不出頭理由申立，陪審審理等これまで一般にコモン＝ローの特徴と考えられてきたものが，リート裁判所としての領主裁判所においても行なわれていることが確認された。刑事的事件における「国王の平和」や宣誓方式における国王への言及等は単なる定型的表現にとどまり，実質的意義はなかったとみるべきかもしれない。しかし，「令状なければ何人も答弁する義務なし」というヘンリ2世期以来のコモン＝ロー上の重要原則が最初の方で触れられている点は，それが実際リート裁判所とは直接関係がなかったにせよ，この原則の地方への浸透を物語るものであろう。総じて本書においては，地方の裁判実務が国王裁判所における法の展開と無縁ではなかったということが示されているように思われる。冒頭で「法も慣習も様々な地方において様々な仕方で存在している」と断りながらも，本書が提示しているのはむしろ，13世紀後半イングランドにおける裁判手続の平準化の一面といえるのではなかろうか。

おわりに

　『訴訟および法廷の書』は，管見の限り『ルフィールド本』中に唯一写本が伝来するにすぎない。しかし，この写本が原本である可能性は低いとみてよいであろう。その理由は第一に，冒頭において教会裁判所についても言及しているにもかかわらず，とりわけ教会裁判権に関わる内容はほとんど全く含んでおらず[55]，十人組検査を中心としたリート裁判所における世俗の裁判実務の解説に終始している点にある。仮にルフィールド修道院でオリジナルが作成されていたとするならば，教皇あるいはリンカン司教との関係を中心に教会裁判権固有の問題が取り上げられて当然ではなかったかと思われる。第二の理由は，登場する年代に関わる。前述のごとく，開廷権者に応じて記録形式が異なることを説明した箇所において例示されている年代は，国王の治世年で表記する場合には「国王ヘンリ〔3世〕の治世第54年〔= 1269年〕」，また別の場合には「西暦紀元1269年」とされている（ff. 233v–234r）。したがって，ジョン = オヴ = オクスフォドがすでにそのような年代の入った本書をどこかで入手し，それを1280年代にルフィールド修道院において書き写すよう指示したと推測するのが合理的と判断されるからである[56]。それ故，現存写本は1つしか存在しないとはいえ，本書の内容が正に示しているように，実際に地方法廷を主宰する人々にとってこの種の解説書の必要性が高かったとするならば，本書の写本が少なからず作成されたと想定することはむしろ自然なことではなかろうか。

　なお，ほぼ同時期に成立した本書に類似した裁判実務書として，『聖俗の法廷における訴訟手続』（Forma placitandi in curiis tam ecclesiasticis quam laicis）なる作品が存在する。これもまた，「種々の法廷の慣習は様々であり，それぞれの法廷はそれぞれの訴答の方式を有している」（Diversarum curiarum diverse sunt consuetudines〔et consideraciones〕et quelibet curia suum modum habet placitandi）という本書と同様の書き出しで始まり，しかし内容的には大きく教会法廷手続と世俗法廷手続の2部構成となっている。現存写本の数は3つである[57]。その内容の検討および本書との比較は，今後の課題としたい。

注

1) Oschinsky, D., *Walter of Henley and other Treatises on Estate Manegement and Accounting*, Oxford, 1971. 邦語文献では，さしあたり，森岡敬一郎「所謂 Robert Grosseteste の『所領経営規則』について」(1)『創価大学人文論集』第6号，1994年，1頁以下，参照。
2) *Ibid.*, pp. 61f.『執事職のための書』は残存15写本中12写本，『ウォルタ＝オヴ＝ヘンリ』は残存35写本中10写本，『所領経営規則』は残存14写本中6写本，『家政の書』は残存12写本中3写本が，法集成を含む写本集の中に収められており，とりわけ『執事職のための書』の場合，その割合が顕著である (*ibid.*, p. 61 n. 1)。
3) そのような問題関心から，筆者は先に，12世紀後半に成立したコモン＝ロー最初の教科書『グランヴィル』(本書については，本文で後述する)に実務的な加筆を施した所謂『改訂版グランヴィル』(revised Glanvill) の2写本を検討し，コモン＝ローの地方への浸透という事実についても言及しておいた。直江眞一「『グランヴィル』の2つの写本」『東北大学教養部紀要』第60号，1993年，147頁以下。なお，そこで取り上げた写本の1つ (Cambridge University Library Mm. I. 27) も『執事職のための書』と共に伝来している。
4) *The Victoria History of the Counties of England, Northamptonshire*, vol. 2, London, 1906, pp. 95–97; *Ibid.*, *Buckinghamshire*, vol. 1, London, 1905, pp. 347–350; *Ibid.*, vol. 4, London, 1927, pp. 197–198; Elvey, G. R. (ed.), *Luffield Priory Charters*, published jointly by the Buckinghamshire Record Society and the Northamptonshire Record Society, Part I, 1968, pp. viiff.; *Ibid.*, Part II, 1975, pp. xiiiff.
5) Elvey, *op. cit.*, Part II, pp. xxiii, lxxix. 以上の修道院長の異動に関する史料については，Smith, D. M. & Vera C. M. London (eds.), *The Heads of Religious Houses: England and Wales, II, 1216–1377*, Cambridge, 2001, pp. 49–51 も参照。
6) Elvey, *op. cit.*, Part II, p. xxvii.
7) *Ibid.*, Part I, p. ix.
8) *Ibid.*, Part II, p. xxi.
9) *Ibid.*, Part II, p. xxiv.
10) *Ibid.*, Part II, pp. xxv–xxvi. ジョンの出身地は不明である。彼はオクスフォドで学んだ経歴をもつが故に，ジョン＝オヴ＝オクスフォドと呼ばれている。同時期に，いずれもルフィールド近隣に位置するドドフォドとビーチャムプトンの教区教会の聖職禄保有者であったリチャード＝オヴ＝ホートンは彼の兄弟ではないかと，エルヴィは推測している。
11) Maitland, F. W., A Conveyancer in the Thirteenth Century, *Law Quarterly Review*, 1891, in do., *Collected Papers*, ed. by H. A. L. Fisher, vol. II, Cambridge, 1911, pp. 190ff.; Do. (ed.), *The Court Baron, being precedents for use in seignorial and other local courts*, Selden Society, vol. 4, London, 1891, pp. 11ff.
12) 直江眞一「コモン・ローの形成と大学」『西洋史研究』(新輯)第22号，1993年，45–47頁。
13) Oschinsky, *op. cit.*, pp. 29–32.

14) *A Catalogue of the Manuscripts preserved in the Library of the University of Cambridge*, vol. II, 1857, pp. 1–4.
15) Baker, J. H. with J. S. Ringrose (eds.), *Catalogue of English Legal Manuscripts in Cambridge University Library*, Boydell, 1996, pp. 149–159. この他，Robinson, P. R. (ed.), *Catalogue of Dated and Datable Manuscripts c. 737–1600 in Cambridge Libraries*, vol. I: the Text, 1988, p. 26 にも簡単な解説がある。
16) オシンスキーの分類とベイカーのそれの間では微妙な差違がある。以下では前者によったが (Oschinsky, *op. cit.*, p. 30)，後者によれば，(a) 54v–135v, 140r–143v, 218r–219r, 236r, さらに恐らく 221r–224r, (b) 3r–39v, 172r–193v, 225r–235v, (c) 40r–41r col. 2, 212r–213r, 235v, その他とされている (Baker with Ringrose, *op. cit.*, p. 159)。なお，(a) はイングランド証書書体 (anglicana charter hand)，(b) は正式書体 (formal book hand)，(c) は別のイングランド証書書体である。
17) この点については，Maitland, *Collected Papers*, vol. II, pp. 191, 199–200; Richardson, H. G., *An Oxford Teacher of the Fifteenth Century*, Manchester, 1939, p. 18 も参照。
18) 第 50 項目には，修道院長アダムが修道士ジョン＝オヴ＝オクスフォドを修道院の訴訟代理人に任命する書式が収録されており (ff. 230v–231r)，その最後には「1273 年にルフィールドで与えられた」(Datur apud Luffield . . . Anno domini MCCLXXIII) と書かれている。この年代は，本文で前述したごとくアダムの院長在位期間が 1280–84 年および 1285–87 年であったという事実と齟齬し，不可解であるが (Maitland, *op. cit.*, p. 198)，この箇所が書式であるとするならば，年代には手を加えることなく，書かれた当時の修道院長であったアダムの名前を入れたと考えられなくもない。
19) 直江眞一「『グランヴィル』の伝来状況——法書の法的性格をめぐって——」國方敬司・直江眞一編『史料が語る中世ヨーロッパ』刀水書房，2004 年，35 頁以下。とくに『ルフィールド本』に収録された写本(所謂 M 写本)については，38–39 頁，参照。
20) Bracton, f. 7 (*Bracton, De Legibus et Consuetudinibus Anglie*, ed. by G. E. Woodbine, translated, with revisions and notes, by S. E. Thorne, vol. II, Harvard, 1968, p. 37).
21) Oschinsky, *op. cit.*, p. 31.
22) ヘンガムの作品については，*Radulphi de Hengham Summae*, ed. by W. H. Dunham, Cambridge, 1932 を参照。『ヘンガム＝マグナ』の成立年代は 1272 年から 1275 年の間とみられている (*ibid.*, p. lxi)。なお，『グランヴィル』の 1 写本(所謂 P 写本)においても同様に，未完のまま残余の部分をより有益な同時代の令状目録に代えるという処置がみられる。直江前掲稿「『グランヴィル』の 2 つの写本」151–152 頁，参照。
23) *Bracton*, vol. I, 1968, p. 13.
24) *Four Thirteenth Century Law Tracts*, ed. by G. E. Woodbine, Yale, 1910, pp. 5ff.
25) Baker, *An Introduction to English Legal History*, 4th ed., Butterworths, 2002, p. 177.
26) Brand, P., *The Making of the Common Law*, Hambledon, 1992, pp. 63–64.
27) 原文は aliorum religiosorum qui libere tenent secundum suas certas libertates vocantur と不完全であり (f. 233r)，メイトランドの解釈 (*Court Baron*, p. 68) によった。
28) 十人組検査については，小山貞夫『中世イギリスの地方行政　増補版』創文社，1994 年，271–273 頁，406–408 頁，参照。

29) *Op. cit.*, p. 71 n.e.
30) メイトランドによれば，このような留保条項を必要としたのは，パラチニット（Palatinates）と呼ばれる最高の特権領（具体的にはダラムとチェスタ）だけである（*op. cit.*, p. 69 n.b）。
31) Glanvill, XII, 25 (*Tractatus de legibus et consuetudinibus regni Anglie qui Glanvilla vocatur*, ed. by G. D. G. Hall, Nelson, 1965, p. 148).
32) この点については，小山『イングランド法の形成と近代的変容』創文社，1983年，25–27頁，参照。
33) Glanvill, I, 11ff. (ed. by Hall, *op. cit.*, pp. 7ff.); Bracton, ff. 336bff. (ed. by Thorne, *op. cit.*, vol. IV, 1977, pp. 71ff.). 邦語では，松村勝二郎「成立期コモン・ローにおける不出頭理由について」(1)『海技大学校研究報告』第30号，1987年，133頁以下，参照。
34) 原文では pro であるが，post の誤りと思われる。
35) 移送手続については，佐藤伊久男「イングランド中世における法と裁判――グランヴィルの『法と慣習』分析――」『中世史講座4　中世の法と権力』学生社，1985年，217頁以下，参照。
36) 原文では directa であるが，de recto の誤りと思われる。
37) 原文では fecere であるが，facere の誤りと思われる。
38) 原文は in terventu であり，意味不明である。メイトランドの解釈（*op. cit.*, p. 70）によった。
39) 欄外に articuli intrandi と書かれているが，メイトランドによれば，intrandi は inquirendi の誤りであろう（*op. cit.*, p. 71）。なお，以下の引用で条項に付けた番号は，筆者が仮に付けたものである。また，後続部分には欄外に後代の別の筆跡による註記が多く書かれているが，判読できないものが多い。
40) 原文では sit であるが，scit の誤りと思われる。
41) 「6ペンスの」は，「猟師Wの」と「最後の醸造」の間に書かれているが，メイトランドの解釈（*op. cit.*, p. 73）によった。
42) 原文では villa ruralibus であるが，villa rurali の誤りと思われる。
43) Plucknett, T. F. T., *A Concise History of the Common Law*, 5th ed., Butterworth, 1956, pp. 125–127〔伊藤正己監修　イギリス法研究会訳『プラクネット　イギリス法制史　総説篇上』東京大学出版会，1959年，225–228頁〕。
44) 欄外に同一の筆跡で「宣誓について」（De jure jurandi）との註記がある。
45) ヘンリ3世（在位1216–1272年）が念頭に置かれているのであろう。
46) 原文は obediens cro であるが，obediens ero の誤りと思われる。
47) 原文は Junctis manibus se offerat et manibus domini sub capa domini sui であるが，そのままでは意味不明瞭なので，本文のように読んでおく。
48) 原文は，taxato であるが，メイトランドにしたがって（*op. cit.*, p.78 n.3）tenendo と読んでおく。
49) 原文は de vita et membrum et terreno honore であるが，membrum は membro の誤りであろう。
50) 前注45参照。

51) 原文は si alios dominos habeant である。複数形なので，前後とは平仄が合わないが，「彼ら」としておく。メイトランドはあえて単数にして解釈している (*op. cit.*, p. 78)。
52) メイトランドは，この最後の書翰書式は省略している。
53) 以上については，小山前掲書『中世イギリスの地方行政　増補版』270頁以下および407–408頁，参照。シェリフ巡回裁判およびリート裁判所における十人組検査について，詳しくは，Morris, W. A., *The Frankpledge System*, Longmans, 1910, pp. 112ff. 参照。
54) Hearnshaw, F. J. C., *Leet Jurisdiction in England, especially as illustrated by the Records of the Court Leet of Southampton*, Southampton, 1908, pp. 29–31.
55) 本文で前述したごとく，開廷権者が司教と聖職者である場合の記録形式上の区別への言及がなされている点が唯一であろう。
56) メイトランドによれば，『ルフィールド本』中『訴訟および法廷の書』がジョンの自筆部分でないと判断される理由は，法に関係する術語に明るくない人物によって書き写されたことに起因する誤記が多いということにある (*op. cit.*, p. 13)。事実，誤記が多いことは，前述の通りである。
57) Gonville and Caius College, Cambridge, 205/111, pp. 409–429; Cambridge University Library, Mm I, 27, ff. 76v–77v; Bodleian Library, Oxford, Rawlinson, C775, pp. 127ff. 前2者の写本集については，前注3所引の拙稿を参照。いずれの写本集も『グランヴィル』も収録しており(それぞれ，所謂S写本，P写本，Y写本)，とくに前2者は『ルフィールド本』と内容的に重なる素材を多く含んでいる。

付　表

項　目	フォリオ	内　　　　　容
1	1r–1v	Les divinemenz de le jur de Nouel
2	1v–2v	Le interpretaciun de songe
3	3r–12r	Articles of William I（フランス語版）
4	12r–39v	Glanvill（ラテン語・フランス語版）/ 治世第29年（1183年?）9月12日にGにおいて認証された権利令状
5	40r–41r	Statuta scaccarii domini Regis
6	41r	Circumspecte agatis（1285）
7	41r	多分 Bracton, f. 171b のパラフレーズ
8	41r	Court Roll of Wolverton (Bucks.)（1293.8）からの抜粋（Luffield 修道院長 Peter が当事者の事件）
9	41v–127v	Bracton からの要約された抜粋 (ff. 7a–14b / 1a–432a)（art. 12 に継続）
10	128v–135v	Hengham Magna
11	135v	3-4 Edw. III の Northamptonshire 国王巡回裁判における Luffield 修道院長に対する権原開示訴訟の写し
12	136v–143v	Bracton からの抜粋 (f. 80b–)
13	144r–151r	Fet Asaver
14	151r–153v	Casus Placitorum の範疇に属する講義の断片
15	153v	Modus calumpniandi essonia の要約版
16	154v–156v	Magna Carta（1215）
17	157r–158v	Magna Carta（1217）
18	158v–161v	Provisions of Marleborough（1267）
19	161r–161v	Statuta contra religiosos（art. 28 は別のコピイ）
20	161v	1253年 Oxford で下された Magna sententia
21	162r–167v	Statute of Westminster I（1275）
22	167v	Distinctiones Scaccarii の一部（art. 23 に継続）
23	167v–168v	Distinctiones Scaccarii の一部
24	168v–169v	Gloucester & Hertford 伯 Gilbert de Clare と Hen. III の間での和解（1267.6.15）
25	169r–170r	Statute of Merton（1236）
26	170r	Magna Carta の断片（余白への書き込み）
27	170v–171v	Forest Charter（1225）
28	171v	Statuta contra religiosos
29	172r–192r	Statute of Westminster II（1285）
30	192v–193v	Statute of Winchester（1285）
31	193v	Quo Warranto 令状
32	194v–211r	令状方式書（1260s）
33	211r	Luffield 修道院長の森林侵害に関する Whittlewood Forest の管理人 John de Tingwik 宛令状
34	211v	Whittlewood Forest の巡回の記録（Bucks., 1292; Northants., 1298）
35	212r–213v	巡回裁判官審問条項
36	214r	森林に関する巡回裁判への召喚令状（1272.2.26）
37	214r–214v	森林巡回裁判官審問条項
38	214v	Luffield 修道院長の保有不動産に関する和解記録（De banco rolls, Trin. 20

項　目	フォリオ	内　　　　容
		Edw. I)
39	215r–216r	森林審問条項
40	216r	Thornborough における Luffield 修道院長裁判記録からの抜粋（1368. 11）
41	216r–217r	Statute of Merchants (1283)
42	217r	Luffield 修道院関連の諸文書
43	218r–219v	Statute of Gloucester (1278)
44	219v	Statute Quia Emptores (1290)
45	219v–220r	Statute of Exeter（不完全）
46	220r–220v	Luffield 修道院関連の諸文書
47	221r–224r	国王マナの steward 職と provost 職に関する論考
48	224r–224v	Lincoln で認証された 3 つの開封勅許状（1316. 8）
49	224v	イングランド全体の村落・騎士封・聖職者の数，州のリスト
50	225v–231v	John of Oxford による先例集
51	231v–233r	会計職に関する論考
52	233r	会計職に関する詩
53	233r–235r	『訴訟および法廷の書』
54	235r	Luffield 修道院長 William の Lincoln 司教宛書翰（1308）
55	235v	Assise of Bread and Ale
56	236r	Compositio ulnarum et perticarum
57	237r–237v	Forma electionis prelatorum
58	238r–250v	Brevia Placitata の範疇に属する Hen. III 時代に作成されたマニュアルないし講義録の一部
59	251r–254r	『ウォルタ＝オヴ＝ヘンリ』
60	254r–254v	Assise of Weights and Measures の要約
61	254v–255r	Statute concerning Money
62	255r–255v	Statute of Gloucester の解説
63	255v–257v	Casus Placitorum の範疇に属する集成
64	257v	Luffield 修道院関連の諸文書（余白への書き込み）
65	258r–259r	復命令状の先例
66	259r	ラテン語の 7 行詩（余白への書き込み）
67	259v	Robert Grossesteste の『所領経営規則』のフランス語版
68	260r–271v	フランス語およびラテン語からなる裁判記録
69	265v	Levy of fine（余白への書き込み）
70	272r	Robert de Harewdone から Whittlewood Forest の管理人 John 宛の令状（1301. 3. 1）の写し
71	272v	スコットランドの諸伯・バロンの Edw. I への降伏文書（1291. 6. 6）
72	272v–273r	スコットランド領土の seisin の Edw. I への引渡文書
73	273r–274r	教皇 Bonifatius III の 3 書翰の写し（1295–1296）
74	273v–275v	Luffield 修道院関連の諸文書
75	275v	art. 49 の一部

注 1　本表は，Baker with Rigrose, *op. cit.*, pp. 149–159 による。
注 2　オシンスキーによれば，11 の文書群はそれぞれ以下のように構成されている。第 3 項目－第 4 項目，第 5 項目－第 12 項目，第 13 項目－第 15 項目，第 16 項目－第 20 項目，第 21 項目－第 28 項目，第 29 項目－第 31 項目，第 32 項目－第 42 項目，第 43 項目－第 49 項目，第 50 項目－第 57 項目，第 58 項目－第 64 項目，第 65 項目－第 75 項目（Oschinsky, *op. cit.*, p. 29 n. 1）。

慣習法文書としてのモンスの特権

斎 藤 絅 子

はじめに

　我が国において慣習法文書と訳されている史料類型の捉え方は，20世紀を通して，西欧の中世史家の間でも一様ではない。第二次世界大戦後，慣習法文書を農村的法とみなす旧来の考えが大きく批判検討されてきたことは周知のごとくである。特に 1970 年頃から都市と農村の親近性を認めようとする姿勢が強くなるにつれて，都市・農村を問わず慣習法文書を領主と共同体との間の既存の慣習的諸関係を両者の合意の下で成文化した文書と理解する方向へと傾いていった[1]。この傾向を明確に示しているのは，1966 年のスパの学会における J. シュネーデルの報告[2]であるが，王や領主が「一つの居住地もしくは居住地群の住民に多様な性格・内容を含みうる特別の身分を認可した」文書という緩やかな規定は，さらに広げられる方向でその後も受け止められている[3]。

　近来慣習法文書に関する多くの仕事が出されているが，この文書類型の概念についてはとりたてて問題とされていないようである。これらの研究も，慣習法文書の概念については基本的にはシュネーデルのそれに依拠し，共同体が享受してきた慣習的諸権利に関して領主が発給した多様な形式の文書を慣習法文書の類型に包摂している。本稿が対象とするエノー伯領の慣習法文書についても，1982 年ボーモン法賦与 800 年を記念して開催されたナンシーの学会や，1994 年女伯エルメジンデによるルクセンブルクへの自由の賦与 750 年を記念したロタランジー研究集会で，J.-M. コーシは，シュネーデルの概念規定を適切な

ものと評価し，彼自身「領主と所領民の特権に関する文書」という表現を用いている[4]。以上からみると，現在の研究は，慣習法文書が共同体もしくは共同体のグループを享受者とし，既存の領主・所領民の関係を基層として両者の関係を規定している点をふまえつつ，対象となる史料の枠を大きく広げてきていると思われる。

筆者は中世エノー伯領の慣習法文書を論じた際に，12・13世紀の段階での都市的居住地を抽出して，都市と農村の「諸自由」を比較した[5]。古典的学説においては，エノー伯領は，フランドル伯領やブラーバント公領等に比べると都市発展の後進的地域とされているが，都市を在地の中心的機能をもつ居住地と捉えれば，エノー地方独自の都市の姿が浮かび上がるのである。筆者は，14世紀後半にボンヌ・ヴィル（bonnes villes）となる22の都市を12・13世紀において「都市」的発展の途上にある居住地として位置づけた。しかし，そこに含まれる都市の規模には大きな差異がみられ，それら総体を理念的に「都市」と呼ぶとしても，その実体は一様ではない。その中でヴァランシエンヌとモンスは，この時期の西欧世界においても都市と呼ばれることに異論のない居住地であろう。注目されるのは，エノー伯領の慣習法文書に関する諸研究をみると，これら2都市は検討の対象に入れられていないことである。加えて，C. ビランとJ. ナゼは慣習法文書の性格を論じた際に[6]，筆者が12世紀における都市的居住地として分類したソワニー，フォンテーヌ・レヴェック，アル，トラズニィを具体例として検討しているが，そこではこれらの居住地は明らかに村落として位置づけられている。シュネーデルの概念規定を前提として，慣習法文書は広義では都市と農村の区別を越えて捉えられているものの，実際には旧来と同様農村的居住地の法として取り扱われている嫌いがある。このような傾向はエノー伯領以外の地域の慣習法文書研究についても指摘される。

もちろん，エノー伯領の首座を競いあったモンスやヴァランシエンヌと，人口が100人に満たない居住地の具体的状況を同一視することはできないであろう[7]。本論でモンスの特権を取り上げて検討したいと考えているのは，西欧社会を広く覆った慣習法文書起草という大きな流れの中に，エノー地方の中小規模の居住地の文書と並列してこれらの「都市」の文書を位置づけることが不自然

なのか,換言すれば,領主と所領民の関係の変化という全体的風潮の中で,各居住地の個別的状況に規定された内容をもつ多様な文書が同質性を内在させているとみることができないのか,という点である。

では,どのような指標でモンスの特権を検証していくのか。まずは,先述した領主と共同体に属する所領民の関係を規定した文書という基準に該当するかどうかが論の展開の前提となろう。しかし,この段階は旧来の視点と変わらない。そこで,慣習法文書を時代の動きの中で大きく捉えようとする場合,モンスの文書が,慣習法文書をめぐる現在の論議に与するような性格の文書であるかどうかを考察に含めることから,この問題に接近できないかと考える。すなわち,慣習法文書に関する最近の研究動向をみると,領主制的であると同時に共同体的であるという捉え方から,領主側の利益を強調する方向へと傾斜してきている。このような見方は1960年代のG. デュビーやL. ジェニコ,その後のG. デスピィの具体的研究事例からの結論にも現れ[8],先述のロタランジー研究集会での諸報告において著しく強められている。もちろん領主制的理解一辺倒ではない。エノー伯領の慣習法文書に関する意見をみると,コーシは慣習法文書を,領邦君主の場合についてはジェニコやデスピィと同様に,直接の領主権をもたない場所に支配権を定着させる手段として捉える一方,バン領主については,土地領主制の衰退はバン領主権の発展によって相殺された点を確認し,被支配者は権利の固定化によって「それ以上の負担を負わない」という点で利益を得ており,「権利の固定化においては,両当事者が慣習法文書をめぐる勝利者であり得る」とみている[9]。

いずれにせよ,領主制的文書か共同体的文書かが問われるような共同体と領主の関係がそこにみられるということは,対象とする文書が広範な時代的動きを背景とした慣習法文書起草の流れに位置しているということになるのではあるまいか。

1295年エノー伯ジャン(Jean d'Avesnes)はモンスに集中的に特権を与えた。伯と都市の協定の草案と協定書に加えて,伯から発給された文書,都市の確認文書,および伯の封臣や皇帝の文書局による他のコピーが併せて12通伝来しており,1295年はモンスの都市史における重要な転機と捉えられている。筆者は,

そのうちの 1295 年 8 月 26 日に発給された文書の一つ (後述文書 [D]) を慣習法文書として捉えたのであるが[10]，この文書自体領主たるエノー伯と都市共同体との交渉による 1295 年 8 月 25 日の協定書を基本として出されたものである。筆者は同文書を慣習法文書として取り上げた際に，伯と都市の交渉による草案と協定書を検討していなかった。以下でこれらの草案や協定書を含めて，モンスの特権書を検討することから，慣習法文書の起草を都市と農村双方における運動として捉え直してみたい。

I. 1295 年における都市モンスとエノー伯ジャンの協定

1295 年夏，モンスの城で伯の代表者とモンスの共同体との間で交渉が行われた。そこで草案と協定書の 2 通の文書[11]が作成され，さらにそれに基づいて，モンスに特権を賦与する 5 通の文書[12]が伯によって発給された。先の 2 通の文書は，1295 年に領主たるエノー伯によって都市モンスに賦与された特権がどのような手続きで与えられたのかを示す貴重な史料である。まず，これらの文書からみておこう。

草案は 2 部からなる。最初の部分は『モンスの都市がエノー伯に要求したもの』« Ch'est chou que li vile de Mons requiert a noble houme monsigneur le conte de Haynnau » であるのに対して，後半は『エノー伯とモンスの都市のエシュヴァンおよび共同体との間の協定』« les convenanches entre le noble houme monsigneur le conte de Haynnau et les escevins et le communiteit de le ville de Mons » であり，前者とは異なる部分を含んでいる。

モンスの都市が要求したのは 3 点である。第一に，モンスの都市内に居住する男女に対する，聖人衆 (sainteurs)，俗人領主被護民 (hommes d'avouerie)，他所者 (aubains) および農奴が課されているマンモルトの廃止 (表中の 〈1〉)，第二に，モンスのフランシーズ内に来住して満 1 年平和裡に居住した農奴およびその子孫に対する上記の課税からの免除 (〈2〉)，第三に，サント・ヴォードリュ教会参事会，モンスのシャトランおよびサント・ヴォードリュ教会の副アヴエに属するカンタンプレ (Cantimpret) をモンスのエシュヴァン裁判権のもとにおく

こと（〈3〉）。これらの項目は同一者によって作成されているが，伯の側からの3人の者の筆跡によって書き込みがなされており，都市の要求への伯の対応がくみ取られる。すなわち，第一点についてはメイユール・カテルの支払いを第三者たる他の領主が要求し，この点について教会もしくは世俗の裁判に訴えがなされた場合，伯は訴訟費用を支払うこと，第二点については，伯の農奴に関して，モンスでの滞在期間を2年とすること，都市に新しくやって来た者の名前をモンスのメールもしくはプレヴォにエシュヴァンは報告すべきこと，第三点については，エシュヴァンの裁判管轄区を城壁内に限定すること，が付加されている。つまり，都市の要求に対して，それを制限するための伯の要求が挿入されているのである。

後半部分，伯とモンスの共同体の協定は都市の要求についての両者の話し合いの結果作成された5項目からなるが，都市の要求を補正しており，第一部と同じ3人の人物によって付加・削除がなされている。

第1項目（〈4〉〈5〉）は，先の聖人衆，俗人領主被護民，他所者および農奴に対する免除に条件をつけたもので，30リーブル以上の財産をもつモンス市民に対しては，伯はマンモルトの徴収を要求している。ただし，20リーブルの馬，伯の命令で購入された軍馬，馬車引き人の馬を徴収することは禁じられ，30リーブル以下の所得者は対象外となっている。さらにこのマンモルトからの収入を，都市が伯のためにアラスに負った債務の返済にあて，残金は伯に帰属するとされている。不足の場合には，都市が防備のために徴収する消費税1,000リーブルを徴収した後に，アシーズ（マルトート）から徴収されねばならず，加えて都市が負担している諸債務のために500リーブルを徴収しなければならない，とされている。

第2項目（〈6〉〈7〉）は，上記アシーズの徴収方法についてであり，翌年の1296年4月1日から1308年3月31日までの12年間アシーズを徴収し，最初の2年間はアラスへの債務と都市防備のための1,000リーブル，さらに伯の諸々の債務のために500リーブルを徴収し，残金があれば都市の防備にあてること，それ以降の10年間については毎年1,000リーブルを伯に支払い，不足分があれば都市が補塡し，かつ残金は防備にまわすことが定められている。この場合，伯は

表 1295 年の

協定書草案 （1295.8）	協定書 （1295.8）	文書［A］ （1295.8.25）
DK. pp. 55–63	DK. pp. 55–63	DK. pp. 64–65
［都市の要求］<br〈1〉農奴義務，他所者の負担，聖人衆のマンモルトの免除	同左	
〈2〉外来農奴の解放 　　伯の農奴の解放	同左	
〈3〉カンタンプレへのエシュヴァン裁判権の拡大	同左	
［伯と都市の協定］ 〈4〉30 lib. 以上の財産保持者からマンモルトを徴収 　　30 lib. 以下の財産保持者に対する免除	同左	○
〈5〉マンモルトの使途（アラスへの債務支払いと防備）	同左	○
〈6〉アシーズ施行期間（12 年間）と運用方法	同左 アシーズ期間の延長	
〈7〉伯による他の要求の放棄（長女の結婚，長子の騎士叙階を除く）	同左	
〈8〉伯による借金の返済 　　万聖節，ペンテコステの大市期間の罰金		
〈9〉都市によるアシーズ・ターユの徴収権	同左	○
〈10〉伯の水車の使用強制		
	アシーズについての諮問 伯の押印	
関係文書		

凡例　○　　同一記載がある場合

DK:　W. De Keyzer, Jean d'Avesnes et la ville de Mons à la fin du XIIIᵉ siècle, in *700 ans de franchises à Mons: les privilèges de Jean d'Avesnes（1295）*, Mons, 1996, pp. 31–143.

lib.: libra　　　d.: denarius

慣習法文書としてのモンスの特権　　　195

諸文書の内容

文書 [B] （1295.8.25） DK. pp. 65–67	文書 [C] （1295.8.25） DK. pp. 68–69	文書 [D] （1295.8.26） DK. pp. 70–74	文書 [E] （1295.8.26） DK. pp. 76–77
		○	
		○ ○	○
	○		
○			
○			
		○	
○			
		私生児の子供の自由の享受 上記代償としての 6 d. の支払い	
都市の確認文書 （DK. pp. 67–68）	皇帝文書局のコピー （DK. pp. 69–70）	伯の封臣のコピー （DK. pp. 74–75） 都市の確認文書 （DK. pp. 75–76）	都市の確認文書 （DK. pp. 77–78） 皇帝文書局のコピー （DK. pp. 78–79）

長子の騎士叙階と長女の結婚の場合を除いて都市に金銭的要求をしないことを約束している。第3項目(〈8〉)では,都市が伯に支払うべき1,000リーブルのうちから,伯はモンスの人々に負っている額を返済すること,さらに,1290年に伯が都市に与えた大市(後述)における罰金徴収権を拡大して,万聖節とペンテコステの大市の期間におけるフランシーズ侵犯の罰金を通常の罰金の2倍としている。第4項目(〈9〉)は,ターユとアシーズの徴収についてエシュヴァンとジュレ(コンセイユ)の裁断で施行することを認めている。

第5項目(〈10〉)は,慣習通り,モンスの市民が伯の水車を使用することを義務づけている。

この草案に基いて『伯とモンスの都市の協定書』« Li acors monsigneur le conte et le vile de Mons » が作成された。これは基本的には3人の人間によって添削された草案と同じであるが,さらに補足・訂正した部分が含まれている。まず,〈10〉の水車の使用については削除され,〈6〉〈7〉のアシーズの徴収については不足であれば1308年以降も徴収すること,〈9〉のエシュヴァン・ジュレの裁断によるターユ徴収については,毎回伯のプレヴォとコンセイユに意見を求めることとされている。

この段階で両者の要求はいかなるものであったか。草案の前半にみられる都市の要求は,モンス都市内と近隣の男女を聖人衆,俗人被護民,他所者および農奴に課される義務から免除して,住民に優遇された身分を確保することと,エシュヴァンの裁判管轄の拡大を承認されることであった。万聖節とペンテコステの大市における犯罪の罰金についても同様のことが考えられる。他方,伯はこれらの要求を無条件にのむことなく,エシュヴァンの裁判権の拡大に歯止めをかけ,30リーブル以上の財産をもつ者からはマンモルトを制限つきであれ徴収し,その徴収分を伯がアラスに負っている債務の支払いと都市防備にあてることを目的として,実行に際しての変更を求めている。

以上からみると,まず都市が要求をだし,それをめぐる具体的運用面について都市と伯の側が協議して草案を作成し,それに3人の人間が手をいれている。つまり,都市の要求をそのまま認めるのではなく,伯は,都市に負っている債務返済分と防備をマンモルトの運用面で確保しようとしており,この点は再度

手が加えられて協定書で細かく規定されているのである。

II. 1295年の特権

　興味深いのは，この協定書がそのまま施行されたのではなく，実際には，個々の内容を認める別の文書が時間をおかずに作成されて，モンスの都市の『共同体』« communiteit et université » に宛てて発給されている点である。1295年の協定の内容を分けて，1295年8月25日，26日に続けて伯が5文書(表中の文書 [A]～[E])を都市に賦与し，都市が確認文書を作成し，文書によっては他権力がコピーを作成するという形で，併せて10文書が出されている。その場合，草案・協定書が伯と都市の代表者によって作成されたのに対し，伯と共同体との同意に基づく文書という形をとっており，しかも，文書 [D] には協定書にみられない内容も含まれている。

　まず，8月25日に，伯の文書局からモンスの都市の共同体に3通の文書(表中の文書 [A], [B], [C])[12]が，そして都市から文書 [B] の確認文書1通[13]が出されている。これらは協定書中の〈3〉〈4〉〈5〉〈6〉〈7〉〈9〉〈10〉に対応しており，内容は基本的に同一である。

　文書 [A] では，伯は，30リーブル以上の財産をもつ男女からのマンモルトの徴収，アラスへの債務と都市防備のためのマンモルトの使用をモンスの共同体に対して認め，アラスの債務に関しては，『伯と都市とが合意した』とされている。さらに『マンモルトによって苦しめられているモンスの男女の負担軽減のために，……モンスの男女からのターユとアシーズを設定し，モンスのプレヴォと余の役人の助言によってこれらのアシーズを徴収する全権をモンスのエシュヴァンと都市のコンセイユに与え』ている。文書 [B] は，アシーズの徴収期間を12年間とし，その運用方法についての部分を繰り返し，さらに長子の騎士叙階と長女の結婚以外にこの期間都市に援助を要求しない旨を記している。同日エシュヴァンとジュレおよび共同体は，都市の印を押した同一内容の確認文書を作成している。文書 [C] は，伯がカンタンプレと，モンスのシャトランおよびサント・ヴォードリュ教会の副アヴエに属する所領を買得し，エシュヴァ

ンの裁判権のもとにおいたという内容に関するものである。

　注目されるのは，伯が翌 8 月 26 日にモンスの都市と共同体に与えた文書 [D][14)]である。ド・ケイゼルはこの文書を都市の将来にとって重要なものとみており，筆者がモンスの慣習法文書として取り扱ったのもこの文書である。この文書は伯の宮廷で封臣の列席の下に作成されている。すなわち前文で述べられているように，本文書は伯の封臣の面前で伯の印を押して『モンスのブルジョアであり，都市と共同体の管理者 procureurs』たるジャン・ド・ボードゥール (Jehan dit de Badour) とジャン・ヴィラン (Jehan dit Vilain) の手に与えられた[15)]。その後伯の臣下たるベルフラモン (Berflamont) 領主ジリオンが宣誓し，続いて内容を確認しつつ伯の臣下が共同宣誓している。最後に伯自身および相続人が内容を遵守することを約束し，その後直ちに都市の代表による確認文書と伯の封臣によるコピーが作成されている[16)]。

　まず，冒頭で『エノーのモンスの都市の住民は，その出生と身分に従って，ブルジョア身分やその他の身分によって，余，教会，その他の領主にマンモルトまたはメイユール・カテルのための何らかの負担を義務づけられており，この都市に来住した者は，農奴身分や他所者であることから何らかの賦課，さらには上述の賦課を負っていた。これらの義務の故に多くの者がこの都市を去り，住みに来ることを断念している』として，伯が『この都市の人口が増大することを望み』[17)]，封臣 22 人を召集して，その面前で文書の内容を認めたことを述べている。内容を記載の順序でみると，①出身・身分を問わずモンスの住民に対する全てのマンモルト，メイユール・カテル，他国人財産没収権からの免除，②満 1 年の滞在による伯の農奴の解放，③新来の農奴についての，エシュヴァンによる伯・プレヴォ・メールへの報告義務，④新来者への家屋貸与についての通知，⑤私生児の子供の自由，⑥ペンテコステと万聖節の大市における罰金の定額化，⑦以上の代償として毎年各人による 6 ドニエの支払い，が言及されている。

　文書 [D] の多くの条項は，草案作成の段階における都市からの要求，換言すれば，協定書の核となる部分と重なっているが，⑤, ⑦ はここに初めて現れ，また，協定書にみられる内容でも説明を施されている部分がある。例えば，⑥

については，万聖節とペンテコステに罪を犯した者は，『身体および財産について余（伯）の恣意によって罰を課されていた。そしてそれへの恐れから多くの者がこれらの祭日にやって来ようとはしなかった』[18]と，罰金を変更する理由が述べられている。ここでモンス住民全体に関わる内容として重要性をもつのが，⑦の特権の代償である。伯は『余はマンモルト，メイユール・カテル，余および余の相続人に属する農奴と他所者の生死についての財産相続税を，……この都市および隣接地の住民に対し，永久にエノー伯たる余および余の相続人から保有すべく免除し，解放し，設定し，変更』し，『その代償として，モンスで聖ジャン・バプティストの祭日に，彼らが法によってこの都市で他のサンスを支払うと同様に，都市を通して各人は毎年6ドニエを支払う』とした上で，『（伯は，）これら全てのことについて，……現在および未来の住民から6ドニエ以上を徴収することはできない』ことを保証している[19]。30リーブル以下の所得者はマンモルトから免除される旨を文書[A]で確認しているものの，改めてその代償をここで要求しているのである。後半は手続きについて詳細に規定している。5文書のうち唯一この文書に対して伯の封臣が伯の要請によってコピーを作成して，伯による共同体への文書発給の証人となっている。また，モンスのメール，エシュヴァンおよび共同体は本文書を受領したことを確認する際に，伯および伯の後継者に背反しないことを誓約しているが，この行為は文書[C]および文書[E]の確認文書にはみられない。いずれにせよ，この文書が伯と共同体によって重視されたことは疑いない。

同8月26日に伯は都市に文書[E][20]をだしている。これは，モンスに来住する農奴を満1年の滞在をもってあらゆる賦課から免除するとした，協定書の〈2〉の確認であり，同日この文書の確認文書がモンスの都市のメール，エシュヴァン，共同体によって出されている[21]。

以上の文書の核となっているのは，聖人衆，俗人領主被護民，他所者および農奴の死亡に際してのマンモルトないしメイユール・カテルの徴収の免除である。では，これらの租税は1295年以前はどうであったのか。伯がモンスにおいて所有している権利を知る材料となるのが，1265–85年に女伯マルグリートの命令によって，所領民の全体集会での申告に基づいて作成された伯の所領明細

帳[22]であり，既に伯と都市モンスの所領民の間で確定された点を引き出すことができよう。そこでは，土地に関しては各地域の各個人から徴収されるラントとサンス，市における流通税が細かく記載されているが，この時期多くの税は定額化されている。1295 年の文書の内容と重なっているのは，『(伯の)ブルジョアである者からマンモルトを，聖人衆に属する者からはマンモルトもしくはメイユール・カテルをもつ』点[23]であり，所領明細帳において課されていたマンモルトないしメイユール・カテルが，1295 年の文書では限定されて免除されているのである。さらに，都市の裁判権については，『伯は 4 つの屋敷地を除いて，モンスのあらゆる場所において裁判権をもつ』[24]とされており，エシュヴァンの裁判権の拡大はこの点と関わっていよう。また，伯は複数の水車をもっており，それぞれの水車で粉を挽かねばならない村の人々の名前が記載されている[25]。つまり，1295 年の文書の核となる部分は所領明細帳においては伯の収入とされているが，1295 年には両者の協定という形をとってそれらの伯の権利が制限され，改めてそれぞれ別個の文書で伯によって承認されている。ここでも変更・加筆がみられ，実際には協定書起草後も，個別項目の文書作成過程で随時両者は話しあっていたとみられる。つまり，一旦決まれば確定されるということではなく，流動的な交渉がなされていたのではあるまいか。次に，1295 年前後の伯と共同体の関係をみることから，1295 年の諸文書を相対化してみたい。

III. 1295 年前後における伯とモンスの共同体

　モンスの起源は，メロヴィング王の所領の一角が 7 世紀にこの地域の有力な貴族家系出身のヴォードリュ (Waudru) に女子修道院を建設すべく与えられた時期に遡及する[26]。956 年頃モンス伯(後のエノー伯)レニエ 3 世が修道院近くの小高い丘の上に『城塞』« oppidum » を建設し，10–11 世紀に Mons, Montes の名称が現れている[27]。12 世紀には伯ボードワン 4 世 (1121–71) が先の城塞を囲繞し，さらにボードワン 5 世 (1171–95) が大改造を行っている[28]。

　他方都市住民については，1300 年頃の人口は 6,000 人程度とみられる[29]。1124 年バンシュが伯によって建設された際モンスの法が与えられていることか

ら[30]，モンスにはそれ以前に法が存在していたこととなる。また，1194年のブラーバント公とエノー伯との協定には『モンスのブルジョア』« burgenses de Montibus » が出現している[31]。13世紀初めには事実上のコミューンが存在し，市庁舎が建設され，ブルジョアの中からエシュヴァンが選出されている[32]。伯によってモンスに制定された最初の法は1251年女伯マルグリートが『モンスの都市の平和とその利益のために，モンスのエシュヴァンの助言と同意によって』与えた文書[33]であり，ここではエシュヴァンおよび，エシュヴァンの指名によって徴税を行う者に対する悪口・傷害への罰金が定められている。

　伯がモンスに対して与えた特典をみると，既に1171年モンスで病を得たボードワン4世は死の直前『都市に住んでいるすべての人々の苦しみとなっているものが苦しみから転じられて良き慣行として維持されるように命じ』，伯が城に滞在する場合，都市が負っていた必要な台所用品や寝具を城に運ぶ義務を免除している[34]。

　13世紀について注目されるのは，伯への財政的援助と引き換えに共同体に特権が賦与されていることである。エシュヴァンは先の1251年のマルグリートの文書でターユ徴収権を認められているが，都市はその徴収分から伯に援助を与えている。1252年には女伯マルグリートは50リーヴル(聖レミの祝日に25リーヴル，復活祭に25リーヴル)を受け取るのと引き換えに，モンスのブルジョアが負っている流通税をラントとして都市に貸与している[35]。さらに1279年，モンスのメール，エシュヴァンと人々は彼らの意志と伯の要請によって300リーヴルを伯に与え[36]，同年の都市会計簿にターユの徴収が記載されている[37]。また，1282年都市のエシュヴァン，ジュレ，共同体は伯の要請によって終身年金を1年に400リーヴルで売り，そこから伯は金銭を受け取っている。伯はその代償として都市が伯に負っている150リーヴルの廃止と，水車，流通税，メール職，モンスの都市内外に伯が所有している全財産について徴収される250リーヴルを都市に与えている[38]。

　さらに，伯が他都市に負った債務の支払いを肩代わりすることで，伯から特権を得ている。例えば，1287年モンスのエシュヴァンと全共同体は，伯がアラスの5人の市民たちと契約した債務を1,170リーヴルを限度として保証した。

これと引き換えに，伯はモンスの側に迷惑をかけないことを約束し[39]，その代償として，3ヵ月後の9月，2年間にわたってのビールやぶどう酒などに関するマルトートの徴収を認め，税収入を伯によって要請された城壁の建設費用にあてることを認めている[40]。

1290年伯はペンテコステの前後各8日間の大市の開催をモンスの都市の共同体に認めている。これらの市に到来する者たちに対して身体と財産についての安全通行権 (sauf alant et sauf venant) を認め，6年間にわたっての流通税，店舗税，アシーズを免除している。同時に，この大市と万聖節の大市(12世紀には存在)の期間に生じた犯罪について，エシュヴァンによって課される罰金が通常の2倍となることを認めている[41]。また，同時期に伯は，毎年4ドニエと引き換えにモンスの共同体に，門，城壁，濠，水流，牧草地，その他防備のために新たに設定されたモンス周辺からの収入を与えて，それを都市共同体がエシュヴァンの助言で利用することを認めた。この場合の条件として，都市は伯の裁判権を侵害しないこと，城壁を伯のために解放し，悪用しないことを約束している[42]。

このような財政的援助を必要とした背景には，ジャン2世即位以来の内外との関係，すなわち，ボードワン9世の娘である女伯マルグリートとアヴェーヌ家のブシャールおよびダンピエール家のギヨームとの二度の結婚から生まれた子供たちの相克，それに起因するフランドル伯との対立，なかんずく，ヴァランシエンヌとの深刻な争いがあった。1246年エノー伯領がアヴェーヌ家に継承されたことへの危惧から自治の確保を求めるヴァランシエンヌ，その勢力に脅威を抱く伯との間に1280年から7年間にわたる係争が続き，フランス王の介入で一旦終焉したこの争いも，特権賦与の前年1294年に再び再開された[43]。これらの戦争の軍費は教会機関や都市に要請されたが，これへの抵抗は強いものであった。1290年アスノン修道院は，1065年エノー伯ボードワン1世によって再建された際の文書[44]を引きだして，仏王フィリップ1世によってオストルヴァンへの所属を確認されていることを理由に援助を拒否し，高等法院に訴えた[45]。モーボージュも1193年課税を拒否して蜂起している[46]。このような中でモンスは，ヴァランシエンヌを抑え，ジスルベール・ド・モンスの言葉を借りれば『エ

ノーの首邑』« caput totius Hannoniae » としての位置を固めていった[47]。

以上からみると，モンスが 12 世紀初にはヴァランシエンヌと並んで古い都市法をもっていた可能性は強い。そして，エノー伯領で慣習法文書が最も多く発給された 12 世紀後半から 13 世紀前半に，成文化されていないとしても，他の居住地と重なる特権を享受していたのではなかろうか。伯と都市モンスとの間には，1295 年の文書以前に双務的関係が結ばれており，伯は，モンスに軍費のための債務支払いの援助を求め，モンスへの人口移住を増大させ，伯の避難所ともなる都市の防備を固めた。他方，都市は自治を拡大し，特に優遇された法的身分を取得し，マンモルトの免除によって住民の経済的・人身的状態の改善を望んだとみられる。それらの文書の内容と 1295 年の諸文書の内容とを比較すると，アラスへの債務返済，マンモルトやメイユール・カテルの徴収と防備の費用，大市の開催権とそこでの犯罪の罰金額などの主要な点は重なっている。

1295 年の特権，特に文書［D］の賦与は以後の伯とエノー伯領の首邑となるモンスとの関係にとって画期的なものであった。そして，そこで結ばれた内容は少なくとも 13 世紀半ば以降両者の間で積み重ねられてきた関係の集成といえるものであり，さらには 12 世紀以来の動きの延長として捉えられるのである。

まとめにかえて――第二期慣習法文書としてのモンスの諸特権

本論の最初に，慣習法文書の指標として，領主と共同体の同意によって作成された居住地の人々全体の利害に関わる文書という点を設定した。前章でみたように，この点はモンスの諸文書に該当する。そして，都市モンスに特権を賦与した諸文書を慣習法文書の範疇にいれることは，慣習法文書の起草を都市・農村の区別なく普及した現象として捉えることにつながることとなる。

ところで，エノー伯領の慣習法文書の発給の流れをみると 3 期にわけられ，最盛期（第一期）といえる 12 世紀半ば～13 世紀半ばを経て，13 世紀後半以降減少の傾向をたどりつつ，1280–1346 年（第二期）にひとまとまりの文書群がみられる。第一期の文書は多くの行政的・司法的特権を含んでいたが，第二期にはそれが大きく後退し，アシーズ，マンモルト，メイユール・カテル，フォルマリ

アージュ，賦役といった領主制的賦課が大きな比重を占め，その定額化・軽減が詳細に規定されている[48]。モンスの 1295 年の特権の核となったのは，住民に対するマンモルトもしくはメイユール・カテルの免除であった。筆者はエノー伯領の狭義の慣習法文書（charte-loi）として 35 文書を分析したが，そのうちの 24 通にマンモルトの記載がみられる。早いものは 12 世紀半ばの文書に現れており[49]，マンモルトやメイユール・カテルに関するモンスの特権は他居住地に比して相対的に遅く現れたということになる。しかし，モンスの場合，都市領主たる伯が求める要求は，中小の居住地に比して際だったものであった。文書起草の時期は，居住地の規模の大きさや住民の勢力の強さによって規定されるよりも，個別居住地の文書化の必要性が大きく作用しているといってよい。そして広範囲にわたる，領主と共同体の交渉による文書起草の全体的流れは，各居住地の個別の状況をも包摂するような，緩やかな枠でもって進行する動きとみることができよう。

　このような双務的文書は一回限り，それも各居住地の特別の「自由と自治」を保証する文書に限定されたわけではない。第三章でみたごとく，モンスでは 1251 年に伯によって法が出され，メールと 7 人のエシュヴァンが伯によって任命され，伯につながるプレヴォ，バイイが置かれるといった，かなり進んだ形の行政組織が出来上がっている[50]。そして，13 世紀半ばからモンスでは複数の文書でエシュヴァンが裁判権，流通税，ターユ，アシーズの徴収権，共用地の収入取得などをみとめられており，1295 年に伯と交渉したのはこれらのエシュヴァンであった。モンスの 1295 年の諸特権を他の中小の居住地の特権と比較すると，「大都市」としてのモンスへの文書は，都市領主たるエノー伯をとり巻く政治的状況が大きく変化する時期に，両者の従来の関係を確認し，新たな方向を構築するために出されたものであった。文書［D］は，伯と共同体との関係強化が必要な時期において，都市の要求の基本線を明確にしたものであり，都市と伯の双務的契約という面で最も重要なものであるといえる。しかし，文書［A］から［E］は，協定書の内容を個々に確認したものであり，全体で一つの動きとみることが必要であろう。そして，それらの文書は，1 世紀以上にわたる伯と共同体との双務的関係の延長上に位置づけられるものであった。一つの都市

の複数の文書が慣習法文書という性格をもっていたとしても，齟齬は生じないのではあるまいか。

　拙稿で整理したごとく，近来の慣習法文書をめぐる西欧学界の動向においては，共同体の自由という見方が大きく後退し，領主の利益を強調する方向に大きく傾いている。この点をモンスについてみると，モンスへの特権賦与の背景に，エノー伯の財政的必要があることは疑いない。1295年の諸特権はそれまでの都市による援助の集大成であり，マンモルト徴収のために翌年1296年には租税帳簿が作成されている[51]。しかし，都市による財政的援助は，都市の経済的基盤が堅固であることと表裏をなしており，都市はその力を背景にマンモルト，メイユール・カテルの免除を取得したのである。上述の諸文書は都市と領主との力関係による取引の成果であった。

　コーシは，ロタランジー研究集会で，「何からの自由か？　ベルギー地域の慣習法文書における単数形と複数形」と題した報告で[52]，諸自由の確保や固定化にとって文書起草は重要な手段であり，慣習法文書は領主と所領民の間で前もってなされた交渉・同意の産物であるとしている。と同時に，文書の慣習法的性格は，成文化されていない多様な「自由」がそれ以前に存在していることを示唆するものであることを指摘している。自由の多様な保証のあり方，また，他の慣習法文書の中にも僅かな項目しか含まない文書が伝来していることを考慮すると，1295年の諸文書のみならず，モンスに特権を賦与した個々の文書を慣習法文書に包摂しても不都合は生じないであろう。広く慣習法文書を捉えようとする観点からすれば，都市も農村も含めて慣習法文書起草を時間的に持続する一つの動きとして理解する必要があるのではなかろうか。

参 考 文 献

1) 拙稿「12・13世紀における都市と農村関係——1960年以降のベルギー中世史学界の動向」(『駿台史学』67号，1986年，119–37頁); 拙稿「慣習法文書をめぐる最近の研究動向——西欧中世における「権力と自由」——」(ICU学報 III-A『アジア文化研究——魚住昌良・斯波義信教授退官記念「都市と平和」特集号』別冊11号，2002年，245–57頁); 拙稿「中世エノー伯領の慣習法文書の史料的性格——最近の研究動向をめぐって——」(明大『人文科学研究所紀要』52冊，2003年，1–12頁).

2) J. Schneider, Les origines des chartes de franchises dans le royaume de France (XIe–XIIe siècles), in *Les libertés urbaines et rurales du XIe au XIVe siècles. Colloque international Spa 5–8 IX 1966*, Bruxelles, 1968, p. 31.
3) 拙稿「慣習法文書をめぐる最近の研究動向」246–47 頁。
4) J.-M. Cauchies, Les chartes-lois dans le comté de Hainaut (XIIe–XIVe siècle): essai de bilan, in *La charte de Beaumont et les franchises municipales entre Loire et Rhin. Actes du colloque organisé par l'Institut de recherche régionale de l'Université de Nancy II (Nancy, 22–25 septembre 1982)*, Nancy, 1988, pp. 187–88; Id., "Liberté de quoi?" Libertas, libertates: le singulier et le pluriel dans les chartes de franchises de l'espace médiéval belge, in *Le pouvoir et les libertés en Lotharingie médiévale. Actes des 8es journées lotharingiennes, 28–29 octobre 1994*, Luxembourg, 1998, p. 159.
5) 拙著『西欧中世慣習法文書の研究――「自由と自治」をめぐる都市と農村――』九州大学出版会，1992 年。
6) C. Billen et J. Nazet, Pouvoir et liberté dans les chartes de franchises rurales: une remise en question, in *Le pouvoir et les libertés.*, pp. 15–36; 拙稿「エノー伯領における自由と領主権力――ソワニーの慣習法文書の場合――」(『駿台史学』115 号，2002 年，1–25 頁)。
7) エノー伯領の都市もしくは村落の人口については 1365 年の租税台帳によってある程度判明する (M.-A. Arnould, *Les dénombrements de foyers dans le comté de Hainaut (XIVe–XVIe siècle)*, Bruxelles, 1956, p. 63)。
8) G. Duby, *La société aux XIe et XIIe siècles dans la région mâconnaise*, Paris, 1953, pp. 449–57; Id., *L'économie rurale et la vie des campagnes dans l'Occident*, 2 vol., Paris, 1962, t. 2, pp. 109–12; L. Genicot, *L'économie namuroise du bas moyen âge, III. Les hommes -le commun*, Louvain-la-Neuve et Bruxelles, 1982, pp. 119–206; G. Despy, Franchises urbaines et rurales: les ducs de Brabant et l'ancien comté de Brugeron aux XIIe et XIIIe siècles, in *Peasants & Townsmen in Medieval Europe*, Gent, 1995, pp. 631–49.
9) J.-M. Cauchies, Les chartes de franchises: un phénomène politique? in *La charte-loi de Soignies et son environnement: 1142. Actes du Colloque de Soignies, 24 octobre 1992 (Annales du cercle royal d'histoire et d'archéologie du canton de Soignies, t. 36)*, Soignies, 1998, pp. 17–23.
10) 前掲拙著，119–25 頁。
11) W. De Keyzer, Jean d'Avesnes et la ville de Mons à la fin du XIIIe siècle, in *700 ans de franchises à Mons: les privilèges de Jean d'Avesnes (1295). Actes du colloque du 14 octobre 1995, (Annales du cercle archéologique de Mons, t. 77)*, 1996, pp. 55–63.
12) *Ibid.*, pp. 64–69.
13) *Ibid.*, pp. 67–68.
14) *Ibid.*, pp. 70–74.
15) *Ibid.*, p. 42. 彼らはブドウ酒商人であり，ジャン・ヴィランは会計担当 (massard) を勤めている (Ch. Piérard, *Les plus anciens comptes de la ville de Mons (1279–1356)*, Bruxelles, 1971, p. 549)。
16) W. De Keyzer, *op. cit.*, pp. 75–76.
17) « li habitant de no ville de Mons en Hainau, selonc l'orine et le condiction d'iaus, fuissent, par

raison de bourghesie u autre, tenut a nous et a sainteurs pluiseurs u a autres signeurs, d'achunes debites pour mortesmains u milleurs kateus, et li auchun des dis habitans ki venut sont demorer en le dite ville, en autres debites, pour raison de siervages u d'abaines, et, pour le fais et le kierke des dites debites, mout de gens laioient u pooient laier a venir demorer en no dite ville, nous, desirant a multepliier et peubler no dite ville . . . » (*Ibid.*, pp. 70–71)

18) « il estolient ataint de cors et d'avoir a no volentet, . . . pour ceste cremeur mout de gens laioient a venir as dites fiestes . . . » (*Ibid.*, p. 72)
19) *Ibid.*, p. 72.
20) *Ibid.*, pp. 76–77.
21) *Ibid.*, pp. 77–78.
22) L. Devillers, *Cartulaire des rentes et cens dus au comte de Hainaut (1265–1286)*, 2 vol., Mons, 1873, t. 1, pp. 1–27.
23) « morte-main à cheaus ki sunt boriois et morte-main u parechon à ceaus ki sunt à sainteur » (*Ibid.*, p. 23)
24) *Ibid.*, p. 15.
25) *Ibid.*, pp. 27–28.
26) J.-M. Cauchies (dir.), *Sainte Waudru devant l'histoire et devant foi. Recueil d'études publié à l'occasion du treizième centenaire de sa mort*, Mons, 1989, p. 25; J. Nazet, *Les chapîtres de chanoines séculiers en Hainaut*, Bruxelles, 1993, p. 220.
27) Ch. Piérard, Mons, in H. Hasquin (dir.), *Communes de la Belgique. Dictionnaire d'histoire et de géographie administrative*, 4 vol., Bruxelles, 1983, t. 1, p. 1011.
28) Id., Les premières fortifications de Mons, *Revue belge d'histoire militaire*, t. 23, 1980, pp. 682–83; Id., Les fortifications médiévales des villes du Hainaut, in J.-M. Cauchies et J.-M. Duvosquel, *Recueil d'études d'histoire hainuyère, offertes à M.-A. Arnould*, 2 vol., Mons, 1983, t. 1, pp. 205–06; Id. et B. Van Mol, Mons. Une enceinte en mutation constante de 1290 à 1865, in *Les enceintes urbaines en Hainaut*, Bruxelles, 1983, pp. 15–50.
29) Ch. Piérard, L'hôtel de ville de Mons, in *Hôtels de ville et maisons communales en Hainaut du moyen âge à nos jours*, Mons, 1995, p. 155; W. Prevenier, Sept cents ans de vie urbaine à Mons, in *700 ans de franchises à Mons.*, p. 228; E. Bousmar, La diplomatique urbaine montoise et la spécificité des textes législatifs: bans de police et ordonnances (fin XIIIe-début XVIe siècles). Une mutation, des permanences, in *La diplomatique urbaine en Europe au moyen âge. Actes du congrès de la Commission internationale de diplomatique, Gand, 25–29 août 1998*, Leuven, 2001, p. 46.
30) Ch. Duvivier, *Recherches sur le Hainaut ancien du 7e au 12e siècle*, Bruxelles, 1865, p. 532; Th. Lejeune, *Histoire de la ville de Binche*, Binche, 1887 (réimp. Bruxelles, 1981), p. 25.
31) Le Baron de Reiffenberg, *Monuments pour servir à l'histoire des provinces de Namur, de Hainaut et de Luxembourg*, t. 1, Bruxelles, 1844, p. 319.
32) L. Zylbergeld, Les villes en Hainaut, des origines à la fin du XVIe siècle, *Albums de Croy, V, comté de Hainaut, II* (pub. J.-M. Duvosquel), Bruxelles, 1987, pp. 70–71; Ch. Piérard, Mons., p. 1011; Id., Le dévelopement territorial de Mons et ses virtualités économiques ou les occasions

manquées, in *Le Hainaut français et belge*, Mons, 1969, p. 49.

33) L. Devillers, *op. cit.*, t. 2, pp. 263–64; E. Bousmar, « si se garde cascun de mefairer ». La législation communale de Mons (Hainaut) dans son contexte régional (XIIIe–XVIe siècle). Sources, objets et acteurs, in J.-M. Cauchies et E. Bousmar (dir.), « *Faire bans, edictz et statuz* »: *Légiférer dans la ville médiévale. Sources, objets et acteurs de l'activité législative communale en Occident, ca. 1200–1500. Actes du colloque international tenu à Bruxelles les 17–20 novembre 1999*, Bruxelles, 2001, p. 157.

34) « ordinavit . . . que in gravamem universorum hominum in villis illis habitantium vertebantur, a gravamine removerentur et in meliores consuetudines converterentur » (Gislebert de Mons, *Chronicon Hanoniense*, ed. L. Vanderkindere, Bruxelles, 1904, p. 105); L. Devillers, *op. cit.*, t. 1, p. 18.

35) *Ibid.*, t. 2, p. 265.

36) *Ibid.*, t. 2, pp. 265–66.

37) Ch. Piérard, *Les anciens comptes de la ville de Mons (1279–1356)*, Bruxelles, 1971, pp. 517–43.

38) L. Devillers, *op. cit.*, t. 2, pp. 266–67.

39) *Ibid.*, pp. 269–70.

40) *Ibid.*, pp. 270–72.

41) *Ibid.*, p. 272–73; L. Devillers, Les foires de Mons, *Annales du cercle archéologique de Mons*, t. 7, 1867, p. 283.

42) L. Devillers, *Cartulaire.*, t. 2, pp. 273–74.

43) E. Delcambre, *Les relations de la France avec le Hainaut, depuis l'avènement de Jean II d'Avesnes, comte de Hainaut, jusqu'à la conclusion de l'alliance franco-hennuyère (1280–1297)*, Mons et Frameries, 1929, pp. 80–175; G. De Cant, *Jeanne et Marguerite de Constantinople. comtesses de Flandre et de Hainaut au XIIIe siècle*, Bruxelles, 1977, pp. 216–38; 拙稿「ベネルクスの古代・中世」(『スイス・ベネルクス』山川出版社, 1998 年, 196–97 頁); 田口正樹「エノー伯ジャン二世とドイツ国王裁判権」(『北大法学論集』52–5, 2002 年, 1405–52 頁).

44) Ch. Duvivier, *op. cit.*, pp. 402–07.

45) E. Delcambre, *op. cit.*, pp. 70–71.

46) E. Poncelet, Le soulèvement de Maubeuge en 1293 et les premiers sceaux de la commune, *Mélanges Georges Smets*, Bruxelles, 1952, pp. 150–52.

47) Gislebert de Mons, *op. cit.*, p. 3 et p. 20; H. Platelle (dir.), *Histoire de Valenciennes*, Lille, 1982, p. 57; A. Salamagne (dir.), *Valenciennes aux XIVe et XVe siècles. Art et Histoire*, Valenciennes, 1996, pp. 84–85; J.-M. Cauchies, Mons et Valenciennes devant le grand conseil du duc de Bourgogne; un conflit de longue durée (1394–1446), *Bulletin de la commission royale des anciennes lois et ordonnances de Belgique*, t. 38, 1997, pp. 99–171; 拙稿「中世後期エノー伯領の農村共同体——ヴァランシエンヌの首邑慣習法文書と「自由と自治」——」(明大『人文科学研究所紀要』48 冊, pp. 189–90).

48) 前掲拙著, 156–57 頁.

49) 例えば，1158年のプリッシュの法では『マンモルトは完全に廃止され』ている（前掲拙著，16頁）。
50) E. Bourmar, « Si se garade cascun de réfaire »., p. 154.
51) Ch. Piérard, *Les plus anciens comptes de la ville de Mons.*, pp. 554–57; Walter De Keyzer, *op. cit.*, pp. 84–143.
52) J.-M. Cauchies, "Liberté de quoi", p. 159.

工業規約の史料論
――中世都市メヘレンとアトの事例――

藤 井 美 男

はじめに*

　いわゆるヨーロッパ「中世の世界経済」(F. レーリヒ)における重要な構成要素の1つが，北部イタリアと並んで都市化の密度高い南ネーデルラントの毛織物工業にあったことは論を待たない。フランドル都市工業に焦点を当て，その中世盛期の繁栄と中世後期における失墜，そして爾後の農村工業の成長をもってヨーロッパ近世に向けての断絶的成長を語ったあのH. ピレンヌ説(Pirenne [1905]: [1947])に代わり，今では，農村工業製品との棲み分けを可能にした都市工業の構造転換と根強い成長を認めるのが，研究者たちのほぼ一致した見解となっている[1]。

　そうした地理的隆替を伴う構造転換の議論において，フランドル伯領中・北部およびブラバント公領といったいわば「先進地帯」と比較し，広義の南ネーデルラントおよび隣接するその他の地域，とりわけアラス・ヴァランシエンヌ・トゥールネ・ドゥエといった仏領フランドル以南に位置するレイエ河沿いの中小都市，あるいはエノー都市での工業については，'新薄手織' や '新毛織物' と称される毛織物製品が，中世後期から近世初頭にかけて南欧やドイツ・北東欧の輸出市場で成功を収める，という見解が80年代以降多くの研究者たちによって主張されるようになったことは記憶に新しい[2]。

　以上のような動的連続論は，中世後期・近世初頭における工業史像の変容を示唆している。とはいえ，他面で工業成長の初期史に全く光が当てられてこな

中世後期エノー伯領と諸都市

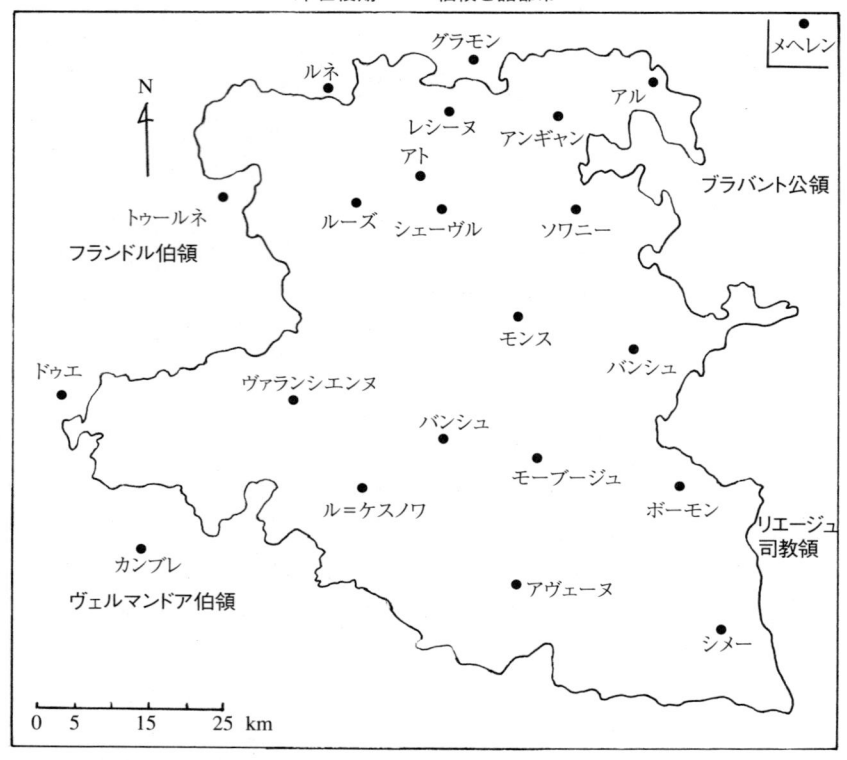

典拠（斎藤 [1992] p. 14 / Arnould [1991] p. 52）

かったというわけではない。本論で対象とするアトを含むエノー伯領の工業・経済成長について見ると，欠落した研究史を埋め，アト工業史の出発点となったL. フルリーストの研究（Verriest [1942]）を筆頭に，フランシーズ文書の分析を手掛かりとして12世紀以降アトの政治・経済的発展を跡づけるJ. デュニョワル（Dugnoille [1977]），また，中世エノーにおける都市不在説を唱えたピレンヌやその継承者H. ヴァン=ウェルヴェーケを批判し，工業成長という視点からエノー諸都市を網羅的に概観したM. アルヌール（Arnould [1991]）などはいずれも，中世盛期における都市的成熟こそが中世後期—近世初頭の成長要因となる

関連史料一覧

発給年	対象地	概　要	刊行状況
1270	メヘレン	写本 B・C・D・E・F・G に収録	Joosen [1935] pp. 462–468.
1295	メヘレン	写本 B・C・E に収録	Joosen [1935] pp. 471–475.
1303	メヘレン	写本 B・C・E に収録	Joosen [1935] pp. 475–476.
1308	メヘレン	写本 B・C・F・G に収録	Joosen [1935] pp. 477–478.
1310	モンス	エノー伯ギヨーム I 世による特許状	Devillers [1881] pp. 343–348, n. 2.
1328	アト	エノー伯ギヨーム I 世による縮絨工への特許状	Fourdin [1864] pp. 499–504.
1328	アト	エノー伯ギヨーム I 世による織布工への特許状	Joosen [1944] pp. 182–186.
1352	モンス	エノー女伯マルグリットによる工業規約改変命令	Devillers [1881] pp. 343–348.
1447	アト	サン=チュベール兄弟団規約	Dewert [1921] pp. 4–16.
1461	アト	1328 年織布工特許状の確認文書	Fourdin [1867] pp. 217–234.
1481	アト	毛織物工業特許状	原本散逸
1518	アト	毛織物工業特許状	Verriest [1942] pp. 87–97.

ことを強調しているのである[3]。

　中世エノーにおける有力都市の 1 つアトは，年市開催特許状の受理が 1368 年で，モンスやヴァランシエンヌが 13 世紀末までに獲得していること（斎藤 [1992] p. 81）と比較すれば大きく後れを取ってはいる。しかしながら，年市の基盤となる在地商工業は，実は 13 世紀後半から 14 世紀前半までに既にかなりの程度成長していたことは疑いなく（Dugnoille [1977] pp. 138–140），その大きな原動力となったのが毛織物工業なのである（Wymans [1965] pp. 20–21）。

　しかもここで看過してならないのは，モンスなどとは異なり，14 世紀前半の時点でアトには毛織物工業経営の前身が殆ど見あたらないにもかかわらず（Wymans [1965] pp. 21–22 / Arnould [1991] pp. 59–60），財政要求を満たす目的で経済活性化を狙ったエノー伯が（Piérard [1977]），いわば「上から」毛織物業導入を推進したという事実である（Verriest [1942] pp. 4–5, 26–27）。そのために伯はブラバント都市メヘレンの工業規約を手本として入手した後，毛織物工業に関する特許状＝工業規約を作成し 1328 年にアトへ付与したのである（Arnould [1954] pp. 71–73 / Cauchies [1994] pp. 44–45）。

　この伯ギヨーム I 世による特許状付与をめぐっては，実は大きく 2 つの点で

慎重な考察を必要とする。第1は，一方で1940年代までは1点しか伝来していないと考えられていたアト工業に関する特許状だが（Fourdin [1864] / Dewert [1921]），実はメヘレン側に別のものが残され，1944年にH. ヨーセンによって刊行された(Joosen [1944])，ということ。他方でそれにもかかわらず，後の経済史・都市史研究者は，ヨーセンの発見と刊行という事実を伝えるだけで，それ以上詳細な議論を展開していないことである[4]。

　第2により重要な点は，アト工業規約の母体となったメヘレン工業規約自体の持つ問題である。というのも，13世紀末–14世紀前半にメヘレンで公布された複数の規約が後に1つに集成され，さらにその後複数の写本が伝来することとなった。1930年代になってヨーセンがそれらを整理・公刊しているのだが(Joosen [1935])，原本と写本のもつ錯綜性がこの刊本に反映しているため，工業規約を分析する上でなお幾つかの矛盾点や疑問点を残したままである，ということである(藤井 [1990]: [1993])。

　工業史研究において，手工業規約のような規範的史料を単独に分析するだけでは多様なギルド的実態を描き出すには不十分だとして，他史料との突き合わせの必要性を強調するのが近年の一般的傾向となってきている[5]。しかし，メヘレン—アト間の上述のような規約伝播の事実を前提として，ここではあえて両都市の工業規約の言辞的な比較分析を行ってみたいと思う。それを通じて，フランドルやブラバント諸地域と対比しこれまで注目を大きく浴びることのなかったエノー伯領都市アトの毛織物工業史像の一端を明らかにし，かつ，旧稿で手つかずに残したメヘレン初期規約群の抱える諸問題に，少しなりとも解決の糸口を探ろうというのが，本論の主目的である。

I.　アト工業規約の伝来状況

　アト都市史研究の開拓者ともいえるJ. ドゥエルトは，その1921年論文において(Dewert [1921])，アト毛織物業ギルドに向けてエノー伯ギヨームI世の下付した1328年6月の特許状が，工業規約としての性格を持ちながら，他面で宗教的兄弟団としての内容を全く持っていないという特徴を指摘した。他方，

1447年には毛織物業関係の手工業者を中心に，サン＝チュベール（Saint-Hubert）を戴く兄弟団が規約を伴って組織されたことを重視し，その目的が都市内部分共同体の宗教的・社会的結合力の欠落を補うことにあったとする主張を，同規約の刊行とともに示したのだった[6]。

ドゥエルトによれば，1328年規約はアト毛織物業の中でも縮絨工の経営のみを対象としていたため，手袋工といったその他の手工業者たち，とくにその徒弟たちを糾合する目的をも含めて宗教的兄弟団が設立されることになったのだという。とはいえ，このサン＝チュベール兄弟団はあくまでも，毛織物ギルドを核とした団体であり，前者の幹部は後者の幹部から選ばれ，また会計監査も毛織物ギルドのそれに服していた，とされる。こうして，中世後期アトの毛織物ギルドは1328年と1447年の2つの特許状を獲得していた，との結論がドゥエルトによって導かれたのである。

ここでドゥエルトのいう1328年特許状というのは，原本がアト文書館に残されており，E. フールダンが1864年に刊行していたものである（Fourdin [1864]）。しかもその後1871年には，L. ドゥヴィレがモンスの国立文書館で1461年の日付を持つ規約文書を発見し，それがこのアト1328年特許状を再確認した文書であると言及していた（Dewert [1921] p. 65）。そしてその後の再確認文書も含め，アト毛織物ギルドの特許状は1328年，1461年，1481年，1518年に発給されたことが分かっている（Fourdin [1867] / Dewert [1921] p. 65 / Verriest [1942] pp. 6–7）[7]。

他方，1930年代から40年代にかけて，ブラバント公領のメヘレン毛織物工業史料について調査・分析を精力的に行っていたヨーセンは，アトの織布業を規定した1328年6月28日付のギヨームⅠ世の特許状をメヘレン文書館で発見した。ヨーセンは，上記ドゥヴィレがこの文書の存在を知っていた可能性に触れつつも，それまで陽の目を見ることのなかったこのアト工業規約を活字にして世に示したのである（Joosen [1944]）。これは，当然40年代以前の史家たちに知られざる史料であったが，単なる新発見という以上に重要な意味合いを有していた。

というのも，エノー伯ギヨームⅠ世がアトの織布業を規定すべく，同時代のメヘレン毛織物工業規約を手本として導入した旨を前段で明言していることか

ら分かるように(詳細は本論第III節参照)、アトの規約は実はメヘレンで制定された初期の工業規約群からその内容が伝播され、模倣された系列規約とでもいうべき存在だからである[8]。

縮絨工の経営を中心に規定した前述のフールダン刊本の1328年規約には、メヘレンの規約に倣う旨の叙述は部分的にあるが(Fourdin [1864] p. 499)、メヘレン工業規約全体に即したものであると明言した記述はなく、従って、ヨーセン発見の史料は、織布業経営に関してそれとは別途に起草手順が取られ、発給されたものである可能性が高い。それゆえ工業規約作成の過程探求という観点からも興味深い事情を示しているのである[9]。

それだけではない。本論冒頭でも触れた通り、現存最古のメヘレン工業規約というのが、実は13世紀末から14世紀初頭にかけて規定対象の異なった幾つかの規約群として公布され、しかもそれらが14世紀前半のある時点で合一され、何度も転写されてヨーセンの時代まで伝来してきたというやや複雑ないきさつを持っており、その意味でアト工業規約の作成という事実は、メヘレン工業規約の単なる孫引きという以上に重要な意味を持つと考えざるを得ないのである。

II. メヘレン初期工業規約の諸問題——再論——

アト工業規約の成立と伝来の経緯が以上のようだとして、そのモデルとなったメヘレンの規約もまた、成立と伝来状況に固有の問題点を孕んでいた。詳細は既に別稿(藤井 [1990]: [1993])で明らかにしているが、いささか込み入った内容のため、アト規約との突き合わせを行う前に、メヘレン規約のありようと残存する問題点が何であったか、本論に関わる部分を改めて取り上げ要点として整理しておこう。

初期のメヘレン毛織物工業規約は、現在は散佚している原本がラテン語で1270年、1295年、1303年、1308年に公布された(以下本論ではM70, M95, M03, M08と略記する)。ヨーセン刊本に従えば、序言部分を除いて各々26と29の条項からなるM70とM95は、職人や徒弟織布工の雇用、就業・労働条件の詳細な

規定，4条項と7条項をもつM03とM08は，メヘレンからの織機の移動制限や周辺村落での織布に関する規定が中心となっている。

これらの規約公布には，在地領主ゴーティエ＝ベルトハウト(在位1243–86)，ジル＝ベルトハウト(在位1304–10)が深く関わると同時に，この時期本来の都市領主であるリエージュ司教対ブラバント公——ベルトハウト家の政治的対立もそこに反映されていた[10]。M08公布からさほど間もないと想定される時期に，ラテン語の原本から日常語のオランダ語へ変換されつつ，4つの規約をひとまとめにした写本が複数作成された。ヨーセンは失われた原本をひとまずAとし，自分が調査した伝来写本6点にそれぞれB～Gの符号を記し，Bを底本として異同部分を注記する手法を用いながら各年次の規約を再構成して刊行したのであった。写本B・C・Dは14世紀のものとされるが，それ以外の作成年代は15世紀–17世紀中葉にわたっており，原本の公布時期から遠く隔たっている。

このようなメヘレン規約の写本と刊本の関係を仔細に検討すると，次に列挙する疑問点が浮上してくることになる(以下，藤井[1990] pp. 166–170 参照)。

(1) M70の写本は，公布当時の内容を保持しているのか，あるいは筆写がなされた14世紀前半時点の内容を記載しているのか。

(2) M70の序文の中に，約40年後の在地領主ジル＝ベルトハウトがなぜ1270年という日付を伴いながら規約公布者として登場するのか。

(3) 写本BとCの作成時期は1308年以後であることは当然であり，また1331年から別途に毛織物工業規約群が多数公布されるので，その前ということもほぼ間違いないが，より厳密な時期確定ができないか。

(4) M08の第4条と第5条は，ヨーセン自身写本B・C・Eから「欠落している」と述べ，16–17世紀の写本F・Gから再構成して刊本に記載している。しかし，M08を網羅しているのがそもそもB・C・F・G写本だけであるということからして，この2つは写本F・Gにおいて初めて出現した条項ではないか。それを1308年の規定と見なすことが本当に妥当か。

(5) ヨーセン刊本ではM95の第15条とされる項目は，書き出しがC・E写本では「次に」となっているものの，B写本においては公布主体宣言文

に続き「第 1 に」との文言で始まっている。これは B95 前後に全く別の第 5 の規約原本が存在した可能性を示すのではないか。

以上の諸問題について，詳細な点では十分な解決に至らぬものの，筆者は特に上記諸点の前半部分に関しては次のような一定の見通しを得ていた。

つまり，14 世紀前半にメヘレンの初期 4 規約が転写されたのは，当時政治経済的に大きな変動のさなかにあったメヘレンにおいて，手工業者たちに何らかの不利な状況が生じ，彼らがそれに対応する必要に迫られていたからではないか。それゆえ，1270 年代以降在地領主ベルトハウト家から収受した種々の権利を，1308 年以後に引き写す際，その時点で在位していたジル＝ベルトハウトの名を冒頭で記すことになった。彼の名を出すことによって，ゴーティエ＝ベルトハウトが在位していた 1270 年以来の獲得した特権と，1308 年頃新たに獲得した権利とにより強い主張を込めることができるからである。従って写本 B・C の意義というのは，少なくとも毛織物手工業者たちにとって，旧来の特権を確認すると同時に，写本作成時の諸権利を実務性を兼ね備えた規約として強調する大きな論拠となった点に存するといえるのだ，と。

以上のようにとりあえず解釈できる部分もあるが，なお未解決の疑問も少なくない。1992 年に筆者の行ったメヘレン文書館での調査では，40 年代にヨーセンが分析した史料の大半が同定不可能となっていて，史料の物的な分析による解決は非常に困難である (藤井 [1993])。そこで，アト工業規約との突き合わせによって史料論的にメヘレン規約を見直し，問題接近を図ることが以下での課題となる。

III. アト 1328 年規約の検討

(1) 規約成立の背景

ヘント・ブリュッヘ・ブリュッセル・メヘレンといったフランドル，ブラバント諸都市に比較すると (Boone [1994] pp. 12–16 / Cauchies [1994] pp. 38–40)，アト手工業ギルドは団体としての組織は弱く，その統制は宗教的結合力に依らざる

を得ないものであった[11]。そうした中，都市の商工業へ法的側面も通じて積極的な関与を策し（De Roy [1996] pp. 87-88, 96-97），エノー伯が毛織物生産に関する特許状を最初にモンスへ付与したのが1310年6月26日であり（Devillers [1881] p. 345, n. 2)[12]，それに続いたのがアトとソワニーの1328年特許状である。ただしモンスに発給された1310年の特許状には，メヘレンの規約に依るとは一言も明記されていない。後の1352年マルグリット女伯の改変命令（Devillers [1881] pp. 345-348）により，モンス工業規約はアトのそれに準ずることになった，とアルヌールが想定してはいるが（Arnould [1991] p. 57）。

中・近世エノー伯領において，特許状はエノー伯自身かその城代 châtelain あるいはバーイ bailli によって作成・公布された。しかし個別の起草契機は，実は当該都市や団体の利害関係者の側にあり，他都市で一般的に見られる事例と同様（Desportes [1981] pp. 325-327），伯は実際には認可権者としての役割を果たしたにすぎない（Cauchies [1994] p. 43 / De Roy [1996] pp. 91-92）。アトの1328年規約公布の場合も，伯ギヨームI世が最高権威者として序文部分に登場するものの，規約作成には城代と都市当局者が携わっており，しかも後者は規約内容の修正権を留保していた（Cauchies [1984] p. 666: [1994] pp. 40-41)[13]。

前述の通り，メヘレンの工業規約がアトに伝播したのは，司教都市だったメヘレンが一時的にエノー伯の支配下にあったためである（Arnould [1991] p. 58）。中世後期を通じて，メヘレンには他領邦都市からの来訪者が絶えず，メヘレン毛織物工業の幹部たちに経営・組織上のノウハウを伝授してもらっていた。そうした中ギヨーム1世の命を受けた2人のアト参事会員が，メヘレンを訪問して工業規約の参照を依頼した。そこでメヘレン織布工ギルドは，自分たちの工業規約をとりまとめてアトへ書簡として送付したのである（Joosen [1944] pp. 176-178)[14]。メヘレンの諸規約がラテン語の原本のままか，既にオランダ語やフランス語へ変換されてアトへもたらされたのか不明であるが，次節で見るアト1328年規約の内容が，単純にメヘレン規約の引き写しではなく，在地工業の環境を考慮した内容となっていることを考えれば，文書の起草から公布までには数ヵ月程度の時間は必要としたに違いない。

しかもこの時，縮絨工と織布工にそれぞれ異なる規約が伝送された。そして

同じ日付を持ちながらも，異なる内容でエノー伯の特許状としてアト手工業者へ発給されたのである。前者がフールダン刊本，後者がヨーセン刊本として現在我々の眼前に存在するものである。

1944年のヨーセン論文は，既に見たような規約伝来状況を前提として，メヘレンとアト両者の規約を逐条的に突き合わせ比較対照しようと試みている (Joosen [1944] pp. 178–179)。とはいえ，メヘレン伝来分を未見だったフールダンは当然だったにせよ，そのヨーセンでさえ両都市の工業規約の異同について知見を得ようとするだけで，新発見の史料刊行という以上の踏み込んだ議論にまでは立ち入っていない。

そこで次節では，ヨーセンたちの時代以前には十全な考慮の埒外にあったと思われる諸点について，メヘレン初期工業規約群とヨーセン刊のアト1328年特許状との条項的な再検討を進め，両者の実相により近く接近していくこととしよう。

(2) アト規約の分析——メヘレン規約との対照を中心に——

ここで主として分析対象とするのは，メヘレン工業規約との親近性が高いとされるヨーセン刊行分の1328年規約である(以下これをA28と略記)。ヨーセン刊本ではA28が序言を除いて全20条の項目分けがなされている[15]。まず，ヨーセン (Joosen [1944] pp. 178–179) に従って両都市の各規約の条項ごとの対比を行えば次の通りとなる。

A28: §1〜§13　　M95（全体）
A28: §14　　　　M70: §22
A28: §15　　　　M70: §7
A28: §16　　　　M08: §3
A28: §18　　　　M70: §1, §10
A28: §19　　　　M70: §8, §24

この表を一瞥して浮かび上がる第1の特徴は，全20条あるA28の大半の前段13条項までが，順不同ながら，主として織布工の職人と徒弟の雇用や労働条

件を詳細に記した，M95 の諸条項から引き写した内容となっていることである。例えば，A28 の第 7 条は M95 第 10 条にぴったり対応していることが見て取れよう(史料 [2] ①② 参照)。

この時見逃してはならない重要な事実は，A28 の第 13 条は，徒弟雇用の事実を告知する義務を織布工親方に定めた，M95 の第 15 条に対応しているものの(史料 [3] ①②)，次の A28 第 14 条は一転して M70 の第 22 条を転用し，織布工の違反に対する制裁措置を記述している点である(史料 [4] ①②)。前章で確認したように，ヨーセンの再構成した M95 は，実は第 15 条と第 16 条の間に記述上明瞭な断絶があり，これを 1295 年に公布された 1 つの規約とすることには疑念がつきまとっている。M95 の前半最後の第 15 条に A28 の第 13 条までが対応し，次の A28 第 14 条からは M70 の条項が対応しているということは，アトへ送付すべくメヘレン側が諸規約をとりまとめた当時，ヨーセン刊本で収録された M95 の後半第 16 条以下が実は存在しなかったか，全く別物として独立に存在していた可能性を強く示唆するのである。

以上の考察から，メヘレン工業における初期の規約にはヨーセン以来想定された 4 規約だけではなく，それを若干上回る数の独立した規約があった可能性がやはり高いことが分かる。写本 B・C における M95 は，2 つの異なる規約の合成であることはほぼ間違いない。筆写は，メヘレン文書館でヨーセンの分析には出現しないと思われる別の史料を '発見' したことがある(藤井 [1993])。その比定は実際のところ極めて困難とはいえ，そうした事実も上記の推定を裏付けるものといえよう。

これと連動する第 2 の特徴を挙げよう。それは，A28 には M03 の条項が全く反映されていないということである。メヘレン内外への織機移動の制限を中心に規定したわずか 4 条項だけの M03 は，全体として織布工の利益を図る内容となっている。A28 に反映されなかったのは，単にアト側の関心を引かなかっただけとも考えられるが，M03 以外の規約からは多少なりとも条項が参照されていることからして，それもやや不自然である。従って上述の事態と同様，アトにもたらされた時点では，メヘレンの初期 4 規約がまだ写本 B や C の形で 1 つにまとめられていなかったのではないかとの推定を後押しする事実といえよ

う。

　つまり M03 は，1303 年前後のメヘレン上級支配権に関するめまぐるしい政治変動とそれに対応した市内の利害状況——一時的にメヘレン手工業者の利益をブラバント公などが保証するといった内容(藤井 [1998] pp. 188–191)——から作成されたものであり，それ故 M03 の文書そのものが初めからアトへ送られなかったか，アト側の規約起草者が，メヘレンの当時の特殊事情を反映するものだとして完全に無視したか，のいずれかである可能性が高いということである。

　第 3 に指摘しなくてはならないのは，A28 第 16 条についてである。上記ヨーセンのリストではこれは M08 第 3 条に対応する，ということになっている。後者はヘントなどフランドル有力都市がメヘレン規約の後ろ盾になることを明言しており，アトが他都市に対して同様な地位をもつことを示すべく，参照・導入された条項に違いない(史料 [5] ①②)。しかし，全 7 条を持つ M08 からの援用が，わずか 1 項目というのもまた不自然である。

　ここで，M08 の第 3 条が公布主体宣言文であるということと，第 4 条・5 条が 16–17 世紀の写本 F・G 作成当時のものではないか，という前章での疑問を想起しよう。メヘレン側の B・C 写本未作成の段階で，アトへ各々の規約が渡されたとする仮定に立つと，その時点での M08 には第 4・5 条が存在していない，あるいはひょっとして最後の第 6・7 条までもが M08 起草当初は記載されていない規定だった可能性すら出てくるのである。

　第 6・7 条に関するヨーセンの注記によれば，写本 C に記載されていたことが一応判明するとはいえ，刊本冒頭において，写本 D・E には M08 全体が記載されていないことを明記しているにもかかわらず，M08 諸条項の注記の中でその 2 写本での有無について言及する，という矛盾をヨーセンは露呈しており (Joosen [1935] pp. 462, 477–478)，刊本で再構成された M08 の各条項が実際に何を底本としていたのか判然とせず，極めて疑問の残る状況となっているからである。

　最後に，A28 の第 17 条と 20 条の性格を指摘しよう(史料 [6] [7])。これらはいずれもアト工業に独自な内容の条項となっているため，上記対照リストには出てこない。前者は，なお工業の発展途上にあるアト側が，違反に対する処罰

の方法など具体的な工業統制の実効的な方法を，なおメヘレンへ照会する必要があったことを自ら認めており，当時の規約適用の動態像を示すという意味で極めて興味深い[16]。また後者が，隣接フランドル伯領内の手工業者保護をうたっていることも，エノー伯領のおかれていた国際政治上の状況と，それが工業規約の中に反映されてくるという，当時の特異な事情を見せているのである。

＊
＊　＊

　以上，両都市規約の対照による分析結果を簡単に整理すると以下の通りとなる。① メヘレンの初期規約群がアトへ書簡でもたらされたのは 1328 年 6 月より何ヵ月か前であること。② その時点では，恐らくヨーセンが刊本でまとめた写本 B・C は作成されておらず，各規約が個々独立したものとしてアトへ送付されたに違いないこと。③ なぜなら，一方で A28 は M03 を全く参照していないこと，他方で A28 における M95 と M08 の条項援用の仕方が，後二者を異なる別の規約の合一物であったことを強く印象づけるからである。④ ヨーセン刊本によればメヘレンの初期工業規約は 4 点とされるものの，実際にはそれを若干上回る独立した原典が 14 世紀前半当時存在していたと想定されること。⑤ 以上から，メヘレン側の写本 B・C 写本作成の成立年代は，1328 年から 1331 年の間にほぼ限定されること[17]。⑥ アトが規約の適用や工業統制の方法についてメヘレンへ照会する必要を説いていることは，両都市の良好な関係存続とメヘレンの初期規約群がその後もなお日常的に運用されるものであったことを示すこと，である。

お わ り に

　14 世紀初頭の政治的混乱を経て，1313 年にエノー伯ギヨーム I 世がメヘレン領主権を獲得した。これを契機に伯はメヘレンへ強い親和力を持つこととなり，当時工業成長を遂げつつあったメヘレン工業を手本として，伯領の都市に毛織物工業振興策を施そうと策した。それを直接具現化したのが，メヘレン獲得以前から一定の実績を既にもっていたモンスへの工業特権付与(1310 年)であり，次

いでメヘレンの規約を直接移植した1328年アトのそれであった。

1328年6月に遡って少なくとも数ヵ月程度前，伯から工業規約の参照依頼が行われた際，メヘレン側はその時点で存在していた幾つか公布年次の異なる別々の規約を，書簡にまとめてアトへ回送した。その際には，ヨーセン刊本に見られる1295年と1308年規約の後半部分は，恐らく全く別個の規約として独立に存在しており，一部はアトへは送付されなかった可能性も考えられる。その後，1328年からさほど遅くない時期にメヘレンですべての規約を一本化する必要が生じ，それが写本B・Cとして今日伝来することになった。筆者が後期規約群と呼ぶ，かなり大量の工業規約が1331年以降メヘレンで新たに発布されてくる事態を前提にすると(藤井[1998] pp. 142–144)，それに先んじて初期の幾つかの規約をまとめておく必要が生じたのだと考えても，あながち不当ではあるまい。

中世メヘレンの工業に関する膨大な史料の発掘調査，並びにアト規約の新発見とその逐条的比定という，1930–40年代のヨーセンの綿密な研究は敬服に値する。とはいえ彼の仕事には限界があった。なぜならヨーセンのまとめた刊本それ自体が，メヘレンに伝来する史料原本がもつ問題点を内包したままであったためである。メヘレンの規約とアト側の規約を単純に条項比較しようと試みても，実はそれら残存する問題が史料論的な分析の阻害要因となるのであり，そのことがまた両都市の工業成長を考察する際に再投影されることになる[18]。

その意味で，本論で行った考察の中でメヘレンとアト両都市の規約を通じた関係とそれが持つ意義については，必ずしも十分な解明を果たせたというわけではない。とはいえ，メヘレン規約が孕む史料論的な問題点を強く念頭においた上で，アト工業規約との系譜関係を慎重に確認するならば，それが特に領邦を越えて成立していたということも含め，次の2点から極めて興味深いものであることを指摘することができる。

第1に，規約伝播後のメヘレン・アト両都市の緊密な関係から見て，一方から他方への，あるいは上位権力から後者へなされた法的強制ではなく，規約の伝達が友好的に行われたものであったことを示す点 (Joosen [1944] pp. 179–181)。第2に，初めギヨームI世が確認したモンス工業規約が，1352年女伯マルグ

リットと都市の命令で改訂され，改めてアトの工業規約に準じることが明確となった点。つまり，メヘレン・アト・モンス三者間で工業規約上の系譜関係が成立することとなったことである (Arnould [1991] pp. 57–58)[19]。

とりわけ後者について見ると，北フランス中小5都市を素材にギルド規約や都市法の偏在とその類似性を指摘して，いわば「都市法の群論」とでもいうべき仮説を提唱する F. デポルトの議論 (Desportes [1981]) にもある通り，史料の時間的・空間的伝来過程およびその結果の吟味は，それ自体有効かつ有意義な作業であることが近年強調されてきており[20]，本論で得た幾つかのささやかな見通しも，そうした学界状況になにがしか寄与できるのではないかと考える。もちろん，フールダン刊本を加えた全体的な史料論的吟味などなすべき考察はなお少なくない。今後の課題とする所以である。

注

* 本論で文献を引用する際は，末尾に文献目録を掲げ，文中ではその編著者名・番号・頁数を挿入して示す。また史料の参照・提示も，後半部分に試訳を一括掲載し，文中ではその番号のみをカッコに入れて表示する。
1) これらの点に関する比較的最近の研究として，Chorley [1997] pp. 16–17 / Munro [1994] pp. 384–385: [1997] pp. 36–38 / 佐藤 [1999] pp. 371–378 / 藤井 [2001] を挙げる。
2) この点，既に拙著（藤井 [1998] pp. 69–73) で概要を記した通りだが，個々の詳細な論点については，以下の諸論を参照されたい。Richart [1984] / Clauzel [1990] / Arnould [1991] / Stabel [1990]: [1993] / Abraham-Thisse [1993] / Chorley [1993] / Howell [1993].
3) 斎藤 [1992] pp. 257–258 は，中世共同体社会における「自由と自治」という観点からエノー伯領における慣習法文書の分析を行い，住民間の法的精神の浸透と彼らの経済活動との強い関連を示唆する。なお，ここで示した以外の領邦における中世盛期以降の商工業成長に関しては，古くナミュールを主眼とした A. ジョリスの研究 (Joris [1958]: [1964]: [1971]) があるが，ルクセンブルクとモーゼル河流域について80年代以降精力的な業績を発表してきている J.-M. ヤントのそれ (Yante [1980]: [1982]: [1996]: [1997]: [1999]) が特に注目を引く。
4) 例えば以下の諸論を見よ。Arnould [1991] / Cauchies [1994] / De Roy [1995]: [1996].
5) これに関連して，90年代以降手工業ギルドに関して幾つか重要な研究集会が行われ，研究も多数発表されていることを記しておきたい (Hamesse [1990] / Lambrechts [1994a・b]: [1996] / De Roy [1995] / Sosson [1996])。とりわけ史料の動態的検討という点については，ソッソンやファン＝アウトフェンらの指摘を見よ。Sosson [1990] pp. 340–341: [1994] pp. VIII-IX / Van Uytven [1994] pp. 426–427 / De Roy [1995] p. 157.
6) 1447年の兄弟団規約がもつ以上の特質は，その後フルリーストも確認している (Verriest

[1942] p. 7)。なおエノー諸都市の中では，モーブージュが現存最古の毛織物工業規約（13世紀末）を所蔵しているという（Arnould [1991] p. 55)。
7) ただし，1481年の特許状はドゥエルトが参照して以後散逸してしまったらしい（Verriest [1942] pp. 5–6)。
8) もともとリエージュ司教領だったメヘレンは，14世紀前半に司教および在地領主ベルトハウト家，ブラバント公たちの権力闘争に巻き込まれ（藤井 [1998] pp. 186–187)，1313年から5年間はエノー伯の統治に服するという政治的背景をもっていた（Van Uytven [1991] pp. 58–59)。
9) エノー諸都市に豊富に存在したはずの史料は，戦災などで大きく損なわれたが，アトはその中でも例外的に伝来状況が良好である（Cauchies [1994] p. 36)。近年 D. ド＝ロワは中世後期のギルドや兄弟団の規範的史料として伝来する全8点の特許状 actes を整理・概観し，2つの1328年規約を含む毛織物工業関連のもの3点とサン＝チュベール兄弟団のそれ1点，そしてその他の手工業関連の特許状4点，の3種に大別して示している（De Roy [1995] p. 159: [1996] pp. 89–91)。
10) 前注8参照。
11) もちろん，ド＝ロワのいうようにこうした消極的把握は，今後の史料発掘と分析によって覆される可能性は否定できない（De Roy [1995] pp. 176–178)。
12) モンスはこれによって既存手工業経営の組織的充実を果たした，とされる（Wymans [1965] pp. 21–23)。また例えばシエーヴルへ毛織物工業を導入する際のギョームⅠ世による関与についてもよく知られている（Arnould [1954] pp. 71–73)。なお，近年領邦君主と中世都市との政治・経済的関係が史家の注目を引いているが，その点についてここで踏み込んだ議論をする紙幅がないのは残念である。とりあえずヘントでの研究集会とヴァランシエンヌとエノー伯について論じた論文（Cauchies [1993]: [1996b]) を挙げておこう。
13) 法的実務者としての城代の役割は重要であった。「アト城代コラール＝ド＝エナンは1461年にドラピエの特許状を作成する際，明らかに1328年のそれを参考にしていた」（De Roy [1996] p. 96, n. 28) との指摘を見よ。
14) 以上，伯の命令文や被派遣者の氏名などについては史料 [1] 参照。
15) 縮絨工に関するフールダン刊本では，条項分けがされていないが，そのうちの3条項がメヘレン規約と一致する，という（Joosen [1944] p. 177)。そうした留意点も含め，フールダン刊本の内容についても史料論的に詳細な検討が別途必要である。なお本論においては，各史料文言の原文や試訳をすべて再現・掲載することは断念せざるを得なかった。いずれも別稿を期したい。
16) フルリーストによれば，後の1393年アトのドラピエが規約に違反した際，その罪状判断を求めて，アト参事会員が1名メヘレンへ派遣されている。結果として，違反者ピエトロ＝ド＝ロンソが15エキュの買い戻し金を支払うことで結審した。上記派遣に際して，「アト工業はメヘレン工業の規約に依拠している」旨の記述がある，という（Verriest [1942] p. 68)。
17) 旧稿でこの年代が1310年頃ではないか，と想定した自説（藤井 [1990] p. 173) はここで修正しておきたい。

18) 実際, ヨーセン論文(Joosen [1944])では, メヘレン工業から単にアトへの規約と工業ノウハウの伝播という視点でのみ語られていて, しかも両都市の工業成長が極めて予定調和的な論調で貫かれている。しかし旧稿(藤井 [1990])や本論で明らかにした通り, メヘレンの工業成長と規約作成およびアトへの伝播とは, 決して, 当時のメヘレンを取り巻く政治経済状況と史料に即した考究を抜きにして論じられるものではないのである。
19) 他にも少数ではあるが, 都市間の規約伝播関係が幾つか認められる。例えば, エノーでは15世紀前半シエーヴル麻織物業規約の全土への適用試行(Cauchies [1994] p. 39), 15世紀中葉のバンシュとモンス間のそれ(Arnould [1991] p. 59)である。
20) これに関して, 慣習法文書の発給・浸透と領主権力および(村落)共同体の自由と自治, という視点からする中世盛期エノー伯領に関する近年の研究動向([斎藤 [1999]: [2001]: [2002a・b]: [2003])を見よ。ここで, かつてヨーセンもフランドルにおけるエールとベテューヌ, ゴルグとエステール間など(Espinas [1923] t. 1, pp. 139-141, t. 2, pp. 841-842)の規約系譜関係に関する指摘を行っていたことも改めて記しておこう(Joosen [1944] pp. 175-176)。なおこれとの関連で, ドイツ中世の手工業者たちによる情報伝達についての論考(佐久間 [1998])が示唆に富む。

参照史料

[1]　エノー伯によるアト織布工規約の宣言文(A28)
「エノー, ホラント, ゼーラント伯であり, フリースラント領主たる我ギヨームはすべての者に以下のことを知らしめる。我が都市およびその良き住民たちの利益のために, アト城代たるマオ＝レケウならびに都市アトの市長, 参事会員, 我が家人, 善良なる市民たちの評議を受けて, 都市メヘレンの織布工たちの工業規約(の受入れ)を認めることとした。さらに, すべての者とりわけメヘレンの織布工ギルドおよびこの職を営むことのできる工業を為す他のすべての都市の織布工ギルドにも知られたし。我が命により, エルヌール＝ドベルムとスティーヴヌ＝ティローケ両名が都市アトの参事会代表として, 織布工規約とその諸条項入手のために都市メヘレンへ派遣されたことを。而して, メヘレン織布工たちは彼の者たちのギルド規約と諸条項とを, 以下に記す通り, 密に封印した書状にて我らに送付し知らしめてくれた。それらは我々にとって合理的で良いものと思われ, 反対もないため, メヘレン織布工ギルドが施行しているのとは違ったやり方ではあるが, これらギルド規約をアト織布工ギルドにも施行することを認可することとした。」　　　　　　　　　　　　　　　　　　　　　　　(Joosen [1944] p. 182)

[2]　① アトにおける徒弟雇用禁止期間(半年)の設定(A28: §7)
「徒弟が上で定められた4年の修業年限を終えたならば, 親方織布工は半年間新規の徒弟を雇用してはならない。たとえ別の徒弟を雇用することになっていようとも。」
　　　　　　　　　　　　　　　　　　　　　　　(Joosen [1944] pp. 183-184)
② メヘレンにおける徒弟雇用禁止期間(半年)の設定(M95: §10)
「4年の間徒弟を修業させた親方は, その後半年間徒弟を雇用してはならない。」
　　　　　　　　　　　　　　　　　　　　　　　(Joosen [1935] p. 473)

［3］　① アトの親方織布工に対する徒弟雇用告知義務（A28: §13）
　　　「徒弟を雇用している親方織布工のところへ，ドラピエが仕事の交渉をしに来た際，徒弟を雇用している旨を告知しなかった場合，その親方は5スーの罰金を織布工ギルドの主席と宣誓役に支払うべし。」　　　　　　　　　　　　　　　　　　　　（Joosen［1944］p. 184）
　　　② メヘレンの親方織布工に対する徒弟雇用告知義務（M95: §15）
　　　「徒弟を雇用している親方織布工のところへ，誰かが仕事を持ち込む交渉をしに来た際，徒弟を雇用している旨を告知しなかった場合，その親方は5スーの罰金をギルドの主席と宣誓役に支払うべし。」　　　　　　　　　　　　　　　　　　　　（Joosen［1935］p. 473）
［4］　① 違反を行ったアト織布工への営業禁止規定（A28: §14）
　　　「織布工ギルドの主席と宣誓役双方が，織布の仕事やそれを行う者がアトの織布業の信用を失わせたり，恥辱をもたらすようなものだと認めた場合には，主席と宣誓役が主体的に発する宣告に従って，当該者の営業を停止する。」　（Joosen［1944］pp. 184–185）
　　　② 違反を行ったメヘレン織布工への営業禁止規定（M70: §22）
　　　「織布工の悪行や違反行為が，織布業の利益追求を旨とする商人ギルドの主席や織布工ギルドの宣誓役に訴えられたならば，宣誓役はその程度に応じて当該違反者の営業を停止することができる。」　　　　　　　　　　　　　　（Joosen［1935］pp. 467–468）
［5］　① メヘレン工業規約の中途で出現する，規約公布主体などの宣言文（M08: §3）
　　　「これは庁舎内にて，市参事会とともにメヘレンの織布工ギルドによって作成，宣言されたものである。これらすべての規約と命令は，ヘントやその他の都市が我々のために作成し保障してくれたものである……。」　　　　　　（Joosen［1935］pp. 477–478）
　　　② アト織布業規約の他都市への伝播明言（A28: §16）
　　　「アト織布業に範を取って作成しようとする他都市の慣習（法）については，すべてアトの慣習（法）を自らのものとすることができ，またアトで行われているのと同じ仕方でそれを作成することができる。」　　　　　　　　　　　　　　　　（Joosen［1944］p. 185）
［6］　アト工業統制のノウハウをメヘレンに依拠する旨の文言（A28: §17）
　　　「すべての者は以下のことを知られたし。（定められた）時間外に織布をしたり，ギルドが規定する仕方以外の方法で不正に行う者に対しては，ギルドの主席と宣誓役との命令により，罰金を科す。都市アトの織布業を監視する宣誓役が，ギルドに徴収される罰金対象の不正について熟知せざることがある場合，宣誓役はメヘレンへ赴いて，不正の内容についてメヘレンギルドの示唆を乞い，それを持ち帰るべし。そうして，メヘレン織布工の宣誓役が各々の不正に対して下していると同様な仕方で，（不正に対する）断罪を行うべし。また，（係争中の）二者のうち敗訴と判断された者は，係争に関して発生したすべての費用を支払うべし。上記すべてのことは，正義と法の名の下に行われるものとする。」　　　　　　　　　　　　　　　　　　　　　　　　　　（Joosen［1944］p. 185）
［7］　アトの工業規約遵守と効力範囲の明示規定（A28: §20）
　　　「上記すべての規約条項を遵守させるべく，我らはそれに効力と権限を次のように与えることをアト城代管区領民に通告し命ずる。つまり，今日如何なる（職に就く）者も，たとえ桶を備える縮絨工であっても，都市アトの周囲2里以内に織布のための機を所持してはならない。また，アト管区領民がフランドル伯領の側で，都市アトの2里外のところに居住するならば，その者(たち)は我らによって保護され，その者が所属する御領主

に不正を為すことがなければ，領内で我々の保護の下(織布の)職を営むことができ，ま
た行う義務を負うものとする。」 (Joosen [1944] pp. 185-186)

文献目録

欧　語
省略形
BCRH → Bulletin de la commission royale d'histoire

Abraham-Thisse, S. [1993] Le commerce des draps de Flandre en Europe du Nord: faut-il encore parler du déclin de la draperie flamande au bas moyen âge?, in Boone [1993] pp. 167-206.
Actes [1984] L'initiative publique des communes en Belgique. Fondements historiques (Ancien Régime), 11e Colloque international Spa, 1-4 Sept. 1982, Actes (Crédit communal de Belgique, Collection Histoire, no. 65), Bruxelles.
Actes [1996] La ville et la transmission des valeurs culturelles au bas moyen âge et aux temps modernes. Actes du XVIIe Colloque international (Spa, 16-19 mai 1994), Bruxelles.
Arnould, M.-A. [1954] La ville de Chièvres et sa draperie (XIVe-XVIe siècles), in Bulletin scientifique de l'Institut supérieur de commerce de la Province de Hainaut, pp. 47-107.
Arnould, M.-A. [1991] L'industrie drapière dans le comté de Hainaut au moyen âge, in Duvosquel [1991] pp. 51-69.
Boone, M. [1993] / Prevenier, W. (eds.), La draperie ancienne des Pays-Bas. Débouches et stratégies de survie, XIVe-XVIe siècle. Actes du Colloque tenu à Gand, le 28 avril 1992, Leuven / Apeldoorn.
Boone, M. [1994] Les métiers dans les villes flamandes au bas moyen âge (XIVe-XVIe siècles): images normatives, réalités socio-politiques et économiques, in Lambrechts [1994a] pp. 1-21.
Boone, M. [1996] / Prevenier, W. (eds.), Finances publiques et finances privées au bas moyen âge (Studies in urban social, economic and plitical history of the medieval and modern Low Countries, no. 4), Leuven / Apeldoorn.
Burgard, F. [1997] / Haverkamp, A. (eds.), Auf den Römerstrassen ins Mittelalter. Beigrage zur Verkehrsgeschichte zwischen Maas und Rhein von der Spätantike bis ins 19. Jahrhundert (Trierer Historische Forshungen, Bd. 30), Mainz.
Cauchies, J.-M. [1983a] / Duvosquel, J.-M. (eds.), Recueil d'études d'histoire hainuyère, offerts à M.-A. Arnould, Mons, t. 2, pp. 7-33.
Cauchies, J.-M. [1983b] Coutume et législation en Hainaut du XIIe au XIVe siècle, in Cauchies [1983a] pp. 7-33.
Cauchies, J.-M. [1984] Services publics et législation dans les villes des Anciens Pays-Bas. Questions d'heuristique et de méthode, in Actes [1984] pp. 639-688.
Cauchies, J.-M. [1993] (dir,), Actes. Rencontres de Gand (24 au 27 septembre 1992): les relations entre princes et villes aux XIVe-XVIe siècles; aspects politiques, économiques et sociaux (Publication du Centre européen d'études bourguignonnes (XIVe-XVIe siècles), no. 33, Neuchâtel.
Cauchies, J.-M. [1994] Règlements de métiers et rapports de pouvoirs en Hainaut à la fin du moyen

âge, in Lambrechts [1994a] pp. 35–54.

Cauchies, J.-M. [1996a] / Dauchy, S., *Commerce et droit: actes des journées internationale de la Société d'histoire du droit et des institutions des pays flamands, picards et wallons tenues à Ath du 25 au 28 mai 1995* (Centre de Recherches en histoire du droit et des institutions, cahier no. 5–6), Bruxelles.

Cauchies, J.-M. [1996b] Valenciennes et les comtes de Hainaut (milieu XIIIe–milieu XVe siècle). Des relations politiques mouvementées, in Nys [1996] pp. 67–88.

Cauchies, J.-M. [1999] (dir.), *Rencontres d'Asti-Chambery (24 au 27 septembre 1998). Crédit et société: les sources, les techniques et les hommes (XIVe–XVIe siècles)*, (Publication du Centre européen d'études bourguignonnes (XVIe–XVIe siècles), no. 39, Neuchâtel.

Chorley, P. [1993] The 'Draperies légères' of Lille, Arras, Tournai, Valenciennes: new materials for new markets? in Boone [1993] pp. 151–166.

Chorley, P. [1997] The evolution of the woollen, 1300–1700, in Harte [1997] pp. 7–33.

Clauzel, D. [1990] / Calonne, S., Artisanant rural et marché urbain: la draperie à Lille et dans ses campagnes à la fin du moyen âge, in *Revue du Nord*, t. 72, pp. 531–573.

De Roy, D. [1995] Les métiers d'Ath (XIVe–XVe siècles): critique des sources et perspectives de recherches, in *Annales du Cercle royal d'histoire et d'archéologie de la région et Musée atois*, t. 54 (1994–1995), pp. 157–178.

De Roy, D. [1996] Aspects juridiques des interventions comtales dans la vie économique à Ath (XIVe–XVIe siècles), in Cauchies [1996a] pp. 87–99.

Desportes, F. [1981] Droit économique et police des métiers en France du Nord (milieu du XIIIe-début du XVe siècle), in *Revue du Nord*, t. 63, pp. 321–337.

Devillers, L. [1881] *Cartulaire des comtes de Hainaut, de l'avènement de Guillaume II à la mort de Jacqueline de Bavière*, t. 1, Bruxelles.

Dewert, J. [1921] Charte de la Confrérie de Sain-Hubert, in *Annales du cercle archéologique d'Ath et de la région*, t. 7, pp. 65–81.

Dugnoille, J. [1977] Aspects d'une ville franche en ses débuts: Ath du XIIe au XIVe siècle, in *Annales du cercle royal d'histoire et d'archéologie de la région d'Ath*, t. 46 (1976–1977), pp. 113–146.

Duvosquel, J.-M. [1991] / Dierkens, A. (eds.), *Villes et campagnes au moyen âge. Mélanges George Despy*, Liège.

Espinas. G. [1923] *La draperie dans la Flandre française au moyen âge*, 2 vols., Paris.

Fourdin, E. [1864] (ed.), Ordonnance de Guillaume Ier, comte de Hainaut, concernant les drapiers et les foulons de la ville d'Ath, juin 1328, in *BCRH*, t. 6, pp. 499–504.

Fourdin, E. [1867] (ed.), Privilèges des drapiers de la ville d'Ath: 22 avril 1461, in *BCRH*, t. 9, pp. 217–234.

Hamesse, J. [1990] / Murailles-Samaran, C. (eds.), *Le travail au moyen âge: une approche interdisciplinaire (Actes du colloque international de Louvain-la-Neuve, mai 1987)*, Louvain-la-Neuve.

Harte, N. [1997] (ed.), *The new draperies in the Low Countries and England* (Pasold studies in textile history 10), Oxford UP.

Howell, M. [1993] Weathering crisis, managing change: the emergence of a new socioeconomic order in Douai at the end of the middle ages, in Boone [1993] pp. 85–120.

Joosen, H. [1935] Recueil de documents relatifs à l'histoire de l'industrie drapière à Malines (des origines à 1384), in *BCRH*, t. 99, pp. 365–572.

Joosen, H. [1944] L'ordonnances pour les tisserands d'Ath (1328) et son modèle malinois, in *BCRH*, t. 109, pp. 175–186.

Joris, A. [1958] Une creation hutoise: la draperie d'Yvois (1304), in *Mélanges Félix Rousseau: études sur l'histoire du Pays mosan au moyen âge*, Bruxelles, pp. 387–400.

Joris, A. [1964] Les moulins à guède en Hesbaye au moyen âge, in *Revue belge de philologie et d'histoire*, t. 42, pp. 495–515.

Joris, A. [1971] Les villes de la Meuse et leur commerce au moyen âge, in *Studia historiae oeconoicae* (Poznan), t. 6, pp. 1–20.

Klep, P. [1994] / Van Cauwenberghe, E. (eds.), *Entrepreneurship and the transformation of the economy (10th–20th centuries): essays in honour of Herman Van der Wee*, Leuven UP.

Lambrechts, P. [1994a] / Sosson, J.-P. (eds.), *Les métiers au moyen âge: aspects économique et sociaux (Actes du Colloque international de Louvain-la-Neuve, 7–9 octobre 1993)*, Louvain-la-Neuve.

Lambrechts, P. [1994b] L'historiographie des métiers dans les principautés des Anciens Pays-Bas: acquis et perspectives de recherches, in Lambrechts [1994a] pp. 143–155.

Lambrechts, P. [1996] Les associations des métiers. Approche des leurs finances à la lumière des statuts et des documents comptables, in Boone [1996] pp. 191–202.

Munro, J. H. [1994] Industrial entrepreneurship in the late-medieval Low Countries: urban draperies, fullers, and the art of survival, in Klep [1994] pp. 377–388.

Munro, J. H. [1997] The origins of the English 'New Draperies': the resurrection of an old Flemish industry, 1270–1570, in Harte [1997] pp. 35–127.

Nys, L.de [1996] / Salamagne, d'A. (dirs.), *Valenciennes aux XIVe et XVe siecles. Art et histoire*, Presses Universitaires de Valenciennes.

Piérard, C. [1977] Les aides levées par les comtes de Hainaut et leur incidence sur les finances urbaines. Un exemple: Mons avant 1433, in *Anciens Pays et Assemblées d'Etats*, t. 70, pp. 183–247.

Pirenne, H. [1905] Une crise industrielle au XVIe siècle: la draperie urbaine et la nouvelle draperie en Flandre, in Bulletins de l'académie royale de Belgique, classe des lettres, t. 5, pp. 489–521. (→ 邦訳大塚 [1955])

Pirenne, H. [1947] *Histoire de Belgique*, t. 2, (4e éd.), Bruxelles.

Richart, F. [1984] Les produits de la draperie de la Lys et en particulier ceux de Comines aux XIVe et XVe siècles, in *Mémoire de la Société d'histoire de Comines-Warneton et de la région*, t. 14, pp. 43–50.

Sosson, J.-P. [1990] Les métiers: norme et réalite. L'exemple des Anciens Pays-Bas méridionaux aux XIVe et XVe siècles, in Hamesse [1990] pp. 339–348.

Sosson, J.-P. [1994] Introduction, in Lambrechts [1994a] pp. VII–XI.

Sosson, J.-P. [1996] Métiers, artisans, "Commun", "Unterschichten". Quelques réflections, in Actes

[1996] pp. 177-192.
Stabel, P. [1990] Socio-cultural criteria in the research on urban hierarchies: the small towns of Flanders in the 14th to the 16th centuries, in Van der Wee [1990] pp. 40-51.
Stabel, P. [1993] Décadence ou survie? Economies urbaines et industries textiles dans les petites villes drapières de la Flandre orientale (XIVe–XVIe siècle), in Boone [1993] pp. 63-84.
Van der Wee, H. [1990] (ed.), *Growth and stagnation in the urban network of the Low Countries (14th–18th centuries)*, (Workshop on quantitative economic history: research paper; 90.01), Leuven.
Van Uytven, R. [1991] (ed.), *De geschiedenis van Mechelen. Van heerlijkheid tot stadsgewest*, Tielt.
Van Uytven, R. [1994] Conclusion, in Lambrechts [1994a] pp. 425-430.
Verriest, L. [1942] *La draperie d'Ath des origines au XVIIIe siècle: étude d'histoire économique et sociale*, Bruxelles.
Wymans, G. [1965] Origine et croissance des connétablies de métiers à Mons (XIIIe–XVe siècle), in *Archives et bibliothèques de Belgique*, t. 26, pp. 15-34.
Yante, J.-M. [1980] La draperie à Arlon et dans les campagnes de la prévôté du XIVe siècle et au milieu du XVIe siècle, in *Bulletin de l'Institut archéologique de Luxembour*g, pp. 13-36.
Yante, J.-M. [1982] Foires et marchés dans le Luxembourg mosellan au moyen âge, in *Annales de la fédération archéologique et historique de Belgique (Congrès de Comines, 28-31, VIII, 1980. Actes, III)*, Comines, pp. 175-182.
Yante, J.-M. [1996] *Le Luxembourg mosellan: Productions et échanges commerciaux, 1200-1560*, (Académie royale de Belgique), Bruxelles.
Yante, J.-M. [1997] Réseau routier et circulation dans le pays de Luxmebourg-Chiny. Moyen âge-début des Temps modernes, in Burgard [1997] pp. 501-543.
Yante, J.-M. [1999] Crédit urbain, crédit rural, crédit industriel. Le cas du Pays mosan (XIVe–XVe siècle), in Cauchies [1999] pp. 133-150.

邦 語

大塚久雄［1955］/ 中木康夫訳（H. ピレンヌ著）「16世紀の産業危機——フランデルンにおける都市毛織物工業と'新興毛織物工業'——」『資本主義発達の初段階』〈未来社〉pp. 59-110.
佐久間弘展［1998］「15～16世紀のドイツ都市と情報」『史潮』第44号, pp. 36-67.
斎藤絅子［1992］『西欧中世慣習法文書の研究』〈九州大学出版会〉。
斎藤絅子［1999］「中世後期エノー伯領の農村共同体——首邑慣習文書と「自由と自治」——」『明治大学人文科学研究所紀要』第44冊, pp. 132-148.
斎藤絅子［2001］「中世後期エノー伯領の農村共同体——ヴァランシエンヌの首邑慣習文書と「自由と自治」——」『明治大学人文科学研究所紀要』第48冊, pp. 178-191.
斎藤絅子［2002a］「エノー伯領における自由と領主権力——ソワニーの慣習法文書の場合——」『駿台史学』〈明治大学〉第115号, pp. 1-26.
斎藤絅子［2002b］「慣習法文書をめぐる最近の研究動向——西欧中世における「権力と自由」——」『アジア文化研究別冊　都市と平和　魚住昌良・斯波義信両教授記念号』〈国際基督教大学〉第11号, pp. 245-257.

斎藤絅子 [2003]「中世エノー伯領の慣習法文書の史料的性格――最近の研究動向をめぐって――」『明治大学人文科学研究所紀要』第 52 冊, pp. 184–194.

佐藤弘幸 [1999]「フランドル毛織物工業史序論」『東京外国語大学百周年記念論文集』pp. 351–387.

藤井美男 [1989]「13–16 世紀メヘレン毛織物工業の展開」『商経論叢』〈九州産業大学〉第 29 巻第 3 号, pp. 95–156.(→ 藤井 [1998] pp. 137–206 採録)

藤井美男 [1990]「メヘレン初期毛織物工業規約における諸問題――史料論的一考察――」『商経論叢』〈九州産業大学〉第 30 巻 3・4 号, pp. 161–184.(→ 藤井 [1998] pp. 164–176 採録)

藤井美男 [1993]「失われた史料を求めて――中世メヘレン毛織物工業史料の伝来状況――」『商経論叢』〈九州産業大学〉第 33 巻 4 号, pp. 163–179.(→ 藤井 [1998] pp. 177–185 採録)

藤井美男 [1998]『中世後期南ネーデルラント毛織物工業史の研究――工業構造の転換をめぐる理論と実証――』〈九州大学出版会〉。

藤井美男 [2001]「ブリュッセル毛織物工業史論序説――14–15 世紀における生産構造の転換を中心に――」『経済学研究』〈九州大学〉第 67 巻第 4・5 号, pp. 183–207.

領邦の記憶
―― ブルゴーニュ公国南部におけるオフィシエ(1386–1435年)――

中 堀 博 司

はじめに

　中世後期フランスの国制を考える場合，常に念頭に置かなければならないのは，王国の領域的広がりとその地域的多様性である。この多様なフランスでは，王権の地方統治の拠点となる国王のボンヌ・ヴィル (bonne ville) や，あるいは，諸侯が支配する領邦の中核都市(ないしは諸侯のボンヌ・ヴィル)が，政治や行政の機能を新たに付加され，当該期に「地方首都」として著しい成長を遂げていく。こうした世俗行政の展開とその基底的手段となる文書の増加とは，不可分な関係にある。それ故，国家行政文書が，ある一定の蓋然性とともに，かつての行政中心地に残されることにもなるのである[1]。

　フランス王の「国家の記憶」は，首都の中の首都であるパリの(国王の)高等法院 (Parlement)，会計院 (Chambre des comptes)，文書庫 (Trésor des chartes)，シャトレ (Châtelet) (パリ・プレヴォ裁判所)，あるいはサン＝ドニ (Saint-Denis) に保管された史書に求められたが，Ph. コンタミヌによれば，この中でも，パリ会計院が担った(王権の)記憶装置としての機能は，その分量や実用性からみて，計り知れないものであったという。しかしながら，パリ会計院の所蔵文書は，既に転写されていたものを除いては，大半が1737年に焼失・散逸してしまっている[2]。他方，ブルゴーニュ公国(南部)の首都ディジョンで，ブルゴーニュ公の会計院が所蔵した文書は，王権による併合(1477年)後もディジョンに残され，フランスでも有数の史料体(「ディジョン会計院文書」)をなしている[3]。この史料体

の中で白眉をなすのは，最上位の総財務収入役会計簿から下位のプレヴォ管区・城代管区会計簿まで，多次元に及ぶ会計簿史料であるが[4]，ここでは，ディジョン会計院が作成・利用した固有の文書である『覚書』(Mémoriaux)を取り上げ，同会計院が創設された1386年からアラス条約が締結された1435年までを時間的枠組みとして，行政中心地において領邦全体がどのように捉えられていたかについて考えてみたい。

詳細は後述するが，同『覚書』には，諸侯直轄領を始め，領邦行政一般にかかわる様々な事柄が記録されている。その多くの部分は，オフィシエ(officier)が就任時にディジョン会計院で行った宣誓にかかわるものである。というのも，ブルゴーニュ公(=伯)のオフィシエになるためには，ディジョンに赴いて会計院役人に対し，必ず宣誓を行わなければならなかったからである。従って，『覚書』には，諸侯のオフィシエによるディジョンへの往復が，領邦の記憶の一部として刻み込まれていると言っても過言ではない。上記期間について，『覚書』から977件のオフィシエの就任に関する情報が検出されたが，本稿の課題は，このデータを用いて，史料論的な視角から，ブルゴーニュ公国南部ブロックにおける領邦の記憶を復元することにある。

I. 『覚書』と宣誓の記述

(1) 『覚　書』

ディジョン会計院の『覚書』は，同会計院の日誌的な備忘録と言えるが[5]，ここでは，ブルゴーニュ公国(1384–1477年)の前半，約半世紀に及ぶ事柄を記載した『覚書』第一巻を取り上げる[6]。実は，『覚書』は，ディジョン会計院文書の中でも最もよく知られている史料の一つであり，U. プランシェ師の『ブルゴーニュ史』を始め，数多くの歴史著作の中にその参照が窺える[7]。にもかかわらず，これまで概括的な説明が与えられることがほとんどなかったのも事実であり，以下に簡潔に記しておきたい。

同史料に関して，まず，P. リアンディが宣誓の記載について，次いで最近，

B. シュネルブが公国南部の政治・行政上の重要な審議・決定について触れている[8]。宣誓の記述については改めて論じるが、これらのいずれもが『覚書』の重要な部分であるのは間違いない。さらに言えば、14・15世紀の交以降、『覚書』の中で益々重要な位置を占めてくるのは、ディジョン会計院とサラン（Salins）の諸製塩所、特にグランド＝ソヌリ（Grande-Saunerie）との間での、塩倉への塩の調達交渉とその決定事項である[9]。これを系統的に検討したのが、H. デュボワである[10]。また、E. アントがディジョン会計院の古典的制度史研究で『覚書』を利用したのを始め[11]、公国南部の諸制度に取り組んだ多くの歴史家が、恐らく18世紀末の目録を活用しつつ[12]、同史料を系統的に抜粋利用したようである。もちろん、かつては物理的条件にも左右されて、目録の参照だけで済まされる場合もしばしばであった。

　『覚書』の作成開始経緯を伝える公＝伯令が、先のリアンディによって公刊されており、そこから該当する条項を引用しておこう。ディジョン会計院は、1386年7月11日付公＝伯令によって、リル会計院よりわずかに遅れて創設されるが、『覚書』作成を規定する条項は、同公＝伯令の第32条項から第34条項にかけて見出される。第32条項には、会計院で開催される評議会のために、以後、会計院役人が、「しっかりと整理された『覚書』と呼ばれる羊皮紙の書」をもち、これに諸侯直轄領やそこからなされる贈与などに関するあらゆる命令を登録することが規定される[13]。このように『覚書』は、評議会議事録の役割をも果たしていた。実際、初期において、ディジョンでの評議会は、会計院の業務が執り行われる（同じ）部屋で開かれていたが、会計院業務の妨げとなることを理由に、15世紀初頭に別の部屋で行われるようになった[14]。

　次に第33条項では、「以後、上述の書[＝『覚書』]に、すべてのバイイ、収入役、城代、代理官、そしてその他すべての名だたるオフィシエおよび評議官の宣誓と、彼らが宣誓をなした日付を登録すること」と規定され、ディジョン会計院の書記が、「宣誓およびその日付」を登録することが明記されている[15]。その他、第34条項で公＝伯の直轄領や諸権利に関するあらゆる命令を同『覚書』に登録し、それらを適宜参照することが義務づけられる[16]。こうして『覚書』には、領邦管理をめぐる公＝伯令やそれに関する審議に加え、諸役人の就任時の宣誓を

記すために，多くの紙面が割かれている。付言すれば，このような『覚書』第一巻は，それ以降の巻とは性格を異にしている。というのも，次巻以降では，公＝伯令が大半を占め，そこに諸役人による宣誓の記述はみられなくなる一方で，代わって，1435 年以降分については，異なる系統の登録簿に宣誓が記録されるようになるからである[17]。

（2）　宣誓の記述

『覚書』第一巻には，同文書中の宣誓に関する記述の索引とも言える手書本目録が存在する[18]。そして，この目録自体が，J.-B. パンスデの手になる（手書本）大目録に転写されている[19]。これらの目録では，その性格上，様々な情報が省かれており，例えば，日付は一本立てであるが，原本では，日付が数回に及んで記入されることも頻繁にみられる。とりわけ財務役人にかかわる保証人名や保証金額，あるいは，（公＝伯の）叙任状の登記にかかわった公証人代行者名や就任する役職の前任者名（時にはその退任理由）等々の記載情報は目録では一切省略されている。そのため，体系的に『覚書』原本の記述を処理することで，任命手続すら看取することが可能となる。ただ，目録には時に間違いもみられるにせよ，『覚書』からオフィシエ就任にかかわる情報を抽出するためには，非常に有効で不可欠の道具であることだけは指摘しておきたい。上述のように，『覚書』第一巻には，オフィシエ就任にかかわらない情報も書き込まれているからである。

次に，『覚書』に現れる宣誓に関する記述を具体的に検討しよう。例えば，「1413 年 10 月 12 日，法学士ジル・ジュルダン（maître Gilles Jourdain）は，我［ブルゴーニュ公＝伯］殿の，1413 年 8 月 30 日付於リル発給の叙任状により，亡くなったばかりのオブリ・ブシャール（maître Aubry Bouchart）に代わって，その評議官に認められ，同職務について 1413 年 10 月 12 日会計院主査官殿らの手に宣誓を行った」，とある[20]。ここで，「（公＝伯によって）認められ」と試訳した動詞 « retenir » の過去分詞形 « retenu » が最も頻繁に用いられる動詞表現である。さらに別の事例をみてみよう。「ポンタイエのアンリ・マルタン（Henry Martin）がポンタイエ塩倉主査官に，同様にユグナン・マルシュゲ（Huguenin

Marchegay）がその副官に任じられ」，（新暦）1419 年 3 月 16 日，会計院主査官の手に宣誓を行い，相互に保証金を払い合った，とする記述がある[21]。この項目では，ディジョン公証人代行者ウド(あるいはオド)・ル・ブディエ（Oudot le Bediet）によって書簡（叙任状）が受理されたとされる。さらに当項目では，「（2 名の塩倉役人が会計院役人によって）任じられ」とした動詞 « commettre » の過去分詞形 « commis » が用いられている。ここで留意しておきたいことは，当該期はまさに「官職」（office）概念自体が形成されつつある時期であって，所謂，「保有官職」（office）・「委任官職」（commission）のアンシアン・レジーム的官職区分は存在しておらず，これらから勤務の長短を示す以上の含意を導くことは難しいという点である[22]。さらに言えば，オフィシエが会計院によって「任じられ」（commis）る場合，本来，公＝伯がオフィシエを適宜選出するように命じたことを窺わせる，「公の書簡の効力によって」（par vertu des lettres du duc）という文言がしばしばみられ，正式にはその後，公＝伯によって改めて「認められ」（retenu）なければならなかったのである。

　そこで，抽出したオフィシエの就任に関する各項目が，何を中心として記述されているかをみておきたい。第一の基準はやはり「宣誓」である。1386 年 7 月 11 日付公＝伯令の一節に従って，母体総数 977 件中，883 件にディジョン会計院での宣誓の実施とその日付が明記されている（全体の 90.4%）。その他では，単に « commis » や « retenu » の動詞で示されるだけで，命令主体が明記されない場合もあるが，すべてのオフィシエが原則的には宣誓を行ったとみるのが妥当であろう。もっとも，『覚書』に記録を行った書記がその旨を書き記していないだけに，判断は難しい。

　それでは，叙任状を取得した者は，誰の手に宣誓を行ったのであろうか。というのも，基本的には宣誓は一度切りのようで，もしそれが会計院役人に対してなされたのでなければ，宣誓の日付と会計院への叙任状呈示の日付に違いが出てくるからである。宣誓が明記された先述の 883 件中，787 件が会計院主査官に対してなされたもので，会計院主査官と同席した評議官に対する 22 件の事例を含めると，都合 809 件が，ディジョン会計院で会計院主査官の手に宣誓が行われた事例になる。その他の場合は，ブルゴーニュ尚書に対するのが 36 件，

公＝伯に対する直接の宣誓が 19 件などである。尚書や公＝伯への宣誓の場合，公＝伯が発給した叙任状の背に「宣誓済」の旨が付記され，ディジョン会計院では，この叙任状の単なる呈示で済まされた。

　続いて，オフィシエの選出を命じた主体であるが，暗黙裡に現場で推挙等がなされることも推測されるとはいえ，最終的な任免権限は公＝伯に属していたと言うことができる。総件数 977 件中，851 件について命令した人物がわかる。即ち，公＝伯 (712 件)，会計院 (79 件)，公＝伯妃 (54 件)，尚書 (6 件)である。従って，83.7% が公＝伯の直接的な意志のもとで選出され，それ以外では，会計院役人が公＝伯から委任を受けたり，(パリや低地地方での滞在のため)不在がちな公＝伯の権限を代行した公＝伯妃が任免を行ったりした。しかしながら，オフィシエとなるためには，公＝伯に「認められ」ることが必要であったことを確認しておかなければならない。

　こうして，ディジョン会計院での「宣誓年月日」[23]，「氏名(姓・名)」，「地位・出身地等情報」，「叙任命令の主体(叙任状発給者名・場所・年月日)」，「前任者名」，「公証人代行者名」，「役職名(職務カテゴリ・主要勤務地[24])」，「保証金額および保証人名」[25] を抽出し，分析項目としたが，実際には，「宣誓年月日」，「氏名」，「役職名」以外の項目は明記されないことも多い。また，宣誓の形式・内容に関しては，ただ慣例に従う旨が記されるだけで，具体的内容やその異同などは，残念ながらわからない。他方，氏名には «messire» や «maître» などの敬称がほぼ確実に冠され，時に，«chevalier» や «écuyer» などの身分を示す表現や，出身地(滞留地)，職業，「某の息子」など，人物同定のための標識的語句が後付けされており，これらを検討する余地はある。

　以上の抽出情報を順次検討していくが，人物同定は決して容易ではなく，現段階では，集積したデータののべ人数の分析に止めざるをえないことを予め断っておきたい。つまり，同一人物が公＝伯のオフィシエ集団の中で上昇を遂げていくのは当然の成り行きであって，同一名のオフィシエが『覚書』には散見される。ある程度の推測は可能であるとしても，人物同定に決定的な判断を下すには，その他の情報も考慮しつつ，慎重を期さなければならない。ごく単純に綴りの変則等を認めつつ，同一名の者が同一人物であると仮定すれば，総

件数977件の中に,最低650名強で,それ以上の人間(の情報)が含まれているのは確実である。

ところで,他領邦におけるこの種の史料の伝来については,同じくブルゴーニュ公のリル会計院でも『覚書』が作成・管理されていたようで,現在,ノール県文書館(リル)に所蔵されている[26]。さらに,ブルボネ公領について,原本ではなく17世紀に複写されたもので,15世紀末(1481–1507年)の領邦官僚による宣誓を記した史料が現存する[27]。それでは,こうした「宣誓」は,14・15世紀の社会でどのような意義を有していたのであろうか。B. グネによれば,フランス王シャルル6世治世下で,宣誓は極めて頻繁に行われ,上は国王の聖別式での宣誓から,下はここでの役人就任時の宣誓まで,社会全体に普及していた。そして,当該期における「政治集団(corps politique)の平和が,複合的な宣誓のネットワークに依存」し,「政治社会(société politique)の接着剤」であったという。しかし,その反面,「宣誓違反」(parjure)が増えていた現実も指摘される[28]。いずれにせよ,宣誓の普及は人的・社会的結合の多様化を象徴していたと言えよう。

II. オフィシエの空間的・時間的分布

(1) オフィシエの空間的分布

ここでは,オフィシエ就任のデータをもとに,まず現在の県別に,それから当時のバイイ管区別に,オフィシエの空間的分布を検討する。データ集積の基準は,上述のように,オフィシエの主要勤務地である。県単位で分類したのがグラフ1にあたる(地図参照)。このグラフ1から,一見してコート゠ドール県(CO)が圧倒的な割合を占めることがわかるが,一定の広がりのある空間を職務範囲とするオフィシエであっても,データ集積上,中心的所在地の点で示されるため,多少歪んだ像になることを断っておく。例えば,公国南部全体を管轄とするブルゴーニュ公領・伯領総収入役職は,ブルゴーニュ公領に位置する「ディジョン」だけで表されるので,面的広がりが失われてしまう。その反面,

略号	県 (département)	地域圏 (région)
CO	Côte-d'Or	Bourgogne
SL	Saône-et-Loire	Bourgogne
J	Jura	Franche-Comté
Y	Yonne	Bourgogne
HS	Haute-Saône	Franche-Comté
A	Aube	Champagne

グラフ1　オフィシエの県別分布

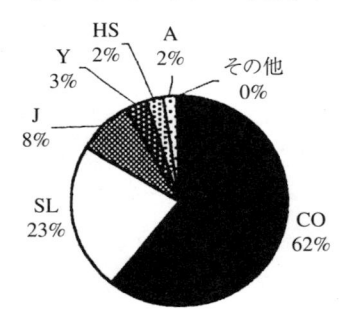

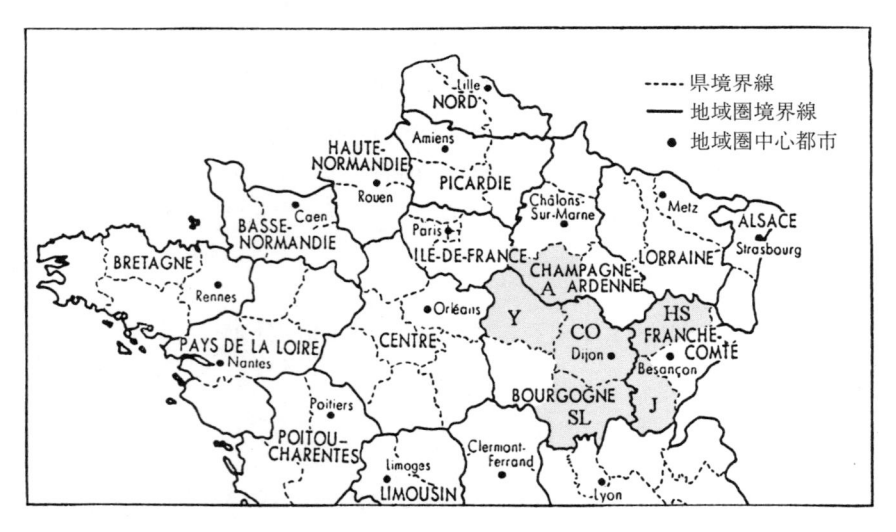

公国南部の首都ディジョンを含む同県において、行政的稠密化の進展が示されることになろう。

　現在の県（département）を空間的枠組みとして利用したのは、革命時に機械的かつ均一的に形成されたこの行政単位を通じて、ある一定面積を基準に統治の濃淡を理解できると考えたからである。かつての基本的な行政単位であるバイイ管区とも相関性がある（表1・グラフ2参照）。ブルゴーニュ公領の核となるバイイ管区は、ディジョン、オソワ、ラ・モンターニュ、シャロン、オタン＝モ

表1 バイイ管区別件数

県		バイイ管区	件数
ブルゴーニュ公領	CO	Dijon	469
		Auxois	97
		la Montagne	71
	SL	Chalon	100
		Autun-Montcenis	81
シャロレ伯領		Charolais	43
		Champagne	12
		Bar-sur-Seine	6
		Noyers	5
		Mâcon	2
		Auxerre	1
ブルゴーニュ伯領	J	Aval	69
	HS	Amont	21
		計	977

グラフ2 バイイ管区別件数の割合

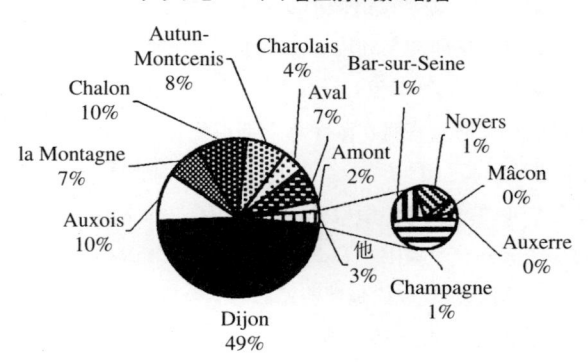

Autun-Montcenis 8%
Charolais 4%
Chalon 10%
Bar-sur-Seine 1%
Aval 7%
la Montagne 7%
Amont 2%
Noyers 1%
Auxois 10%
Mâcon 0%
他 3%
Auxerre 0%
Champagne 1%
Dijon 49%

ンスニの（表1の上から）5管区である。アヴァルとアモンの2管区がブルゴーニュ伯領のバイイ管区である（下から2管区）[29]。現在の県との関係を言えば，ディジョン，オソワ，ラ・モンターニュの3管区がコート＝ドール県（CO）で，一般にブルゴーニュ北部と呼ばれる地域に相当し，また，旧ラングル司教管区の南半分を占める。次に，シャロン，オタン＝モンスニ両管区とシャロレ伯領（バイイ管区）がソーヌ＝エ＝ロワール県（SL）で，後に併合されたマコン伯領

表2 バイイ管区別直轄領収入
（1394–1396年の年平均概算値）

バイイ管区	収入（フラン）
Dijon	13,873
Auxois	4,685
la Montagne	3,643
Chalon	6,187
Autun-Montcenis	3,165
Charolais	1,978
Aval	13,680
Amont	5,284
Salins	11,000
計	63,495

Cf. VAN NIEUWENHUYSEN, A., *Les finances du duc* ...（注30）

グラフ3 バイイ管区別直轄領収入の割合
（1394–1396年の年平均から）

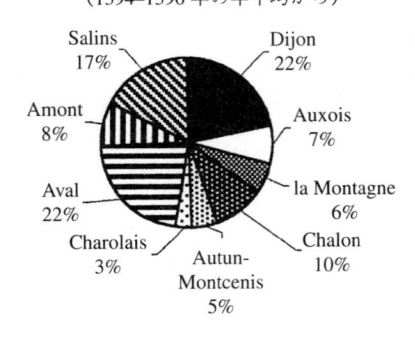

Salins 17%
Dijon 22%
Amont 8%
Auxois 7%
Aval 22%
la Montagne 6%
Charolais 3%
Chalon 10%
Autun-Montcenis 5%

も同県に含まれる。ディジョン・バイイ管区が，公国南部の中で行政機能が最も稠密であるのは，次のように財政面からも理解される。A. ファン＝ニューウェンハウゼンの財政史研究を利用してバイイ管区別に直轄領収入を表したのが，表2とグラフ3である[30]。但し，ブルゴーニュ伯領で，2名のバイイ管区担当財務官職とは別個に財務官職が置かれた都市サランの製塩業収入だけは別扱いとしている。また，「王国」（フランス）と「帝国」（ドイツ），あるいは，ブルゴーニュ公領とブルゴーニュ伯領の境界とされるソーヌ河の両岸に広がる4県（CO, SL, J, HS）にデータが集中することは，ディジョンの求心性を明示するとともに，公領および伯領（現在の地域圏であるブルゴーニュおよびフランシュ＝コンテ）をあまり固定的に捉えるべきではないことを示唆している。

（2） オフィシエの時間的分布

続いて，オフィシエ（就任）の時間的分布を検討する。県単位の分類をも残しつつ，1386年から1435年までの毎年の数値を棒グラフで表したのがグラフ4である（表3も参照）。一見してわかるのは，就任時に会計院で行う宣誓の慣行が（少なくとも『覚書』上では）徐々に確立されていったことである。まず，公＝伯の治世交替時に注目したい。初代フィリップ・ル・アルディが亡くなったのは

1404年4月27日である。フィリップ没後，フランドル伯の唯一の相続人であり，婚姻によって彼に多くの所領・財産をもたらした，その妻マルグリット・ド・フランドルの没年(1405年3月21日)にも留意しなければならない。両ブルゴーニュは，正式にはマルグリット没後にフィリップ・ル・アルディの嫡子ジャンのものとなったからで，他方，ヌヴェル伯領やその他の所領は末子フィリップによって相続され，ディジョン会計院の管轄から分離されることになった[31]。次に，二代ジャン・サン・プールは，周知のように，王太子シャルル(後のフランス王シャルル7世)によって1419年9月10日に殺害された。マルグリット・ド・フランドルの没年を別にすると，当該半世紀間に，初代フィリップ治世後半の17年10ヵ月弱，二代ジャン治世全体の15年4ヵ月強，三代フィリップ治世初期の16年4ヵ月弱が含まれることになる。

　官職が公＝伯とそのオフィシエとの一代限りの私的な契約であることを考慮すると，先の1404-05年および1419年は注目すべき年となる。実際，1404年が36件，1405年は30件と，数値の上昇がみられる。さらに1420年の89件という数値は，この半世紀間での最高値であり，1419年9月を境とする突発的な治世交替を明らかに反映したものである。もっとも，一代限りの契約とはいえ，あらゆる官職を一挙に回収することは，「国家」機能を麻痺させることに等しく，それ故，公＝伯没後すぐに，先代治世のオフィシエは職務の続行を命じられている。初代フィリップが1404年4月27日に没した時，後継者ジャンが2か月後の6月26日に出した命令は，次の通りである[32]。

　「ブルゴーニュ公，ヌヴェル伯にしてドンズィ・バロンのジャン[・サン・プール]は，当該書簡をみるであろうすべての者に挨拶を送る。余の上述の公領において，亡き余の上述の殿である父君によって置かれ，設けられ，命じられたすべてのオフィシエの権限は，亡き上述の殿の逝去により，失効し，無効とされるので，次のように知らしめる。余は，上述のオフィシエの誠実，廉直ならびに勤勉を十分に信頼しつつ，以下のことを望む。即ち，上述のオフィシエ各自がその各々の職務を，これまでと同様の力をもって，亡き上述の殿の存命中に取得していた俸給で，余が好む限り，そして，余が別に命じるまで，保持し，行使して，実施することを望む。かくして，彼らを任じたのであり，当該書簡に

表3 オフィシエ就任件数（県別・年単位）

年	CO	SL	J	Y	HS	A	その他	年件数	年	CO	SL	J	Y	HS	A	その他	年件数
1386	7	0	1	0	0	0	0	8	1411	7	1	0	0	0	0	0	8
1387	9	1	0	0	0	3	0	13	1412	29	17	3	1	1	0	1	52
1388	4	2	0	0	0	0	0	6	1413	12	9	1	1	0	0	0	23
1389	4	1	1	0	0	0	0	6	1414	13	1	0	0	1	0	1	16
1390	6	4	2	0	0	1	0	13	1415	7	4	1	1	0	0	0	13
1391	10	1	0	0	0	1	0	12	1416	9	4	1	1	0	0	1	16
1392	3	1	3	0	0	0	0	7	1417	8	5	1	0	1	0	0	15
1393	6	2	1	1	2	1	0	13	1418	12	8	1	0	0	0	0	21
1394	5	0	1	0	0	0	0	6	1419	29	13	1	0	1	0	0	44
1395	7	2	2	1	0	0	0	12	1420	55	23	7	3	1	0	0	89
1396	9	2	2	0	1	2	0	16	1421	18	8	5	1	1	0	0	33
1397	10	5	4	0	1	0	0	20	1422	15	5	1	0	0	0	0	21
1398	12	1	0	2	0	0	0	15	1423	15	16	6	1	4	0	0	42
1399	8	3	0	0	1	0	0	12	1424	16	13	0	5	0	5	0	39
1400	16	2	0	0	0	0	0	18	1425	6	5	1	0	1	1	0	14
1401	6	1	0	0	0	0	0	7	1426	4	4	5	1	0	2	1	17
1402	5	1	0	0	0	0	0	6	1427	11	2	2	2	2	0	0	19
1403	5	0	0	0	0	0	0	5	1428	20	9	8	2	2	1	0	42
1404	21	14	0	1	0	0	0	36	1429	20	5	3	0	0	0	0	28
1405	21	4	2	3	0	0	0	30	1430	8	0	1	2	1	0	0	12
1406	14	2	3	0	0	0	0	19	1431	7	2	0	0	1	0	0	10
1407	19	3	3	1	0	0	0	26	1432	5	2	2	0	0	0	0	9
1408	9	2	1	0	0	0	0	12	1433	6	5	2	0	0	0	0	13
1409	10	5	1	1	0	0	0	17	1434	12	1	1	2	2	0	0	18
1410	15	1	0	0	0	0	0	16	1435	8	2	1	1	0	0	0	12
									計	593	224	81	34	24	17	4	977

より改めて任ずる」。

　このように，主君の死亡により無効となった官職も，新たな命令が出されるまでは留保されることになる。従って，グラフ4は，改めて叙任状を取得したオフィシエが，宣誓のためディジョンに赴いたことを示している[33]。二代ジャンが1419年9月10日に没した際にも，上述のものとほぼ同じ文言の命令が，その妻公＝伯妃マルグリット・ド・バヴィエールによって，8日後の9月18日にディジョンで公布されている[34]。公＝伯ジャンは，パリ南東の街モントロー

グラフ4　オフィシエ就任件数(県別・年単位)

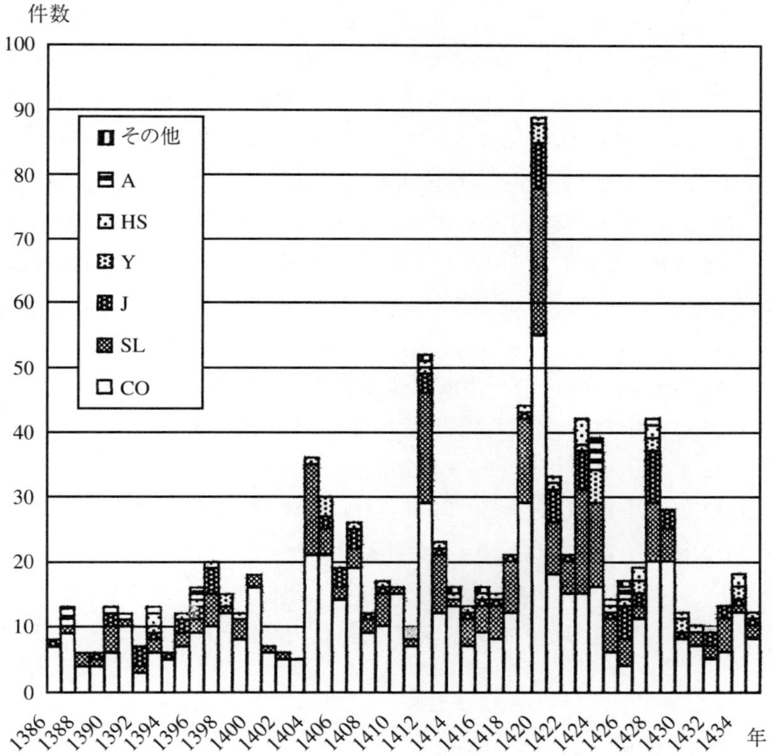
件数
100
90
80
70
60
50
40
30
20
10
0
その他
A
HS
Y
J
SL
CO
1386
1388
1390
1392
1394
1396
1398
1400
1402
1404
1406
1408
1410
1412
1414
1416
1418
1420
1422
1424
1426
1428
1430
1432
1434
年

のヨンヌ川の橋の上で9月10日夕方5時頃に殺害されたが，この知らせは翌9月11日にはディジョンのマルグリットのもとに伝達されている[35)]。公＝伯妃が有事に迅速な対応を行っていることがわかるが，先代治世交替時の経験が生かされたとみることもできよう。

他方，ジャン治世(1404–1419年)半ばの1412年に，棒グラフは高い数値(52件)を示している。この点は，公＝伯ジャンが内戦期の王国改革運動を主導(ないしは煽動)していたことから推測されるように，両ブルゴーニュでも，停職や減俸をともなった行政改革がしばしば断行されたことが要因となっている。実際，公＝伯は，1411年3月18日に全オフィシエを停職にしたにもかかわらず，

同年 12 月 11 日にはこれを取り消し，公＝伯妃マルグリットに旧オフィシエの再任用を命じている[36]。その際，多くの叙任状が改めて発給されており，例えば，1411 年 12 月 31 日に，公＝伯妃は一日に 12 通もの叙任状を発給させている。この同日付の叙任状を取得した 12 名のオフィシエのうち，3 名が翌年 1 月 14 日に，別の 3 名が 16 日に，さらに，その他の者が，同月 18 日，20 日，25 日，30 日に，そして 2 月 15 日，最後は 4 月 12 日に会計院で宣誓を行った[37]。また，この 12 名のうち，4 名については，『覚書』の記述から，公＝伯ジャンの叙任確認状を改めて取得したことがわかる。その一人で，デュエーム (Duesme) 城代に就任したユーグ・ド・コーヌ (Hugues de Cosnes) の事例を以下に挙げておこう[38]。

① 1411 年 12 月 31 日，公＝伯妃による叙任状の発給
② 1412 年 1 月 13 日，公証人代行者のもとでの叙任状登記
③ 1412 年 1 月 14 日，ディジョン会計院での宣誓
④ 1412 年 2 月 18 日，公＝伯による 1411 年 12 月 31 日付叙任状の承認
⑤ 1412 年 4 月 7 日，ディジョン会計院での公＝伯叙任確認状の呈示

III. オフィシエの職務カテゴリ

(1) 中央行政

ここでは，中央行政と在地行政とに分類した上で，就任したオフィシエがどのような職務カテゴリから構成されているかを分析する。母体総数 977 件中，中央行政が 125 件，在地行政が 852 件である。この中には，公＝伯家政役職への就任にかかわるデータは一切含まれない[39]。もっとも，国家的機構が君侯家政から分離されているとはいえ，家政役人の一般行政職あるいは軍事職への登用が妨げられる訳ではなく，人材登用面で政治・行政の様々な領域は開かれていると言ってよい。次に，軍事職について，この段階では常備軍は存在せず，依然として封建軍や傭兵軍が主体となっているとはいえ，防備の側面から，軍事拠点となる都市や城塞へのカピテーヌ (capitaine) の配置が目立つ。しかし，バ

表4　中央行政

項目	件数
会計院	52
評議会	25
司法関係	24
文書管理	14
総収入役	10
計	125

グラフ5　中央行政の内訳（割合）

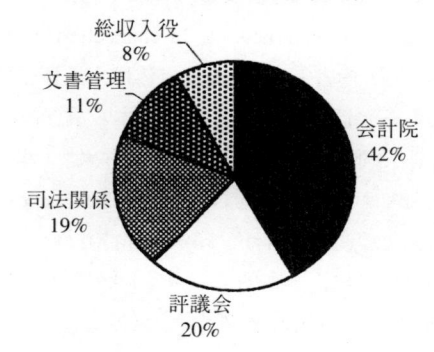

- 会計院 42%
- 評議会 20%
- 司法関係 19%
- 文書管理 11%
- 総収入役 8%

イイ所在地のような公＝伯の主要都市では，むしろ，有力な騎士や平騎士など，軍事に精通した人物がバイイ職に登用され，カピテーヌの配備はみられない[40]。それから，軍事職の頂点に立つ元帥（maréchal）は，公＝伯に対して宣誓を行った後，その他のオフィシエ同様に会計院で叙任状を呈示している[41]。ここでは，紙幅の都合もあるため，膨大な領域に及ぶすべての役職の詳細に踏み込むことはできないが，領邦の制度的枠組み全体を掴めるよう努めたい[42]。

　グラフ5は中央行政を分類したものである（表4も参照）。中央行政の125件は，会計院（52件），評議会（25件），司法関係（24件），文書管理（14件），総収入役（10件）の各項目に分けられる。「会計院」の項目には，会計院役職，即ち主査官（maître），傍聴官（auditeur），書記（clerc）が入り，全体の41.6％を占める。会計院主査官は，評議官（conseiller）の肩書を同時に与えられる場合があるが[43]，こうした兼職の場合は，原則的に一方にしか含めず，同項目「会計院」にのみ含めている。従って，その分だけ項目「評議会」の割合が下がることになる。この「評議会」には，基本的に評議官として就任した者のみを分類しているが，先の通り，「会計院」や次の「司法関係」の分類と重複しうる。「司法関係」には，ボーヌ（Beaune），ドル（Dole），サン＝ロラン＝レ＝シャロン（Saint-Laurent-les-Chalon）で開催される高等法院の司法官が含まれ，特にボーヌの事例が多くを占める[44]。

　続いて「文書管理」14件には，文書の作成・発給とその保管・利用の双方の

役職が含まれる[45]。文書の作成・発給では，まずブルゴーニュ公領における「尚書代理」(gouverneur de la chancellerie) が入る[46]。ヴァロワ家ブルゴーニュ公 (= 伯)の尚書 (chancelier) 自体は，王権や他の諸侯領と同様に，尚書局の指導者であると同時にオフィシエ全体の頂点に位置した。しかしブルゴーニュ公領では，13世紀以来，« chancellerie » は「非訟事項管轄」(juridiction gracieuse) を指しており，しばしば « chancellerie aux contraux » とも称されていた。こうして，先の尚書代理が，印章を保持しつつ，非訟事項管轄業務の統括者となり，その下位には，基本的にバイイ管区単位で印章を保持する「尚書代行官」(lieutenant du chancelier) が置かれた(後者は在地行政の「バイイ管区」に分類)。非訟事項管轄とは，いわゆる公証制度であり，公領では法廷の判決文書への押印もその業務の一部としていた。他方，文書の保管・利用の方では，「文書管理官」(garde des chartes) と呼ばれ，文書庫の文書管理に携わるオフィシエを分類している。公領に関する文書は，ヴァロワ家治世当初にはディジョン郊外のタラン (Talant) にあり，そこからディジョンに移された。他方，伯領関連の文書は伯領都市ポリニィ (Poligny) で管理されていたが，公領との併合後にこれも多くはディジョンに移送されたとみられる。

なお，最後に挙げた「総収入役」の項目に入るのは，ブルゴーニュ公領・伯領総収入役職である。

(2) 在地行政・特殊行政

次に，在地行政852件について検討する(表5・グラフ6参照)。ここでは，全体を大きくバイイ管区(124件)，城代管区(339件)，特殊行政(389件)の三項目に分類し，さらに特殊行政を，塩倉(160件)，特別財務(67件)，造幣(54件)，森林河川(42件)，建設(21件)，通行(21件)，葡萄畑(12件)，製塩(5件)，その他(7件)，に分けている。

「バイイ管区」124件には，バイイ(33件)[47]，バイイ管区収入役および財務官(47件)[48]や，上述のようにバイイ管区単位の非訟事項管轄業務(30件)に関する役職が含まれる。「城代管区」339件には，城代，カピテーヌ，収入役などの役職を含めた。カピテーヌは，一定領域の防備にかかわる軍事指揮官と考えられ

表5 在地行政・特殊行政

	項目	件数
在地行政	バイイ管区	124
	城代管区	339
特殊行政	塩倉	160
	特別財務	67
	造幣	54
	森林河川	42
	建設	21
	通行	21
	葡萄畑	12
	製塩	5
	その他	7
	計	852

グラフ6 在地行政・特殊行政の内訳(割合)

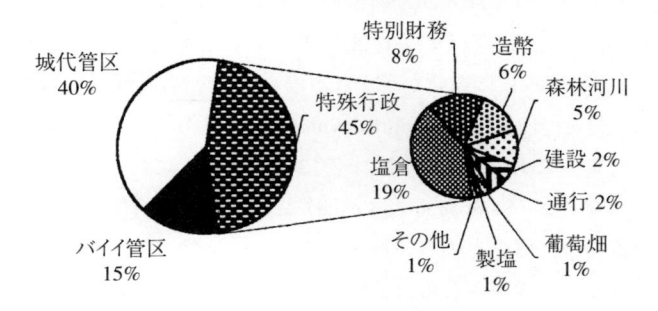

城代管区 40%
バイイ管区 15%
特殊行政 45%
特別財務 8%
造幣 6%
森林河川 5%
建設 2%
通行 2%
葡萄畑 1%
製塩 1%
塩倉 19%
その他 1%

るが，城代との兼職が頻繁にみられるため，在地行政の範疇にここでは分類している。また，先の1386年の公=伯令には明記されていないが，プレヴォ職も若干見出される。

ところで，« capitaine »，« châtelain »，« receveur » の三役職の分類は，しばしば行われる兼職のため，非常に難しい。とりわけ，『覚書』で併記される事例が多いのは，前2者と後2者の，各組み合わせである。戦争と社会不安によって，常に戦闘を想定しておかなければならない状況下で，ある役職が軍事職か，あるいは財務職であるか，を截然と分けることは困難であるし，単純に両機能を

担っているとも考えられるが，ここでは，カピテーヌ職を兼ねる場合は，軍事職的色彩の強い役職であると判断した[49]。また，単に城代（châtelain）職のみへの就任は118件で群を抜いて多いが，この場合でも，バイイ職の場合のように，就任者が，騎士や平騎士など，有事に即座に対応できる人物かどうかを見極める必要がある[50]。

在地の統治機構のうち特殊な領域は，「特殊行政」389件に一括したが，これは，中央行政を除いた全体（852件）の45％強を占める[51]。内容的には，圧倒的な部分を占めるのが「塩倉」の160件であり，塩倉の主査官（grenetier）（87件）および副官（contrôleur）（57件）が大半で，ソーヌ河右岸21箇所に及ぶ[52]。「特別財務」67件にエド割当・徴収の役職（収入役10件やエリュ9件）などが入り[53]，「造幣」54件ではソーヌ沿岸のオソンヌ（Auxonne）（28件）およびシャロン（13件）の造幣所が主となる。「森林河川」42件の役職も，両ブルゴーニュでは重要な位置を占めるが，大部分は公領に関するもので，城代が兼担する場合や，単一ないしは複数のバイイ管区を専門的に管轄とする，森林河川長官（gruyer）あるいは収入役の役職が置かれる場合がある[54]。「建設」21件には，石工および大工関連の作業主任（maître des œuvres）が入り，その活動は両ブルゴーニュに及んだようである。「通行」21件に関しては，これもオソンヌやサン＝ジャン＝ド＝ローヌ（Saint-Jean-de-Losne）など，ソーヌ沿岸での通行税徴収や境界警備が重要な位置を占める。特に二代ジャン治世以降，ソーヌ右岸での塩倉増設にともない，課税される公領と非課税の伯領の間で塩の流通規制が表面化する。「葡萄畑」12件はディジョン近郊（南方）のシュノーヴ（Chenôve）に関するものがほとんどで，「製塩」はすべてブルゴーニュ伯領のサランにかかわるが，その5件中，サラン財務官職が3件を占める。

IV. 『覚書』からみたオフィシエの諸側面

(1) 保証金

ここでは，就任に先立つ保証金納入に関する記述を検討してみたい。母体総

数977件中,保証金額が明示されていたのは,407件である(41.7%)(表6・グラフ7)。407件の内訳をみると,「バイイ管区」44件では,バイイ管区収入役職・財務官職が大部分を占める。全体としての印象は,およそ半世紀の間,貨幣価値の変動があったにもかかわらず[55],金額自体には大きな変化がみられない点である。さらに財政収入規模に応じた変化があるか否かに関しては,予想に反して,あまり顕著な保証金額の変動はみられなかった。例えば,バイイ管区収入役職(および財務官職)に就くには,大抵1,000フラン(= F)が支払われており,安定性がある[56]。

他方,ファン=ニューウェンハウゼンのデータを再び援用すれば,城代管区収入とその収入役職に就くための保証金額の間には,ある相関性を見出すこともできる[57]。例えば,ディジョン・バイイ管区内で最大の収入値を示すショサン(Chaussin)城代管区[58]の城代(=収入役)職,あるいはボーヌ(Beaune)城代職[59]でも,保証金額は1,000 Fに及び,シャロン・バイイ管区内最大の城代管区であるヴェルダン=シュル=ル=ドゥ(Verdun-sur-le-Doubs)[60]でも同額である。但し,「城代管区」177件の財務役職就任のための保証金額で最も件数が多かったのは500 Fの場合(61件)であり,先の事例は例外と見做せよう[61]。「森林河川」関連27件も,これに準ずると言える[62]。さて,「塩倉」130件が,保証金額が明記されていた中で2番目に多かった項目である。塩倉の規模にもよると思われるが,主査官の場合500 F,副官の場合300 Fが平均的なラインと言える[63]。実

表6 保証金記述

カテゴリ	件数
バイイ管区	44
城代管区	177
塩倉	130
森林河川	27
その他	29
計	407

グラフ7 保証金納入記述の対象となった役職の割合

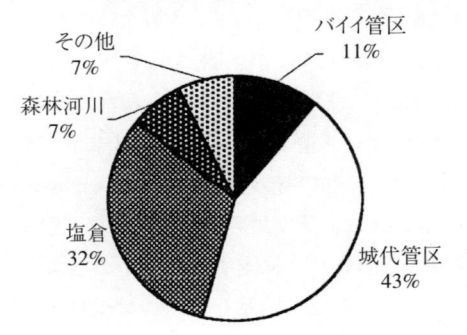

- その他 7%
- バイイ管区 11%
- 森林河川 7%
- 塩倉 32%
- 城代管区 43%

は，主査官就任時に，1,000 F を支払った事例が 12 件もみられるが，それは，塩倉の規模に応じているというよりも，むしろ 1417 年から 1419 年にかけての塩倉廃止措置およびその取消という異常事態に由来するものであろう[64]。この 12 件中，9 件が 1419 年 2 月から 7 月にかけての就任に関するものであった。

他方，保証人については，保証金額が示された 407 件のほとんどで記載されているが，判読できた限りでは，407 件中，保証人が 3 人以上の場合が 50 件強，2 人の場合が 110 件，1 人の場合が 205 件である。もっとも，これは会計院の書記が『覚書』に漏れなく記載を行ったという前提でのことになる。それでは誰が保証人であったか。これも正確な統計数値を出すのは困難であるが，親族が目につくのは確かである。のべ件数で，兄弟（25 件），父親（22 件），息子（6 件），母親（6 件），妻（4 件），その他の親族がみられた。また，かなり上位のオフィシエや同郷人が保証人になる場合もある。

(2) 身分・貴顕

最後に，オフィシエ就任者の氏名に付加される表現を系統的にみてみよう[65]。まず，氏名に « chevalier »（=騎士）と後付けされた事例が 20 件ある。これらの騎士には，すべて « messire » という敬称が冠されていた（表7）。また，この 20 件のうち，10 件はバイイに，7 件が城代（あるいはカピテーヌ），2 件が森林河川長官，1 件が元帥に就任している。続いて，« écuyer »（=平騎士）と後付けされたのが 48 件あり，そのうち 36 件が城代（ないしはカピテーヌ），6 件がバイイ，森林河川長官が 2 件，その他 4 件という内訳になる。近年，指摘されるように，旧貴族（帯剣貴族）が，バイイ職をはじめ，軍事職的色彩を強めた役職を占めていったということが裏書される[66]。因みに，「平騎士」48 件中，1 件のみ « messire » と冠される事例がみられた。これを記述の間違いと断定することはできないが，『覚書』中では，騎士に付されるのがほとんどである。「騎士」や「平騎士」などの身分表示がなく，« messire » と付された人物は，バイイ職が 5 件，城代（およびカピテーヌ）が 4 件，元帥が 1 件みられたが，これらの大部分は騎士であったと推測することができよう。

さらに，学位を明示したものは全体で 13 件のみで，その氏名のほとんどに

表7 « chevalier », « écuyer », その他の « messire »

	« chevalier »	« écuyer »	« messire »
バイイ	**10**	6	5
城代	7	**36**	4
森林河川長官	2	2	0
元帥	1	0	1
その他	0	4	4
計	20	48	14

« maître » が冠されていた[67]。« maître » は何らかの学位を取得した者と考えられるが[68],その事例は,先の13件を含めて90件にも及んでおり,中央・在地の官職に学位取得者が進出している様子が窺える。具体的には,中央では,「評議会」18件,「司法関係」15件,「文書管理」13件,「会計院」12件で,在地では「バイイ管区」14件(そのうちバイイ職が4件,尚書代行官職5件),「特別財務」7件,「城代管区」(カピテーヌ職・プレヴォ職を含めて)7件であった。

おわりに

本稿では,ディジョン会計院の『覚書』からオフィシエの就任に関する情報を抽出し,可能な範囲で,様々な角度から分析を試みてきた。このような分析結果が,一史料を素材とする一面的な像となってしまうことはある意味で否めない。しかし,『覚書』のまさに備忘録という性格を考慮すると,逆に,公国南部の中央行政がその統治対象をどのように把握しえたか,という等身大の像を提示してくれるようにも思われる。即ち,これまで述べてきたオフィシエの情報こそが,領邦において記憶すべき本質的な情報の一つであったという点である。しかし,ここで行った量的な分析は,今後より質的なそれへと展開していかなければならない。事実,オフィシエ就任にかかわる情報の中で最も重要であるにもかかわらず,ほとんど着手できなかった要素が,人名に関するものである。この1,000件近くに及ぶ人名こそが『覚書』(第一巻)の存在理由の一つであり,ディジョン会計院が膨大な所蔵文書を駆使して,領邦を把握するための,情報源であった。以下,本稿で得られた分析結果の全般的な傾向や,そこ

から派生した課題を指摘して稿を閉じたい。

　まず，領邦統治の基礎的枠組みとなっているのは，バイイ管区とその下位単位となる城代管区にほかならない。バイイ管区レヴェルでは，公領・伯領ともにバイイおよび管区担当収入役の交替が規則的に捉えられている。しかしながら，城代管区レヴェルになると，ブルゴーニュ伯領に関するデータはごく少数でしかなく，全体としてブルゴーニュ公領に関するものに限られていると言ってよい。伯領における2つのバイイ管区中心都市ドル（アヴァル・バイイ管区）およびヴズール（Vesoul）（アモン・バイイ管区），さらに製塩都市サランを除けば，規則的に史料に現れる勤務地は，フォコネ（Faucogney），サン＝トバン，グレ（Gray）であり，このうち前二者は，ブルゴーニュ公が，ブルゴーニュ伯領とは別個に獲得した所領である。こうして，伯領では，バイイ管区単位での凝集化，特にこの半世紀間に伯領の首府的地位に上昇したドルへの集中度は大きいように見える[69]。この点，『覚書』のオフィシエ就任情報は，3財務官職に集中する伯領直轄領収入が，さらにブルゴーニュ公領・伯領総収入役に計上されるという，公国南部の財政収入構造を見事に反映していると言える。

　他方，半世紀に及ぶ977件のうち，（兼担を含めて）168件がソーヌ右岸の，主に公領の塩倉に関するものであり，全体の17.2％という顕著な割合を示している。塩税徴収と塩の販売・流通規制の拠点である塩倉の分布は，塩の消費高，ひいては人口に対応しているとみられ，バイイ所在都市には必ず設置されている。それ故，バイイ管区行政の枠組みの中で，改めて塩倉関連行政を捉え直す必要があろう。また，塩の非生産地である公領と生産地である伯領の間に横たわるソーヌ河の沿岸警備，特に非課税塩の密輸の監視は，確実に1410年代から強化される。とりわけ1417年には，塩倉の廃止にともなって，ソーヌ沿岸渡河地点に一斉に沿岸警備職が置かれており，ディジョンを中心とする公国南部行政も，完全な一元化が企図された訳ではなく，税制面での公領・伯領間の分離も進んでいることが看取される。

　中世後期フランスの国制を再考する際，今や諸領邦の役割を看過できないのは周知の事柄に属するが，筆者は，就中，次のような二つのヴェクトルがその本質にあると考えている。即ち，諸侯（＝領邦君主）が自らの領邦を統治しようと

する意図と，そのために(被治者との間に)置かれたオフィシエが領邦君主に仕えようとする意図であり，これらが交錯するところにこそ領邦が存在しえたと思われる。そして，我々は，この二つのヴェクトルがどのように交錯していたかを，今後改めて追究していかなければならない。

注

1) GUENÉE, B., *L'Occident aux XIVe et XVe siècles. Les Etats*, Paris, PUF, 1971 (5e éd., 1993), pp. 195–204; CHEVALIER, B., *Les bonnes villes de France du XIVe au XVIe siècle*, Paris, Aubier Montaigne, 1982.

2) CONTAMINE, Ph., La mémoire de l'Etat: les archives de la Chambre des comptes du roi de France, à Paris, au XVe siècle, dans id., *Des pouvoirs en France, 1300–1500*, Paris, Presses de l'Ecole normale supérieure, 1992, pp. 237–250. 堀越宏一「十四世紀フランスにおける会計院と王国財政」高山博・池上俊一編『宮廷と広場』刀水書房，2002年，67–88頁，68頁。

3) Archives départementales de la Côte-d'Or (= ADCO), « Fonds de la Chambre des comptes de Dijon » (Série B 1–12067). Cf. BAUTIER, R.-H. / SORNAY, J., *Les sources de l'histoire économique et sociale du Moyen Age. Les Etats de la maison de Bourgogne*, vol. I, *Archives centrales de l'Etat bourguignon (1384–1500). Archives des principautés territoriales*, Paris, CNRS, fasc. 1, 2001; fasc. 2, 1984, fasc. 1; ROSSIGNOL, Cl. / GARNIER, J., *Inventaire-Sommaire des Archives départementales antérieures à 1790. Côte-d'Or: archives civiles, série B*, Paris, Dupont; Dijon, Darantière, 1863–1894, 6 vol. (t. 1–5, *Chambre des comptes de Bourgogne, n°s 1–12067*; t. 6, *Parlement de Bourgogne, n°s 12068–12269*).

4) MOLLAT, M., *Comptes généraux de l'Etat bourguignon entre 1416 et 1420*, Paris, Klincksieck, 1965–1976, 6 vol., 1e partie, pp. LIII–LX; COCKSHAW, P., Comptes généraux de l'Etat bourguignon: à propos d'un livre récent, *Revue belge de philologie et d'histoire*, t. XLV, 1967, pp. 484–493; BAUTIER / SORNAY, *Les sources de l'histoire économique . . .* , vol. I, fasc. 1, pp. 27–139, 180–406, 501–582.

5) ADCO, B 15–17. 但し，必ず毎日記録されたものではない。パリ会計院については以下を参照。REY, M., *Les finances royales sous Charles VI. Les causes du déficit, 1388–1413*, Paris, SEVPEN, 1965, pp. 492, 498–499.

6) ADCO, B 15 (1386–1446; 239 fol.; parchemin).

7) 例えば，PLANCHER, Dom U. / MERLE, Dom Z., *Histoire générale et particulière de Bourgogne*, Dijon, 1739–1781 (2e éd., Paris, 1974), 4 vol., t. III, preuves (= pr.), p. cxvii, n^o CIX [1401.2.16] (= ADCO, B 15, f. 54 v.); p. ccxl, n^o CCXXXVIII [Dijon, 1404.6.26] (= *Ibid.*, B 15, f. 65 v.), repris dans CHAMPEAUX, E., *Les ordonnances des ducs de Bourgogne sur l'administration de la justice du duché avec une introduction sur les origines du Parlement de Bourgogne*, Dijon, 1907 (réimpr., Genève, Megariotis, 1978), pp. 69–70, n° XIV.

8) RIANDEY, P., *L'organisation financière de la Bourgogne sous Philippe le Hardi*, Dijon, Marchal, 1908 (réimpr., Genève, 1981), pp. 141–143, 151–152; SCHNERB, B., L'activité de la Chambre des comptes de Dijon entre 1386 et 1404 d'après le premier registre de ses mémoriaux, dans CONTAMINE, Ph. / MATTÉONI, O. (dir.), *La France des principautés. Les Chambres des comptes XIVe et XVe siècles. Actes du colloque tenu aux Archives départementales de l'Allier (Moulins-Yzeure, 1995)*, Paris, CHEFF, 1996, pp. 55–64; id., La Chambre des comptes de Dijon entre 1386 et 1404 d'après le premier registre de ses mémoriaux, dans CONTAMINE, Ph. / MATTÉONI, O. (éd.), *Les Chambres des comptes en France aux XIVe et XVe siècles. Textes et documents*, Paris, CHEFF, 1998, pp. 29–41. 両者とも主にヴァロワ家ブルゴーニュ公＝伯初代フィリップ・ル・アルディ治世を扱っている。

9) ブルゴーニュ公領のソーヌ河右岸に位置する塩倉のことを指す。中堀博司「中世後期フランシュ＝コンテにおける伯支配と塩の生産・流通——ブルゴーニュ伯による政策史的観点より——」『西洋史学論集』36, 1998 年, 41–64 頁, 51–54 頁。

10) DUBOIS, H., *Les foires de Chalon et le commerce dans la vallée de la Saône à la fin du Moyen Age (vers 1280–vers 1430)*, Paris, Publ. de la Sorbonne, 1976, p. 533 et suiv.

11) ANDT, E., *La Chambre des comptes de Dijon à l'époque des ducs Valois*, t. I (seul paru), Paris, Sirey, 1924. 特に脚注に『覚書』からの引用が数多くみられる。

12) 後掲注 19 を参照。

13) RIANDEY, *L'organisation financière* . . . , p. j., p. 183, n° VI [1386.7.11], § 32: « *Item, pour ce que souventeffoiz le conseil dudit seigneur se assemble en ladicte chambre des comptes pour traicter des besoignes qui touchent ledit seigneur et son domaine, lesdictes gens des comptes auront* **un livre de parchemin bien ordené, appellé le livre des memorialx**, *ouquel livre seront enregistrez touz les mandemenz dudit seigneur especiaulx touchant le fait de son domaine et de ses finances de dons et alienacions a vie ou a volonté d'aucuns membres dudit demaine, et aussi enregistrera toutes les choses qui seront illec traicties et determinees touchant ledit seigneur et son domaine* ». (なお, 綴り字等に若干の修正を施した。)

14) SCHNERB, L'activité de la Chambre des comptes . . . , p. 56; PLANCHER / MERLE, *Histoire générale et particulière* . . . , t. III, pp. 214–215; pr., pp. ccxxxviii–ccxxxix, n^o CCXXXV.

15) RIANDEY, *L'organisation financière* . . . , p. j., p. 183, § 33: « *Item, seront enregistrez oudit livre doresenavant* **les seremens de tous bailliz, receveurs, chastellains, procureurs et touz autres officiers et conseilliers notables** *et* **le jour que ilz feront les serements** *et que la table d'icellui livre soit bien encommencee* ».

16) *Ibid.*, p. j., pp. 183–184, § 34.

17) ADCO, B 2bis: « *Registre de l'institucion des officiers de Bourgoingn*e » (1436–1532; 287 fol.; papier). *Ibid.*, B 11903: « *Registre des officiers royaulx, commencié l'an 1435, des terres et seignories bailliés par le roy a monseigneur le duc de Bourgoingne par le traitié de la paix fait a Arras* » (1435–1474; 25 fol.; papier). Cf. BAUTIER / SORNAY, *Les sources de l'histoire économique* . . . , vol. I, fasc. 1, pp. 175–176. なお, 『覚書』第一巻にも, 1436 年から 1444 年までの間, 60 件足らずの宣誓が記載されている。

18) ADCO, B 89 (anciennement B 74).

19) PEINCEDÉ, J.-B., *Inventaire de la Chambre des comptes de Bourgogne* (dit « *Recueil de Peincedé* »), fin XVIIIe siècle, ms., 36 vol., t. V. 同目録『パンスデ編纂集』もディジョン会計院文書の一部を構成する（ADCO, B 11994–12063）。因みに，B 89–91 が，『パンスデ編纂集』の第 5 巻（B 11998）および第 6 巻（B 11999）に該当する．従って，B 15，B 89，B 11998 は，『覚書』の宣誓記述をめぐって系譜関係にある．CLAUDON, F., *Répertoire critique des anciens inventaires des Archives de la Côte-d'Or*, Dijon, Jobard, 1934–1942, 2 vol., vol. 1, p. 94.

20) ADCO, B 15, f. 113 r.: « *Le XIIe jour d'octobre mil CCCC XIII, maistre Gilles Jourdain, licencié en lois, **retenu par monseigneur** et par ses lettres patentes donnees a Lille le penultime jour d'aoust mil CCCC XIII son conseillier, ou lieu de feu maistry Aubry Bouchart, nouvellement trespassé, **fist le serement dudit office es mains de messeigneurs des comptes** le XIIe jour d'octobre mil CCCC et XIII.* ».

21) *Ibid.*, B 15, f. 128 r.: « *Henry Martin de Pontaillier, **commis par messeigneurs des comptes** a l'office de grenetier du grenier a sel de Pontaillier, et semblablement Huguenin Marchegay a l'office de contrerolleur dudit grenier, **firent le serement desdiz offices es mains de messeigneurs desdiz comptes** le XVIe jour de mars mil CCCC et dixhuit, et ont les dessusdiz caucionné l'un pour l'autre, c'est assavoir ledit Henry a caucioné ledit Huguenin jusques a la somme de C £ t. et ledit Huguenin a caucioné semblablement ledit Henry jusques a la somme de III^c £ t., **par lettres receues par Oudot le Bediet, coadjuteur du tabellion de Dijon**.* ».

22) AUTRAND, Fr., Offices et officiers royaux en France sous Charles VI, *Revue historique*, t. CCXLII, 1969, pp. 285–338, pp. 294–298; RIGAUDIÈRE, A., *Pouvoirs et institutions dans la France médiévale*, t. II, *Des temps féodaux aux temps de l'Etat*, Paris, 1994, pp. 272–273.

23) データ収集の際，宣誓が公＝伯や尚書などに対してなされることによって，宣誓日とディジョン会計院での叙任状呈示日がズレる場合，基本的に後者(＝ディジョン会計院訪問日)を基準とした．

24) 旧バイイ管区名・現地域圏名・現県名でさらに分類した．

25) 場合によっては，俸給額が記載されることもある．

26) CAUCHIES, J.-M., *La législation princière pour le comté de Hainaut: Ducs de Bourgogne et premiers Habsbourg (1427–1506). Contribution à l'étude des rapports entre gouvernants et gouvernés dans les Pays-Bas à l'aube des temps modernes*, Bruxelles, Publ. des Facultés univ. Saint-Louis, 1982, p. 30; BAUTIER / SORNAY, *Les sources de l'histoire économique . . .* , vol. I, fasc. 2, p. 38. 筆者未見であるが，同『覚書』の年代上限は 1410 年のようである．

27) Bibliothèque nationale de France, ms. français 22299, cité dans MATTÉONI, O., *Servir le prince. Les officiers des ducs de Bourbon à la fin du Moyen Age (1356–1523)*, Paris, Publ. de la Sorbonne, 1998, pp. 251–254. また，同じくブルボン領邦のフォレ伯領に関して，同種の史料が伝来する．

28) GUENÉE, B., *Un meurtre, une société. L'assassinat du duc d'Orléans, 23 novembre 1407*, Paris, Gallimard, 1992, pp. 114–118.

29) 1422 年から 3 つになるが，差し当たりここでは 2 つとしておく．

30) バイイ管区通常収入に，その管区内の城代管区収入と森林河川関連収入を合算して表し

たものである。依然恒常性に欠ける臨時財政収入については，公領と伯領の比較が困難になるため，ここでは敢えて省略した。そのため，確かにブルゴーニュ伯領のアヴァル・バイイ管区収入とサラン製塩業収入の割合が高くみえるが，アヴァル・バイイ管区については，その管轄面積が現在の1県に相当するのに対し，ディジョン・バイイ管区はその他2管区とともに1県の領域に相当することに留意されたい。全体として，直轄領収入ではブルゴーニュ公領が34,000フラン (=F)，ブルゴーニュ伯領が30,000 F であるが，前者では，40,000 F の租税一般収入と，10,000 F 弱の塩税収入が付け加えられる。これら国王エドのブルゴーニュ公付与分に加え，同公(=伯)エドも存在するが，これは，公領で21,000 F，伯領4,400 F と概算される。VAN NIEUWENHUYSEN, A., *Les finances du duc de Bourgogne Philippe le Hardi (1384-1404). Le montant des ressources*, Bruxelles, Académie royale de Belgique, 1990, pp. 161-162, 203-213, 225.

31) BAUTIER / SORNAY, *Les sources de l'histoire économique* ... , vol. I, fasc. 1, pp. 441-443 et suiv.

32) CHAMPEAUX, *Les ordonnances des ducs de Bourgogne* ... , pp. 69-70, n° XIV [1404.6.26]: « Jehan, duc de Bourgoigne, conte de Nevers et baron de Donzy, a tous ceulx qui ces presentes lettres verront, salut. Comme les pouvoirs de tous les officiers, mis, instituez et ordonnez en nostredit duchié, par feu nostredit seigneur et pere, [...] soient, par le decez et trespassement de feu nostredit seigneur et pere, expirez et adnullez, savoir faisons que nous, [...] confians a plain de la loyauté, prudhomie et bonne diligence desdits officiers, voulons et nous plaist, que yceulx officiers et chascun d'eulx tienne, face et exerce son office, a telle et semblable puissance qu'ils avoient et faisoient et a tels gages qu'ils prenoient au vivant de feu nostredit seigneur et pere, tant qu'il nous plaira, et jusques a ce que par nous en soit autrement ordonné, et a ce les avons commis et commettons par ces presentes, [...] ».

33) 叙任状発給日が判明した限りで言及すると，1419年(9月10日以降)に32件，1420年72件，1421年22件，という叙任状発給件数になる。月単位では，1419年9月10日以降で2桁の件数がみられたのは，1419年10月(17件)，同年12月(11件)，1420年4月(37件)である。

34) PLANCHER / MERLE, *Histoire générale et particulière* ... , t. IV, pr., pp. ii-iii, n° III.

35) また，ヘント滞在中の公=伯位継承予定者シャロレ伯フィリップ(・ル・ボン)は，9月14日に知らせを受けている。GUENÉE, B., Les Campagnes de lettres qui ont suivi le meurtre de Jean sans Peur, duc de Bourgogne (septembre 1419-février 1420), dans id., *Un roi et son historien. Vingt études sur le règne de Charles VI et la chronique du Religieux de Saint-Denis*, Paris, Boccard, 1999, pp. 455-477, pp. 463-464.

36) PLANCHER / MERLE, *Histoire générale et particulière* ... , t. III, pp. 320-322.

37) ADCO, B 15, f. 96 v.-97 v., 100 r.-101 r.

38) *Ibid.*, B 15, f. 96 v.: « Hugues de Cosnes, retenu, par madame la duchesse ayant le gouvernement etc., chastellain de Duesme, par les lettres de madicte dame donnees **le darrenier jour de decembre mil CCCC et XI** [= 1411.12.31], *fist le serement dudit office es mains de messeigneurs des comptes* **le XIIII**^{e} ***jour de janvier mil CCCC et XI*** [= 1412.1.14], *qui apres ledit serement fait et par vertu desdictes lettres, le mirent en possession dudit office. Et a caucionné par Girard*

de Marrey [ou Mairey], Robert la Paille et Odot Quinot, touz de Cosnes, jusques a IIII^c fr. et au dessoubz, par lettres receues par Martin Feure **le XIIIe jour de janvier l'an que dessus** [= 1412.1.13]. *Depuis monseigneur, par ses lettres patentes donnees* **XVIII de fevrier M CCCC et XI** [= 1412.2.18] *a confermees, agrees et approvees lesdictes lettres de madicte dame, lesquelles lettres de monditseigneur ont esté presentees en la chambre par ledit Hugues* **le VII d'avril mil CCCC et XII apres Pasques** [= 1412.4.7]. ».

39) 家政の構成については，金尾健美「ヴァロワ・ブルゴーニュ公フィリップ・ル・ボンの家政機関—その規定と運営—」『一橋論叢』122-4，1999年，544-561頁，を参照。

40) スミュール＝アン＝オソワ (Semur-en-Auxois) へのセルジャン (sergent) 設置を除いて，唯一の例外がラ・モンターニュ・バイイの所在地シャティヨン＝シュル＝セーヌ (Châtillon-sur-Seine) で，2件ある。興味深いのは，ラ・モンターニュ・バイイの平騎士ギヨーム・ド・ラ・トゥルネル (Guillaume de la Tournelle) の場合で，1418年7月8日付の公＝伯叙任状を取得し，同年7月16日にディジョン会計院で宣誓して同バイイに就任したが，新たに1419年4月3日付公＝伯叙任状を取得し，同年4月21日にディジョンで宣誓して，« *capitainne et garde de la ville de Chastillon* » に就任している。ADCO, B 15, f. 124 v., 129 r.

41) 元帥の就任に関する記述は2件みられたが，いずれも三代フィリップ・ル・ボン治世初頭である。*Ibid.*, B 15, f. 148 v. (1421.1.20; Messire Jehan de Costebrune), f. 192 r. (1427.8.12; Messire Antoine de Thoulonjon).

42) 当該期両ブルゴーニュにおける公＝伯の諸制度に関しては，差し当たり，以下を参照。RICHARD, J., Les institutions ducales dans le duché de Bourgogne, dans LOT / FAWTIER (dir.), *Histoire des institutions françaises au Moyen Age*, t. I, *Institutions seigneuriales*, Paris, 1957, pp. 209-247; GRESSER, P., *La Franche-Comté au temps de la guerre de Cent Ans*, Besançon, Cêtre, 1989, pp. 245-292; BAUTIER / SORNAY, *Les sources de l'histoire économique*..., vol. I, fasc. 1.

43) 10件。ADCO, B 15, f. 75 v.-76 r., 82 v., 84 r., 93 v., 120 v., 125 r., 137 r., 142 v.

44) « auditeur » 7件，« avocat » 7件，« greffier » 3件などである。

45) RICHARD, J., Les archives et les archivistes des ducs de Bourgogne dans le ressort de la Chambre des comptes de Dijon, *Bibliothèque de l'Ecole des chartes*, t. CV, 1944, pp. 123-169; id., La chancellerie des ducs de Bourgogne de la fin du XIIe au début du XVe siècle, dans *Landesherrliche Kanzleien im Spätmittelalter. Referate zum VI. internationalen Kongress für Diplomatik (München, 1983)*, I, München, Arbeo, 1984, pp. 381-413 (*Münchener Beiträge zur Mediävistik und Renaissance-Forschung*, 35); BAUTIER / SORNAY, *Les sources de l'histoire économique*..., vol. I, fasc. 1, pp. 147-151, 487-491.

46) COCKSHAW, P., *Le personnel de la chancellerie de Bourgogne-Flandre sous les ducs de Bourgogne de la maison de Valois (1384-1477)*, Kortrijk-Heule, 1982, pp. 53-58.

47) 上述両ブルゴーニュの7バイイ管区およびシャロレ伯領のバイイ職。

48) 注47同様，7管区およびシャロレ伯領を担当する。兼職者および臨時の「委任官」(commis) を含む。

49) « capitaine » 職のみへの就任は19件であるが，« capitaine » 職と他職との兼担の事例を

含めると，70 件に上り，そのうち，« capitaine » と « châtelain » の併記がみられるのは 44 件である．シャロン・バイイ管区のブランシオン（Brancion）とディジョン・バイイ管区のサン＝ロマン（Saint-Romain）の 2 件のみ，« capitaine »，« châtelain »，« receveur » の三職併記がみられた．ADCO, B 15, f. 47 r., 201 r. なお，花田洋一郎『フランス中世都市制度と都市住民――シャンパーニュの都市プロヴァンを中心にして――』九州大学出版会，2002 年，64 頁も参照．

50) 他方，« receveur » 職のみへの就任は 25 件で，その他に同職の « châtelain » 職との兼担が 25 件みられる．さらに « commis »，« procureur »，« gouverneur » の存在は，カテゴリ分類をより一層困難にする．

51) 中央・在地全体（977 件）に占める割合でも 40% 弱を占める．

52) ここには主査官や副官の「委任官」14 件は含めなかった．

53) 三代フィリップ治世 1423 年以降に，『覚書』には「両替人」（changeur）の就任が記されるようになる．この 43 件を含めた結果，割合が高くなっている．

54) 城代職との兼担の場合，「城代管区」に分類した．

55) 金尾健美「ヴァロワ家ブルゴーニュ公フィリップ・ル・ボンの財政（1）――1420 年代の収入構造．マクロの視点から――」『川村学園女子大学研究紀要』9-1, 1998 年，39–75 頁．

56) バイイ管区会計担当の財務役職に就くための保証金額が判明したのは 44 件であるが，このうち，37 件が 1,000 F（ないしは 1,000 £）である．また，サラン財務官職もこのランクに入る．グラフ 3（バイイ管区別直轄領収入の割合）を参照．

57) 上掲注 30 参照．

58) 10 件中 6 件が，1,000 F であるが，時にサン＝トバン（Saint-Aubin）城代管区も兼担する．

59) この管区もポマール（Pommard）城代管区と兼担である．4 件中，2 件が 1,000 F，2 件が 800 F である．

60) 2 件中，2 件とも 1,000 F である．

61) 保証金額が記載された城代管区（プレヴォ管区 4 件を含めて）177 件は，31 件の 300 F（=£）と 61 件の 500 F を頂点として前後に散らばりをみせる．因みに，200 F（12 件），400 F（12 件），600 F（14 件），800 F（18 件），1,000 F（12 件），1,000 F 以上（3 件），その他（14 件）である．

62) 27 件中，500 F は 19 件，300 F が 3 件，1,000 F が 4 件などである．

63) 主査官および「委任」主査官の 82 件中，49 件が 500 F で，圧倒的な割合を占める．その他，300 F が 10 件，400 F および 600 F がそれぞれ 3 件，200 F が 2 件などである．1,000 F の 12 件については本文参照．他方，副官は 47 件中，32 件が 300 F で大半を占め，その他 100 F が 6 件，200 F が 5 件，500 F が 2 件などである．

64) DUBOIS, *Les foires de Chalon* . . . , pp. 542–544.

65) CARON, M.-Th., *La noblesse dans le duché de Bourgogne（1315–1477）*, Lille, PU de Lille, 1987, pp. 21–31 が極めて有益である．

66) DEMURGER, A., *Temps de crises, temps d'espoirs. XIVe–XVe siècle*, Paris, Seuil, 1990, p. 161.

67) « licencié en lois » が 9 件で大多数を占めた．なお，« clerc » や « doyen » など，聖職者

を示す用語も若干数みられた。
68) CARON, *La noblesse dans le duché* . . . , p. 29; GUENÉE, B., *Tribunaux et gens de justice dans le bailliage de Senlis à la fin du Moyen Age (vers 1380-vers 1550)*, Strasbourg, Publ. de la Faculté des lettres de Strasbourg, 1963, pp. 187–188.
69) THEUROT, J., *Dole, genèse d'une capitale provinciale des origines à la fin du XVe siècle. Les structures et les hommes*, Dole, 1998, 2 vol. (*Cahiers Dolois*, n°s 15–15bis).

第 2 部

史料と理論の対話

BIBLIOGRAPHY

8・9世紀モンテ・アミアータ修道院の証人戦略と領民支配

西村善矢

はじめに

　中世初期イタリア史の分野においては，領主制の発展とそれに伴う自由農民の没落をめぐる問題が，近年さかんに論じられてきた。この問題については，公的負担の担い手たる土地所有農民が根強く残存したことを認めつつも，自由農民が徐々に領主支配に取り込まれていく側面を重視する見解が，今日では研究史上の支配的な潮流を形成している[1]。こうした自由農民の没落は，従来の研究では，土地財産をめぐって領主と農民との間で作成された諸々の契約文書のなかに読み込まれてきた。自由農民が土地所有権を領主に移転するさいに作成した売却文書や寄進文書は，農民経営地の領主所領への包摂を画するものであり，土地財産の用益権をめぐって領主と農民との間で権利・義務関係を設定した土地貸借文書は，領主に従属していく農民の姿を映し出すものとされたのである。

　これらの文書は一般に証人としての役割をはたす自由人の面前において作成された。かかる文書作成の場に居合わせた証人は，契約文書に副署する行為を通して，当該文書に記された契約当事者間の権利・義務関係を確認し，あわせて契約を背後から支える役割を担った。実際に，このようにして作成された文書が偽造であるとの異議を申し立てられた場合，これらの自由人は法廷において書記とともに文書の真正性を証言することにより，当該文書の効力を保証・確認する者として行動しうる存在であった[2]。それゆえ，いかなる人物が証人として契約設定と文書作成の場に立ち会うのかという問題は，契約当事者双方に

とって見過ごすことのできない重要な事柄であったと思われる。

ところが，領主と農民が証人の立ち会いのもとで契約関係を設定し，文書を作成したことの意味は何かという問題が，これまで本格的な検討の対象とされてはこなかった³⁾。しかしながら，文書を媒介とする契約が証人を抜きにしては成り立ちえなかった点を考慮するならば，領主・農民間の契約関係の設定を背後から支えた証人の社会経済的地位や契約当事者との関係，社会的役割を検討することは，領主支配の在り方の一端を明らかにする上でもきわめて重要であると考える。

本稿では，トスカーナ地方南部のサン・サルヴァトーレ・アル・モンテ・アミアータ修道院に伝来する，8世紀から10世紀前半にかけて作成された契約文書170点余りを主たる素材として，契約設定の場およびそこに参集した証人に注目することにより，上記の問題に取り組みたい⁴⁾。

I. 証人選択の方法と証人副署の法的・社会的機能

まずこの節では，証人をめぐる諸問題に取り組むための基礎作業として，法行為・文書作成過程の一齣をなす証人選択の方法と証人副署の法的・社会的機能について概観する。

周知のように，証人副署には以下に挙げる二種類の方法がある。第一は，たとえば「+ 私アルイヌスは証人として副署した。+ Ego Aluini me testi subscrisis [*sic*]」という具合に，証人自身が一人称形式で名前を書き込む方式である。これに対して第二の形式は，「印 + 証人，スクルダヒスたるラドゥイヌスの手 Signum + manus Laduini sculdahis testis」のように，書記の手になる三人称形式の副署に証人が十字架印を付け加えるものである⁵⁾。もっとも通例は，書記が証人の代わりにこの印を書き込んでいる⁶⁾。証人副署の大多数はこのように簡潔であるが，なかには誰が証人としての役割を果たすよう依頼したのかを明記する副署も見られる。そこからは，証人の選択が文書作成の主体に委ねられていた様子が窺われる。すなわち，一方の契約当事者から他方の当事者への文書の引き渡しという手続をとる売却文書や贈与文書では，それぞれ売主，贈与主が

証人に副署を依頼している。一例を挙げるならば，776年にソヴァナ地方で作成された売却文書の副署欄で，書記がある証人について，「印＋前述の売主によって依頼された証人，ヴィル・ホネストゥスにしてサルトゥリアーノ村のテウディペルトゥスの手 Signum + manus Teudiperti viri honesti de vico Sarturiano rogatus ad suprascripto vinditor testi」と記している[7]。一方，同一の文書を二部作成し，これを相互に引き渡すという形式をとる土地貸借文書や交換文書においては，当事者双方が証人の選択に関与した。たとえば，794年にモンテプルチャーノで作成された借地契約文書では，証人の一人が，「＋私グンプランドは双方から依頼を受けて，証人として副署した＋Ego Gumprandu rogatus ad ambes partj me testj subscripsi」と書き記している[8]。

　もっとも，このようにして依頼を受けた証人は，契約設定の機会に変更される場合があった。このことは，ときとして羊皮紙裏面に残された覚書から窺うことができる。844年にカストロ地方のヴァレンターノで，モンテ・アミアータ修道院長代理イルディプランドゥスがギソ，ドムヌリーノに土地財産を貸与するさいに作成した文書の例を見てみよう。カストロ地方をはじめとするトスカーナ地方南縁部は，ランゴバルド王国を征服したカロリング王権が8世紀末にローマ教会に寄進した地域であるが，この区域ではおそらくローマ教会領における文書作成慣行の影響を受けて，9世紀初頭以降借主の請願部分と貸主の受諾部分からなる文書形式をもつ土地貸借文書が作成されることになった[9]。この形式を有する契約文面を羊皮紙表側に書いた書記ヴィニキシは，当該契約の設定に先行して借主の行った請願を裏面に書き留めているが，そこには"testi Liutardu, Auticari, Pausfridu, Matjtju"という，借主側によって選択されたと思われる4名の証人の名前が記されていた。ところが，その後羊皮紙表側に記された契約文面で実際に副署を行っている証人6名のうち，借主側の提供した証人はリウタルドゥスとマッツォの2人だけであった[10]。土地貸借文書の場合，証人は当事者双方の依頼を受けて副署を行うのであるから，文書を作成するさいに双方の提供した証人のうち，どの人物を実際に証人として採用するかについて交渉が行われ，その結果，当初の予定が変更されることがあったのである。

このようにして選ばれた証人の数は3名から6名であることが多い[11]。古文書学者H. ブレスラウによると，ヨーロッパ諸地域において証人の数が7名を下回ることは稀であった[12]。実際に，ザンクト・ガレン修道院文書を対象として証書作成手続を再構成したR. マキテリックは，アレマニア地方では平均8名ないし9名の証人が文書作成に立ち会っており，なかには証人数が23名にのぼる事例もあったと指摘している[13]。このように証人が相当数に上ったのは，アレマニア地方では伯やケンテナリウスの主宰する法廷など，裁判集会の場で文書を作成するのが一般的であり，この集会に参集した自由人が文書に証人として登場するためであるという[14]。トスカーナ地方南部にかぎらず，イタリア北・中部で作成された文書に現れる証人が通常は少数にとどまったという事実は[15]，イタリア半島において契約設定のさいに開催された集会が実務的な性格を有する集会であったことを窺わせる。

　アブルッツォ地方のサン・クレメンテ・ディ・カサウリア修道院文書を検討したL. フェレールは，サリカ法に則って生きる人々が財産の権利移転を行うさいに，木の枝や革手袋を買主に引き渡すといった儀礼を伴うかたちで文書を作成した点を指摘した上で，文字媒体による記録とならぶ社会的記憶の重要性を強調している[16]。アミアータ文書からは，フランク人を法行為主体とする文書[17]や反対贈与をともなう贈与文書等[18]を別とすれば，法行為と文書作成が何らかの儀礼と結びついていたことを示す明確な痕跡を見いだすことはできない。もっとも，土地売買にさいして代価受け渡しが証人の立ち会いのもとに行われたという記述や[19]，契約当事者の面前で書面が朗読されたという文言は[20]，法行為と文書作成手続が当事者や証人にとり社会的記憶の場としても機能した様子を浮き彫りにしている。

　かかる契約設定と文書作成の場は，当事者双方の間で交渉の行われるせめぎあいの場でもあった。先に引用した844年の文書裏面に書記が書付けた請願の覚書によると，契約違反者にたいする罰金額が60ソリドゥスとされていた。ところが実際に表側に書かれた契約文面では，それが50ソリドゥスに設定されたのである[21]。実務的性格を保持しながらも，当事者双方の利害関係がぶつかりあう場でもある契約設定と文書作成の現場に証人が参加することによって，身

体的所作や口頭での朗読を媒介とする社会的記憶とも結びついた文書は，確固たる公的通用力を獲得した。F. ブガールが指摘するように[22]，「秘密裏に」ではなく証人の面前で「公けに」証書を作成することこそ，文書作成者たる書記の資質とならんで[23]，当該文書が法効力を獲得する上で不可欠な要件の一つであったのである。

II. 在地社会の文書作成慣行

　修道院がその選択に関与した証人の社会経済的地位や，契約設定・文書作成の現場において証人の果たした社会的役割を探るためには，まず修道院をとりまく地域社会で実践されていた文書作成の諸側面を再構成することにより，修道院による証人の選択を条件づけたところの地域慣行を明らかにすることが必要である。そこでこの節では，修道院の立地するキウジ行政管区について，在地住民相互に作成された文書が比較的豊富に伝来する 8 世紀を主たる対象として，書き手，作成地，証人数，証人副署の形式，証人の人的構成について検討を加えることにより，この地域で組織されていた文書作成集会を再構成する。そのさいに，トゥスカニア管区やソヴァナ管区，そしてシエナの世俗行政管区に属していながらアレッツォ司教座に帰属するモンテプルチャーノ地区といった，近隣の諸地域との比較を通して，キウジ地方に独自な文書作成の在り方を浮かび上がらせたい[24]。

　自由人が土地財産をめぐって相互に売買や貸借などの契約関係を設定しようとするとき，文書の作成を書記に依頼したのは，文書作成の主体である売主や貸主・借主であった。その場合，これらの契約当事者は，契約物件の立地する世俗行政管区に所属する，「ノタリウス notarius」なる称号を帯びた書記を書き手として選択するのが一般的であった[25]。

　さて，表 1 は，キウジの書記が当該管区に立地する物件を対象として作成した，自由人を双方の契約当事者とする 8 世紀の文書 15 点を列挙したものである。ここからみてとれるように，一般に文書は世俗行政の拠点にして司教座所在地でもある都市キウジで作成された。この傾向はトゥスカニア管区やソヴァナ管

表1 モンテ・アミアータ修道院の関与しない8世紀のキウジ文書(契約物件がキウジ管区内に立地する文書のみ)

史料番号	日付と作成地	契約類型	契約当事者X 売主/贈与主/借主	契約当事者Y 買主/受贈主/貸主	対象物件と所在地	証人	同意人等
2	735/6–736/5 (キウジ?)	貸借	+ Pertulo	Tasulu cent.	家屋と付属財産 Agello	+ Laduini sculd. ● Aluini ● Gidilapus	
3	738/3 ムスティア (キウジ)	売却	+ Pertus + Tusculu 息子	Barbarus Barus 息子 Sad 兄弟	葡萄の樹を含む耕地 Cellule	+ Suaolfo v.h. + Fussiano v.h. + Biglor v.h. + Grossulo v.h. + Onorio v.h.	
5	746/9–747/8 キウジ	売却	+ Alolfu	Rodfridi	耕地 Matjani	+ Altifuso ● Cuniradu + Audifridi ● Gairimundus ● Uuarnicausus	
7	750/4 キウジ	売却	+ Donatus	Gunduini Faolfo	家屋と付属財産のう ち持分 Agello	+ Tacuni v.h. ● Arnipertus ● Iohannis abb.	
9	760/2 キウジ	売却	+ Arnolfu	Iouiano	耕地 Agello	Appo not. + Gunteperto Matjtze scario ● Zurro	+ Aiolfo 売主の息子 + Fabrulo 売主の息子 + Urso 売主の娘婿 + Pertulo 売主の娘婿
11	763/5/15 キウジ	売却	+ Candidus	Audepert Baroncello 兄弟	奴隷女性とその息子 Climinciano	● Perideus ● Adualdu + Magnefrid actor	

			●Teudimari de Agello	Airoaldo	耕地	●Aboald not. ●Firmus (not.) ●Uuinichiildu
13	765/4/1 (キウジ?)	売却			*Quaratule*	
14	765/5/25 キウジ	売却	+Alpertus +Uualfusus 兄弟	Saxxo Piperello 兄弟	果樹を含む耕地	●Ursu ●Ildipertus ●Pipinus
15	765/10 キウジ	貸借	+Guntefrid de *Offine*	+Bonulus	家屋と付属財産 *Offena* (*Offine*)	●Domnulinus not. ●Lamfrid +Landarini
17	770/9 Brione (トリノ)	贈与	+Audiperto Y の叔父	Bonipert Leopert 兄弟	家屋と付属財産 *Climinciano*	●Cunipertu sculd. ●Alais ●Graffilapus +Ladoini de *Casa Pumili* ●Saxu
18	771/4 キウジ	約定	●Ansefrid mariscalc	Saxo Piperello Anschaidi diac. Grossulo Bonipert Domninolus	耕地と森林(かつて売却文書で定めたdefensio 義務の拘束人変更) Brocciani, *Grippo Ipsolo*	●Rodcari diac. +Aduald curator ●Cuntulus
24	774/12 キウジ	贈与	+Alifrid	Petru	家屋と付属財産 キウジ, *Paganici*, *Trivii*, *Salti*	●Piperellu ●Uuinifrid pr. ●Farago
27	775/8 キウジ	贈与	+Ioannis	Maurinu Lupulu X の継息子	クルティス 2 分の 1 Gracciano	●Pipinus ●Laurentjus pr. ●Lampulus

史料番号	日付と作成地	契約類型	契約当事者 X 売主／贈主／借与主／買主／受贈主／貸主	契約当事者 Y 売主／贈主／借与主／買主／受贈主／貸主	対象物件と所在地	証人	同意人等
30	780/6 キウジ	約定	Lupardus acolitus	+ Gairo 修道院建設者の子 + Ildus 修道院建設者の孫	サン・キリコ修道院と付属財産、司祭職 Climinciano	● Laurentjus pr. + Cauro v.d. ● Gisolfus sculd. ● Gadepert ● Uualari	● Sergius サン・キリコ修道院司祭
33	786/9 キウジ	売却	+ Ingula 女性	Audilapulo Taculo Alvinolo (T. と Al. の異父兄弟)	家屋と付属財産 Agello	● Pipulu ● Ursu ● Prandu ● Raupertu ● Landolfu not.	+ Guntipertulo 売主の夫 + Arnipertulo 売主の親族 + Gauduino 売主の親族 + Bonipertulo 売主の親族 尋問 + Trasimundo curator

注：イタリック体の地名は、地名比定が推定にとどまるか不明のもの。
cent. はケンテナリウス (= centenarius)、sculd. はスクルダヒス (= sculdahis)、not. はノタリウス (= notarius 書記)、v.d. はヴィル・デヴォートゥス (= vir devotus)、v.h. はヴィル・ホネストゥス (= vir honestus) を、また abb. は修道院長 (= abbas)、pr. は司祭 (= presbiter)、diac. は助祭 (= diaconus)、cl. はクレリクス (= clericus) をそれぞれ表す。

なお、●は本人自身によるニ人称形式の副署を、+ は十字架印を付した三人称形式の副署を指す。

「文書番号」は、W. Kurze (ed.), *Codex Diplomaticus Amiatinus*, I, Tübingen 1974. に基づく。

区についても妥当する[26]。モンテプルチャーノ地区でも，同名の定住地をはじめとして洗礼教会の立地する在地の拠点的集落がすぐれて文書作成地として選ばれている[27]。ただしトゥスカニア，ソヴァナおよびモンテプルチャーノの各地域では8世紀末以降，契約当事者あるいは第三者の活動拠点ともいうべき「クルティス curtis」で文書が作成される傾向にある[28]。

契約関係の設定と文書作成にさいして証人がその現場に立ち会い，文書に副署を施している。その場合，前節で指摘したように証人の数は通常3名ないし6名であるが，少なくとも8世紀については都市ごとにその数が一定していたようである。たとえば，キウジ文書に登場する証人の数は一般に3名であるが，トゥスカニアでは通例5名の証人が文書作成の場に立ち会っている[29]。証人数がキヴィタスごとに異なるばかりでなく一定しているという事実は，都市ごとに文書作成にかかわる独自の法文化が存在したことを示唆する。

証人副署の形式についても，キウジは周辺管区にはない独自の特徴を有している。それは，「私，某は」の文言ではじまる一人称形式の副署が証人副署の相当部分を占めていることである。キウジ地方に立地する物件を対象として自由人相互に作成された文書15点には，延べ55人の証人が登場するが，このうち7割以上を占める40人までが自ら名前を書き込んでいる。しかも，アミアータ地方西部の山岳地帯にある洗礼教会所在地ムスティアで作成された738年の文書1点を除いては[30]，一人称形式の副署が十字架印の副署をつねに数量的に凌いでいる。近隣のトゥスカニア地方やソヴァナ地方において自由人相互の間で8・9世紀に作成された文書では，一人称副署を施した証人は全体の2割にも満たず，自筆の副署が十字架印による副署を数的に上回る文書は1点もない事実と比較するならば[31]，キウジ地方における一人称副署の割合の高さは際立っている。ただしこの事実をもって，この地方が周辺の管区に比べて顕著に識字率の高い社会であったと想定するのは誤りである。近隣諸地域の場合と同様にキウジ地方でも，文書作成の主体たる契約当事者の大部分が，文字使用能力が不十分であることを表す十字架印の副署を施していたという事実をふまえるなら[32]，証人副署に占める一人称副署の割合の高さは，契約当事者ができるだけ読み書き能力を有する者の中から証人を選択しようとした自覚的な行為の所産

であると考えるべきである。この事実は，キウジ地方において堅固な識字文化が根を下ろしていたことを示しているだけでなく，すぐれて文字を書く能力を有する者のなかから証人を選択するという，古代後期以来の文書作成上の伝統[33]が受け継がれてきたことをも表している。

　それでは，キウジ地方ではいかなる社会的，経済的および国制的地位にある人物が好んで証人として選ばれたのか。史料によるかぎり，証人は以下の3つのカテゴリーに区分される。第1は文書作成の実務に通暁した書記であり[34]，第2はスクルダヒスをはじめとする在地役人である[35]。しかしながら証人の大部分は，特定の官職や専門職を担っていないが都市キウジと密接なつながりを有する在地の土地所有者層から構成されていたようである[36]。主に文字を書く能力を有する者からなる，この第3のカテゴリーに含まれる証人として，たとえば770年の売却文書と774年の贈与文書にそれぞれ自筆で証人副署しているサクソとその兄弟ピペレッロの例が挙げられる。この兄弟は765年にキウジのサン・シルヴェストロ門の外側に隣接する耕地を，4ソリドゥス1トリエンスの代価でアルペルトゥスとその兄弟ワルフーススなる人物から買得している[37]。一方，このアルペルトゥスとワルフーススは，746年あるいは747年の売却文書に証人として自署したアルティフーソの息子であると思われる[38]。

　ランゴバルド期には南トスカーナで唯一大公を擁する都市であり，シエナとならぶ政治・軍事上の一大拠点であったキウジは[39]，8世紀には一貫して文書作成地として選ばれており，文書作成の分野において管区内で強い求心力を保持した。この点は証人の選択方法にも妥当する。契約当事者は地方の下級役人とならんで，識字能力を有する上に，都市を拠点として活動する書記や土地所有者を証人として採用したのである。これらの書記や証人の立ち会いのもとにキウジで開催された集会では，小規模な地片や単一の農民経営単位 casa et res を対象とする売却文書が多く作成されていることから[40]，キウジを拠点とする土地所有者層が活発な土地取引活動を展開しており，この層によって支えられた「土地市場」[41]がこの地方に確固と存在していた様子が浮かび上がってくる。750年頃，キウジ管区内に創建されたモンテ・アミアータ修道院は，N.エヴェレットの言葉を借りるとすれば，都市の識字文化と活発な土地の売買活動に裏

打ちされた「土地所有者の文書文化」[42]に, ただちに直面することになったのである。

III. 修道院の文書作成活動と証人戦略

　モンテ・アミアータ修道院には, 創建期から10世紀前半までの時期について, 修道院と在地住民との間で作成した証書が, 偽文書6点を除き, 総計113点伝来する。これらの証書から読みとれる修道院の文書作成活動は3つの時期に区分される。これらを便宜的に第1期, 第2期, 第3期と呼ぶとすれば, 796年までの修道院創建期に相当する第1期は, 修道院が在地の慣行にしたがって文書作成を行った時期である。この時期の修道院は在地の土地市場を活用しながら, 地片や農民経営体 casa et res を積極的に買得している[43]。これにたいして798年から818年にかけて20年間つづいた第2期は, 修道院が独自の文書作成活動を展開した時期である。日付など一部に改竄の手が加えられているものの, その主要部分は810年代前半に作成された原本を9世紀に忠実に筆写したとされる文書1点を含めるなら[44], この時期に関する文書は20点であるが, そのうち19点までが単一ないし複数の農民経営体を対象とした売買・貸借に関わる文書である[45]。別稿でも取り上げたように, 修道院はこの時期に農民経営体の買得とその用益権の請戻しを精力的に進めたのである[46]。819年以降の第3期になると, 修道院の文書作成のあり方は再び在地の慣行に回帰する傾向を示す[47]。この時期には土地経営の重心が土地財産の買得から貸与へと移動している[48]。ここでは紙幅の制約もあり, 修道院が独自の文書作成活動を組織した第2期に焦点を絞りたい。

　モンテ・アミアータ修道院はランゴバルド国王アストルフォの支援を受けて建設された国王修道院である。この修道院は, カール大帝がソヴァナ管区以南のトスカーナ地方南縁部をローマ教会へ寄進して以来, ランゴバルド王国を継承したイタリア王国内にあって, ローマ教会領との境界地点に位置することになった。かかる戦略拠点としての重要性のゆえにカロリング王権の保護を受けた修道院は, 在地住民による土地財産の譲渡を通して, 800年頃からアミアータ

山地を中心とする地域で自らの勢力圏を築きあげていく[49]。

　アミアータ修道院が独自の文書作成活動を展開するようになるのはまさにこの頃である。修道院は当初，在地の文書作成慣行にしたがい，管区主邑キウジや地域の拠点的集落ムスティアに赴いて文書作成を行っていた[50]。ところが，アミアータ地方東部のクリミンチャーノ村に建設されたサン・キリコ修道院の創建者一族による修道院寄進を皮切りに[51]，修道院長は修道院の立地するキウジ行政管区にある場合のみならず，近隣のシエナ管区やソヴァナ管区内の物件に関わる文書を作成する場合にも，修道院やその近辺の付属施設，村落に契約相手，書記，証人を召集し，そこで文書作成を行うようになる（表2）。

　アミアータ修道院は書記の選択にさいしても主導権を発揮した。チティリアーノ村出身のイルドが修道院長エルミマーリとの間で作成した800年の売却文書の例をみてみよう。イルドが全財産に相当する農民経営体一単位を修道院長に売却したことを記す文書が修道院で作成されたとき，書記は「私ノタリウスのアウルアルドゥスは前述の売主イルドから依頼を受けて文書を書いたScripsi ego Aurualdus notarius rogitus ad suprascriptu Ildo binditore」との文言をもって本文を締め括った[52]。しかし，シエナ管区内の一村落に居住するイルドが，"notarius civitatis Suanense"[53] と称する書記アウルアルドゥスを自発的に選択したと考えるのはいかにも無理がある。最終的に文書作成を依頼したのはイルドであったにせよ，むしろそれに先立って修道院長が書記を修道院に呼び寄せたのであろう。その場合，表2からわかるように，修道院はキウジの書記よりも近隣の都市に帰属する書記を文書作成者として積極的に登用している。先に挙げたソヴァナのアウルアルドゥスやモンテプルチャーノ地区で活動するロトペルトがこれにあたる[54]。アミアータ修道院はトスカーナ地方北部のルッカ司教座とは異なり[55]，独自の書記を擁するにはいたらなかったのであるが，修道院の帰属するキウジ管区の書記をできるだけ避けて，近隣の領域で活動する書記を選択するだけの活動の自立性は確保したのである。

　修道院は証人の選択にも深く関わった。先に引用したイルドを売主とする文書には，5人の証人が副署欄に名を連ねている。このうちの1人はエルモ村の出身者であるプランドであり，3人はトリビローニ村の者であった。書記は副署欄

地図　モンテ・アミアータ修道院財産の分布と証人の出身地（9世紀初頭）

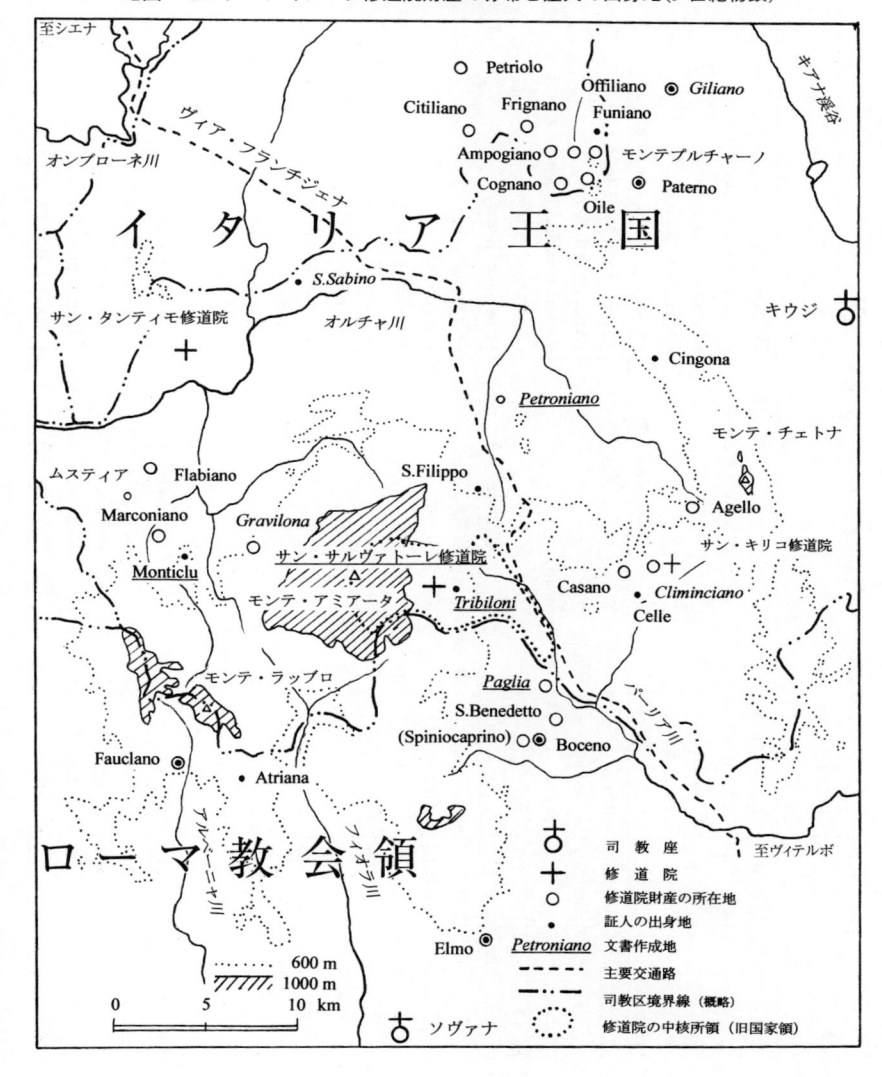

至シエナ
オンブローネ川
ヴィア・フランチジェナ
イタリア王国
キアナ渓谷
Petriolo
Citiliano
Frignano
Offiliano
Funiano
Giliano
Ampogiano
Cognano
モンテプルチャーノ
Oile
Paterno
サン・タンティモ修道院
S.Sabino
オルチャ川
キウジ
Cingona
Petroniano
モンテ・チェトナ
ムスティア
Flabiano
S.Filippo
Agello
Marconiano
Gravilona
サン・キリコ修道院
Monticlu
サン・サルヴァトーレ修道院
Casano
Climinciano
モンテ・アミアータ
Tribiloni
Celle
パーリア川
モンテ・ラブロ
Paglia
S.Benedetto
(Spiniocaprino)
Boceno
Fauclano
Atriana
ローマ教会領
至ヴィテルボ
アルベーニャ川
フィオラ川
Elmo
Petroniano
ソヴァナ

司教座
修道院
修道院財産の所在地
証人の出身地
文書作成地
主要交通路
司教区境界線（概略）
修道院の中核所領（旧国家領）

600 m
1000 m
0　5　10 km

280　第2部　史料と理論の対話

表2　モンテ・アミアータ修道院ないしその近辺で作成された文書(798年〜818年)

史料番号	日付と作成地	契約類型	書記	契約当事者X 売主・寄進者/借主	契約当事者Y 買主・受贈者/貸主	対象物件と所在地	証人	同意人
47	798/1 Petroniano, (Ch) S. Pietro 洗礼教会	贈与	Inseradu not. (Ch)	+Teudipertu cl. +Ingipertu cl. 甥 de Climinciano (Ch)	モンテ・アミアータ修道院	サン・キリコ修道院と付属財産（複数の家屋を含む）	●Magnideu pr. +Ualfredi cent. de Boceno +Prando (cent.) de Ulma +Filerado de Boceno +Natali qui supernomen Milite	
50	800/8 モンテ・アミアータ修道院 (Ch)	売却	Aurualdus not. (So)	+Ildo de Citiliano (Si)	モンテ・アミアータ修道院 (院長Ermimari)	家屋と付属財産 Climinciano (Ch)	+Prando (cent.) de Ulma +Marideo de Tribiloni +Ansari cent. de S. Sabino +Ardisino de Tribiloni +Cantulo de Tribiloni	
51+	800/8 (810年代前半作成の文書を9世紀中に改竄) Boceno, (So) S. Benedetto 教会	賃借	Boni not. (Ch)	+Prando cent. de Olima (So)	●Sabbatinus モンテ・アミアータ修道院長	複数の家屋と付属財産 Citiliano (Si)	+Grimualdo cent. +Uualifridi +Ardisino de Tribiloni +Grasiperto de Gona +Rapperto +Faraldo de Baisanellu	
58	806/8 モンテ・アミアータ修道院 (Ch)	売却	Filiolu not. (So)	+Amato +Susinnu +Santulu 兄弟 de Spiniocaprino (So)	Sabbatinus モンテ・アミアータ修道院長	家屋と付属財産 Elmo (Olima) (So) Spiniocaprino (Boceno (So))	+Iordanni de S. Filippo +Ardisino de Tribiloni +Arichildo de Tribiloni +Machiperto de Tribiloni +Posso de Boceno	
62	808/2 Tribiloni (Ch)	売却	Aurualdus not. (So)	+Filiprandu +Roppertulo 兄弟 (Ch) de Flabiano	Sabbatinus モンテ・アミアータ修道院長	家屋と付属財産 Flabiano, Cellule, Marconiano, Gravilona, Paccianu (Ch)	+Ardisino de Tribiloni +Machiperto de Tribiloni +Teudiperto de Tribiloni +Iuliolo de Boceno	

66	809/8 モンテ・アミアータ修道院 (Ch)	売却	Aurualdus not. (So)	+ Liudulu de Agello (Ch)	Sabbatinus モンテ・アミアータ修道院長	家屋と付属財産 Agello (Ch)	+ Machiperto de *Tribiloni* + Teudiperto de *Tribiloni* + Insari de Atriana + Osso de Celle, francus + Audiperto de *Spandula* + Centulo de Atriana
67	809/8 モンテ・アミアータ修道院 (Ch)	貸借	Aurualdus not. (So)	+ Bonipertu + Leupertu 兄弟 l.h. de *Climinciano* (Ch)	+ Sabbatinus モンテ・アミアータ修道院長	家屋と付属財産 *Climiniano* (Ch)	+ Osso de Celle, francus + Audiperto de *Spandula* + Fratello de Atriana + Centulo de Atriana + Domnicello de Atriana + Machiperto de *Tribiloni*
70	810/10 モンテ・アミアータ修道院 (Ch)	売却	Aurualdus not. (So)	+ Guippertu de Casano (Ch)	Sabbatinus モンテ・アミアータ修道院長	複数の家屋と付属財産 Casano, *Climinciano* (Ch)	+ Farago de Fauclano + Arichildo de *Tribiloni* + Machiperto de *Tribiloni* + Anistasulo de *Tribiloni*
71	811/8 モンテ・アミアータ修道院 (Ch)	貸借	Filiolu not. (So)	+ Amato + Susinnu + Santulo 兄弟 l.h. (So) de *Spiniocaprino*	Sabbatinus モンテ・アミアータ修道院長	家屋と付属財産 *Spiniocaprino* (Boceno (So))	+ Ardisino de *Tribiloni* + Arichildo (Ard. の兄弟) + Gomperto de Monticlu + Grusello ● Ingipertu (de Giliano?)
74	814/5 モンテ・アミアータ修道院 (Ch)	売却	Gumpertus not. (Ch)	+ Lupulu de *Torinu* (Ch)	Sabbatinus モンテ・アミアータ修道院長	家屋と付属財産 *Torinu*, Agello, *Larnanu* (Ch)	● Petru cl. ● Iuanni diac. ● Firmu + Iordanni + Botjo + Ardisino de *Tribiloni* + Arichildo de *Tribiloni*

282　第 2 部　史料と理論の対話

史料番号	日付と作成地	契約類型	書記	契約当事者 X 売主/寄進者/借主	契約当事者 Y 買主/受贈者/貸主	対象物件と所在地	証　人	同意人
75	816/5　モンテ・アミアータ修道院 (Ch)	貸借	Rotpert pr. et not. (Si)	● Maiano pr. de Montepulciano/Paterno (Si/Ch)	● Audualdus モンテ・アミアータ修道院長	複数の家屋と付属財産	● Alipertus pr. ● Raghinaldu pr. (de Funiano) ● Baldine cl. + Saxso de Cingona + Ardisino de *Tribiloni* + Asfridi de *Tribiloni* + Teudiperto de *Tribiloni*	● Cunipertus pr. ● Atripertus pr. ● Amelpertus mon.
76	816/8　モンテ・アミアータ修道院 (Ch)	売却	Rotpert pr. et not. (Si)	+ Fulcardu de Sovana ベネヴェント出身	Audualdus モンテ・アミアータ修道院長	Montepulciano, Giliano (Si/Ch) 家屋と付属財産	● Tjangro ● Inderadu ● Aldo	
81	818/8　Palia, モンテ・アミアータ修道院分院 (So)	貸借	Rotpert pr. et not. (Si)	+ Lupo + Suaipert 兄弟 de Ulma (So)	● Audualdus モンテ・アミアータ修道院長	家屋と付属財産 Elmo (Ulma) (So)	● Anso cl. ● Petrus + Prando (cent.) de Ulma + Lamfridi ● Maiano pr. (de Paterno)	

注：Ch はキウジ, So はソヴァナ, Si はシエナを表す。イタリック体の地名は、地名比定が確定にとどまるか不明のもの。cent. はケンテナリウス (= centenarius), not. はノタリウス (= notarius 書記), l.h. はリベル・ホモ (= liber homo) を、また abb. は修道院長 (= abbas), pr. は司祭 (= presbiter), diac. は助祭 (= diaconus), cl. はクレリクス (= clericus), mon. は修道士 (= monacus) をそれぞれ表す。
なお、● は本人自身によるー人称形式の副署を、+ は三人称形式の副署を指す。
「文書番号」は、W. Kurze (ed.), *Codex Diplomaticus Amiatinus*, I, Tübingen 1974. に基づく。

のなかで証人の名につづけて,「前述の売主イルドから依頼を受けた証人 rogitus ad suprascriptu Ildone binditore teste」という文言を付け加えている[56]。ところが,エルモ村は売主の所属する管区とは異なるソヴァナ管区内に立地していたうえ,売主の居住地であるチティリアーノ村からはアミアータ山を挟んで直線距離にして40キロ以上離れた地点にあった。またトリビローニ村は修道院に隣接するキウジ管区内の村落である(地図)。イルドがプランドやトリビローニ村の住民を知らなかったとは言いきれないが,むしろ先に挙げた文言は,然るべき契約手続を踏んで当該文書が作成されたことを示す虚構であって,実際には修道院側が提供した証人をイルドが受けいれたと解釈するほうが自然である。

ところで,キウジの文書作成慣行からの逸脱は,文書作成地の修道院への移動や書記,証人の選択にさいしての修道院による影響力行使だけでなく,証人の選択基準の変化からもみてとることができる。そのことは,従来3名を基本としていた証人数が4名ないし7名へと増加したこと,そして大部分の副署が書記の代筆による三人称形式の副署に占められることになったという事実に反映している(表2)。それでは修道院はいかなる基準にしたがって証人を選択したのか。修道院を当事者とする契約の設定にさいして修道院に赴いた証人は,アミアータ地方およびモンテプルチャーノ地区といった,当時修道院が築きつつあった勢力圏の内部に居住する者たちであったが,なかには修道院が土地財産を蓄積しつつある村落の出身者もみられる(地図)[57]。たとえば,文書作成の場に3度,合計4名の証人を送り込んだ修道院南方のポチェノ村では,806年以降修道院が村落住民から土地財産を買得し,これらの者を労働力として所領にとり込んでいるのみならず,811年までには村落内にサン・ベネデット分院を創設している[58]。またファウクラーノ村は,810年の売却文書に証人副署したファラゴなる人物の居住地であるが,修道院は804年までにこの村落に経営拠点を設置していた[59]。こうした証人の居住地と修道院財産の分布の密接な対応関係は,証人が修道院の所領形成過程に何らかのかたちで関与したことを想起させる。

そこで,これらの証人の存在形態を探ってみると,少なくとも証人の一部が在地社会において社会的,経済的に影響力を行使しうる立場にある小領主ともいうべき層によって担われていた様相が浮かび上がってくる。先に引用したエ

ルモ村出身のブランドの事例は，その典型例である。ブランドはもともと奴隷労働力を抱えるエルモ村の有力な土地所有者であり，在地の要職である下級国家官職ケンテナリウスの肩書きを帯びていた[60]。818 年から 828 年まで修道院文書にしばしば証人として登場する司祭マイアーノもまた，元来モンテプルチャーノ近辺に複数の農民経営単位を抱える土地所有者であった[61]。

　ここで留意したいのは，ブランドとマイアーノがいずれも修道院に全財産を売却した後，貨幣貢租や現物貢租の納入を条件に当該財産を用益する特権的な修道院庇護民となっている点である。マイアーノは証人として修道院文書に登場するに先立ち，816 年に修道院との間で設定した借地契約において，修道院に売却した財産の用益権を請け戻し，あわせて複数の農民経営単位の用益権を賦与されているが，そこで穀物 5 分の 1 と葡萄酒 5 分の 1 の納入義務を負った。このようにして土地所有者から修道院の所領経営請負人に転化したマイアーノは，828 年には請負地の一部を構成する農民経営体一単位をクリスチャーノなる人物に再貸与し，その代償としてジリアーノとパテルノの「所領 corte」での賦役履行を義務づけたほか，自らの行使する「領主裁判権」への服従を約させている[62]。一方，ブランドは 804 年に全財産を修道院に売却したのち，12 デナリウスという軽微な貨幣貢租の納入を条件に，当該財産の用益権を賦与されている[63]。かかる負担の在り方は，土地所有農民から保有農民に転化したまさしくこの時期の自由人が，おしなべて過重な週単位の賦役を義務づけられ，かくして領主による強度な搾取と社会的統制に服していったこと[64]とは明確な対照をなしている。軽微な負担を代償として小領主から修道院財産の用益権者へと転化した特権的な修道院庇護民が，自由農民の没落を決定づけることになる売買契約や借地契約に立ち会う証人として登用されたのである。

　もっとも，すべての証人が修道院庇護民に転化した在地有力者であったわけではない。第 2 期にもっとも多くの証人を提供した定住地はトリビローニ村である。この村落からは 8 人の住民が修道院やこの村落で作成された文書に繰り返し証人として名を連ねているが，なかでもアリキルドなる人物は 4 度，マキペルトは 5 度，アルディシーノにいたっては 7 度ないし 8 度にわたり証人の役割を果たしている[65]。トリビローニ村出身者が頻繁に証人として登場する理由

のひとつは，この村落が修道院の隣接地点に立地していたことにあるが[66]，この事実はトリビローニ村が修道院中核所領の内部にあったことをも意味する。この所領は元来 "curte civitatis Clusine" に属しており，ランゴバルド国王アストルフォあるいはアデルキが修道院に寄進した国家領の一部であった[67]。この村落住民の祖先は，国王による寄進を契機として修道院の保護下に入った自由人であったと思われるのである。

　もっとも，トリビローニ村の居住者は，全財産を売却して保有農民化していった自由人とは異なる社会的，制度的関係を修道院との間に有していたようである。中世初期イタリアにおける自由人の国制上の地位を論じた G. タバッコは，ランゴバルド王権とこれを継承したカロリング王権が，王国の辺境に分布し，主として森林からなる国家領の一部をしばしば自由人に割り当てたという事実を指摘した[68]。この点との関連で，筆者はかつて，ランゴバルド王権がフランチジェナ街道に沿った諸地点で「国家植民」を組織し，植民者たる自由人兵士をケンテナリウスの指揮下に置くとともに，これらの自由人に国家領を賦与したと論じた[69]。トリビローニのヴィクスがこの交通路に隣接する国家領の内部に立地していることを考慮するならば，その論証は不可能であるが，この村落住民がランゴバルド期に国家領を割り当てられたこれら自由人兵士の後裔である蓋然性は高い。9世紀初頭の段階でモンテ・アミアータ修道院長が，一方で自ら封臣をかかえ[70]，他方で通常は現物貢租の納入義務を負いつつ，出征する年にはその負担を免除された一部のリベラリウスとともに軍事的役務を果たしていたことからして[71]，もともと軍役義務を負っていたトリビローニ村の自由人が，王権による国家領寄進を契機に修道院長の率いる軍隊に編入されたことは十分想定されるところである[72]。この時期の証人のなかに，修道院の庇護民となったプランドを含めて4名のケンテナリウスが登場するという事実は，この国家官職がその指揮下にあった兵士集団とともに修道院の軍隊として再編成されたことを窺わせるものである。

　9世紀初頭において，人身的支配をその本質とする領主支配を志向したモンテ・アミアータ修道院は，かかる支配体制を構築していく手だてとして，契約設定と文書作成の機会を利用した。その現場に立ち会ったのが，小領主から修

道院財産の用益権者へと転化した在地有力者であり，修道院所領内の村落に居住して，修道院長とともに軍隊に出征する自由人であった。かかる証人の立ち会いのもとに修道院で開催された文書作成集会は，修道院長にとってきわめて有利な交渉の舞台となった。そのうえこの集会は，修道院に土地財産を売却してその保有農民に転化していく自由人にとり，本来自らが有すべき証人の選択権を喪失して，修道院の提供する証人を受けいれる存在になるという意味において，修道院との従属関係を象徴的に確認する機会となったのである[73]。

結　論

本稿では，モンテ・アミアータ修道院に伝来する契約文書を素材として，領主と農民による契約設定と文書作成の場に，証人が居合わせたことの意味を探った。中世初期のトスカーナ地方南部では，書記および少数の証人の立ち会いのもとに開催された小規模で実務的性格の濃厚な集会において，契約関係がとり結ばれるのが一般的であった。そのさいに証人の役割を担ったのは，モンテ・アミアータ修道院の立地する 8 世紀のキウジ地方にあっては，一般に公権力の担い手たる地方役人のほか，識字能力をもち，都市を拠点として活動する書記や土地所有者であった。その意味で，この地方では地域社会に開かれた仕方で，証人の面前で「公け」に当事者双方の間で契約条件をめぐる交渉が展開され，契約関係が設定され，文書が作成されたといえる。

モンテ・アミアータ修道院は，土地財産の買得や貸借を通して所領を形成していく過程で，都市キウジの強靱な文書作成の伝統と自由人の識字能力に支えられた「土地所有者の文書文化」に直面した。修道院は当初，キウジに帰属する書記の手によるこの都市での文書作成を受容し，証人の選択についてもキウジの慣行に従った。しかし王権の保護のもとで有力な領主としての地歩を築きつつあった修道院は，790 年代後半に契約設定と文書作成のための集会を独自に組織していく。修道院はかつて小領主であった者，および軍役を修道院長とともに果たす自由人など，アミアータ地方やその周辺に居住する庇護民を修道院に召集して，修道院やその近辺で契約文書を作成するようになったのである。し

かも文書作成を担ったのは，主としてキウジ以外の管区に所属する書記であった。自らの影響力を直接及ぼしうる場所において，自己の意思を貫徹するうえで障害の少ない「外部」の書記や修道院に好意的な証人を，交渉の場でもある契約設定の現場に介在させてこそ，修道院は農民にたいしてより過酷な契約条件を受け入れさせ，ひいては人身的従属を本質とする領主支配体制を構築していくことが可能となった。さらに，領主の提供する書記と証人の立ち会いのもとに契約関係をとり結ぶことは，農民にとって修道院への従属を社会的に確認する行為でもあった。つまり，修道院は契約設定ならびに文書作成という「公け」の場を領民支配の手段として活用したのである。

しかし，修道院独自の文書作成活動はわずか 20 年ほどで幕を閉じることになる。土地財産の取得からその運営へと所領経営の重心を移しつつあったモンテ・アミアータ修道院は，820 年代以降，再びキウジの文書作成慣行に回帰していくこととなる。それでは，いったい修道院はそれまで文書作成集会に与えてきた役割を，以後いかなる活動に付与することになったのであろうか。最後にあえてその展望を示すとすれば，私は修道院が領民支配の場を文書作成集会から「領主法廷」へと転換したと想定したい。818 年以降，修道院が「領主裁判権規定」を多くのリヴェッロ契約に導入したという事実が[74]，この想定を可能ならしめるのである。この問題については今後の課題としたい。

注

1) 城戸照子「9 世紀イタリア中・北部の農地契約」『経済学研究』57–1（1992 年）133 頁，および拙稿「8・9 世紀トスカーナ地方南部の土地貸借文書」『史林』84–5（2001 年）66–67 頁参照。
2) F. Bougard, *La justice dans le royaume d'Italie de la fin du VIIIe siècle au début du XIe siècle*, 1995 Roma, pp. 69–70.
3) スペインに関しては，土地売買文書を確認する宴に参加した証人・保証人と買主たる修道院の社会関係を検討した以下の論考がある。足立孝「宴（アリアラ）と 11 世紀アラゴン地方農村社会」『史学雑誌』110–1（2001 年）42–69 頁。
4) W. Kurze (ed.), *Codex Diplomaticus Amiatinus. Urkundenbuch der Abtei S. Salvatore am Montamiata von den Anfängen bis zum Regierungsantritt Papst Innozenz III. (736–1198)*, I, Tübingen 1974（以下 CDA と表記）．
5) いずれも CDA 2. からの引用である。なお，証人副署の形式については，H. Breßlau,

Handbuch der Urkundenlehre für Deutschland und Italien, vol. 2, Berlin 1969, pp. 205–07. 参照。

6) CDA IV (Tübingen 1978). のファクシミリ版参照。一般に，L. Saupe, *Die Unterfertigung der lateinischen Urkunden aus den Nachfolgestaaten des weströmischen Reiches*, Regensburg 1983, pp. 83–84. 8世紀のルッカ司教座文書を対象に証人副署を検討したスピノ・マルティーニは，書記による副署の代筆が文書作成の場における当該証人の不在を表すものと解釈した (P. Supino Martini, Le sottoscrizioni testimoniali al documento italiano del secolo VIII: le carte di Lucca, *Bullettino dell'Istituto Storico Italiano per il Medioevo e Archivio Muratoriano*, 98 (1992), pp. 87–108.)。しかし，746年のランゴバルド部族法典附加勅令では，証人が文書作成手続に立ち会うことを前提として，書記による証人副署の代筆を認めている (Ratchis Leges, c. 8, in *Monumenta Germaniae Historica, Leges IV, Leges Langobardorum*, ed. F. Bluhme, Hannover 1868, pp. 189–90.)。

7) CDA 28, p. 54.

8) CDA 45, p. 87. 同一の文書を二部作成することの意味については，前掲拙稿「土地貸借文書」70–71, 76頁参照。

9) 前掲拙稿「土地貸借文書」77頁および当該注22参照。

10) CDA 124, pp. 263–64. このほかCDA 121, pp. 257–58. 参照。

11) 本稿の対象とするアミアータ文書についてみると，証人の数が3名ないし6名である文書の全体に占める割合は93％ (166通中154通)である。

12) Breßlau, *Handbuch der Urkundenlehre* cit., 2, p. 205.

13) R. McKitterick, *The Carolingians and the Written Word*, Cambridge 1989, pp. 92–93.

14) *Ibid.*, pp. 98–115.

15) ランゴバルド期については，L. Schiaparelli (a cura di), *Codice Diplomatico Longobardo*, I–II, Roma 1929 / 1933 (以下CDLと表記). 所収の文書参照。

16) L. Feller, *Les Abruzzes médiévales. Territoire, économie et société en Italie centrale du IXe au XIIe siècle*, Roma 1998, pp. 38–40. このほか，N. Everett, Literacy and the Law in Lombard Government, *Early Medieval Europe*, 9 (2000), p. 108. も参照。

17) CDA 179, 185, 192.

18) CDA 17, 27, 29, 57, 110, 136. この他CDA 47.「反対贈与 launegild」については，E. Cortese, *Il diritto nella storia medievale, I: L'alto medioevo*, Roma 1995, pp. 161–62. 参照。

19) CDA 10 ("accepto pretium a te Possonem ... hoc est auri solidu unu et trimisse ... quos me coram testibus fateor precipisse"), 28, 38, 50, 56, 58, 60, 62, 66, 70, 87, 88. 代価受け渡しにさいして参審人をはじめとする国家役人が立ち会ったという記述も散見される (CDA 101, 105, 143, 154, 176, 183.)。

20) CDA 8 ("Signum + manus Arnifridi, qui anc cartulam fierit [*sic*] rogabit et eis relectam est"), 10, 28, 50, 56, 60, 62, 66, 67, 70, 76, 81, 86, 88, 101, 119.

21) CDA 124, pp. 263–64.

22) Bougard, *La justice dans le royaume d'Italie* cit., pp. 67–68.

23) N. Everett, Scribes and Charters in Lombard Italy, *Studi Medievali*, 3^a ser., 41 (2000), pp. 39–83.

24) キウジ: CDA 2 (a. 735/36), 3, 5, 7, 9, 11, 13, 14, 15, 17, 18, 24, 27, 30, 33 (a. 786), 183 (a.

907),トゥスカニア:CDA 1 (a. 736), 4, 12, 16, 39, 40, 55, 59, 64, 73, 126 (a. 849).ソヴァナ:CDL I 58 (a. 736), CDA 8, 10, 28, 88, 99, 110, 131, 138, 163 (a. 886).モンテプルチャーノ:CDA 25 (a. 775), 29, 32, 41, 44, 48, 52, 57, 61, 72, 80, 86, 96, 104, 136, 143 (a. 862).モンテプルチャーノ地区における聖俗管区のズレについては,拙稿「ランゴバルド期トスカーナ地方南部における「国家植民」」『西洋史学』192(1999年)6頁参照。

25) 前掲拙稿「土地貸借文書」75頁参照。ただし,領域編成上,特殊な歴史事情をかかえるモンテプルチャーノ地区では,806年に贈与文書を認めた Teodelasius notarius civitatis Aretine の例にみられるように (CDA57, p. 115.),アレッツォやキウジなど近隣管区の書記がしばしば文書を作成している。なお,文書作成の主体が書記に証書作成を依頼したことについては,以下の書式から知ることができる。"Scripsi ego Domnulinus notarius rogatus ad Arnolfu viro honesto et vinditorem." (CDA 9); "Unde duobus livelli adque convenentje nostre uno tinore facte et nos de acbarum [sic] parte Adolperto notario scrivere rogavimus." (CDA 127)

26) CDA 1, 4, 16 (以上トゥスカニア), CDL 58, CDA 8, 10, 88 (以上ソヴァナ)。

27) CDA 25, 29, 32, 41, 44, 48, 52, 57, 96, 104.

28) CDA 28 (a. 776), 99, 110 (以上ソヴァナ地方), 39, 55, 73, 126 (以上トゥスカニア地方), 80 (モンテプルチャーノ地区)。この他,第三者の casa で作成された文書もある (CDA61)。

29) キウジでは文書15点のうち10点(表1)が証人3名であり,トゥスカニアでは812年までについて10点中8点が5名の証人副署を有している (CDA 4, 12, 16, 39, 40, 59, 64, 73.)。

30) CDA 3. Mustia が文書作成地とされた背景には,アミアータ山がそれより西側の地域を残余のキウジ領域から地理的に隔てていたほか,この地域がランゴバルド初期にキウジ大公によって管区内に編入されたという事情が絡んでいると思われる (W. Kurze, L'occupazione della Maremma toscana da parte dei Longobardi, in *Città, castelli, campagne nei territori di frontiera (secoli VI–VII)*, a cura di G. P. Brogiolo — S. Gelichi, Mantova 1995, pp. 167–68.)。

31) トゥスカニア地方では一人称副署を施した証人は延べ50名のうち9名,ソヴァナ地方では延べ38名中6名にとどまる。ただし,モンテプルチャーノ地区に関する文書では,キウジほどではないが一人称形式の副署が比較的多く見られる(76名中41名)。

32) 自ら名前を書き込んでいる文書作成依頼人は19名中2名にすぎない(表1参照)。

33) Breßlau, *Handbuch der Urkundenlehre* cit., pp. 206–07.

34) 5名の notarius がこのカテゴリーの証人に属する(表1「証人」欄参照)。

35) Sculdahis (CDA 2, 17, 30), scario (CDA 9), actor (CDA 11), curator (CDA 18). 国家領経営を任務とする官職 actor / scario に関しては,S. Gasparri, Il regno longobardo in Italia. Struttura e funzionamento di uno stato altomedievale, in *Langobardia*, a cura di S. Gasparri — P. Cammarosano, Udine 1990, pp. 254–59. を,ローマ後期に遡る都市官職 curator については,G. Fasoli, Che cosa sappiamo delle città italiane nell'Alto Medio Evo, *Vierteljahrschrift für Sozial- und Wirtschaftsgeschichte*, 47 (1960), p. 295. 参照。

36) 書記の代筆による証人副署にしばしば付せられた vir honestus なる用語は,「土地所有

者」を表す尊称であるとされている（G. Tabacco, Dai possessori dell'età carolingia agli esercitali dell'età longobarda, *Studi Medievali*, 3ª Ser., 10 (1969), pp. 234–46.）。このほか，聖職者や修道院長も証人として登場するが，この類の証人は 5 名にすぎない（表 1 参照）。

37) CDA 17, 24, 14. Piperello の所有するその他の土地財産について，CDA13, 27. の解説参照。
38) CDA 5.
39) 前掲拙稿「国家植民」3 節参照。
40) CDA 3, 5, 7, 9, 13, 14, 33. 表 1 「対象物件」欄参照。
41) 中世初期イタリアの土地市場をめぐる問題については，以下の論考を参照。C. Wickham, Land Sales and Land Market in Tuscany in the Eleventh Century, in Id., *Land and Power*, London 1994, pp. 257–74; L. Feller, Achats de terre, politique matrimoniales et liens de clientèle en Italie centro-méridionale dans le seconde moitié du IXe siècle, in *Campagnes médiévales: L'homme et son espace. Etudes offertes à Robert Fossier*, éd. E. Mornet, Paris 1995, pp. 425–38.
42) Everett, Scribes and Charters cit., pp. 39–83, in part. p. 62.
43) CDA 21, 22, 26, 34, 43, 46. この時期に作成された文書 12 点のうち 6 点が地片あるいは単一の casa et res に関わる売却文書である。
44) CDA 51+. クルツェによる解説参照（CDA I, pp. 98–101）。
45) CDA 50, 51+, 53, 54, 56, 58, 60, 62, 63, 65, 66, 67, 68, 70, 71, 74, 75, 76, 81.
46) 前掲拙稿「土地貸借文書」。
47) 第 3 期には新たな要素もみられる。その一つが，修道院長を貸主とする借地契約文書に修道士の同意副署が導入されている点である（CDA 75, 98, 107, 108, 112 et passim）。この慣行は，修道院の経済活動が所領の拡大から管理・運営へとその重心を移動させたことの他，修道士共同体による所領経営への参画を反映していると思われる。
48) 第 3 期に作成された文書 82 点のうち 61 点までが借地契約文書である。
49) C. Wickham, Paesaggi sepolti: insediamento e incastellamento sull'Amiata, 750–1250, in *L'Amiata nel Medioevo*, a cura di M. Ascheri — W. Kurze, Roma 1989, pp. 115–16. アミアータ修道院の所領形成については，W. Kurze, *Studi toscani. Storia e archeologia*, Castelfiorentino 2002, pp. 361–95. を参照のこと。
50) CDA 21（Acilianu. キウジ近郊），22（キウジ），46（Mustia）. Mustia については本稿注 30 参照。
51) CDA 47.
52) CDA 50, p. 97.
53) CDA 62, p. 124.
54) Rotpert はモンテプルチャーノ地区で俗人間の文書を作成している（CDA 80, 86）。また，表 2 に挙げた以外にも Aurualdus（CDA60）と Filiolu（CDA 56, 65, 82）はソヴァナ地方やトゥスカニア地方にて修道院のために文書を認めている。
55) Supino Martini, Le sottoscrizioni cit., pp. 87–108. 参照。
56) CDA 50, p. 97.
57) 地名比定については，CDA III-2（Tübingen 1998）. の地名索引にしたがった。

58) 土地財産の買得と貸借: CDA 58, 71, 76. 経営拠点: CDA 71. ここには, Boceno 村の一部を構成する定住地, あるいはこれに隣接する定住地である Spiniocaprino での土地財産の買得・貸与活動をも含めた (CDA 58, 71)。
59) 修道院財産: CDA 35. 経営拠点: CDA 54.
60) CDA 47 (証人), 50 (証人), 51+ (借主 centenarius), 53 (売主), 81 (証人). Prando の子 Ardifusus と孫 Adalprando は 863 年に修道院との間で借地契約を更新している (CDA 144)。
61) CDA 75 (借主), 81 (証人), 103 (証人), 104 (貸主), 105 (証人).
62) CDA 75, 104.
63) CDA 53, 51+.
64) 前掲拙稿「土地貸借文書」。
65) 表 2「証人」欄参照。この村落の出身者は延べ 62 名の証人のうち 21 名を占めている。
66) CDA III-2, p. 322.
67) CDA 6+. 改竄の施された 11 世紀の写本として伝来するこの証書については, 以下の史料批判を参照 (W. Kurze, Die langobardische Königsurkunde für S. Salvatore am Monte Amiata, *Quellen und Forschungen aus italienischen Archiven und Bibliotheken*, 57 (1977), pp. 315–30.)。
68) G. Tabacco, *I liberi del re nell'Italia carolingia e postcarolingia*, Spoleto 1966, pp. 113–38; Id., Il regno italico nei secoli IX–XI, in *Ordinamenti militari in Occidente nell'alto medioevo*, Spoleto 1968, pp. 775–76.
69) 前掲拙稿「国家植民」。
70) たとえば 816 年のリヴェッロ文書には, 次の一節がみえる。"casa et sorte, qui Inghipert vasallo nostro (scil. abbatis) habuit in beneficio" (CDA 75, p. 148, 括弧内筆者)。
71) "si vos predicti germani (scil. libellarii) vel filiis vestris nobiscum (scil. cum abbate) vel posteris nostris in oste cum vestros caballu et vestitu veneritis, tunc in ipso predicto annos nobis nec ad posteris nostris nulla pensione (scil. binu anfora quattuor) dare debeatis" (CDA 67, p. 133. 括弧内筆者) カロリング期修道院の軍事奉仕については一般に, 森義信『西欧中世軍制史論。封建制成立期の軍制と国制』原書房 (1988 年) 209–50 頁参照。
72) 修道院での文書作成がとりわけ 8 月に集中している点に注目したい。9 世紀初頭に証人としても登場するプランドが, 8 月に開催される聖ベネディクト祭に修道院での貢祖納入を義務づけられていた点をふまえるなら (CDA 51+), 修道院長は庇護民の参集する機会を利用してこれらの契約設定・文書作成集会を組織したと想定されるのである。
73) 修道院の有力庇護民にとっては, 文書作成集会はまったく別の機能を帯びたであろう。これらの者にとってかかる共同行為への参加が, 修道院長との特権的な庇護関係を設定ないし再確認する機会となったことは, 容易に想像されるところである。
74) CDA 81. CDA III-2, pp. 564–66. の「領主裁判権規定一覧」参照。

「プラキタ」の復活とシャルル禿頭王の王権

加納　修

はじめに

　国王法廷の判決を国王証書という形式で文書化した「プラキタ」は，すぐれて「メロヴィング的な」文書であった[1]。もともと伯などの国王役人への命令書として作成されていたプラキタは，すべての国王証書が役人への命令の形式で作成されていたメロヴィング期において，国王証書として発給されえた。しかし，カロリング期に入って国王証書が役人への命令書であることをやめ，次第に国王による権利の賦与・確認という性格を強めることによって，プラキタを国王証書として文書化することが困難になっていく。かくしてプラキタは国王証書から排除されることになる。このプロセスはルイ敬虔帝の即位までにはほぼ完了する。カール大帝の死(814年)までの時期からはプラキタが残っているのに対して，ルイ敬虔帝がプラキタを発給した痕跡すら見られないのは，いまやプラキタがカロリング期の国王証書の枠に収まらない文書となっていたことを示している。

　しかしながら，プラキタという国王証書が完全に用いられなくなってしまったわけではない。カール大帝の死後アキテーヌ地方からピピン一世が発給した一点のプラキタと西フランク王シャルル禿頭王の名で作成された三点の文書が伝来している[2]。上述の筆者の説明からすれば，プラキタはそもそもローマ的な行政文書の性格を保持した文書であったので，カロリング王国においてローマ的な文書行政の伝統が強かった地域においてより遅くまで用いられる可能性が

ある³⁾。

　けれども，アキテーヌからは一点のみ，シャルルの治世からも三点のみと，プラキタの伝来数はあまりにも少ない。加えて，アキテーヌ王ピピンの文書はカロリング初期のプラキタの形式に広範に従っているのに対して，シャルルのプラキタはそこから大きな逸脱を示している。以下で詳しく検討するように，それらの逸脱が示唆するのは，いまや国王証書の枠組みから外れ，客観的なノティティア形式で作成されるのが通例となっていた国王裁判の記録を，わざわざプラキタという国王証書の形式に当てはめようとするぎこちない試みである。シャルルのプラキタは，国王証書として文書化されなくなっていた国王裁判の結果を，国王証書の形式で，すなわち国王の命令として伝えようとする意図を反映していると考えられるのである。したがって，それらはすぐれて状況的な所産であった可能性がある。

　この可能性は，シャルル禿頭王の時代から伝わるもうひとつの奇妙な類型の国王証書を考慮に入れた場合に，いっそう強まる。それは「パンカルタ」と呼ばれる国王証書である⁴⁾。パンカルタは，何らかの理由でその権利を証明する証書群が失われたところの財産を国王が確認する文書であり，フランク国王はすでにメロヴィング期以来この種の文書を発給していた。それは法的には土地の保有を確認する安堵状と同じであり，国王の署名をもつ特許状の形式で作成されていた。しかし，シャルル禿頭王の発給した二点のパンカルタだけは，国王の署名を欠くプラキタと類似の形式で作成されているのである⁵⁾。それまで特許状の形式で作成されるのが通例であったパンカルタが，シャルル禿頭王の治世においてのみ，プラキタに似通った形式に一時的に変えられるのである。

　文書形式において現れるこの二つの現象，プラキタという文書類型の「復活」と，プラキタに近い形式でのパンカルタの作成は，両者の形式上の親近性によって結び付けられるだけではない。伝来する文書の時期的分布もまた二つの現象が密接に関連していた可能性を示唆する。プラキタは861年，863年，868年から残っている。パンカルタは863年と864年からしか残っていない。長きにわたるシャルルの治世(843年–877年)において，プラキタとパンカルタは860年代に限って出現するのである。これは偶然であろうか。残っている文書のみ

の時代分布に基づいてひとつの作業仮説を立てることは，伝来にかかわる諸条件を考慮に入れていないとの批判を免れないであろう[6]。とりわけパンカルタについては，相次ぐノルマン人の侵入により証書を失った教会や私人は増加し，国王に滅失文書の代わりとなる文書の発給を要請するケースが増えたことが予想される。だがそれでもなお，パンカルタの発給が，いや少なくともプラキタに類似の形式でのパンカルタの発給が860年代に限定されていなかったことを証明することは，860年代に限定されていた可能性を証明すること以上に難しいことを指摘しておきたい。

小論では，シャルル禿頭王のプラキタとパンカルタ合わせて五点の国王証書を検討し，以上の作業仮説を可能な限り蓋然的なものにした上で，860年代においてプラキタの復活を導いた状況を，いくつかのかすかな兆候を手がかりにして明らかにすることを試みる。

I. シャルル禿頭王の「プラキタ」と「パンカルタ」

(1) プラキタ

(a) 228番（861年7月1日）

シャルル最初のプラキタは，カール大帝最後のプラキタからおよそ50年，アキテーヌのピピンのそれから30年以上も経過した861年から伝わる[7]。コンピエーニュで開かれた裁判集会において，サン・ドニ修道院の領民が隷属的な賦役を負わされているとして国王の面前に訴えた。結果は領民の敗訴に終わった。この文書は，シャルルのプラキタの中で唯一国王の行為を一人称で表している文書である。しかし，興味深いことに，プラキタにおいて初めて宮廷伯が尋問を行ったことが記されている[8]。宮廷伯フルコがガイレヌスを補佐として，訴訟指揮を担っていたことがプラキタから明らかになる。プラキタという文書を理解するために重要なのは，宮廷伯が以前からこうした役割を果たしていたかどうかではなく——おそらく果たしていた可能性が高い——，この役割がプラキタに言及されるようになることである。それは，国王法廷の裁判手続きを文書

化する際の枠組みが変化しつつあったこと，おそらくは9世紀の間に進展する客観的な形式での文書化への趨勢に伴い，「描写」に力点が置かれるようになったことと関連する[9]。

　なお，このプラキタは認証手段として印璽を予告するコロボラティオを持つ[10]。興味深いのは，このコロボラティオの配置である。それは，書記の下署とともに終末定式の一部をなしている。そして奇妙にも，通例終末定式におかれる日付が本文の末尾に付されている。この奇妙な構成は，押印の場所と印璽予告とを結合させようとする書記アンスカリウスの配慮によるものと想定される。

(b)　258番（863年10月29日）
　サン・カレ修道院の帰属をめぐってル・マン司教と国王シャルル自身の間で争われた裁判を記録するプラキタは，国王の行為を三人称で表している。また終末定式は，4人の大司教，20人の司教，6人の修道院長，18人の伯からなる陪席者のリストを含んでいる。実際のところ，この文書は863年10月末にヴェルブリィで開かれた教会会議もしくは王国集会[11]において行われた裁判を記している。このプラキタは詳しい訴訟経過の叙述を含んでいて，プラキタ復活の背景を解くのに重要な手がかりを与えてくれるので，後にあらためて取り上げることにする。ここではその形式上の特徴を短くまとめておく。

　この文書は残念ながら近世の写しでしか知られていない。しかし，その真正性は疑問をもたれていない。文書の形式としては，客観的な形式，冒頭定式（イニティトゥラティオ）の欠如，証人リスト（おそらく原本には証人の署名が付されていた[12]）は，国王証書の一般的な形式よりは，むしろ教会会議の決議録に近い[13]。だがしかし，この文書は宮廷伯の傍らで活動する書記ラガナリウスにより「宮廷伯ホスベルトゥスの代わりに」認証されている[14]。また，本文に述べられているごとく，国王の印璽が押印されていたことが確実である。したがってそれは，国王の意思を体現する国王証書である。

(c) 314番（868年4月10日）

868年ラン近くのヴィラRouyにおいてサン・ドニ修道院とある領民との間でこの領民の隷属的な負担をめぐって争われた訴訟を記録する「プラキタ」は，異なる形式で作成された二通の原本で伝来している。

一方（314番1＝以下①とする）は通常の国王証書とおなじくインティトゥラティオを具えているが，258番とおなじく国王の行為を三人称で表している。加えて，すべて俗人からなる陪席者のsignumが付されている。また国王の印璽が押印されている。宮廷伯のもとで活動する書記エルメンリクスによって作成されたこのプラキタの形式は，いくつかのタイプが知られる伯や巡察使の裁判記録のひとつとほとんど変わらない。

他方（314番2＝以下②とする）は，冒頭定式を持たず，Notitia qualiter veniens...として，同じく別のタイプの下級の法廷の裁判記録に通例の文言で始まる。この文書にも陪席者の署名がなされている。国王の印璽が付されているが，形式的には「国王証書」と特徴付けるにはためらわれる。①と同じく，書記エルメンリクスにより認証されている。

この二通の文書の関係をより明確にしておこう。すでにシャルル禿頭王の証書集の編者であるG.テシエにより，ラテン語の質と書体において両者が大きな違いを示すことが明らかにされている[15]。①は文法の誤りに満ちているのに対して，②はより正確なラテン語で書かれている。①は下署したエルメンリクス自身によって書かれているのに対して，②の本文はサン・ドニ修道院の修道士によって書かれたと考えられる[16]。宮廷伯の書記によって作成され，冒頭に国王の名前の記された①の文書が，おそらく裁判の場でただちに作成されたであろう②の文書をもとに作成されたと考えたくなる[17]が，①の方に文法上の誤りが多い事実は明確な断定を許さない。また人名の綴りもかなり異なっている。実際のところ，二通の文書の成立の時間関係について確実な情報を与えてくれる要素は見あたらない。それよりも興味深いのは，②において，裁判手続きが，フルコに代わって裁判を取り仕切ったゲイロの面前で行われたとされているのに対して，①では国王シャルルが裁判を主宰したときに，原告がやってきたと記されていることである[18]。したがって，①における国王の主宰

はフィクションである可能性が高い。プラキタにおいて国王の行為が三人称で示され，次第に描写的となるにもかかわらず，書き記されたことが現実を反映しているとは限らない。このプラキタが示唆するのは，実際の裁判のあり方以上に，国王によって主宰された裁判というフィクションを創り出すように強いる状況の存在である。

　シャルル禿頭王の三点のプラキタについて，その特徴をまとめておこう。シャルルのプラキタはかつての書式からの逸脱をあらわにしている。発給者である国王の行為を三人称で示すこと，ならびに証人の署名の付加といった要素は，かつて筆者が明らかにしたように，プラキタが国王の主体的な行為の記録である国王証書の枠組みからはみ出てしまうような文書となっていたことを示す。シャルルのプラキタは，きわめて不器用に見える形で，国王裁判の結果を国王証書という形式で文書化しようとする意図を反映すると考えられる。

　けれども，その意図を明らかにするのは容易ではない。さしあたりここでは，シャルルの三つのプラキタについて，記録される裁判の性格の違いが文書化において若干の，しかし見逃すことのできない相違をもたらしていることを指摘しておきたい。228番と314番のプラキタの記録する国王裁判では，陪席者は俗人のみによって構成されているのに対して，258番の記録する裁判は，聖俗の有力者の出席のもとに行われている。前者では，修道院の領民の負担が争われているのに対して，後者では財産としての修道院の帰属が問題となっていた。こうした相違は，カール大帝末期から証明される，裁判における宮廷伯と国王との間の関係に対応する。宮廷伯は自立的な裁判権を獲得し，有力者の巻き込まれた訴訟など国王の裁決を必要とする訴訟を除いて，宮廷に持ち込まれるあらゆる紛争を解決することができた[19]。カピトゥラリア等で証明されるこの区分が原則として通用していたと考えられる。それゆえ，第一と第三のプラキタにおける国王の主宰はフィクションであった可能性が高く，事実上宮廷伯が裁判を取り仕切った。けれども，宮廷伯裁判の記録はそうしたものとしては全く残っていない。シャルルのそれのように，国王の主宰に書き換えられた場合にのみ我々に伝わっているのである。ルイ敬虔帝の国王証書について文書形式学

的考察を施したO. ディッカウは，宮廷伯の主宰する裁判について作成される文書は，「宮廷伯某の代わりに」認証されたとしているが，そうした証拠はどこにも見あたらない[20]。シャルルのプラキタに基づいて考えるならば，宮廷伯の取り仕切る裁判を国王主宰の裁判として書き換えたプラキタにおいて，宮廷伯の認証責任は明示されない。

これに対して，書記が「宮廷伯の代わりに」とする文言を用いて下署しているのは，王国集会において行われた裁判を記録する258番のプラキタである。この集会では，聖俗の有力者の陪席のもとに裁判が行われた。ここでは王その人が裁判に座し，自ら証人尋問を行ってさえいる[21]。この種の裁判において宮廷伯は後景に退く。にもかかわらず，文書の認証は宮廷伯にゆだねられている。次に検討するパンカルタもまた，宮廷伯の名において認証されている。

(2) パンカルタ

(a) 259番（863年11月4日）

863年11月4日の日付を持つパンカルタは，ルーアン大司教ヴェニーロの要請に基づいて，841年のノルマン人の侵攻によって都市ルーアンが侵略された際に破壊されたり，失われたルーアン教会の証書の代わりをなすものとして発給された。ノルマン人の侵攻の時点で同教会に帰属していた財産およびそれ以後国王によって回復されたり，信徒によって新たに寄進された財産を含めて確認されている。20年以上も前の文書滅失について言及されていることが興味を引く。

文書形式について，実際のところ，本文は通常の安堵状と異なるところはほとんどない。ただし，一般に終末定式に記載される日付が，861年のプラキタとおなじく本文に統合されている。そして，終末定式は国王証書の中ではかなり独自の形態を示している。それは，五つの欄に区分された証人の署名，書記アンスカリウスの下署ならびに他の数名の署名からなる。最初に署名しているのは宮廷伯のフルコで，彼は書記アンスカリウスにこのパンカルタを書くように命じた人物である。アンスカリウスは228番のプラキタを書いた人物で，宮廷伯のもとで活動する書記であった。日付を本文に統合するのはこの書記に特徴的であるので，終末定式全体の独自性もアンスカリウスに帰することができる

かもしれない。

けれども，欄ごとに証人の署名をのせる形式はむしろ教会会議の決議録を想起させる。実際にこのパンカルタは，同じく証人の署名を付されていたと考えられる258番のプラキタと同じく，863年の10月末にヴェルブリィで開かれた教会会議の直後に発給された。したがって，そこには教会会議の決議録の影響を見るのが妥当であろう。

原本の検討から明らかになる事実として，パンカルタの作成に複数の書記が関与していることを指摘しなければならない。日付から証人の署名までがアンスカリウスにより書かれたことは確実である。しかし本文の筆跡は異なる。G.テシエは，書体，正字法やいくつかの言い回しから，本文がかつての国王文書局の成員で当時パリ司教であったアエネアスの手によると推測している[22]。このアエネアスはヴェルブリィの教会会議に出席していたことが証明されるので，彼が本文を書いた可能性は高いといえよう[23]。いずれにしても，その数日前に発給されたプラキタとおなじく，文書認証の責任が宮廷伯とその書記に委ねられている点が重要である。それゆえに，プラキタと同じく国王の下署を欠いた形式で作成されたと考えられる。

(b) 266番（864年4月23日）

ルーアン教会のためのパンカルタが発給されてから約半年後の864年4月23日からもう一点パンカルタが伝来している。シャルル禿頭王がサン・ドニ修道院に滞在していた際に，サン・モール・デ・フォッセ修道院のために発給したパンカルタは，861年にノルマン人の侵攻を前にして修道士たちが逃げ出した際に破壊された証書群にかわるものとして，同修道院の財産を包括的に確認している。この文書は，ルーアン教会のためのそれと異なり，証人の署名を持たないが，おなじく宮廷伯フルコによって認証されている。国王の署名の欠如は，シャルルのプラキタや先のパンカルタと共通する。

この文書もまた原本で残っていて，誰によって書かれたかを明らかにすることができる。実はこの文書全体が，宮廷伯の書記ではなく，聖職者によって構成される国王文書局で勤務する書記ヒルデボドゥスによって書かれたことが確

実である。「(私)宮廷伯フルコが再読し，下署した」という文言もまたそうである[24]。さらに，この下署に続くティロ記号は，Hludouuicus abba ambasciauit と解読される。この修道院長ルイは当時の国王文書局の長を務めていた人物であり，彼が文書作成を命令したのであった[25]。したがってこのパンカルタは，宮廷伯フルコが現実にそれを「読み直した」かどうかは別として，完全に国王文書局により作成された。認証の責任のみが宮廷伯にゆだねられているのである。

この種の国王証書の伝来数は少ないが，シャルル禿頭王以前もまた以後もパンカルタが宮廷伯によって下署されることはない。そして宮廷伯による認証が，パンカルタをプラキタと類似の形式で作成するように導いたと考えられる。これらのパンカルタは，シャルルのプラキタの中でもとりわけ258番のプラキタに近い。すなわち，文書の認証の責任を宮廷伯に委ねるという点である。文書作成における宮廷伯の役割が国王証書において前面に現れるのは，863年から864年にかけての時期に限られている。しかも，文書作成に聖職者が関与したことが証明されるとき，もしくは文書形式に教会会議決議録との類似性が見られるときのみ，文書の認証の責任が宮廷伯に帰せられている。そこに我々は，明確な位階制度を持ち，個々の官職の権限や任務について明確な概念を有する聖職者の思考の影響を読み取ることができるかもしれない。いずれにしても，滅失文書の代わりとなる文書の発給が，宮廷伯の任務領域に属するようなものとして理解されたために，その文書認証が宮廷伯と結び付けられたと考えられる。しかし，なぜ宮廷伯がそれまで果たしたことのない任務を委ねられることになったのか。この官職が，シャルルの時代にどんな意義を有していたかが問われなければならない。

II. 宮廷伯と世俗権力

宮廷伯はすでにメロヴィング期以来国王法廷の専門的な役人として活動していた[26]。カロリング期に入ると宮廷において自ら裁判を主宰する権限を獲得するとともに，またプラキタの作成の責任を担うようになる。注目すべきは，シャルル禿頭王のもとで宮廷伯の活動に関する証拠が増加するのみでなく，その活

動がかなり組織立てられていたことが明らかになることである。そして，シャルルの治世における宮廷伯職の発展は，明らかに宮廷伯職の理解のあり方と密接に結びついている。

　メロヴィング期については言うまでもなく，カロリング初期についても宮廷伯がいかなる官職と捉えられていたかを教えてくれる直接的な情報は残っていない。しかし，まさしく9世紀半ばごろから宮廷伯という官職が象徴的な意義を付与されるようになる。最初の証拠は，ヴァラフリドゥス・ストラボの著作に見出される。840年から842年の間に教会典礼の起源と発展について著した著作の中で彼は，教会官職と世俗官職の対比を試みている[27]。その中で宮廷伯は宮廷礼拝堂の長と対比されており，世俗の訴訟を吟味する役人として，宮廷における最高位の世俗官職とみなされていたことが示唆されている[28]。

　宮廷礼拝堂の長との対比において宮廷伯を特徴付ける仕方は，ヒンクマルとともに洗練される。もっとも有名なのは，ヒンクマルが882年の死の直前に，シャルル禿頭王の孫に当たるカルロマンに統治の指針を教授するために書き上げた『宮廷制度論』である[29]。この著作は時代的にはシャルルの死後成立したものだが，ヒンクマルはまさしくシャルルの政治顧問とでも言うべき役割を長きにわたって果たした人物であり，彼がこの王の統治に大きな影響を与えたことは良く知られる[30]。また，宮廷諸官職に関する叙述部分は，カール大帝のいとこでイタリアにおける国王支配に重要な役割を演じたアダルハルドゥスの著作に基づいているが，ヒンクマルが自らの抱く政治理念の表明のためにその著作に手を加えたこともまた明らかにされている[31]。ヒンクマルは宮廷伯をいかなる官職として描いているのか。

　「宮廷官職の中でとくに重要な官職が二つあった。すなわち，われわれが「カペラーヌス」もしくは「宮廷の守護者」と呼ぶアポクリシアーリウス，ならびに宮廷伯である。かれらの果たすべき役割は，教会や教会の役人にかかわる問題を，また世俗の事柄と世俗の訴訟を直ちに引き受けることであった。というのも，聖職者や俗人が王を煩わせることのないように，王の面前で審理してもらうに値するかどうかをかれらが検討しなければならなかったからである」[32]。

　すでにヴァラフリドゥス・ストラボに見られた宮廷礼拝堂長と宮廷伯との類

比が再び現れる。しかし，両官職の比較はいまやヒンクマルの理念の表明のための手段としての性格を強く帯びている。そもそも宮廷礼拝堂長は裁判の領域において宮廷伯と比較できるような役割を果たしたことはなかった[33]。さらに，宮廷伯が扱う案件は必ずしも世俗の訴訟に限定されていなかった。ヒンクマルは宮廷伯フルコに宛てた書簡において，ソワソンの司教座に属する司祭の巻き込まれた訴訟に介入しないよう求めているように[34]，この書においても，教会にかかわる訴訟と世俗の訴訟とを明確に区別するように要求する。そして，世俗の事柄について宮廷伯が果たすのと同様の役割を，宮廷礼拝堂長に認めるよう迫っているのである[35]。実はヒンクマルは，すでに858年に同様の主張を行っていた。858年にキエルジーの教会会議の決議をもとにヒンクマルによって作成された書簡において，宮廷伯は「res publica の事柄における」責任者として描かれている[36]。ここで res publica は明らかに教会の事柄と対比して用いられており，世俗の領域を示している。そしてこの書簡においてヒンクマルは，世俗の領域において宮廷伯に委ねられたのと同様の職務を果たす聖職者の官職の設置を要求しているのである。

したがってヒンクマルは，教会の自立性の強化を目的とした要求において，世俗統治の領域を代表する宮廷役人として，宮廷伯を引き合いに出している。さらにヒンクマルは，先に引用した『宮廷制度論』の一節に続く叙述の中で，宮廷伯と世俗法とを結び付けていることを指摘しておこう[37]。世俗の宮廷官職と世俗法とが結び付けられるように，統治の領域における聖俗の境界が法を焦点として議論されていることが窺える。

以上のように，シャルル禿頭王の治世には，宮廷における世俗の官職と聖職者のそれとを区別し，両者の職務領域を明確に区別しようとする思考が強く現れる。その中で宮廷伯は，教会と王権，すなわち聖と俗との対比という構図において，世俗統治の領域を代表する宮廷の最高官職として戦略的な位置づけを与えられたのであった[38]。そしてこの宮廷伯像が，単に司教の側からの要求の道具として用いられるにとどまらなかったところに，シャルルの治世の独自性がある。シャルルの時代に宮廷伯がパンカルタの認証というそれまで果たしたことのない役割を割り当てられた事実は，明らかに宮廷における世俗官職の権

限と聖職者のそれとの境界を明確にしようとする意図に由来する。もともと滅失文書に代わる証書の発給手続きは、裁判集会もしくは都市参事会において裁判手続きに類似する手続きを経て発給されていたので、宮廷において裁判を取り仕切る宮廷伯の任務に属するものとみなされたのであろう。しかし、カロリング初期において滅失文書の代わりとなる国王証書は聖職者によって構成される国王文書局によって作成されていた。それゆえ、パンカルタと宮廷伯との結合が聖俗権力の境界をめぐる議論の中から出てきたとすれば、そこにはむしろヒンクマルの要求とは相反するような意図が関与していたように思われる。パンカルタ二点とも、ヒンクマルが教会関連の訴訟に口出ししないように要求した宮廷伯フルコによって認証されているのは示唆的である。したがって問うべきは、世俗権力の側の対応であり、王権が自ら「世俗的な」権力を称揚するような状況が現出したのかという点である。そこに、860年代になってはじめてパンカルタが宮廷伯により認証された理由、そしてまたプラキタが復活させられた理由を説く鍵が存する。

III. 文書形式とシャルル禿頭王の王権

周知のように、840年のルイ敬虔帝の死後、その息子たちの間で激しい争いが繰り広げられ、その結果843年にヴェルダン条約が締結され、カロリング帝国は三つに分割された。末子であったシャルルは、帝国の西部、西フランク王国の最初の王となるのだが、その治世初期にはとりわけアキテーヌのピピンの勢力と対峙しなければならなかった。849年になってようやくシャルルは、アキテーヌ地方の掌握を確固たるものとすることができた。しかし、アキテーヌにおける不穏な動きを取り除いた後も、シャルルの王国は安泰ではなかった。850年からは、858年に頂点に達する王国の危機、すなわち相次ぐノルマン人の侵入とそれに呼応するかのようにして生じた有力者層の離反、さらに東フランク王ルードヴィヒ・ドイツ人王による侵入に対処しなければならず、シャルルの治世の最初の15年間は、ほとんど内外の危機への対処に忙殺された時期であった。シャルルが本格的に王国統治の再編に着手するのは、この危機の時期を乗

り越えた後，859年からである。この国王について優れた伝記的研究を著した J. ネルソンは，859年から869年にかけての時期を，のちにシャルルの戴冠という出来事に結晶するような権力の展望が形成された時期として描いている[39]。それは，シャルルが自ら抱く権力イメージをもとに統治を再編し，権力基盤を理念的にも現実においても確固たるものとして築き上げようと試みた時代なのであった。シャルルは，いかなる王権イメージを抱き，いかにしてそれを実現しようと試みたのか。

　少し時代は下るが，シャルル自身が明確に己の統治理念を表明している証拠が残っている。それは871年に，教会所領に対する司教の完全所有権を主張する教皇ハドリアヌス二世に対して，シャルルが宛てた書簡である[40]。この書簡はヒンクマルの手によると考えられているが，そこで表明されている理念は，彼の他の著作に一貫して見られる主張，すなわち教会財産の不可侵性と国王に対する司教の優位性の主張とは，「原則的には」相容れないように見える[41]。この書簡においてシャルルは，「我々フランク人の王たちはこれまで司教の代理人ではなく，地上の主人とみなされてきた」として，教会財産を含めた王国内のすべての財産に対する支配権を主張するのである[42]。その際シャルルはゲラシウスの権力論を引き合いに出すが，その引用の仕方は，シャルルの父ルイ敬虔帝時代のそれと著しい対照をなすことが注目される。

　西ヨーロッパにおいて初めてゲラシウスの聖俗権力二分論をもとに統治論が議論されたのが，ルイ敬虔帝の時代であったことは良く知られる[43]。かの有名な829年のパリ教会会議において司教たちは，ゲラシウスの二分論を引きながらも，決して二つの権力の厳格な分離を主張することはなかったのだが，王権の干渉すべきでない教会の自立的な領域が明確なかたちで主張されたことに変わりはない[44]。しかも，O. ギヨが明らかにしたように，教会権力と世俗の皇帝権力との二分論をもとに，司教に霊的領域にとどまらない役割を認めたのは，ルイ敬虔帝その人であった[45]。これに対して，教皇ハドリアヌスに対して宛てた書簡においてシャルルは，同じくゲラシウスの二分論を引くが，それは教皇の干渉から国王権力を防衛するためであり，国王の主権を断固として主張するために引用するのである。国王によって定められた立法は，単にすべての司教に

よってだけでなく，教皇によっても守られなければならない[46]。聖俗権力二分論を前提としながら，教会権力に対して国王の主権が，しかも国王立法の優位を主要な根拠として主張されているのである。教会権力と世俗権力との原則的な分離がルイ敬虔帝の時代に確立され，ルイの時代には司教が主導権を握るのに好都合な条件が整った。しかし，その息子シャルルは治世初期の長い危機を脱した後，この関係を王権優位の方向で再編しようと試みたのであった。871年の書簡に見られるシャルルの統治理念は，860年代の経過中に熟成されていったのである。

　実際に，教会に対するシャルルの明確な態度は860年代前半に生じたある具体的な裁判事例において現れる。それが，863年10月末ヴェルブリィの王国集会で下された決定である。ル・マン司教ロベールはサン・カレ修道院が司教座に帰属する財産であることを主張し，この主張は教皇ニコラウス一世により支持されていた[47]。そして教皇の命令と聖なるカノン法の定めにしたがって，三人の司教が裁判官として選ばれ，調査が行われた[48]。だがしかし，これら裁判官たちの面前にシャルルが現れ，サン・カレ修道院が古くから国王の財産であることを主張した[49]。審理は別の期日に延期された。そしてその公判日に，国王シャルルが「裁判権」(iudiciaria potestas)を受け取り，裁判は教会裁判から国王裁判へと姿を変える[50]。この国王裁判においてサン・カレ修道院が国王財産であることが明らかにされ，ル・マン司教は証拠として提出した種々の書類の破棄を命じられたのであった。

　この裁判はプラキタの形式で文書化され，国王が「教会の訴訟と世俗の訴訟を審理し，正当かつ適法に解決する」ために主宰したとする記述で始まる[51]。一般にプラキタでは「すべての訴訟」の審理のために国王が主宰した[52]とされているのに対して，このプラキタにおいては，わざわざ教会の訴訟と世俗の訴訟とが区別され，しかもどちらの裁決にも正当な権限を有する最高裁判権の保有者として国王が裁判を主宰したことが強調されている。そこには，教会に関わる訴訟もまたシャルルが審理し，決定する権限を有することを示そうとするシャルルの意図が感じられる。この国王裁判において，そしてそれを記録するプラキタにおいて，シャルルは教会権力に対する王権の原則的な優位を表明し

ているのである。

　このプラキタにおいて，シャルルのプラキタの中で初めて明示的に宮廷伯に文書の認証の責任がゆだねられている。そして，同じ教会会議に基づくと考えられるルーアン教会のためのパンカルタの作成が初めて宮廷伯に委ねられている。そこに我々は，教会の側からの権限拡大の要求という戦略において言及される宮廷伯ではなく，教会との関係において世俗権力としての王権の優位性を主張する「シャルルの」宮廷伯を，すなわち世俗的統治の象徴である宮廷伯をシャルルが意図的に利用したことを見ることができよう。863年の裁判が国王証書であるプラキタの形式で文書化されたこと，ならびにシャルルの二点のパンカルタがプラキタ類似の形式で作成された事実は，こうした思想的潮流から出てきたと考えるほかに，有効な説明を見いだすことは困難である。

　しかし，残る二点のプラキタについてはどうであろうか。宮廷伯の取り仕切る裁判を国王主宰のそれに書き換えるよう導いた正確な理由を明らかにすることは困難である。実際のところ，宮廷伯が取り仕切る裁判の場に偶然国王が居合わせたからだけであったかも知れない。だがしかし，ルイ敬虔帝の時代やシャルル禿頭王の後継者の時代に国王が裁判を開催したときに，プラキタという形式が選択されなかった事実を忘れてはならない。シャルルの統治理念において宮廷伯の意義を高めたのは，世俗統治の代理人，とりわけ裁判における国王の代理人という地位であった。したがってそれは，そもそも最高裁判権の保有者としての国王の地位を強調するように導くような理念であった[53]。それゆえにこそ，プラキタという，国王が裁判を主宰したことを強調する文書が復活する契機があったと考えられる。実際に，シャルルのプラキタにおいて示される国王の行為の中で三点すべてに共通するのは，ただこの裁判の主宰という役割のみである (no. 314-2 は除く)。プラキタという類型を用いることに意義が認められたとすれば，シャルルがこの役割を，国王の命令である国王証書として，したがって国王の意志の表現として強調する必要を感じたからであったに違いない。この想定が完全に的はずれでないならば，シャルルのプラキタとパンカルタは，860年以降に明確になるこの王の「世俗的な」統治理念と切り離して考えることはできないのである。

おわりに

　以上の検討によって，シャルル禿頭王の治世にプラキタという文書類型が復活した理由が明快な形で浮かび上がってきたわけではない。しかし，シャルル禿頭王の時代にプラキタが復活する契機が存在したことは明らかであり，とりわけ 860 年代の経過中に明確化されるシャルルの統治理念，すなわち聖俗権力二分論を前提としながら，ますます肥大化しつつあった司教権力に対して，国王権力の優位性を世俗法の優位を根拠として主張するシャルルの意志こそが，プラキタ復活の背景にあったと想定される。こうした統治理念の内容について，そしてそれがシャルル禿頭王の統治に与えた影響については，さらに詳しい検討が必要であるが，シャルルの時代において，たいてい聖俗の有力者の集う王国集会の決議を記したカピトゥラリアに国王証書の諸要素がますます侵入することも，おそらく同様の政治思想の潮流と無関係ではないであろう[54]。

注

1) 「プラキタ」(placita) は史料用語ではないが，便宜上この言葉を用いることにする。プラキタの性格ならびにプラキタの消滅のプロセスについては，拙稿「プラキタと七〜九世紀フランク王国の文書制度」『史林』第 85 巻 1 号，2002 年，1-30 頁参照。なお，紙幅の都合上，以下の注で挙げる研究文献は最小限にとどめてある。
2) *Recueil des actes de Pépin Ier et de Pépin II, rois d'Aquitaine (814–848)*, éd. L. Levillain, Paris, 1926, no. XII; *Recueil des actes de Charles II le Chauve*, 3 vol., éd. G. Tessier, Paris 1943–1955, nos. 228, 258, 314 (1, 2). なお，これまでプラキタとされてきたシャルル単純王の三点の文書をプラキタに分類することが不適切であることについては，前掲拙稿 4 頁参照。
3) カロリング期においても，地域によって統治における文書利用のあり方が異なり，それに応じて王権が文書発給活動を行っていた可能性については，E. Pitz, Erschleichung und Anfechtung von Herrscher- und Papsturkunden vom 4. bis zum 10. Jahrhundert, in *Fälschungen im Mittelalter, Bd. III: Diplomatische Fälschungen (1)*, Hannover 1988 (MGH Schriften 33/3), pp. 69–113 参照。
4) 滅失文書の代わりとなる国王証書を表すために「パンカルタ」(pancarta: carta にギリシャ語で「すべて」を意味する pan を冠した造語) という言葉を用いる用法は，ルイ敬虔帝の死後に初めて証明される。ここではそれ以前の国王が発給した同様の文書についても，便宜上「パンカルタ」の用語を用いることにする。なお，フランク国王の発給し

た「パンカルタ」についての研究はほとんど行われていない。さしあたり, K. Zeumer, Ueber den Ersatz verlorener Urkunden im fränkischen Reich, *Zeitschrift der Savigny-Stiftung für Rechtsgeschichte. Germanische Abteilung* 1 (1890), pp. 89–123; Th. Sickel, Neuausfertigung oder Apennis? Ein Commentar zu zwei Königsurkunden für Herfold, *Mitteilungen des Instituts für Österreichische Geschichtsforschung* 1 (1890), pp. 227–258 参照。

5) *Recueil des actes de Charles II le Chauve*, 3 vol., éd. G. Tessier, Paris 1943–1955, nos. 259, 266. この二点のパンカルタがプラキタに似通っていることについては, R.-H. Bautier, La chancellerie et les actes royaux dans les royaumes carolingiens, *Bibliothèque de l'École des chartes* 142 (1984), pp. 5–80: p.72.

6) 史料伝来にかかわる一般的な問題については, A. Esch, Überlieferungs-Chance und Überlieferungs-Zufall als methodisches Problem des Historikers, *Historische Zeitschrift* 240 (1985), pp. 529–570.

7) カール大帝最後のプラキタは812年3月8日 (*MGH Diplomata Karolinorum I. Die Urkunden Pippins, Karlmanns und Karls des Grossen*, ed. E. Mühlbacher, Hannover 1906, no. 216), アキテーヌのピピン一世のそれは828年6月9日の日付を持つ(注2参照)。

8) "Tunc interrogavit Fulco comis palaciis et Gailenus memoratum Deodato . . .".

9) カルタからノティティアへの移行をめぐる議論については, 岡崎敦「11世紀北フランスに文書史料の危機はあったのか」『西洋史学論集』第37号, 九州西洋史学会, 1999年, 1–21頁参照。

10) 文書形式の用語については, レオポール・ジェニコ, 森本芳樹監修『歴史学の伝統と革新』九州大学出版会, 1984年, 201–205頁参照。

11) 本文では次のように表現されている。"Cum resideret excellentissimus ac gloriosissimus rex Karolus in Vermeria palatio in conventu venerabilium archiepiscoporum, episcoporum, abbatum clerique ceteri ordinis cum illustribus comitibus et vassis dominicis ac compluribus nobilium virorum . . .". カロリング期には王国集会と教会会議との境界が曖昧になり, 両者を区別するのが困難になる。W. Hartmann, *Die Synoden der Karolingerzeit im Frankenreich und in Italien*, Paderborn 1989, pp. 4–5.

12) この想定は, 同時期の教会会議決議録への署名の仕方と, 証人の列挙の仕方が共通している事実に基づく。H. Fichtenau, Die Reihung der Zeugen und Konsentienten (1979), in *Beiträge zur Mediävistik*, Bd. III, Stuttgart 1986, pp. 167–185: p. 176.

13) シャルル禿頭王の時代に教会会議における手続き経過を記録するプロトコル形式の記録が復活することが興味深い。W. Hartmann, *op. cit.*, p. 6.

14) "Raganarius notarius ad vicem Hosberti comitis palatii recognovi."

15) *Recueil des actes de Charles II le Chauve*, p. 195.

16) したがって, 訴訟当事者であるサン・ドニ修道院が書記を引き連れて国王裁判にやってきた可能性が高い。No. 228においても, 原告であるミトリィ (Mitry) の領民が書記 (notarius) を引き連れて裁判にやってきたことが記されている。

17) Cf.) R.-H. Bautier, *op. cit.*, p. 71.

18) No. 314-1: "Cum in nomine Dei aeterni domnus ac praecellentissimus rex Karolus Rofiaco villa die veneris IIII idus resederet aprilis una cum plurimorum suorum optimatum, . . ."; no. 314-2:

"Notitia qualiter veniens Electradus, advocatus Sancti Dionisii, ante domnum et gloriosissimum regem Karolum in Rufiaco villa, visus est ibi interpellare sive admallare quendam hominem ex Rotnico, villa Sancti Dyonisii, nomine Angalvinum, coram Geilone comite qui causas palatinas in vice Fulconis audiebat vel discernebat."

19) H. E. Meyer, Die Pfalzgrafen der Merowinger und Karolinger, *Zeitschrift der Savigny-Stiftung für Rechtsgeschicte. Germanische Abteilung* 42（1921）, pp. 380–463.

20) O. Dickau, Studien zur Kanzlei und zum Urkundenwesen Kaiser Ludwigs des Frommen. Ein Beitrag zur Geschichte der karolingischen Königsurkunde im 9. Jahrhundert, Zweiter Teil, *Archiv für Diplomatik* 35（1989）, pp. 1–170: pp. 165–170（Exkurs: Die Gerichtsurkunden Ludwigs d. Fr.）.

21) No. 258: "... Tunc domnus rex interrogando adjuravit Wenilonem Senonensem et..."

22) *Recueil des actes de Charles II le Chauve*, p. 86, n. 2.

23) *Ibid.*, p. 85, l. 23.

24) "Folco comes palatii relegi et s."

25) R.-H. Bautier, *op. cit.*, pp. 34–35.

26) H. E. Meyer, *op. cit.*

27) Walafridus Strabo, *De exordiis et incrementis quarundam in observationis ecclesiasticis rerum*, in *Capitularia regum Francorum*, t. 2, ed. A. Boretius et V. Krause, Hannover 1897（*MGH Legum sectio 2*）, pp. 473–516.

28) *Ibid.*, p. 515: "Quamadmodum sunt in palatiis praetores vel comites palatii, qui saecularum causas ventilant, ita sunt et illi, quos summos capellanos Franci appellant, clericorum causis praelati."

29) Hincmarus, *De ordine palatii*, ed. T. Gross et R. Schieffer, Hannover 1980（*MGH Fontes iuris Germanici antiqui in usum scholarum separatim editi*, III）.

30) ヒンクマルについての研究は数多い。最も重要な研究として, J. Devisse, *Hincmar, archevêque de Reims*, 845–882, 3 vol., Genève 1975–1976 のみを挙げておく。とりわけ, pp. 725–826 参照。

31) アダルハルドゥスの作品については, B. Kasten, *Adalhard von Corbie. Die Biograph eines karolingischen Politikers und Klosterverstehers*, Düsseldorf 1986, pp. 72–84.『宮廷制度論』にどれほど強くヒンクマルの政治思想が表れているかについて, とりわけ, H. Löwe, Hinkmar von Reims und der Apocrisiar. Beiträge zur Interpretation von De ordine palatii, in *Festschrift für H. Heinpel*, Bd. 3, Göttingen 1972, pp. 197–225 参照。

32) *De ordine palatii*, c. 19, p. 68: "E quibus praecipue II, id est apocrisiarius, qui vocatur apud nos capellanus vel palatii custos, de omnibus negotiis ecclesiasticis vel ministris ecclesiae et comes palatii de omnibus saecularibus causis vel iudiciis, suscipiendi curam instanter habebant, ut nec ecclesiastici nec saeculares prium domnum regem absque eorum consultu inquietare necesse haberent, quousque illi praeviderent, si necessitas esset, ut causa ante regem merito venire deberet..."

33) 宮廷礼拝堂については, J. Fleckenstein, *Die Hofkapelle der deutschen Könige, Bd.I: Grundlegung. Die karolingische Hofkapelle*, Stuttgart 1959.

34) Flodoardus Remensis, *Historia Remensis ecclesiae*, ed. M. Stratmann, Hannover 1998 (*MGH Scriptores* XXXVI), III, c. 26 (p. 335).
35) ただし，若干気にかかるのは，宮廷伯が世俗の causa や iudicium を扱うのに対して，宮廷礼拝堂長が教会の negotium を扱うとして，単語が使い分けられていることである。
36) *Die Konzilien des karolingischen Teilreiches 843–859*, ed. W. Hartmann, Hannover 1984 (*MGH Concilia* III), pp. 408–427; c. 7: "... Ut, si episcopus pro quacumque necessitate ecclesiastica ad vos direxerit, ad quem suus missus veniat, per quem, quae rationabiliter petirit, obtineat, in palatio vestro, sicut comes palatii est in causis reipublicae, ministerio congruum constitutum habete."
37) *De ordine palatii*, c. 21, pp. 70–72: "Comitis autem palatii inter cetera paene innumerabilia in hoc maxime sollicitudo erat, ut omnes contentiones legales, quae alibi ortae propter aequitatis iudicium palatium aggrediebantur, iuste ac rationabiliter determinaret seu perverse iudicata ad aequitatis tramitem reduceret, ut et coram Deo propter iustitiam et coram hominibus propter legum observationem cunctis placeret. Si quid vero tale esset, quod leges mundanae hoc in suis diffinitionibus statutum non haberent aut secundum gentilium consuetudinem credulis sancitum esset, quam christianis rectitudo vel sancta auctoritas merito non consentiret, hoc ad regis moderationem perduceretur, ut ipse cum his, qui utramque legem nossent et Dei magis quam humanarum legum statuta metuerent, ita decerneret, ita statueret, ut, ubi utrumque servari posset, utrumque servaretur, sin autem, lex saeculi merito comprimeretur et iustitia Dei conservaretur."
38) 興味深いのは，宮廷伯をこのような形で捉えた著作家がいずれもシャルル禿頭王と密接な関係を結んでいた事実である。ヒンクマルについては本文で述べたとおりだが，ヴァラフリドゥス・ストラボは 829 年からおそらく 838 年までシャルル禿頭王の教師であった。*Lexikon des Mittelalters*, col. 1937 参照。
39) J. Nelson, *Charles le Chauve*, traduit de l'anglais par D.-A. Canal, Paris 1992, pp. 213–242.
40) *Patrologiae cursus completus. Series latina* (= *PL*), ed. J.-P. Migne, t. 124, col. 876–896.
41) J. Nelson, 'Not Bishops' Bailiffs but Lords of the Earth': Charles the Bald and the Problem of Sovereignty (1991), in *The Frankish World 750–900*, Cambridge 1996, pp. 133–143: p. 142. Cf.) J. Devisse, *op. cit.*, pp. 693–696.
42) *PL*, t. 124, col. 878: "... ut beatus dicit Gregorius, non (正しくは nos) reges Francorum et regio genere progeniti, non episcoporum vicedomini, sed terrae domini hactenus fuimus computati ..."
43) Y. Sassier, *Royauté et idéologie au Moyen Âge. Bas-Empire, monde franc, France (IVe–XIIe siècle)*, Paris 2002, pp. 140–152.
44) 山田欣吾「「教会」としてのフランク帝国」『教会から国家へ—古相のヨーロッパ—』創文社，1992 年，62–70 頁参照。
45) O. Guillot, Une ordinatio méconnue. Le capitulaire de 823–825, in *Charlemagne's Heir. New Perspectives on the Reign of Louis the Pious (814–840)*, eds. R. Collins and P. Godman, Oxford 1990, pp. 455–486.
46) *PL*, t. 124, col. 891: "Quas etiam leges principali auctoritate promulgatas, non solum a quibuscumque episcopis, sed etiam an ipsis apostolicae sedis pontificibus, ipsius primae sedis

antistites observari debere scripserunt . . . "
47) *Recueil des actes de Charles II le Chauve*, no. 258: "Recitata autem epistola ab eodem apostolico domno regi directa narrabat coenobium sancti Carilefi potestati episcopatus predicti Rotberti injuste subtractum et ut ei restitueretur exposcebat. Cujus metropolites Herardus, legens scriptum pro praefata altercatione sibi ab eodem papa directum, invenit ceteros eum syllabatim rogasse antistes ut ipsi Rotberto ad ipsum monasterium adipiscendum unanimiter opem ferrent."
48) ". . . Tum juxta ejusdem apostolici mandationem et sacrorum canonum institutionem, idem Rotbertus ex propria diocesi tres elegit judices, Herardum scilicet Turonicum metropolitem, Dodonem Andecavensium et Actardum Nannetensium antistem quorum examine idem terminaretur conflictus."
49) ". . . Tunc surgens gloriosus rex stetit ante praedictos judices et manifeste ostendit ex parte atavi, avi et genitoris jure hereditario, sine ullo censu, se ipsum possidere monasterium ac singillatim monachis abbatibus illud gubernandum commisisse, . . . "
50) ". . . Quibus datis, praecellentissimus rex, repetito consessu, accepit judiciariam potestatem. . . ."
51) ". . . Cum resideret excellentissimus ac gloriosissimus rex Karolus, . . . , ad diversas emergentium causarum considerationes tam ecclesiasticas quam saeculares tractandas atque juste et legaliter diffiniendas . . . "
52) Ex.) *Recueil des actes de Charles II le Chauve*, no. 228: "Cum nos in Dei nomine Cumpendio, palacio nostro, secus fluvium Isaram, ad universorem causas audiendas et recta judicia terminandum resederemus, . . . "
53) 860年以後シャルルの王国の政治思想において，法への関心が強く表に出てくることについては，J. Devisse, *Hincmar et la loi*, Dakar, 1962, p. 91.
54) F.-L. Ganshof, *Recherches sur les Capitulaires*, Paris 1958, pp. 41, 43–46. カピトゥラリアの形式に関する種々の解釈については，R. Schneider, Zur rechtlichen Bedeutung der Kapitularientexte, *Deutsches Archiv für die Erforschung des Mittelalters* 23 (1967), pp. 273–294; H. Mordek, Karolingische Kapitularien, in *Überlieferung und Geltung normativer Texte des frühen und hohen Mittelalters*, hg. von H. Mordek, Sigmaringen 1986, pp. 25–50: p. 36 などを参照。

外来と土着

―― 考古学資料を基にしたバルト南岸地域史研究の課題 ――

市 原 宏 一

I. 北西スラヴ社会の交流に関する研究動向

　今日の東部ドイツ(エルベ・オーデル河間)とポーランド・ポモジェ゠ポンメルンには，6–7世紀頃にスラヴ人が移住定着する。スラヴ人の中で最も北西に位置することから，北西スラヴ人と研究上呼ばれるこのスラヴ人は全体をまとめるような国家を形成することはなかったものの，12世紀半ばまで一定の地域的結集体を生んでいる[1]。一方，中世盛期のバルト海はドイツ人東方植民やハンザ同盟などに知られるように，沿岸諸国・地域間およびその住民相互の交流がひとつの歴史的特徴となっており，これに先立つ時代の北西スラヴ社会についても，バルト海周辺諸地域との関係は社会構造に多様な影響を与えていたと考えられる。ただし，こうした交流の歴史は，中世盛期については植民設定文書や都市文書など文献史料に基づく重厚な研究蓄積で究明されているが，同じ研究手法を中世前期にはとることはできない。東方植民以前には当事者であるスラヴ人自身が書き残した文献史料がないためである。したがって，交流の歴史的検討にあたっては，考古学研究の成果に主に依拠することになる。近年，中世前期の北海・バルト海における交易とその拠点としての交易地に関する研究が考古学の成果に基づきながら精力的に取り組まれている。本稿では，中世前期のバルト海南岸を対象とするこれらの研究に依拠しながら，考古学資料が交易活動などの地域間交流についてどのような証言能力を持っているかについて検討を加える。なお，以下で，相互に人や財の往来が想定される中世前期のバ

図1 北西スラヴ地域図

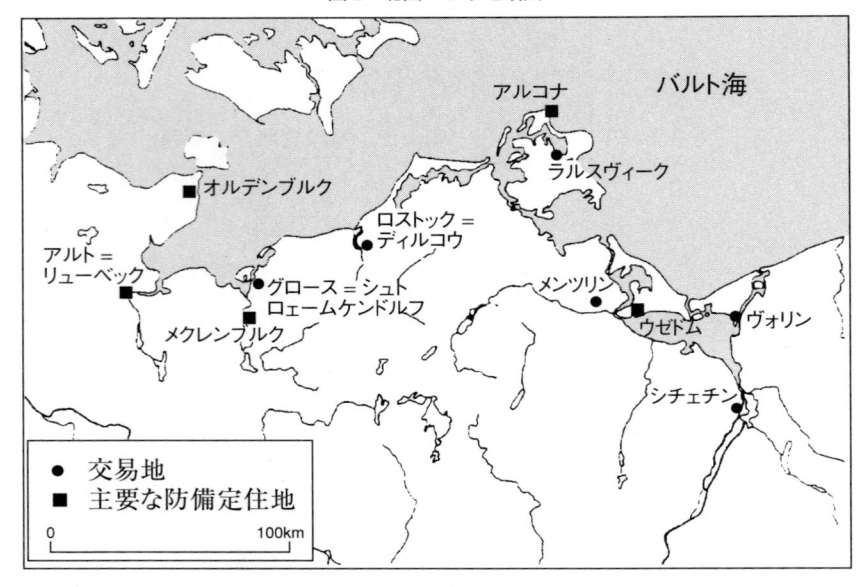

ルト海沿岸の諸地域を一体的に扱う際には「環バルト海世界」と呼ぶことにする[2]。

　中世前期の環バルト海世界の交流に関する研究は、とりわけバルト海、北海沿岸との交流の跡を残す集落(交易地)を対象として重要な成果を上げている(図1)。バルト海南岸における交易地研究を主とする近年の動向について簡単に整理すると次のようになる。バルト南岸オーデル以西の交易地研究では、1970年代に発掘されたメンツリンとラルスヴィークに始まり[3]、1980年代には、J. ヘルマンによって交易地および北海・バルト海交易についての国際的な共同研究が進められている[4]。そして、新たに2つの交易地遺跡が発掘された1990年代には、バルト海沿岸諸地域との交流に関わる論議が一層深められている[5]。オーデル(オドラ)以東のポンメルン(ポモジェ)地方については19世紀以来すでに交易地および環バルト海世界との交流の検証が取り組まれているが、第二次大戦後もポーランド学界によりさらに精力的に進められ、その成果は北海・バルト

海における国際的な共同研究においても報告されている[6]。

　交易地に関する研究は，先行して，ヘーゼビュー(ハイタブ)やビルカ，ドレスタットなど北海・バルト海沿岸について進められている。これらの交易地研究からはいくつかの論争点＝課題が明らかにされている[7]。それらの中から，バルト南岸の交易地にも関わる点を挙げるならば，一つには，交易地形成の担い手をめぐる論議がある。北海沿岸や西欧の場合には交易地がしばしば国王の所領をその起源としており，王侯などの支配権力が交易地の形成にどのように関与しているかが問題となっている。担い手を交易地の中心的住民として捉えるならば，そうした交易・手工業活動の従事者がいかなる存在だったかという問題がある。この点では，担い手が主に遠隔地交易と手工業活動に従事し，交易地周辺の住民とは異なる特別な層だとする見解もある。さらに，遠隔地交易と周辺ないしは後背地との関係についての問題がある。交易地が孤立しており，周辺とは基本的に関係がないのか，それとも何らかの分業関係があるのか，その分業は食料などの日用品供給以外にも見いだされるのかなどの問題である。もう一つの重要な課題は，交易地の中世盛期都市との連続性についてである。北欧・西欧では，7・8世紀に設けられた交易地の多くが10世紀頃には放棄されるか，あるいは近隣の定住地への空間移動がおきており，これを定住地の断絶ととらえるのかどうか，あるいは連続する場合にはその要因とは何かが論議になっている。

　これらの点に関わるバルト南岸の交易地についての論議は様々である。J.ヘルマン，ポーランドのL.レチイェヴィチらは，交易地をスラヴ社会における社会経済的中心地として位置づけ，中世盛期の都市へ連続的に発展するかどうかは，政治的拠点との結びつきの強さに依存するとみなしている[8]。他方で，U.ショークネヒト，ポーランドのW.ウォシニスキは，外来遠隔地交易者の集落とみなし，交易地が北西スラヴ社会における国家形成や近隣集落の拠点機能とは関係なく，中世都市への連続的発展をみとめない[9]。ポーランドのW.フィリポヴィアクは，ヴォリン，シチェチンなどの交易地を経済的交流の結節点と認めながらも，環バルト海世界との交流の証拠がオーデル(オドラ)以東では河川沿いに内陸まで広がっていることを踏まえて，こうした交流が内陸農村住民に

よっても直接担われたとし，交易地と後背地の分業関係をさほど強調せず，交易地や環バルト海交易がスラヴ社会内部の編成に深く関連するとはみなさない[10]。S. ブラーターは，なおまだ交易地の発掘規模が不十分で，恒常的な定住地か季節的な市開設場かは規定されがたいとした上で，バルト南岸の交易地を遠隔地交易に従事する者の居留地とみなしている。そして，そこでのスカンディナヴィア人の滞在と交易における重要な役割を強調するとともに，付近に防備施設がなく，交易地が北西スラヴ社会の土着権力からは独立しているとみる。ブラーターはまた，沿岸交易地とは別に，北西スラヴ社会にもうひとつの交易拠点を想定する。これはオルデンブルクのような防備施設を伴う定住地で，フランク帝国など近隣勢力との境への管理機能を果たし，そこで財の交換が行われ，刀剣や装身具などが贈与交換等も含めてスラヴ上層に供給されるとしている[11]。北西スラヴ地域における交易地については，スラヴ社会内部におけるその位置づけで論議が分かれるが，近年の研究では，交易地を北西スラヴ社会内部においてのみ位置づけるのではなく，広く環バルト海世界，さらには北海沿岸地域における成果との総合で把握しようという傾向が一層深まっていると考えられる。

　北西スラヴ地域史に関する研究動向では，1990年のドイツ統一後，旧東ドイツ・アカデミーの初期史研究の基本的方向に厳しい批判が加えられ，スラヴ的要素と「社会発展」を強調する方向性に過度に偏りがあったとされる[12]。この点で最も印象的なのは，東ドイツ・アカデミー先史・初期史部会を代表したJ. ヘルマンへの批判である。ヘルマンは東部ドイツ・トルノウ防備定住地の成果から，7・8世紀交から9世紀初めには，貢納を伴う支配隷属関係がスラヴ社会内で自生的に成立していると主張していた[13]。これに対して，J. ヘニングはトルノウ近隣の複数の防備定住地の最新の発掘成果を基に，年輪年代決定法による新たな成果も得て，これらを従来の想定よりもほぼ200年後の時代に編年する[14]。同時に防備施設および内部の施設の建築法に根本的な転換が見られるとして，例えば当初のスラヴ風の丸太建物から，焼失をへてドイツ風の柱造り建物に転換するとの見解を示し，これらを踏まえて，トルノウ及び近隣の同タイプの防備定住地はザクセン朝のブランデンブルク東部侵略に伴って10世紀前半に

形成されるとしている。さらに,エルベ・オーデル間地域の主要定住地に関する編年については,ヘルマン自身による分析も含めて,年輪年代測定に基づき,編年の再検討が行われ,防備施設の多くは従来よりも遅く,9・10世紀頃以降に建築されたとの結論が得られるに至っている[15]。こうして北西スラヴ自体の内部構造に関する研究においても,従来想定されていたよりも早期に,また多面的な,西方との融合が強調され,他方でスラヴ的要素の検証は後景に退けられているのである。

近年のドイツ学界を中心とする北西スラヴ社会研究においては,交易地のような近隣地域との交流を対象とする分野だけでなく,内部の社会編成についても,西方・ドイツからの影響の早さと深さ,多様性に力点を置く傾向が強まっている。そしてそうした研究においては,従来にもまして考古学研究の成果が重要な根拠となっているようである。以下では北西スラヴ社会研究における周辺地域との交流に関わる研究成果を整理しながら,そうした研究において考古学上の成果がもつ歴史資料としての特徴と問題点を明らかにしてみたい。

II. 交易・輸入品と外来品

北西スラヴ地域における対外交流は外来性を示す遺物や遺構によって明らかにされる。当該地域とは明らかに区別されるような外来の特徴を備える遺物は「輸入品」等と表されてきている。しかし,北西スラヴ社会へ他の地域からもたらされる財貨がすべて商品として交換されたのではなく,贈与や略奪,あるいは来訪者の持参品など,その由来は必ずしも一様ではなかったと考えられる。したがって,ここでは,近代的な商業による商品流通を想起させる語ではなく,伝来の形態によらない外来品という比較的中立な語を用いる[16]。また,明らかな外来性が見いだされながらも,素材の分析などから現地での生産が明らかにされる場合もあり,これは外来品をモデルとして現地で模倣製造されたと考えられる。以下では考古学上の成果から明らかになる外来性について,まず北西スラヴ地域に現れた外来品と模倣遺物・遺構に関する考古学上の成果を,次に北西スラヴ地域から外部に持ち出された財を検討する。

(1) 北西スラヴ地域における外来品

(a) 武器・武具

スカンディナヴィアで9・10世紀初頭によく知られた差込式鏃は，防備定住地オルデンブルクの他，交易地グロース・シュトロェームケンドルフ，メンツリンなど，沿岸地域から出土している[17]（図2）。ただし，十数箇出土するメンツリンやオルデンブルクを除くと基本的には個別に出土している。スカンディナヴィア出自の武器が沿岸に分布することから，ヴァイキング来襲の証拠とも考えられるが，ブラーターは北西スラヴ地域の交易地を訪れた北欧商人が持参した護身用武器であるとし，軍事的襲来ではないが，バルト南岸へのスカンディナヴィアからの影響の語る証拠としている[18]。他方，上層有力者の所持が想定できる刀剣については，8・9世紀についてグロース・シュトロェームケンドルフ，メンツリンやロストック・ディルコウなどの交易地及びその近郊だけでなく，オーデル，エルベ，ペーネなどの大河川岸で内陸まで広範に，かつ個別に

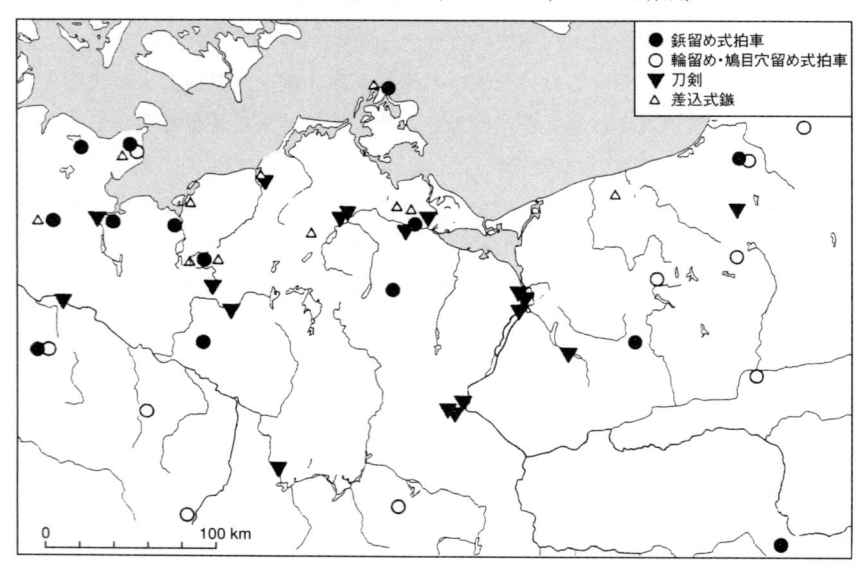

図2 武器・武具遺物の分布（Brather 1996, S. 53 より作成）

出土する。刀剣の出自は交易地ではスカンディナヴィアからとされるのに対して，内陸の出土遺物は西欧製とされている[19]。8・9世紀に西欧で知られる拍車には，脚へ装着するベルトに鋲，鳩目穴，輪で固定されるタイプが見られる。これらのタイプの拍車は刀剣と同様に，北西スラヴ地域のフランク帝国との境からヴィスワ河まで広く出土している[20]。西欧出自の武器・武具については，9世紀のカール大帝による東方侵略に伴ってフランク戦士がもたらしたとも考えられる。しかし，刀剣が集中的にではなく，必ず個別に現れるという出土状況から，ブラーターは，戦闘の結果とはみなしがたいとして，贈与や略奪，交易によりスラヴ人，中でも，高価な武器で身を守り，乗馬も行う上層が獲得したとしている。ただし，沿岸地域での出土は西欧出自の刀剣であっても，必ずしも内陸と同様な背景ではなく，スカンディナヴィア外来者の持参品という可能性も指摘されている。

(b) 装身具

ほとんどの西欧やスカンディナヴィア製の装身具は，グロース・シュトロェームケンドルフ，ロストック・ディルコウなどの交易地および沿岸地域で出土する[21]（図3）。特にメンツリンでは，スカンディナヴィアでよく知られる，舟をかたどって石を並べる舟型列石墓が十数基見いだされる中で，南東端の最も大きな墓からウップランド製楕円形型青銅ブローチと青銅指輪が出土し[22]，別の円形列石墓からはアイルランド風植物模様の施されたベルト・バックルが出土している[23]。ここでは，定住地からもスカンディナヴィアでよく知られた遺物が出土しており，トール神のハンマーをかたどったペンダントやスカンディナヴィア製左右対称飾り青銅ブローチ，楕円形皿型青銅ブローチがライン流域で知られる四角形ブローチと並んで見いだされている[24]。ポンメルンのパセンタ河上流約10 km右岸シフィルビェでは，小規模防備定住地に隣接する墓地から，スカンディナヴィア製楕円形型青銅ブローチや楕円形バックルを副葬する男性，女性の盛り土墓が数基見いだされている[25]。これらはスカンディナヴィア出自の者の墓と見られている。メンツリンやシフィルビェの事例から，ブラーターは交易地に滞在し，一部は墓地に埋葬されたスカンディナヴィア出自

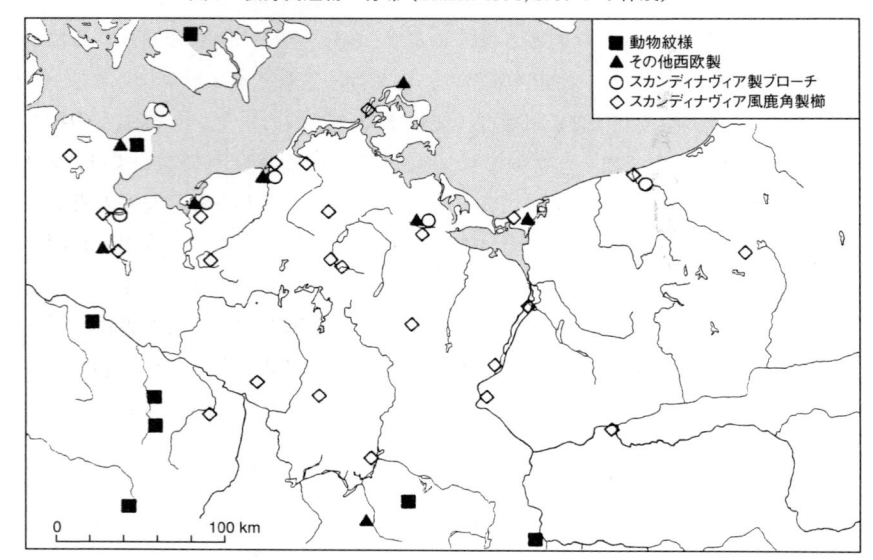

図3 装身具遺物の分布（Brather 1996, S. 59 より作成）

凡例：
■ 動物紋様
▲ その他西欧製
○ スカンディナヴィア製ブローチ
◇ スカンディナヴィア風鹿角製櫛

外来者の持参品とみなし，内陸には運び込まれず，積み替え場所で遺失物としてか，あるいは副葬品とされて残るほかは，ほとんどが再び海を越えてここから持ち出された，と考えている[26]。ただし，西欧出自の装身具の中でも動物紋様が装飾されたベルト先金具や馬具など，8世紀半ばのフリースラントやザクセン地方で知られる例はフランクとの西境で出土している[27]。ブラーターはこのうちオルデンブルクでは，防備定住地のホール風施設から見いだされることを根拠として，贈与交換などによりこれらがスラヴ上層に獲得されたとしている。なお，ブラーター自身が認めているように，オルデンブルクの事例以外は個別発見のため出土状況が不明確である。

(c) 貨幣

環バルト海世界では8世紀末から10世紀に多量のアラブ貨が出土する。北西スラヴ地域でも10世紀にアラブ銀貨の流入が最盛期を迎え，その後10・11世紀交にドイツ・アングロサクソン貨が優勢になる[28]。環バルト海世界では貨幣

図 4a　出土貨幣分布：～9 世紀中葉（Herrmann 1982b, S. 102 より作成）

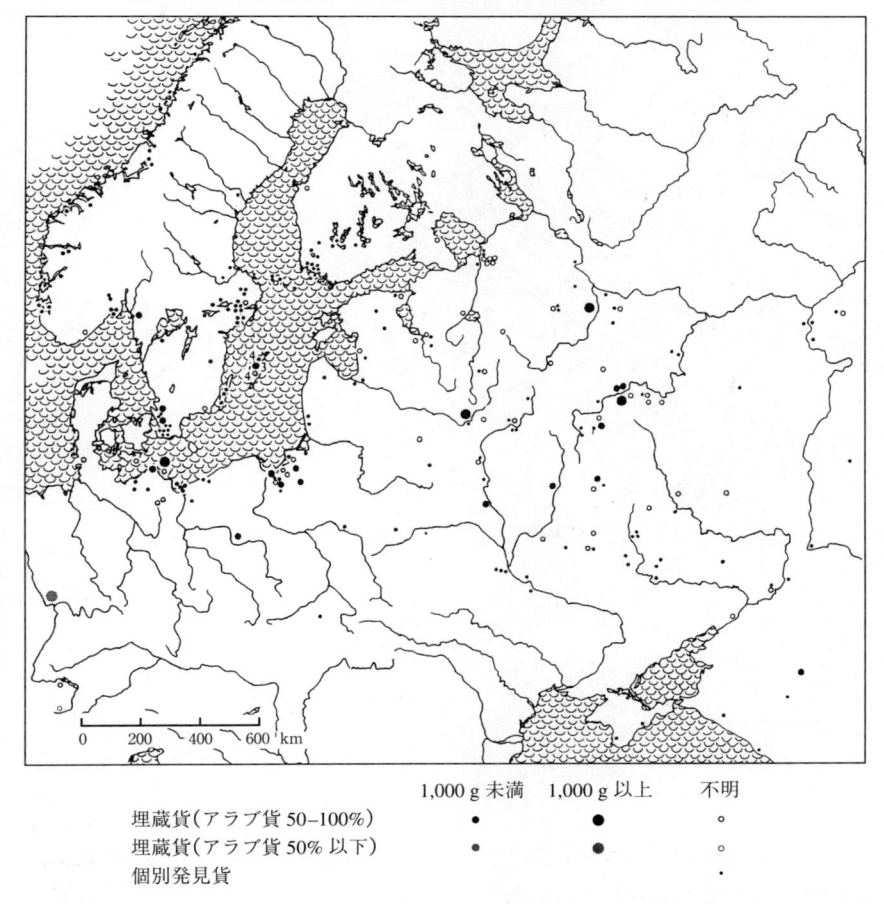

	1,000 g 未満	1,000 g 以上	不明
埋蔵貨（アラブ貨 50–100%）	●	●	○
埋蔵貨（アラブ貨 50% 以下）	●	●	○
個別発見貨			・

はその出土状況により，他の貨幣や遺物を伴わない個別発見貨 Einzelfund と，多数の貨幣が他の装飾品や貴金属などとともに見つかる埋蔵貨 Schatzfund に分かれる。北西スラヴ地域では埋蔵貨の方が出土量が多く，これを対象として出土貨幣に関する研究がすすめられている[29]。8 世紀末から 10 世紀の埋蔵貨は交易地およびその近傍など沿岸付近から出土している(図4)。交易地ラルスヴィークからは 9 世紀半ば以前の北西スラヴ地域で最多の埋蔵貨 2,211 枚が出土するが，

図 4b　出土貨幣分布: 9 世紀中葉〜10 世紀中葉（Herrmann 1982b, S. 103 より作成）

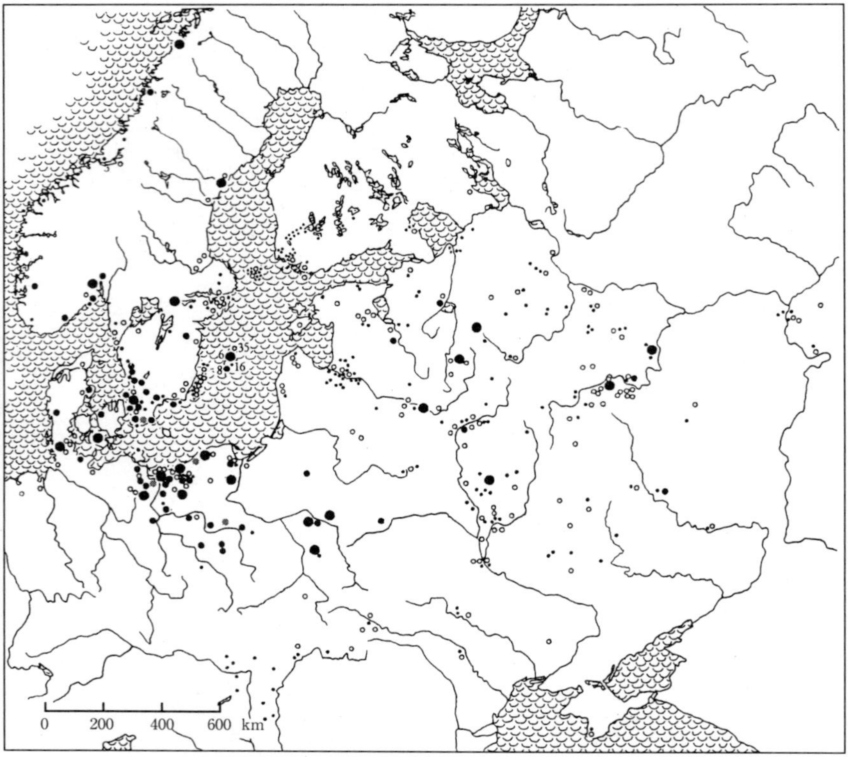

これは 9 世紀の住居の炉傍の編み枝カゴから銀製腕輪とともに見いだされている[30]。この定住地に隣接する墓地からは，鉄釘のついた船材を燃やして火葬した盛り土墓がみられる[31]。北西スラヴ地域固有の船舶には通常木釘を用い，鉄釘はヴァイキング船が一般的であるため，この盛り土墓の被葬者はスカンディナヴィア出自が推定されている。定住地からもノルウェー製石けん石器，スカンディナヴィア風ブローチなどスカンディナヴィア出自の遺物が見いだされ[32]，これらから，アラブ貨をもたらすような活動がスカンディナヴィアからの外来者と結びついていることが推定される。

図 4c　出土貨幣分布: 10 世紀中葉〜1100 年頃 (Herrmann 1982b, S. 104 より作成)

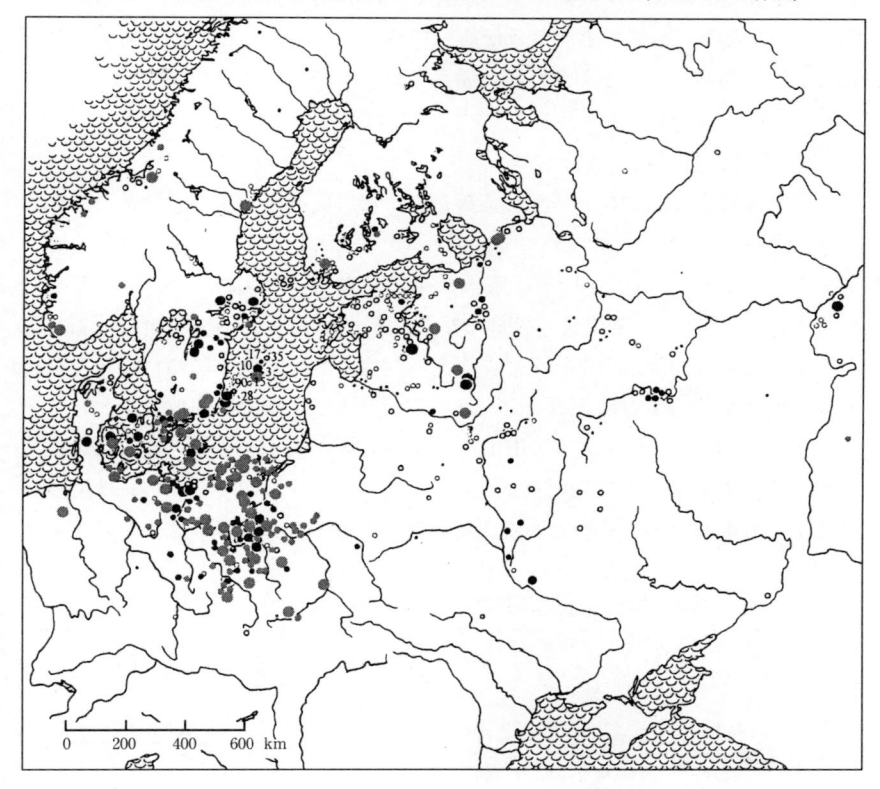

　10 世紀以前の埋蔵貨は沿岸地域に集中してはいるが，必ずしも交易地自体で出土しているわけではなく，交易地近郊の農村定住地で見いだされることが多い。たとえば，交易地メンツリンの付近では数 km の範囲に 3 箇所で同時代と考えられるアラブ埋蔵貨と個別発見貨が見いだされ[33]，ポンメルン・ヴォリンの周辺では，10 km の範囲の 4 箇所で，10 世紀のアラブ埋蔵貨が出土している[34]。10・11 世紀には内陸にまでおよぶ平面的な埋蔵貨分布が見られるようになる(図 4c)。交易地ロストック・ディルコウでは，その放棄後 11 世紀以降の個別発見貨としてドイツ貨が数 km の範囲に 3 箇所で出土している[35]。ポンメル

ン防備定住地シチェチン近郊では3箇所で、11世紀のドイツ貨などの埋蔵貨が出土している[36]。沿岸でも埋蔵貨が農村で見いだされることから、ブラーターは最終的に農産物と交換された後に蓄蔵されたものと見なしている[37]。

(d) 土器、日用品

ライン流域ないしフリースラント製造の土器は北海・バルト海沿岸の交易地ハイタブ（ヘーゼビュー）、リーベ、カウパング、ドレスタットなどの交易地で見いだされるが、これらの土器が破片としてではあるが北西スラヴ地域でも見いだされる。膨らんだ胴と印章装飾が特徴の黄土色のバードルフタイプ土器、錫箔装飾が施された黒色のターティングタイプ水差し、煮炊きに使われる丸底壺などの西欧製造の土器は北西スラヴ地域の交易地[38]と防備定住地オルデンブルク、アルト・リューベック[39]で出土している(図5)。西欧製ガラス器も同様に交易地とオルデンブルクで見いだされる[40]。ノルウェー原産の石けん石は柔らかく加工が容易なため、鋳型として交易地ラルスヴィークとポンメルンのヴォリ

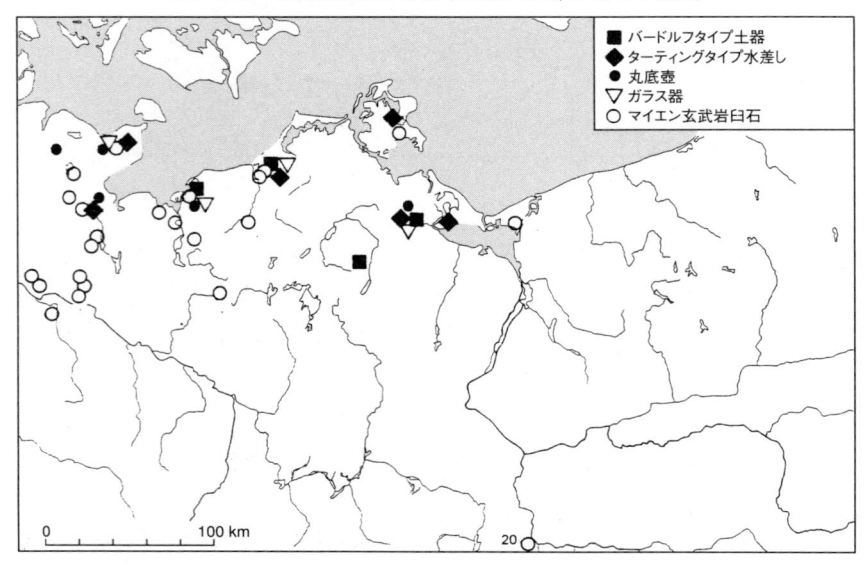

図5 土器・日用品遺物の分布（Brather 1996, S. 70 より作成）

ン，防備定住地オルデンブルク，アルト・リューベックで10世紀に出土している[41]。これらの器類は破片などの形で個別に出土することから，それら自体は交易品でも，また交易品の容器として用いられたのではないと考えられ，特に交易地の事例から，外来者自身の自家用品として持参されたと推定されている。西欧出自の器は交易地だけでなく，防備定住地でも見いだされる。オルデンブルクでは，これらの器が9世紀前半の防備定住地内部のホール風建物の近くで出土することから，ガブリエルは，有力者による贈与交換等による獲得の証拠と見なしている。

アイフェル地方マイエン産玄武岩臼石は西欧製ではあるが，先に述べた土器とは分布状況が異なっている。9世紀頃までは交易地や防備定住地オルデンブルクなどで見いだされる点は西欧製の土器と同様だが，10・11世紀には河川沿いに内陸でも出土している。こうした重量物が原産地から離れた北西スラヴ地域で出土するということから，ライン流域から北海，バルト海を経由した海上交通による交易品と考えられている[42]。

(2) 外来品の模倣

(a) 土器

帯状の櫛紋様が特徴的なフェルトベルクタイプ土器は8・9世紀にペーネ流域を中心とするメクレンブルク地方東部に主に分布している。従来，北西スラヴ地域の土器は北西スラヴ諸族固有の特徴とみなされており，移住してきたスラヴ人の故地である南東スラヴ地域からの影響が指摘されてきた[43]。これに対して，ブラーターは北西スラヴ地域の土器の空間的・時間的変遷を検討しなおし，フェルトベルクタイプ土器の形状や装飾が，先行する無装飾土器とは異なり，むしろ同じ8・9世紀のバードルフタイプなどのライン流域製土器と似ていること，またその分布はスラヴ人が到来してきた内陸の南や東にいくほど密度が低く，逆に主としてバルト海沿岸を中心としていることを強調する。そしてこれらを根拠にフェルトベルクタイプ土器が西欧製土器から影響を受けた，その模倣品だとしている[44]。とりわけ沿岸を中心として半円形の分布領域をとっていることが，モデルとなったライン流域製土器が海上交通を通じてもたらされた

ことを証すとしている。

　フェルトベルクタイプと同様に西欧製土器をモデルとした模倣製造とされているのが防備定住地オルデンブルクで9世紀に出土する華美装飾土器 Prachtkeramik である。オルデンブルク及びその近郊でのみ少数出土するこの土器は，重く，肉厚で，帯状櫛紋様で装飾され，表面がなめらかに研磨されており，スラヴ土器では類例がない。ガブリエルは形態ではメロヴィング期のライン下流域，装飾ではターティングタイプ器がモデルと見なしている。この高級な土器が防備定住地からだけみられることから，直接の外来品獲得と並んで，有力者による西欧文化の受容の一例とされている[45]。同様に上層による外来文化受容の例とされるのが，北西スラヴ製造の鉤留め式拍車である。この拍車は内陸にまで広範に分布しているが，先に挙げたフランク製鳩目留めあるいは輪留め式拍車と似通っていることから，ガブリエルは前者が後者をモデルとした模倣品であるとしている。そして，スラヴ上層が外来品として西欧文化を受容しただけでなく，それを模倣した土着品をつくるという点でも外来文化の受け入れに積極的であったことを示すと見ている[46]。

　鹿角製櫛は北海・バルト海沿岸の大規模集落と同様に，エルベ・オーデル間の4交易地とポンメルンのヴォリン，シチェチン，コォブジェクなど，8世紀以降のバルト南岸の集落でも製造された跡が明らかに見いだされており[47]，外来品ではない。しかし，装飾様式からはスカンディナヴィアとの類似性が見いだされており，そこからバルト海対岸からの影響が想定されている。その後，10・11世紀には内陸の，ベルリン・カウルスドルフなど農村定住地で鹿角櫛製造の跡が見いだされるようになり[48]，先行する時期のフェルトベルクタイプ土器の分布と同様に，外来の作風が受容されていった経緯があきらかだとされている[49]。

　(b)　ステイタスシンボルとしての貨幣

　12世紀初めにはきわめて小規模ではあるが，北西スラヴ地域でも造幣が行われる。11世紀後半のアルト・リューベック防備定住地内では，鋳型や坩堝とともにここで造幣された貨幣が出土する。これを造幣したのは当時この地域を支

配したオボドリト侯ハインリヒと推定されている[50]。アルト・リューベック貨は片面に三角形の屋根の塔と城壁と思われる絵を刻んでおり，出土した貨幣の図柄のパターンから少なくとも4種類の異なる印型があるとされ，オルデンブルク防備定住地でも18枚が出土している。内陸ではブランデンブルクを中心としたハーフェル河流域を支配するヘフェル侯が少なくない貨幣を造っている。ポツダム近郊のミッヒェンドルフで出土した埋蔵銀貨2,032枚の内652枚はプリビスラヴ・ハインリヒ侯および侯妃ペトリッサの貨幣とされ，侯ないし侯妃の肖像あるいは騎乗した侯の肖像が刻まれており，ボヘミア貨を模倣したと推定されている[51]。プリビスラヴ・ハインリヒ侯の血縁であるヤクサ・フォン・コェペニック侯も自身の肖像と名を刻んだ貨幣7種を造っているが，これは先行するプリビスラヴ・ハインリヒ侯貨との類似が指摘されている[52]。1170年にはリューゲン島を支配していたヤロミル侯も自身の肖像を刻んだ貨幣を造っており，これにはザクセン貨の影響が見いだされている[53]。これらの貨幣はきわめて限られた量が一時期のみ造られており，流通手段などの経済的な意味よりは，造幣主であるスラヴ人有力者の権威を高め，同様に造幣主である近隣支配層との同位を主張するために造られたと考えられている[54]。

(c) 防備定住地

北西スラヴ地域には，木材を骨格として土や石を詰めた塁壁と濠からなる防備施設 Burg がよく知られる。防備施設を伴う定住地は，景観や地名などから推定して，数百あるとされている[55]。旧東ドイツ学界では，防備定住地がスラヴ諸族間の軍事的対立に起因するとともに，スラヴ人文化の最も明白な記念碑であるとされていた[56]。これに対して，ガブリエルはオルデンブルクの成果から新たな論点を提起している。オルデンブルク8世紀後半の定住地では，長い炉を備えたホール風平地式柱建物（20.5×7 m）が中心におかれ，これに並んで金属細工作業建物，穀物倉が設けられている。この層の焼失後，9世紀初頭に基本的な構造は変わらずに再建され，ホール風平地式柱建物（17.5×12 m）と金属細工施設などが設けられる。ガブリエルは，これらの建物が同時期の北西スラヴ地域ではまれな規模と様式であることから，フランク王国における宮殿建築

物を模倣したとする。ここでモデルと考えられているのはパダボーンおよびフランクフルトの宮殿である。前者は8世紀末に建築された宮殿施設で，側室を含む全体は31×10mだが，ホール自体は長さ22mで，オルデンブルクとほぼ同規模である。フランクフルトの9世紀前半の宮殿も，二間ホールだが，ほぼ同様な規模（26.5×12.5 m）である[57]。なお，ガブリエルはフランクからの宮廷文化受容について，カロリング朝とオボドリト人ら北西スラヴ人上層との交流に関する史料証言を援用する。例えば，オボドリト侯ヴィトツァンが789年のフランク軍のエルベ以東遠征に参陣して，カール大帝と行動を共にしていること[58]，そして826年にルートヴィヒ敬虔帝がオボドリト侯をインゲルハイムの宮廷に呼び寄せ，人質を提出させていることなどである[59]。従来スラヴ社会の象徴とみなされた防備定住地が，スラヴ社会の内在的な展開を示す証拠としてではなく，西欧との支配層間の交流により建設された施設として，近隣からの社会的影響を証明すると位置づけられているのである。

III. 他地域へもたらされた財

北西スラヴ地域から他の地域に対して「輸出」された財貨を検討することは，外来品についての検討と同様に，当時の環バルト海世界内部の交流の実態を明らかにすると考えられる。北西スラヴから他のバルト海沿岸諸地域へもたらされた財貨として従来挙げられているのは蜂蜜，蜜蝋，穀物，塩，馬，毛皮，奴隷である[60]。ただし，これらの財はそもそも地中にもたらされることがありえないもので，仮にそうなっても腐敗するなどして長い期間保存されることがほとんどありえないため，考古学的にも証明しがたい。ここでは，考古学上確認できるスラヴ出自の遺物と遺構について検討する。

(1) スラヴ風土器

土器は北西スラヴ地域出自の財の中で最も頻繁に他の地域で見いだされる（図6）。8世紀前半にはデンマークを含む南スカンディナヴィアの沿岸に出現し，とりわけ，8世紀末から9世紀初頭に，いくつかのよく知られた交易地でスラブ風

図6　スカンディナヴィア南部におけるスラヴ風土器の出土地点（Callmer 1988, S. 673 より作成）

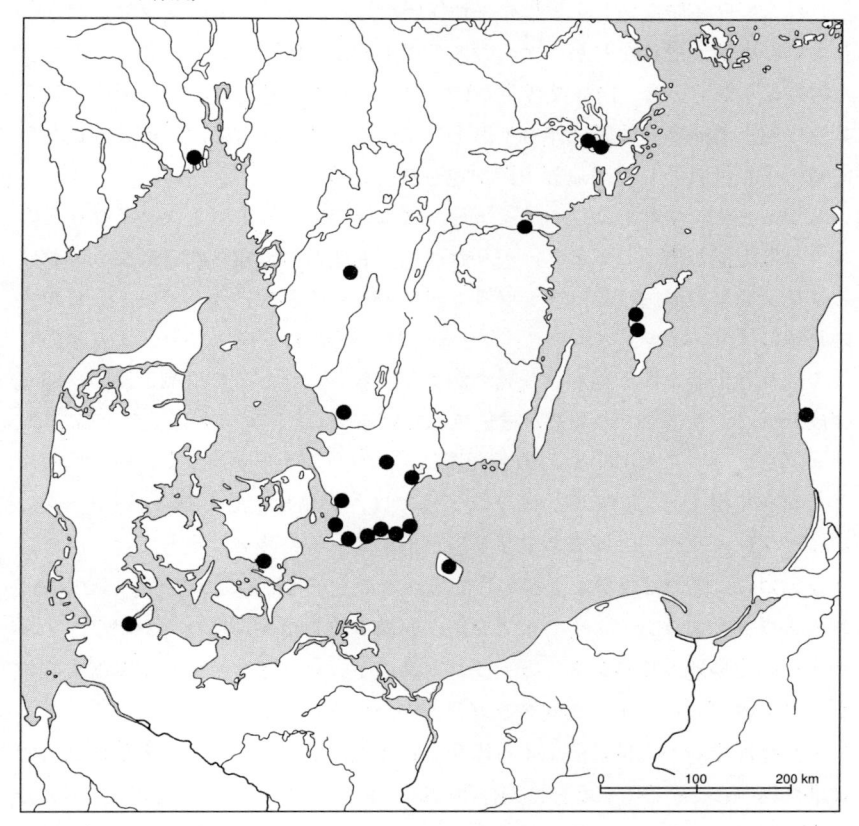

土器が大量に現れる。9世紀末には減少するが，デンマーク東部では13世紀の遺跡でもスラヴ風土器が出土しており，数百年に渡る継続的な交流が推定されている。現スウェーデン・スコーネ地方では，オーフス，タンクボーテン，レッデシェーピンゲでスラヴ風土器が出土している。オーフスでは，8世紀初頭の居住地にスラヴ風土器片が現れ，8世紀後半〜9世紀半ばの新たな別の集落でもフェルトベルクタイプなどのスラヴ風土器片が，多量の交易および手工業遺物とともに見いだされる[61]。スラヴ風土器片は，琥珀加工跡の残るロングハウス

とその近辺に集中しており，このロングハウスの周囲には，後述するスラヴ風とされる竪穴住居ないし小規模の平地住居が見られる。土器の組成分析が行われていないが，形状などから元来のスラヴ土器とは区別され，当地で製造されたと考えられている。同様な時期のレッデシェーピンゲとタンクホーテンで[62]，スラヴ風土器が竪穴住居に伴って出土している。特に前者では，組成分析から当地の土を材料とした現地製造が推定されている[63]。

　スウェーデン中部では，ヘルイェー，ビルカでフェルトベルクタイプなどのスラヴ風土器が出土しており，とりわけ，交易地として知られるビルカにおける9世紀後半の港施設で，スラヴ風土器が18％もの割合に達している。ビルカの墓地には，フェルトベルクタイプ土器を伴う墓が17～18基あり，より後の時代のスラヴ土器を伴う墓も数基見つかっている。これらスラヴ風土器の一部は組成分析により当地での製造が推定されている[64]。デンマークシェラン島では，デュプソェー・フィョルドで10世紀頃に，スラヴ風土器が出土し，竪穴住居にともなって出土している[65]。ユラン半島では，交易地として知られるリーベ，ハイタブ(ヘーゼビュー)でスラヴ土器が出土し，特に後者は集落では一破片しかないのに，港では優勢な土器として現れることが特徴的である[66]。ほかにも，北西スラヴとスカンディナヴィアを結ぶ要衝ボルンホルム島リッレボア，ノルウェーの交易地カウパング，ゴトランド島ヴィスビ，さらにはバルト海東部のラトビアのグロービナで北西スラヴ土器が見つかっている[67]。

　スラヴ風土器が大量に出土する場合，バルト海沿岸，とりわけ大規模集落では港に集中していることから，先行研究によると，塩，蜂蜜，穀物のような，分割が容易で，北西スラヴ地域産品を輸送するのに用いられ，陸揚げされた場でより少量に分けられたために，内陸までは持ち込まれることがなかったと考えられている[68]。他方，こうしたスラヴ風土器がかならずしも北西スラヴ製のみとされるわけではない。レッデシェーピンゲにおける陶土組成分析の成果やスラヴ土器の一般性とは区別できるような形態上の分類により，スラヴ製土器をモデルとした模倣製造ないしは移住してきたスラヴ人による当地での製造も推定されているのである[69]。

(2) 建造物：丸太造り竪穴住居とスラヴ舟

　北西スラヴ地域において一般的な建物は，ほぼ正方形，12～25 m^2 の一間であり，上部構造は丸太を組み合わせた丸太造り Blockbau が支配的で，床面を掘り下げた竪穴建物 Grubenhaus と，平地建物 ebenerdiges Haus の両方がある[70]。竪穴住居と類似の小規模な建物は先に述べたスコーネ地方レッデシェーピンゲ，ルント，イースタット，マルメ，そしてユラン島ウルダールとオーフスで見いだされている[71]。これらの建物はこの建築様式が一般的なスラヴから伝来したと考えられている。ただし，竪穴建物の上部構造として同様にスラヴ起源が推定される丸太造りについては，スラヴ人がバルト南岸に到着する6世紀以前から証明され，東バルト諸族，フィン人からの影響も想定できるという説もあり[72]，必ずしも北西スラヴ起源が断定されえない。先に述べたように，竪穴住居にはフェルトベルクタイプ土器などスラヴ出自の遺物を伴う事例が知られており，そうした場合にはその住民をスラヴ人と推定する根拠があるといえよう。なお，竪穴住居だけでなく，円形防備施設などの木造施設建築法についてもスラヴ風の影響が見いだされるという説もある[73]。

　ラルスヴィークやヴォリンなど北西スラヴ地域で発掘される舟は竜骨とマストを備え，ヴァイキング船と共通する建造法，すなわち，上側の舷材を下側の舷材の外側に重ねるクリンカービルト（鎧張り）をとっている。ただし，スラヴ舟のオールは4～5対と，ヴァイキング船よりもはるかに小型で，舷材を張り合わせる際には木釘を用いることが明確に異なる[74]。こうしたスラヴ伝来の特徴を持つ舟がデンマークのハイタブで1艘，フォルスタル島フリブロドレオで10艘見いだされ，スコーネ地方ルントで11世紀前半の木棺墓として2基用いられている[75]。これらはスラヴ人の当地への到来と一定期間の居住を証明すると考えられている。

IV. むすび——北西スラヴ社会の対外交流——

　近年の北西スラヴ社会研究は，この地域・人種での固有性よりも，近隣と共

通する社会文化的風潮や傾向を見いだそうとする動向を強めている。従来，スラヴないしはドイツといった人種的特徴と固定して理解されてきた考古学資料のいくつかに再検討が加えられ，ドイツ，スカンディナヴィアなど他のバルト海沿岸諸地域からの影響の深さと多様性が探られている。先に挙げたような考古学上の成果から，北西スラヴ社会とバルト海周辺の他の地域との間にどのような交流の様態がみいだされているのだろうか。この研究動向が基礎としている考古学上の成果を資料の性格という視点で整理すると以下のようにまとめることができる。

　北西スラヴ地域における外来品の分布とその出土に関わる環境からは，他のバルト海沿岸諸地域との交流の様態をおおよそ以下の三つとして捉えられる。第一のパターンは西欧風の土器やアラブ貨，スカンディナヴィア製装身具・差込式鏃など，8・9世紀の交易地およびその近郊のバルト海沿岸に限定的に，個別に出土する外来品から明らかになる。この出土状況からは，北西スラヴ社会全体を巻き込んだ周辺世界との交流は想定しがたく，これら外来品は滞在したスカンディナヴィア出自の交易従事者の持参品である。墓地に現れるヴァイキング舟に関わる葬制とを総合すると，交易地の主要な構成員であり，先の外来品をもたらす遠隔地交易活動の担い手がスカンディナヴィア出自であることが推定される。このパターンの交流には北西スラヴ社会は限定的にのみ関与している。

　第二のパターンは防備定住地で個別に出土する西欧製武器などの外来品から明らかになる。8・9世紀の防備定住地では，中心にあるフランク王宮を模倣したとされるホール風施設からこれら外来品が出土している。これにより，西欧に由来する宮廷文化を象徴する外来品が，スラヴ人上層自身の贈与か略奪か，交易により，その有力者の権威を高めるための威信財として，獲得されたと考えられている。同時に，オルデンブルクの華美装飾土器のように西欧製造の土器と類似しながら，当地で製造され，防備定住地でだけ知られる模倣品が現れる。これも上層による外来文化受容のひとつの例とされる。西欧製の拍車や刀剣などの一部，上層の所持品とみなされる武器・武具は広く内陸に，必ず個別に出土分布する。同様に，西欧製拍車の模倣とされる鉤止め式拍車も内陸に広範に

分布しており，これらから，スラヴ人上層間に漸次的に西欧風の宮廷文化が拡大普及していった証拠とされている。このパターンの交流はスラヴ人上層が主体であり，北西スラヴ地域内部の社会編成に影響をもたらしている。

　第三は内陸にも分布する8・9世紀のフェルトベルクタイプ土器，スカンディナヴィア風鹿角製櫛から明らかになる。どちらも外来品の模倣品とされ，前者は西欧製土器を，後者がスカンディナヴィア製品をモデルとして模倣製造されたものと考えられている。交易地や滞在するスカンディナヴィア出自の住民は，近郊農村における埋蔵貨出土に見られるように，食料や土器などの日用品を近隣農村から供給されたと考えられる。こうした関係を基礎として，外来日用品がモデルとされ，模倣品が製造され，外来文化の影響が間接的に，しかし広範に北西スラヴ社会内部へともたらされたと考えられる。10・11世紀にはマイエン産玄武岩臼石や，まずアラブ貨，後にはドイツ貨が内陸に出土するが，これも外来文化との交流が内陸農村地域へも及んでいる証拠とみなされる。この交流のパターンでは，貨幣など一部を除き，外来品が直接もたらされるわけではないが，模倣品の製造として，北西スラヴ社会内部へ広範に，階層が限定されることなく，外来文化が受容されたと考えられる。これらの遺物の分布及び出土状況から，北西スラヴ社会と他のバルト沿岸地域との交流が単純ではなく，スカンディナヴィア出自の交易従事者，北西スラヴ社会内部では，上層間，住民全般それぞれに固有の交流実態があり，その担い手の社会的位置や対象となる財の広がりに多層性が明らかになっている。

　スカンディナヴィアにおける考古学資料からは，この交流のもう一つの特徴が明らかになる。すなわち双方向性ないしは環バルト海世界としての一体性である。交易地やその近辺の沿岸地域で出土するスラヴ風土器などから北西スラヴ人もバルト海を行き来している姿が明らかである。同時に，スラヴ風土器がスカンディナヴィア側で模倣製造されたと考えられ，間接的な北西スラヴ文化の影響が語られる。このことはまさに，バルト南岸交易地におけるスカンディナヴィア人の滞在や，北西スラヴ地域におけるスカンディナヴィア産品の模倣製造による文化的影響という事態とパラレルである。先行研究では，スラヴ風土器の制作者がスラヴ人かスカンディナヴィア系か，スラヴ人であれば奴隷か

自発的に移住する交易活動従事者かなどは残る問題とされつつも，8〜12世紀まで，現スウェーデン南部を含むデンマーク東部がスラヴ人により影響を受けた文化圏にあったとされている。

　北西スラヴ地域を対象とする考古学研究の研究手法における特徴は，考古学資料相互に，そして文献史料に基づく研究との間で強い相関関係の証明が試みられているという点である。とりわけ，8・9世紀のフランク宮廷文化のスラヴ上層による受容という論点は，フランク帝国などの近隣勢力と北西スラヴ人との争いや同盟などの交流に関する年代記などの文献史料の証言を根拠としている。カロリング朝フランクが東方への拡張を進める8世紀後半から，フランク帝国の分裂に至る9世紀半ばのまさにこの期間に，防備定住地におけるホール施設や，そこで出土する西欧製武器や装身具などから，フランク宮廷文化の受容が認められており，西欧土器をモデルとするフェルトベルクタイプの北西スラヴ地域での普及もほぼこの時期と一致する。

　北西スラヴについては，年代記などにおいて9世紀半ばからのほぼ1世紀の間，史料言及がほとんど見られなくなる。ここから，従来，この時期に北西スラヴの社会編成に転換ないし混乱があったとの説もある[76]。しかし，東フランク・ドイツ側における東方への関心の低下により単に文献史料に記録されなかっただけとも考えられないわけではない。これに対して，先に述べた，フェルトベルクタイプの普及時期がほぼ9世紀半ばで区切られることなど，考古学的に北西スラヴ地域の断絶が証明されるならば，こうした考古学上の成果はこの時期に社会編成上の転換があるという文献史料にもとづく説への重要な根拠を提供することになろう。

　環バルト海世界という視点でこの地域の研究を捉えなおそうという近年の試みは，個々の考古学成果の相互比較と，文献史料に基づく研究との総合を通じて，興味深い方向性を説得力を持って展開できているようである。ただし，この傾向にはなお課題ないし疑問も残っており，最後にそのうち一点だけを提起しておこう。ブラーターやガブリエルがその主張の根拠とする防備定住地オルデンブルクにおける成果では，8世紀後半からのホール風大型平地式柱建物が，フランク宮廷施設の模倣とみなされ，そこで出土する西欧製外来武器，装身具

などによりフランク宮廷文化の受容が明らかとしている。オボドリト人上層の権力確立の要因を，近隣からの影響に探るという視点は興味深い視点である。ただし，この主張の前提となるのは，カロリング朝と同時期，8世紀のオルデンブルク防備定住地の大型施設が，この地のスラヴ人支配上層の占有物であるという推定にある。しかし，この当時の施設には，少数の有力者が排他的に利用したことを示す遺構や遺物は見いだされてはいない。ガブリエルが重要な根拠の一つとするホール風建物は，集会場所などの共同利用施設という解釈も可能である。この防備定住地において有力者による占有を推定させる証拠，例えば中心施設内部，土台下での豊かに副葬された少数の墓などは10世紀後半になって初めて見いだされており，同じ頃の年代記などの文献史料に血統の連続する侯家門が言及される。従って，8・9世紀にオボドリト支配上層に限定した西方宮廷文化の浸透を断定するには慎重であらねばならない[77]。しかも，中央に炉を備えたホール風施設はバルト海南岸ではまれな建築様式だが，視野を対岸スカンディナヴィアに広げると，ロングハウスとして知られる一般的な建築様式であり[78]，ここを西欧からの影響としてのみ整理するにはなお検討が十分とはいえないであろう。とりわけ，オルデンブルクとほぼ同様な遺物が同時期の，スカンディナヴィアの影響が色濃い交易地から出土しており，オルデンブルク自体も沿岸地域に属していることを踏まえるならば，この防備定住地の考古学成果の再検討が必要であろう。外来文化の浸透や受容がスラヴ社会内部において上層の権威を高めるいかなるシステムや構造と関わるのかは，考古学成果相互の，そして文献史料の成果との総合で，より多面的に検討されねばならない。

　北西スラヴ地域に対して近隣からの多様な影響を見いだす近年の研究がしばしば西方・ドイツからの影響を重視する傾向にあり，第二次大戦以前の，ドイツ的要素のみを重視する傾向を想起させる。戦後の旧東ドイツ学界がドイツ人東方植民によるスラヴ人根絶説に対する批判を強めた結果，過度にスラヴ的要素が強調されたように，先の動向が西方ないしはドイツ的要素の偏重をもたらす可能性も否定できない。しかし，本稿で概観した研究動向では西方だけでなく，スカンディナヴィアとの交流による影響もみとめられており，同時にそうした交流は双方向的であることも検証されつつある。こうした，より広い範囲

での諸族の交流とその融合を探る流れ，環バルト海世界といった視点での総合的研究が，今後北西スラヴ地域史での具体的な成果と結びつけられねばならないであろう。

注

※　以下で文献を挙げる際には，著者・出版年のみを挙げ，同じ年に公刊された文献はアルファベットを付けて区別し，後掲文献リストにまとめている。

1) 北西スラヴ人は時代や史料により異なって記述されるが，おおまかに東から列挙するならば，オドラ(オーデル)下流域からパセンタ流域にポンメルン人，リューゲン島にラーン＝リュギア人が知られており，エルベ河からオーデル河までの範囲では，西半分にオボドリト人 (Adam II-202, S. 250)，東半分には 8・9 世紀の史料にヴィルツ人が，10 世紀以降には，レダリア人等の 4 支族からなるリュティツ人が定住していたとされている。Adam III-22, S. 354–356.

2) バルト海をめぐる地域の間に経済・文化面での一体性を見いだす説は，例えばヘルマンの研究がある。Herrmann 1982. そこでは，バルト海沿岸地域に共通する定住形態である交易地と，バルト南岸で出土する北欧製の遺物などから，バルト海沿岸諸地域を一つの複合体と想定している。環バルト海世界を一体的な地域として検討する観点は，とりわけスカンディナヴィア，東スラヴを含むバルト海沿岸諸地域の交流について検討されている。キール大学ミュラー・ヴィッレらは，ドイツ人東方植民期のバルト南岸地域におけるドイツ・スラヴ融合について，学際的な研究を進めている。1993 年には，バルト南岸におけるスラヴ人とドイツ人の交流という主題で，旧東ドイツ学界出身のマンゲルスドルフらを含め，考古学，政治史，文化史，農業史，地名研究など総合したシンポジウムを開催している。Müller-Wille 1995. 翌 1994 年には，南バルト海におけるキリスト教化をテーマとして，さらに参加者の国籍を広げた国際的な研究会を開いた。そこでは，西方からだけでなく，東方教会の環バルト海世界への影響も併せて検討の対象としている。Müller-Wille 1997/1998.

3) メンツリンについては Schoknecht 1977，ラルスヴィークについては Herrmann 1985d; Herrmann 1997，私はこれらの成果をもとに交易地について検討を加えている。市原 2000a.

4) Herrmann 1982a; Herrmann / Brachmann 1991.

5) 新たに発掘されたグロース・シュトロェームケンドルフについては Wieterzichowski 1993; Jöns / Lüth / Müller-Wille 1997，ロストック・ディルコウについては Warnke 1992a，私はこれらの成果をもとに交易地について検討を行っている。市原 1999.

6) ポンメルンの交易地ヴォリンについては Filipowiak 1972; Filipowiak 1989，シチェチンについては Leciejewicz 1972，これらをもとに私はポンメルンの交易地について検討を加えている。市原 1997.

7) Ambrosiani / Clarke 1991, S. 173–178; Verhulst 1999, pp. 44–47; 中世前期の交易地と遠隔地交易についてのわが国での検討は，森本 1998a と熊野 1998 がある。

8) ヘルマンは，交易地が遠隔地交易向けの生産活動と同時に近郊後背地との交易に関わるとし，同時に交易地の近隣には対となるような防備定住地が見いだされることがあるとして，政治拠点との関係も想定している。Herrmann 1985d; 市原 2000a, 17–18 頁。レチイェヴィチは，ポンメルンの交易地を部族集団の拠点としながら，12・13 世紀にはポンメルン侯権力の確立とともに，その支配拠点の一つとなると主張する。Leciejewicz 1985, S. 171–184; 市原 2000a, 6 頁。
9) ショークネヒトは，交易地が近郊および後背地との交易にも関与するともみており，連続性についても，交易地自体は放棄されるが，近隣にその経済的機能が継受されたとする。Schoknecht 1977; 市原 2000a, 18 頁。これに対してウォシニスキは，交易地がスカンディナヴィア人の季節集落だと端的に規定する。Łosiński 1995, S. 86–87; 市原 2000a, 20 頁。
10) Filipowiak 1988.
11) Brather 1996, S. 79–80; 2001, S. 245–247. ただし，秤や手工業活動痕の明白に残るパルヒムは 80 年代に発掘されたが，スラヴ神殿や防備施設を備えながら，「国境」からも海岸からもかなり離れた内陸に位置しており，ブラーターはなお明確に性格規定できないとしている。パルヒムについては Keiling 1985; Becker 1991; 市原 2000b, 5–6 頁。
12) Behrens 1994, S. 164–168.
13) Herrmann 1973b.
14) Henning 1991, S. 119–133.
15) Herrmann / Heußner 1991.
16) ブラーターは「しばしば用いられる輸入品 Import という概念は誤った理解であるといえる。というのはこの語は近代的な商品流通のイメージと結びついているからである。交易 Handels にもこのことは妥当する」としている。Brather 2001, S. 242.
17) オルデンブルク Gabriel 1991a, S. 233; グロース・シュトロェームケンドルフ Wieterzichowski 1993, S. 39; メンツリン Schoknecht 1977, S. 106–107.
18) Brather 1996, S. 52.
19) ブラーターは，刀剣の形態分類に関する従来の研究は錯綜しており，研究者により見解がかなり異なるとしたうえで，北西スラヴ地域出土の刀剣をまとめてフランク製としている。Brather 1996, S. 58. 交易地グロース・シュトロェームケンドルフでは副葬品として一組の三角形柄頭，柄，鍔，折り曲げられた刀身が出土し，ネーデルラントやヴェストファーレン，東フリースラントで副葬品として知られるものと同型とされている。ただし，この墓には約 400 本の釘が全長 9.5 m，6 列にわたって残っていることから，スカンディナヴィアの葬制として知られる舟葬墓と見なされている。Jöns / Lüth / Müller-Wille 1997, S. 214. ロストック・ディルコウでは，集落の井戸から皮袋にはいった銀製剣柄頭・鍔・柄一組が出土し，これはスカンディナヴィア出自とされている。Geibig 1992/93, S. 205. しかも，この皮袋からは他に真鍮棒 3, 亜鉛棒 2, 刻印のある鉛型，試金石，緑色ガラスビーズ 100 個以上も含まれており，当地におけるスカンディナヴィア出自手工業者の活動の証拠とされている。Warnke 1992/93, S. 204–206. メンツリンではペーネ川岸の船着き場から鉄製片刃剣一振りが見いだされている。これは北海沿岸地域出自だが，スカンディナヴィア人の使用もよく知られるタイプとされている。Schok-

necht 1977, S. 104–105.
20) Brather 1996, S. 54–55; Brather 2001, S. 300–302; Gabriel 1991a, S. 182–185.
21) グロース・シュトロェームケンドルフではフランク風ベルト金具とスカンディナヴィア風リングつきブローチ Wieterzichowski 1993, S. 30、ロストック・ディルコウではフランク風ベルト金具とスカンディナヴィア製の皿形ブローチ，左右対称形ブローチ等が出土している。Warnke 1992, S. 74.
22) Schoknecht 1977, S. 41–42.
23) Schoknecht 1977, S. 40–41.
24) Schoknecht 1977, S. 477–480.
25) Łosiński 1975, S. 212.
26) Brather 1996, S. 61–62.
27) Gabriel 1991a, S. 185–193; Brather 1996, S. 59–61.
28) Brather 2001, S. 223–237; Herrmann 1982b, S. 96–110. 西欧中世前期の全体的な貨幣史については森本 1991。
29) この地域の埋蔵貨の資料特性についてブラーターは，ほとんどが 20 世紀半ば以前に，非専門家によって，個人的収集や売買を目的として発掘・収集されているため，出土状況や編年の材料となる他の遺物などが明らかにされていないことが多く，詳細な検討には限界があるとしている。また，埋蔵貨には新品が少なく，造幣年からどれほど経て埋納されているか明確ではないとして，正確に編年することが困難であるとはしている。ただし，複数の貨幣や装身具が含まれる埋蔵貨が，他に編年の対象となる遺物のない個別発見貨に比べて，年代確定には信頼がおけるとしている。Brather 1996, S. 66–69; 2001, S. 225.
30) Herrmann 1978, S. 168–169.
31) Warnke 1981; Warnke 1985.
32) Herrmann 1985d, S. 60.
33) 対岸に位置するゴェルケで 10 世紀アラブ貨 116 片とドイツ貨片が見いだされ Herrmann / Donat 1979a, S. 334，西数 km のクライン・ポルツィンで 9 世紀後半のアラブ貨片が出土し Schoknecht 1978, S. 233，ペーネ河口北のピンノウから 8 世紀から 9 世紀半ばのアラブ貨 300 枚が出土している Herrmann / Donat 1979a, S. 349。
34) 南東約 10 km のチュシェビャノヴォでは 10 世紀半ばのアラブ貨などの財宝合計 3,120 g，ズィヴナ川右岸上流のゴゴリツェで同時期のアラブ貨など 20 g，東約 20 km のゴチェヴォでは 10 世紀アラブ貨など 850 g が出土し，さらに個別発見貨として西方約 10 km のルビンで 10 世紀半ばのアラブ貨が出土している。Filipowiak 1985, S. 133–135.
35) 6 km 南東のイケンドルフおよび 6 km 南のケッシン Herrmann / Donat 1973, S. 30–32，さらに北西に接するゲールツドルフ Herrmann / Donat 1973, S. 37.
36) 西 3 km のスフィジェヴォ，オドラ左岸上流 16 km のカミェニェク，オドラ左岸 10 km のムシチノそれぞれで 11 世紀のドイツ貨埋蔵貨と若干のイングランド，デンマーク，ハンガリー，チェコ貨などが出土し，北東 3.5 km のニェミェジィンに 10 世紀前半のアラブ貨が出土している。Filipowiak 1988, S. 701.
37) 農村での貨幣埋納の原因をブラーターは以下のように推定する。銀貨を交換手段として

利用する商人も，加工材料とする手工業者も，いずれにせよ銀を手段・材料として活用することに関心があり，貨幣を退蔵させるとは考えられず，また，交易に携わる貨幣の所持者の突然死で偶然埋納されたという説では，当事者に数百件もの死があったことになりバルト海交易が途絶えてしまうと疑問を呈する。さらに，宗教的・イデオロギー的な理由に対しても，そうした要因では埋蔵貨という現象が人種や地域を越えてバルト海・北海沿岸に広範に広がった理由を説明できないとする。ドイツ人東方植民以前の中欧では，経済活動の停滞のためにとりわけ農村には投資機会がなく，このため，いったん農村まで貨幣が流通するとそこで貨幣退蔵が生じざるをえなかったとする。Brather 2001, S. 225–226. 埋蔵貨がむしろ活発な経済活動の欠落を意味するというこの見解は近年の古銭学成果の理解が背景にあると思われる。森本 1998b.

38) グロース・シュトロェームケンドルフではバードルフタイプ土器と丸底壺 Wieterzichowski 1993, S. 23–25, メンツリンではターティングタイプ水差しと丸底壺 Schoknecht 1978, S. 110–111; ロストック・ディルコウではターティングタイプ水差しとバードルフタイプ土器 Warnke, S. 70.
39) どちらでもターティングタイプ水差しと丸底壺が出土している Gabriel 1991a, S. 135, 197; Andersen 1988, S. 48.
40) グロース・シュトロェームケンドルフでコップ片 Wieterzichowski 1993, S. 23–25, メンツリンでコップ片 Schoknecht 1978, S. 225, ロストック・ディルコウでガラス片 Warnke, S. 73, オルデンブルクでは皿とコップが出土している。Gabriel / Kempke 1991b, S. 135.
41) ラルスヴィーク Herrmann 1985d, S. 60, ヴォリン Filipowiak 1988, S. 695, アルト・リューベック防備定住地内の造幣施設で石けん石の鋳型 Fehring 1991, S. 245, オルデンブルクでは鍋や紡錘として複数例出土している。Gabriel 1991b, S. 267–271.
42) Wieterzichowski 1993, S. 38; Gabriel 1991a, S. 253–255.
43) Herrmann 1986b, S. 326–327.
44) Brather 1995, S. 415–416.
45) Gabriel / Kempke 1991a, S. 134; Gabriel 1991a, S. 195–196.
46) Gabriel 1991a, S. 182–185; Brather 2001, S. 54–55.
47) 交易地については，グロース・シュトロェームケンドルフ Wieterzichowski 1993, S. 14–23, ラルスヴィーク Herrmann 1997, T. 1, S. 123, メンツリン Schoknecht 1977, S. 109–111, 136, ロストック・ディルコウ Warnke 1992a, S. 71–73. ポンメルンではヴォリン Filipowiak 1972, S. 197–203; Filipowiak 1985, S. 128–129, シチェチン Leciejewicz 1972, S. 224–225, コォブジェク Filipowiak 1988, S. 705–707.
48) Behm 1942, S. 261–296.
49) Brather 1996, S. 64; 2001, S. 207–210.
50) Gabriel 1991b, S. 252–253; Fehring 1991, S. 245.
51) Herrmann / Donat 1979b, S. 268.
52) Suhle 1955, S. 49.
53) Herrmann 1985b, S. 134.
54) Brather 2001, S. 236.
55) エルベ・オーデルでは，多く見積もるヘルマンの場合で700以上，少ないケムプケの場

合で約 300 としている。Herrmann / Coblenz 1985, S. 186; Kempke 1999, S. 44. また，オドラ・レガ河間についてエッガースが地形や地名から 42 箇所をスラヴ期防備定住地としているが，ヒンツはこれに修正を加えて約 80 箇所としている。Eggers 1960; Hinz 1988.
56) Herrmann 1986b, S. 326–327; Herrmann / Coblenz 1985, S. 186.
57) Gabriel / Kempke 1991a, S. 154–156; Gabriel 1986, S. 361–362.
58) Annales regni Francorum, S. 58.
59) Annales regni Francorum, S. 146.
60) Andersen 1984, S. 152; Brather 1996, S.; 2001, S. 242; Herrmann 1985b, S. 136. 先に述べたパルヒムに出土する鉄製足枷が交易用の奴隷の拘束に用いられたと推定されている。前掲注 11，Keiling 1994, S. 96.
61) Callmer 1988, S. 660–661.
62) Callmer 1988, S. 664.
63) Callmer 1988, S. 667.
64) Callmer 1988, S. 669–671; Andersen, S. 150.
65) Callmer 1988, S. 668.
66) Brather 2001, S. 245.
67) Callmer 1988, S. 665–671.
68) Herrmann 1985b, S. 135; Callmer 1988, S. 664; Brather 2001, S. 245.
69) Andersen 1984, S. 151.
70) この地域の建築様式について網羅的に整理したドナートは，竪穴式は南部で，北部では平地式が優勢としている。Donat 1980, S. 83–85. しかし，ヨェンツは，ドナートの分析からすでに 20 年経過し，近年北部の若干の定住地で竪穴式建物が見いだされることなどを挙げて，それぞれの地域において支配的な建築様式を語るには分析がまだ十分ではないとしている。Jöns 1998, S. 138.
71) Andersen 1984, S. 156.
72) Hinz 1988–89, S. 120–121.
73) 例えば，10 世紀末のハラルド青歯王が設けたとされるユラン半島南東部の橋梁ラウニングエンゲや，同時期に建設された円形防備施設であるが，具体的な根拠は明示されているわけではない。Andersen 1984, S. 157.
74) ラルスヴィークの舟遺構については Herfert 1968; Herrmann 1981; Herrmann 1997, T. 2, S. 89–118.
75) Andersen 1984, S. 156.
76) Fritze 1982b, S. 137–138; 市原 2003b, 12 頁。
77) 私は，オルデンブルクなどの防備定住地で少数の豊かな副葬の墓が見いだされ，文献史料上血統として連続した家門が証言される 10 世紀半ば以降に，外来勢力を背景としたスラヴ侯家門の支配が確立すると考えている。市原 2003b.
78) ホール風施設が北欧のロングハウスと類似していることはガブリエルもみとめている。Gabriel / Kempke 1991a, S. 173.

外来と土着　　　　　　　　　　341

※　頻出する定期刊行物は括弧のように略して表記する。
　Ausgewählte Quellen zur deutschen Geschichte des Mittelalters（AQDGM）
　Ausgrabungen und Funde（AuF）
　Bodendenkmalpflege in Mecklenburg, Jahrbuch（BMJ）
　Zeitschrift für Archäologie（ZfA）

史　料

Adam Bremensis, Gesta Hamburgensis ecclesiae pontificum, Trillmich, W.（hrsg.）, *AQDGM*, Bd. 8, Darmstadt 1990.

Annales regni Francorum, Reinhold, R.（ed.）, *AQDGM*, Bd. 5, Darmstadt, 1958.

文　献

Ambrosiani / Clarke 1991: Ambrosiani, B. / H.Clarke, *Towns in the Viking age*, Leicester.（『ヴァイキングと都市』熊野聰監修・角谷英則訳, 東海大学出版会, 2001 年）.

Andersen 1988: Andersen, H.-H., Alt Lübeck. Zu den Grabungsergebnissen 1977–1986, in *Lübecker Schriften zur Archäologie und Kulturgeschichte*, Bd. 13, S. 25–59.

Andersen 1984: Andersen, M., Westslawischer Import in Danemark etwa 950 bis 1200 — Eine Übersicht, in *ZfA*, Bd. 18, S. 145–161.

Becker 1991: Becker, D., Zur Befestigung der slawische Sielung Scarzyn, Gemarkung Parchim, in *BMJ*, Jb. 1990, S. 147–155.

Behm 1942: Behm, G., Eine spätslawische Siedlung bei Berlin-Kaulsdorf, in *Prähistorische Zeitschrift*, 32/33, S. 261–296.

Behrens 1994: Behrens, H., Welche Leistungen haben die Ur- und Frühgeschichtsforscher der früheren DDR in die gesamtdeutsche Urgeschichtswissenschaft eingebracht? in *AuF*, Bd. 39, H. 4, S. 164–168.

Böhme 1992: Böhme, H.-W.（hrsg.）, *Siedlungen und Landesausbau zur Salierzeit*. T.1, Sigmaringen.

Böhme 1999（hrsg.）: *Burgen in Mitteleuropa*, Bd. 1, Stuttgart.

Brather 1995: Brather, S., Nordwestslawische Siedlungskeramik der Karolingerzeit — Fränkische Waren als Vorbild? in *Germania*, Bd. 73, S. 403–420.

Brather 1996: Merowinger- und karolingerzeitliches »Fremdgut« bei den Nordwestslawen. Gebrauchsgut und Elitenkultur im sudwestlichen Ostseeraum, in *Prähistorische Zeitschrift*, Bd. 71, S. 46–84.

Brather 2001: *Archäologie der westlichen Slawen. Siedlung, Wirtschaft und Gesellschaft im früh- und hochmittelalterlichen Ostmitteleuropa*, Berlin.

Donat 1980: Donat, P., *Haus, Hof und Dorf in Mitteleuropa vom 7. bis 12. Jahrhundert*, Berlin.

Eggers 1960: Eggers, H. J., Die wendischen Burgwälle in Mittelpommern, in *Baltische Studien*, Bd. 47, S. 13–46.

Fehring 1991: Fehring, G.-P., Die frühstädtische Burgwall-Siedlung Alt Lübeck in jungslawsicher Zeit, in Böhme 1992, S. 233–262.

Filipowiak 1972: Filipowiak, W., Die Entwicklung der Stadt Wolin vom 9. bis zum 12. Jahrhundert, in

Jankuhn 1972, S. 190-207.

Filipowiak 1985: Die Bedeutung Wolins im Ostseehandel, in Lindquist 1985, S. 121-137.

Filipowiak 1988: Handel und Handelsplätze an der Ostseeküste Westpommerns, in *Berichte der Römisch-Germanischen Kommision*, Bd. 69, S. 690-720.

Filipowiak 1989: Die Hafen und der Schiffbau an der Odermündung im 9.-12. Jahrhundert, in Jankuhn 1989, S. 351-398.

Filipowiak / Gundlach 1992: Filipowiak, W. / Gundlach, H., *Wolin Vineta. Die tatsächliche Legende vom Untergang und Aufstieg der Stadt*, Rostock.

Fritze 1982a: Fritze, W. (hrsg.), *Germania Slavica* III, Berlin.

Fritze 1982b: Beobachtung zu Entstehung und Wesen des Lutizenbundes, in Fritze 1982a, S. 130-166.

Gabriel 1986: Gabriel, I., Imitatio imperii am slawischen Fürstenhoff zu Starigard / Oldenburg, in *Archäologisches Korrespondenzblatt*, Bd. 16, S. 357-367.

Gabriel 1991a: Hofkultur, Heerwesen, Burghandwerk, Hauswirtschaft, in Müller-Wille 1991, S. 180-250.

Gabriel 1991b: Handel und Fernverbindungen, in Müller-Wille 1991, S. 251-278.

Gabriel / Kempke 1991a: Gabriel, I. / Kempke T., Ausgrabungmethode und Chronologie, in Müller-Wille 1991, S. 123-148.

Gabriel / Kempke 1991b: Baubefunde, in Müller-Wille 1991, S. 149-179.

Geibig 1992/93: Geibig, A., Der Hort eines Edelmetallschmiedes aus der frühslawischen Siedlung Rostock-Dierkow. Die Schwertgefäßteile, in *Offa*, Bd. 49/50, S. 215-227.

Grothusen / Zernack 1980: Grothusen, K.-.D. / Zernack, K., (hrsg.), *Europa Slawica-Europa Orientalis. Festschrift für H. Ludat zum 70. Geburtstag*, Berlin.

Henning 1991: Henning, J., Germanen-Slawen-Deutsche. Neue Untersuchungen zum frühgeschichtlichen Siedlungswesen östlich der Elbe, in *Prähistorische Zeitschrift*, Bd. 66, S. 119-133.

Herfert 1968: Herfert, P., Frühmittelalterliche Bootsfunde in Ralswiek, Kr. Rügen, in *AuF*, Bd. 13, S. 211-221.

Herrmann 1973a: Herrmann, J. (hrsg.), *Die germanischen und slawischen Siedlungen und das mittelalterliche Dorf von Tornow, Kr. Calau*, Berlin.

Herrmann 1973b: Die Ergebnisse der Forschungen in Tornow, in Herrmann 1973a, S. 359-411.

Herrmann 1978: Ralswiek auf Rügen — ein Handelsplatz des 9. Jahrhunderts und die Fernhandelsbeziehungen im Ostseegebiet, in *ZfA*, Bd. 12, S. 163-180.

Herrmann 1981: Ein neuer Bootsfund im Seehandelsplatz Ralswiek auf Rügen, in *AuF*, Bd. 26, S. 145-158.

Herrmann 1982a (hrsg.): *Wikinger und Slawen*, Berlin.

Herrmann 1982b: Grundlagen und Regionen von Frühstadt und Handel in Ost- und Nordwesteuropa, in Herrmann 1982a, S. 81-112.

Herrmann 1985a (hrsg.): *Die Slawen in Deutschland-Ein Handbuch*, Neubearbeitung, Berlin.

Herrmann 1985b: Austausch und Handel, in Herrmann 1985a, S. 126-152.

Herrmann 1985c: Siedlungsweise und Siedlungsform, in Herrmann 1985a, S. 153-177.

Herrmann 1985d: Hofverband und Handwerksproduktion als Grundlage des frühgeschichtlichen Handels im Ostseegebiet, in Lindquist 1985, S. 55–62.

Herrmann 1986a: *Wege zur Geschichte*, Berlin.

Herrmann 1986b: Germanen und Slawen in Mitteleuropa. Zur Neugestaltung der ethnischen Verhältnisse zu Beginn des Mittelalters, in Herrmann 1986a, S. 310–336.

Herrmann 1997 (hrsg.): *Ralswiek auf Rügen. Die slawisch-wikingischen Siedlungen und deren Hinterland. Beiträge zur Ur- und Frühgeschichte Mecklenburg-Vorpommerns*, Bd. 32, T. 1–3, Berlin.

Herrmann / Brachmann 1991: Herrmann, J. / Brachmann, H. (hrsg.), *Frühgeschichte der europäischen Stadt in Mittelalter*, Berlin.

Herrmann / Coblenz 1985: Herrmann, J. / Coblenz, W., Burgen und Befestigungen, in Herrmann 1985a, S. 186–210.

Herrmann / Donat 1973: Herrmann, J. / Donat, P., *Corpus archäologischer Quellen zur Frühgeschichte auf dem Gebiet der Deutschen Demokratischen Republik (7. bis 12. Jahrhundert)*, Lieferung 1, Berlin.

Herrmann / Donat 1979a: Herrmann, J. / Donat, P., *Corpus archäologischer Quellen zur Frühgeschichte auf dem Gebiet der Deutschen Demokratischen Republik (7. bis 12. Jahrhundert)*, Lieferung 2, Berlin.

Herrmann / Donat 1979b: Herrmann, J. / Donat, P., *Corpus archäologischer Quellen zur Frühgeschichte auf dem Gebiet der Deutschen Demokratischen Republik (7. bis 12. Jahrhundert)*, Lieferung 3, Berlin.

Herrmann / Heußner 1991: Herrmann, J. / Heußner, K.-U., Dendrochronologie, Archäologie und Frühgeschichte vom 6. bis 12. Jh. in den Gebieten zwischen Saale, Elbe und Oder, in *AuF*, Bd. 36, S. 255–290.

Hinz 1988: Hinz, H., Burgwälle und andre Befestigungen, eine Nachlese aus den Kreisen Saatzig und Regenwalde, in *Baltische Studien*, Bd. 74, S. 9–18.

Hinz 1988–89: Der skandinavische Blockbau und seine Beziehungen zum Kontinent, in *Beiträge zur mittelalterarchäologie in Österreich*, Bd. 4–5, S. 115–130.

Jankuhn 1972: Jankuhn, H. (hrsg.), *Vor- und Frühformen der europäischen Städte im Mittlelalter*. T. 2, Göttingen.

Jankuhn 1989: *Untersuchungen zu Handel und Verkehr der vor- und frühgeschichtlichen Zeit in Mittlel- und Nordeuropa*. T. 5, Göttingen.

Jöns / Lüth / Müller-Wille 1997: Jöns, H. / F. Lüth / M. Müller-Wille, Ausgrabungen auf dem frühgeschichtlichen Seehandelsplatz von Groß Strömkendorf, Kr. Nordwestmecklenburg, in *Germania*, Bd. 75, S. 193–221.

Jöns 1998: Jöns, H., Der frühgeschichtliche Seehandelsplatz von Groß Strömkendorf, in Lübke 1998, S. 127–144.

Keiling 1985: Keiling, H., Ein jungslawischer Siedlungsplatz mit Flussübergang und Kultbau bei Parchim im Bezirk Schwerin, in Lindquist 1985, S. 149–163.

Keiling 1994: Forschungsergebnisse von der slawischen Marktsiedlung Parchim (Löddingsee), in Budesheim 1994, S. 84–99.

Kempke 1984: Kempke, Th., Alt Lübecks Aufstieg zur Königsresidenz, in *ZfA*, Bd. 18, S. 93–100.

Kempke 1999: Slawische Burgen des 7.–10. Jahrhunderts, in Böhme 1999, S. 45–53.

Klug 1858: Klug, K.-M.-J., Alt-Lübeck, in *Zeitschrift des Vereins für Lübeckische Geschichte und Altertumskunde*, Bd. 1, S. 221–248.

Leciejewicz 1972, Leciejewicz, L., Die Entstehung der Stadt Szcecin im Rahmen der frühen Stadtentwicklung an der südlichen Ostseeküste, in Jankuhn 1972, S. 209–230.

Leciejewicz 1985, Die Stammesburgen als Ausgangspunkt der früheren Stadtentwicklung an der pommerschen Ostseeküste, in Lindquist 1985, S. 171–184.

Lindquist 1985: Lindquist, S.-O. (ed.), *Society and trade in the Baltic during the Viking Age (Acta Visbyensia 7)*, Visby.

Łosiński 1975: Łosiński, W., Bardy-świelubie, ein Siedlungskomplex im unteren Parsęta-flussgebiet, in *Archaelogia Polona*, Bd. 16, S. 199–219.

Łosiński 1995: Zur Gnese der frühstädtischen Zentren bei den Ostseeslawen, in Brachmann 1995, S. 68–91.

Lübke 1998: Lübke, Ch. (hrsg.) *Struktur und Wandel im Früh- und Hochmittelalter*, Stuttgart.

Müller-Wille 1970: Müller-Wille, M. *Bestattung im Boot. Studien zu einer nordeuropäischen Grabsitte. Offa*, Bd. 25/26.

Müller-Wille 1991 (hrsg.): *Starigard/Oldenburg. Ein slawischer Herrschersitz des frühen Mittelalters in Ostholstein*, Neumünster.

Müller-Wille 1995 (hrsg.): *Slawen und Deutsche im südlichen Ostseeraum vom 11. bis zum 16. Jahrhundert*, Neumünster.

Müller-Wille 1997/1998 (hrsg.): *Rom und Byzanz im Norden: Mission und Glaubenswechsel im Ostseeraum während des 8.–14. Jahrhunderts*, 2 Bd. Stuttgart.

Schoknecht 1977: Schoknecht, U., *Menzlin. Ein frühgeschichtlicher Handelsplatz an der Peene*, Berlin.

Schoknecht 1978: Handelsbeziehungen der frühmittelalterlichen Siedlung Menzlin bei Anklam, in *ZfA*, Bd. 12, S. 228–229.

Steppuhn 1992/93: Steppuhn, P., Der Hort eines Edelmetallschmiedes aus der frühslawischen Siedlung Rostock-Dierkow. Die Kette mit Bleiglasperlen, in *Offa*, Bd. 49/50, S. 207–213.

Suhle 1955: Suhle, A., Die Münzprägung in Brandenburg von den Anfängen bis zum Tode Ottos I., in *Jahrbuch für brandenburgische Landesgeschichte*, Bd. 6, S. 46–49.

Verhulst 1999: Verhulst, A., *The Rise of Cities in North-West Europe*, Cambridge. (『中世都市の形成—北西ヨーロッパ—』森本芳樹・藤本太美子・森貴子訳, 岩波書店, 2001 年)

Warnke 1981: Warnke, D., Eine Bestattung mit skandinavischen Schiffsresten aus den "Schwarzen Bergen" bei Ralswiek, Kreis Rügen, in *AuF*, Bd. 26, S. 159–165.

Warnke 1985: Skandinavische Einflüsse in nordwestslawischen Grabbefunden, in Lindquist 1985, S. 229–236.

Warnke 1992/93: Der Hort eines Edelmetallschmiedes aus der frühslawischen Siedlung Rostock-Dierkow, in *Offa*, Bd. 49/50, S. 197–206.

Warnke 1992a: Rostock-Dierkow. Ein Wirtschaftszentrum des 8./9. Jahrhunderts und der Unterwarnow, in *Zeitschrift für Archäologie des Mittelalters*, Bd. 20, S. 69–80.

Wieterzichowski 1993: Wieterzichowski, F., *Untersuchungen zu den Anfängen des frühmittelalterlichen Seehandels in südlichen Ostseeraum unter besonderer Berücksichtigung der Grabungsergebnisse von Groß Strömkendorf*, in *Wismar Studien zur Archäologie und Geschichte*, Bd. 3.

Wüstemann 1992: Wüstemann H., Zum slawischen Landesausbau an der Warnow, in Brachmann / Vogt 1992, S. 117–122.

市原 1989: 市原宏一「中世北西スラヴ人定住の1類型—6〜12世紀エルベ・オーデル間農村定住遺跡の考察から—」『九州大学大学院経済論究』75号, 1–20頁.

市原 1997:「南部バルト海沿岸西ポンメルンのスラヴ人交易定住」『大分大学経済論集』49巻2号, 1–27頁.

市原 1999:「バルト海南岸の交易地〜近年の発掘成果から〜」『環バルト海研究会第1回現地調査報告書 (1998年7月31日〜8月14日)』SIS/GSHI School of Informatics and Sciences, Nagoya University, Discussion Paper No. 99–1, pp. 10–20.

市原 2000a:「中世前期バルト海南岸における交易と定住ネットワーク〜北西スラヴ社会における交易地の意義について〜」田北廣道編著『中・近世西欧における社会統合の諸相』九州大学出版会, 3–32頁.

市原 2000b:「バルト南岸西スラヴ人の前国家的社会構造〜エルベ・オーデル間東部の神殿防備定住地の分析から〜」『新しい歴史学のために』241号, 1–15頁.

市原 2003a:「『民族』的危機における社会的結集の一形態〜中世前期バルト南岸のスラヴ固有宗教〜」『神戸大学史学年報』18号, 3–30頁.

市原 2003b:「『民族』的危機と社会的求心力としての王権〜エルベ＝オーデル間スラヴ人の場合〜」角田文衛・上田正昭監修, 初期王権研究委員会編『初期王権の誕生　第IV集ヨーロッパ編』角川書店, 207–226頁.

熊野 1998: 熊野聰「ヴァイキング社会論」『岩波講座　世界歴史7　ヨーロッパの誕生—4–10世紀—』岩波書店, 267–290頁.

森本 1991: 森本芳樹「小額貨幣の経済史—西欧中世前期におけるデナリウス貨の場合」『社会経済史学』57巻2号, 13–32頁.

森本 1998a:「都市・農村関係論」『岩波講座　世界歴史7　ヨーロッパの誕生—4–10世紀—』岩波書店, 291–314頁.

森本 1998b:「個別発見貨の意味—イギリス中世古銭学による問題提起と所領明細帳研究への波及—」『比較文化研究(久留米大)』21号, 103–125頁.

11世紀のイングランドにおける
「よき人の社会」と「地域」の誕生

鶴 島 博 和

はじめに

　ジョン・ギリンガムは，990年代から1130年代までを「長期の11世紀」と呼ぶ[1]。彼は，この時期に，現代のネイションに繋がる「イギリス人意識」（ないしはその最初の芽生え）と，「ジェントリの誕生」という意義を見いだしている。アン・ウイリアムズも，11世紀に同様の意義を見いだしている[2]。もっとも彼女は，「長期の」というような流行には棹さすことのない人で，「ジェントリ」という言葉の使用には慎重ではあるが。私も，彼らと同じ意義を11世紀に見いだしている。ただ舌鋒鋭いギリンガムや，史料と情報の生き字引であるウイリアムズとは違って，「告知文書」（notification）と呼ばれる史料を用いて，1060年代までの「長期の11世紀」前半の時期でのイングランド[3]の東南に位置するケント州と称される領域を対象に「ジェントリと地域の誕生」について検討を加えたい。これが本論の課題である。1060年代までに限定するのは，1066年の所謂「ノルマン征服」と呼ばれる事件が，イングランド史の分水嶺とされてきたからである。「征服」以降の同じ問題に関しては別の機会に議論し，改めて「征服」の意義を検討する必要があろう。

　しかし，ギリンガムやウイリアムズそして鶴島の「ジェントリ誕生」論が，依然として英国の歴史学界で異端であること，さらに今年，ピーター・コスが大著『イギリス・ジェントリの起源』を上梓し，そのなかで，「アングロ・サクソン・ジェントリ誕生論」に批判を展開していることからも[4]，本論を執筆する現

在的意味があると思われる。まず次節で，ジェントリの概念とその研究史を整理しよう。

I. 11世紀にジェントリは誕生したか

「長期の11世紀」は，少なくとも北フランスとイングランドで，形式的には一組の夫婦を核とした家制度が生まれてきた，ないしはそれが史料的に確認できる最初の時代といえる。ジョルジュ・デュビーは，「封建革命」によって，それまでの分割相続を許容する双系的血族組織は，相続財産である家産を維持し，それを基本的には長子相続によって継承し，男系の単系家系を重視する家門社会へと変化したという。この親族構造は，最初は10世紀中頃に王家や君侯家の間で確立し，次第に社会階層の底辺に向けて拡大し，1000年頃には城主層に，1050年頃には騎士層にまで広がった[5]。

デビット・ベイツは，この新しい親族構造が生成されてくる過程をノルマンディで検証した[6]。特定の場所に帰属を求めず，直系・男系や血統を意識せず，数世代にわたる権利に固執しない，アモルファスな血族から，館や城を建設して拠点とし，特定の教会や修道院と強い絆を結ぶ「在地」が誕生した。彼らは，根拠地の地名を名字とし，その家産の維持と拡大そして継承に努めたのである。地名命名は，1040年代には，伯などの指導的な家族から始まり，1050年代にはその使用が頻繁となり，1066年のノルマン征服前夜にはしばしば騎士たちも使用するようになっていった。イングランドにおいてもやはり同じような傾向が見られる。11世紀になると，古英語で書かれた告知文書や令状（writ）に，地名を名字とする在地的有力者が現れてくる。しかし，こう主張したことで，既に私は正統学説に反旗を翻したことになる。

ジェームズ・ホウルトは，デュビーの親族論に対して特殊イングランド的な修正意見を提起した。1066年のノルマン征服によって，封建制度が移植されたことでイングランドに大陸と同じような封建社会が誕生したと考える彼にとって，征服前の「アングロ・サクソン社会」[7]は，氏族（clan）と分割相続に基づく社会であり，地域名望家としてのジェントリの誕生などはなから問題になら

ない。彼は，家門の象徴でもある地名命名法は存在せず，もしあったとしてもそれはあくまでも居住地を示すのみで，権力の拠点を誇示してはいないという[8]。

「ジェントリ」のもともとの意味は，素性良き者であるが，この言葉で呼ばれる人たちが，最後まで失うことのない性格は，① 地域的な土地所有者，② 自他共に認める名望家，③ 地域，とくに王権の地方統治の組織である州に対する帰属意識，④ その州の統治と王国政治へ関与するチャンス，であった。言わば，在地小貴族としての「よき人」である。ただし，在地的と言っても，複数の州に跨ることもある。集団に内在する指標が存在するカーストというよりは，王権の地域に対する統治上の網掛けによって形成されたステータスという性格が強く，その実体は，王権，地域(州)，統治の在り方によっても，また時代や場所によっても異なっている。それにもかかわらず，これまでの研究史のなかで，ジェントリがヨーロッパにおける特殊イングランド的中間層，官僚的ならざる名望家として，州という地域共同体による自治の担い手として考えられてきたことからすると，この4つで，ジェントリとしての十分条件は満たされたものと考える。問題はその形成の時期であろう。

一般にジェントリ論は14世紀あたりから始めるのが普通であった[9]。1990年代になると，その起源に関する主張には別の二つの流れがでてきた。ひとつは，スカンメルやトーマスのように12世紀後半，とくにヘンリ二世の改革にその起源をみるものである。スカンメルは，「ヘンリ二世は，イギリスのジェントリの産婆である」という[10]。14世紀からの階層としてのジェントリの成立を主張するリッチモンドは，この時期を原ジェントリ期 (the era of the proto-gentry) と呼んでいる[11]。もうひとつの流れは，最初に言及した征服前の10世紀後半から11世紀のセイン (thegn) に求めるものである。アベルは，「(州の)一握りの裕福な国王セインと下級の土地保有者群は，後代の州ジェントリやヨーマンリーにすこぶる類似している(傍点は筆者：以下同じ)」と述べ[12]，フェイスは「征服前のブックランドの小土地所有者たちは，……用語としては時代錯誤的ではあっても，階層としての自覚意識をもつようになったジェントリとみなしてもよいかもしれない」と一歩進める[13]。ダイヤーは，「イギリスのセインは，小貴族が土

地を獲得していくというヨーロッパ規模の潮流にのり、後代にはジェントリとして知られる、多数の影響力のある小土地所有者集団へと成長していく」と、「ジェントリ」的セインをヨーロッパ全体の視野のなかにおいたのである[14]。しかし、彼らは、用語に注意深かった。これに対して「ジェントリ的」ではなく「ジェントリ」そのものの存在を主張したのがブレアである。彼は、（複合的）大荘園の解体と村と小教区の成立が、ジェントリ形成の経済的基盤を形成したという（「土地にしっかりと根ざしたジェントリ」）[15]。

　1990年代に入っての「アングロ・サクソン・ジェントリ」論を準備したのが、80年代のキャンベルの研究であった。後期アングロ・サクソン・イングランドをカロリング型の国家と想定する彼は、中央集権化された王国において中央権力と地域を結ぶ仲介者（agent）としてのセインの役割を高く評価したのである[16]。ブレアとキャンベルに依存して、スカンメルやトーマスを批判し、「アングロ・サクソン・ジェントリ」論のひとつの極となったのがギリンガムである。彼は「長期の11世紀」にはジェントリの誕生を主張できる（三つの）条件が整ったとする。ひとつは、貴族層に騎士的生活に繋がっていく「名誉の規範」が生まれ、エリート的心性ができあがったこと。二つは、ブレアの言うとおり、大荘園の解体で荘園とその所領教会が形成されるなかで、地域的小土地所有者の騎士化を可能とするような経済的基盤が整備されたこと。三つは、地域の土地所有者たちが、「キャンベルの王国」のもとで地域的な役務に就き、「王国民」的結集（例えば戴冠）に参加することで、王権と地域の仲介者となったこと。そのなかで、州やハンドレッドが地域的組織として重要になり、13世紀以降にもみられる州的結合（county solidarities）が誕生したことである。そして、ここに特殊イングランド的下級貴族が生まれたと結論する[17]。

　これに対して反論を展開したのがコスである。彼は六つの指標をあげて「ジェントリ」を定義した上で[18]、二つの潮流を批判して、ジェントリは13世紀中葉から14世紀中葉にかけて加速度的に形成されたと結論付けた。「アングロ・サクソン・ジェントリ」論や12世紀起源論を彼が受容できないのは、そうした時期に、言葉の広い意味で「ジェントリ」と呼ぶことが可能な下級貴族が広汎に存在したことは認めながらも、それがジェントリ形成の伏流水ではあっても、依

然として縦のヘルシャフト的関係が強固であり，下級土地所有者が王権との直接的委任関係 (direct commissions) になく，また(パラメントに結集していくような)州に分節化された (sectional articulation) 水平的な結合も生まれていないからである。彼にとっては，直接的委任関係と州の構造化へ向かう漸次的変化こそが，勤務や縦の結合 (vertical association) に由来するステータスとは根本的に違ったステータスの(社会的・国制的)認知を生み，それがジェントリの集団的アイデンティティを保証していくのである[19]。

コスは，ギリンガムが「キャンベルの王国」に依拠して特殊イングランド的下級貴族を議論していることを批判し，その議論でいけば，カロリング王国内部の地域ジェントリを議論しなければならず，結果その特殊イングランド性は喪失するのではと疑問を提示する。しかし，この点にこそ，下級貴族の問題をジェントリ論として議論する意味がある。カロリング王国では実現することのなかった，地域共同体的統治が，「長期の11世紀」に生まれ，それが綿々と続き，在地的下級貴族が宮廷と地域との結び目となっていったのである[20]。なるほど，州の裁判集会は，初期はアドホックであり，12・13世紀には大貴族のサロンと化していたかもしれない。しかし，彼らの裁判所 (honour court)[21] と化すことはなかった。ジェントリは，王権からの視点からだけではなく，地域の形成という視点からも，議論しなければならない。ジェントリと呼ぼうと「よき人」と呼ぼうと[22]，我々は源流から始めなければならないのである。

「アングロ・サクソン・ジェントリ論」が生まれた底流には，同時的に進行した貴族研究の深化があった。11世紀，広い領域に所領を展開する大貴族のマクロな社会に対して，在地に根を張る小貴族のミクロな社会が生まれた[23]。エアルドールマン (ealdorman) やアール (earl) などはまさにそうした大貴族(定説と違い，両者の間に大きな差異は確認できないが)[24]であった。一方で，10世紀からセインとして表記された人々の多くが，大貴族もそう呼ばれることはあったとしても，在地有力者的な小貴族であった。

セインは，もともと「仕えるもの」を意味している。『第二クヌート王法典』は，セインを国王セインと一般のセイン (*medemra thegen*) とに分類している[25]。いずれにしても，家柄や，血筋そして富もさることながら，国王ないしは大貴

族への勤務が重要であり，そこにイングランド貴族制の特異性がある[26]。この勤務貴族としての性格は，ノルマン征服で大貴族が駆逐され，より勤務性の薄い所謂「封建的」貴族が大陸から入りこむことで，大貴族のレベルでは弱いものになる[27]（従って，彼らの存在理由は，古さや血統や勤務よりも「征服」に求められていく）。しかし，地域的な小貴族の社会は，ノルマン征服によって英語による国王の命令通達システムが崩壊し，それに代わるフランス語とラテン語による新しいシステムが安定するまで動揺はするが[28]，やがて回復し，時間をかけて独自の地域社会を作り上げていくことになるのである。

「長期の11世紀」に王権は，「よき人々」に依存する地域統治を組織化していった。『第三エドガー法典』3章には，裁判で誤った判決に荷担した場合，セインであること (his thegenscipes) を失うとある[29]。セインは，裁判における証人として，地域平和の維持(紛争解決)という役割を担っていくのである[30]。

II. よき人々の登場

征服前のイングランドには，3種類の文書類型が確認される。チャータ (charters)，告知文書，手紙 (letter) の三つである。その内容は，以下本文ないしは注で解説するとして，次の告知文書から始めよう。

【史料1(1)】「ウルダム (Wouldham: 以下 [Wl]) の6スールング (sulung)[31] はロチェスタの司教座聖堂に以下のようにして与えられたのである。エセルベルフト王(2世; ケント王; 在位748年–762年)がチャータによって使徒(聖アンドリュー)に贈与した (gebocode)。……時の経過とともに王エドムンド(在位940年–946年)のものとなった。エルフスタン，ヘアフスタンの息子 (Aelfstan, Heahstan's son) [以下A] が王から120金マークと銀30ポンド[32]で購入し，金は息子のエルフヘアフ (Aelfheah) [以下B] が支払った。エドムンド王の死後，エアドレッド王(在位946年–955年)はチャータ[33]で，[A] にこれを世襲財産として与えた。」

史料1は980年代から990年代にかけての告知文書である。ロチェスタ司教座聖堂に残る「征服」前の英語文書のひとつで，そのなかでもシングルシートで残存する唯一のものである[34]。告知文書は，ラテン語だけではなく英語でも書かれた。告知文書を古英語の用語で言えば，*[ge]swutelunga*である。これは，この形式のテキストによく見られる開始のフレーズである「この文書においてここで以下を告知する」に由来している。もっとも皮肉なことには，史料1には，そのフレーズがない。ここは，叙述形式と内容から分類した。この文書の形式の主な特徴は，その叙述性にある。テキストは，しばしば，リズミカルな散文体と頭韻法を採用し，主語は，自由に一人称と三人称の間を行き来し，それが同一文のなかでも替わることがあり，直接話法と間接話法の両方が使用される。それは公の場で読み上げ，人々の記憶に残すことを目的としているからと思われる。だからこそ，英語で書かれ，契約や訴訟の記録として使われたのである[35]。

　文中に*gebocode*という言葉がでてくる。これはチャータ（*boc*[book]）で与えるという動詞の過去形である。史料1で言及されている二通のチャータは王文書（diploma）である[36]。王文書によって作り出されたのがブックランドという土地所有形態である。教科書的には，チャータの所有者は，慣習的な土地所有から離れ，自由に当該の土地を処分できたという。しかしそのようなことは実際にはなかった。少なくとも中世前期には，死者の財産はその血族の間で分割するという明確なルールがあった。ただ，同時代の大陸と同じように，継承した土地と新たに獲得した土地の間に区別はおいていた。従って王文書で土地を贈与されることは，「所有よりは獲得の証明」だったのである[37]。

【史料1（2）】「[A]の死後，息子[B]が相続人となった。彼は兄弟であるエルフリック（Aelfric）[以下C]を，彼（[C]）が父から獲得したもの以外の相続から排除した。（その代わりに）[B]は[C]にエリス（Erith; 以下[Er]），クレイ（Cray; 以下[Cr]），エインスフォード（Eynsford,; 以下[Ey]），[Wl]を生涯の間貸与した。」

354　第2部　史料と理論の対話

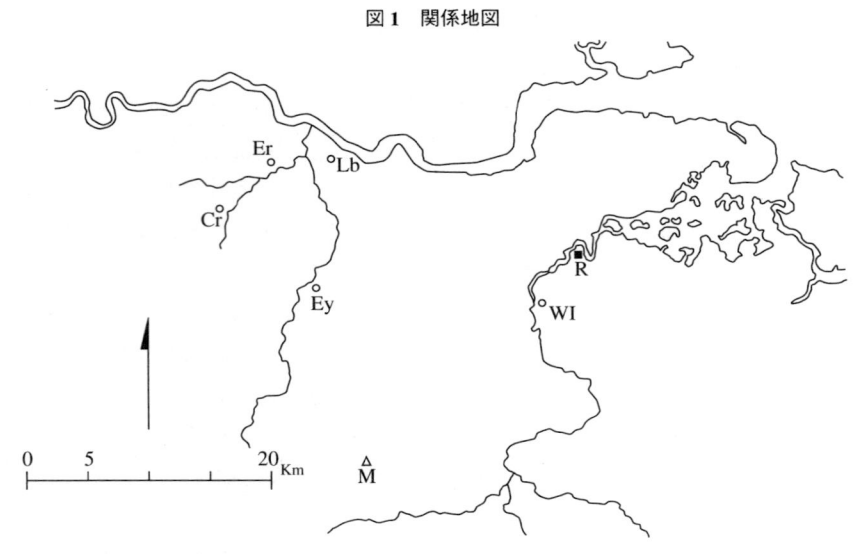

図1　関係地図

注記: 地図の記号は史料1の省略形に対応している。Cr: Cray, Er: Erith, Ey: Eynsford, Lb: Littlebrook, M: Mereworth, R: Rochester, Wl: Wouldham　: ■は都市

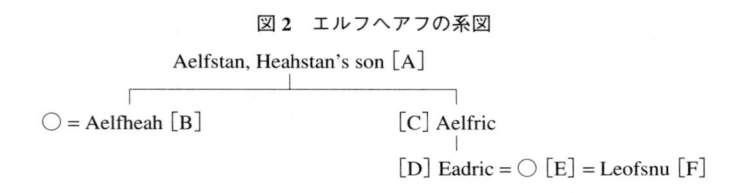

図2　エルフヘアフの系図

```
              Aelfstan, Heahstan's son [A]
         ┌──────────────────┴──────────────────┐
   ○ = Aelfheah [B]                      [C] Aelfric
                                              │
                              [D] Eadric = ○ [E] = Leofsnu [F]
```

　ここでは，血族というよりは単系家族の姿と，相続地と獲得地の違いを見ることができる(所領の位置に関しては図1を参照のこと。また適宜図2の系図を参照願いたい)。[B]が相続した家産は，この4つの所領だけではなかったであろうが，少なくとも長子ないしは一子相続だったようである。一方，[C]が得たのは父から与えられた土地だけだったようで，それで，[B]は[C]に家産の一部を，生涯保有を条件に貸与したのである。このような土地をレーン(ランド)という。

レーンの設定によって，国王文書によるブックランドでは形式的にはその権利に与かれない親族構成員を救済することができたのである。

【史料1(3)】「[C]が先になくなったため，[B]は貸与した(*feng to his laen*)土地を取り戻し，[C]の遺児であるエアドリック(Eadric; 以下D)に[Er][Cr][Wl]を貸与し，[Ey]を自分のものとした。[B]には子供がいなかったからである。しかし[D]も亡くなり[B]はまた貸与していた土地を取り戻した。[D]には子はなく未亡人[以下E]だけが残った。[Cr]は[E]のモーニングギフト(*morgengife*)[38]で，[B]は，これを彼女に与えた。一方，[Er][Wl]そしてリトルブルック(Littlebrook; 以下[Lb])を(彼女への)貸与地とした。」

寡婦への保護や寡婦の守るべき義務，とくに彼女は夫の死後1年以内は結婚しないように定めた条項が，10世紀末から所謂「アングロ・サクソン法典」に散見される。例えば『クヌート王第二法典』は以下のように規定している。「未亡人は夫をなくしてから一年間は再婚してはならない。一年経ってから結婚すべし。もし，一年以内に再婚した場合には，彼女のモーニングギフトと最初の夫から与えられた財産をすべて失う」[39]。この条項は，依然として双系的で寡婦の実家の力が強く，再婚が容易であったことを反映している。しかし，同時に早すぎた結婚と妊娠による家系の混乱を避ける目的がそこにはあったと思われる。同じ法典は，遺言を残すことなく死亡した者の領主は，「この者の財産が妻と子と近しい親族の間で正しく分配」されるように後見しなければならない，と定めている[40]。修道院に親族の魂の救いを求めて寄進するさい，親族の範囲は，征服前も征服後も，配偶者，子供，両親，祖父母であった。血族的結合が残存していたとしても，その中に家系意識をもつ家集団が生まれていたのである[41]。征服前のイングランドに家の存在を否定する論者は，「アングロ・サクソン」の史料を過小評価し，大陸のノルマンディにおいてさえ，「アモルファスで大きな血族集団から家への変質」過程が，1020年代から1050年代のことであった[42]，という共通認識を十分に考慮してはいないように思われる。

【史料1（4）】「[B]は，彼の食物貢租（*his feorm*）を[Wl]で徴収し，他でも同じことをしようとした矢先に病に倒れた。そこで彼は大司教ダンスタン（在職960年–980年）に使いをやって遺言書をしたため，一通はクライスト・チャーチ（カンタベリ大司教座），一通は聖アンドリュー（ロチェスタ司教座），一通を彼の妻に残した。」

ここの部分は，当時の領主支配のあり方と荘園構造を考えるヒントを与えてくれる。食物貢租とは，領主に対する現物の上納で，貨幣，サービス，それからパン，バター，チーズ，鶏，卵，蜂蜜などの食料からなっていた[43]。領主は自分の所領を巡回しながら，提供された食料を消費する生活を送っていた。本論では紙幅の関係で，当時の荘園構造について検討する余裕はないが，ウルダムを中心に別の機会に詳細に論じたい[44]。

ブックランドを所持する個人は，教会と違って，この世の終わりをむかえる以上，そのときには土地を処分しなければならない。そこで遺言状を残すことになる。遺言状は形式的には告知文書で，この文書類型に一般的に見られるキログラフムの形式をとった。それは，一葉の羊皮紙に上から下に三つの同じ書面を作成し，筆記を表すキログラフムという文字をまん中の書面の上下に書き，そこを真正証明のためにギザギザの形に切って，文書を三通作成するという形式である。息子がないエルフヘアフは死期が迫ったことを知って，おそらくは妻の生涯の用益権の設定を条件に，所領を聖アンドリュー教会に寄進したのである[45]。

【史料1（5）】「しかし，[E]と結婚したレオフスヌー（Leofsnu; 以下[F]）が彼女との結婚を理由に，所領を不当にも奪ってしまった。知らせを受けた，大司教は，[Er]において，以下のものたちの面前で，[B]からの遺贈であることを証明した。つまり，ロンドン司教エルフスタン（Aelfstan; 在職961年–995年），クライスト・チャーチの修道士団，ロチェスタ司教（Aelfstan），シェリフ（*scirigman*）である聖職者ウルフシージ（Wulfsige the priest），メレワースのブリフトワルド（Brihtwold of Mereworth: メレワースの位置は図1参照），東ケントと西

ケントのすべての人々である。そして以下のことを，サセックス，ウエセックス，ミドルセックスそしてエセックスにおいて知らしめるべきである。すなわち，大司教は，キリストの十字架が描かれた権利証書をもって，[F] によって奪われた所領の保持をたしかなものにした。王の手 (cinges handa) としてシェリフ，ウルフシージは，[F] が拒否した宣誓を受け取った。さらに加えて，1,000人のよき人 (god ten hundan mannan) が宣誓を行った。(以下傍点はすべて筆者のもの)」

告知文書の最後の部分は，遺言書やチャータを保持するだけでは権利の証明にはならないことを示している。所有とその権利行使を人々の前で証明する必要があったのである。970年ごろの，ロチェスタ司教をまきこんだ別の訴訟は，証明の三つの方法について語っている。

【史料2】「人々に認められている三つ，すなわち陳述 (talu)，権原保証者の呼び出し (team)，もしくは占有事実の立証 (ahnung)」である[46]。

陳述は，原告の最初の答弁で，これに対して被告であるレオフスヌー[F] の反論は記載されていない[47]。これは，この告知文書が大司教と司教の利害を代弁しているためであるが，考えられる反論はモーニングギフトと貸与地への権利主張であろう。とにかく陳述によって，裁判集会は開始された。「権原保証者の呼び出し」は，所謂アングロ・サクソン諸法典では，動産(とくに家畜)の所有権を立証する手立てとして使われている[48]。しかし，土地所有権の立証にも必要であったと考えられる。エセルレド第二法典9条2項は次のように規定している。「何者であれ死者を権原保証者として呼び出したいものは，……証人によって自らの行為が正当なることを示さなくてはならない。」ここで二つの点を考慮しなくてはならない。ひとつは死者の「記憶」が権原保証となりうること。1609年まで，マン島の法では，「債務者が死亡し，彼の負債を証明する文書が存在しない場合には，債権者は彼の墓に赴き，天に顔を向け，胸に聖書をおいて，神と聖書の名において，債務者の負債を宣言することができる」[49]とある。ここ

で注目したいのは，文書が，権原保証者が死亡している場合には，その代替た
り得たということである。マン島の事例がここで直接意味を持つとも思えない
が，しかし「獲得証明」としての王文書は，その持ち主を変えても権利証書と
なりうることを想起すると，証書の提出は死亡した権原保証者の代替物たりえ
たのであろう。大司教は，通常の手続き通り死亡した権原保証者の代替として
「キリストの十字架が描かれた権利証書」を示した。もっともそれだけでは要件
を満たしてはいない。前述のエセルレッド法典にあるように，証人が必要で
あった。証書を提出しての「権原保証者の呼び出し」は，「占有事実の立証」，つ
まり彼の陳述内容の宣誓による保証と宣誓補助者たる証人による保証を必要と
していたのである。大司教は，多くの宣誓補助者を証人として集めることがで
きた。これに対して，被告は「権原保証者の呼び出し」（文書の提出）も「占有
事実の立証」もできず，敗れさった。

　1,000人のよき人は誇張としても，多くの人が集まり，彼らの記憶をたどり，
エルフヘアフ［B］とその未亡人の所有と，司教座教会への寄進を宣誓によって
証明したのである。裁判の決定は，地域の人々に周知され，彼らの記憶に保存
され，必要なときに引き出されていく。よき人々とは，地域におこる様々な出
来事を記憶する媒体であり，問題解決に寄与できる有力者であり，家系を意識
する家の長としての旦那衆であった。地域とは，問題を解決しうる記憶をもっ
た人々の空間であった。したがって問題によって，地域は小さくもなり，大き
くもなり，場合によっては，既存の地域統治組織を横断していく。それは，情
報を共有する人々の生きられる経験領域（共同態，具体的には，経済圏，通婚
圏，祈禱・埋葬圏など）[50]をベースとしながらも，社会諸関係を空間に刻み込む
不断の実践（諸々の制度化，課税や徴兵や裁判による王権の統治行為とそれに対
応していく人々の協働行為）[51]を通して構築されるのである。

　この告知文書は，地域集会が，王の手と呼ばれたシェリフによって主宰され
た州集会の形を示す最古の史料である。たしかに，この告知文書では，開催の
手続きが不明であり，開催地も11世紀には州集会の開催地として中心性を示し
ていくカンタベリやワイ（Wye）といった都市や王領地[52]ではなくエリスという
係争の現場であり，聖職者がシェリフ職を務め[53]，告知する人々の範囲が広く，

証人団もウルダムの南西にあるメレワースのブリフトワルドを除くと俗人では特定の個人は現れていない等など，その形態はすこぶる萌芽的である。しかし，1,000人の「よき人」が，どれほど誇張であっても，980年代には，記憶を共有する地域の人々，つまり「よき人々」とその社会が出現したことを教えてくれる。そして，裁判集会におけるよき人々の活動は，文書の証明力とは，文字の力と関係地域の人々，つまり「よき人々」の記憶という二つの力によって初めて効力をもつことを教えてくれるのである[54]。

イギリス人の王権は，11世紀以降，州を単位として地域統治の網を掛けていく[55]。州集会が地域の問題解決の主要な場となっていくのである。問題解決のために，州集会の名で集まった人々が「全州」であった[56]。したがって11世紀の州は，領域概念ではない。領域化していくのは，「イギリス人の王」が「イングランドの王」となり，王国が制度的領域国家化していく過程での話であり，本論の守備範囲外である。次に，別の告知文書から，裁判集会の手続きと，そこに参加した人々の活動と関係についてみてみよう。

III. 州裁判集会における問題解決のプロセスと「近隣」

【史料3 (1)】「ここに記されているのは以下のような内容である。ロチェスタ司教とレオフイン，エルヘアフの子 (Leofwine, Aelheah's son; 以下 [A]) が，スノッドランド (Snodland) の土地に関してカンタベリでどのようにして和解したか。司教ゴドウィン (以下 [B]) が主たる国王エセルレッド (在位979年-1013年) の命によって，司教エルフスタン (史料1の司教) の死後，使徒の座を継承したときに (995年)，聖堂で，彼の前任者が保持し，それによって所領に対する主張を展開した文書 (*swutelunga*) を発見した[57]。① それで彼は所領に関する要求を開始したが，この請願が国王の耳に届くまで，あえて神に対する恐れ以外にことを起こそうとはしなかった。彼の要求は国王に届き，② 国王エセルレッドは大司教エルフリック (Aelfric; 在職995年-1005年か1006年) に令状と彼の印璽 (*gewrit & his insegl*) を送り，以下のように命じた。彼と東ケントおよび西ケントのセインたちはこの問題を，両当事者 (*be ontale & be oftale*) の

言い分を良く聞いて正しく解決すべし。」[58]（①や②の番号は筆者のもので，プロセスを表している。）

　史料3の告知文書は，史料1から約30年後の1000年前後の国王エセルレッド治世のものである。ここからは，前の文書の時代にはなかった，問題解決のための手続きが確立されていく様子が窺われる。まず，国王に対して請願する（①）。それに対して国王が州のセインたちに問題を解決するように，令状と彼の印璽で命令を発し（②）[59]，その命令が集会で読まれて，訴訟が開始された。ただ，この場合に，印璽が令状についていたのか，それとも王権の象徴として別に持ち運ばれたのかは議論が分かれる[60]。しかしいずれにせよ，命令は単なる口頭ではなく令状という文書で伝達され，地域の問題解決が統治として組織化され始めたことは注目に値しよう。バークシャの州集会（*scirgemote*）の例から，供述（*geswutelunga*）を文書[61]で送ることもあったようである。

　しかし，「統治」として組織化されたとはいっても，訴えがなければ国王宮廷は動かないということは銘記しておいてよいだろう。このことは，征服後もしばらくは同じであった（1070年代のピニンデン・ヒース訴訟をみよ[62]）。12世紀後半から明らかになっていくように，訴えを受理する常設の機関が存在し，問題解決が，業務として処理されていったのとは違う。その意味では，州は，国王に訴えるあるいはその命令に応える限りにおいて（アド・ホックな）統治組織として機能していたのである[63]。

【史料3（2）】「③そこで，司教［B］，シェリフ・レオフリック，修道院長エルファム[64]，東ケントと西ケントのセイン[65]，すなわち高貴なる者たちが，カンタベリに集まった。④そこに，司教［B］は証書を提出した。⑤彼らはこの訴えを審議し，最終的に，司教［B］に［A］がスノッドランドの所領を貸与地として［A］の一代限りを条件に保有することを認めるよう説得した。司教［B］はこれを認め，カンタベリに集まっていたすべての人に満足を与えたのである。［A］は，これに同意して，死後は借りていた土地を何の争いもなく司教領に返還することを約束した。そして［A］が保有していた司教領から

譲渡されていた土地に関する証書を破棄し，同時に司教座教会西側の住宅地も司教座に与えた[66]。⑥ 解決のための使者 (*loces aerendracan*) は，修道院長エルファムと聖オーガスティン修道院長ウルフリックとシェリフ・レオフリック，(チラムの)シワード，サルトウッドのウルフスタン，オーデルムの息子のエルヘルムである。またこの解決のために出席した証人は以下の通りである。すなわち，⑦ まず，カンタベリ大司教エルフリック，ロチェスタ司教 [B]，修道院長エルファムと修道院長ウルフリック，オーピングトンのエルフノース，クライスト・チャーチの修道士団，聖オーガスティン修道院の修道士団，カンタベリの町衆，シェリフ・レオフリック，マーリングのリフィング，シワードと彼の兄弟(チラムの)シーレッド，マーシャムのレオフスタン，ウルフヘアフの息子ゴドウィン，サルトウッドのウルフスタン，若衆ウルフスタン，ディットン(の)レオフィン，エアルドレッドの息子レオフリック，ウルフシージの息子ゴダ，オルドヘルムの子エルフヘルム，パドレスワースのシードワイン，ウェレム，カンタベリの代官エセルレッド，グースワルド。……」(名前，地名の英文は表1を参照のこと)

手続きの話を続けよう。司教，修道院長，シェリフ，そしてよき人々がカンタベリに召集された (③)。陳述についての記載はないが，司教は「権原保証」としての証書を提出した (④)。被告 [A] は出廷していないため，使者を通して提示したのかもしれない。実際彼は何らかの証書を保持していた。しかし，「占有事実の証明」の前に，仲裁のための提案が行われ，和解が成立した(⑤)。和解の方法は，所有権(ブックランド)を教会に，貸与地として生涯の用益権(レーンランド)を俗人に設定するもので，教会と俗人の間の所有をめぐる問題の一つの解決策として，10世紀後半以降よく取られた方法である。頻発する仲裁裁判は，レーンランドの設定を確認するためのものと言えるかもしれない。しかし，この処置は，ノルマン征服後，戦死したセインの所領をめぐって争いが頻発する原因ともなったのである。セインたちは，大陸，とくにカロリング時代の法発見人と同じような仕事をしている。しかし，その特徴は州共同体的行為にあり，大陸と違い専門職化することはなかった[67]。

一方の当事者であるレオフィンは，カンタベリの集会には出席していない。その彼と集会を使者が取り持った(⑥)。彼らは，二名の修道院長とシェリフ，そしてシワード以下の三名の東ケントの有力者であった。この措置が当事者を直接対峙するのを避けた意図的なものか，それとも健康上の問題という偶然の理由であったのかはわからない。用意された証人たちは，修道士団と町衆を一人に数えると，全体で24名になる(⑦)。証人は12の倍数が好まれた[68]。しかし，和解が成立したため，彼らは証明のために神の名において宣誓をする必要はなかったであろう。宣誓が，時としていかに深刻な傷を地域社会に残すかは，「今後の友情を終わらせないためにも，(神の前での)宣誓を省略するほうがよいで

表1　裁判集会における使者と証人

	使者		証人	
司教			1	Aelfric Archbishop of Canterbury
			2	Godwine Bishop of Rochester
修道院長	3	Alfhum	3	Wulfric
修道士団	4	Wulfric	4	Alfhum
			10	The community of Christ Church
			11	The community of St Augustine's
俗人	5	Leofric the sheriff	9	Aelfnoth of Orpington
	6	Siward	12	The citizens of Canterbury
	7	Wulfstan of Saltwood	5	Leofric the sheriff
	8	Aelfhelm, Ordhelm's son	13	Lyfing of Malling
			6	Siward
			14	Sired his brother (of Chilham)
			15	Leofstan of Mersham
			16	Godwine, Wulfheah's son
			7	Wulfstan of Saltwood
			17	Wulfstan the Young
			18	Leofwine of Ditton
			19	Leofric, Ealdred's son
			20	Goda, Wulfsige's son
			8	Aelfhelm, Ordhelm's son
			21	Sidewine of Paddlesworth
			22	Waerelm
			23	Aethelred, the reeve of Canterbury
			24	Guthwold

図3　関係地図

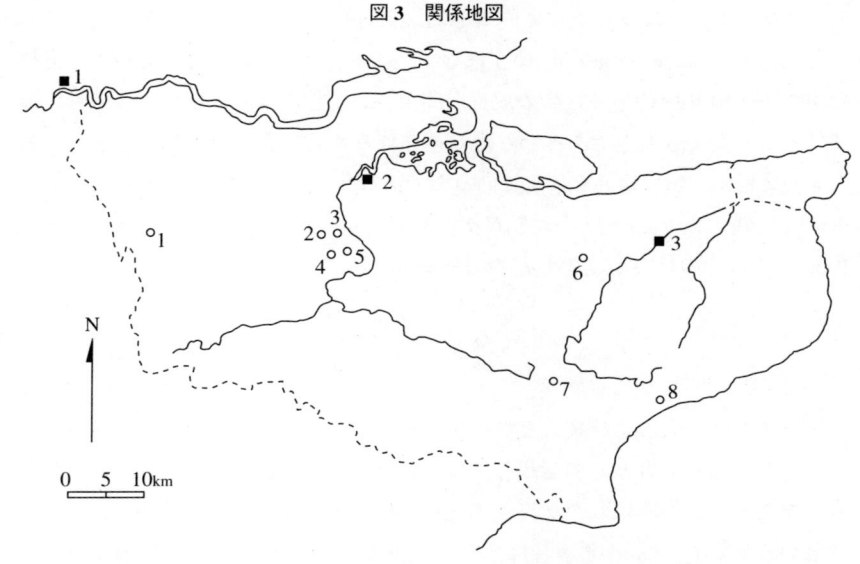

注記　■1: ロンドン，■2: ロチェスタ，■3: カンタベリ，1: Orpington (9), 2: Paddlesworth (21), 3: Snodland, 4: Malling (13), 5: Ditton (18), 6: Chilham (6, 14), 7: Mersham (15), 8: Saltwood (7), ( )の番号は表1の番号に対応している。

あろう」と宣言した前述のバークシャの裁判集会の例が物語っている[69]。通常は，証人の面前でキログラフム文書が作成されるが，ここにはその叙述はない。記録がないだけなのか，被告が証書を破棄したことでその必要がなかったのか。いずれにせよ，人々は和解に「満足」した。裁判集会の究極の目的は地域社会の平和回復にあったのであり，どちらかの権利の立証にあったのではない。

　証人の中には，シワードとその兄弟であるシーレッドやマーシャムのレオフスタンやカンタベリの役人エセレルレッドといった東ケントの家族だけではなく，オーピングトンのエルフノース，パドレスワースのシードワイン，マーリングのリフィング，ディットンのレオフウィンといった西ケントのしかもスノッドランド近隣の地名を名乗る者がいた（表1と図3を参照）。スノッドランド(2)，パドレスワース(3)，マーリング(4)，ディットン(5)は，『ドゥームズ

デイ・ブック』ではラークフィールド (Larkfield) のハンドレッドを構成していた(( )内の数字は図3の番号)。いずれも 4～5 km のところにある。史料1と史料3の間の約30年での地域社会の成長が印象深い。彼らは、王権にとっても、地域にとってもよき人々であった。繰り返される裁判集会とその結果を記憶する人々の集積が、州に輪郭を与えていったであろう。「問題解決」に参加し、それを記憶に残す人々こそが「よき人々」もしくは「ジェントリ」であり、紀元1000年ごろその社会が誕生したのである。

おわりに

史料3で仲介人および証人となったシーレッド (1世) は兄弟のシワードとともにケントの有力者として活躍し、多くのチャータの証人となり、一時は伯とも、また古老とも呼ばれたケントの記憶の貯蔵庫であった[70]。その子はシワードという。この一族の継承者は、シワードとシーレッドという名前を継いでいった(図4の系図参照)。図5は、1066年時点での同家の所領を示している。チラムを中心として半径 10 km から 15 km に纏まったコンパクトなその構造は、オブ・チラムという名前が、単なる居住地でなく貴族としての力の中心の表象であったことを示している[71]。史料3から半世紀後 (1053年から1061年の間)、エドワード王は、シーレッド(1世)の子供であるシワードと妻のマティルダが行ったマーシャム(図3の7)の譲渡を確認する令状を出した。

【史料4】「† 国王エドワードが、大司教スティガンド、(伯ハロルド)、(聖オーガスティン)修道院長ウルフリック、(シェリフ)、そしてわがすべてのセインに親愛なる挨拶をおくる。私は、以下のことを知らしめる。マーシャムにある土地およびそこに正しく属するものすべては、シワードと彼の妻がカンタベリ大司教座付属修道院に譲渡したのと同じように(シワードと彼の妻マティルダが、修道士の業のために……彼らの魂の救済のために……行った譲渡を確認す。)、裁判権とともに同教会に属するように。わが意志はセインたちによってなされた決定を支持することなり」[72] (( )の中はラテン語の確認状

からの補足)。

　この令状の最後に国王は,「わが意志はセインたちによってなされた決定を支持することなり」と宣言する。これがこの時期の国王の基本的態度であった。シワードの妻マティルダは,その名前から大陸出身であろう。征服前から,イギリス系セインとフランス系女性との婚姻は,海峡地域においてはさほど不思議なことではなかったであろう[73]。シワードを継いだシーレッド(2世)は,1066年ヘイスティングズの戦いで戦死した。その所領の主要部分は,ノルマンディのドヴル(Dovres)からきたフルバート(Fulbert)によって継承され,その一族もオブ・チラムを名乗っていく。多くのケントのセインたちとその所領の運命も似たようなものであった。彼らとともに地域の記憶のかなりの部分が消え去ったと思われる。この時期の大量の偽文書の作成がそれを間接的に示していよう。しかし,回復は思いのほか早かった。征服前の記憶が抹殺されることはなかった。征服後に作成されたカンタベリ大司教座の過去帳の中に,征服を生き抜いて亡くなったマティルダの記事をみることができる[74]。

　「長期の11世紀」に形成された王権と州共同体(その時点では,それは州の名において共同行為に参加するために集まったものの集合)の問題解決のシステムは,それがきわめてアドホックなものではあっても,征服によって壊れることはなく,やがて制度化(常設化)されていった。それを可能にした「よき人々の社会」,それをジェントリと呼ぼうが呼ぶまいが,その存在が,イングランドの歴史をヨーロッパにおいて個性あるものにしたことはたしかなのである。

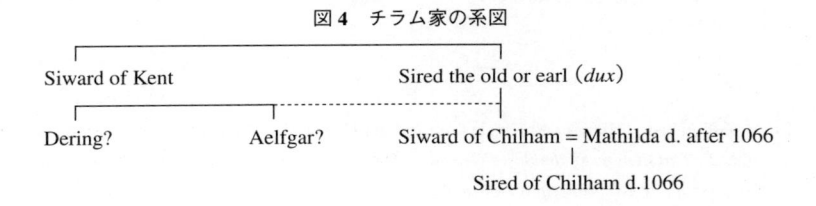

図4　チラム家の系図

```
Siward of Kent                    Sired the old or earl (dux)
    |                                       |
 ---+---                                    |
 |     |                                    |
Dering?  Aelfgar?    Siward of Chilham = Mathilda d. after 1066
                                |
                        Sired of Chilham d.1066
```

366　　第 2 部　史料と理論の対話

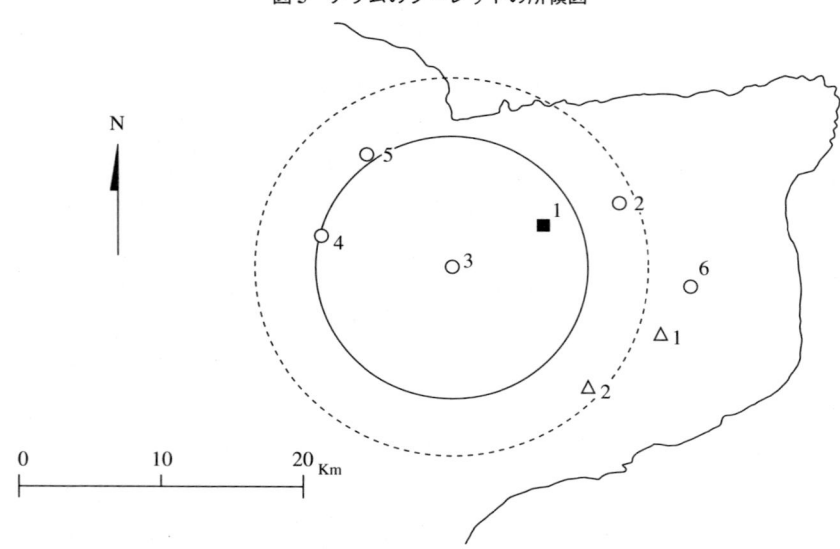

図 5　チラムのシーレッドの所領図

注記　○番号は表 2 の番号に対応している，■: カンタベリ，△1: Sibertswold, △2: Mersham, △: 寄進地。実線は，チラムを中心とした半径 10 km，破線は 15 km の円。

表 2　チラムのシーレッドの所領

N	所領	TRE 領主	TRW 領主	Sl	Ve	Vw	備考
1	Canterbury						sac & soc
2	Wickhambreux	Alfred Big	Geoffrey. Mallet.	0.5	3	3	
3	Chilham	King Edward	Fulbert	5	40	30	
4	Eastling	King Edward	Fulbert	5	10	4	
5	Luddenham	King Edward	Fulbert	1	10	6	
6	Elmton	King Edward	Osbert	15a			

注記　TRE: エドワード王治世，TRW: ウィリアム王治世，Sl: sulung，Ve: エドワード王治世の所領価値(単位は £)，Vw: 審問時点での所領価値(単位は £)，sac & soc: 裁判権

注

1)　J. Gillingham, 'Thegns and Knights in Eleventh-Century England: Who was Then the Gentleman?', *Transactions of the Royal Historical Society*, 6th series, 5 (1995), pp. 129–153; Do., *The English in the Twelfth Century* (Woodbridge, 2000), pp. 163–185.

2) A. Williams, *The English and the Norman Conquest* (Woodbridg, 1995); Do., 'England in the Eleventh Century', C. Harper-Bill and E. Van Houts (eds.), *A Companion to the Anglo-Norman World* (Woodbridge, 2003), pp. 1–18.
3) この時期にはイングランドという明確な地理的概念は存在しないが便宜的に用いる。
4) P. Coss, *The Origins of the English Gentry* (Cambridge, 2003).
5) G. Duby, *Medieval Marriage. Two Models from Twelfth-Century France*, trans. E. Foster, The Johns Hopkins Symposia in Comparative History (Baltimore, 1978); Do., *The Knights, the Lady and the Priest. The Making of Modern Marriage in Medieval France*, trans. B. Bray with an introduction by N. Z. Davis (London, 1984); 森本芳樹『西欧中世経済形成過程の諸問題』(木鐸社, 1978 年)。
6) D. Bates, *Normandy before 1066* (London, 1982), pp. 111–114.
7) 「アングロ・サクソン」という言葉は, ウエセックス(サクソン系)のヘゲモニーのもとで, マーシア(アングル系)を併合し, イングランドに統合王権が形成され始めたときにだけ使用された言葉であり,「長期の 11 世紀」を語るに相応しい用語ではないが, 便宜上使用する。鶴島博和「‹ *Rex Anglorum* ›: Anglo-Saxon or Anglo-English?—10 世紀イングランド統合王国の構造—」『西洋史研究』新輯 19 号 (1990 年), pp. 146–159.
8) J. C. Holt, *What's in a name? Family nomenclature and the Norman Conquest*, The Stenton Lecture, 1981 (Reading, 1982), p. 21; Do., 'Feudal Society and the Family in Early Medieval England', *Transactions of the Royal Historical Society*, 5th series, 32 (1982), pp. 193–212; 33 (1983), pp. 193–220; 34 (1984), pp. 1–25; 35 (1985), pp. 1–28.
9) C. Given-Wilson, *The English Nobility in the Later Middle Ages* (London and New York, 1987).
10) J. Scammell, 'The Formation of the English Social Structure: Freedom, Knights and Gentry, 1066–1300', *Speculum*, 68 (1993), p. 618; H. M. Thomas, *Vassals, Heiresses, Crusaders and Thugs*: The Gentry of Angevin Yorkshire, 1154–1216 (Philadelphia, 1993).
11) C. Richmond, 'The Rise of English Gentry 1150–1350', *The Historian*, 26 (1990), p. 14.
12) B. P. Abels, 'An Introduction to the Bedfordshire Domesday', *The Bedfordshire Domesday* (Alecto Historical Edition, London, 1991), p. 34.
13) R. Faith, *The English Peasantry and the Growth of Lordship* (Leicester, 1997), p. 126.
14) C. Dyer, *Making A Living in the Middle Ages: The People of Britain 850–1520* (New Haven and London, 2002), p. 30.
15) J. Blair, 'The Making of the English Parish', *Medieval History*, 2–2 (1992), pp. 13–19; Do., *Early Medieval Survey: Landholding, Church and Settlement before 1300* (Stroud, 1991), pp. 160–1.; Do., Anglo-Saxon Oxfordshire (Stroud, 1994), p. 140.
16) J. Campbell, 'Some Agents and Agencies of the late Anglo-Saxon State', J. C. Holt (ed.), *Domesday Studies* (Woodbridge, 1987), pp. 201–218.
17) Gillingham, *The English in the Twelfth Century*, pp. 163–185.
18) ① 下級貴族の一類型。② 土地所有に依存しつつも, 都市財産や専門職からの収入など多様な財産・収入を獲得するチャンスをもつ。③ 領域的エリート。④ 公権力との関係。⑤ 領域を基盤として人々に集団的社会制御力を行使する。⑥ 集団的帰属意識と集団的利害。Coss, *The Origins of the English Gentry*, p. 11.

19) Coss, *op. cit.*, pp. 20–43.
20) Coss, *op. cit.*, p. 24; オットー・ヒンツェが主張した，カロリング周辺地帯の特殊性を想起する必要がある。
21) 封建諸侯領（honour）はかつて「ミニチュア封建王国」（F. M. Stenton）であり，「自律的な領主裁判の世界」（S. F. C. Milsom）と認識されていた。現在の研究の流れは，H. トーマス，ドルトン（P. Dalton），クラウチ（D. Crouch），ハドソン（J. Hudson）のように，12・13世紀における衰退を主張する研究と，カーペンタ（D. Carpenter），グリーン（J. Green）のように一定の評価を与える流れがある。コスは後者に属し，「社会は縦の関係性によって支配されており」，それが，ジェントリの苗床となる横の関係の成長を阻止していた，と考えている。州共同体に対する貴族の制御力が彼の議論にはある。Coss, *The Origins of the English Gentry*, pp. 40–41. Cf. R. C. Palmer, *The County Court of Medieval England 1150–1350* (Princeton, 1982): 佐藤伊久男「中世イングランドにおける州共同体」世良晃志郎編『ヨーロッパ身分制社会の歴史と構造』（創文社，1987年），pp. 381–425.
22) 表題にジェントリという言葉を使用しなかったのは，単純な分析概念論争に陥る危険を回避したかったからである。1960年代から1970年代の封建制概念論争の二の舞にはならないようにしたい。結論的に言えば，コスはジェントリを制度的領域国家内での地方と宮廷の結節環と位置づけているのである。
23) R. Fleming, *Kings and Lords in Conquest England* (Cambridge, 1991); P. A. Clarke, *The English Nobility under Edward the Confessor* (Oxford, 1994); Williams, *The English and the Norman Conquest;* Do., 'Thegnly Piety and Ecclesiastical Patronage in the Late Old English Kingdom', *Anglo-Norman Studies* (以下 *ANS*) 24 (Woodbridge, 2002), pp. 1–24; S. Baxter, The Leofwinesons: Power, Property and Patronage in the Early English Kingdom (Oxford University D. Phil. Thesis, 2002). バトルまで博士論文を届けてくれたバクスター氏に感謝する。
24) Williams, 'England in the Eleventh Century', p. 8, n. 50.
25) II Cnut 71,1; 71,2. A. J. Robertson (ed.), *The Laws of the Kings of England from Edmund to Henry I* (Cambridge, 1925), p. 210.
26) これはウイリアムズがとくに強調する点である。'Land, Power and Politics: The Family and Career of Odda of Deerhurst', (published by The Friends of Deerhurst Church, 1997), p. 8; Williams, *The English and the Norman Conquest*, pp. 72–74. ウイリアムズは，小貴族的セインは国王以外の領主に勤務すると考えているが，ロフは，彼らはブックランド（後述）をもたない国王セインとしている。D. Roffe, 'From Thegnage to Barony', *ANS* 12 (1990), p. 170.
27) この点については，ギリンガムは否定的であろう。というのも，彼は征服前後のパトロネイジにシステムとしての差を認めていないからである。例えば，概説書ではあるが，J. Gillingham and R. A. Griffiths, *Medieval Britain: A Very Short Introduction* (Oxford, 2000), pp. 50–51. 分析概念としての封建制度の問題点は，S. Reynolds, *Fiefs and Vassals* (Oxford, 1994).
28) 「征服」直後の偽文書の多さをみよ。B. O'Brien, 'Forgery and the Literacy of the Early Common Law', *Albion*, 27-1 (1995), pp. 1–18. 通訳の必要性については，H. Tsurushima,

29) Robertson (ed.), *The Laws of the Kings . . .*, p. 24.
30) I Aethelred 1,2; 1,8; III Aethelred. 3,1; 13,2.
31) フーフェ，マンス，ハイドと同じようなケント地方独特の単位で，1スーリングは2ハイドに相当するともいう：P. Vinogradoff, 'Sulung and Hide', *English Historical Review*, 19 (1904), pp. 282–6.
32) 120金マークと銀30ポンドは単純計算で銀ペニー貨10,800枚，45ポンドほどになる：C. Flight, 'Four Vernacular Texts From the Pre-Conquest Archive of Rochester Cathedral', *Archaeologia Cantiana*, 115 (1995), p. 138, n. 28.
33) いずれも残存していない。
34) *Textus Roffensis*, fo. 147r; A. J. Robertson, *Anglo-Saxon Charters* (Cambridge, 1956), no. 41. 以下 Robertson, *ASC*.
35) A. Williams, *Kingship and Government in Pre-Conquest England, c. 500–1066* (Houndmills, 1999), p. 110.
36) イングランドの王文書は，7世紀のローマ教会のミッションによってもたらされ，ローマ教皇庁のモデルに準拠している。典型的な王文書は，① 神への「呼びかけ」(*invocatio*) で始まる。通常は十字を描いた絵画的「呼びかけ」か「主の御名において」(*in nomine domini*) といった言葉による「呼びかけ」(verbal invocation) である。これに ②「前文」(*arenga*) が続く。ここでは譲渡の宗教的動機が語られる。次に ③「措置部分」(*dispositio*) で，贈与者と受益者の名前，土地の名前，保有の条件，そして土地の境界が描かれる。④ 罰規定 (*sanctio*) と呼ばれる，この譲渡を邪魔するものへの呪いの言葉が続く。そして，⑤ 日付と ⑥ 証人のリストが来て，折りたたまれて ⑦ 裏書される。イングランドの王文書の特徴は，印璽がないこと，証人の名前と名前の前に記入された十字架が本文を書いた同じ筆者によって書かれ，証人自身の自筆の署名がないことである。A. Williams, 'Charters, notifications and letters: an introduction to the documentary sources for pre-Conquest England, c. 700–1066'（「日英中世比較史料論」発表論文，熊本，2001年）による。
37)「相続よりは獲得の証明であり，それゆえ運命を選択する受益者の権利の証明」; P. Wormald, *Bede and the Conversion of England: The Charter Evidence*, Jarrow Lecture (Jarrow, 1984), p. 22.
38) 初夜の朝に花婿から花嫁に与えられる贈り物で，夫がなくなって一年以内に再婚をしない場合に彼女の財産になる。
39) II Cnut, 73; 73a.
40) II Cnut, 70, 1.
41) Fleming, *Kings and Lords in Conquest England*, pp. 3–11; Williams, *The English and the Norman Conquest*, p. 207; T. M. Charles-Edwards, 'Kinship, Status and the Origins of the Hide', *Past & Present*, 56 (1972), pp. 3–33.
42) Bates, Normandy before 1066, p. 113.
43) Cf. Robertson, *ASC*, nos. 32, 104.
44) Cf. D. A. E. Pelteret, 'Two Old English List of Serfs', *Medieval Studies*, 48 (1986), pp. 492–

504.
45) この告知文書が司教座の主張であることは忘れてはならないだろう。ここに記載された土地はすべて，ドゥームズディ・ブックでは司教座教会に属していた。しかし，10世紀後半から11世紀中葉にかけて大司教の統制力は強く，ドゥームズディ審問の時期でさえ，所領の帰属に混乱がみられる。Great Domesday Book, fo. 5v; 鶴島博和「ロチェスタ・ドゥームズディ・ブック（Rochester Domesday Book）――その系統的解明と編集」イギリス中世史研究会編『中世イングランドの社会と国家』（山川出版，1994年), pp. 367–416.
46) *Textus Roffensis*, fo. 162v; Robertson, *ASC*, no. 59, p. 122.
47) 陳述については，後述史料3 (1) の「両当事者（*be ontale & be oftale*）の言い分」を参照のこと。
48) 「（ハンドレッドの人々ないしは十人組の主要な役人）の承認を得られない場合には，（持ち主の定かではない家畜に関して）彼は権原証明に応じてはならない（I Edgar 4,1）。」; II Aethelred 8; 8,4; 9; 9,1; 9,4; II Cnut 23; 24,1; 24,2.
49) M. Bateson, 'A London Municipal Collection of the Reign of John', *English Historical Review*, 17 (1902), p. 489.
50) 経済圏という言葉を使用したのは，局地的市場にのみならず，荘園の労働力の移動も視野にいれての話である。通婚圏に関しては，11世紀の前半の結婚同意書の分析によって別の機会に議論する予定である。Robertson, ASC, no. 77. 祈禱・埋葬圏とは，修道院の祈禱兄弟盟約（confraternity）参加者の範囲であり，それは物理的な意味のみならず，死者の書に記載され，周年祈禱を通じて死者を記憶していくという意味での霊的な埋葬圏でもある。C. Clark, 'The *Liber Vitæ* of Thorney Abbey and its Catchmentarea', *Nomina*, 9 (1985), pp. 53–72; H. Tsurushima, 'The Fraternity of Rochester Cathedral Priory about 1100', *ANS* 14 (1992), pp. 313–337; Do., 'Forging Unity between Monks and Laity in Anglo-Norman England', *International Medieval Research*, 6 (Turnhout, 1999), pp. 133–146; W. Aird, 'Death and Remembrance: the *Liber Vitæ* in Anglo-Norman England' (「日英中世比較史料論」発表論文，熊本，2001年).
51) ひとつあげるとすれば，裁判における証人圏がある。これは，ある問題に対して宣誓供述者として出席する人々の範囲であり，コスのいう陪審団の範囲，もしくは広域社会（broader locality）と連続して検討すべき課題である; P. Coss, *Lordship, Knighthood and Locality: A Study in English Society c. 1180–c.1280* (Cambridge, 1991); Do., 'Identity and Gentry c. 1200–c. 1340', *Thirteenth Century England VI* (Woodbridge, 1997), pp. 52–54. また王権と関連付けながらも，大荘園や有力貴族を中心としたパトロネイジ圏，アフィニティも検討する必要がある。Baxter, Property and Patronage in the Early English Kingdomはこうした点からも画期的な業績である。
52) カンタベリが開催地となった例は史料3 (2) を，ワイについては後述注56を参照のこと。
53) やがて，聖職者が役人として活動することは禁止される。R. Fowler (ed.), *Wulfstan's 'Canons of Edgar'* (Oxford, 1972), p. 25, n. 14. この時期の役人については，Campbell, 'Some Agents....' を参照。

54) 例えば、サンドウィッチの港をめぐる大司教座教会と聖オーガスティン修道院の間の争いは、1127年に解決をみるまでほぼ100年にわたって争われてきた。その間、前者には、6通の譲渡証書、3通の確認文書まで出されたにもかかわらず、決着には地域ジェントリの記憶に基づく証言が必要であった。拙稿「史料が語る騎士の姿」『史料が語る中世ヨーロッパ』(刀水書房、2004年), pp. 266–267 参照。また、O'Brien, 'Forgery and the Literacy of the Early Common Law', pp. 2–8. このサンドウィッチをめぐる訴訟は、クランチーが、11世紀イングランドにおける口頭法文化 (oral legal culture) を実証するさいの根拠とした事例である。ここで重要なのは、「言葉」(orality) と「文字」(literacy) の関係性であって、単に「言葉」から「文字」への移行を語ることではない。M. T. Clanchy, *From Memory to Written Record: England 1066–1307* (2nd ed, Oxford, 1993), pp. 294–296.

55) 州は、ウエセックスの組織を王国全体に拡大したもので、ウエセックス、マーシア、北部では、その形成の時期や構成に違いがみられる。テムズ河以北の州の設置が本格化するのは、1007年以降のことである。しかし、北にいくとリンカンやノッティンガムは1016年、ダービーは1048年、ヨークは1065年、レスターに至っては1066年と、州としての史料の初出はさらに遅くなる。Blair, *Anglo-Saxon Oxfordshire*, pp. 102–105; Williams, *Kingship and Government* ..., pp. 109–110. ここでの州は、集会とそこに結集する人々の意味で、必ずしもある固定された領域性を意味してはいない。州に持続的な領域性を与えたのは、『ドゥームズディ・ブック』であろう。地名を文字に留めることで、州に領域性を与えたこの審問は、たとえばラットランド (Rutland) を州にするという突然の副産物を生み出した。

56) 国王宮廷に持ち込むという方法もある。前述した史料2の訴訟は、ロンドンで、国王エドガーと大司教ダンスタンや司教エセルボルドといった他の国王補佐 (cynges witena) のもとで行われた。しかし、土地の売買や交換も州集会の証人を前にして行われ、彼らによって財産に関する情報を集積した州集会は、問題を解決する最適の場となっていくのである。「この売買はワイにおいて、すべての州を前にして行われた (aetforan ealra scyre)。証人は以下の通り…加えるに多くのよき人々 (maning god mann)」: Robertson, *ASC*, no. 103. 国王宮廷と州集会が巡回裁判を通して結合していくのは、ヘンリ二世の改革以降のことである。

57) この時期、文書庫ができるまでは、文書は高位祭壇の側に箱もしくは袋に入れて保管されていたであろう。H. Tsurushima, 'Cartularies; Preservation and Record' (「日英中世比較史料論」発表論文、熊本、2001年).

58) *Textus Roffensis*, fo. 155r; Robertson, *ASC*, no. 69.

59) 本文と注36に続いて三つ目の文書類型である手紙について簡単な説明を加えておく。手紙は、受領者のみが読むことを意図した「私的」なものと公の場で読まれることを意図したもの(令状など)に分けられる(ここでは両者が重複する場合は無視する)。一般には、手紙には印章が付された。「私的な」手紙は封印 (close) され、手紙を読むときには開封して印を壊さなくてはならない。これに対して、公的手紙は開封 (patent) で印を付され、印を動かしたり壊したりすることなく読むことができる。令状はエセルレッド2世の治世に初出する。その形式は、① 十字架の絵画的「呼びかけ」があるが、言

葉による呼びかけはなく，挨拶(冒頭定式)で始まる。② 名宛人たちは州集会の構成員たちである。③措置部がそれに続く。④ 威嚇の条文を含むこともある。⑤ 日付と証人リストはない。⑥ 短い「別れの言葉」が含まれるときもある。以上史料4参照のこと。短く簡潔な形式は，荘厳ではあるが鈍重なディプロマを駆逐し，11世紀以降イングランドの文書の本流となっていくのである。

60) Williams, Kingship and Government...., p. 111. 彼女が引用したのは，990年から992年の間の，バークシャの州集会の事例である。「国王はクッカムスリ（Cuckhamsley)の集会に王の印璽 (*insegel*) を送って…争いを解決するように命じた。」; Robertson, *ASC*, no. 66.

61) Robertson, *ASC*, no. 66. 本論では紙幅の関係もあり，リテラシーの問題は削除した。三点だけ指摘しておく。ひとつは，「読み書きができる」とは，ラテン語を理解できるということであり，英語しか読めない場合，「読み書きができない」と考えられた可能性があること。にもかかわらず，英語の読み書き能力は無視できず，そのさい「話し言葉の英語」と「書き言葉の英語」は違うということ。これが二つ目である。最後の指摘は，一口にリテラシーと言っても，専門，教養，実務においてその深さが異なっていることである。この点は，M. B. Parkers, *Scribes, Scripts and Readers* (London and Rio Grande, 1991), pp. 275-283; 拙稿「史料が語る騎士の姿」，國方・朝治・直江編『史料が語る中世ヨーロッパ』（刀水書房，2004年)，p. 275。イギリス海峡世界での商人の実務的リテラシーの出現は，11世紀に遡り，パーカーやクランチーが想定したよりも古いことに属する。

62) David Bates (ed.), *Regesta Regum Anglo-Normannorum: The Acta of William I (1066–1087)* (Oxford, 1998), no. 69. ピニンデン・ヒースは，ケントにおける一番西側の集会開催地である。「もし彼らが州集会に召集されたとき，彼らはピニンデンまでは行かなくてはならないが，それを超える必要はない」(Great Domesday Book, fo. 1r)。

63) W. L. Warren, *The Governance of Norman and Angevin England 1086–1272* (Stanford, 1987), p. 25.

64) どの修道院長か断定はできない。Robertson, *ASC*, p. 385.

65) もともとケントは二つの部族王国からなっていた。それゆえにカンタベリとロチェスタに二つの(大)司教座が設置されたのである。ひとつに統合されてからも，東と西は緩やかな領域を形成していた。その名残は，現在も西と東の人々の呼び名（Kentishmen と the men of Kent）に残っている。

66) 現在城が建っている場所である。

67) S. Reynolds, *Kingdoms and Communities in Western Europe 900–1300* (Oxford, 1984; 2nd edn., 1997), pp. 23, 33; A. Harding, *Medieval Law and the Foundations of the State* (Oxford, 2002), pp. 35–6, 43.

68) Robertson, *ASC*, p. 381; Williams, Kingship and Government...., p. 112.

69) Robertson, *ASC*, no. 66.

70) S. 873, (875), 899, 904, (1220), 1389, 1455–56, 1461. S は P. H. Sawyer (ed.), *Anglo-Saxon charters: an annotated list and bibliography* (Royal Historical Society, London, 1968) の番号。( )内は推定のもの。Robertson, *ASC* と重複するものもあるが，*ASC* にはないラテ

語チャータも関係するので，網羅性を考えて S で統一した。征服前の「ケント州共同体」構成員のプロソポグラフィカルな研究は，A. Williams, 'Lost Worlds: Kentish Society in the Eleventh Century', *Medieval Prosopography*, 20 (1999), pp. 51–74 を参照。

71) Great Domesday Book, fos. 10r, 10v: シーレッド（2世）は，都市カンタベリ内にも特権領を所有していた:「国王は都市カンタベリ全域に裁判権をもつ。ただし，カンタベリ大司教座教会，聖オーガスティン修道院，王妃エディス，エセルノース・チャイルド，エスバーン・ビガそしてチラムのシーレッドの土地は除く」(Great Domesday Book, fo. 2r).

72) F. E. Harmer, *Anglo-Saxon Writs* (Manchester, 1952), no. 35.

73) C. P. Lewis, 'The French in England before the Norman Conquest', *ANS*, 17 (1995), pp. 123–144.

74) 「(征服後の) 10月1日，マーシャムの寄贈者マティルダが死亡」; J. Dart, *The History and Antiquities of the Cathedral Church of Canterbury* (London, 1726), Appendix, xxiv.

12世紀パリ司教座教会において「参事会員であること」

岡崎　敦

はじめに

　ある奇妙な紛争が，12世紀はじめのパリ司教座教会において，持ち上がった。当事者の一方はモー司教マナッセ，他方はパリ司教座教会参事会である。

　本稿は，この紛争の背景をさぐりながら，形成過程にあったパリ司教座参事会[1]の内部状況を検討して，当該時期「参事会員であること」とはいかなることであったかを明らかにする試みである。

I. モー司教とパリ参事会との間の紛争文書

　ここで問題とする史料は，モー司教とパリ参事会との間の紛争の調停過程を叙述するノティスで，パリ参事会に伝来していた特異な羊皮紙単葉，およびこの羊皮紙と直接の伝来関係にある，12世紀中葉編纂のパリ司教座教会のカルチュレールによって伝来している[2]。年代は，リュシェールによって1112年の3月31日以前という年代が与えられた[3]。この羊皮紙単葉が特異であるのは，かなり横長の支持体に，二段からなるテクスト配置を準備する罫線がひかれているからで(テクスト自体はこれを無視して，一段通しで書かれている)，いわゆる文書の体裁としてはまったく類例がないとも思える。さらに，テクスト中，通常「蝿の足」と呼ばれる記号が多用されており(「蝿の足」は12世紀のカルチュレールでもまったく同じ箇所に利用されている)，この羊皮紙は本来なんらかの

本のために準備された用紙が流用されたものと考えられる。採用されている文字も，12世紀はじめのものとは思えない。ただし，12世紀中葉編纂のカルチュレールに，他の文書史料に混じって転写されていることから，両者に先行する何らかの書き物が，遅くともカルチュレールの編纂時期までには，現在伝来するテクストのかたちで存在したこと，さらには，これが法行為が記載された文書とみなされたことはまちがいない[4]。

　この史料は，ゲラールによる刊本で5頁におよぶかなり長大なテクストからなる。ここではまず，その概要をまとめよう。

　テクストは，「モー司教マナッセがパリの参事会員たちに対してこの訴訟をおこした」，と書き始められている。マナッセは，パリ教会において毎年，モリ Mory とロゼイ Rozay の祭壇収入 altare から提供される食事の配給 pastus を，パリ参事会に要求した。これは前任のモー司教であったゴーチエ，および自分の伯父ゴーチエ2世の時代から存在したというのである。彼によれば，かつて司教ゴーチエ（2世）がこれを要求したとき，パリ参事会長フルクおよび参事会の一部はこれについて異議をとなえ，当該の祭壇収入をめぐって裁判となった。参事会は，司教ゴーチエがこの権利をパリ教会にすでに放棄していたとして，その文書を提示したが，ゴーチエは，この文書には印章がなく，モー参事会の同意の言及もないとして，これを否定した。こののち，最終的な判決が下されることになったが，両当事者の同意のもと，裁判はしかるべき日まで延期されることになった。その間ゴーチエは死去し，両教会は交渉を続けたが，解決には至らなかった。

　この度，後任の司教マナッセは，この問題を再提起し，延期されていた訴訟を再開した。ところが，同様の主張を繰り返したモー司教に対して，パリ参事会は，モー司教たちが食事の供応を受けていた事実自体，およびかつてフルクおよびパリ参事会の一部が訴訟に関与したこと自体を否定する。モー司教自身がフルクのかつての対応の存在を証明できないし，さらに，もしフルクが訴訟に関与したとしても，これはパリ参事会の同意を受けていなかったと主張する。そして，以上を，パリ参事会は，不在の参事会員も含めた全参事会員を代表したかたちで，証明する準備があるとする。実は，問題のモリとロゼイの祭壇は，

かつてモー司教マケールが(ゴーチエではなく)パリ参事会へ譲渡したもので，その後参事会が30年以上にわたって平穏に所有してきたものだとする。これに対してマナッセは，フルクとの裁判は確かに存在したと繰り返す。30年以上にわたるパリ参事会による平穏な所有の主張に対しては，食事の配給を受けていた司教ゴーチエとフルクの訴訟は30年以内に生じたのであるから，参事会が30年以上平穏に所有したということはあり得ないと答える。参事会は，これに対して，パリ参事会が，食事の配給義務のない祭壇収入を所有し続けていることを，マナッセは否定できないと反論する。最後に，マナッセが，ゴーチエが30年以上食事の配給を受けていたことを証言する証人の用意があるとし，したがってパリ参事会の平穏な所有には欠陥がある，とあらためて繰り返した。

このの後，最終的な判決の日が決められた。当日，両当事者が現れたが，判断を下すはずだったモー参事会が沈黙を守ったので，ルベ修道院長とモー以外の参事会員たちが適法と思えることを述べるに至った。これによると，もしマナッセが，食事の配給に参加していた適法な人によって，ゴーチエが食事を受けていたことを証明できるなら，そして当該裁判に参加していた適法な人によって，フルクの裁判を確認できるなら，パリ参事会は食事の配給を行わねばならない，という。これに対してパリ参事会はおさまらず，この判決は，裁くべき事柄を裁いていないがゆえに無効であり，またモー参事会員以外の人間が裁いたとして，この裁判を拒否し，両司教区の管轄大司教座であるサンス大司教の裁判へと委ねることを，モー参事会およびその他の裁判官たちに対して要求した。モー司教たちは，王と伯チボーとの戦争を理由に教皇庁へ上訴することを提案するが，パリ側はあくまでサンス大司教の法廷に固執し，モー司教たちのために王から安全護送を獲得した。ただし，モー教会側があくまでこれを拒否する場合には，ローマでの訴訟を受け入れるという。テクストは，ここで終わっている。

II. パリ参事会における食事の配給問題

両当事者はいずれも，「参事会の同意」の有無を，行為の適法性の根拠として

挙げている。この紛争の内容である食事の配給問題を検討する前に，参事会の「同意」について，簡単にまとめておこう。

かつて別稿にて検討したように，パリ司教の法行為に対するパリ参事会の同意については，12世紀始めまでのほぼすべての司教文書にこの種の言及があり，逆にこの時期以降，この言及が消えるという状況が確認された。他方，パリ参事会文書はすべて，「参事会長および参事会」が発給人として現れ，この両者は一体化している[5]。この問題は，研究史上，12世紀を通じて法理化された，法人格の意志決定要件として議論されることが多いが[6]，1100年前後の時期は，司教および参事会長の行為に関して，参事会の「同意」が実態として存在し，問題視される状況は存在したといえよう。

モー司教が要求した食事の配給，およびフルクの裁判については，残念ながらこの史料以外の情報は一切伝来しない。登場人物の同定から，ゴーチエ2世とフルクの裁判はおよそ1100年頃，マナッセの裁判は1112年頃に行われたことが推測されるのみである[7]。しかしながら，内容の詳細についての個別調査から，以下の諸点が明らかとなる。

まず第一に，問題のモリとロゼイというモー司教区に所在する所領については[8]，確かに，1011年1月17日付けのモー司教マケール文書によって，参事会に対して祭壇altareが譲渡されている[9]。ただし，所領自体はこれに先だって10世紀末の王文書がパリ参事会家卓分を構成する所領の一つとして挙げており，モー司教文書はいわば先行する世俗権および世俗収入に加えて，教会上の諸権利をこの時参事会に譲り渡したと考えるべきである[10]。事実，ロゼイについては1025年頃の，モリについては1093年頃のノティスが，それぞれ参事会と俗人との間の紛争について触れているほか[11]，モリについては1101年頃のパリ参事会文書(参事会長フルク)が土地貸借契約を記録している[12]。両所領は一貫してパリ参事会の所有のもとにあったと思われる。他方，1095年頃のモー司教ゴーチエ2世，および当時大助祭で，のちにこの裁判の当事者となるマナッセ連名の文書によれば，この時両者はロゼイの教会の司祭禄の半分をパリ教会へ譲渡しており，ゴーチエは当該教会についての諸権利を部分的に所有し続けていたことが確認される[13]。ちなみに，史料中言及される司教ゴーチエのパリ参

事会への権利放棄文書とは、この文書を指すのかもしれない。ただし、この文書には現在失われているとはいえ、印章を付された痕が明確に存在し、さらにモー参事会のメンバーが相当数下署している。

しかしながら、より注目すべきなのは、問題の史料に登場する歴代のモー司教たちの経歴である。11世紀始めまで、シャンパーニュ伯の勢力下にあったモー司教座は、1027年頃のリジアール推挙の失敗以後、「王の司教座」として王権の支配のもとに入るが[14]、伯は王からレガリアほかを封として保有し続け、一定の影響力を保持していた。モー司教人事は、基本的には王権と伯との間の緊張および協調関係の産物なのである[15]。

歴代のモー司教の経歴について注目すべきは、彼らの王権およびパリ教会との強いつながりである。11世紀はじめの司教マケールは、元パリ参事会員であったが、さらに1027年頃には、同じくパリの大助祭であったリジアールが、結果的には廃棄されたものの、伯の意志によって一旦は司教に選任された。1045年に司教となったゴーチエ1世は、フランス王にもっとも忠実な司教の一人で[16]、王とともにパリ司教文書に下署したこともある[17]。1081年、グレゴリウス改革主義者として著名な教皇使節ユーグ・ド・ディによって主宰された集会で、伯の支持のもと司教に選任されたルベ修道院長ロベールの選挙が、王によって覆されたとき、代わって司教となったのがゴーチエ2世であったが、彼はパリの参事会員であった[18]。注目すべきは、このゴーチエ2世は、モー司教に選任された後も長く、パリ司教文書中の限定された数の参事会員のみの下署者のなかに、姿を見せ続けている点である。その肩書きと言及状況からみて、彼はモー司教とパリ参事会員職をその後兼任し続けていたと考えざるを得ない[19]。1102年にゴーチエ2世が死んだ後、その後継者となったのは彼の甥マナッセであったが、彼もまた王権にもっとも忠実な司教の一人であった。いずれにせよ、モー司教座は、パリ参事会およびカペー王権と著しく強い関係で結ばれた司教座であることは明らかである[20]。

以上を念頭におけば、我々が問題としている史料に言及される、モー司教が要求していた、パリ参事会所領からの収入で提供される食事の配給の根拠は、モー司教がパリ参事会員であったことに関係しているのかもしれない。また、司

教と参事会員を兼任するということが果たして，当該時期どのような意味を持っていたのかについても，当然検討が必要となるであろう。つぎに，まず食事の配給問題を，ついで司教と参事会員の兼任の問題を検討することにしよう。

　第一の問題は，食事の配給である。まず初めに確認しておかねばならないのは，中世末期の司教座教会では，定期的に行われるさまざまな現物，あるいは金銭の配給が制度化していたという事実である。パリ教会における食事の配給については，たとえば1230年6月の日付を持つ規定は，以下のような内容を含んでいる[21]。statio と呼ばれる食事の配給は，通常，豚，牛，羊，鶏，パン，菓子，ぶどう酒からなるが，一年で全部で19の単位行われる。これらは司教，参事会，パリの諸教会が，それぞれ当該のものを負担し，51名の参事会員，代理司祭たち，その他パリ教会に常駐する聖俗の役職者たちが配給にあずかるが，このうち司教が負担する6つのうちの4つは，特に pastus と呼ばれていた。ただし，食事の現物配給は，実際には早期に金銭化されていたものと考えられている。

　12世紀以前の食事の配給についての言及は非常にまれだが，いくつか拾い上げることができる。1107年のパリ司教文書は，サン＝テロワ女子修道院の改革と，同修道院のサン＝モール＝デ＝フォッセ修道院傘下への譲り渡しを規定したものだが，サン＝テロワ修道院がパリ教会に対して負うべき義務の一つとして，参事会員の食堂での食事の配給 pastus が言及されている[22]。他方，1108年の二人の大助祭の法行為が，それぞれ大助祭文書，参事会文書で伝えられているが，食事の配給 statio ou refectio についての言及は，それぞれの大助祭が職を退いたのち，後継の参事会員が彼らの記念祷を保証して，当該日に関係者に食事の配給を行うという文脈においてである[23]。

　これらの状況から当然問題となるのは，参事会員の収入問題である。のちにあらためて，総括的に検討することとしよう。

　二つ目の問題は，司教と参事会員の兼任問題である。モー司教ゴーチエの場合ほど決定的ではないが，当該時期パリには，同じく他の司教座の司教でありながらパリの参事会員でもあったらしい人物が，いま一人確認できる。1099年にサンリス司教となったユーベルという人物である。彼は1114年，シモニアの

嫌疑で司教職から追われた際，パリの参事会長が，ユベールが所有していたパリ教会のプレベンダ＝参事会員聖職禄を彼から奪って他の者に与えたが，これを報告しているのが，この時ユベール援護の書簡を教皇パスカル2世に送ったシャルトル司教イヴであった[24]。ユベールはパリ教会関連の文書に下署者としては登場しないので，パリにおける痕跡をたどることが困難だが，1120年の王文書において，アルグラン・デタンプとともに言及される，パリの参事会員ユベール・ド・サンリスが問題の人物であるなら[25]，彼はサンリス司教位を追われたのちも，結局パリ参事会員でありつづけたことになる。ちなみに，ユベールは1070年にサンリスの参事会員として現れる一方，1091年以降は確実に王文書局の実質的な長であって[26]，この職はのちには，前述のアルグランによって継承されていくが，彼も同じくパリの参事会員であった[27]。いずれにせよ，ユベールと前述のモー司教ゴーチエは，いずれもフランス王の側近であり，かなりの可能性をもって両者ともパリの参事会員であると同時に，さらに司教職を振りあてられるなど，非常によく似た存在といえるであろう。

ところが，1123年の教皇カリクトゥス2世のパリ参事会宛書簡は，司教に昇進した参事会員は参事会員職を奪われることを明言し，これはさらに1138年のインノケンティウス2世，1144年のルキウス3世，1147年のエウゲニウス3世の，パリ教会の特権確認文書中に再録された[28]。この兼任禁止は，教皇文書のなかでは孤立した例なので，この背後にあるのは，教皇の意志というよりは，パリ参事会の内部規律の教皇による支持と確認と推測される。ちなみに，他の司教座に関して，同様の情報を確認できたのは，1251年の参事会規約において，同じく司教への昇進とともに参事会員職および収入を失うとしたリヨンのケースのみであった[29]。

この司教＝参事会員兼任問題は，参事会の内部凝集力と関連する問題のように思える。パリ参事会がまさにこの時期にこのような兼職を嫌ったとしたら，その背景には何があったのであろうか。ここでは，ある参事会員が当該教会にて実際に職務を果たし得るかどうかという点，すなわち参事会員の定住問題が提起される。この問題についても，次章で，あらためて検討しよう。

III. パリ司教座教会において「参事会員であること」

　ここまでの検討結果を受けて，最後に，まず参事会員の収入問題を，ついで定住問題を論じることとしたい。
　まず第一に，参事会員の収入についてである。中世末期の参事会諸規定によれば，参事会員にはおおよそ3種類の収入源が存在する。一つは，参事会員聖職禄と通常訳されるプレベンダであり，いま一つは，さまざまな機会に，その場に出席している者たちに対して行われる現物の配給，最後に，特定の役職者にあてられる役職手当である。
　第一のプレベンダ制度については，パリ教会では，少なくとも中世末期には，おおよそ以下のような制度が存在したことが確かめられており，これは，他の教会でも基本的には同様であったものと思われる。すなわち，参事会家卓分を構成する所領収入は，共有部分とプレベンダ部分とに分けられ，前者は参事会の一括管理，後者は複数のプレポジトゥス管区へと編成される。一つの参事会所領は複数のプレベンダを生みだし，ある参事会員はゆえに特定所領と結びついたプレベンダを受益するわけである。ただし，プレベンダの実際の経営は参事会員個人が行うのではなく，複数の参事会所領を束ねるプレポジトゥスと呼ばれる参事会互選の所領管理役職が，これを代表して行うことになっている。所領の質に応じてプレベンダの実際の収益も一定ではないので，内部の不平等を是正するため，定期的に受益プレベンダの持ち回りが行われることもありえた[30]。
　このような経営および収益分配システムは，いつまで遡りうるだろうか。まず第一に，すでに別稿で検討したが，参事会家卓分は早くも9世紀初めに司教よりの教会財産分与によって設定され，さらにその所領構成は，11世紀はじめまでにはおおよそ完成したことが検証される。その管理についても，9世紀にすでに，参事会の役職であるプレポジトゥスが，所領管理者として現れる。しかしながら，参事会家卓分所領について，参事会が主体となって，たとえば俗人の所領管理人の請負契約，俗権裁判権の行使，司祭の選任権などを行使してい

るのが確認されるのは，早くて11世紀末，明確には1100年の参事会文書の出現以降であることが検証される[31]。他方で，本稿にとって重要なのは，ある参事会員個人がなんらかの収入・財産を有しているという事実であり，この際，明らかに参事会家卓分を構成する所領が指示されているケースが，1107年以降断片的に確認できる[32]。

第二は現物の支給である。13世紀以降には，現物あるいは金銭の支給は，おおよそつぎの三つの機会に行われ得たことが分かっている。一つは特定の大祭日日，二つ目は死者記念禱に際して，そして三つ目は実は日々の聖務日課その他の日常業務への出席に際してである。とりわけ早朝に行われる朝課については関係者の出席を促すために，かなりの優遇措置をとられた形跡がある[33]。12世紀以前の現物支給の情報はきわめて貧しいが，既に述べた1108年の二人の大助祭の記念禱に関するもののほかに，いま一つ1124年になされた司教による設定をあげることができる。この時パリ司教は，参事会家卓分を構成しているはずの6つの所領から，参事会員居住区に家を有している者たちに対して，毎年四旬節中にパンを配給することを規定した[34]。この問題で注意すべきは，前述の1112年頃の紛争文書での食事の配給の供給源となった所領は，参事会家卓分を構成していたという事実である。1112年頃のモー司教の食事要求の根拠は，パリ参事会員職の保持にあったのではないかという先の想定は，充分な根拠があるのではないだろうか。

第三の役職者収入については，参事会長，聖歌隊長その他の，基本的には終身の地位である役職や，先に触れたプレポジトゥスなどの持ち回りの職が問題となる。この点についての12世紀以前の情報は，大助祭関連のものだけである[35]。この際注目すべきは，前述の1108年の大助祭ギョームの処置である。彼の処置は厳密には，彼が大助祭として所有していた三つの祭壇収入の三分の一を，この時参事会へと譲渡し，彼の死後，彼の家を継承した者が当該収益を参事会から受益することができる，というものであった。

以上の状況から，共通して窺えるのは，参事会員の収入問題は，一方では教会における奉仕義務，すなわち定住問題と，密接不可分に関係しているのではないか，という点である。最後に，この問題を検討することにしよう。

中世末期の司教座教会参事会は，実はそのメンバーの少なくとも一定数は，事実上当該教会に定住しないことを制度的に承認するものであった。近年流行の参事会員のプロソポグラフィークな研究自体，参事会員が，所属する教会の外でどのような活動をしていたのかを大きな検討課題としているのである[36]。この問題については，かつて筆者自身が論じたことから，以下の点を確認しておきたい。

司教座参事会制度はそもそも，カロリング期に修道制に範をとった生活の共同体として創設されたが，この共同生活体制は早期に崩壊し，11世紀末から12世紀前半に吹き荒れた教会改革の嵐の一こまである律修参事会運動も，大多数の司教座参事会には及ばなかった。パリの場合，9世紀中にすでに固有の家を持ち，さらにこの家自体参事会居住区の外にも存在していた。また，少なくとも史料情報によるかぎり，パリでは回廊，共同寝室，共同食堂など共同生活を特徴づける建物自体の痕跡が事実上皆無で，総じて，共同生活からはもっとも遠い参事会の一つであったように思える[37]。

逆に，参事会員の非定住を推測させる痕跡は，断片的ながら12世紀前半にはすでに確認される。1117年の王文書はサント＝ジュヌヴィエーヴ教会を対象としたものだが，この教会の参事会が，外部に居住する参事会員にはかることなく，教会管理を行い得ることを承認するものであった[38]。当時のサント＝ジュヌヴィエーヴの参事会長は，パリの大助祭で時のガルランド派閥の頭目エチエンヌであったこと，パリ参事会自体むしろ彼のヘゲモニー下にあったことを考えあわせれば[39]，この規定はパリ参事会においても同様であったことを類推することも可能である。前述の四旬節におけるパンの配給を規定した1124年司教文書の処置の対象は，「参事会員居住区に家を持つ者」であった[34]。このことは，パリに実際に居住している者のみが配給の対象として念頭に置かれていること，すなわち，逆に，現実には配給に与れない参事会員が存在し，彼らはパリの外に常時居住していることを暗示するものである。1164年のパリ参事会文書は，参事会の従属下にあるサン＝ドニ＝デュ＝パ教会の司祭が，参事会によるぶどう酒の配給を受けることを規定したものだが，彼らに関して「mansionarii canoniciと同様に」という表現が用いられている[40]。現物の配給を受益する権利は，パ

リに住居を構えた定住者に限定されるという共通見解が存在したものと考えられる。決定的な史料が現れるのは，1170/2 年の教皇によるパリ参事会宛書簡を待たねばならない。教皇アレクサンデル 3 世はこの時，パリ参事会が，さまざまな理由で教会に常駐しない参事会員に，不在許可を与えることを承認し，彼ら「在外」参事会員の収入金額を承認したが[41]，少なくともこの年代にはすでに，パリ参事会は制度的に参事会員の非定住を保証していたわけである。ちなみに，この規定は，パリ参事会の「より健全でより大きな部分」によって決定されたことが明記されている。

　この問題と関連して，検討するに値すると思われるのは，参事会の法人格としての意志決定要件である。この件について直接言及する史料は，12 世紀後半にようやくいくつか確認される[42]。1155 年頃の参事会文書は，参事会所領における俗権裁判権行使の詳細を取り決めたものだが，これは参事会員共通の宣誓によってなされたことが明言されており，さらに，この時不在の参事会員には，わざわざ使者あるいは文書によってこのことを告げ，誓約を取り付けることが述べられている[43]。1168 年の同じく参事会文書では，参事会員聖職禄と見なしうるプレベンダを参事会員がなんらかの理由で手放すときには，オテル＝デューへ布団・枕その他を寄進することが，同じく共通の同意によって規定された[44]。より注目に値するのは，参事会の聖職禄賦与権を確認した 1163 年の教皇文書である。この教皇文書によると，参事会はこの霊的権限を行使する際，参事会の「より健全な部分」の同意で行うことが述べられている[45]。「より健全でより大きな部分」論は，12 世紀後半の教会法学者たちが興味を寄せた大きな問題の一つであり，通常研究史においては選挙における多数決原理の形成という文脈で取り扱われてきた[46]。しかしながら，この問題は，選挙のみならず，共同体の意志決定の方法としても実は重要な問題であり，この史料によるかぎり，パリ参事会は単なる人間集団以上の団体として，なんらかの内部規律のもとに運営されていたと考えてよいと思われる。ここでの注目点は，参事会の内部規律や意志決定方法の制度化は，参事会員の不在となんら矛盾しないばかりか，むしろこれを前提とし，ときにはこれを保証する構造になっている点である。

　それでは参事会員でありながら，実際にはパリに常駐しないという状況は，一

体いつまでさかのぼりうるのであろうか。モー司教ゴーチエ2世のケースから，11世紀末にはすでに存在し得たことが確実と思われる。さらに，その前任者のゴーチエも同じくパリ参事会員であったとしたら，さらに11世紀半ばまでさかのぼりえる。しかしながら，問題なのはむしろ，外部に居住する参事会員も，なんらかのやり方で参事会収入を受益できるようなシステムが，いつから存在したか，という制度的問題であるように思われる。そして，先に見た通り，参事会家卓分の所領経営が参事会のほぼ完全な統制下に入ったのは，11世紀後半を通じてであり，その完成は1100年頃であるとするなら，収益の配分システムが制度的に機能するようになったのも，これに対応してではなかったという推定は，根拠があるものと思われる。

　以上の状況から見ると，パリ参事会は，12世紀はじめの時点において，その内部の凝集力を強めながら，他方では，権益の配分のみを受ける不在参事会員を雑多に抱え込んでいたように見える。このような状況のなか，参事会の少なくとも一部が，モー司教の権益保持の排除を企図したことは，どのように考えるべきなのであろうか。不在参事会員自体の存在は，あらゆる時期を通じて，一般的なかたちで禁止の対象となっているわけではないのであるから，特定の立場の者たちが選択的に排除されたと考えねばならない。

　この点に関してまず第一に想起せねばならないのは，当時のパリ司教座教会内の派閥闘争である。今この問題に深入りできないが，12世紀前半のカペー王周囲では，ガルランド一族を頭目とする王権テクノクラート一派と，教会改革派一派とが派閥争いを展開していた[47]。ところで，11世紀前半から一貫して，グレゴリウス主義者と反目しながら王を支えた，ゴーチエやマナッセなどのモー司教たちは，12世紀前半の時点では，明らかにガルランド派閥に分類可能だろう。他方で，1100年頃にゴーチエと訴訟を構えたと推測されるパリ参事会長フルクもまた，パリ教会の同じ派閥に属していたと推測される[48]。さらには，1112年頃という年代は，パリ司教座教会においては，ガルランド派＝王権テクノクラート派のヘゲモニーが確立していたと考えられる時期である。したがって，モー司教とパリ参事会との紛争は，同じテクノクラート派内部における紛争であったと考えざるをえない。詳細は別稿に委ねねばならないが，そもそも利益

団体としての参事会の形成こそが，不在参事会員をふくむメンバーの多様な活動を保証したと考えられ，それをこの時期リードしていたのがエチエンヌ・ド・ガルランドであったとするなら，モー司教たちを参事会から排除する直接の動機は，不在制度糾弾などの教会改革的言説ではありえない。

他方で，思い起こされるのは，1127年頃に生じたパリ司教による，参事会への律修参事会員導入の試みと，これに対する参事会の抵抗という事件である[49]。ここでの注目点は，参事会は律修化を拒否したということ，すなわち，「在外」参事会員のような制度を許す緩い結合体の道を，断固として守り抜こうとしたという事実である。

1112年頃の司教排除と1127年の律修化阻止という二つの行動は，パリ参事会がそのメンバーとして相応しくないとみなす教会人のイメージを与えてくれるように思える。一方では，教会上の地位という点で別格の司教を排除し，他方では同格ではあっても生活のパターンという点でまったく異質な律修教会制度を退けているのである。

おわりに

最後に，本稿の検討結果を総括する。

まず第一に，パリ司教座参事会員の一定数は，おそらく11世紀末にはすでに，パリに常駐することなく，プレベンダ収入であれ，食事や現物の配給であれ，参事会の収入を受益していた。参事会制度のこの枠の緩さこそが，中世末期にはっきり確認される，参事会員の広範な政治・官僚活動を可能とする前提であることはいうまでもない。彼ら在外参事会員は，少なくとも12世紀はじめまでは，司教職をも含め実に多様な立場の者たちであり得たようである。

しかしながら，第二に，12世紀はじめ，参事会は意識的に，特定の立場の人間たちを参事会員としては相応しくないものとして，権益の受益から排除した形跡がある。排除された立場とは，一言でいえば，参事会の内的均質性を損なう存在であるといえる。参事会は，そのメンバーに活動の自由を最大限保証しようとする一方，その内部に上下関係を持ち込んだり，異質な理念を有する立

場の者たちは激しく拒否したのであった。

　第三に，12世紀はじめという時期の問題である。この時期は，一方で，参事会家卓分が実質的な参事会の統制下に経営され，おそらくは収益の配分のシステムが形成された時期であろうと思われる。この時期に，参事会の内部規律に関する言及が始まるのは誠に当然とも言えるが，重要な点はこれが，参事会員の個別の行動を縛るためというよりは，むしろ，彼らの自由な活動を保証する制度の擁護，すなわち利害の共同体としての参事会制度に対する阻害要因の排除に，主眼があったように思える点である。

　おそらくは9世紀以来，共同生活の崩壊過程を惰性に生きていたように思える司教座参事会は，11世紀末頃，この「枠の緩い自由な共同体」を意識的に制度化しようとしたかのように見える。このようなことが，なぜ生じたのであろうか。問題は教会の内部のみではなく，その外にも目を向けねばならないが，これらの問題は今後の課題としよう。

注

1) 形成期のパリ参事会については，とりあえず，以下の拙稿を参照のこと。岡崎敦「パリ司教座聖堂参事会の形成（9–12世紀）」『史淵』122, 1985, 137–65頁; 岡崎敦「パリ司教座教会参事会における共同生活（9–12世紀）」『西洋史学論集』34, 1996, 1–27頁。
2) 稿末の史料テクストを参照のこと。なお，本稿での史料レフェランスは，同じく稿末の省略記号を利用する。
3) LUCHAIRE, A., *Louis VI le Gros. Annales de sa vie et de son règne (1081–1137)*, Paris, 1890, nº 130, p. 69. テクストの最後の部分に言及される，王とブロワ伯チボーとの間の戦争は，1111年夏から1112年終わりまで続いた紛争を指すものと思われる。同時に言及される四旬節は，したがって1112年初頭のそれでしかありえない。1112年の復活祭は3月31日だから，この日付が紛争および文書作成の下限となる。
4) 羊皮紙単葉製作とカルチュレール転写との前後関係は，現在のところ不明である。書体の比較からは，後者の方がより早い時期であることが推定されるが，カルチュレール自体の編纂の正確な時期は分からない。いずれにせよ，両者に先行するなんらかの書き物があったことが想定され，これがカルチュレールに転写されたのである。
5) 岡崎敦「参事会の形成」; 岡崎敦「パリ司教座教会の文書局（9–12世紀）」『史淵』123, 1986, 39–76頁。
6) cf. GAUDEMET, J., Evêques et chapitres (législation et doctrine à l'âge classique), dans *Mélanges offerts à Jean Dauvillier*, Toulouse, 1979, pp. 317–28; AVRIL, J., La participation du chapitre cathédral au gouvernement du diocèse, dans *Le monde des chanoines (XIᵉ–XIVᵉ siècles)*,

Toulouse, 1989, pp. 41–63. cf. GAUDEMET, J., *Le Gouvernement de l'Eglise à l'époque classique, IIe partie: le gouvernement local,* Paris, 1979, p. 195.

7) モー司教ゴーチエ (1 世) の在位期間は 1045 年から 1082 年 10 月 20 日，同ゴーチエ 2 世は 1085 年から 1102 年，同マナッセは 1103 年から 1120 年 1 月 13 日である。他方，フルクは，1092 年から 1102 年までの文書に，パリ参事会長として現れることが確認される。ゴーチエ 2 世の訴訟は，彼がエルサレムへ赴き死去する直前の 1100 年頃と想定される。マナッセの訴訟については，注 3 参照。

8) Mitry-Mory, ch.-l. c., ar. Meaux, Seine-et-Marne; Rozay-en-Brie, ch.-l. c., ar. Melun, Seine-et-Marne.

9) Tardif, n° 252; CND, I, p. 321.

10) 976/86, Lothaire と Louis V 連名文書, CGP, n° 66; Halphen, n° 56. なお，11 世紀の北フランスの司教による altare 譲渡の問題については，岡崎敦「中世盛期パリ地方における修道院の小教区所有と司教裁治権」『史学雑誌』104–7, 1995, 37–73 頁，を参照のこと。

11) ロゼイ: Tardif, n° 258. モリ: Tardif, n° 307; CND, I, p. 288.

12) Arch.nat., LL 78, pp. 127–8 (Copie du XIIe siècle); CND, I, p. 372 (texte incompl.).

13) Arch.nat., K 20, n° 6 (14); CND, I, p. 305 (texte incompl.).

14) 「王の司教座」については，とりあえず，IMBART DE LA TOUR, P., *Les élections épiscopales dans l'église de France du IXe au XIIe siècle,* Paris, 1890, pp. 453–75; PACAUT, M., *Louis VII et les élections épiscopales dans le royaume de France,* Paris, 1957, pp. 59–82; 森洋「ゴティック古典様式カテドラルの成立とその背景—Chartres, Reims, Amiens を中心にして—(下の 2)」『史淵』95, 1966, 55–95 頁，を参照。

15) 当該時期のモー司教座および司教たちについては，*Gallia christiana nova,* t. VIII, col. 1607–1615; BUR, M., *La formation du comté de Champagne (vers 950–vers 1150),* Nancy, 1977, pp. 185–88, 245–56 を参照。

16) マケールと同じく，王文書に恒常的に下署する司教たちの一人である。cf. LEMARIGNIER, J.-F., *Le gouvernement royal aux premiers capétiens (987–1108),* Paris, 1965, annexe: I. Tableaux des souscriptions des diplômes royaux (987–1108). 2) tableaux des souscriptions, c) Henri Ier et d) Philippe Ier. なお，ゴーチエは，1059 年 5 月 23 日に行われたフィリップ 1 世の聖別式にも参加している。cf. FLICHE, A., *Le règne de Philippe Ier, roi de France (1060–1108),* Paris, 1912, pp. 2–3.

17) 1070 年の司教ジョフロワ文書。SGP, n° 65.

18) この問題については，FLICHE, *Philippe Ier,* pp. 49–50, 354, も参照。彼はまた，フィリップとベルトラードの結婚を，教会側で王の意に沿って仕切った人物である。

19) ゴーチエのパリ司教文書の下署欄における言及状況は以下の通りである。1061c, 司祭 (LP, n° 51); 1080c, 司祭 (LP, n° 257); [1085], 司祭およびモー司教 (SMP, n° 16); 1087c, 司祭 (SMC, n° 31); 1088, 司祭およびモー司教 (SMC, n° 32); 1089, 参事会員およびモー司教 (SMC, n° 40); 1092, モー司教 (LP, n° 181) 1092, モー司教 (Copie de 1400, Arch.nat., LL 49, fol.148); 1092c, モー司教 (CND, I, pp. 309–11); 1094, モー司教 (CGP, n° 113). なお，ゴーチエは，当時のパリ司教文書の下署欄では，参事会長以下の役職者について現れる，聖品名のみの平参事会員の筆頭，あるいはそれにつぐ地位を占め続けている。パリ

司教文書形式については，岡崎敦「参事会の形成」, 148 頁; 岡崎敦「文書局」, 49 頁。
20) ゴーチエ 1 世はドンジョン Donjon，ゴーチエ 2 世およびマナッセについてはコルニョン Cornillon という，在地の領主家系出身と推定されているが，その他の司教については，パリ参事会員(マケール)，ルベ修道院長(ロベール)，サンス参事会員(ブシャール，在位 1120-1134 年)等，大半の者については，経歴が判明するのみである。ゴーチエ 2 世およびマナッセについて，モー参事会内の支持が推測されないわけではないが，モー司教座は，基本的には，在地を越えた利害によって人事が決まる司教座と考えた方がよい。
21) CND, III, pp. 447–49. cf. LUCHAIRE, A., *La société française au temps de Philippe Auguste*, Paris, 1909, pp. 118–24, surtout, pp. 122–24. 中世末期のパリ司教座教会の食事配給全般については，CND, I, pp. CLXII–CLXVII; GANE, R., *Le chapitre de Notre-Dame de Paris au XIVe siècle. Etude sociale d'un groupe canonial*, Saint-Etienne, 1999, pp. 78–79.
22) CGP, n° 143.
23) 大助祭ギョーム文書 (CGP, n° 148)。パリ参事会文書における，大助祭エチエンヌの行為 (CGP, n° 147)。
24) LUCHAIRE, A., *Louis VI*, n° 180; HF, XV, p. 166.
25) Dufour, n° 157.
26) ユベールについては，Prou, p. LX; *Gallia christ. nova*, X, col.1395–7 を参照。
27) アルグランについては，とりあえず，Dufour, Intr., pp. 40–1 を参照。
28) 1123, 28 mars, Calixte II (Arch.nat., L 224, n° 5; HF, XV, p. 248); 1138, 26 mars, Innocent II (Arch.nat., L 226, n° 13; CND, I, p. 23); 1144, 5 décembre, Lucius II (Bibl.nat., lat. 5526, fol. 14–14v; PL, 179, col. 915); 1147, 5 juin, Eugène III (Arch.nat., L 228, n° 9; CND, I, pp. 25–6).
29) GALLAND, B., *Deux archevêchés entre la France et l'Empire. Les archevêques de Lyon et les archevêques de Vienne du milieu du XIIe siècle au milieu du XIVe siècle*, Rome, 1994, p. 167. なお，司教が同時に参事会員であること自体は，一般によく見られる現象であり，法理的にも議論の対象となっていた。とりあえず，GAUDEMET, *Le Gouvernement*, p. 195.
30) 岡崎敦「共同生活」, 10–12 頁; GANE, *Le chapitre*, pp. 69–77. cf. MILLET, H., Les partitions des prébendes au chapitre de Laon: fonctionnement d'un système égalitaire (XIIIe–XVe siècles), dans *Bibliothèque de l'Ecole des Chartes*, 140, 1982, pp. 163–8; BARROW, J., Cathedrals, prevosts and prebends. A comparison of twelfth-century German and English practice, in *Journal of Ecclesiastical History*, 37, 1986, pp. 536–564.
31) 岡崎敦「共同生活」, 10–14 頁。参事会印章は，1117 年頃出現した。岡崎敦「パリ司教座教会参事会の印章 (12 世紀)」『西洋史学論集』39, 2001, 3–4 頁。
32) 1107 年。参事会員エルベールによる，参事会からのオルリ Orly の保有(パリ参事会文書。Arch.nat., K 20B, n° 9(4)); 1120 年頃。参事会員エチエンヌ・ド・ガルランドによるエポーヌ Epone の水車保有(パリ参事会文書。CND, I, p. 374); 1120 年頃。参事会員エチエンヌ・ド・ガルランドによるエポーヌおよびロゼイの水車保有(パリ参事会文書。CND, I, pp. 380–2); 1125 年。大助祭チボーによる，参事会からのシェヴィリ Chevilly のプレカリア保有(パリ参事会文書。Arch.nat., S 312A, n° 8); 1188 年頃。聖歌隊長アルベールによる，参事会からのラルシャン Larchant の保有(パリ参事会文書。CND, I,

pp. 398–9); 1195 年頃。参事会員シモン・ド・サン＝ドニによる，参事会からのランジス Rungis の保有（パリ参事会文書。CND, III, pp. 358–9）。

33) GANE, *Le chapitre*, p. 77; CND, I, pp. CLVII–CLXVII. cf. LUCHAIRE, *La société*, pp. 121–22.
34) 1124 年パリ司教文書（Arch.nat., L 530, n° 1）
35) 1085 年パリ司教文書。大助祭ドゥルーによるサン＝プリ・ド・トゥール Saint-Prix de Tour の保有（SMP, n° 16）; 1087 年頃のパリ司教文書。大助祭ドゥルーによるマロル Marolles の保有（SMC, n° 31）; 1088 年頃のパリ司教文書。大助祭ドゥルーによるボンディ Bondy の保有（SMC, n° 32）; 1089 年パリ司教文書。大助祭ジョスランによるシャンピニ Champigny, 聖歌隊長ガルランによるボビニ Bobigny の保有（SMC, n° 40）。
36) cf. MILLET, H., La composition du chapitre cathédral de Laon au XIVe siècle: résultats d'une analyse factorielle, dans *Annales Economies, Sociétés, Civilisations*, 36, 1981, pp. 117–38; MILLET, H., *Les chanoines du chapitre cathédral de Laon*, 1272–1412, Rome, 1982; MILLET, H., éd., *I canonici al servizio dello Stato in Europa secoli XIII–XVI*, Modena, 1992; GANE, *Le chapitre*, pp. 97–161.
37) 岡崎敦「共同生活」。
38) Dufour, n° 141.
39) エチエンヌ・ド・ガルランドについては，さしあたり，Dufour, Intr., pp. 38–40; DUFOUR, J., vo Garlande, G. Etienne de, in *Lexicon des Mittelalters*, 4, 1988, pp. 1118–9; Prou, pp. LXI–LXIV 参照。
40) CGP, n° 450.
41) 1170/2, 12 décembre, Arch.nat., LL 78, p. 263; PL, 200, col. 760–1.
42) 教会法学者たちが法人格についての本格的な議論を開始し，様々な教会法源，すなわち教会会議議決，教皇文書などに，この問題についての言及が見出されるようになるのが 12 世紀後半である。cf. MICHAUD-QUANTIN, P., *Universitas. Expressions du mouvement communautaire dans le moyen âge latin*, Paris, 1970; GAUDEMET, *Le Gouvernement*, pp. 184–94.
43) CGP, n° 392.
44) CGP, n° 467.
45) Arch.nat., L 230, n° 14; CND, I, pp. 226–27. なお，この文書は，教皇のこの行為は，前任教皇エウゲニウス 3 世によるパリ司教チボーへの書簡の内容の更新であると述べている。残念ながら，当該教皇書簡をはじめ関係の史料は伝来しないが，参事会による聖職録付与が 12 世紀中葉に遡ることは確かであろう。
46) cf. MOULIN, L., Sanior et maior pars. Note sur l'évolution des techniques électorales dans les Ordres religieux du VIe au XIIIe siècle, dans *Revue historique du droit français et étranger*, 4e sér., 36, 1958, pp. 368–97, 491–529; GAUDEMET, J., Unanimité et majorité (observations sur quelques études récentes), dans *Etudes historiques à la mémoire de Noël Didier*, Paris, 1960, pp. 149–62; CARON, P. G., Les élections épiscopales dans la doctrine et la pratique de l'Eglise, dans *Cahiers de Civilisation médiévale*, 11, 1968, pp. 573–85. cf. GAUDEMET, *Le Gouvernement*, pp. 64–66.

47) この問題に関しては，とりあえず，岡崎敦「共同生活」，14 頁; 岡崎敦「パリ司教座教会参事会の印章」，8 頁．
48) この問題をはじめて本格的に論じたボーチエは，フルクを「教会改革派」のなかに数えている．しかしながら，その根拠となる，フルクのパリ司教選出についてのシャルトル司教イヴの書簡についての彼の解釈は奇妙であり，フルクはこのとき，大助祭エチエンヌ・ド・ガルランド他によって選出されたと考えねばならない．BAUTIER, R.-H., Paris au temps d'Abélard, dans *Abélard en son temps*, Paris, 1981, p. 60; CGP, nos 131, 132 et 133.
49) この問題については，岡崎敦「共同生活」，14 頁．

[付録]　1112 年頃のモー司教とパリ参事会との間の紛争文書

B. Copie du XIIe s., 278 x 361, Arch.nat., S 371B, s.n. (olim L 467, n° 2); *C*. Copie du XIIe s., *Livre noir*, Arch.nat., LL 78, pp. 229–233, n° CXXIX; *D*. Copie du XIIIe s., *Petit Pastoral*, Arch.nat., LL 77, pp. 197–198 (incompl., plutôt ind.).

　a. GUERARD, B., éd., *Cartulaire de Notre-Dame de Paris*, Paris, 1850, I, pp. 340–44, n° XXXIII.

　Ind.: Luchaire, *Louis VI*, n° 130 (1112, avant 31/III).

Habuit hujusmodi actionem Manases, Meldensis episcopus, contra Parisienses canonicos.

Predictus quidem episcopus pastum unum a prefatis canonicis jure consuetudinis exigebat, quem scilicet pastum sui antecessores, videlicet Galterus Sapientia et alter Galterus, successor illius, ex debita consuetudine, a predictis canonicis, pro altari de Moriaco et pro altari de Roseto, de anno in annum habuerant. Dicebat etiam quod quodam tempore, cum domnus Galterus episcopus, antecessor et avunculus suus, prenominatum pastum a Parisiensibus canonicis habere non potuit, altaria predicta in calumpnia posuit. Quare domnus Fulco, Parisiensis decanus, ipse et pars quedam capituli Parisiensis, contra prefatum episcopum, pro pastu illo placitavit, et in placito ipso quomodo a pastu illo liberi esse deberent, ostendit. Dixit enim quod pastum illum idem Galterus Parisiensis æcclesiæ condonaverat, et cartam condonationis ei dederat, quam scilicet cartam idem Fulco in ipso placito coram omnibus ostendit. Predictus vero Galterus ad hæc respondit quod nec pastum illum condonaverat, nec cartam inde dederat; videbatur etiam carta illa non recipienda, quoniam nullo sigillo firmata fuerat, nec assensum Meldensis capituli habuerat. Dixit etiam idem Galterus quod secundum omnia ista finitivam sententiam daret, et causam illam judicio terminare[t]. Assensu vero utriusque partis, dilatum est judicium illud usque in competentem diem et congruam submonitionem. Interim autem domnus Galterus obiit, multisque utrique æcclesiæ intervenientibus negociis et necessitatibus, causa ista diffiniri nequaquam potuit.

Nunc vero ipse Manases episcopus causam istam sic processisse probare volebat, et dilatum illud judicium modo faciendum offerebat. His verbis peroravit Meldensis episcopus. Ad quæ responderunt Parisienses canonici: (pied de mouche) Quod antecessores vestri pastum istum, ut dicitis, ex consuetudine a nobis habuerint, negamus. (pied de mouche) Quod Fulco decanus et pars nostri capituli unquam inde placitaverit, iterum negamus. Nec de personis capituli nostri aliquam quæ illi placito interfuerit scitis nominare, preter domnum Fulconem, qui mortuus non potest reclamare. (pied de mouche) Illud autem scimus quod si forte domnus Fulco inde placitare presumpserit, assensus nostri capituli omnino defuit, et hoc pro nobis et pro reliqua parte capituli nostri quæ hic presens non est, respondemus, et sumus parati quod comprobemus. Habemus autem honestas ac venerabiles personas quæ, antequam, Fulco canonicus vel decanus fieret, canonici et in æcclesia nostra juri autentici habebantur, qui causam et actionem istam penitus ignorant, qui eciam, pro pace utriusque æcclesiæ, juramento asserere volunt se nescire quod æcclesia Meldensis pastum consuetudinarium a nostra æcclesia habuerit, vel habere debuerit, vel nostra æcclesia ullo tempore justiciam inde negaverit. (pied de mouche) Verum est autem quod nostra æcclesia, non condonatione Galteri episcopi, sed dono Macharii episcopi et assensu Meldensis capituli, predicta possederit altaria, litterasque actoritatis illius penes nos habemus, in quibus altaria illa nobis perpetuo habenda concessit, nichil sibi in eis retinens, preter sinodum et circadam. (pied de mouche) Possedimus etiam altaria illa, post donum Macharii, pacifice et quiete, absque ulla pastus redditione vel rectitudinis repulsione, per annos triginta et eo amplius, quod etiam probare parati sumus. (pied de mouche) Contra Meldensis episcopus: (pied de mouche) Placitum, inquit, domni Fulconis quod nega[s]tis, per eos qui placito interfuerunt, probare parati sumus. Personas vestri capituli ad huc viventes, quæ cum Fulcone illi placito affuerunt, si justum fuerit, nominabimus; aliter nominare non volumus. (pied de mouche) Possessionem triginta annorum, quam pretenditis, ita infringimus. Habuit enim Galterus episcopus pastum illum, qui, nondum transactis triginta annis, Jerosolimam perrexit. Et ex altera parte, dum placitum Fulconis infra triginta annos factum fuisse perhibemus, possessionis vestræ interruptionem nos ostendere putamus. (pied de mouche) Ad hæc Parisienses: (pied de mouche) Altarium donationem, (pied de mouche) litterarum nostrarum auctoritatem in nullo minuistis, in nullo contradixistis. (pied de mouche) Placitum Fulconis assensu nostri capituli factum fuisse, quod omnino negavimus, nec probare vos proponitis, nec testes aliquos inde adducitis. (pied de mouche) Possessionem altarium, absque ulla pastus redditione vel rectitudinis repulsione in nullo violastis. (pied de mouche) Dixistis enim quod Galterus episcopus pastum illum habuerit, non quod infra triginta annos habuerit, sed quod infra triginta annos ipse Jerosolimam abierit, et hoc vos ita dixisse multororum testimonio probare parati sumus, et secundum hoc judicium fieri exigimus. (pied de mouche) Contra Meldenses: (pied de mouche) Quod Galterus episcopus pastum illum infra triginta annos habuerit, plane respondimus, nostræque responsionis testes habemus et sic vestræ possessionis integritatem interrupimus.

Mota autem ex hujusmodi verbis dissensione, tandem in judicio positum est, dies etiam judicii denominatus est, in quo judiciali sententia terminaretur, quæ pars justiorem causam habere videretur. Die autem constituto pars utraque convenit. Cumque Meldensis conventus super his quæ in controversia remanserant, et de quibus judicii dies statutus fuerat, dare judicium deberet, ea tacendo, Rebbensis abbas et quidam alii non Meldensi [-e]s canonici hoc rectum esse judicium dixerunt. Si Manases, Meldensis episcopus, pastum illum infra triginta annos, per legitimas personas, quæ illi pastui, quando redderetur, interfuissent, Galterum episcopum ex consuetudine comprobare potest habuisse, et de pastu illo, per eos legitimos viros qui ipsi placito interfuerunt, confirmare valet domnum Fulconem placitasse, Parisienses pastum illum debent reddere, vel ad judicium placiti domni Fulconis redire. His vero Parisienses non adquieverunt, et hoc non recte esse judicatum dixerunt. Causam etiam contradictioni competentem subjunxerunt, quoniam scilicet de eis non judicaverant de quibus statutum fuerat, de illis enim judicasse deberent quæ Parisienses dixerant, scilicet de altarium donatione non diminuta. (pied de mouche) De litterarum auctoritate non contradicta. (pied de mouche) De eo etiam quod, si placitum domni Fulconis fuerit, assensum Parisiensis capituli non habuit. (pied de mouche) De viventibus etiam personis Parisiensis capituli, quas illi placito Meldenses interfuisse dixerant, non nominatis; (pied de mouche) de possessione triginta annorum non violata per hoc quod Meldenses dixerant Galterum episcopum pastum illum habuisse qui, nondum transactis triginta annis Jherosolimam abiit, quod eos ita dixisse, obtulerunt Parisienses se comprobare; (pied de mouche) de eo etiam quod Meldenses responderunt, Galterum episcopum pastum illum infra triginta annos habuisse et hoc se ita dixisse promiserunt se probare; (pied de mouche) de eo etiam quod, ipsis videbatur possessionem Parisiensium interruptam esse, si placitum domni Fulconis infra triginta annos fuisse, ipsi poterant comprobare. Cum igitur de istis, in quibus tocius causæ et controversiæ vis et summa dependebat, judicium fieri debuisset, et, his pretermissis, de aliis judicassent, et tales eciam personæ, quæ canonici Meldenses non erant hoc judicassent quod ab ipsis Meldensibus canonicis judicari debuisset, ob hæc hujusmodi judicio Parisienses contradixerunt, et tam Meldense capitulum quam ipsos judices ad utrarumque metropolitani audientiam, prout ordo et ratio exigebat, invitaverunt. Certi a tantæ curiæ justis et discretis personis sanum judicium depromendum, et hujus negotii rationabilis finem decisionis imponendum.

Quod Meldenses, frivolas et meticulosas de regia et Teobaldi comitis guerra pretendendo causas, subterfugerunt, et ad apostolicam presentiam ad medium quadragesimæ Parisienses invitaverunt. Parisienses autem, pro ratione et ordine agere volentes, causas hujusmodi, pro dignitate et reverentia sanctæ metropolitanæ æcclesiæ, penitus recidere cupientes, eis ex parte regis, cujus clerici et Parisienses et ipsi erant, securum conductum obtulerunt. Quod cum Meldenses suscipere neglexissent, Parisienses Romanam illam invitationem receperunt, et in causæ suæ justicia confidentes, concesserunt.

SOURCES (abréviations)

CGP: DE LASTEYRIE, R., éd., *Cartulaire général de Paris*, Paris, 1877.

CND: GUERARD, B., éd., *Cartulaire de Notre-Dame de Paris*, Paris, 1850.

Dufour: DUFOUR, J., éd., *Recueil des actes de Louis VI, roi de France (1108–1137)*, Paris, 1991/4.

Halphen: HALPHEN, L. et LOT, F., éd., *Recueil des actes de Lothaire et de Louis V, rois de France (954–987)*, Paris, 1908.

LP: MARION, A., éd., *Cartulaire du prieuré de Longpont*, Lyon, 1879.

Prou: PROU, M., éd., *Recueil des actes de Philippe Ier, roi de France*, Paris, 1908.

SGP: POUPARDIN, R., éd., *Recueil des chartes de l'abbaye de Saint-Germain-des-Prés*, Paris, 1909/13.

SMC: DEPOIN, J., éd., *Recueil de chartes et de documents de Saint-Martin-des-Champs*, Paris/Ligugé, 1912–21.

SMP: DEPOIN, J., éd., *Cartulaire de l'abbaye de Saint-Martin de Pontoise*, Pontoise, 1896.

Tardif: TARDIF, J., éd., *Monuments historiques*, Paris, 1866.

12世紀修道院領の積極経営とは何か？
―― アフリヘム修道院領をめぐって ――

舟 橋 倫 子

I. アフリヘム修道院領研究の視点

　シトー会とプレモントレ会に代表される改革派修道院は，12世紀に周辺社会との多面的・持続的な関係を通じて集積した不動産と関連諸権利を効率的に編成・管理して，積極的な所領経営を活発に実践したと言われている[1]。しかし，そのような積極経営の内容についても，また同時代の社会経済状況への適合性とそこから結果する普及の度合いについても，なお検討しなければならない問題が多い。筆者は，従来の研究史が改革派的積極経営を二つの修道会のうちに閉じこめて，特殊な動向とする傾向から免れていないとの印象を持っており，ベネディクト会系として一括され，改革派とは無縁であったとされがちな多数の修道院についてもっと実態を調査せねばならないと感じている。そういった見方に至ったきっかけは，筆者が最近手がけ始めたブラバン公領できわめて重要な位置を占めたアフリヘム修道院の所領経営の検討である[2]。確かにこの修道院はベネディクト会に属しているが，教会史でも社会経済史でも改革派に属するとしばしば指摘されており，しかもその所領経営の性格が明確にはされていないからである。
　1083年に現在ベルギーのアールストとアッセの間に創建されたアフリヘムは，当時はブラバン公領内部にあってフランドル伯領との境界地帯に位置していたが，12世紀半ばまでにこれら二つの領邦のみならずライン地方にまで所領を拡大し，230人を超える修道士・助修士を擁して，霊的領域でも経済的規模におい

ても隆盛を誇った[3]。しかも多数の史料の伝来によって[4]，様々な研究の対象となってきたのである。文書史料は古典的なド・マルヌフによる刊本に大半が収められているが，一部がより新しくコペンスによって刊行され[5]，多様な研究分野で利用されてきたし[6]，「年代記」など記述史料も修道院自身の研究に生かされたばかりでなく，近年には文書史料との照合による綿密な史料批判の対象[7]となるとともに，記憶と歴史叙述など多様な分野で多くの研究者の関心を惹くこととなった[8]。

　しかしながら，アフリヘム修道院の社会経済史的研究は，なお不十分にしか行われていない。そこでは大きく分けて教会史的分析を行った修道士たち自身による発言と，在地の社会経済的文脈でアフリヘム領を位置づけようとするデスピィによる仕事とが対照的な位置を占めている。前者の基礎となっているのは，グレゴリウス改革後に推し進められた隠修的改革での抜きん出た存在としてのアフリヘムの高い評価であり，指導的役割を果たしていた司教や創建期の修道士たちとのつながりによって，清貧を求める新たな隠修的共同体という理念の実現が目指され，それがシトーの創建者たちへと受け継がれていったと説明される。そこからアフリヘムは所領経営においてもシトーの先駆的形態となっており，修道院外部の所領に住む助修士の労働によって修道院内部の修道士の活動が保証されるという，協調体制が創り出されていたとされるのである[9]。このような主張は，アフリヘム初期の記述史料を主たる素材として文書史料を援用していたが，デスピィはまず史料批判が不十分であるとして見直しを迫る。特に改心した盗賊騎士たちによる荒野への創建の根拠とした1086年の創建文書を偽文書であるとして，アフリヘム修道生活の隠修的性格を否定し[10]，代わって周辺世俗有力者達との密接な関係を強調する。そして創建時におけるブラバン公の積極的役割を明らかにし，その後のブラバンとフランドルの貴族家系メンバーの修道院への加入と寄進の所領形成における重要性を指摘する[11]。

　しかしながら，デスピィの研究ではアフリヘムの創建伝説と独自な役割を偶像破壊的に検証することに力点がおかれ，所領経営の現実が十分に分析されているとは言い難い。その結果として，所領経営の内容に関しては助修士による所領経営であるとして，批判相手と期せずして一致した見解を述べることに

なってしまう[12]。文書史料と記述史料の綿密な照合を行ったデスピィにおいても，その史料的根拠が明確にされているとは言い難く，主たる労働力として挙げる助修士に関して，デスピィが史料から引用するのは一ヵ所のみである[13]。農民や所領管理人といった俗人が史料にはかなり多く登場しているにもかかわらず，なぜ助修士を主要な労働力と考えるのかは全く議論されていない。また，史料は‹curtis›と呼ばれるまとまった経営単位以外に，‹villa›とされる性格の必ずしも特定できない定住地，さらに教会，土地，森林といった所領の多様な構成要素を広範囲にわたって挙げており，それらが‹curtis›という単位に統合されていたことに直接言及している箇所は少ないが，この点に関してもデスピィは検討していない。確かに，豊富なアフリヘムの史料でも所領経営関連の情報は少なく，筆者の史料整理によっても，デスピィが助修士の存在を一ヵ所からしか引証できなかったのは，そもそも他にはそうした記述がほとんどないからだったと思われる。従って文字史料のみを素材として個別所領の経営方法を描いたり，所領経営全体の方向性を検討することは困難である。

しかし，アフリヘムを周辺社会との関連づけという文脈で検討することによって，所領経営の性格に接近することは可能である。その方法の一つは，所領経営についてより豊富な史料を持ち，その性格が解明されている周辺修道院との比較検討である。広範囲に展開するアフリヘム所領の中から，いくつかの所領群を検出することができるが，中でもブラバン公領南西部の諸所領は，東はヴィレール，西はニヴェルという二つの修道院に挟まれた範囲にかたまっていて，これら修道院の所領と隣接していた[14]。そのため，この所領群をめぐって両修道院との交渉がおこなわれ，その経過が文書として記録されている。後述するように，ニヴェルとヴィレールはそれぞれの所領経営の性格が比較的に明確となっている修道院であり，それらとの具体的な関係という場においてなら，アフリヘム所領の性格を位置づけることも可能となるであろう。さらにこの地域については，ブラバン公がアフリヘムなどの諸修道院に発給した文書がいくつか伝来しており，それらの分析によってブラバン公との関係という場で修道院間の比較を深めることができるのである[15]。

本稿ではこのような文書史料を分析して，周辺社会との関係性によってアフ

リヘム所領経営の方向性を浮かび上がらせることを試みたい。これは所領経営の検討としては間接的な方法であり，この網にかからない所領についての検証がなされないという欠点がある。けれども，ともかく文書史料から直接に所領経営を描きだすことが困難である事情のもとでは，きわめて有力な手がかりとなることは間違いなく，かつアフリヘム領の研究で記述史料と比べて軽視されてきた，文書史料を主として利用するという利点も持っている。本稿が今後進めていくアフリヘム修道院を場とする積極経営解明の序説となることを期している。

II. ブラバン公領南西部のアフリヘム領
――他修道院領との接点――

筆者はこれまで12世紀修道院の所領経営の分析において，二つのモデルを設定してきた。一つはニヴェル(参事会)とサン・チュベール(ベネディクト会)の両修道院を典型例とする寄生経営モデルであり，いま一つはヴィレール(シトー会)とフロレフ(プレモントレ会)に代表される積極経営モデルである。両者の相違はなにより土地に対する姿勢であり，前者が管理を他者に委ねて定期収入取得を志向したのに対し，後者はこれを能動的に活用する意志を強く持ち，不動産と関連諸権利の獲得に努力し，それらの効率的編成と合理的運用によって活発な経営を実践しようとした。また後者の特徴として，定着した場所(本院・分院と個別所領)でそれぞれの地域にふさわしい方法で開発に寄与したことも指摘できる。興味深いのは，こうした二つの型の所領経営の間で，前者は後者に土地と諸権利を譲与し，後者は前者にその対価として貢租を支払うという形で，棲み分けが成立しえたことである。しかし，同じく積極経営を行う複数修道院の間では，何らかの形で利害関係を調整して共存を図る必要があったのは当然であろう。アフリヘムが各地で直接交渉を持った多くの修道院は，多かれ少なかれこうした二つの型に分類できようが，ブラバン公領南西部では，まさに寄生経営と積極経営とを志向していた諸修道院と関係を繰り広げていたのであった[16]。以下ではこの絶好の観測地点の関連史料から，アフリヘムによる所領経

営の方向を検討することにする。

　まずこの地域での寄生経営志向修道院との関係を典型的に示しているのが，1147年にニヴェル院長によって発給された文書である。ここでは，ジュナップでニヴェル修道院から1ボニエ当たり2デナリウスの貢租で66ボニエの土地を保有していた人々が，「あまりに貧しすぎて我々への奉仕を果たすには不十分だったので」‹ut si attenuati ad implendum seruitium nostrum non sufficerent›として，土地保有の権利を放棄させられた上で，「アフリヘム院長の願いによって前述の土地を自由かつ平穏にアフリヘム修道院に……譲渡するが，我々の貢租はそのままである」‹rogatu domni petri haffligeniensis abbatis predictam terram beato petro haffligeniensis ecclesie lebere et qujete saluo dumtaxat censu nostro ... contradidi›とされている[17]。さらに1156年になるとアフリヘムは同じジュナップで，6ソリドゥスの貢租支払いを条件にサールと呼ばれるニヴェルの土地を獲得したが，その際貢租支払いについて，「遅滞なく，……いかなる言い逃れもなく，協定に述べられたように支払うであろう」‹sine dilatione ... remota omni occasione et placito si sic ut dictum est persoluerit›ことが念押しされている[18]。さらに同年に発給された別文書で，「前述［アフリヘム］の修道院の修道士たちを，他の人々が強制されているようなすべての搾取から自由とする。保有変更に関する支払いも，裁判集会への出席もしないでよい。ただ6ソリドゥスの貢租を，定められた時に……所領管理人に自分の手で支払うように」‹fratres predictae ecclesie ita omni parte ad omni exactione qua ceteri constringuntur liberos esse. ut neque inuestitum dare neque in placito sedere debeant; sed censum sex solidorum statuto tempore ... ujllico propria manu persoluant›と記されており，なによりも一定期日での確実な定額貢租支払によって，アフリヘムが拘束されることは少なく土地を確保していたことがうかがえる[19]。こうしてジュナップでは，寄生経営的なニヴェルと，旧来の保有者の貢租を肩代わりしながら土地譲与を受けて積極経営を目指すアフリヘムとの間で，平穏な棲み分け関係が成立している。

　他方で積極経営のヴィレール修道院との関係は，サール・ダム・アヴリーヌに所在するビュシェの土地をめぐって1175年に両院長によって発給された文書にある「争論」‹controversia›という表現が示すように[20]，まったく別の性格を

帯びていた。サール・ダム・アヴリーヌはヴィレール本院とアフリヘムのフラーヌ分院に挟まれた範囲にあった。そのなかでビュシェはフラーヌにより近く,「古くからその土地で所持していた」‹antiquitus in ea possidebat› という文言から明らかなように, アフリヘムがかなり以前から財産を保持していた場所であった。しかし, ここでは創建直後から寄進によって獲得したいくつもの土地財産を散在させていたヴィレールが, 主要な経営拠点を設置し, 開発による単一所領形成を目指していたのである。両者が対峙することになった地点がビュシェであったが[21], 結局次のような解決がなされた。「フラーヌ分院は古くからここに所持していたものを……以下の条件で平穏かつ妨げなく所持するように。すなわち前述のビュシェの土地では, Henri de Cokerul から保有しているもの以上は, フラーヌ分院が獲得することは許されないように。また水車と水車に必要と思われるもの以外の施設をこの土地には作らないように。そして道は両側とも以前からあったごとく変わらずにあり続け, いかなる妨害もなく自由に保たれるように」‹Fraxinensis ecclesia quicquid antiquitus in ea possidebat, ... quiete et sine calumonia possideat, ea conditine quod de prefata terra de Buisset, que de manu Henrici de Cokeril descendit, ei amplius acquirere non liceat, mansionem quoque aliquam in eadem terra non faciat preter molendinum et que molendino necessaria videbuntur, vie quoque sicut esse solebant immutabiles ex ultra parte permaneant et absque omni impedimento libere conserventur›[22]。こうしてビュシェにおけるアフリヘムとヴィレールの対立では, ある時点で前者の既得財産は守られるが, その勢力拡大が制限されるという状況であった。しかし, この争論はこれで解決したわけではなかった。ヴィレール修道院のみに伝来する1197年文書は, ヴィレールが Henri de Cokerul とその息子たちからビュシェの土地を「永代保有財産」‹in pertetuam hereditatem› として保持していると, そもそもアフリヘムには権利がなかったごとくに表現していたが, さらにこの時点でこの土地からの十分の一税を Henri de Cokerul がヴィレールに寄進するとも記している[23]。1175年から1197年の間の経緯を追跡することはできないが, 継続する二つの修道院の押し合いの中で, 12世紀末までにアフリヘムが不利な地位にたっていたようである。

このように，シトー会のヴィレール修道院の本拠地近くでは遅れをとったが，アフリヘムが積極経営志向修道院と別の形で接点を持った例もある。それはプレモントレ会のフロレフ[24]との関係である。ブラバン公領南西部でのフロレフ関係史料は，1175年にフロレフ院長がアフリヘム院長宛に発給した土地譲与文書であるが，これが実は同年にアフリヘム院長がフロレフ院長宛に発給した，同様な内容の別文書と一組になっている。すなわち前者は，「ジョドーニュと呼ばれる村で持っていた我々の自有地を，それを保持していた全体性をもって……譲渡した」‹ allodium nostrum quod habuimus in villa que dicitur hercenbajs cum omnj integritate qua illud tenuimus ... tradidimus › として，まとまった土地を譲与している[25]。これに対して後者でアフリヘム院長は，「レーズの教会をその基礎財産と大小の十分の一税の全て，及び教会に属する全てとともに，そしてその教区に建てられている館をその全ての土地とともに，そして水車の半分，さらにそこで我々が所持している全てを」‹ ecclesiam de Laiz cum dota sua et decima integra minuta et grossa cum omnibus appenditiis suis et curiam in eadem parochia costructam cum omnibus terris suis et dimidium molendinum et omnino quicquid ibidem possedimus › という内容の譲与を行っているのである[26]。いずれの文言にも貢租支払などの条件が記されていないところから，これら二文書によってアフリヘムとフロレフとの間に所領の交換が行われたと考えてよい。

実はこの際アフリヘムからフロレフの手に渡ったレーズ［現在地名ではグラン・レーズ］はフロレフ本院のごく近くにあったが，1153年のリエージュ司教発給の文書によれば，アフリヘムが同司教から年貢租5ソリドゥスという条件で獲得した教会とその財産——その際作成された文書では「俗人の手中に半ば捕らえられていた」‹ in laica manu quasi captiuam › とされる——に，アフリヘムが Henri de Leez からレーズ内外で譲渡された12ボニエの自有地を加えたものだった[27]。こうしてブラバン南西部でアフリヘムがフロレフとの関係で入手した所領は，積極経営をめざすこれら二つの修道院がそれぞれへの地理的近接を図るために実行した所領交換だったと考えてよいのである。

ビュシェをめぐるヴィレールとの争論，及びフロレフとの間でのジョドーニュとレーズの交換という二つの例を見ると，アフリヘムがともかく積極経営

志向のタイプに属するとしても，その所領経営の方向性を見定めるには，さらに詳細な検討が必要であると思える。この点をよく示すのが，ヴィレール修道院所在地西側に隣接して，同修道院が構築した最大の所領――典型的なシトー会的経営単位として‹grangia›と呼ばれていた――ヌーブ・クール[28]に統合されているベジィをめぐる複雑な経過である。

ここでのヴィレールとアフリヘムの勢力関係は，ヌーブ・クールで最も重要な拠点の置かれたベジィをめぐる長期にわたる変遷によく表れている。1096年ブローニュ伯夫人イドゥはベジィの自有地をニヴェル修道院に売却すると同時に，同地の教区教会はサン・チュベール修道院に譲渡した[29]。もともとニヴェル修道院はベジィの大部分を領有していたが，教区教会はサン・チュベールに属することとなって，古い型の二つの有力修道院の勢力がここで共存することになった。ところがニヴェルは，1154年にこの自有地のうち250ボニエという広い面積を創建間もないヴィレールへ年貢租支払いを条件に譲渡し，他方でサン・チュベールはその前後(1143–1160年)に教区教会を同じく年貢租支払いによってアフリヘムに引き渡したのである[30]。こうしてベジィでの寄生経営的な二修道院領の併存は，12世紀後半になると積極経営を目指す別の二修道院の対抗に置き換えられる。そしてその後基調となったのは，詳述は避けるが，ニヴェルに加えてサン・チュベールを交渉相手として多様な協定を結び，支払いをいとわず土地や関連諸権利を獲得していったヴィレールによる所領の拡充だったのである[31]。

このようにベジィでアフリヘムは，きわめて積極的に所領を拡充しているヴィレールに対して，後退の一途を余儀なくされたように見える。そもそもここは，1146年に創建されたばかりのヴィレールが本院に隣接して集中的に所領を形成していた場所であるという，地理的に不利な条件がある。さらに11世紀末から存在していたアフリヘムは，12世紀後半には重大な財政難に陥っており，それは1170年のアフリヘム院長文書がアフリヘム領のいくつかを売却した上で，その理由を修道院にとっての「危機的時期」‹periculosa tempora›であると表現していることに示される[32]。

しかしながら，こうした点からアフリヘムがベジィで従来からの権益を完全

に放棄して，ヴィレールの積極経営に全く地歩を譲ったと考えてはならない。それは1160年にアフリヘムがベジィを対象として，ブラバン公からフランシーズ文書を受給しているからである。この文書によって公は，「[アフリヘム]院長の助言と承認によって，教会に隣接した場所でoppidumをルーヴァン法に基づいて建設した」‹eiusque consilio et assensu in atrio et donariis ecclesie oppidum secundum leges louvaniensium›として，教会近くに新たな拠点を設定するとともに，アフリヘム領ベジィに特別な資格を認めている[33]。さらに「アフリヘム院長が前述の村で，十分の一税と他の収入については，これまで持っていた全てを，将来も完全に持つようにと定める。他方新たなoppidumの発展によって，貢租や流通税あるいは他の業務で増加するもののうち，修道院は半分を自分のものとし，残りの半分は私と後継者達のものとする」‹placuitque michi quatinus ecclesia haffligeniensis quicquid in predica villa in decimis ac allis reditibus hactenus tenuerat in posterum plenarie possideret; quod autem ex profectu novi oppidi in censu et theloneo allisque negociis accresceret, ipsa ecclesia unam medietatem sibi alteram uero ego et successores mei ... retineremus›と規定して，アフリヘムがここに大きな権限を持ち続けることを示唆している[34]。そうであればベジィにおいては，ヴィレールのみでなくアフリヘムもやはり積極的な所領経営を志向しており，ただ両者の目指す方向に何らかの差があったのではないだろうか。以下ではこの点を領邦君主文書を材料に検討していこう。

III. 修道院所領とブラバン公
——フランシーズ文書と流通税免除特権文書の分析——

ブラバン公領南西部に関する先行研究では，領邦君主がその政策において修道院の2類型を明確に区別していたことが指摘されている。ウーバンクスは公が寄生経営修道院から森林財産を簒奪して積極経営修道院に与えたことを，またストゥールスは，積極経営修道院が推進していた公領南西部の農業発展を促進して便乗すべく，公がそれらに優先的に特権を付与したことを検証しているのである[35]。しかしこれらの先行研究には，二つの問題点が挙げられる。まず

修道院が同一類型ごとに一括りにして扱われており，同じモデルに属する修道院間の差異が十分に検討されていない。次いで修道院とブラバン公の関係が，領邦権力強化過程において利用される修道院として，全面的に公側の視点で解釈されている点である。従って，ここでは個別修道院という視点を生かし，公との関係をより多角的に検討することが課題となるが，その有効な素材と考えられるのが公による定住地への特権＝フランシーズと流通特権の付与文書である[36]。アフリヘムは創建時からいくつもの流通税免除特権を公から付与されているばかりでなく12世紀後半にはブラバン公によって発給されたフランシーズ文書がすべてアフリヘム院長に宛てられているというように，領邦でのフランシーズ賦与政策の中心的な対象となっている。筆者は別稿でヴィレール修道院への特権付与文書を現実を反映した史料として使用したことがある[37]が，アフリヘム宛領邦君主文書の検討が積極経営モデルの枠内でのヴィレールとの相違を検出する有益な示唆を与えてくれることが期待できる。

　ベジィについての1160年文書(前述)を別とすれば，ブラバン公によるアフリヘム院長宛フランシーズ文書は，1160年と1190年にベジィに隣接する分院所在地フラーヌを対象として賦与された2通[38]であるが，後者は前者の簡略版とも言えるもので，内容的には相違がない。そこで1160年文書を見ると，まず「フラーヌ村を自由にし，かつそこにoppidumを創った」‹villam fraxinum libertati donaverim, atque ex ea oppidum condiderim›とした後に，修道院がそれまで保持していた財産と権利を以後も保証しつつ，‹oppidum›の発展によって増加する収入を公と修道院が等分することを，次のようにベジィについての1160年文書とほぼ同じ表現で述べている。「[フラーヌでは]屋敷地や家について，昔から設定されていた貢租のみを院長が受け取り，新たなoppidumの発展によって，貢租や流通税，あるいは他の裁判や業務で，……増加する全てのもの，そこからアフリヘムの院長とその後継者が半分を受け取り，残りの半分を私とその後継者が……受け取る」‹censum domistratiorum vel mansorum antiquitus institutum solus suscipiet, quicquid vero ex profectu novi oppidi in censu vel theloneo aliisque iusticijs aut negocijs... accreuerit, ex eo abbas haffligeniensis eiusque successores unam medietatem suscipient, alteram autem medietatem ego ad meam ac successorum...

suscepi.〉[39]

　そもそも同じ文書で「ほとんど全ての村が自有地としてフラーヌ分院に属しており，アフリヘム院長がこの分院を昔から引き受けていた」〈enim ad fraxinense cenobium allodium pene totius ville pertinuerit et ipsius cenobij curam abbas haffligeniensis antiquitus susceperit〉と明記されているように[40]，フラーヌではアフリヘム修道院が独占的に定住地を所領としていた。ここで修道院が荒野を開墾して所領を作り上げたわけではないが，1099年の文書によると，Eremburgis という婦人が「耐え難い貧困が一人ずつそこから去らせてしまった……フラーヌと呼ばれる村にある教会」〈inde compulit singulatim discedere intollerabilis paupertas ... ecclesia que sita est in villa que vocatur fraxina〉に，彼女の持っていた12ユゲラの自有地を加えて，「このような見捨てられた場所が修道士たちの運営によって回復されることを望んで」〈sperans tam destitutum locum per monachorum conuersationem posse restaurari〉譲渡していた[41]。さらに1146年文書では年貢租支払いを条件にフラーヌにある自有地をリエージュ司教の家中から購入しており[42]，アフリヘムによる土地集積と開発の努力によって所領が展開していったことが確認できる。ベジィとは異なってフラーヌでアフリヘムに確保されていた独占的地位に基づいて，〈oppidum〉建設もベジィでは公が主導権を握って院長の「助言と承認」を得て行ったのに，フラーヌでは公と院長が対等な立場で「協定を結んだ」〈pactum ... iniuimus〉とされている[43]。このようなフラーヌにおけるアフリヘムへのフランシーズ賦与では，公が修道院財産を侵害しようとする意図が読みとれないばかりか，1190年においても，「古いフラーヌのvillaの収入には自分は全く何の権利も持たない」〈in reditibus autem ueteris ville fraxine nichil omnjno juris habeo〉ことが公によって宣言され，しかも「フラーヌに建設した新しいvillaにおいて，アフリヘムの分院フラーヌにいかなる収入が生じようとも，平等に分割する」〈in noua villa quam apud fraxinam costruxi, quicquid redituum prouenerit ecclesie sancti petri fraxinensis de cetro ex equo diujdam〉ことが明示されているように[44]，アフリヘムは公と対等な立場で新たな姿をとった定住地の経営を行っていたことが確認できるのである。

　ストゥールスによれば，そもそもブラバン公領南西部では以前から農村経済

の進展が著しく,フランシーズ文書の賦与もそれをさらに拡充すべく特定の領主とそれが支配する所領や村を対象に,領邦君主が発給したものであった。フランシーズ文書によって新しい定住地が一挙に作り出されたわけではなく,公が新たな拠点を設けてこれを貢租や流通税の徴収の場とするとともに,それを中心として流通を活発化しようとしていたのだという[45]。そのブラバン公領南西部において,フランシーズ文書賦与によって拠点建設の相手として選ばれたのが,それが領主としての地位をほぼ独占していたフラーヌについてはもちろん,少なくとも主たる土地領主がヴィレールであったベジィにおいてさえ,アフリヘムであったことに注目したい。それは公にとって,アフリヘムこそがこの地域の流通を促進する力を期待できる相手だったからであり,その理由には公による流通税免除特権付与を検討することで,ある程度は接近できるように思われる。

　ブラバン公領南西部で,ブラバン公による免除特権賦与の対象は,やはりヴィレールとアフリヘムに限られるが,両者の受給した文書の内容には興味深い差異がある。アフリヘムが獲得した最初の流通税免除は1121年という早い段階であったが,ブラバン公発給の文書には,「私の全ての土地において,販売しようとも購入しようとも,いかなる流通税も支払うことがないように」‹ ut in tota terra mea, sive emant, sive vendant, nullum theloneum persolvant › と,極めて包括的に記されている[46]。ついで1125年,1173年,1198年と3回にわたってほぼ同じ内容で流通税免除特権が更新された[47]が,「修道士たちが私の全ての土地を通じて流通税から自由であり,他人の物を買い,彼らの物を売る自由な権能を持つ」‹ fratres, per totam terram meam a theloneo sunt liberi, et liberam emendi aliena, et vendendi sua, habent potestatem › と1198年文書でまとめられているように,いずれも免除特権の対象となる流通の内容は売買一般である[48]。ここには,ファンシャンが本稿の扱う地域に近いムーズ中流地域について検出した[49],建築資材や自家消費用の食物への対象限定のような,流通税免除につきものの部分性は一切ない。これに対してヴィレールに対する2通の流通税免除特権文書は,確かに包括的な免除をブラバン公領で享受するとは書かれているが,必ず家畜についての言及がある。まず1184年文書では受益の主体を「前述の修道士

たちと彼らの家畜」‹memorati fratres et eorum animalia› とした上で，流通税が免除される場所を，「放牧地，あるいは道，及び同様な施設」‹pascuis aut viis ceterisque hujus modi› としている[50]。また1200年文書では，「上述の修道士達は，彼らの様々な家畜とともに，私の権能に属するどんな場所でも，各種の流通税から自由で，義務を負わない」‹predicti fratres liberi et immunes angaria et vectigali et theloneo in omni loco mee potestatis, cum iumentis armentis et pecoribus suis› と，流通税と家畜についてはそれぞれ三つの呼称を使って表示しながら，この免除特権がことに家畜とそれに関連した流通に関わることを強調している[51]通りである。これは筆者が別稿において明らかにしたように，ヴィレールが12世紀第四四半世紀から商業と深く関わった牧畜の直接経営を拡大しつつあり，これが13世紀の大規模牧羊経営に結実するという事情[52]と無関係ではありえない。

　本稿はアフリヘムによる所領経営に関する研究の序説をなすもので，筆者はなお，アフリヘム領での生産部門についてまとまった発言をする用意がない。しかし，牧畜の直接経営に特化しつつあったヴィレール領と比べれば，いずれの部門にせよ直接経営を展開していた痕跡をほとんど見いだしていないのである。そこから仮説的にではあるが，ヴィレールとアフリヘムに対するブラバン公の特権文書から見る限り，公は前者に対しては，商業的牧畜経営の育成によって公領南西部農村経済の発展を促進しようとしていたのに対して，後者に対してはその流通一般における活動を支援して，同様な効果を狙っていたと考えてみたい。それはまた，大きく見て同じ積極経営タイプに属する二つの修道院所領経営のうちに，生産部門に傾斜したヴィレール領と流通部門に重点をおいたアフリヘム領というような差異を見分けていく，有力な手段となるのではないだろうか。

お わ り に

　本稿は，最近筆者が作業を開始した12世紀アフリヘム修道院の文書史料による所領経営研究の出発点として，そのブラバン公領南西部所領群を場として

行った，他の諸修道院及び領邦君主との関係の検討である。所領経営を直接に示してくれる記録のほとんどない状況のもとでは，積極経営と寄生経営という二つの型に分類されている他の修道院との接点が，アフリヘムによる所領経営の方向性を照射してくれた。また，ブラバン公からのフランシーズ文書と流通税免除特権文書の受給から，修道院所領経営の比較をさらに深めることができた。

こうした検討から示唆されたのは，シトー会・プレモントレ会と比べて総じて保守的とされるベネディクト会に属しながら，教会史においてその改革的傾向が指摘されてきたアフリヘム修道院による所領経営が，かなり独自な傾向を示していたことである。一方ではニヴェルやサン・チュベールといった寄生経営的な修道院から，貢租支払いを条件として獲得した土地と諸権利をもって，効率的に所領を構築するという，積極経営の特徴を明確に検出できる。他方で積極経営修道院との関係を見ると，フロレフ修道院との間では所領交換によって，それぞれ地理的に近接した場所での経営条件を整えている。けれども，この地域で最も活発なヴィレール修道院との関係では，土地や関連諸権利の確保という点でこれに譲歩して，積極経営の地歩を失っているかに見えるのである。しかしながら，そうした状況のもとにあったベジィで，ブラバン公による地域開発政策の有力な手段であるフランシーズ文書を受給している事例を，ブラバン公がヴィレールとアフリヘムのいずれにも発給した流通税免除特権文書と重ね合わせて分析してみると，アフリヘム修道院が積極経営を目指しながら，その重点を生産面ではなく流通分野に置いていることが指摘できる。

本稿はなお，典型的な文言を摘出しながら行った序説的分析にすぎない。それでも12世紀改革派修道院所領経営の研究においては，所属修道会による改革派積極経営と保守派寄生経営への分裂や，積極経営の生産部門での領主直接経営への限定など，従来採用されてきた硬直的枠を破ったきめ細かい検討が必要なことが確信できる。

注

1) *L'espace cistercien* (*Comité des travaux historiques et scientifiques: Mémoires de la section d'archéologie et d'histoire de l'art, 5*), dir. L. Pressoutre, Paris, 1994. この書物には二つの修

道会についての多数の論文が収められているが,プレモントレ会を特に論じたのが,Bautier, R.-H., Les ‹courts› de l'ordre de Prémontré au XIIᵉ siècle: Formation et premiers développements, in *Ibid.*, pp. 216–225.
2) 筆者がこの修道院を研究対象とするようになったのは,後述するように,それ以前から検討してきたヴィレールやフロレフなどシトー会・プレモントレ会修道院との関係においてであった。当面は 12 世紀だけで約 250 通にのぼる文書史料の整理を進めている。
3) アフリヘム修道院史の概観はきわめて古典的な Wauters, A., *Histoire des environs de Bruxelles*, t. 1, Bruxelles, 1855, pp. 476–508 以降は行われていない。しかし,関係史料の総覧である Despy-Meyer, A. et Gérard, Ch., Abbaye d'Affligem à Hekelgem, in *Monasticon belge, 4 (Province de Brabant, 1)*, ed. U. Berlière, Liège, 1968, pp. 17–80 が同時にそうした役割をも果たしている。
4) Ibid.
5) De Marneffe, E. (ed.), *Cartulaire de l'abbaye d'Afflighem et des monastères qui en dépendaient*, Louvain, 1894–1901; Coppens, C. (ed.), *Cartularium Affligemense (1254–1309): Fontes Affligemenses*, Hekelgem, 1977. なお最近アフリヘム修道院文書のうちベルギー王立文書館所蔵のものの一部がファクシミリ版として刊行された。Laurent, R. (ed.), *Het cartularium en het oorkondenboek van de abdij van Affligem bewaard in het Algemeen Rijksarchief te Brussel. Le cartulaire et le chartrier de l'abbaye d'Affligem conservés aux Archives générales du Royaume*, Bruxelles, 2000. 著者はなおこれを十分に使いこなしてはいないが,2 つの刊本の利用を補強するための価値が大きいと思われる。
6) Bonenfant, P., Les origines des villes brabançonnes et la route de Bruges à Cologne, in *Revue belge de philologie et d'histoire*, 31, 1953, pp. 399–447; Bonenfant, P. et Despy, G., La noblesse en Brabant aux XIIᵉ et XIIIᵉ siècles, in *Le Moyen Age*, 64, 1958, pp. 27–66.
7) Verleyen, W., L'*Exordium Affligemense*: Légende ou réalité?, in *Revue d'histoire ecclésiastique*, 90, 1995, pp. 471–483.
8) Gerzaguet, J.-P., *L'abbaye d'Anchin de sa fondation (1079) au XIVe siècle. Essor, vie et rayonnement d'une grande communauté bénédictine*, Paris, 1997; Lauwers, M., *La mémoire des ancêtres et le souci des morts. Morts, rites et société au moyen âge*, Paris, 1997; 青谷秀紀「中世盛期の修道院創建譚―12 世紀アフリヘムの歴史記述から―」『史林』第 85 巻第 5 号,2002 年,77–97 頁。
9) Dereine, C., La critique de l'‹ *Exordium Affligemense* › et les origines de l'abbaye d'Affligem, in *Cahiers Bruxellois*, 14, 1969, pp. 5–24; Id., La spiritualité apostolique des premiers fondateurs d'Affligem, in *Revue d'histoire ecclésiastique*, 54, 1969, pp. 41–65; Id., Les origines érémitiques d'Affligem (1083): Légende ou réalité?, in *Revue Bénédictine*, 101, 1991, pp. 50–113; Van Damme, J.-B., Moines-Chanoines-Cîteaux. Influences réciproques, in *Aureavallis. Mélanges historiques réunis à l'occasion du neuvième centenaire de l'abbaye d'Orval*, Liège, 1975, pp. 15–54; Verleyen, W., La Querelle des Investitures et l'introduction de la règle de saint Benoît à Affligem (1083–1086), in *Revue Bénédictine*, 112, 2002, pp. 139–147.
10) Despy, G., La fausse charte de fondation de l'abbaye d'Afflighem (1086) et l'histoire ancienne de Wavre, in *Wavriencia*, 26, 1977, pp. 65–85.

11) Despy, G., Les Bénédictins en Brabant au XIIe siècle: la ‹ Chronique de l'abbaye d'Afflighem ›, in *Problèmes d'histoire du Christianisme*, 12, 1983, pp. 51–116.
12) Despy, G., L'exploitation des ‹ curtes › en Brabant du IXe siècle aux environs de 1300, in *Villa-Curtis-Grangia, (Francia Beiheft, 11)*, ed. W. Jaussen et D. Lohrmann, Munich, 1983, pp. 197–198.
13) デスピィによる引用部分は以下のとおりである。‹ Indigenas terre vel de alijs prouincijs venientes apud claustrum vel in curtis seruorum et ancillarum dei servientes. › De Marneffe, *Cartulaire*, no. 147, p. 220. 見られるとおり, ここでは助修士を指して通例用いられる ‹ conversi › は使われておらず, ‹ servientes › をデスピィが助修士と解しているのである。
14) 中世盛期ブラバン公領南西部での諸修道院領については, De Moreau, E., *L'abbaye de Villers en Brabant aux XIIe et XIIIe siècles*, Bruxelles, 1949; Hoebanx, J.-J., *L'abbaye de Nivelles des origines au XIVe siècle*, Bruxelles, 1951; Kurth, G., Les premiers siècles de l'abbaye de Saint-Hubert, in *Compte rendu des séances de la commission royale d'histoire ou recueil de bulletins*, 5–8, 1898, pp. 7–111 等がある。
15) ウーバンクスとストゥールスはいずれも, ブラバン公が積極経営志向の修道院と寄生経営的修道院には異なった対応をしていたと見ている。Hoebanx, *L'abbaye de Nivelles*, pp. 202–209, 354; Id., Aux origines de certains bois domaniaux du Brabant wallon, in *Centenaire du séminaire d'histoire médiévale de l'université libre de Bruxelles 1876–1976*, Bruxelles, 1977, pp. 163–194; Steurs, W., Franchises ou villes neuves? L'exemple de Frasnes et de Baisy, in *Contribution à l'histoire économique et sociale*, 6, Bruxelles, 1970, pp. 54–77.
16) 舟橋倫子「ヴィレール修道院の所領形成—12世紀シトー派の所領形成に関する一事例—」『西洋史学』第180号, 1995年, 18–32頁; 同「中世におけるシトー会修道院の経済活動について—最近の研究動向を中心に—」『歴史学研究』第695号, 1997年, 32–39頁; 同「シトー会修道院の所領形成と周辺社会—オルヴァル修道院12世紀文書の分析—」『社会経済史学』第65巻2号, 1999年, 47–67頁。
17) De Marneffe, *Cartulaire*, no. 76, pp. 118–119.
18) *Ibid.*, no. 101, p. 158.
19) *Ibid.*, no. 102, pp. 158–159.
20) De Moreau, E. (ed.), *Chartes du XIIe siècle de l'abbaye de Villers-en-Brabant, (Analectes pour servir à l'histoire ecclésiastique de la Belgique, 2–7)*, Louvain, 1905, no. 13, p. 25.
21) ビュシェの地名比定については, Steurs, Franchises, p. 57 に依った。
22) De Moreau, *Chartes*, no. 13, p. 25.
23) *Ibid.*, no. 46, pp. 74–75.
24) フロレフによる積極経営の様相については, 舟橋倫子「プレモントレ会修道院の所領形成と周辺社会—フロレフ修道院12世紀文書の分析—」『史学』第69巻3–4号, 2000年, 209–257頁; 同「12・13世紀修道院領における森林係争—オルヴァル修道院(シトー会)・フロレフ修道院(プレモントレ会)の場合—」田北廣道編『中・近世西欧における社会統合の諸相』九州大学出版会, 2000年, 139–172頁。
25) De Marneffe, *Cartulaire*, no. 157, p. 235. アフリヘム関係文書には「自有地」‹ allodium › の語が頻繁に登場するが, これには具体的な土地を指すよりも, 他者からの保有地では

ないという不動産保持の資格を示すニュアンスが強い。本稿引用の史料でそれが明確なのは後注40）の場合であり，ここで引用している文言も，‹villa›と呼ばれるまとまった土地を「自有地として」保持しているとの意味に理解しておきたい。

26) *Ibid.*, no. 158, pp. 235–236.
27) *Ibid.*, no. 90, pp. 139–141.
28) 舟橋倫子「シトー会グランギアの諸側面―ヴィレール修道院12世紀ヌーブ・クール関係文書の分析―」『史学』第64巻第2号，1995年，71–98頁。
29) Hoebanx, *L'abbaye de Nivelles*, pp. 162–163, 200, 204.
30) De Moreau, *Chartes*, no. 3, pp. 15–17; De Marneffe, Cartulaire, no. 108, p. 168.
31) 舟橋「シトー会グランギア」，85–93頁。
32) De Marneffe, *Cartulaire*, no. 36, pp. 202–203. なおこの財政難は，Despy-Meyer, Abbaye d'Afflighem, p. 30; Steurs, Franchises, p. 78 で言及されている。
33) この文書の解釈にはいくつもの問題があり，それについては Steurs, Franchise, pp. 31–40 が詳しく論じている。ここでは引用部分に関して以下の点を指摘しておきたい。まず‹oppidum›の語は，本来防備された集落を指すことが多いが，12–13世紀の南ネーデルラントではフランシーズを賦与された定住地をも指していた。Niermeyer, J.-F., Van de Kieft, C. et Burgers, J.-W.-J., *Mediae latinitatis lexicon minus* (éd. remaniée), Leiden et Boston, 2000, p. 965. また‹in atrio et donariis›は，既存教会堂の前庭を含む寄進地と解して，本文のような訳とした。ルーヴァン法は，Despy, G., A propos du droit urbain de Louvain au XIIIᵉ siècle. L'exemple de la ‹ville› de Wavre, in *Mélanges offerts à G. Jacquemyns*, Bruxelles, 1968, pp. 191–205; Id., Naissance de villes et de bourgades, in *La Wallonie. Le pays et les hommes*, t. 1, dir. H. Hasquin, Bruxelles, 1975, pp. 101–102 にあるように，当時この地域でのフランシーズの範型となっていた。
34) De Marneffe, *Cartulaire*, no. 109, pp. 168–169.
35) Hoebanx, *L'abbaye de Nivelles*, pp. 202–209, 354; Id., Aux origines, pp. 163–172; Steurs, Franchises, pp. 58–62.
36) ブラバン公領についてのこれらの文書の研究は，隣接する諸領邦（フランドル，エノー，ナミュール等）に比べて遅れているようであるが，それは何よりもブラバン公文書の刊行が進んでいないからであろう。それでも都市・農村関係の視点から書かれたデスピィの一連の論文は鋭い考察を含んでいる。代表的なものとして，Despy, G., Les phénomènes urbains dans le Brabant wallon jusqu'aux environs de 1300, in *Wavre 1222–1972. Les franchises communales dans le Brabant wallon*, Wavre, 1973, pp. 21–53; Id., Concession de franchises ou record de coutumes: la charte de La Hulpe de 1230, in *Liber amicorum John Gilissen*, Antwerpen, 1983, pp.119–133 を挙げておく。
37) 舟橋倫子「12世紀ヴィレール修道院宛の教皇文書と領邦君主文書」『史学』第66巻第3号，1977年，47–63頁。
38) De Marneffe, *Cartulaire*, no. 108, pp. 167–168; no. 208, pp. 287–288.
39) *Ibid.*, no. 108, p. 168.
40) *Ibid.*, no. 108, p. 167.
41) *Ibid.*, no. 9, p. 17.

42) *Ibid.*, no. 75, pp. 117–118.
43) *Ibid.*, no. 108, p. 167.
44) *Ibid.*, no. 208, pp. 287–288.
45) Steurs, Franchises, p. 76.
46) De Marneffe, *Cartulaire*, no. 33, p. 58.
47) *Ibid.*, no. 37, pp. 65–66; no. 146, pp. 218–220; no. 228, pp. 307–311.
48) *Ibid.*, no. 228, p. 308.
49) Fanchamps, M.-L., Etude sur les tonlieux de la Meuse moyenne du VIIIe au milieu du XIVe siècle, in *Le Moyen Age*, 70, 1964, pp. 205–264.
50) De Moreau, *Chartes*, no. 35, pp. 54–57.
51) *Ibid.*, no. 50, pp. 81–86.
52) 舟橋「教皇文書と領邦君主文書」, 54–58 頁。

11–13世紀ラ・トリニテ修道院海浜所領ウィストラムの展開

藤本太美子

はじめに

　のちに征服王と呼ばれるノルマンディ公ウィリアムは，英仏海峡に注ぐオルヌ川下流のカン (Caen) に，1060年ごろ1つの城塞と2つの修道院を建設した。カンはこれ以降公領第二の首都へと成長していくことになるが，この時建てられたラ・トリニテ修道院 (1066年6月献堂) は，ノルマンディだけでなく，直後に起こったノルマン征服によって獲得されたばかりのイングランドにも豊富な財産を持つ大領主となった。

　英仏海峡を挟んで存在するこのような「クロス＝チャネル・エステイト (cross-Channel estate)」は，いわゆるアングロ＝ノルマン王国論争のなかでこれまで多くの研究者によって注目されてきたが[1]，1066年から1204年までのノルマンディとイングランドの政治的統一性をめぐって考察されてきたのは，主にその世俗領であり，相続分割を受けることがなく世俗領とは異なる意義を当時の社会において持っていたはずの教会領がいかなる展開を経験したのかについては，これまで本格的な検討はなされてこなかった。アングロ＝ノルマン王国期社会の基礎構造解明の重要性は認識されながらも，社会経済史では国制史におけるかかる動向が考慮されることは少なく，ラ・トリニテ修道院領の研究においても，海峡の両側をともに見据えた全体像の考察はほとんどなされていないのである[2]。

　このような問題意識に基づいて，筆者は，ラ・トリニテ領を題材にクロス＝

チャネル・エステイトの展開を追究している。本稿では，カンから英仏海峡への出口となるオルヌ川河口に位置する所領ウィストラム（Ouistreham）の社会経済的展開を，12世紀については複数の台帳系記録に依拠しつつ，また13世紀については修道院による管理政策を整理しつつ，具体的に考察する。ことにラ・トリニテで12世紀末に作成されたカルチュレールのおかげで，この所領については多くの文書史料が伝来しているが，それらの間にも，史料類型的な相違を見て取ることができるので，その点に注意した分析を心がけたい。また，ウィストラムはカンの外港として，現在も海峡交通の要衝の1つとなっているが，中世盛期にはラ・トリニテ領においていかなる役割を果たしていたのだろうか。以下では，まずノルマンディ公領の港としての機能について整理し，次に集落発展と修道院によるその管理の諸相を年代的にたどってみたい。

I. ウィストラムとその港

ウィストラムという地名は，*wester ham*，つまり「（オルヌ川河口の）西側の小村」というゲルマン系の語源に由来するという[3]。バイユー（Bayeux）とリジュー（Lisieux）を結ぶ古代の街道とオルヌ川が交差する，現在の集落より5 kmほど上流の地点にはガロ＝ローマ期の防備施設跡があり，古来から交通上の要所であったことがうかがわれる。4世紀後半にはサクソン人の，そして9世紀にはヴァイキングの侵入を受けたと考えられている[4]。

ウィストラムの名が初めて史料に現れるのは，11世紀末である。すなわち，ウィリアム一世によるラ・トリニテ修道院のための2通の証書であり[5]，1通は1066年から1083年の間に，もう1通は1080年頃に発給されている[6]。史料初出の時点からウィストラムはラ・トリニテ領として現れているのであるが，興味深いのは，やはりウィリアム発給の修道院創設文書[7]には言及されないことである。ここでは1066年6月18日の献堂に際して寄進された多数の財産が列挙されているが，同年10月のノルマン征服に先立つ時期であり，イングランドの所領はこの中には当然まだ含まれていない。修道院がイングランド所領を獲得するのは，ウィストラムが同修道院領として初めて言及されるのとほぼ同時期

の1080年代初頭と考えられ[8]，カンの外港であるこの地がラ・トリニテへ譲与された背景には，イングランド所領とカンとの間の人と物の移送の利便への考慮がうかがわれる。12世紀初頭のラ・トリニテによるイングランド所領調査の記録には，エセックスに所在した所領フェルスティド（Felsted）の保有民が，このマナの請負地代（firma）をウィンチェスター（Winchester）へ運搬する義務を負うことが記されているが，このようなイングランド所領からの収入はサザンプトン（Southampton）を経て海峡を渡りカンへもたらされたと考えられており[9]，その際にはウィストラムを経由すればオルヌ川から船のままカンへと到達できたのである[10]。

そもそもカンを旧来の首都であるセーヌ川沿いのルアン（Rouen）に次ぐ第二の首都にまで成長させたのは，ウィリアム一世の政策であった[11]。1060年頃，中央にカン城，その東側に女子修道院であるラ・トリニテ，西南側に男子修道院のサン＝テチエンヌという3つの核を与えられたカンは，これ以降それぞれの核を中心に「王のブール（Bourg-le-Roi）」「女子修道院長のブール（Bourg-l'Abesse）」「修道院長のブール（Bourg-l'Abbé）」を発展させることになる[12]。しかも，古代よりカン平野は良質な石灰岩の産地であり，近代まで石材生産は地域の代表的な経済活動の1つであった。その中心地は重量物の運搬の利便のために主に河川沿いに展開していたが，石切場とその積出港をともに備えたウィストラムもこの中に含まれている[13]。そもそも，ウィリアムが城塞の建設地をカンに決定した理由の1つには，オルヌ川を見おろす岩盤の高台という立地もさることながら[14]，建設材料供給の容易さがあったと考えられており[15]，石切場と水流の存在はカンの都市的発展に不可欠の要素であった。このような石材生産とその輸出は1066年以降全盛期を迎えた。征服後のイングランドにおいて，城塞や教会・修道院の建造にカン産石材がしばしば利用されたことは有名である[16]。

ウィストラムは，このような急速な経済的発展の途上にあったカンを上流に持ち，その外港として機能していた。古来，公道・河川・橋梁・海岸・流通税などに対する権利とともに国王大権へ属していた港は，ノルマンディ公領では公の権源のもとに留保されていたが[17]，11・12世紀には頻繁に譲渡され，この

時期に史料で確認される海港約 20 事例には，いわゆる「私」港（ports « privés »）が多数含まれている。そのなかで 1204 年のフランス王領への編入まで，部分的にすら他権力へ譲渡されることなく公権のもとへ留まったのは 6 ヵ所のみであり[18]，公領およびイングランドの統治においてこれらがとくに重要視されていたと思われるが，ウィストラム港はその中に含まれている。

このように，アングロ＝ノルマン王国研究においては，これまでウィストラムが非常に有力な港であることに疑問が持たれることはなかったが，実はラ・トリニテ修道院にとってそれは決して自明ではない。まず，これらの港の重要性を史料的に裏付けるものとして引き合いに出される，12 世紀半ばの令状が問題を含んでいる。確かに 1131 年頃のヘンリ一世の令状 1 通，さらに 1155 年から 1165 年に発給されたヘンリ二世の令状 7 通において，王は，各種の流通税（*theloneum, passagium, pontagium*）の免除を海港役人（*praepositus*）らに対して命じており，それらにおいて定型的に列挙されている海港のうちに，サザンプトン，ヘイスティングス（Hastings），ドーヴァー（Dover），バルフルール，ディエップと並んでカンおよびウィストラムが入っている[19]。しかしそれらは，当時イングランドにおいて急激に拡大しつつあったシトー修道院およびシトー会[20]のいくつかの修道院のためのものであって，ラ・トリニテを対象としていたわけではない。さらに，公＝王が海峡横断に際してどのノルマンディ海港を発着地としたかという実際の利用状況の解明がこれまで進められてきたが，そこにはウィストラムの名は挙がってこない。まず，征服以降 12 世紀半ばまでのノルマン朝の諸王によって利用されたのは，主にルアンや内陸のヴェクサン地方，パリ盆地，ブロワ伯領への接近に好都合な，ディエップなど公領東部のそれであった[21]。それがアンジュー朝になると，ブルターニュ，アンジュー，アキテーヌといったフランス西部の本拠地に向かう際の利便性もあって，公領西部のバルフルールが第一の利用港となる[22]。さらに，1204 年のノルマンディのフランス王領併合以降，ジョン王は大西洋岸のラ・ロシェル（La Rochelle）を専ら利用している[23]。もちろん，利用した海港が史料では判然としない例は多々あり，その中にはウィストラムが含まれる可能性もあるが，ともかく王の海峡往来についての所見もまた，ウィストラムの港としての高い地位を前提として，

その所領としての性格を予断してしまうことへの戒めと言えるだろう。そこで以下では，ラ・トリニテ領としてウィストラムが具体的にどのような展開を経験していたのかを年代順に史料を分析しながら検討してみよう。

II. 12世紀までの所領ウィストラム

　前述のように，ウィストラムは史料にはまずもってラ・トリニテ修道院領として現れる。征服王夫妻はウィストラムを，在地領主から貨幣を対価(額は不明)に獲得し，おそらく1080年頃ラ・トリニテ修道院へ譲渡した。特定個人の保有物は留保されているが，「ウィストラムと呼ばれる村落(*villa*)とすべての付属物(*villam etiam que dicitur Ostrehan cum cunctis appendiciis*)」がこれ以降ラ・トリニテ修道院に帰属することになる[24]。その後11世紀末には，ウィリアムの死後ノルマンディ公となったロベール二世から，ウィストラムの村落における市場(*mercatum*)と流通税(*teloneum*)が譲渡されているところから見ても，早くから商業が展開していたと考えてよい[25]。

　12世紀になると，3つの台帳系記録がその世紀の末に作成されたカルチュレールを通じて伝来している。そもそも，ラ・トリニテはノルマンディとイングランドの主要所領を対象として，二次にわたって全体的な所領調査を実施しており[26]，そのうち1107年から1113年の間に由来する第一次調査において，ウィストラムはノルマンディ全22所領の筆頭に登録されている[27]。まず標準的保有農民である完全ヴィラーヌス(*vilanus plenarius*)約30人が登録されるが[28]，彼らは年に各自4スー半の貨幣，生産物(小麦，麦芽，雄鶏，卵)および賦役(犁耕，馬鍬掛け，播種)，豚税(飼育している豚1頭につき1ドニエ)を負担する。なおヴィラーヌス集団の他に，菜園以外には無保有であったと思われる奉公人(*aloer*)6人がいて[29]，貨幣16ドニエと燕麦の納付および近隣の領主館での奉仕を果たしていた。

　ここではヴィラーヌス1人当たりの4スー半という負担が，他の所領に比べて非常に高額である点が注目されるが[30]，それと関連する可能性が高いのが漁業にもとづくヴィラーヌスの納付である。すなわち，「彼らが数千匹のニシンを

獲得した時には，それぞれの網が100匹を納める（*quando ad milia capiunt allecta reddit quodque rete c.*）」との文言であり，これは第一次調査全体における唯一の漁業に関する記述であるが，ヴィラーヌスが漁網を利用した組織的な漁業に従事しているという事実が，おそらく高額貢租の基礎となっていたのであろう。この点の傍証となりうるのが，ヴィラーヌスの貨幣支払がそのものとして記録され，それがウィストラムに匹敵するほどの高い額になっている唯一の例であるグレイエ（Graye-sur-Mer）が，クジラ漁への従事が示唆される所領であるということである[31]。またIIIで取りあげる第三次所領調査には，ウィストラムでのクジラの獲得が明確に現れてきていることも，ここで想起されてよい。

70年代になると，ノルマンディとイングランドを対象としたラ・トリニテ領の全体的調査（第二次調査）[32]が行われているが，これにはウィストラムは含まれていない。それに代わるように，このウィストラム独自の台帳系記録が2通伝来している。第一次・第二次の全体調査が収録された12世紀末のカルチュレール[33]には，ウィストラム以外にはこのように単独で行われた調査記録が残されている所領はない。しかも，2つの記録は，記述様式の点で第一次・第二次全体調査とはかなり異なっており，史料集編者のJ. ウォルムズレイをして「（カルチュレール収録文書のなかで）最も得体の知れない（the most enigmatic）」[34]ものとまで言わしめているのである。

まず，カルチュレールでの記載順序において先行する記録[35]（fo. 23v-24r）から取りあげよう。内容は，資格の特定なしに記される領民26人の名前と貨幣貢租（2–5スー）の列挙，ボルダリウス（*bordarius*）7人の「各々が12ドニエと自分が属する奉仕（*xii d. atque servitium quod pertinet*）」の負担，大小2基の水車からの小麦・貨幣・ウナギの納付[36]，「ウィストラム港10スー（*Portus Oistrehan x solidos*）」との文言で示される港の貨幣貢租が続き，再び資格が書かれていない1人の名前と貢租，「港の」と形容句がつけられているボルダリウス1人（*quidam bordarius de Porto*）の貢租12ドニエとなっている[37]。こうした内容にしたがって，この記録を以下では貢租リストと呼ぼう。

作成年代についての直接の情報はないが，ここではウォルムズレイとともに，以下の諸点を根拠に第一次調査に近い12世紀初頭と考えたい[38]。まず，このリ

ストが，カルチュレールではノルマンディ第一次調査に続いて収録されていること[39]。また登録されている領民のうち，身分や資格なしに個人名で列挙される 27 人の人数が第一次調査でのヴィラーヌス約 30 人に近いこと。また，ウォルムズレイは第一次調査での *aloer* を自有地所有者としているためこの点には触れていないが，第一次調査の奉公人 6 人と貢租リストのボルダリウス 7 人とが同じく近いこと。こういった点は，所領に居住する 2 つの集団のそれぞれの人数がそれほど変わらないうちに貢租リストが作成されたことを示唆する。そして近隣の 2 つの小所領の簡単な記載が続く点が，第一次調査でのウィストラムについての記述と同じであること[40]である。

次に貢租リストを第一次所領調査と比較してみると，領民の名前が列挙されている記載様式は，各所領ごとにまとめて保有民数のみを記す第一次調査とは大きく異なっているし，また内容的に見ても，第一次調査でヴィラーヌス 29 人が各自納めるとされる 4 スー半と，リストでの 27 人の貨幣納付平均である約 3 スー半は一致しない。第一次調査では奉公人とされ，リストではボルダリウスとされている。さらに，水車・港に関する記述は調査にはない。

こうした，同じ時期に作成された 2 つの記録の相違は，何を意味するのだろうか。筆者は，貢租リストが第一次調査と近い時期にそれと目標を異にしてなされた調査の記録であると考える。すなわち，保有地と農業関係の義務の記録を主眼としていた第一次調査を補完する，それ以外の分野を中心として特に貨幣貢租に重点をかけた記録である可能性が高いのである。このような補完性は，人数が対応している第一次調査でのヴィラーヌスと貢租リストでの記名領民，および前者での奉公人と後者でのボルダリウスが，それぞれ同じ集団を異なる側面から表現したものであり，しかもそれらの同じ集団それぞれが課されている複合的な義務のうち，調査とリストとで異なる部分が対象とされている，と考えれば説得的である。もちろんこれら 2 つの記録の調査対象がきわめて厳密に区別されていたとは思われないが，ともかく土地経営の把握のためにラ・トリニテ領全体を対象に第一次調査を実施した後，漁業従事など異なった側面の強いウィストラム所領に関して，追って単独に作成された台帳がこのリストであると考えておく。

さて，ウィストラムを対象とするもう一つの台帳系記録[41] (fo. 38r-v) の作成年代は，この記録末尾に言及される女性アデレードが征服王の文書[42]に言及される修道女と同一人物であれば，11 世紀末から 12 世紀初頭以降ということになるし，大まかに年代順配列をとっているカルチュレールにおいて，1170 年代の第二次調査よりも前に置かれていることからはこの年代以前と考えられ，ともかく 11 世紀末から 12 世紀中頃ということになろう。内容は，領民 21 人（司祭 1 人を含む）とその保有地面積であり，たとえば「アンフレイはウィストラムに 12 アークル半を保有している（*Unfredus tenet xii acros et dimidium terre ad Ostrehan*)」のように，記名列挙方式がとられている。末尾には司教と先に触れたアデレードの直轄地の記述がある。言及される保有者名は，先に検討した貢租リストで挙げられる名前とはほとんど共通しない[43]。この記録には負担に関する記述が全くないことから，ここでは保有地リストと呼んでおくが，注目すべきは，保有関係が重層化していて保有者の 3 分の 2 がその下にサブテナントを持っていることである。後者は，記名されないままに自由人・農民・ボルダリウス（*liber homo, rusticus, bordarius*）という身分で記載されており，負担への言及はない。たとえば「ピエールは 60 アークルを[持ち]，それらには 20 アークルを持つ自由人 4 人と 6 アークルを持つ半農民 1 人とボルダリウス 1 人がいる（*Petrus lx acros et in istis manent iiii^{or} liberi homines de xx acris et dimidius rusticus de vi acris et i borderius*)」といった記述である。サブテナントを持つ 14 例はそれを持たない 7 例に比べて保有地面積が広く（前者は 12–107 アークルで平均 47.8 アークル，後者は 2–16 アークルで平均 5.6 アークル），それは他の所領での面積が明記されるどの保有地よりも広い。保有地リストは明らかに，土地経営の観点から保有民の義務を記録する第一次・第二次調査とは異なる目的を持っており，ウィストラム所領で生じていた重層的な保有関係のラ・トリニテによる把握を目指していたと思われる。いずれにせよ，このリスト作成の背後に当時のウィストラムにおいて展開していた保有地をめぐって錯綜する権利関係を記録する必要があったことは確実である。

　12 世紀後半のこの所領については情報が少なく，1180 年から 1182 年に由来するヘンリ二世のラ・トリニテ修道院財産確認文書に「ウィストラムとその付

属物（*Oistrehan cum omnibus pertinentiis suis*）」との簡単な言及が見られるのみである[44]。前述の通り，ノルマンディの19所領について記録されている1170年代の第二次調査[45]にウィストラムは含まれていないが，実はこのこと自体が重要な意味を持っているように思われる。第二次調査は，第一次調査に比べて記録内容がずっと詳しくなっており，各所領ごとに保有民が一人ずつ名前を挙げられ，その身分とともに保有地面積とそれに対する負担が貨幣・生産物・賦役について細かく記されている。とくに生産物は，農産物の種類と量，賦役は農作業の内容と量が詳細に規定されているのである。このように第二次調査は，農業を主体とする修道院領の把握と有効な経営に向けて実施されたのであり，第一次調査では筆頭に登録される主要所領であったウィストラムがその対象となっていないこと自体が，一般の農村所領とは異なって，この所領では農業以外の分野が経済活動の中心になっていることを示唆するのである。

ここで注意しておきたいのは，ノルマンディ公領の主要港の一つとして通例では考えられているにもかかわらず，12世紀におけるラ・トリニテの関係史料には，ウィストラムの港への言及が前面に出されることがない点である。ラ・トリニテはこの集落の領主であり，その史料には，港に関しても何らかの収入の獲得者としての記述があることが予想できよう。しかしながらそれはかなり限定的なものにとどまっており，ともかく，12世紀初頭の貢租リストで，前述の通り，港の貨幣貢租10スー，そして12ドニエを納める「港のボルダリウス」1人がわずかに言及されるのみなのである[46]。後に検討する1257年の所領調査には，港の水路の通過者から徴収される12スーへの言及があるが[47]，水路を含めて港の物的施設は部分的に領主たるラ・トリニテに属していたと考えられ，貢租リストでの10スーもそれに基づいて徴収されていた可能性が高い。また，ラ・トリニテの領民として，そうした意味での港で任に当たっていたのが「港のボルダリウス」であると考えることもできよう。ともあれ，これらの記述は，港そのものを組織的に所領構成のなかで活用していたというよりも，港について設定できたのは，物的施設の提供に由来する若干の権限に限られていたという状況を示唆している。そしてこうした限定の理由は，一方ではそもそも港が公の権利へと留保され続けたためと考えることができるのである。

III. 13世紀のラ・トリニテ修道院によるウィストラム管理政策

次に13世紀のウィストラム所領とラ・トリニテによるその管理の様相を検討しよう。先に考察した貢租リストは前述の通り12世紀末カルチュレールに収録されて伝来しているが，その頁の余白には，やはりこの所領に関する1230年の年代が記された書き込みがある[48]。ここでは，まずラ・トリニテ修道院長に対して宣誓を行った18人の名前が列挙され，それからウィストラムにおける魚市場で，家人が安く買って帰った後に領民が購買できるという形で修道院の優先購入権が明記されている[49]。さらに修道院はサケ・ニシン・ヤツメウナギからチョウザメ・ネズミイルカのような大型のものにおよぶ獲得権，さらにはウィストラムにおける漂着物拾得権を持つとされており，元来ノルマンディ公の権利に属していた公領海岸でのこの権限が[50]，どの段階においてかは判然としないが，ともかくこの13世紀前半の時点ではすでにラ・トリニテへ移行していることがわかる[51]。最後に，「[修道院長は]塩とワインと薪と他のすべての必要物を自分と修道院のために購入するべきであるし，購入することができる (*debet et potest* [(欠落)]*i emere suum sal et suum vinum et suam buscam et omnia alia sibi et monasterio necessaria*)」との文言で生活必需品の確保が明記されているが，魚市場だけでなく広汎な商品の売買される市場がウィストラムに展開しており，そこで修道院が特権的な地位を占めていたことは確実である。

次の史料は，1241年にラ・トリニテ修道院長ジュリアンヌが発給した文書であるが[52]，注目すべき点は，それまで *villa* と表現されてきたウィストラムの集落が，初めて *burgus*（ブール）として言及されていることである。中世ノルマンディにおいて，*villa* とは区別して，程度の差はあれ何らかの都市的機能を備えた集落を指して用いられたこの語が[53]，この集落に対しても用いられ始めることになる。すなわち，リシャール・マシクリエなる人物へ譲与される対象が，「ウィストラムのブールに所在する屋敷地（*quamdam masuram sitam in burgo de Oistrehan*)」と記されているのである。しかも，リシャールがこの屋敷地に対して負担する貢租は，合計17スー6ドニエと雄鶏1羽および卵10個と非常に高

額となっている[54]。ブール内での保有について，新規の譲与を利用して修道院がこれほどの高額貨幣納付を要求できたという事実は，ウィストラム集落の社会経済的成長の十分な証左となるであろう[55]。

　1257年にはラ・トリニテによってノルマンディ所領の第三次全体調査が行われた。オリジナルは伝来していないが，15世紀及び17世紀に要約や部分的筆写の形で5部作成されたコピーからL.ミュッセが復元を試みている[56]。ここではこの復元版に基づいて考察を進めたい。『1257年の宣誓記録（*La jurée de 1257*)』[57]と呼ばれるこの調査は，近世の要約に記されたオリジナルのフォリオ番号から150葉を含む大部なものであったことが分かる。実際，12世紀の全体調査よりもはるかに多くの90所領以上を対象としており，先行する調査とは異なり修道院の財産目録的な性格を備えていたと思われるが，その中でウィストラムは再び筆頭に登録されている[58]。まず最初に20人の宣誓者が名を挙げられているが，それ以降の伝来テクストはフランス語による要約の形になっているため，保有民数・生産物納付の量など詳しい点は省略されている。しかし，保有者資格への簡単な言及はあり，ヴァヴァソリィ（*vavassorie*)[59]とヴィラナージュ（*vilanage*)の2種類に基づく土地保有民の存在がうかがわれる。納付物についても項目的列挙に満足しなければならないが，燕麦・小麦（シャンパールを含む）・大麦および雄鶏・ガチョウなどの農産物とともに，海産物貢租（*marés*)[60]が含まれていることに注意したい。

　この記録で興味深いのは，漁業関係の記述の多さである。ヴァヴァソリィは馬による運搬の奉仕を果たしていたが，カンへ運搬されるもののなかにチョウザメが挙げられている。また，「港で浅網のゆえにすべての漁師から一般に5スーが徴収されていた（*au Port on percevoit à cause des basses retz V s. sur tous les pescheurs en général*)」[61]との文言からは，各自5スーの貨幣貢租が課される浅網漁が行われていたことが分かる。そして，1230年史料でも言及されていたサケ・ヤツメウナギの獲得が，ここでも記されている。さらにニシンについては，「修道院長はニシン漁船からニシンを得ていた（*L'abbesse avoit et prenoit des harencs aux bateaux qui en peschoyent*)」と，漁船を用いた漁への言及がある。さらに，「クジラがやってきた場合にはクジラは修道院に属していた（*s'il venoit une baleine, elle apartenoit à l'abbaye*）」という文言でクジラの獲得権についての記述も現れている。実はクジラや前述のチョウザメは，漁獲物というよりも漂着物として獲得されるものである可能性もあるが，漁を通じて獲得される様々な種類の魚とともに言及されており，判然としない。しかしともかく，このような豊富な記述から，当時ウィストラムにおいて沿岸および沖合いでの多角的な漁業が営まれていた様子が見て取れるのである。しかも，12世紀の貢租リストとの関係で先に触れた港の水路の通過者から徴収される12スーは，ウィストラム領民については免除されており，このような特権が所領の漁業活動に寄与したことは疑いない。

またこの史料では，注目すべきことに，中世ノルマンディにおいてしばしば集落の経済的発展を意図して領主が設定したブール特有の土地保有様式であるブルガージュ（bourgage）が，2カ所で言及されている[62]。すなわち，「ブルガージュの権利の故に貢租が徴収されていた（*on y percevoit des cens à cause du droit de bourgage*）」および「後にル・ポールと呼ばれるようになるサント＝マリー港の賦課租が徴収されていたが，この賦課租はブルガージュの権利によるものであった（*on percevoit des rentes au port de Sainte-Marie, après nommé le Port, qui estoyent pour droict de bourgage*）」との文言である[63]。これら引用箇所から見て，港の付属地への賦課租を徴収する際に修道院によるブルガージュ設定の権限が名目とされている。集落領主でありながら，港に対する直接的権限を持たずそれによる収入を獲得できなかった修道院は，ブールとしての集落の発展に支えられつつ，港の付属地あるいは施設の提供を通じた間接的権限としてのブルガージュの設定を利用して収益の確保を図ったのである。

おわりに

中世盛期ノルマンディ公領における海港の所在地であったウィストラムは，広大なクロス＝チャネル・エステイトを維持したラ・トリニテ修道院の所領として歴史の舞台に現れてくる。ウィストラムに関して豊富に伝来している史料の検討から本稿が明らかにしたその所領集落としての展開は，「公の港」としての

位置付けが想定させるような，ノルマンディを超えて広い影響圏を持つという方向での成長とは，かなり異なる様相を示している。確かに，ウィストラムはとくに1066年以降カンの外港として機能したが，史料が示す展開の重点はむしろ在地的であった。それも通例の農村的所領のそれではなく，旧来の半農半漁的集落から漁業と市場の振興を通じた発展である。古くからこの集落で行われていたであろう様々な漁業が史料に言及されるようになるのが，12世紀以降ラ・トリニテがそれを積極的に把握していく過程であることが示すように，領主としての修道院が実質的な収入を確保する手段を見いだしたのは，所領からの通例の形態での貢租に加えて，漁業を含む住民の農業外の経済活動を対象として高額に賦課される貨幣貢租によってであった。確かにラ・トリニテは，漂着物拾得権の獲得のように，元来ノルマンディ公権に属していた権限についても，徐々に自己の領主権を広げてはいた。しかし，そもそも公権のもとへ留保されていたウィストラム港から，ラ・トリニテは私港であれば独占できたはずの流通税をはじめとする諸収入を直接掌握することはできなかった。そこで，「公の港」の所在がともかくも寄与したであろう集落の経済発展に目を付け，それを利用しつつ収入の確保を模索したのである。それは13世紀になるとブルガージュの導入となって現れてくる。

　12・13世紀ウィストラムの史料を大筋で以上のような方向で理解するとしても，なお解明できなかった問題は多い。特に12世紀中葉の保有地リストが示す土地保有関係の重層化を，どのように位置づけうるであろうか。それがウィストラムの社会経済的発展の動態から生み出されたと想定はできるとしても，他の諸史料が示すデータと具体的に繋げていくことは，現在のところきわめて難しい。さらに本稿でのように在地的動向を主軸としてその展開を再構成したウィストラムは，クロス＝チャネル・エステイトの経営においては結節点の一つとしていかに機能していたのであろうか。この点を解明するには，イングランド所領を含めたラ・トリニテ領全体における流通構造を探らなければならず，そのためには各所領の関係史料を総合しつつ複合的に分析する必要がある。こうした議論については今後の課題としたい。

注

1) 「アングロ＝ノルマン王国」論争およびクロス＝チャネル・エステイトについては豊富な研究の蓄積があるが，ここでは次の代表的研究を挙げるに留める。Le Patourel, J., *The Norman Empire*, Oxford, 1976; Hollister, C. W., Normandy, France and the Anglo-Norman regnum, *Speculum*, 51, 1976, pp. 202–242 (rep. idem, *Monarchy, Magnates and Institutions in the Anglo-Norman World*, London, 1986); Bates, D., Normandy and England after 1066, *English Historical Review*, 104, 1989, pp. 851–880; 吉武憲司「アングロ・ノルマン王国と封建諸侯層1066年–1204年」『西洋史学』177，1995年，1–16頁。

2) ノルマンディ所領に関して，Carabie, R., *La propriété foncière dans le très ancien droit normand (XIe–XIIIe siècles)*, I, *La propriété domaniale*, Caen, 1943, pp. 149–165，またイングランド所領に関して Birdsall, J., The English Manors of the Abbey of La Trinité at Caen, *Anniversary Essays in Mediaeval History by Students of Charles Homer Haskins*, Cambridge, 1929, pp. 25–44; Postan, M. M., The Chronology of Labour Services, *Transactions of the Royal Historical Society*, 4th ser.xx, 1937, pp. 169–93, rep. idem, *Essays on Medieval Agriculture and General Problems of the Medieval Economy*, Cambridge, 1973, pp. 89–106（佐藤伊久男訳「賦役の年代考証」『イギリス封建社会の展開』（第二版）未来社，1976年，9–50頁）などがあるが，いずれの考察もフランス，あるいはイギリスの枠内にとどまっている。

3) Lepelley, R., *Noms de lieux de Normandie et des îles Anglo-Normandes*, Paris, 1999, pp. 57, 133; Desrues, T. (éd.), *Le patrimoine des communes du Calvados*, 2 vol., (Collection le patrimoine des communes de France), Paris, 2001, p. 1270.

4) Provot, J., *Histoire de Ouistreham des origines à 1939*, Caen, 1981³, pp. 18–29; Desrues, *op. cit.*, p. 1270.

5) Musset, L. (éd.), *Les actes de Guillaume le Conquérant et de la reine Mathilde pour les abbayes caennaises*, (Mémoires de la Société Antiquaires de Normandie, xxxvii), Caen, 1967, p. 83 (no. 8), p. 94 (no. 11); Bates, D. (ed.), *Regesta Regum Anglo-Normannorum: the Acta of William I*, London, 1998, p. 277 (no. 59), p. 290 (no. 61).

6) 後者は，複数時点で作成されたパンカルト (pancarte) であり，1080年と1082年という二重の発給年代が記されている。Musset, *op. cit.*, pp. 82–90 (no. 8, version II). 1080年の年代のみを記すその異版も伝来しているが (*Ibid.*, no. 8, version I)，どちらの版においてもウィストラムは冒頭に挙げられている。その作成過程については，*ibid.*, pp. 28–30, 80–82; 藤本太美子「12世紀末ラ・トリニテ修道院のカルチュレールをめぐって」『史学』70–3・4，109–110頁; Fujimoto, T., Dealing with the Charters of William the Conqueror by the Abbey of Holy Trinity Caen at the End of the 12th Century, H. Tsurushima et al., What do the 'medieval documents' reflect? Summarized proceedings of the sessions of 107 and 207 of the International Medieval Congress, University of Leeds, 2002, 『熊本大学教育学部紀要』51（人文科学），2002年，126–129頁を参照。

7) Fauroux, M. (éd.), *Recueil des actes des ducs de Normandie de 911 à 1066*, (Mémoires de la Société des Antiquaires de Normandie, xxxvi), Caen, 1961, pp. 442–446 (no. 231); Musset, *op. cit.*, pp. 52–57 (no. 2).

8) ウィリアムとマチルドによるイングランド所領譲与は1080年代初頭の2通の文書において確認される。Musset, *op. cit.*, pp. 111–112 (no. 15) (1080 / 1–1083年), pp. 90–91 (no. 9) (1082年).
9) Birdsall, art. cit., p. 44; Chibnall, M. (ed.), *Charters and Custumals of the Abbey of Holy Trinity Caen*, Oxford, 1982, pp. xxxi, 34. なお, ソークマン (*sokeman*) によって果たされたこの運搬義務の記述は1224–1225年のフェルスティッド所領調査にも見られ (*Ibid.*, pp. 94–95), 12世紀を通じて果たされ続けたと考えられる。藤本太美子「12・13世紀ラ・トリニテ修道院イングランド所領の動向―中心所領フェルスティッドを題材に―」『九州歴史科学』29, 2001年, 16–17頁を参照.
10) カンの都市内には, 11世紀末にはオルヌ川とその支流や運河に複数の港が存在し, 大型船の入港も可能であった。Jean-Marie, L., *Caen aux XIe et XIIe siècles. Espace urbain, pouvoir et société*, Caen, 2000, pp. 66, 205–206. なお, 修道院はウィストラムの他にもコタンタン半島北東端の海港バルフルール (Barfleur) に屋敷地を持っていた。これは12世紀初頭のパンカルトでイングランドからの荷揚げ地として言及されるが (Musset, *op. cit.*, p. 139 (no. 27)), カンへはさらに陸路で100kmほどの移送を必要とするため, 運搬にはウィストラム港の方が好都合であったと考えてよいだろう。なお, 1180–1182年の財産確認文書で簡単に言及される (Delisle, L. / Berger, E. (éds.), *Recueil des actes de Henri II, roi d'Angleterre et duc de Normandie concernant les provinces françaises et les affaires de France*, II, Paris, 1920, p. 202 (no. DCI). これはこの文書が前述のパンカルトを再録しているためと考えられる) ものの, 12世紀末カルチュレールに収録されたどの文書にもバルフルールへの言及はなく, この点からもラ・トリニテ領でのバルフルール港の積極的な活用を想定することは難しいといわざるをえない。
11) Jean-Marie, *op. cit.*, pp. 32–36; Neveux, F., *La Normandie des ducs aux rois X^e–XIIe siècle*, Rennes, 1998, pp. 249–255.
12) Jean-Marie, *op. cit.*, pp. 139–146. 近年まとめられた考古学調査の成果においても, 11–12世紀における急速な都市的発展を裏付ける様々な経済活動の跡が確認されている。Collet, C. / Leroux, P. / Martin, J.-Y., *Caen cité médiévale. Billan d'archéologie et d'histoire*, Caen, 1996, pp. 43–87.
13) Musset, La pierre de Caen: extraction et commerce, XIe–XVe siècles, Chapelot, O. / Benoit, P. (éd), *Pierre et métal dans le bâtiment au Moyen Age*, Paris, 1985, pp. 220–221.
14) Neveux, *op. cit.*, p. 253.
15) Coppola, G., Carrières de pierre et techniques d'extraction: la pierre de Caen, Baylé, M. (dir.), *L'architecture normande au Moyen Age. Actes du colloque de Cerisy-la-Salle (1994)*, Caen, 1997, pp. 293–294.
16) Musset, La pierre de Caen, pp. 222–225; Tatton-Brown, T., La pierre de Caen en Angleterre, Baylé (dir.), *L'architecture normande*, pp. 306–314.
17) Musset, Les ports en Normandie du XIe au XIIIe siècle: Esquisse d'histoire institutionnelle, idem / Bouvris, J.-M. / Mailleffer, J.-M. (éds.), *Autour du pouvoir ducal normand X^e–XIIe siècles*, (Cahier des Annales de Normandie, 17), Caen, 1985, pp. 116.
18) Musset, Les ports en Normandie, pp. 116–121. これらはウィストラムとカンの他に, ディ

エップ (Dieppe), エトルタ (Etretat), バルフルール, シェルブール (Cherbourg) である。

19) Davis, H. W. C. / Johnson, Ch. / Cronne, H. A. (eds.), *Regesta Regum Anglo-Normannorum*, II, *Regesta Henrici Primi 1100–1135*, Oxford, 1956, p. 254 (no. 1720); Delisle / Berger, *op. cit.*, I, 1916, pp. 96 (no. IV), 145 (no. XLIV), 180 (no. LXXVI), 181 (no. LXXVII), 189 (no. LXXXII), 389 (no. CCXLII); Delisle / Berger, *op. cit.*, II, 1920, p. 433 (suppl. no. VI). 2通においてはカンは言及されていないが (Delisle / Berger, *op. cit.*, I, pp. 96, 389), ウィストラムがその外港としてカンと一体のものと見なされていたためと考えられる。

20) Knowles, D., *The Monastic Order in England 940–1216*, Cambridge, 1940 (1963^2), pp. 246–267.

21) アングロ＝ノルマン王国期におけるイングランド王の英仏海峡渡航の状況は、主に年代記の記述や文書発給地の検討に基づいた詳細な研究によって解明されており、おおよその傾向を見て取ることができる。Le Patourel, *op. cit.*, pp. 175–176; Bates, *op. cit.*, pp. 75–84; 福田誠「ノルマン諸王の英仏海峡往来(1066年–1154年)」『青山史学』13, 1992年, 156頁; 同「(続)ノルマン諸王の英仏海峡往来(1066年–1154年)」『就実女子大学史学論集』7, 1992年, 125–154頁; Farrer, W., An Outline Itinerary of King Henry the First, *English Historical Review*, 34, 1919, pp. 303–382, 505–579.

22) Le Patourel, J., Le gouvernement de Henri II Plantagenêt en la Mer de la Manche, *Recueil d'études offert en hommage au doyen Michel de Boüard*, (Annales de Normandie, no. spécial), II, Caen, 1982, pp. 325–326; 福田誠「バルフリュル港とイングランド諸王の英仏海峡往来(1100年ころ–1200年ころ)」『就実論叢』29, 1999年, 61–67頁; 同「アンジュウ朝イングランド諸王の英仏海峡往来(1154–1216年)」同誌, 16, 2001年, 61–62, 80–102頁。

23) 福田「バルフリュル港」68頁; 同「アンジュウ朝」69–70, 102–103頁。

24) Musset, *op. cit.*, p. 94 (no. 11).

25) Walmsley, J. (ed.), *Charters and Custumals of the Abbey of Holy Trinity Caen*, Part 2, *The French Estates*, Oxford, 1994, p. 123 (no. 13). この1087年から1094年の文書ではさらに、カン城外部で城壁とラ・トリニテ修道院の間にありオルヌ川(正確にはその支流小オルヌ川)に沿ったヴォーグー(Vauguex)地区とそこでの漁労権があわせて譲渡されている。

26) 所領調査の概要は、藤本太美子「ラ・トリニテ修道院(カン)による12世紀所領調査—予備的考察—」『比較文化研究論集』(久留米大学大学院), 6, 1999年, 25–44頁を参照。またノルマンディ領の調査に関して、Walmsley, *op. cit.*, pp. 12–23 を、イングランド領の調査に関しては Chibnall, *op. cit.*, pp. xxix–xxxvii を参照。

27) Walmsley, *op. cit.*, p. 53.

28) 29人の完全ヴィラーヌスに加えて、*Serlo* という領民がその土地の半分をラ・トリニテから保有している。彼はヴィラーヌスと明記されないままにそれと同一の負担に服している。

29) この *aloer* をウォルムズレイは自有地所有者 (allodial tenant) としているが (*ibid.*, pp. 53, 138。なお Tabuteau, E. Z., *The Transfers of the Property in Eleventh-Century Norman Law*,

30) 第一次調査(Walmsley, *op. cit.*, pp. 53–60)でヴィラーヌスの1人当たりの貨幣納付額が明記される。カルピケ(Carpiquet), グレイエ, ジュヴィニー(Juvigny-sur-Seulles), エスカンヌヴィル(Escanneville), ヴィロン(Villons-les-Buissons)の5所領での平均は, 約3スーである。一人当たりの負担がウィストラムを上回る例には, まずヴィロンのヴィラーヌス4人が各々負担する10スーがあるが, これは伐木税と採草税(あるいは干し草作り賦役の貨幣代納)および放牧税の合計であるためとくに高額になっていることが確認できる。

31) ウィストラムより15 kmほど西の海岸に位置する所領グレイエは, 第二次調査での地名表記からクジラ漁従事集落を含む可能性が高い。*Ibid.*, p. 109, n. 1. 第一次調査ではグレイエには1人当たり(半ヴィラーヌス2人で負担されている)5スーの支払があるが, 徴収名目が明記されていない。*Ibid.*, p. 56. ウィストラムでの高額負担が漁業と関連を持つとすれば, グレイエでもクジラ漁との関連で高額になっていると考えられる。

32) *Ibid.*, pp. 61–111 (ノルマンディ領); Chibnall, *op. cit.*, pp. 39–74 (イングランド領).

33) Cartulaire de la Trinité de Caen, Bibliothèque nationale, MS lat. 5650.

34) Walmsley, *op. cit.*, p. 27.

35) Walmsley, *op. cit.*, pp. 113–114.

36) 小麦は合計5ミュイと3分の1, 貨幣は合計20スー, ウナギは2年毎に3,000匹となっている。実際には, ウナギが水車から納められるとの直接の指示はここにはないが, 後述する1257年所領調査では水車からの小麦とウナギの納付が明記されており(Musset, Reconstitution de la jurée de 1257, § 6), この点からも両者の関連は確実であろう。

37) 続いて2つの近隣小所領サン=トバン(Saint-Aubin)のケンサリウス(*censarius*) 5人, とコルヴィル(Colleville)のケンサリウス5人とボルダリウス3人の貨幣貢租の簡単な記述がある。Walmsley, *op. cit.*, p. 114.

38) Walmsley, *op. cit.*, p. 27.

39) このリストにはカルチュレールでは「ウィストラムについて(*De Hoistrehan*)」との見出しが付されているが, 「(所領名)について」という形式は第一次調査での各所領の記録に付された見出しと同じ形式であり, 12世紀末のカルチュレール作成者はこのリストを第一次調査と一連のものと見なしていたという想定も可能である。藤本太美子「12世紀末ラ・トリニテ修道院のカルチュレールをめぐって」『史学』70-3・4, 124頁(表1)を参照。

40) 前注37参照。

41) Walmsley, *op. cit.*, pp. 124–125. この記録のカルチュレールでの収録位置は, ヘンリー一世のイングランド所領確認文書(1106–1135年)とイングランド所領における請負人による修道院財産の侵害についての記述(1170–1176年頃)の間である。両者ともに, 内容と史料形式の点ではこの記録との類縁性はほとんどないように思われる。ウォルムズレイは財産侵害報告とのわずかな共通点の可能性を示唆しているが(Walmsley, *op. cit.*, p. 27), ここではカルチュレール構成が徹底的な体系性を備えているわけではないことを想起し

ておきたい。なお，この記録に見出しはなく，大きな文字で書き始められていることだけが，ヘンリー一世文書の続きではないことを視覚的に示している (fo. 38r)。藤本「カルチュレール」106, 113–114, 125（表1）頁。

42) Musset, *op. cit.*, p. 94 (no. 11). Cfr. *Ibid.*, p. 48; Walmsley, *op. cit.*, p. 125, n. 3.
43) 両記録で共通する名前は3例あるがいずれもごくありふれた名前であり（*Petrus, Ricardus, Rogerius*），添え名もないため同一人物かどうかは判然としない。Walmsley, *op. cit.*, pp. 113–114, 124–125.
44) Delisle / Berger, *op. cit.*, pp. 200–203. なお文言からして，これはおそらく先に触れたウィストラム初出例であるウィリアム征服王文書（1080 + 1082年）を参照しつつ書かれたものと思われる。前注6参照。
45) Walmsley, *op. cit.*, pp. 61–111.
46) Walmsley, *op. cit.*, p. 114. 前述420頁参照。
47) Musset, Reconstitution de la jurée de 1257, § 5.
48) Walmsley, *op. cit.*, p. 115. カルチュレールでは第23葉裏の左余白から下部余白にかけて，本文よりも小さい字で書かれている。
49) 修道院長と修道院の家人は「いかなる領民よりも安く魚を得るべし，そしていかなる領民も，院長…［院長名は空白になっている］の家人たちが市場から帰ってからでなければ，その魚を手に入れることはできない（*[d]ebent habere pisces [a]d meliorem mercatum quam nullus homo et nullus homo habet et nullus homo non debet tinere . . . illos pisces, [n]isi famuli domine . . . abbatisse ab illo loco recesserint*）」と記されている。
50) 「［女子修道院長は］サケ，チョウザメ，ニシン，ヤツメウナギ，ネズミイルカ，そしてあらゆる認められた魚を，またウィストラムへ流れ着いた漂着物を……持つべし（*Debet habere salmones et turgones et [a]losas et lampreas et porpedes et omnes francos pisces et onme verece quod acciderit apud Oist[rehan]. . .*）」*Ibid.*, p. 115. ただし，ここで列挙される魚は多様であり，想定されている権利が漁獲物に対するものなのか漂着物なのかを断定することは難しい。なお公の公領海岸における漂着物拾得権は，『ノルマンディ慣習法書』（1200年頃作成）の第67章に明記されている。Tardif, E.-J., *Coutumiers de Normandie*, I, *Le Très Ancien Coutumier de Normandie*, Rouen, 1881, pp. 61–63 (chap. LXVII).
51) 11世紀末に征服王夫妻からウィストラムがラ・トリニテへ譲渡された際の「すべての付属物」のなかにこの権利がすでに含まれていた可能性もある。Musset, *op. cit.*, p. 94 (no. 11). 前述419頁参照。
52) Musset, L., Peuplement en bourgage et bourgs ruraux en Normandie du Xe au XIIIe siècle, *Cahiers de civilisation médiévale*, 9, 1966, p. 206 (Annexe III).
53) *Ibid.*, pp. 179–182.
54) *Ibid.*, p. 206. ラ・トリニテはこの高額貢租を，2種類の名目でそれぞれ年2回に分けて以下のように徴収している。すなわち，「わが修道院の灯明のために毎年トゥール貨14スーを（*per annum ad illuminationem monasterii nostri scilicet quatuor decim solidos turonensium*）」聖ドニの祝日と復活節に半額ずつ，および「我々あるいは我々の後継者たちへ貢租としてトゥール貨3スー6ドニエを（*nobis vel successoribus nostris de censibus scilicet tres solidos et sex denarios turonenses*）」お告げの祝日と聖ドニの祝日に半額ずつ，

55) ミュッセは，ウィストラムのブールにおけるこの負担が，ノルマンディのブルガージュの一般的な賦課租よりもはるかに高額であった点に注目している。*Ibid.*, p. 198.
56) この史料は未刊行であり，本稿ではL. ミュッセによるタイプ原稿（Reconstitution de la jurée de 1257）を利用した。この史料の内容と伝来の概要は Walmsley, *op. cit.*, pp. 31–32 を参照。私はミュッセ教授によるこのタイプ原稿をジョン・ウォルムズレイ教授（シドニー，マックァーリー大学）の御厚意によって使用することができた。この場を借りて厚く御礼を申し上げたい。
57) 記録の冒頭に「これは神の恩寵によるカンのラ・トリニテ修道院長である修道女ジュリアンヌ・ドゥ・サン＝セルナン殿の要請によって主の年1257年に作成された宣誓記録である（*Hec est jurata facta ex provisione religiose domine Juliane de Sancto Serenico, Dei gratia abbatisse Sancte Trinitatis de Cadomo, anno Domini millesimo ducentesimo quinquagesimo septo*）」との記述がある。Musset, Reconstitution de la jurée de 1257, § 2.
58) *Ibid.*, §§ 3–7.
59) 中世ノルマンディにおいて，ヴァヴァソリィは上層自由農民であるヴァヴァスール（vavasseur）の保有資格である。Delisle, L., *Études sur la condition de la Classe Agricole et l'état de l'agliculture en Normandie au Moyen-Age*, Paris, 1903, pp. 1–8; Carabie, *op. cit.*, pp. 64–70. この保有は騎士に近い地位にあって，在地領主とのつながりが強いため，ラ・トリニテが掌握しきれなかった場合，調査記録に保有民として登録されないという結果を招くことがあった。藤本太美子「11・12世紀ラ・トリニテの所領経営について—カルピケ所領（ノルマンディ）とフェルスティッド所領（イングランド）の比較考察—」『九州経済学会年報』38，2000年，64–66頁を参照。1257年調査でヴァヴァスールが初めて言及されるウィストラムの場合も，12世紀の調査にそれが現れない背景には同様な事情が想定できよう。
60) ここで言及される *marés* とは，ノルマンディにおいて漁民から領主へ果たされた海産物提供義務を指していると思われる。Godefroy, F.（publié par Bonnard, J. / Salmon, Am.），*Lexique de l'ancien français*, Paris, 1964, p. 322, 'marée' の項を参照。
61) 過去形で表記されているのは1632年作成の要約版であるためと考えられる。以下同じ。
62) *bourgage*（あるいはそのラテン語形 *burgagium*）の語そのものが1257年当時に用いられていたかどうかは不明であるが，少なくとも要約版の作成された17世紀の時点にブルガージュと表現されうるものとして13世紀のオリジナルに現れていたことは確実である。なお中世ノルマンディにおけるこのようなブルガージュの出現について，Musset, Peuplement en bourgage, pp. 195–200, 205; 藤本太美子「11–13世紀ノルマンディにおける *burgagium*」『史学雑誌』109，2000年，36–40, 47–49頁を参照。
63) これに続いて，前述の2所領サン＝トバンおよびコルヴィルにおいても同様に徴収されていたとの記述があり，このようなブルガージュの賦課租は，ウィストラム近隣の従属的小所領にも導入されていたことが分かる。

［付記］ 本稿は2003年度科学研究費補助金（特別研究員奨励費）による研究成果の一部である。

第2部　史料と理論の対話

本論で言及した主要な地名

ソルボンヌ学寮草創期の後援者たち

大嶋　誠

はじめに

　本稿の目的は，中世の学寮を代表するソルボンヌ学寮（Collège de la Sorbonne）の創設期を対象として，その後援者をソルボンヌ学寮関連史料群から抽出し，彼らの学寮創設への寄与を明らかにするところにある。

　学寮は，創立者ないし執行者ないし教会当局によって承認された寮則と呼ばれる規則ないし規定に従って統べる，選出あるいは指名された長の下で，一定の権利と特権を与えられ，提供された住居に生活し，勉学に勤しむ男性が構成する自治的ないし半自治的共同体であり，学寮生は，創立者およびその協力者が寄進した家屋に住み，かれらが設定した奨学金（bursa）に依拠して給養される[1]。

　ソルボンヌ学寮に関連する支援活動は，①学寮の物的要素に関わる活動，すなわち学寮の施設および学寮生活を保障する物的基盤の獲得，確保に繋がる活動，②在俗神学教師の養成という学寮の設立目的の実現に繋がる活動——典型的なそれは，寮生の勉学にとって不可欠な「書物」の遺贈・寄贈行為，③学寮に身を置く特定の寮生，あるいはホスピテスと呼ばれる「準寮生」を対象とした後援活動，の3つの活動に大別される。

　ソルボンヌ学寮関連史料群は「寮長のレジスター」（Registrum autographum Priorum Collegii Sorbonae: B. N., ms. lat. 5494A, 104 fols.），「カルチュレール」（B. N., ms. lat, 16069, 150 fols.），「寮長の書」（Antiquus liber in quo priores conclusiones collegii enucleate ... scripserunt: B. N., ms. lat, 16574, fol. 1–49），「記

念祷設定簿」(Obituaire: B. N., ms. lat, 16574., fol. 24–31v; 32–39v; 40–47v)，蔵書目録，図書帯出簿などから成る学寮図書館関連史料をもって構成されるが，本稿が主として依拠するのは，「学寮カルチュレール」と「記念祷設定簿」である[2]。

これらの史料が提供する情報を読み解くことによって，ソルボンヌ学寮の創設期，具体的には，創立者であるロベール・ド・ソルボンが学寮創設事業に着手してから他界する1274年までの期間に，学寮の創設とその発展を支援した人物と支援の内容，支援の動機，そして支援者間の人的関係を明らかにすることができるであろう。

I. ロベール・ド・ソルボンの学寮建設計画

(1) 学寮建設の動機

ロベール・ド・ソルボンは1201年，カンブレ司教区のルテル (Rethel) 近郊の農民の子として生まれ，ランスとパリで学び，1250年からカンブレ教会の参事会員，1258年からはパリ司教座聖堂参事会員，1266年からはランの助祭長職にあった。パリ大学との関係で言えば，1250年から生涯を閉じる1274年まで，神学教師の地位にあった。そしてまた，ルイ9世付きの司祭として，おそらく王の聴罪司祭をつとめた[3]。

そのロベール・ド・ソルボンは1254年頃学寮建設に着手し，遅くとも，1257年〜58年学期には，学寮として機能し始めた。この学寮，すなわち「ソルボンヌ学寮」はパリで神学を学ぶ在俗学生(それは教養部の教師資格所持者を意味する)のための学寮である。当初は，4ナチオ(同郷団)からそれぞれ4名ずつ合計16名の寮生を収容したが，のちには，その数は36人に増えることになる[4]。

ところで，ガブリエルは，中世の学寮創設者の動機付けを時代の進行と関連させて類型化しているが，彼によれば，12世紀末から13世紀初頭に創設された学寮——「18人学寮」やサン・トマ・デュ・ルーヴル学寮——は，貧困学生のための慈善施設を目的として設立された。そして，13世紀中葉以降，学寮には神学の勉学を支援するという目的が与えられる。たんなる貧困学生の慈善施設と

いう枠を脱し，神学研究を発展させるために貧困学生を給養するという斬新なアイデアを提示したのは，ロベール・ド・ソルボンである。このアイデアは，「トレゾール学寮」(1266年創設)や「アルクール学寮」(1308年創立)の創設者へと受け継がれる[5]。

以上のような，学寮創設史におけるロベール・ド・ソルボンの位置づけを確認した上で，かれの学寮建設計画を考察するさい，見落とすことのできない一つの同時代的状況がある。それは，托鉢修道会(ドミニコ会，フランシスコ会)のパリ大学進出である。ドミニコ会がパリに進出するのは1219年，そしてフランシスコ会のそれは1221年である。当初，友好的であった両者の関係は，大学が決定した講義停止に両修道会が従わなかった(1229–1231年)ことを契機に緊張関係へと転じた。そして，1250年代には，大学の「自治」をめぐって，パリ大学の在俗教師・学生と托鉢修道会との間に激しい対立が生じ，それがカトリック教会全体を巻き込む，いわゆる「在俗聖職者と托鉢修道会との抗争」の第1期を画することになる[6]。

両者の対立が表面化，激化する以前から，ロベール・ド・ソルボンがドミニコ会，フランシスコ会の神学教育の有効性を認識せざるを得ない状況が存在していたと思われる。

第1点は神学生の物的生活に関わる。托鉢修道会系学生は，修道院を拠点に生活しており，衣食住を保証されている。それに対して在俗学生は，衣食住を自らが負担せねばならない。それ故にこそ，貧困学生を対象とする施設が要請されたのであるし，しかも，神学の勉学には多大の時間を要することが知られている[7]。第2点は勉学環境である。修道会系教育においては，修道士を訓練する場である修道院そのものが「学院」であり「教場」となる。ドミニコ会を例に取れば，修道院(Couvent)の設立要件として，一人の教師の存在が挙げられている。在俗教師たちが行うような，民家を借り上げて教場とする必要はない。その上，修道会系の学院には，勉学に不可欠な図書が備えられていた[8]。第3点は教育の性格，ないし在り方である。修道会系の教育は，修道会の目的に即して学生修道士を「団体の目的に即して」組織的に教育する。この意味では，修道会系教師は大学の一員でありながらも，最終的に修道会の目的に従う。それ

に対して，在俗教師にとって大学は構成員の利益を守るという同業組合的目的をもつものであり，かれらが実践する教育は，教師と学生との個人的な関係にもとづく。両者の相違は，組織的神学教師養成と個人的神学教師養成に求められる[9]。

これらの点において，ロベール・ド・ソルボンは修道会系，とりわけ托鉢修道会の神学教育の優越性を意識し，修道会系共同体（religious communities）がすでに享受していたのと同じ利便性を在俗聖職者に与えようとしたのである[10]。

さらに次の点も指摘できよう。托鉢修道会系修道院が設置されたセーヌ左岸は，パリ大学の活動の地そのものであった。それらの修道院＝学院に対抗するために在俗学生用の学寮建設をロベール・ド・ソルボンが構想したとしても理解できないことではない[11]。

托鉢修道会と対立する在俗神学教師の一員であったロベール・ド・ソルボンは，パリ大学での托鉢修道会問題にどのようなスタンスで対応したのであろうか。

ロベール・ド・ソルボンは1253年の時点で，自治団体として大学が有する正当な権利を認めていた。しかしながら，かれは，なによりも喧噪と行き過ぎと反抗に与することを好まなかった。かれは，「いとも信心深き教師」devotissiumus doctor と称され，モラリストであり，教育者であり，中庸を生きる人物であり，ルイ9世の親しい友人であった。1254年以降のパリ大学と托鉢修道会の関係が悪化するなかで，ロベール・ド・ソルボンの姿は見えない。ギヨーム・ド・サン・タムールを中心とする活動は，ロベール・ド・ソルボンに思慮深い沈黙とルイ9世およびローマ教皇に従う道を選ばせたと考えられる。そして，ギヨームがロベールの学寮建設計画に賛成したとは考えづらい[12]。

1256年，ギヨーム・ド・サン・タムールがローマで断罪され，また，かれと共に托鉢修道会批判の急先鋒であったウード・ド・ドゥエとクレチアン・ド・ボーヴェの両名が，托鉢修道会系教師のパリ大学神学部への復帰を求め，パリ大学の「自治」の上にローマ教会が立つことを明言した教皇アレキサンデル4世の教勅「生命の樹のごとく（quasi lignum vitae）」（1255年4月14日付け）に同意し，パリ大学での混乱状態が収束に向かう[13]。そしてこの時以降，ロベー

ル・ド・ソルボンの学寮建設活動は活発に展開されることになった。

(2) 学寮建設のための不動産およびレントの取得

ロベール・ド・ソルボンは，1255年10月，学寮建設のために最初の不動産を取得する。その物件は，クプ・グル通り (vicus de Coupe Guele) に位置するジャン・ド・バニューの納屋であった[14]。グロリユーに拠れば，その後1273年11月までの18年間にわたって，学寮建設に関連する不動産およびレント取得のために63件の契約を結んだ（ここには後述する ad opus cuiusdam amici による契約は含まれない）。かれが投じた総額は3,296リーヴル12ソリドゥスにのぼる。そのうち，家屋購入総額は2,017リーヴル2ソリドゥスを占め，レント取得のために要した総額1,279リーヴル10ソリドゥスである。それを具体的に示したのが次表である[15]。

表1 ロベール・ド・ソルボンによる不動産・レント取得

年	総件数	総額	家屋	レント
1255	1	10 liv.	10 liv.	
1256	1	5 liv.		5 liv.
1257	1	40 liv.		40 liv.
1258	1	87 liv.		87 liv.
1259	15	1,458 liv.	1,265 liv.	193 liv.
1260	2	96 liv.		96 liv.
1261	2	360 liv.	350 liv.	10 liv.
1263	9	566 liv. 2 s	163 liv. 2 s	403 liv.
1264	4	144 liv.		144 liv.
1265	4	31 liv.		31 liv.
1266	6	10 liv.	10 liv.	
1267	3	31 liv.		31 liv..
1268	0			
1269	1	30 liv.	30 liv.	
1270	2	58 liv.		58 liv.
1271	8	96 liv.		96 liv.
1272	2	108 liv.		108 liv.
1273	3	193 liv.	180 liv.	13 liv.
合計	65	3,323 liv. 2 s	2,008 liv. 2 s	1,315 liv.

出典: Glorieux, *Aux Originnes de la Sorbonne*, II, *Le Cartulaire*, pp. 18–21.
liv. = livre parisien,　s. = solidus

これらの数字から，以下の点を指摘することができるであろう。まず，1262年を除き毎年，ロベール・ド・ソルボンによる不動産およびレントの取得が実行されている。彼が学寮を創設し，機能させるために行った活動は，16年に及ぶ。彼の不動産，レント購入は，その大多数が1259年から1263年にかけて行われた。また，年次別にみると，1259年が15件と最大であり，1263年（8件），1264年（5件）がつづく。そして，1259年の家屋購入額が突出していることが注目される。その額は1256年から1273年までのレント取得総額にほぼ匹敵する。これは，後述するロベール・ド・ドゥエの遺贈金を活用したものと推測される。さらに，次の点も指摘しておこう。1262年，1266年，1268年，1269年を除く毎年，学寮生給養のための固定的収入を確保するためのレントの購入に当てられている。一方で，家屋購入については恒常性は見いだされない。このことから，家屋取得については，その必要な範囲で，また，条件が許す範囲で行われたと言えよう[16]。

II. 主要な支援者

ソルボンヌ学寮建設と学寮の「基盤固め」に寄与した主要な人物として，国王ルイ9世，ロベール・ド・ドゥエ，ジェラール・ダベヴィルの3名を上げることができる。

(1) ルイ9世

ルイ9世がロベール・ド・ソルボンの学寮建設に関わって明確な支援行動を取るのは，1257年2月のことである。その文書は，国王が「学生たちに関わる事業のために」（ad opus scholarium），ロベールに対してクプ・グル通りにジャン・ドルレアンが所有する家屋と，それに隣接するピエール・ポワンラーヌが所有する家畜小屋（stablis）を寄進したことを記している[17]。

ロベール・ド・ソルボンが，1255年10月，学寮創設のための最初の家屋を取得したことは述べたが，ルイ9世が寄進したジャン・ドルレアンの家は隣接しており，ロベール・ド・ソルボンは，地続きの地所に3軒の家屋を手に入れた

ことになる。これによって学寮の物的設置は可能となり，これら3軒の家屋を中心に学寮を建設することになる。

　その後，ルイ9世は2度にわたってロベール・ド・ソルボンに家屋を譲渡している。

　1259年2月，ロベール・ド・ソルボンがブルトンヌリ通り（vicus Britoneria）の2軒の家をサント・クロワの修道士たちのために購入することと引き換えに，国王はクプ・グル通りに所有していたすべての家屋，すなわちギヨーム・ル・パンヌティエとジャン・デルマンヴィルの家屋からその通りの端までに位置するすべての家屋，および，ピエール・ド・シャンブリの住居の近く，その反対側に位置するクプ・グル通りの端にある何軒かの家屋をロベールに譲渡した[18]。

　そして，1263年12月には，ロベールがイロンダール通り（vicus de Hyrondale）に所有していた2軒——1261年12月，アプロス司教ユーグがロベールに寄進した家(後述)——，およびサン・ジャック修道院に隣接してロベールが所有していた2軒と引き替えに，国王は，マソン通り（vicus Lathomorum）の「井戸」から(a pueto)アヴランシュの助祭長所有の家に至る間に，自らが所有していたすべての家屋，および，テルムの前に位置するローベール・ド・ドゥエの旧宅を与えた[19]。

　ルイがロベール・ド・ソルボンに対して行った2回の譲渡は，不動産の「交換」という性格を持つが，次の点で，ソルボンヌ学寮の建設にとってルイ9世の寄進は決定的であった。すなわち，1257年2月，国王からクプ・グル通りの2軒の家屋の寄進を受ける前は，ロベールの学寮設立活動はほとんどみられないが，国王からの2軒とかれが所有していた家屋を合わせて，学寮の最初の礎を置くことができた。そして，1259年2月と1263年12月，国王がクプ・グル通りとマソン通りに所有していた家屋を手に入れた——国王から寄進された家屋の詳細，正確な数さえ不明であるが——ことによって，ソルボンヌ学寮の地所が確定し，これらを中心に，その後の学寮の拡大が見られるのである[20]。

　ところで，ルイ9世は1254年7月から翌1255年1月にかけて，ソルボンヌ学寮が建設される地域において，不動産取得を大々的に行っていた[21]。国王のこの事業はソルボンヌ学寮の創設とどのように関わるかが問われる。

『聖王ルイ伝』の証言は，国王の事業と学寮創設の関連を強く示唆するが[22]，国王の事業が学寮建設を目的としたものであったすることに，研究者は否定的である。テュイリエによれば，ルイ9世は，サン・ジャック通りからテルムにかけての地域が「評判芳しからざる」一帯であることから，そこを「健全化」する計画を立て，当初は，「娼婦厚生施設」(Maison des Filles-Dieu) の建設を，ついで「聖十字架兄弟団」用の施設を建設しようとしたらしいが，最終的には，ロベール・ド・ソルボンの学寮建設計画を援助するために，すでに購入していた家屋を提供したのである[23]。

　先に述べたように，1257年2月，ルイ9世ははじめてロベール・ド・ソルボンの計画への支援を明確に表明するが，この時点での国王の態度表明には，托鉢修道会問題が陰を落としている。ルイ9世は托鉢修道会の生活形態を評価し，かれらに好意的であったことは事実であるが，その一方で，国王は，かれの宮廷の在俗聖職者を通して，かれらの言い分も理解していた。在俗聖職者との紛争期間にあって，国王は明確に托鉢修道会の側に与することはなかったことがそれを示している。托鉢修道会問題が托鉢修道会側の勝利をもってほぼ終息したとき，万事にわたる「調停者」を任じるルイ9世は，ロベール・ド・ソルボンの在俗神学生のための学寮建設計画を援助することによって，在俗聖職者への理解を示したのである[24]。

(2) ロベール・ド・ドゥエ

　ロベール・ド・ドゥエはソルボンヌ学寮の創設にかかわった最初の，そして主要な援助者と評価されるに値する人物である。彼は，ルイ9世付きの聖職者で，王妃マルグリットの侍医をつとめ，サンリス教会の参事会員でもあった。また，彼は，かつてロベール・ド・ソルボン同様神学教師であり，托鉢修道会問題に関連して，1254年8月には，ローマで問題の処理にあたった。また，ロベール・ド・ソルボンが国王の側近となったのは，おそらくロベール・ド・ドゥエの紹介によるものであった[25]。

　彼は，1258年5月20日他界したが，その直前の1258年5月18日「遺言書」を認め，遺言執行人としてロベール・ド・ソルボンと後述するジャン・ド・ドゥ

エを指定した。ロベール・ド・ドゥエの遺贈の対象となった人物,団体は20を超えるが,「遺言書」はその冒頭で「ロベール・ド・ソルボン師の助言に基づいて,いかなるナチオ(同郷団)に属する者であれ,神学を学ぶのに善良でかつ適格と思われる新しい学生を給養するために支払われるべく,総額1,500パリ・リーヴルを遺贈する」こと,さらに,自分が所有するすべての神学書,聖書,教父の著作,および他の注解書を遺贈することを命じた[26]。

ソルボンヌ学寮「記念禱設定簿」5月20日の項は「ロベール・ド・ドゥエ師逝去。師は学寮創設のために (ad fundandum domum) 1,500 リーヴルを寄進せり」と記している[27]。この「学寮創設のために」という一言は,彼の死の前年に行われたルイ9世の2件の家屋の寄進と併せて,彼の遺贈が,実質的にロベール・ド・ソルボンの学寮建設計画を実現させるのに決定的な重要性をもったことをわれわれに告げるものである[28]。

(3) ジェラール・ダベヴィル

ジェラール・ダベヴィルは,1220年から1225年の間にアベヴィルに生まれ,パリで学び,おそらく1254年には神学教師の座に就き,1272年に他界するまでその座にあった。つまり,その生涯の大部分をパリ大学と共に過ごした人物であり,彼の神学教師在職期は,ロベール・ド・ソルボンのそれとほとんど重なり合う。托鉢修道会問題ではギヨーム・ド・サン・タムールの重要な支持者,協力者であり,かれの著作の一部を執筆したと考えられる。ギヨーム・ド・サン・タムールが隠遁した後も托鉢修道会批判を継続し,ジェラールの支持者たちは「ジェラール派」(Geraldini) と呼ばれた[29]。

ジェラール・ダベヴィルのソルボンヌ学寮への貢献は,何よりもまず,厖大な図書を遺贈したことであり,それによって彼は,学寮の主要な支援者の一人としての地位を得るのである。

「記念禱設定簿」(11月8日の項)は「ジェラール・ダベヴィル師逝去。師はわれわれに神学書,哲学書約400巻,および[師の]礼拝堂に附属するすべての装飾品を遺贈せり」と記している[30]。1271年9月28日に作成された「遺言書」——遺言執行人の一人はロベール・ド・ソルボンである——によれば,所蔵す

るすべての教父の著作と著作の一覧表，所有するすべての神学注解書，すべての説教大全（omnes summas sermonum），彼が著したすべての問答大全，著述，および所有するすべての神学書，教会法書と教会法令集に関する大全，すべての哲学書，医学書がソルボンヌ学寮に遺贈された[31]。

　ソルボンヌ学寮は，1289年にはすでに蔵書数1,017巻を数えることから理解されるように，その創設から短時間の内に多数の蔵書を有したことで知られる[32]。最初の蔵書増加現象は1275年頃までに生じるが，その中心的部分を成すのが，ジェラール・ダベヴィルによる書物の遺贈であった。かれの遺贈した書物はソルボンヌ学寮の蔵書数を2倍，あるいはそれ以上に増加させたと推測される。こうした蔵書の増加が，ソルボンヌ学寮図書館の整備，蔵書目録の作成へとつながるのである[33]。

　ジェラール・ダベヴィルは，修道会系の教育を意識し，草創期のソルボンヌ学寮に勉学に必要な多数の書物を遺すことによって，修道会系教師・学生に比べて恵まれない環境に置かれていた在俗学生，教師の勉学，研究活動を支援したのである。そのことは，遺贈対象者が「ロベール・ド・ソルボン師の学寮共同体の在俗神学生および町［パリ］に在住の教養諸科の学生たち」となっており，非修道会系学生であれば遺贈図書の利用が可能であったと考えられること，また，修道士たちは教父の著作，大全を十分に所有しているのであるから，在俗神学教師のためにそうした著述をコピーするよう要望していること[34]からも窺える。

III. 教会人，俗人による支援

　これまで考察の対象とした主要な学寮草創期の主要な支援者以外にも，ロベール・ド・ソルボンの事業を支援した人物を，少なくとも19人見いだすことができる。19名のうち，俗人は3名で，教会人が圧倒的多数を占めている。これらの支援者を，支援とその内容について考察を進めることにしよう。

(1) ルイ9世側近グループ

　まず，われわれは草創期のソルボンヌ学寮の支援者の中に，ルイ9世を取り巻いていた人物を見い出すことができる。アプロス司教ユーグ，ジャン・ド・サン・タマン，ギヨーム・ド・ムモンの3名である。

　マケドニア，アプロスの司教であったユーグは，ヴァラック人の侵入を受け，1235年頃，アプロスを去り，フランス王国に「亡命」した。彼にはソワッソンのサン・メダル修道院など複数の修道院から100リーヴルの年金が与えられたが，ルイ9世は彼をサント・シャペル付きの参事会員として処した。彼が他界するのは，1264年10月15日である[35]。

　ソルボンヌ学寮の建設との関連で言えば，彼は1261年3月，イロンダル通りに所有していた4軒を「パリの神学部で学ぶ貧しき［教養諸科の］教師たちのために」，ロベール・ド・ソルボンに譲渡した。そして，ユーグの好意に応えるため，ロベール・ド・ソルボンは年額32パリ・リーヴルを支給することとした[36]。

　ジャン・ド・サン・タマンはルイ9世付きの聖職者で，国王の所有する家（ロベール・ド・ドゥエの旧宅）に住んでいた。「ソルボンヌ学寮記念禱設定簿」（1月28日の項）は「ジャン・ド・サン・タマン師逝去。師は貧しき教師たちの共同体に200パリ・リーヴルを遺贈せり」と記している[37]。

　ギヨーム・ド・ムモンもまた，国王付きの聖職者である。彼は，先に述べた「ad opus cuiusdam amici」文書に2回登場し，国王のセーヌ左岸での不動産購入活動に参画した。しかも，2回ともロベール・ド・ソルボンとともに登場している。1254年12月，「匿名の友人のために」，ギヨームとロベールがクプ・グル通りに位置する家と納屋をリシャール・パスティラリウスとその妻から買い取ったことを記しているが，1256年11月——このときギヨーム・ド・ムモンはムラン教会参事会員の肩書きを持つ——，この家と納屋に有していたすべての権利をロベール・ド・ソルボンのために放棄している[38]。

(2) 教会人たち

　ルイ9世側近の聖職者の他に，ロベール・ド・ソルボンの事業を支援した聖

職者として，まず，ロベール・ド・ドゥエ(前述のロベール・ド・ドゥエとは別人。以下，便宜的に「第2の」という語を付すことにする)がいる。アシャイ侯（prince d'Achaïe）付き医師で，1260年より前に死去した人物である。1260年4月26日付けの文書は，「第2の」ロベール・ド・ドゥエの遺言執行人であるジェラール・ダベヴィルが，遺言者の負債を支払いを含めた遺産処理を終えたあとの余剰金70パリ・リーヴルを，遺言者の意に従って，学寮に遺贈したことが記述されている[39]。

さらに，ジャン・ド・ドゥエについても言及しなくてはならない。ドゥエ出身でベーヌの主任司祭であった彼は，1274年「遺言書」を認め，彼は自分がパリおよび周辺に有するすべての家屋，ブドウ畑，レントおよびフィエフの相続人にロベール・ド・ソルボンを指名した[40]。

ロベール・ド・ソルボンの存命中，学寮を支援した教会人として，さらに以下の人物を加えることができる。ルーアン教会参事会長で，ニコシア大司教座に登ったユーグ・ド・ピズ(1260年没)とリエージュのサン・ジャン教会参事会員のジャン・ド・ゴンドリクール(1262年没)は，ともに聖書一巻を遺贈した。また，パリ教会参事会付き文書局長で(1238–1244年)その後トスクルム枢機卿司教となったオド・ド・シャトールー(1273年没)は，少なくとも二巻の書物を遺した。また，ソワニー教会参事会長ランベール(1270以前没)は，注解付きパウロの書簡集とヨハネによる福音書とルカによる福音書をソルボンヌの貧しき教師たちに遺贈した[41]。

クータンス教会参事会員ニコラ・ド・ヴリニー(1264年)は，13巻のマニュスクリとともに，100トゥール・ソリドゥスをソルボンヌ学寮に遺贈した[42]。

ボーヴェ司教ギヨーム・ド・グレズ(1267年没)は，記念禱を設定するために1,000トゥール・リーヴルを学寮に遺した。そして同じ目的で，パリ教会参事会員であり，のちイットヴィル教会のプレヴォとなったミロン・ド・コルベイユ(1271年没，彼の遺言執行人の一人はロベール・ド・ソルボンである)は100パリ・リーヴルを，また，レノー(1273年頃没)は8パリ・リーヴルを学寮に遺した[43]。

記念禱の設定という形ではなく，一定の額を寄付した聖職者の例もある。1274年8月，バイユー教会の合唱隊長H.ド・バランの名で出された文書は，

100トゥール・リーヴルをロベール・ド・ソルボンの手を通して，パリの貧しき学生のために寄付することを記している。ただし，この寄付は，合唱隊長に負債を負っていたピエール・ド・ロングエスの相続人である娘のコンドム伯妃ジャンヌからの返済分から支払われるとされた[44]。学寮生の給養を負担するという形で，学寮の活動に貢献した聖職者もいる。トゥールネ教会助祭ニコラ（1266年没）は，ソルボンヌ学寮寮監ロベール・ド・ソルボンに宛て，当該学寮で学ぶ5人のフラマン人教師のためのブルスを設定するために500パリ・リーヴルを提供した。そして，彼の存命中は彼が，彼の死後はトゥールネ司教とフランドリアの助祭（archidiaconus Flandrensis）が，その5名を指名する権利を有することがパリ大学によって承認された[45]。

また，アミアン教会参事会員ジャン・ド・ルア（1271年以前没）は，ソルボンヌ学寮の学生の中（inter scholares magistri Roberti de Sorbonna）の二人のためにに52パリ・リーヴルとマルシュパリュウ通り（vicus de Marchepalu）に彼が所有していた部屋をロベール・ド・ソルボンに提供した[46]。

(3) 俗　　人

ロベール・ド・ソルボン存命中に，俗人が彼の学寮を支援した人物の例は少なく，以下の3名を数えるのみである。一つは，ランス市民であるラウル・アス・グルノンの遺贈である。1273年7月6日の文書は，ラウルの甥で，遺言執行人であるサン・レミ教会参事会員ジャック・ロビヤールの名で発せられたが，そこでは，「[パリ大学]神学部に学ぶ貧しき教師たちのために，パリ教会参事会員ロベール・ド・ソルボン師に100トゥール・リーヴルが与えられる」と記されており，この金額はグラン・プレ伯がラウルに負っている借財700トゥール・リーヴルから支払われるものとされた[47]。

ソルボンヌ学寮の学生を金銭的に援助する支援行為は，他にも見いだせる。マリー・ド・フィエランは1273年，ソルボン学寮の貧しき学生に20ソリドゥスを遺贈した。これより前，1270年にマリー・ド・レンスが，パリで学ぶドゥエあるいはそれ以外の地出身の7人の貧しき学生に，40ソリドゥスを遺贈した。この遺贈が，ソルボンヌ学寮生とは明記してないものの，彼らを対象とした

理解することは，可能であろう[48]）。

　アミアン司教区内のリュードのプレヴォ，サン・ヴァレリー・シュール・メールのバイイであったヴォルター・カルヌは，1264年，先に挙げたトゥールネ教会助祭ニコラと同種の支援を行った。ヴォルターはアミアン司教区の二人の教師のためにブルサを設定すべく，300 トゥール・リーヴルを学寮に寄付した。そして，これもニコラの例と同じく，二人の指名権をヴォルターはもち，彼の死後は，アミアン司教あるいはアミアン教会の助祭が行使することが認められた[49]）。

　これまでに言及した19名の支援の内容をまとめると，不動産を譲渡した者3名，書物を遺贈した者5名，書物と金銭を遺贈した者2名，金銭を寄付した者8名——3名の俗人支援者すべてこれに含まれる——金銭と不動産を寄付した者1名は教会人である。

　不動産寄進者3名，ユーグ・ダプロス，ギヨーム・ド・ムモン，ジャン・ド・ドゥエは，いずれもルイ9世を媒介としてロベール・ド・ソルボンと近い関係にあった。彼ら以外にロベール・ド・ソルボンの近い位置にあった人物としては，ミロン・ド・コルベイユとオド・ド・シャトールーを挙げることができよう。前者はロベール・ド・ソルボンを自らの遺言執行人に指名している。後者は，ロベールの先輩教師，パリ教会の先輩参事会員であり，エジプト，パレスティナにルイ9世と同道するほど，国王の近くにあった人物なのである。また，「第2の」ロベール・ドゥエとはジェラール・ダベヴィルを通して知己であった可能性がある。

　19名の支援者の内，これら以外の人物については，ロベール・ド・ソルボンとの関係を示す史料は持ち合わせていない。

　次の点にも触れておきたい。ロベール・ド・ソルボンの24年間の現職教師（magister regens）在任中，同僚として活動した神学教師は，托鉢修道会系教師を除けば，29名を数えるが，ジェラール・ダベヴィルを除けば，少なくとも彼の存命中は，支援者の中にほとんど姿を見せない。わずかに，ロベール・ド・ソルボンの神学教師在任期の最晩年の3人の同僚，アデヌルフ・ダニャーニ，ジェラール・ド・ランス，ギヨーム・ド・ムッシー・ル・ヌフが，学寮に図書

を遺贈しているのみである[50]）。

結びにかえて

　これまでの考察を要約すれば以下の通りである。
　まず，主要な支援者の一人ルイ9世の支援内容は不動産の寄進であり，国王の支援は，托鉢修道会問題を意識した，「政治的配慮」に基づく性格をもった。ロベール・ド・ドゥエの援助は，主として多額の金銭的援助を内容としており，援助の動機は，友人ロベール・ド・ソルボンの学寮建設計画への全面的援助であった。また，同僚教師ジェラール・ダベヴィルは数百点の書物を遺贈することで，学寮の知的営為の基盤を提供した。彼のこの行為が，托鉢修道会の神学教育を強く意識していたことをここで再確認する必要がある。
　主要な支援者以外に，ロベール・ド・ソルボンとともに国王の近くに位置したグループは，主として学寮に必要な家屋を譲渡する形で，学寮創設事業を手助けした。
　さらに，これら以外にも，教会人がその大多数を占める支援者が，図書あるいは金銭の遺贈ないし寄付――それが記念禱の設定を前提とする，しないは別として――という形をとって，ロベール・ド・ソルボンの事業に貢献した。
　こうした支援者たちの間に個人的関係が成り立っていたことが見て取れる。つまり，ルイ9世の側近グループ以外にも，ロベール・ド・ソルボンを軸とする人間関係が浮かび上がる。ロベール・ド・ソルボンは，ジャン・ド・ドゥエとともにロベール・ド・ドゥエの遺言執行人であり，ジャン・ド・ドゥエはロベール・ド・ソルボンを遺産相続人に指定した。また，ロベール・ド・ソルボンはジェラール・ダベヴィルの遺言執行人であり，ジェラール・ダベヴィルは「第2の」ロベール・ド・ドゥエの遺言執行人である。さらに，ロベール・ド・ソルボンはミロン・ド・コルベイユの遺言執行人なのである。
　さらに，グロリユーが指摘するように，二人のロベール・ド・ドゥエにジャン・ド・ドゥエとジャン・ド・サン・タマンが加わり，カンブレ教会の参事会員であったロベール・ド・ソルボンの周辺で，まとまりのある小さな地縁的人

間集団を形成していたと考えられる[51]。

このように，学寮草創期の支援者たちは，ルイ9世，ロベール・ド・ドゥエ，ジェラール・ダベヴィルの3人を主要な支援者とし，また，彼らをも含めた，創設者ロベール・ド・ソルボンを取り巻く個人的な色合いの濃い人物たちが支援サークルを構成したのである。

ソルボンヌ学寮は，創設者の死後，その名声をいっそう高め，支援者たちも支援の内容も，草創期とは異なる性格を示すことになる。これについての考察は他日を期したい。

注

1) A. L, Gabriel, Motivation of the Founders of Mediaeval Colleges, in *Miscellanea Mediaevalia*, Bd. III, 1964, p. 61, および O. Weijers, *Terminologie des Universités au XIIIe siècle*, Rome, 1987, pp. 80–84 を参照。

ソルボンヌ学寮の運営は，寮監（provisor），寮長（prior），会計係（procurator）に委ねられる。寮監は寮生と協力して寮の運営一般と財産の保管にあたり（訓育権はもたない），任期一年の寮長は寮の日常生活を統率し，主副の二人の procurator は寮の財務管理にあたる。bursa については，O. Weijer, Le Vocabulaire du collège de Sorbonne, in O. Weijer (éd), *Vocabulaire des collèges universitaires (XIIIe-XVIe siècles): Actes du colloque Leuven 9–11 avril 1992*, Turnhout, 1993, pp. 13–16 を見よ。

2) ソルボンヌ学寮史料群については，すでに紹介的に論じた（拙稿「ソルボンヌ学寮関係史料の史料類型学的研究」『史料が語る中世ヨーロッパ——実証研究と史料分析の手続き——』平成11年度—平成13年度科学研究費補助金研究成果報告書（研究代表者國方敬司），2002. 4, pp. 125–132］）。ここでは，本稿が主に依拠する学寮の「カルチュレール」と「記念禱設定簿」について言及しておきたい。

「カルチュレール」はジャン・ド・ヴァリビュスの寮監在職期（1304年～1315年）に編纂された。そこには1228年から1305年までの文書384点が収録されているが，再録された文書を除くと，実質，340点である。収録文書の大多数は，学寮が取得した不動産の所有権を確認し，それらの物件に対する権利を主張するとともに，不動産以外の財産の獲得と学寮生を給養するためのレント契約を確証する文書で，学寮に付与された認可，特権などに関する文書の数はごく少ない。従って，「カルチュレール」は学寮の財産関連文書の最初の公式な編纂事業と位置づけることができる。

グロリユーは「カルチュレール」の刊行に際し，収録文書を年代順に配列し，さらに収録されていない文書115点を加えた（P. Glorieux, *Aux origines de la Sorbonne*, II, *Le Cartulaire*, ［以下，Glorieux, *Cartulaire* と略記し，収録文書の引用にあたっては一連番号を与える］, Paris, 1965, pp. 7–11）。

本稿の関心からするならば，「カルチュレール」は，ソルボンヌ学寮創設と拡大にさ

いして土地，家屋，レント，金銭が取得された経緯と，創設者の事業に関わった人物情報を提供する。

　ソルボンヌ学寮「記念禱設定簿」は，その記載内容から，①記念禱対象者の教会での役職，取得学位，出身地などの個人情報，②年ミサを設定するために遺贈した財に関する情報，③ソルボンヌ学寮で営まれた重要な宗教的祝日や崇敬の対象となった聖人たちに関する情報，④学業生活に関する情報，⑤ソルボンヌ学寮の歴史に関する情報などを提供してくれる。なお，ソルボンヌ学寮のミサ典書（B.N., ms. lat. 15615, fol. 6–11) には，1415 年頃「記念禱設定簿」から転写されたテキストが記載されている。

　「記念禱設定簿」の刊本は，ミサ典書のテキストを参照して校訂したグロリユー版 (Glorieux, *Aux Origines de la Sorbonne*, I, *Robert de Sorbon: L'Homme Le Collège Les Documents*, [以下，Glorieux, *Documents* と略記]，Paris, 1966, pp. 150–185) とモリニエ版 (A. Molinier, (éd)., *Obituaires de la Province de Sens*, tome I, Paris, 1902, pp. 737–753) の二つの版がある。

3) P. Glorieux, *Répertoire des maîtres en théologie de Paris au XIII siècle*, I, [以下，Glorieux, *Répertoire* と略記，巻数は記さない], no. 159, p. 340
4) H. Rashdall, *The Universities of Europe in the Middle Ages*, vol. I, new ed. by F. M. Powicke and A. B. Emden, Oxford, 1936, pp. 507–508
5) Gabriel, *art. cit.*, pp. 65–66.
6) パリ大学における托鉢修道会問題については，田中峰雄「形成期のパリ大学と托鉢修道会」會田雄二・中村賢二郎編『知識人層と社会』，京都大学人文科学研究所，1978, pp. 93–146, 拙稿「パリ大学における托鉢修道会問題——ドミニコ会のパリ大学進出を中心に——」『史淵』116 (1979), pp. 143–174, 「パリ大学における托鉢修道会問題 (承前) ——制度史的考察——」『史淵』117 (1980), pp. 157–188 を参照。
7) 神学教師となる条件を定めた「ロベール・ド・クールソンの規約」の解釈をめぐって意見は分かれるが，10 数年に及ぶ勉学が必要とされる (拙稿「パリ大学における托鉢修道会問題——ドミニコ会のパリ大学進出を中心に——」, pp. 159–160 を参照)。
8) 拙稿　同上論文 p. 157
9) A. Tuilier, *Histoire de l'Université de Paris et de la Sorbonne*, tome I, Paris, 1994, p. 98 et p. 101
10) Gabriel, *art. cit.*, p. 66
11) セーヌ左岸には，1229 年に進出したヴァル・デ・ゼコリエ会が修道院を学院とし，シトー会も 1245 年セーヌ左岸に「ベルナルダン学寮」を設置した。Glorieux, *Documents*, p. 86, Tuilier, *art. cit.*, pp. 100–101 および Rashdall, *op. cit.*, pp. 505–507 を参照。
12) M.-H. Dufeuil, *Guillaume de Saint-Amour et la Polémique Universitaire parisienne 1250–1259*, Paris, 1972, p. 49, pp. 247–248 et p. 318.
13) H. Denifle et E. Chatelain (ed.), *Chartularium Universitatis Parisiensis*, tome I, [以下，*CUP* と略記し，巻数は記さない], Paris, 1899 (reprint ed. Bruxelles, 1964), no. 247, pp. 279–285). および拙稿「パリ大学における托鉢修道会問題 (承前) ——その制度史的考察——」, p. 172, p. 182 を見よ。
14) Glorieux, *Cartulaire*, no. 139, pp. 165–166
15) *Ibid.*, pp. 18–21. なお，この表にはロジエのフィエフ (feodalis de Roseriis) に関わるレン

ト取得のための 300 リーヴルは含まれていない。ロジエのフィエフについては，*ibid.*, pp. 27–28 を参照。
16) *Ibid.*, p. 19. ロベール・ド・ソルボンは 1270 年 9 月 29 日（他界するほぼ 4 年前）遺言状を認め，他界するときに彼がマンモルトとして所有しているすべての不動産を学寮に，そしてサント・ジュヌヴィーヴの丘に所有する一軒の家屋を除くすべての不動産をパリ教会参事会員ジョフロワ・ド・バールに遺贈することとした（Cartulaire, no. 279, pp. 325–326）。なお，ジョフロワは，ロベールの死後遺贈された財産を学寮に寄進した（*ibid.*, no. 320, pp. 380–381）。
17) *Ibid.*, no. 151, p. 176, および *CUP*, no. 302, pp. 349–350
18) Glorieux, *Cartulaire*, no. 167, p. 195; no. 164, pp. 191–192; no. 166, p. 194. この年の 8 月 2 日，教皇アレキサンデル 4 世はルイ 9 世に書簡を送り，神学を学ぶ貧しい教養諸科教師のための施設を用意した国王の行為を賞賛し（*CUP*, no. 348, pp. 398–399），4 日には国王の例に倣い，この事業を経済的に支援するようフランス王国のすべての大司教，司教に要請した（*CUP*, no. 348, pp. 398–399）。ただし，二つの書簡ともロベール・ド・ソルボンについての言及はない。
19) Glorieux, *Cartulaire*, no. 231, pp. 259–261.
20) *Ibid.*, p. 18
21) これは，いずれもルイ 9 世側近のギヨーム・ド・シャルトル，ギヨーム・ド・ムモン，そしてロベール・ド・ソルボンを通じて行われた。国王のこの事業を明かすのは「カルチュレール」収録の「匿名の友のために」（ad opus cuiusdam amici）という語句をふくむ 40 点の文書である（この語句はないが，内容からして同じ性格をもつ文書が 5 点ある）。それらの文書は 1254 年 7 月から 1255 年 1 月に集中して発給され，家屋の購入（29 点），納屋の購入（7 点），菜園の購入（1 点），家屋を対象とするレント購入（3 点）を内容としている。投資の総額は 1,885 リーヴルにのぼる。グロリユーは「匿名の友」がルイ 9 世であることを論証している（Glorieux, *Cartulaire*, pp. 10–13）。
22) 「国王はテルムの前の 2 つの通りに位置する［複数の］家を購入させ，パリに学ぶ学生が居住できるよう改築した。—中略—上述の家のために国王は 4,000 トゥール・リーヴルを支出したとのことである。（Le Nain de Tillemain, Vie de saint Louis, in *Recueil des Historiens des Gaules*, t. XX, p. 95）
23) Tuilier, *art. cit.*, p. 118, および Glorieux, *Cartulaire*, p. 13.
24) Tuillier, *art. cit.*, p. 118, Dufeuil, *op. cit.*, p. 295. および M.-H. Dufeuil, Le roi Louis dans la querelle des Mendiants et des Séculiers (Université de Paris 1254–1270), in *Septième centenaire de la mort de saint Louis: Actes des Colloques de Royaumont et de Paris (21–27 mai 1970)*, Paris, 1976, pp. 281–289 を参照。
25) Glorieux, *Documents*, p. 326; Tuilier, La fondation de la Sorbonne, les querelles universitaires et la politique du temps, in *Mélanges de la Bibliothèque de la Sorbonne*, 3 (1982), [以下，*La fondation* と略記] p. 14 et note 35.
26) Glorieux, *Cartulaire*, no. 157, pp. 181–184; *CUP*, no. 325, pp. 372–375.
27) Glorieux, *Documents*, p. 165
28) Tuilier, *La fondation*, pp. 12–13. 1258 年ロベール・ド・クールソンは 2 ヵ月のうちに総

額990リーヴルの物件をあらたに取得したが，ロベール・ド・ドゥエの遺贈を使用できることになったためであると推測される（Glorieux, *Cartulaire*, p. 20）。

29) Glorieux, *Documents*, p. 302; idem., *Répertoire*, no. 174, pp. 357–360. CF. Dufeuil, *op. cit.*, pp. 355.
30) Glorieux, *Documents*, p. 176. なお，ジェラール・ダベヴィルの2年後に没したロベール・ド・ソルボンは70巻の蔵書を学寮に遺贈した（*ibid.*, p. 239, CF. A. Franklin, *La Sorbonne, ses origines, sa biliothèque*, Paris, 1875, pp. 28–29）。
31) Glorieux, Cartulaire, no. 301, pp. 354–358; CUP, I, no. 436, pp. 491–493.
32) H. et M. A. Rouse, La bibliothèque du collège de Sorbonne, in A. Vernet (éd.), *Histoire des bibliothèques françaises*, Paris, 1989, p. 119.
33) 拙稿「ソルボンヌ学寮図書館蔵書目録（1338）年とその世界」國方敬司・直江眞一編『史料が語る中世ヨーロッパ』刀水書房（2004）を参照。
34) 以下を参照。scolaribus theologie secularibus, tam in communitate domus magistri Roberti de Sorbonio quam aliis humanitatis scolaribus ... in villa morantibus ... （Glorieux, *Cartulaire*, pp. 354–355）. Volo autem quod de originalibus et summis fiat copia magistris theologie secularibus dumtaxat quia religiosi satis habent（*ibid.*, p. 355）
35) Glorieux, *Documents*, p. 310. 記念禱は10月15日に設定されている（*ibid.*, p. 175）。
36) Glorieux, *Cartulaire*, no. 197, pp. 224–225.
37) Obiit magister Johannes de sancto Amando qui legavit congregationi pauperum magistrorum ducentas libras parisienses（Glorieux, *Documents*, p. 157）. CF. Glorieux, *Cartulaire*, no. 231, p. 260
38) Glorieux, *Cartulaire*, no. 108, pp. 138–139 et no. 148, pp. 173–174. CF. no. 112, pp. 142–143. このルイ9世の側近グループにギヨーム・ド・シャルトル（前注21を参照）は物的支援者としては登場しないが，おそらくは国王に学寮建設を支援するよう助言するといった形で，ロベールの計画の実現に寄与したと考えられる（CF. Glorieux, *Documents*, p. 87, et *Cartulaire*, p. 14）。
39) Glorieux, *Cartulaire*, no. 189, pp. 217–218 et Glorieux, *Documents*, p. 326
40) Glorieux, *Cartulaire*, no. 317, pp. 378–379 et no. 318, pp. 379–380. ここに言及されたフィエフは「ロジエのフィエフ」である。前注15を参照。
41) ユーグについては Glorieux, *Documents*, p. 311 および L. Delisle, *Le Cabinet des Manuscrits de la Bibliothèque Nationale*, tome II, Paris, 1874 (reprint ed. Hildesheim, 1978), p. 155, ジャンについては Glorieux, *Documents*, p. 315 et *Cartulaire*, no. 204, pp. 231–232, Delisle, *op. cit.*, p. 155 を，オドについては Glorieux, *Documents*, p. 320 et *Répertoire*, no. 137, pp. 304–311 および *Delisle, op. cit.*, 165 を参照。ランベールについては Glorieux, *Cartulaire*, no. 278, p. 324 を見よ。
42) Glorieux, *Cartulaire*, no. 241, pp. 276–277 et Documents, p. 320. CF. Delisle, *op. cit.*, p. 165.
43) ギヨームについては Glorieux, *Documents*, p. 158 et p. 306, ミロンについては *ibid.*, p. 167 et p. 319, レノーについては *ibid.*, p. 173 et p. 325 を参照。
44) Glorieux, *Cartulaire*, no. 319, p. 380.
45) Glorieux, *Cartulaire*, no. 262, pp. 302–303 et *Documents*, pp. 319–320. このニコラは少なく

とも 4 巻の書物を「フラマン人学生のために」(ad usum Flamingorum) 贈った (Delisle, *op. cit.*, p. 164)。

46) Glorieux, *Cartulaire*, no. 296, pp. 347–348.
47) *Ibid.*, no. 312, p. 373.
48) *Ibid.*, no. 309a, pp. 369–370.
49) *Ibid.*, no. 237, pp. 267–268.
50) アデヌルフ・ダニャーニについては Glorieux, *Répertoire*, no. 186, p. 376 et *Documents*, p. 295, および Delisle, *op. cit.*, p. 143 を, ジェラール・ド・ランスについては Glorieux, *Répertoire*, no. 184, p. 372 et *Documents*, p. 302 および Delisle, *op. cit.*, p. 147 を, ギヨーム・ド・ムッシー・ル・ヌフについては Glorieux, *Répertoire*, no. 182, p. 370 et *Documents*, p. 307, および Delisle, *op. cit.*, pp. 152–153 を参照。
51) Glorieux, *Cartulaire*, p. 15, note 7.

13世紀ポワトゥーにおける伯権力と都市民
——ラ・ロシェルの都市内商業をめぐって——

大宅明美

はじめに

　1130–32年，ポワトゥー伯ギヨームは，敵対してきた一在地領主の拠点であった海港都市シャトレヨンを攻略して完全に破壊する一方，その近隣集落ラ・ロシェルに居住しに来る者すべてに「自由と自由な慣習」を与えた。10世紀には製塩人と漁民の居住地 « Rochella »[1] として史料中に現われるのみであったこの集落は，その頃から急成長を遂げ，12世紀後半には北部ヨーロッパへのワイン輸出を担う海港ラ・ロシェルとして名声を得るようになる。ポワトゥー伯権を引き継いだプランタジネット家によって，1170年代にはポワトゥー地方で最初のコミューヌ都市としての資格を与えられ，ルイ8世の攻略により1224年にフランス王権の支配下に入った後は，対イングランド政策の「鍵」として重要な役割を担った。ラ・ロシェルの歴史については，ドゥレイヤン，ミュッセ，ドゥラフォッスらによる叙述や分析，最近ではファヴローによる研究などがある[2]。また13世紀以前のラ・ロシェルの繁栄は，ワイン輸出とそれがうみだす富に関する記述史料の描写や，イングランドやフランドル，エノーなどワインを輸入する地域に伝来する史料によって広く知られてきた。しかし，それを担ったラ・ロシェルの商人たちの活動，特に都市内における彼らの活動や，それと領域権力との関係について扱った研究は，殆どと言っていいほどないようだ。本稿では，父親ルイ8世の遺言によってポワトゥー伯の位を与えられ，1241年から70年までの間ラ・ロシェルを統治した親王アルフォンスの時代に起きた，伯

取引所 « hales » « cohua » をめぐる事件を手がかりに，13 世紀ラ・ロシェルの都市内商業のあり方にせまる。その中で，華やかなワイン商業を重視するあまり，ラ・ロシェルと周辺地域との間に存在していたはずの多様な消費物資の流通を殆ど無視してきた先行研究に，修正を加えてみたい。

I. ラ・ロシェルの伯取引所の建設とその廃止

ラ・ロシェルの伯取引所に直接関連する史料は全部で 6 通伝来する。まず，それらの内容を概観し，取引所の建設から廃止・破壊に至る事実経過を追ってみよう。最初の史料は，その建設費用の一部が記録された 1261 年の伯会計である。「壁を作った石工への支払い残余分」，「柱の下の堀を作るための石の代価と石工への支払い」，「天窓 2 つ」，「12 の横開き窓」，「建物のうち海に面した側の 2 つの風見鶏」，「屋根用薄板で屋根をふく親方」，「小部屋の区画」，「敷石を張った中庭」といった記述[3]から，海に面した，石造りのかなり大規模な建築物であったことが分かる。

翌年 1262 年夏，アルフォンスは，「ラ・ロシェルの取引所について，なぜ商人たちはそこに来ないのか，どういった人間が介入しているのか（調査せよ）」との短い命令を監察使に発している[4]。そして同年の 10 月，アルフォンスがセネシャル（伯役人）ジャン・ド・スールにあてた書状から事件の詳細が分かる。「貴殿（ジャン）の手紙により余が知らされたことについて，つまり貴殿がラ・ロシェルの余の取引所を請け負わせることができないということであるが，それは貴殿が余にそれを建設させるよう進言した時には言ってこなかったことである。余はよく覚えているが，貴殿はその取引所が完成した暁には莫大な利益を余にもたらすと，余に何度も申したはずである。従って余は，その取引所が，大きく美しく，町方にあり，海に面していると聞き及んでいるにもかかわらず，それにふさわしいだけの，建設費用よりもっと多くの利益をもたらさぬということに，非常に驚いている……」と失望と叱責の言葉を連ね，「熱心に，勤勉に，熱意を持って」事態を解決するようジャンに命じている。また同じ書状の中で，伯はジャンが打開策として提案してきた秤の移転について疑問を呈すると共に，

それよりも彼が怠慢なく職務を遂行していれば取引所から利益は上がるはずだ，と述べているのだ[5]。

このあと，史料には5年近い空白がある。その間にジャン・ド・スールは死去するが，1267年7月，アルフォンスは，十字軍の軍資金準備のため，監察使を所領内に巡回させる。伯が彼らに発した命令は，「ラ・ロシェルの人々及びその他の者たちと共に，その都市の伯取引所について交渉」し，「彼らが商品を彼らの施設で売却するのを許可」することによってどれだけのものが得られるかを交渉すると同時に，「彼らが伯の許可なしに彼らの施設で商品売却をしないよう禁じることが伯にとって可能かどうかをつかんでくること」であった[6]。この時点でも伯取引所に「商人が来ない」状態が続いていたのか，ある程度は来ていたのか，はっきりとは読み取れない。しかし，十字軍出発という差し迫った必要がある中で，伯が金銭を代償とした妥協の方向に動いていることは確かであり，やはり取引所をめぐる事態はあまり改善されていなかった可能性が高い。

この交渉の結果を示していると思われるのが，同年11月の「コミューヌ(都市当局)とジュレたち」が発した書状である。彼らは，「ラ・ロシェルの取引所がその場所から永久に取り去られ，海であれ陸であれ，ラ・ロシェルの周囲半リュー以内に再びそれが建てられることがない」との伯の「寛大な処置」の故に，トゥール貨6,000リブラを伯に支払うことを約束している。また，彼らは同じ日にもう一通の書状を発し，取引所が「かつてあった」敷地について，3つの通りを設けること，そこに建物が建てられても建てられなくても，1ブラス毎に年12デナリウスの租税を伯に支払うことを約束している[7]。おそらく，この年の7月以降，交渉が成立した時点で伯取引所は都市民によって直ちに破壊され，11月には既に存在しなかったのだろう。

アルフォンスが1267年7月に巡回させた監察使たちは，十字軍のためにどれだけの援助金を出せるか，ラ・ロシェルだけでなくポワトゥーとサントンジュの諸都市と交渉する責を負わされていた。この時ポワチエが約束した500リブラ，サン・ジャン・ダンジェリの1,000リブラと比べても，やはりラ・ロシェルの6,000リブラはきわ立って高い。1267年11月時点でのサントンジュ全体の援助金合計は10,410リブラであり，その大半をラ・ロシェルからの援助金が占め

たことになる[8]。このことは,当時のポワトゥー伯領内諸都市で,ラ・ロシェルが群を抜いて繁栄していたことを示すと同時に,都市民が伯取引所の廃止にいかに固執していたかをも示している,と言っていいだろう。

さて,この事件に言及している先行研究はいくつも存在する[9]が,なぜ商人たちが伯取引所に来なかったのか,当時の都市内商業をめぐる状況の中で説明しようと試みているのは一人ファヴローのみである。彼は,1260年代と1280年代の間にラ・ロシェル港の根本的な機能転換があったと想定し,伯取引所をめぐる事件もその中に位置づけて理解している[10]。まずは,ラ・ロシェル港の機能変化についてファヴローが依拠しているボーチエの説を紹介してみよう。都市当局から国王に宛てられた1279年のものと思われる一通の嘆願状が伝来するが,その中にはバラストに関する要請が含まれている。それによれば,従来ラ・ロシェルにやってくる帆船は,船体の安定のために積み込んできた小石などのバラストを,港入り口近辺の海中に投棄する慣わしで,それは都市囲壁の補強と波の衝撃からの保護に役立つのみならず,都市内の道路舗装にも用いられていた。ところが,国王役人プレヴォが,港をカラ船で出港していく帆船に,バラストを港内で積み込むことを許可しているために,都市囲壁が傷つけられて危険である。どうか役人にそれをやめさせてほしい,という内容である。この史料からボーチエは,従来はカラ船で到着し,積荷を積んで出航していく船が多かったものが,この時点では積荷を積んで到着し,カラ船で出港する船の方が多くなっていることを読み取る。そして,この時点で,ラ・ロシェルはワイン輸出港としての存在から,輸入と周辺地域への配給を担う存在に変化しているのだ,と指摘する[11]。

ファヴローは,このボーチエの説を援用しつつ,1280年代以降のラ・ロシェルの商業は多様化し,港から様々な物資がもたらされ,その物資の一部は後背地に向けて販売されるようになった,と述べる。しかし1260年代のラ・ロシェルはそうではなく,都市民の商業上の利益はただワイン輸出のみに集中しており,しかも,ワインの保管と取引には,都市民自身が所有するワイン倉が使われていた。伯取引所が建設されたのはそうした時期で,取引所に対する需要が全く存在しなかったのだ,という。即ち,伯の事業は20年も先走ったもので

あって，ワイン輸出に特化していた都市内商業の実情に合わなかったことが失敗の理由だ，という説明である。以下では，このファヴロー説を手がかりに，伯取引所の廃止の意味を再検討していくこととする。

II.「なぜ商人たちは伯取引所に来ないのか」

　ファヴロー説は，そもそも伯が取引所を建設させるにあたり，それが担うべき機能として期待していたのは，港からもたらされる様々な物資の一時保管と取引を主体としたものであったことを前提にしている。ここで，もしもファヴローの言うように1260年代のラ・ロシェル商業がワイン輸出のみに特化していたのであれば，むしろ伯は当のワイン輸出をこそ，取引所に担わせようとしていたのではないかと問うてみなければならないだろう。しかしながら，いくつかの理由からそれは否定すべきであるように思われる。第1は，ワイン輸出は季節的にきわめて限られた活動だということである。中世のワインは醸造技術が未熟であったため，生産されたその年のうちに，できるだけ早く消費されなければならなかった。新しければ新しいほど価値が高かったのである。毎年オニス地方では10月末までにワイン醸造が終わるが，その時期に合わせて港にワイン買い付けの船団が現れた[12]。10月後半から11月にかけて行われるワイン輸出のためだけに，壮麗な取引所を年中維持するのはいかにも無駄であろう。したがって，伯側の思惑としては，この繁忙期だけはワイン輸出のために取引所を用いるとしても，それ以外の時期，即ち一年の大部分については，ワイン輸出以外の目的のために使用させる予定だった，とする方が妥当だろう。

　第2は，前節で見たとおり，秤の移転が問題になっていることである。伯取引所に商人が来ないことに頭を痛めたジャン・ド・スールが，強制のための手段として思いついたのが，都市民が自分たちの施設に当時おいていた秤を取引所に移転させることであった。当時のラ・ロシェルで，どのような商品が秤による計量の対象になっていたかを示す史料は伝来しない。他都市の例をみても，重量単位で取引されていた商品は，羊毛や糸，染料，金属などの手工業原料，建築材料，香辛料，更に穀物，魚，肉，乳製品などの日常的な食料品まで，実に

多様である。しかし、ここで重要なのは、ワインの売買は大口の取引であれ小売であれ、常に容積単位で行われていたということだ。即ち、ジャンの提案は、伯側が取引所で行わせようとしている活動にとって、ワイン以外の商品が重要な意味を持っていたこと、あるいは少なくとも、ワイン取引のみがその対象ではなかったことを示していると言ってよい。

その一方で、アルフォンス自身が、「取引所が大きく美しく、町方にあって海に面しているというのに」商人が来ないとは信じられないと言っていることは、取引所に課せられた使命が港の存在と不可分だったことを示している。したがって、伯が取引所を建設させるにあたり、港からもたらされる物品を中心とする様々な物資の取引を念頭においていた、というファヴローの前提は、蓋然性が高いとしてよいだろう。ここで問い直したいのは、1260年代のラ・ロシェル都市民の商業的利害が専らワイン輸出のみに存立し、その後の20年間で根本的な変化が起こった、とすることである。無論、ファヴローは1260年代以前のラ・ロシェル港でまったく輸入が行われなかったと考えているわけではなく、特に穀物に関しては、港からの供給がすでに12世紀から始まっていたと指摘している。しかし一方で、都市民が伯の取引所に「興味を持たなかった」ことをもって、この時期の港の機能がいまだ多様化していなかったことの証としていることも間違いない。こうした関連付けについて、2つの点から疑問が提起されよう。

ひとつは、そもそも需要が存在しないところに伯が大規模な予算を投入して取引所を建設させるだろうかという、むしろ素朴な疑問である。確かに、伯に対して取引所建設を強く勧めたジャン・ド・スールはシャルトル近辺出身の騎士であり、在地の事情にさほど通じていなかったかもしれない。しかし、進言の際に彼が「(取引所の)完成の暁には莫大な利益をもたらす」と確信していたのは確かであり、そこには何らかの根拠があったのではないだろうか。ボーチエが指摘するように1279年時点で輸入が輸出を上回るようになったとしても、それは単に量の問題で、それ以前にラ・ロシェルがかなりの量の物資を輸入していたことを否定するものではない。

もうひとつは、前章で考察したラ・ロシェルの取引所をめぐる一連の史料で、

「彼ら(=都市民)自身の施設」が何度も言及されていることである。伯はジャン・ド・スールへの叱責の中で、もし彼がもっと熱心に任務を遂行しさえすれば、商人たちは「彼らが親しんできた都市の別の施設に来るがごとく」伯取引所に来るはずである、と言っている。また、秤に関するジャンからの提案については、「現在のところ都市民たちは秤を彼らの施設内に所持しているので」強制的な移転は問題を長引かせるのでためらわれる、とも言っている。そして1267年、伯は十字軍戦費調達のために派遣する監察使に、もし伯が「ラ・ロシェルの者たちに、商品を彼らの施設で売却することを認めてやるならば」見返りにどれだけの援助金が引き出せるかを交渉するように命じている。更に、取引所廃止と引き換えに6,000リブラの支払いを約束した都市当局の書状では、「商人たちは往時慣れ親しんでいた以外の場所で商品を売却することをもはや強制されない」ことに対し、伯に感謝の言葉を述べているのだ。こうした史料の文言からすると、伯取引所の建築目的と都市内商業の実情との間に、ファヴローが言うような根本的な齟齬があったようには思われない。事件は単に需要がなかったから商人が来なかったというような性質のものではなく、都市民たちが所有する別の施設がその時点で既に存在し、そこで取引が行われ続けたということを意味しているように思われる。伯取引所は、都市民主導の意図的なボイコットにあった、と見るべきなのだ。そうだとするならば、都市民の施設とはどのようなものだったのだろうか。上記の史料の記述で使われる用語は「彼らの『家』」《 leur mesons 》、「彼らが慣れ親しんでいる都市内の別の『家』」《 autre meson de la ville ou ausint bien 》、「彼らの施設」《 leur osteus 》など、単数の場合も複数の場合もあり、それが特定のひとつの場所を示しているのかどうか定かではない。

　更に、13世紀のラ・ロシェル都市内商業に関連するきわめて重大な問題がある。ファヴローが、13世紀前半のラ・ロシェルを対象とした他の論述の中で、「ラ・ロシェルには週市も年市も存在しない」と断言していること[13]である。実際、権力による市の設置文書や確認文書が伝来しないのは間違いないようであるが、本当にこの時期のラ・ロシェルには定期市が存在しなかったのだろうか。実は、この市の問題は、伯取引所をめぐるラ・ロシェルの事件と直接に関わる

可能性を含んでいる。アルフォンスは，ラ・ロシェルだけでなく他のいくつかの都市にも自らの出費で取引所を建設させているが，例えばニオールでは，新しい取引所に年市・週市が移転させられたことが分かっている。サン・ジャン・ダンジェリについても，やはり伯取引所で年市と週市が開催されているのだ[14]。

　一般的に見ても，王権など領域権力が多かれ少なかれ大規模な取引所を新たに建設させる場合，その前後に定期市の移転が行われている例は多い。パリの取引所——いわゆる「パリのレ・アル」——の建物を作らせたフィリップ・オーギュストも，ほぼ同時期にそこにサン・ラードル年市を移転させている[15]。さらにこのサン・ラードル年市に関して注目されるのは，普段はパリの他の場所に保管されている「国王の秤」« Poids-le-Roi » が，年市の期間中のみ取引所に移される，という規定[16]である。これは，先述のジャン・ド・スールがラ・ロシェルの秤について提案していることと類似しているように思われる。これらのことは，ラ・ロシェルにおいてもやはり市の移転が問題になっていた可能性を示唆するが，一方で，ラ・ロシェルの伯取引所に関連するどの史料も，年市や週市に直接言及していないことも事実である。まずは，13世紀ラ・ロシェルに関連する他の史料を可能な限り網羅的に追跡し，当時の都市内商業のありかたを示してくれる情報を拾い出してみるべきだろう。その中から，都市民たちが伯の意思に反して商品の売却を続けた「彼らの施設」とはどのようなものだったのかを考える手がかりを得たい。

III. 「都市民自身の商業施設」とは

　しばしば言われることであるが，中世盛期までの都市ラ・ロシェルに関する史料はあまり多くない。宗教対立の動乱後の1628年に都市文書庫がパリに移され，その後1737年に焼失したことは，都市当局伝来の情報をひどく少なくする結果になっている。焼失前の史料を使ってまとめられたコピー集や年代記がいくつか伝来する[17]が，中世盛期までの情報は限られている。いずれにしても流通税表など市内の商業活動を直接示してくれる史料はなく，都市内で徴収され

る通過税や売買税などについての情報が乏しい。更に職業団体についても，それに言及する史料は15世紀以降にしか現れないのである。

　こうした中，13世紀ラ・ロシェルに最も数多く伝来する史料は，テンプル騎士団，サント・カトリーヌ分院，施療院などの教会施設伝来のもの[18]である。この史料群は，都市民自身の都市内外の不動産に関する情報を豊富に含んでいる。都市民と教会施設の間の，あるいは都市民間の不動産の取引が描写され，または結婚や遺言に際して都市民の財産が列挙されているものが数多く存在する。このグループに加えて，1224年以前はイングランド王権の，それ以降はフランス王権の文書庫伝来の史料群がある。第1章で分析した伯取引所に直接関わる史料は全てこのグループに属するが，この中には，王権から都市民に与えられた市内の商業施設やその用益権などの情報を含む史料もまた見出されるのだ。

　まず，13世紀都市民の職業について，ラ・ロシェルには大変珍しい史料が一通伝来する。都市支配権がプランタジネット家からカペー家に移行した1224年に，都市民がルイ8世に対して行った忠誠誓約に添付された延べ1,747人分の人名リスト[19]がそれである。すでにルヌアールが，このリストから地名を含む567の人名を抽出して出身地の研究を行っている[20]が，同史料には，彼が対象としなかった職業を含む245の人名も現れている。これを見てみると，最も多数の人名の中に現われているのが，居酒屋経営（22人）である。ついで魚屋が19人，大工が17人，綱工が16人の順で続く。大工 « carpentarius » には，その内訳は分からないながら，家を作る者だけでなく造船に携わる者が含まれると思われ，綱工が際立って多いのも，船や港湾に関連した経営を想定させる。また，ワイン関連の職業として樽工が7人，樽のタガ工が2人現れている。更に，職業名ではなく出身地から得られる情報ではあるが，カオールの出身であることを示す名が5人，ロンバールの語を伴う名も1人現れているほか，ユダヤ人であることが明記されている者も3人みられる。これらは，金融業との関連を思わせるものである。3人の造幣人も現れているが，これはラ・ロシェルに13世紀前半までおかれていた造幣所と関連があるはずだ。また，ラ・ロシェル港の「国際的」な役割を裏付けるように，遠隔地からの商品を扱う毛皮商（9人），香料商（6人）の数も目立って多い。同じく奢侈品関連業として，金銀細工師の11人と

いう数も目を引く。一方，一般の中世都市に共通して見られる職業についても，その殆どが現れている。先に挙げた魚屋19人の他，靴屋11人，刃物屋8人，パン屋8人，油商7人，理髪師7人，鍛冶屋6人，パン焼き人6人，穀物小売商4人，小間物屋4人，肉屋3人の他，仕立屋，衣類商，洗濯屋，石工，鞍具屋，蹄鉄屋，木箱工，荷車工，荷車運搬人，刃物研ぎ屋などである。

　無論，これが1224年当時の都市民の職業の全体像にそのまま当てはまるとは言えない。名前として父祖の職業名を受け継ぐだけで，本人がその職種に従事しているとは限らない場合も考えられるし，何よりも，人名リストの総数のうち職業名を伴うのは約18%に過ぎない。ヴォルフも指摘するとおり[21]，ワイン商人が特権的ギルドを構成したイングランドやフランドルとは異なり，生産地には「ワインの専門商人」と呼ばれるものは存在せず，一定規模以上のぶどう畑を所有する都市民は誰でもそれに携わっていた。したがって，ワイン輸出によって富をなしていることが他の史料から明らかである上層都市民たちも含め，「ワイン商人」という肩書き自体が史料中に見受けられないのである。しかしながら，1224年の人名リストは，13世紀前半のラ・ロシェルで，ワイン商業に限られない多様な商活動がすでに十分に展開していたことを示していることは間違いない。

　次に，教会施設伝来の史料群を分析してみよう。まず，そこに現れる都市内の通りの名は，上述の人名リストと同じく，多様な商業活動の存在を示唆している。即ち，毛皮商通り，穀物卸売所通り，穀物小売商通り，鍛冶屋四つ角，鍋屋通り，刃物商通りなどである。その他にも，「金銀細工師の店に至る角」「臓物屋に至る通り」などの表現が現われる。

　先述の通り，この史料グループから得られる最も貴重な情報は，都市民が実際に所有し，取引する不動産に関するものである。実のところ，数百通にわたるこれらの史料を一見してまず印象づけられるのは，彼らの不動産財産に占めるぶどう畑の圧倒的な重要性である。都市民たちが市外に所持する不動産はオニス全域に広がっているが，塩田など若干の例外を除き，ほぼ全てがぶどう畑，ないしはぶどう搾り器やぶどう栽培人の居住する建物など，ワイン製造に関わるものであると言ってよい。

こうしたぶどう畑の重要性は，ファヴローが指摘するとおり，都市内に各教会領主，あるいは個々の都市民の所有するワイン倉《celer》が数多く見られることにも現れている。港のそばにはもちろん，市内全域にわたって分布しているが，このことは，ラ・ロシェルではワインの生産と輸出だけでなく，都市内消費もまたさかんであったことを示している。これらワイン倉に関する史料からは，大規模ぶどう畑を所有する都市民たちが，毎年の収穫後に，全てのワインを遠隔地に輸出することなく，かなりの量を取り分け，自家消費用あるいは市内などでの販売用として，次の収穫までワイン倉に貯蔵していたことが読み取れるのだ。

　しかしながら，市民が都市内に所有する商業施設は，ワインに関連するものばかりではない。13世紀ラ・ロシェルの都市内不動産関連史料の全体を概観してみると，港のそばのペロー地区南西部と，やはり海に面したサン・ソヴール橋そばに，商業関連施設が集まっていることがわかる。その中でも重要だと思われるもののひとつは，品台《bancs》である。これは，露店や屋台などで，商品を陳列するために設置されている石造りまたは木製の台のことである[22]が，一般に，フランスの中でも南部に近い都市ほどその重要性が高い傾向にあるようだ。その中のひとつ，トゥールーズでも品台での営業は重要な位置を占めていた。様々な商品のための品台があったが，特に肉屋は店舗ではなく露天の品台のみで営業しており，肉屋と衣類商の品台が集まる広場では週3回の市がたったという[23]。

　ラ・ロシェルにおいては，ペロー地区南西部に，プチ＝バン《Petits Bancs》と呼ばれる，品台の集まった一画があったことがわかる。興味深いのは，それが都市民の個人所有と都市当局コミューヌによる経営の両方が関与する場であったと思われることである。それを伝えるのは，ラ・ロシェル都市民ジャン・エムリが，「ダーム（貴婦人）」・マリーとの結婚によってもたらされた嫁資を列挙した1261年の史料[24]である。マリーは1199年に市長（メール）であったギヨーム・ド・モンミライユの孫娘であり，大商人ロベール・ド・ラ・フェルテの娘であった。当然のことながら，広大なぶどう畑とそこからの収入が列挙されているが，それと並んで，都市内の商業施設に彼女が所持していた権利も

また重要であったことがわかる。プチ＝バンについては，都市が彼女に7リブラ半のサンスを支払い，また，プチ＝バン内にあるワイン倉については，その半分は彼女が直接所有するが，残りの半分は賃貸に出している。プチ＝バンにおいて，どのような商品が，どのように売買されていたかを詳細に語る史料は残念ながら伝来しない。しかし，プチ＝バンの周辺には，「魚が売られる場所」「魚が売られる施設」「金銀細工師の店」「肉屋」「水車及びパン焼き釜」など，様々な施設が寄り集まっていたことが史料から読み取れ，その一帯に都市内の商業活動が集中していたことは間違いない。更に，プチ＝シャンジュと呼ばれる両替商が集まって営業する一画もまたそこにみられることは，プチ＝バンが港を介した商活動と密接な関係を持っていることを示している。更に，先のマリーの嫁資一覧の中にも，プチ＝シャンジュでの「両替商の台のひとつ」が見られ，都市民自身が少なくともその一部を所有していたことが分かる。

また都市内には，都市民が所有するプチ＝バン以外の品台も存在した。1232年に，ラ・ロシェルの伯城代アモリ・ド・ヴィレールは，彼が所有する品台のひとつからの収入をテンプル騎士団に寄進している。その品台は，刃物の品台が集まっている中にあり，「故ジャン・ド・ラ・シャリテのものであって，トマ・ド・サン・ジャンの前に位置し，ギヨーム・ド・メートル・ドゴンの品台に接している」[25]。ここからは，多くの商人の品台がひしめいている様子が想像される。

更に，品台と並んで注目されるのは，「プラース」« places » である。通常，不動産関連史料においてこの語が用いられる時は，建物の敷地を指すことが多く，ラ・ロシェルにおいても，「ぶどう畑とその敷地」「家とその敷地」の表現がみられる。しかし，それとは性質が異なると思われる「プラース」の語が史料中に数多く見出される。たとえば，1243年に，ラ・ロシェル都市民ピエール・グリゴワールは，やはり同都市の都市民ジャン・ド・モーゼに，ペロー地区のプラースから得られる収入を売却しているが，そのプラースは，「トマ・ド・フジェールのプラースと，ジャン・ロヴィランの息子が保有するのが習慣となっているプラースとの間」に位置している[26]。前掲の品台に関連する史料の表現と類似しており，プラースが細分化されて賃貸されていることを示している。し

かも，おそらく家の敷地としてではなく，それ独自で価値を持つものであると考えられるのだ。その立地は，「港のパン焼き釜の裏にあるプラース」や，「港へと至る曲がり角にあるプラース」など[27]，港へのアクセスが容易な場所に集中している。1253年にテンプル騎士団から寡婦とその息子に譲渡された，都市内から港に出るために囲壁に開けられた抜け穴 « posterne » に接しているプラース[28]も同様である。ここで思い起こされるのは，やはり港町であるボルドーで，馬やロバをつなぐ場所や荷物の一時保管場所として用いられる空き地が特に「プラサス」« plassas »と呼ばれていたことだ[29]。こうしてみると，ラ・ロシェルにおけるプラースは，港を出入りする船からの荷物の積み下ろしと大きな関連を持っていたのではないかと考えられるのである。

　また，プラースが商品売却の場でもあったことを示しているのが，1266年の史料である。その中では，「今から長い年月を遡る昔」，ラ・ロシェルの都市民である理髪師ギヨーム・ル・ブルトンが，プチ・シャンジュの裏の「魚が売られているプラース」をテンプル騎士団から譲与され，そこに「『家』« maison »を作った」ことが回顧されている[30]。さらに港の周りには，プラースと共に，« escrenie » « escrenes » « estrenes » の群が見られる。マルシュゲイは，これを「店舗」« boutiques » と訳している[31]が，おそらく立派な建物ではなく，小屋や屋台のようなものだろう。全般的に，先述の魚が売られる施設も含め，「布地が売られる « maison »」など，定まった商品を扱う店舗は「家」« maison »の語で示されているのに対し，« escrenie » は用途が示されることがない。例えば，先述のダーム・マリーの嫁資一覧(1261年)の中では，「港のパン焼き釜の後ろにあるプラースと小屋の群」からの収入4リブラ，という形で現れている。おそらくこれらは，必要に応じて荷物置場にもなり，何らかの商品の取引の場にもなるようなものではなかったかと推測されるのである。

IV. ラ・ロシェルの都市内商業と伯権

　前節で分析したとおり，13世紀のラ・ロシェルでは，都市民が所持する商業施設を場として，ワイン取引以外の商業活動もまた十分に展開していた。史料

からは，これらの商業施設と，テンプル騎士団との深い関連が読み取れる。一般に，テンプル騎士団は海を志向し，好んで港町に拠点を築いていったことが知られる。ラ・ロシェルのテンプル騎士団は1139年以前に定着し，有力な修道院や参事会教会を欠くこの都市で，最も勢力のある教会組織となった。彼らの都市内財産は，イングランド王権からの賦与によって，市中心部から港にかけて形成されていたものである。これらの一部が都市民に譲渡または貸与される形で，商業施設が形成されていったものと思われるが，この点については，フランス王権文書庫に写しの形で伝来する一通の史料が更に興味深い情報を提供してくれる[32]。イングランド王権からテンプル騎士団に与えられた財産の中でも，「王妃の水路」« Besse-a-la-Raine » と呼ばれるペロー地区と海をつなぐ水路は特に重要度の高いものだったが，これの一部が，1250年2月にテンプル騎士団から3人の都市民に対して譲渡されたことを示すものである。そこでは，水流に関する権利だけではなく，沿岸部の権利も一緒に，「その水路内の大小の船に荷積み・荷降ろしするべく」，毎年一定額の支払いと引き換えに譲り渡されているのだ。また，受け取り手として名前が挙げられている3人の都市民は，1229–30年の市長ギヨーム・アルベール，1227–28年の市長ジロー・アルベール，そして1249–50年，即ち契約が結ばれた時点で市長職にあったジラール・ヴァンダーの，いずれも市政の中枢にすわる上層市民であることが興味深い[33]。

　一方，13世紀のラ・ロシェル都市民がもっていた商業施設のすべてがテンプル騎士団から譲与されたのではなく，その少なくとも一部については，イングランド支配期に王権から直接賦与されたものだとみて間違いないだろう。リチャードがポワチエの富裕な商人ジョフロワ・ベルランに与えた四旬節年市に関する特権[34]にも現われている通り，イングランド王権は，ポワトゥー地方において，しばしば都市当局ではなく特に忠実な個人を対象に商業的特権を与える政策を行った。1261年のダーム・マリーの嫁資一覧中，彼女がプチ＝バンに所持していた権利は，祖父ギヨーム・ド・モンミライユに由来することが示されている。彼はプランタジネット家に重用された役人ロベール・ド・モンミライユの家系の者であり，王権と直接深いかかわりを持っていた。おそらく，プチ＝バンについても，王権に奉仕する中で彼に賦与されたものと推測されるの

だ。また 1212 年，ジョンは，「忠実なる」ピエール・ド・ファイに，両替商の営業場所を選定するに当たっての，何らかの権利を与えている[35]が，この人物もまた元市長職にあった有力都市民の一人である。更に 1215 年に，ジョンはある特定の人物がイングランド王権側につくか否か次第で，ラ・ロシェルの品台 « Bancus » からの習慣的賦課 « consuetudines » の受け取り手を決定するようにとの命令を発している[36]。この命令の前後関係は不明だが，特にイングランド支配末期の政治的混乱が著しかったラ・ロシェルにおいて，王権への忠誠を克ち得るために商業的特権を賦与するという手段が，ある時は場当たり的とも見える形で行使されたことを示している。おそらくこうした状況は，ラ・ロシェル都市民の中でも特に財力を持つ者にとって，都市内の商業施設に所持する権限を拡大する機会になったと思われるのである。

さて，このように盛況を示していた商業活動は，週市・年市という形で制度化されてはいなかったのだろうか。前述の通り，ファヴローはこの点を否定的に考えているが，それは「（都市ラ・ロシェルについて）強調すべきことのひとつは，取引所・週市・年市の不在である。ワインに一極集中したその経済において，重要な役割を果たしていたのはワイン倉であった」[37]という断言に明白に現われているように，ワイン取引を中心としてみるそのラ・ロシェル商業の理解の仕方によっている。確かに，市場に関する言及は 13 世紀ラ・ロシェルの史料には殆どないが，それでも「ラ・ロシェルのマルシェにある『家』」(1221-22 年・1256 年)，「マルシェ通りの布地が売られる『家』」(1286 年)[38]とあるのを忘れてはならない。制度化された市場の言及がこれほど少ない原因は，それが存在しなかったからでは決してない。それは，前述のように都市伝来史料の大半が失われたためばかりではなく，豊富に史料を伝来させている教会施設のいずれもが，一定区域の裁判権などは保持しておらず，市場の開設者たるほどの有力な存在ではなかったためではないだろうか。

このように，都市民が広く所有する商業施設を場として，おそらく定期市を含む形で制度化された商業活動がラ・ロシェルで行われていたことを前提とすれば，取引所建設に関わる伯の意図もまた明らかになってくるように思われる。ここで想起されるのは，やはりワイン輸出基地であり，ラ・ロシェルときわめ

て似た状況にあったと思われる近隣のニオールの例である。そこでは，前述のように同じアルフォンスによる取引所の建設が，港から離れた場所で行われていた年市・週市の強制的な移転を伴っていたことが，都市民からの嘆願状から詳しく知られるのだ[39]。ラ・ロシェルでも，おそらく同様の事態が意図されていたのではないか。そのことは，取引所建設が失敗であったことを認める伯の言葉のうちに，都市民は「伯の意思に反してはできないはずのことなのに」，彼らの施設で商品売却を続けているという点が強調されていることにも現れている。取引場所の決定権を伯自身が持っているという考え方のもとに，アルフォンスが市の移転を図った可能性が大きいのだ。

　市場に直接言及する史料が殆どないという状況の下で，今後この問題に更にアプローチする場合，2つの点に注目していきたい。ひとつは，ラ・ロシェルを直接取り巻くオニス地方の農村の生産活動の解明である。そこで，ぶどう以外のものがどれだけ生産されていたのだろうか。ラ・ロシェルに基本的な生活物資を提供できたのか，あるいは逆に，「モノカルチャー化」の結果，農村自体がラ・ロシェル港を介した生活必需品の提供に頼らざるを得ない状況だったのか。もうひとつは，ラ・ロシェル港と近隣小港の関係の追究である。ラ・ロシェルは，河川路を欠くのみならず，オニス周辺を塩田や沼沢地で囲まれ，陸路にも恵まれていなかった。一方，近隣のラルー領主が所有する港に関連する一史料からは，13世紀前半に，ラ・ロシェル都市民が近辺の海を小型の船で動き回って商業活動を行っていたことがわかる[40]。ポワトゥー・サントンジュの沿岸には，小規模港がいくつも存在したことが知られるが，これらの港から，ラ・ロシェルにどのような物資がもたらされていたのだろうか。先述の通り，イングランドやフランドルへのワイン輸出は限られた季節の活動だった。おそらく，一部の上層都市民を除いた一般のラ・ロシェル商人にとって，一年の大部分における日常の商活動は，こうした小港を対象としたむしろ地味なものだったのでは，と推測されるのであり，取引所をめぐる確執の十分な解明も，その一層の検討によって果たされるはずである。

　伯アルフォンスは，ラ・ロシェル港を中心に展開していた多様な商業を直属の取引所に取り込み，利益をあげようと考えた。しかしながら，そこでは既に，

イングランド支配期以降少しずつ形成されていた商取引の機構がある程度完成していた。しかもそれは，都市民個人，コミューヌ，テンプル騎士団など，様々な主体が譲与や貸与を繰り返しつつ作り上げてきたかなり入り組んだ機構であったと思われる。アルフォンス自身が，前任者から引き継いだ何らかの権力をそこに所持したことは間違いないが，少なくとも，そこでの日常的な取引活動を恣意的に統制することはもはや不可能になっていたのである。

むすび

　中世盛期には，様々な主体による多かれ少なかれ大規模な商業施設の建設が数多くの都市で行われたが，必ずしもそれらの全てが当初の計画通りに成功したとは限らない[41]。ラ・ロシェルの場合は，そこに伯が建設させた「大きく美しい」取引所に商人が来ることなく，廃止に追い込まれた。それは，都市民が取引所に興味を持たなかったからではない。彼らは，取引所が担うはずであった活動から，きわめて重要な利益を得ていた。伯の史料に現われる「都市民自身の商業施設」« leur mesons » « leur osteus » とは，港周辺に形成された，商取引の場である品台や「魚が売られる施設」などの店舗，あるいは船から降ろされる商品を一時保管する役割をも担うプラースや「小屋」なども含んだ集合体であったと考えられる。都市民たちはそこで独自の秤を持って商取引を行っていた。コミューヌは，プチ＝バンについてその所有者に毎年決まった額を支払うなど，何らかの形でその運営に関わっていた形跡があり，また個人所有の店舗を買い取ったという記録も時折みられる[42]。その関与の内容や経済政策については，残念ながら都市当局に伝来する史料の大半が失われている現状においては分析困難とせざるを得ない[43]。むしろ，本稿での分析で浮かび上がってきたのは，個々の都市民の役割である。都市指導層の大部分は，確かに大規模ぶどう畑経営と遠隔地へのワイン輸出によって富をなしたことが明らかであるが，都市内の商業施設の所有と経営にもまた参与し，品台やプラースを賃貸して利益をあげていた。彼らコミューヌ指導層がそこに強い利害を持っていたからこそ，伯取引所の廃止と引き換えに，6,000リブラという大金がコミューヌから支

払われたのである。しかし，そこに利害をもっていたのは富裕層だけではない。都市内の商業施設の取引には，様々な肩書きの者が現れる。特に，理髪師の一人が魚の露天取引の場を手に入れ，屋根を築いたとの記述は，商業施設への投資が幅広い層の個人によって担われていたことを示しているだろう。アルフォンスによる伯取引所への商業機能移転の失敗は，当時のラ・ロシェル商業がワイン取引に一極集中していたことを示すのではなく，逆に，その機能と担い手が共に十分多様化していたことの証であったと思われるのである。

注

1) L. Redet (éd.), *Cartulaire de l'abbaye de Saint-Cyprien de Poitiers*, Poitiers 1874, p. 316.
2) Delayant, L., *Histoire des rochelais*, 2 vols, la Rochelle, 1870; Musset, G., *La Rochelle et ses ports*, la Rochelle, 1890; Trocmé, E. et Delafosse, M., *Le commerce rochelais de la fin du XVe siècle au début du XVIIe*. Paris 1952; Delafosse, M., *La Rochelle, ville océane*, La Rochelle 1953; Favreau, R., Les débuts de la ville de la Rochelle, dans *Cahiers de civilisation médiévale*, 1987, pp. 3–32; Id., La Rochelle, port français sur l'Atlantique au XIIIe siècle, dans *L'europe et l'océan au Moyan Age* (Société des historiens médiévistes de l'enseignement supérieur), 1988 Nantes, pp. 49–76.
3) Boutaric, E., *Saint Louis et Alfonse de Poitiers*, Paris 1870, p. 263.
4) Fournier, P. et Guébin, P. (éd.), *Enquêtes administratives d'Alfonse de Poitiers*, Paris 1959, p. 128.
5) Molinier, A. (éd.), *Correspondance administrative d'Alfonse de Poitiers*, 2 vols, Paris 1894, t. 2, n° 1864, pp. 430–31.
6) *Ibid.*, t. 1, n° 96, pp. 61–62.
7) *Ibid.*, t. 1, n° 110, pp. 69–70; n° 111, pp. 70–71.
8) Boutaric, *Saint Louis et Alfonse* ..., pp. 285–88.
9) Dossat, Y., Un projet de création de port au confluent de la Charente et de la Boutonne à l'époque d'Alfonse de Poitiers, dans *Bulletin philologique et historique (jusqu'à 1610) du Comité des travaux historiques et scientifiques*, 1966, pp. 95–114; Musset, *La Rochelle et ses ports* ..., pp. 30–31; Delayant, *Histoire des rochelais* ..., p. 53.
10) Favreau, La Rochelle, port français ..., pp. 64–65.
11) Bautier, R.-H., Une requête au roi des maire et échevins de la Rochelle (1279?), dans *Bulletin philologique et historique*, 1966, pp. 115–29.
12) Trocmé et Delafosse, *Le commerce rochelais*, p. 106.
13) Favreau, Les débuts de la ville de la Rochelle ..., p. 23.
14) 岡村明美「封建社会における都市・市民・市場──ニオールの市場移転に関する一通の嘆願状をめぐって──」『市場史研究』14, 1995 年, 29–40 頁。サン・ジャン・ダンジェリ

については，Giry, A., *Les Etablissements de Rouen*, 2 vols, Paris 1883–85, t. 1, pp. 293–94.
15) Jourdan, A., La ville étudiée dans ses quartiers: autour des Halles de Paris au Moyen Age, dans *Annales d'histoire économique et sociale*, t. 7, 1935, pp. 285–301.
16) Depping, G.-B., *Règlements sur les arts et métiers de Paris rédigés au XIIIe siècle*, Paris 1837, pp. 442–43.
17) その中で最も重要なものとして，Barbot, A., Histoire de la Rochelle, éd. Aussy, D., dans *Archives historiques de la Saintonge et de l'Aunis*, XIV, 1886, pp. 1–316.
18) La Du, M.-S., *Chartes et documents poitevins du XIIIe siècle en langue vulgaire*, 2 vols, Poitiers 1960–64; Richemond (éd.), Chartes de la commanderie magistrale du Temple de la Rochelle (1139–1268), dans *Archives historiques de la Saintonge et de l'Aunis*, I, 1874, pp. 21–50; Marcheguay, P., Chartes de Fontevraud concernant l'Aunis et la Rochelle, dans *Bibliothèque de l'Ecole des Chartes*, 4e série, t. 4, 1858, pp. 132–70.
19) Bardonnet, A. (éd.), Le serment de fidélité des habitants de la Rochelle en 1224, dans *Archives historiques du Poitou*, t. 20, 1889, pp. 233–61.
20) Renouard, Y., Le rayonnement de la Rochelle en occident à l'aube du XIIIe siècle, dans *Bulletin philologique et historique*, 1961, pp. 79–94.
21) Wolff, Ph., L'approvisionnement des villes françaises au Moyen Age, dans *L'approvisionnement des villes de l'Europe occidentale au Moyen Age et aux temps modernes (Flaran 5)*, Auch 1985, p. 23.
22) Leguay, J.-P., *La rue au Moyen Age*, Rennes 1984, p. 127.
23) Wolff, Ph., Commerces et marchands de Toulouse (vers 1350- vers 1450), Paris 1954, pp. 515–16.
24) La Du, *Chartes et documents poitevins* . . . , t. 1, n° 215, pp. 330–38.
25) *Ibid.*, t. 1, n° 201, pp. 310–11.
26) *Ibid.*, t. 2, n° 324, p. 121.
27) *Ibid.*, t. 1, n° 215, p. 332; n° 116, pp. 195–97.
28) *Ibid.*, t. 2, n° 328, p. 126–28.
29) Eetienne, R. (dir.), *Histoire de Bordeaux*, Toulouse 1990, p. 105.
30) La Du, *Chartes et documents poitevins* . . . , t. 1, n° 116, pp. 195–97.
31) Marchegay, Chartes de Fontevraud . . . , p. 136.
32) Laborde, J. de (éd.), *Layettes du Trésor des chartes*, t. III, n° 3850, p. 96.
33) ラ・ロシェルのテンプル騎士団は，自らも近隣農村にぶどう畑を所有し，イングランドにワイン輸出を行うなど，商業活動から直接の利益を得ていたことが知られている (Dossat, art.cit., p. 98; Demurger, A., *Vie et mort de l'ordre du Temple*, Paris 1985, p. 141)。彼らが都市内に与えられていた商業施設のどれだけを，どのような動機で都市民に譲与したかについては，改めて検討される必要があろう。
34) Audouin, E., *Recueil de documents concernant la commune et la ville de Poitiers*, 2 vols, Poitiers 1923–28, t. 1, n° 23, pp. 40–42.
35) Duffus Hardy, Th. (éd.), *Rotuli litterarum clausarum in turri Londinensi asservati*, I, London 1833, p. 129 b.

36) *Ibid.*, p. 220 b.
37) Favreau, Les début de la ville de la Rochelle . . . , p. 23.
38) La Du, *Chartes et documents poitevins* . . . , t. 2, n° 369, pp. 228–30; n° 407, pp. 307–15.
39) 前掲拙稿(注14)。
40) Bardonnet, A. (éd.), Comptes et enquêtes d'Alphonse, comte de Poitou, 1253–1269, dans *Archives historiques du Poitou*, t. VIII, 1879, pp. 133–58.
41) 例えば，ランのコミューヌによる取引所建設は，司教座教会の反対に直面した。Saint-Denis, A., *Apogée d'une cité. Laon et le laonnais aux XIIe et XIIIe siècle*, Nancy 1994, pp. 361–62. また山田氏は，フランドル伯がサン・トメールに建設させたギルドホールに関する実に興味深い事例を紹介している。山田雅彦『中世フランドル都市の生成——在地社会と商品流通——』(ミネルヴァ書房2001年)，279頁。
42) Barbot, Histoire de la Rochelle . . . , p. 107 et p. 117.
43) ミュッセは，15世紀のラ・ロシェル港の埠頭が，都市民たちの家や店舗や倉庫で占拠されるに至っていたこと，そのため商品の運搬や船の接岸に支障をきたし，都市当局が15世紀末よりこれらを個人から買い取って管理に乗り出すことになった経緯を語っている。ここにはラ・ロシェルにおける商業施設管理の転換点が現われているようにも見える。Musset, *La Rochelle et ses ports* . . . , pp. 24–29.

13世紀後半サン・トメールの
バポーム通過税免除特権をめぐる一考察
―――ある例外の背景とその波紋―――

山　田　雅　彦

は じ め に
―――1276年のある特権文書と問題の所在―――

　1276年，アルトワ伯領の北端に位置する古来よりの商業都市サン・トメールは，アルトワ伯ロベール2世から一通の重要な特権文書を受け取った。
　「……我々は，純粋なる鷹揚と恩寵の気持ちから，彼ら (=サン・トメール市民) に対して以下のことを与え認めるものである。すなわち，我らがサン・トメール市民はガリア語 (=フランス語) で『ボーヴェの』と言われるワインをサン・トメールへ運びたいと思うときは，あらゆる道を通って，本来なされるべき我らがバポームの負担なくして，それを運ぶことができるものとする。上記ワインがいかほどの量であろうと，その通過税から彼らをはずし，すなわち彼らを自由にし負担なき者とする。ただし，上記ワインがバポーム城域の通過税管区を通る場合は別とする。この場合，バポーム通過税を通る場合には，彼らは当該通過税の慣習とされる負担分を支払うものとする。……」[1]
　流通税を免除するという特権自体は，西欧中世社会にあって少しも珍しいものではないが，12世紀後半以降流通特権の内容がより限定的・局所的になる傾向が，例えばバルテルミーらによって指摘されている[2]。また，それは，12世紀フランドル地方の諸免除特権文書からも確認されうる[3]。問題の文書は，まさしくその種の限定的な免除特権を記したものである。「ボーヴェの」という形容句

がついた，いわば特定のワインについてのみ，しかもバポーム通過税を通らない場合を対象としてのみ，バポーム通過税の免除が認められているからである。それにしても，後の点は，今さら何を述べているというのであろうか。バポームを通らないならばそこでの通過税を支払わない，逆にそこを通れば支払うというのは至極当然の慣行ではないだろうか。それがなぜ文書において執拗に記されているのであろうか。13 世紀の法文書がきわめて具体的な記述を多く含んだこと，それ故にまた少々くどい文体や繰り返しも多用されたことは，これまたよく知られる点だが[4]，問題の箇所はそのような性格によるものではない。少なくともこの簡潔なアルトワ伯の文書は相応に成文行為に慣れた人物によって作成された文章である。

そこから必然的に推論されえ，最初に確認されるべきことは，問題としているフレーズは，特権内容を正確に語る上で不可欠な要素となっているということである。換言すれば，本特権認可以前のサン・トメール市民は，バポームを通過する，しないにかかわらず，バポーム通過税の支払いが原則として求められていたのである。

この点はすでに旧稿でも指摘したとおりであり，1202 年に初めて王権のもとでバポーム通過税の成文化作業が進められ，その後 13 世紀を経るなかで，バポーム通過税はその強制力を増していった[5]。しかも，1291 年に更新された新しい通過税文書では，「バポームで通過税を支払わねばならないあらゆるものは，ペロンヌ，ロワ，コンピエーニュ，そしてクレピで通過税を支払わねばならない」[6] とあり，バポームは他の通過税徴収地と連動さえしていった。80 年代にバポーム通過税の徴収体制と道路網の関係を研究したオデュックの表現を借りれば，13 世紀を経てフランドル〜フランス間の交易路はバポーム通過税によって「運河化」‹canaliser› されていったと言える[7]。それだけにますます，この 1276 年の特権によってバポームを通過しないワイン輸送ルートが認められ，通過税免除が認められたサン・トメール市のケースは注目に値する。それはバポームをめぐって確立しつつあった地域的合意を揺るがす可能性を秘めている。事実，同特権の認可以降，多くの紛争がバポームを巡って生じた。

本稿は 1260–80 年代を中心とするバポーム通過税関連の最初の紛争多発期に

焦点を当て，その歴史的意味を探ることを狙いとしている。そのためにもまずは，13世紀におけるバポーム通過税の通関原則の内容を確認した上で，サン・トメール市が自らに有利な特権を獲得していった都市史的な背景を検討する。そして次に，1260年代から90年代初めにかけての主要な高等法院の裁定文を通覧し，バポーム通関をめぐる紛争の多発とその意味を検討する。いわば，この範囲を拡げた史料検討によって，サン・トメール市の特権の意味も都市史を越えたより広い地域史の中に位置づけられることになるであろう。

I. 1202年バポーム通過税規定における通関・免除の原則と紛争の火種

特権たるもの概ね原則を崩す例外規定であるとはいうものの，1276年のサン・トメールの特権を，法外，あるいは「例外」とまで表現するのは，もともとのバポーム通過税原則がかなり堅固な体制であったからである。

1202年，フランス王権下での調査によってバポーム通過税は，フランドル伯権時代の慣行を踏まえつつ，かつての徴収人や周辺地域の主だった都市の意見も参考にして，慣習的ルールの成文化作業が進められた。その折り作成された通過税規定(通過税表)自体はオリジナルが消失し，現在は13世紀末期の確認文書などの文面他を通してしか伝来していないが[38]その前文箇所は次の文言でもって，バポーム通過義務と免除に関する基本原則を述べている。

「……(イル・ド・)フランス，ブルゴーニュ，シャンパーニュ，プロヴァンス，スペインの山の彼方のサンチャゴの商品は何であれ，商品がここに名を挙げた地域の人々のものである限り，バポームを通過しそこで税を支払わなければ，フランドルあるいはその封地に行くことはできない。また，誰もフランドルとその封地の商品を，バポームを通過しそこで税を支払わなければ，自分の土地へ運ぶことはできない。また，フランドルやその封地の人々は，バポームを通過しそこで税を支払わなければ，フランドルやその封地の商品を前述のような地域へ運ぶことはできない。また，(フランドルとその封地の人は)バポームを通過しそこで税を支払わなければ，前述の土地の商品をフランドルやその封地に

運ぶことはできない。テルアンヌ，フォカンベルグ，ブローネ，テルノワ，カンブレ，トゥルネ，ヴァランシエンヌ，エノー地方，帝国，ポンティウ，ノルマンディー地方，ボーヴェ，アミアン，コルビーは，バポームを通過しない場合は，道路税‹cemin›を負担しない。ただし，バポーム城域内を通過する場合は，他と同様に支払うべし。」9)

　これに続いて商品・運搬手段別に詳細にわたって通過税額が定められていくが，以上の引用箇所こそが，有名なバポーム通関強制に関わる原則が提示された部分である。それは大きく整理すれば，次の3つの内容部分からなっている。

　①　その封地を含んだフランドル伯領支配地と名前を挙げられたイル・ド・フランス地方(＝フランキア)以南の諸地域の商品は，常にバポームを通過してバポーム通過税を支払う必要があること。この場合，それを誰が担っているかについての限定はなく，文面上この箇所は誰であれ適用されうるものである。

　②　その封地を含んだフランドル伯領支配地と名前を挙げられたイル・ド・フランス地方(＝フランキア)以南の諸地域の，今度は「人々」を対象として，彼らは常にそこの商品を運ぶ場合，バポームを通過してバポーム通過税を支払う必要があること。

　③　そして，テルアンヌ以下名が挙がった地域だけは，上記の規定とは別に，バポーム通過を必ずしも義務とせず，通過時にのみ通過税を支払うこと。

　また，前文ではないが，本文中の条項で第4の重要規定が定められている。

　④　通関行為が問題とされている以上，バポームを通過しない商品や人であれば，フランドルのそれであれ，フランス等のそれであれ通過税は課されないこと。特にバポーム市場に商品をもたらす場合は通過税の対象外とする。この規定は，バポーム近隣の小都市ミローモン(Miraumont)の名を挙げて定められた後，直ちに同内容の認可がフランドル人やイル・ド・フランス地方の人々についても認められている10)。

　以上3ないし4点，全体を通しての趣旨はかなり明解である。特に③に名が挙がった諸地域や都市に関して言えば，フランドルやイル・ド・フランス地方以南へ向かうに際しては，バポーム通過が一見して地理的に非効率となる地域である。いわば，フランドルとイル・ド・フランス地方の間に位置するバポー

ム周辺の諸地域といって良いだろう。チャートに示せばほぼ地図のような位置関係にあり，バポーム通関を常に義務づけるには無理がある地域である。また，④にあるように，通過しない商業は当然対象外となっている。

　それでもしかし，上記の前文における原則提示箇所は，その文意を完全にクリアにしているとは言い難い。例えば，内容③に関わって名前の挙げられた諸地域は，全体でその文節の主語となっている。しかし，諸地域が「バポーム城域内を通過」したり，しなかったりするわけではない。自ずと主語の「諸地域」とは，「諸地域の商品」か「諸地域の人々」のいずれか，あるいはその両方と解釈されようが，どちらにせよやや曖昧な箇所ではある。実はこの点が，後の紛争の火種になっているふしもあるように思われる。

　また，そもそもこれら①〜③に名前が挙げられた地域や都市については，明文化された原則が適用されることとなったとはいえ，明示的な言及のない町や地域——当然そのような地名が圧倒的に多い——は，どのような処遇を受けるのであろうか。むろん，①に関しては，それがどこの誰であろうと適用される規定であるはずだが，それでもなお，当該商品がそこに名が挙がっている地域の商品であるかどうかの判別はまた別の問題であることが予想される。通過税規定の文言があくまで代表的な地域名を挙げるだけであったとすれば，そこに名前の出てこない地域や都市の人々や商品をめぐっては，様々な疑問と思惑とが交錯しえたのではないだろうか。とりわけ，地図に「グレーゾーン」と表示した一帯の地域や都市は，自分らが①②に出てくる地域名に関わるのか，あるいはむしろ③に近いものなのか，ある意味で困った立場に立たされることになるであろう。そこにも火種は存在したのであるが，まさしく問題のサン・トメールからすると，ごくごく近隣のテルアンヌ，フォカンベルグ，そしてテルノワ地域の名はあれども，同市自身の名はそこになかったのである。

II.　バポーム通関制度におけるサン・トメールの位相

　成文表現上の問題を内包しつつも，さしあたりバポーム通関原則が提示され，その上でバポーム通過税の免除される地域も同時に言及された。すなわち規定

地図　バポームとフランス王国北部地域

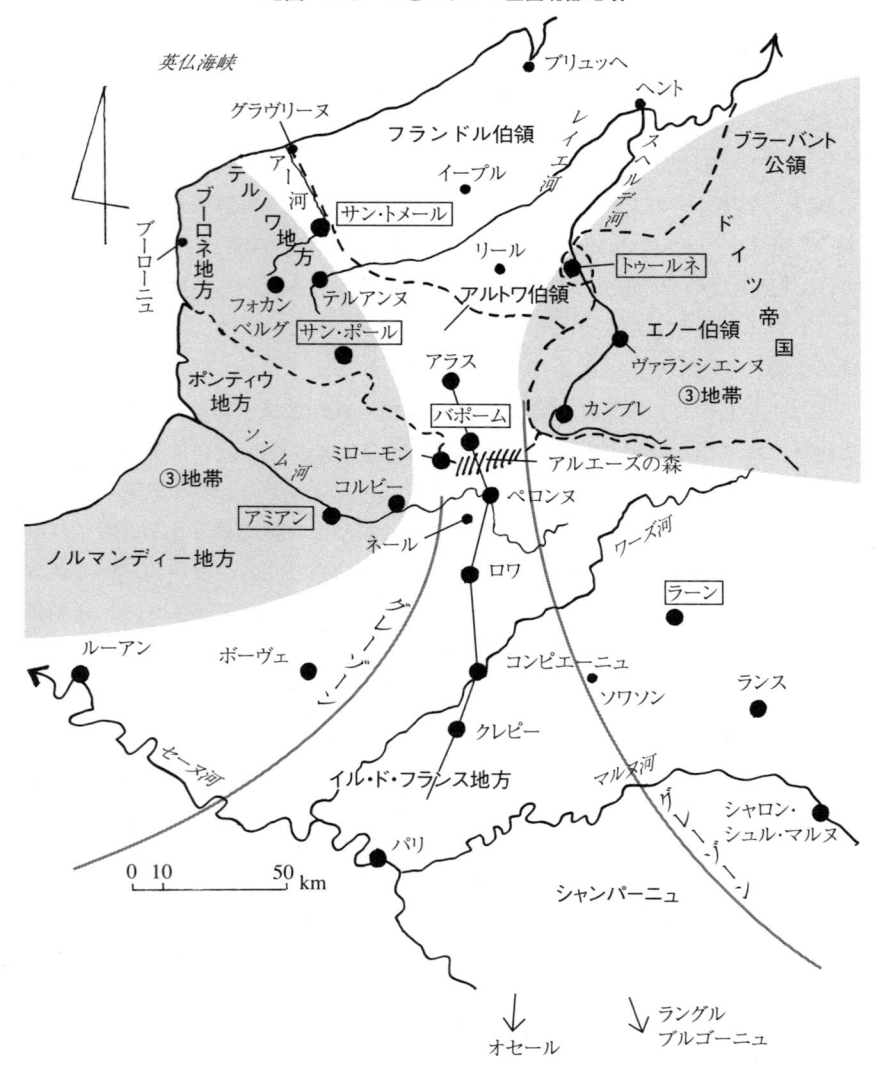

を作成した側からすると,上記の③に言及されない地域や都市は①②の一般通関原則に服すべし,ということになる。我々が問題としているサン・トメール市は,確実にフランドル伯の封地の一つと理解されえたはずであり,③の免除対象地域のリストに挙がるわけもなく,「フランドルとその封地」として一括して課税ターゲット地域に指定されていたと考えられる。その点を確認するだけでも,いかに1276年の後代のワイン流通特権賦与が大きなルール変更を伴う,革命的な事件であったか了解されるであろう。

ところで,通過税の徴収は,利用者側にとって負担であったというばかりでは必ずしもない。通過税と利用者の関係を考える際に,この点も無視されてはならない。例えば,問題の1202年文書において,フランドル6大都市を出荷地とする布地製品について都市別に異なる課税額が設定され,一種の「特例」措置が取られていることに注目したい。詳細に見ると,ヘントとブリュッヘへの布地が最も高額で,リールのそれはそれよりいくぶん低く,イーブルがそれに次ぐ。そして,サン・トメールとアラスの布地の額がヘントなどの6分の1と最も低い[11]。高低あるものの,いずれも高額関税の様相を呈しているのは確かであり,各々の都市の製品の品質を反映しているものと考えられる。しかし,これら課税金額には,安全な通商を当局が保証することを名目とした「安全護送税」‹conduit›も一括して徴収されており,都市=生産者側にとっても,高級品の定期的輸送をスムーズに行う上では本来必要なコストを含んでいると言えなくもない。その意味では,バポーム通過税はフランドル毛織物工業にとって通過関税であると同時に,製品ブランドと円滑な取引を保証する重要な取引費用でもあった[12]。従って,フランドル都市自体によるバポーム通過税に対するクレームは,かつて旧稿で見たようないわゆる役人による苛斂誅求・恣意的判断による不正(あるいは商人から見てそのように映った行為)を告発した例[13]を除いてはあまり見られない。

その点でも,サン・トメールは特異である。しかし,その特異性は,まずはフランドルにおけるサン・トメールの地政学的性格によって明瞭に説明可能である。同市は,中世初期よりサン・ベルタン修道院を核に発達した,修道院都市である。フランドル伯の勢力が及び,それに伴い在地の世俗権力が伯の城代

として機能するのは，やや遅れて10・11世紀以降のことである。これは，同じく中世初期以来の大規模な修道院を抱えつつも，カロリング期にはフランドル伯家が一定の地盤を確保したヘントや，もっぱら伯の所領上に発達したブリュヘ，イープル，リールとは都市の来歴が違っている。都市住民による自治機構が発達したという側面は，他のフランドル都市にも当てはまることだが，相対的に見てその早熟観は否めず，より南部に位置して同じく本来的には修道院都市であったアラスと同様，フランドル伯による特権賦与も12世紀中期までは北部諸都市に常に先行して行われた。いわば，法制上別格の処遇を受ける存在だったのである[14]。

　政治史に加えて，経済地理も考慮せねばならない。同市は伯領南域に位置することで，当然のことながら早くからフランス方面との交易関係を活発に行っていたと見え，バポームとの関わりも歴史的に古い。1127–1128年のフランドル伯継承戦争期に，伯権がサン・トメールに相当のリップサービスを含む特権を賦与した時，その文書はバポーム通過税では以後彼らをアラス市民と同様に取り扱うと定めている[15]。この時のものと思われる定めは，1202年の通過税規定でも確かに確認可能であり，前述したように，サン・トメールの毛織物の通過税総額はアラスとともに，ヘントやブリュヘより低額であった。

　このように，北部フランドル諸都市よりも早くからバポーム通過税との利害関係を強く持ったサン・トメールであったが，特に同市をしてフランス方面との交易関係を促進したのは，これまで見てきた毛織物取引だけだったのではない。むしろ，その初期史にあっては，毛織物以上に，セーヌ河水系地域において生産されるワインこそが重要な意義を持っていた。シャンパーニュやブルゴーニュ北部を含んでイル・ド・フランス周辺地域から，北フランスを経てフランドル方面へ向かうワインの流れは，大きなうねりをなして一帯の経済を活性化し，各地にワイン流通の集散拠点を作り出していった。そして，サン・トメールこそは，北仏より移入されるワインの重要なステープル市場地として機能し，ソワソンやオセールなどイル・ド・フランス及びブルゴーニュ北部で生産されたワインをいち早く輸入していたことが確認されうる[16]。1202年のバポーム通過税規定もまた，「フランドルへ荷車でワインを運ぶ場合は安全護送税

として6ドゥニエ，そして牽引馬一頭毎に2ドゥニエ。……」という「ワイン条項」で本文を始めており，何が古来よりの最も主要な通過物品であったかを印象的に示している。また，通過税規定文書は，冒頭のワイン条項に続いて，帝国方面へバポームを通らずして運ばれるワインのみ，所定の税を免除すると述べる。全体としてこの第1条項は，バポーム通関の義務が緩和されていたのは，カンブレジ・エノー・ブラーバントが位置する帝国方面のワイン流通のみで，フランドル方面へのワイン流通はすべてバポーム通関が義務とされていたことを意味する[17]。しかも，バポームを通過しない流通行為については非課税が原則であったが，ワインに限っては，バポーム地域外の人々がバポームにワインを持ち込むだけで通過税と同等の額が徴収されたことも他の条文がこれを示している[18]。いわば，フランスから陸路で輸送されるフランドル向けワインは，バポーム通過税の存在意義さえも越えた重要統制物品だったことがわかる。

　他方で，それだけ重要な物品であればこそ，サン・トメールもまた地域における輸入ワインの集散機能の占有に尽力したのである（＝ワイン・ステープル市場の形成と維持）。もともと，彼らは毛織物製品に関する課税に不平を漏らしてこなかったように，ワインのバポーム通関についてもそれ自体として異存があったようには思えない。少なくとも13世紀前半以前にその種のクレームが一件も記録されていないことは，ワインの都市内での計量税を巡って延々と都市内勢力の間で係争が続いていた[19]のと対照的である。おそらくサン・トメール市はワイン・ステープル市場を次第に確立しつつ，周辺農村地域へのワイン移出，さらにより北の地域への再輸出によって，バポームでの取引コストを差し引いても余りある利益を市民層にもたらしていたからに相違ない。富の再分配が，市民の潜在的不満の噴出を抑える構造になっていたのではないだろうか。

　とすれば，1276年におけるバポームからのワイン流通の部分的免除に関する特権の獲得は，まず何よりもある種の社会経済構造の変動を背後に見る必要がでてくる。サン・トメールのワイン・ステープル市場になにがしかの変化が生じたために，従来型の利益分配構造に揺らぎが生じたのではないか。実際，すでに別稿で明らかにしたように，サン・トメールの「ワイン共同体」は，13世紀前半から中期にかけて西南フランスのワイン商という強力な競争相手の台頭

を前にし窮々としていたが，1262年，フランドル伯妃マルグリートが，グラヴリーヌにワインを持ち込むガスコーニュ人，ポワトゥ人にフランドル領内における大幅な自由活動を保証する特権を賦与した[20]ことで，サン・トメールのワイン市場は，たとえそこが今はアルトワ領内とはいえ，間接的にも直接的にもきわめて大きな損害を被ったにちがいない。1276年のバポーム通過税の部分的免除に関する特権の賦与は，それに対抗するアルトワ伯ロベール2世が与えた補償措置とも受けとれる。1202年以来のバポーム通過税規定からすれば，その内容は明らかに違法性の高いものだが，少なくとも基本法の考え方はなお不確定である上，ロベールがアルトワ伯領という「アパナージュ(親王領)」領域における立法権の有資格者であった以上，特権は特権であり，かつ法であった。いずれにせよ，この特権がサン・トメール市救済のためだったことは確実であり，本特権と相前後して同伯は，1271年頃サン・トメール市に商人を参集させるための新しい年市‹nundinae›の創設を決定し[21]，1277年にはサン・トメールのワイン・ステープル市場制度の据え置きを認める書状も発給している[22]。当時伯ロベールはサン・トメール経済の復興に相当のてこ入れをしたように思われる。また，この時代，サン・トメールが，バポーム通過税を統監するアルトワ伯の支配下に入っていたことも，かかる特権の認可が容易に為され得たもう一つの政治史的背景ということになろう。

さらに，当時サン・トメール市はこの特権獲得と相前後してバポームを回避してワインを持ち込むルートの安定的確保に懸命だったのであり，すでに前年の1278年に，サン・ポール伯ギー・ド・シャティヨンより，同伯領内におけるいっさいの通過税‹tous paages et travers›の免除を勝ち取っている[23]。しかも，すかさずこの文書は王権によって確認もされ[24] 4年後の1282年にも確認文書が発給される[25]など，入念な手続きが取られている。この時期サン・トメールがいかに集中的にワイン流通をめぐる法整備作りに奔走したか，これら文書の伝来状況はそれをよく示している[26]。

ところが，ことはそれで決着しなかった。北フランス全体に及んで，バポーム通過税の免除と非免除を巡って徐々に醸成されていた不満と不和が，一気に表面へとあふれ出すこととなる。

III. 1270・80年代におけるバポーム通過税の免除と非免除をめぐる紛争の発生
――トゥールネとラーンを中心に――

　1276年，アルトワ伯の対応により，サン・トメール市民はバポーム通過を行わないでボーヴェのワインを車で運搬する自由を得た。もともと，当市に近接するフォカンベルグとテルアンヌが免除地域に指定されていることからわかるように，彼らは真南に進んでアミアンないしコルビー経由でフランス領内に入ることが可能であった[27]。

　しかし，先に述べたように，もともと「グレーゾーン」とも言えなかったサン・トメールが，部分的とはいえ通過税免除の資格を得たことで，1202年以来グレーゾーンに位置していた諸都市は猛烈に自己の権利を主張し始めることとなった。こうした動きは，1280年代に入ると顕在化してくるが，すでに伏線として，1260年代の末よりバポーム通過税徴収人の職務執行をめぐって徐々にその不満は現れていた。1268年パリの高等法院は，次のような短い判決文を下している。

　「法廷により決定され布告されることは以下の通り。まず，アルトワ伯の配下の者がバポーム通過税の違反者を追ってブロワ伯の土地，すなわちギーズの城域まで追跡し，そこでこの件に関する逮捕を行ったため，ブロワ伯がこの件について訴えをなし，次のごとく申し立てた。すなわち，同伯の土地では何人たりともアルトワ伯から封を保有しておらず，また上記アルトワ伯もそこでいかなる拿捕権限も持つはずもなく，アルトワ伯の配下の者はこの拿捕がなされた場所から直ちに退去すべきこと，また別の場所で布告され命令されたごとく，この行為に関する損失分の返還が彼らからなされるべきこと，以上なり。」[28]

　以上，この裁定文は，封建関係が皆無であることを根拠にバポーム通過税役人の追跡行為を否認するギーズ＝ブロワ伯の言い分を認め，逆にバポーム通過税役人の行為をして違法と断じたものである。13世紀後半以降パリの高等法院がこうした地域内の紛争の上訴を受ける機関として機能し，諸権利や慣習的諸

法を再解釈し新たなルールを提唱するようになっていった過程は近年 J. M. コーシーの研究以後ますます注目されている[29]。そのように同機関が活動的になるのも, バポーム通過税をめぐる紛争が象徴的に示すように, 地元に根ざした慣習的世界の内部に, それを変更しようとする新たな考え方が現れ, その衝突を地元社会自体では解決できなくなっていったことをその大局的背景として考慮せねばならない。ここでは, ギーズ＝ブロワ伯側が主張するような在地的な利権の体系に対して, 広域的な流通統制を指向する新しい「行政」感覚を持ったアルトワ伯配下のバポーム通過税徴収団が挑んだのであるが, 高等法院の裁定はなお旧来の体系を認知する格好となった(なお, と述べたのは 1260 年代末にはそうであった高等法院の判断もやがてバポームに有利な内容の裁定を次第に下すようになっていくことを想定してである)。同系統の係争はシャンパーニュ大市守護による広域的な違反者の追跡においても生じているし, バポームに限らずフランス王国内の各所における通過税, その他流通税の帰属や免除をめぐる争いが, この時期より多数パリの法院に持ち込まれるようになったことは, ブータリック編による『パリ高等法院裁定摘要集成』[30] を総覧すれば, 直ちに確認できることである。偶然だが, 上記の件と同じ 1268 年, パリ高等法院は, バポームと連動して機能し始めていたペロンヌの通過税をめぐるフイ市の免除特権についてこれを認める採決を出している[31]。

　1276 年のサン・トメールに対する突然の特権認可は, 明らかに統制の強化と権利の主張, そしてパリへの上訴という紛争の連鎖を拡大する契機となったように思われる。まず, トゥールネ市が最初のその試練を受けた。同市は 1202 年の王文書で条件付きの免除特権を与えられてはいるが, もともとバポームよりはるかに北に位置してフランドル都市と同様にフランス方面への通商を行う場合は, バポーム通関が通常のものであってもおかしくない地点であった。それが部分的免除の特恵を持ち得たのは, おそらくトゥールネと王権との歴史的な深い関係であり, 確かにそこがフランドル伯領ではなかったということ, 裏返せば同地は王国最北端における王権貫徹の橋頭堡であったという事情によるところが大きいであろう[32]。ともあれ, トゥールネと王国内部との関係が深ければ深いほど, 人や物の往来も盛んであり, しかもそれがバポーム近辺を通過し

ないはずがなかった。紛争はサン・トメール特権と同じ頃に起きていたと見え，1279年，トゥールネ市の権限は，フィリップ3世治下の高等法院によって改めて明確化にされる必要があった。

「……かつてトゥールネの代官（プレヴォ）誓約人，そして市民たちを一方の当事者とし，親愛なる余の血縁者にして家臣であるアルトワ伯ロベールとバポームにいる彼の通過税徴収人を他方の当事者として，双方の間に論争が生じていた。トゥールネの代官，誓約人，市民は，バポームの町を通らない限りは，バポーム通過税徴収人に支払うべき賦課租なしに，好きな道を通り，欲する通りの輸送手段を使って財貨を運搬する，あるいは運搬させることは既得権に属すことである，そしてそのことは，正当にして慣行となっており，はるか古来よりそうであった，と申し立てた。それに対してアルトワ伯と彼の配下のバポーム通過税徴収人は，たとえトゥールネ市民はバポーム通過税を通らなくとも，テルノワ，ブーロネ，ノルマンディー，コルビー，ポンティウ，ボーヴェ，トゥールネ，カンブレ，フォカンベルグのような例外措置をとられた場所でない場所から財貨を運んでいる場合は，二輪車であろうが四輪車であろうが，彼らの荷車を捕縛し賦課租を取ることができる。こちらも，それが既得権に属すことは，正当にして慣行となっており，古来よりそうであった，と申し立てた。双方とも，事前に自ら意図する論拠立てのために証人を出廷させた。両当事者が提出することを望んだ彼らの証言は，慎重に目と耳で吟味された。そして，トゥールネ市民の言い分が証明されることが十分に判明した後，余の法廷の判決によって以下のことが決定され，かつ告知された。すなわち，トゥールネ市民は，バポームを通らない限りは，バポーム通過税徴収人に負うべき賦課租もなく，好きな道を取り好きな輸送手段で財貨を運搬し，また運搬させる権利を継続して持つと。……」[33]

高等法院の最終判断を仰ぐに当たっていかに証拠が提示されたか，上記の裁定文はこうした経緯を簡潔ながらよく示しているが，証人以上に重視されたと思われるのが，やはり1202年の調査時に作成されていた成文による規定文書や別途作成されていた文書登記簿（ルジストル）の記載であったことが，地名引用の仕方がそれにほぼ忠実であることからも推測される。オーラルなものにエク

リチュールが勝っている。ただし，上記の裁定で示されたバポーム通過税徴収人の主張は，もともとの1202年規定文書の特権規定とは内容を大きく異にしている。というのも，1202年の文書における特権(=例外指定)の内容は，バポームとのおそらく地理関係から指定地域がその通関義務より免除されたことを意味するものであった。しかるに，ここではそうした諸地域から発送された商品であれば免除されると彼らは述べている。そのようなことは，1202年の文書ではいっさい定められてはいなかったはずだが(少なくとも成文上は)，先述第I章で我々が①と整理した内容を専ら盾として，徴収人はトゥールネ市民からの徴収を強要したと思われる。むろん，その場合もせいぜい彼らがフランドル産の製品をフランス方面へ持ち込もうとしたか，その逆であった場合に成り立つ論法である。こうした条文内容の曖昧さが，結局双方都合の良い解釈をめぐって相争う要因となっていることは確かである。事実，徴収人によるトゥールネへの攻撃はその後も執拗に続いた。1293年には再び，トゥールネ市民の運搬物を巡って，高等法院の裁定が下った。

「バポーム通過税徴収人になすべき賦課金‹emenda›なしに，市民が望む道により，かつ望む手段で運搬していた穀物が，アルトワ伯とそのバポームの通過税徴収人に差し押さえられた件に関し，トゥールネ市民はアルトワ伯とそのバポームの通過税徴収人に対して書状を出したが，ルジストルが調査され，書状が検分された結果，次のように判決が下された。すなわち当該市民は，フランドルからの財貨をトゥールネを通って運び，そこで荷降しする場合にのみ，イムニタス(=免除権)を享受する。ただし，その後フランキア(=フランス)に，あるいはルジストルに記された他の土地にフランドルの穀物を運ぶ場合は，王の道をとりそこで義務を果たさねばならない。」[34]

この判決文に至って，ついに徴収人側の主張が通ったことになる。そもそも認められていたはずのバポーム通関義務からの免除(前述の内容③)は，内容の①によって優先され，フランス王国以南に向かってフランドルの商品を運ぶ場合には，彼らもまたバポーム通関が原則的に義務となってしまった。すなわち1202年の規定文書で相互に曖昧であった内容が，ここに来て徴収人側に有利な方向で拡大解釈されたのである。上記1293年の裁定は，市民にとっては大幅に

後退した特権でしかない。一見したところでは部分的な免除として市民の相応の権利は認められているが、それはフランドルの商品をトゥールネに運ぶ場合という、まったくバポーム通過を要さない輸送の場合のことに限定されたのであるから。最終的には，約1世紀後の1393年3月24日，国王シャルル6世治世下において，先のフィリップ3世時代の裁定が転載されることで(ちなみに1279年の文書自体は失われ，その内容は1393年のVidimus文書，及びその写本等によってのみ伝来)トゥールネ市民の権利は回復されることになるが，長く同市は一種の権利剥奪状態に置かれることになったのである[35]。

このように，高等法院自体の考え方が次第に徴収人の主張よりは都市側の主張に傾いていく前に，サン・トメールの成功に刺激されたかトゥールネとは逆に免除特権，しかもほぼ全面的な通関義務免除の特権を成文によっていち早く獲得した都市があった。1283年のラーンがそれである。関連する別の短い裁定文とともに全文を以下に訳出しておく。

「……第6の裁定。フランドル伯個人に属す物品，すなわち鞍や甲冑，それに類する物品については，バポームで通過税が求められることはない。

第7の裁定。国王殿下とアルトワ伯，及びネール城主の配下の者が，フランドルから来た財貨を違反物品としてパリで差し押さえた。それらに関しては，バポームや他の諸都市，すなわちネール，ロワ，コンピエーニュ，そしてクレピーで通過税が支払われていなかったという。かくてその財貨の持ち主である商人は，彼の財物を自らに返還してくれるよう懇願し，次のように申し立てた。自分はラーンの市民であり，当該財貨をフランドルからラーンへ運んでいた，そしてラーンで荷をときそこで財貨を売る予定であったと。しかるに望んでいたように財貨をそのように売ることができなくなった。自らの必要のためにそれがパリから運ばれるようにする。述べたように自分にはそれが可能であると。かくてラーンの市長と誓約人団がこの件に関して召還され，この種のフランシーズ権限が自らにあると申し立てうるのか審問され，彼らは次のように述べ立てた。自分たちはそれどころか記憶のない時代よりフランドルからラーンへ商品を運ぶことを平和裏に行ってきた。その際，通り道の各所において正当なる慣習税にして慣習的な通過税を支払ってはいるが，バポームで支払われるべき通

過税は除かれている。そして，ラーンからパリへ，あるいは彼らが望む他のどの場所であれ，同様に商品を運ぶことを習わしとしてきたと。これに対して，国王殿下とアルトワ伯，及びネール城主の配下の者は，国王殿下のルジストルに逆のことが書かれているとして次のように述べ立てた。フランドルからフランス(フランキア)，シャンパーニュ，ブルゴーニュ，プロヴァンス，及び山の彼方へ行くあらゆる財貨はバポームの道を通過せねばならない。むろんそこから除外される諸都市や諸地域があるが，都市ラーンはそこには含まれていない。かくて彼らは，上記ラーンの市民らがルジストルの内容に反して某かのフランシーズを享受することはできないと述べた。最終的に本交渉も結審を見，ルジストルも閲覧され，次のことが定められた。まず国王陛下のルジストルは明示されたとおり一言一句遵守されねばならない。しかるに，ラーンの市民は古来よりフランドルからラーンへ商品を運ぶことを習わしとし，またそれら商品がそこで売却されることは，この件に関して違反を犯さない限り，この種のフランシーズでは免除されていた。かくて次のように宣告された。差し押さえられていた当該財貨は，それ故に違反物には相当せず，商人ともどもヴェルマンドワのバイイを介して保証金について談判がなされるようにと。」[36]

　以上のごとく，審理の仕方はトゥールネとほぼ同様，双方が自己の正当性を証人と成文に基づいて主張した。おもしろいことに高等法院は，ここでは両方の根拠を認めた。バポーム通過税規定は遵守されるべきだが，さらに古い慣習であればそれもまた認められるというわけである。シャンパーニュ北東部のラーン地方は1202年の規定文書の③では言及されてはいなかったものの，明らかに「グレーゾーン」に位置する一帯である。しかも，ラーンとフランドル方面との通商関係は，ドゥエールトの研究がかつて示したごとく，バポーム通過税制度の形成・発達の以前からワイン交易を含んで活発であり[37]，ラーン市民からすれば当然の主張だったと言えなくはない。結局，かかる慣習的権利が成文によって追認される形をとって，ラーンは新たに③の特権を享受する地域に加わった。サン・トメールの特権が影響して，他都市にも特権が広がった最初の例である。しかし，同時にそれは最後の例ともなった。

　というのも，これ以降バポーム通過税の新たな特権を認められる都市や地域

は少なくとも1世紀間にわたって出なくなる。危機感を持ち始めたバポーム通過税徴収側が，高等法院への働きかけを強化したのか，法院の裁定も80年代半ば以降急速に厳しくなってくることがわかる。1285年の一判例は，次のような裁定を含んでいる。

「バポーム及び他の諸都市の通過税徴収人により，体罰刑と罰金刑の威嚇のもと，以下のことが抑止されるべきなり。すなわち運送物品に関して与えられた所与の権限に従い，彼らの通過税管轄圏の外を通ってフランドルに商人自ら赴いたり物を送ること，あるいは，この監督のために行使される財源ゆえに，古来より慣習とされた大小の諸街道以外を通ってそうすることは禁じられてきた。かくて，誰であれその通過税管轄圏の外にいる者を見いだした場合は，その者は税を支払って通関することが義務であるので，徴収人らはその者たちを義務となっている道路に連れ戻すべし。また，その者は違反者と見なされ，それ故さらに刑罰が科されるべし。そして，ルーアンを通り，しばしば海路でフランドルへと運ばれるブルゴーニュのワインに関心を持つよう[=目を光らせるよう]，ルーアンのバイイに対して命が下った。」[38]

バポーム通過税の取締りが，この時期広域的に強化されつつあったことが分かる。しかも，それを促したのが，フランドルへと向かうワイン流通であったこともこの判例は図らずも示している。上記裁定文では，まずバポーム通過税徴収行為の一般があらためて問題となっているが，直接の取締対象は，セーヌ川と海路によるフランドル方面へのブルゴーニュ産ワインの流通である。こうした明らかなバポーム迂回ルートの常態化がこの時期問題になりつつあったのであるが，こうした行為に対して厳正な態度で臨むよう促したのも，結局の所かの1276年のサン・トメール向け「ボーヴェワイン」の免除特権であったように思われる。この特権を機に，例えば，彼らはブルゴーニュやイル・ド・フランス産のワインをセーヌ河，ルーアン経由でボーヴェに集め，そこから「ボーヴェのワイン」としてアミアン経由等でサン・トメールに輸送していたことは十分考えられることである。

ともあれ，ルーアンより海路を経てワインが大量に輸送されるという事態，いや一般的に海路によってフランス各地のワインが大量に北へ輸送されるという

事態が，当初1202年段階で明確に統制の対象となっていたふしはない。しかし，13世紀を経てその種のワイン輸送がより重要になっていたことは多くのワイン史研究が示すところである[39]。バポームとしても，こうした流通の統制をいずれ本格的に乗り出す必要があったが，79年特権の賦与とその後発生した「違法」行為の頻発が，徴収人をしてその気にさせたのではあるまいか。見てきたように，トゥールネに至っては当初は市民に有利な判例が出ながらも，ついに90年代には逆の方向へと市民の権利は制限されていった。1276年のサン・トメールの特権はやはりそれだけでは済まなかったのである。

おわりに

かつて1202年にバポーム南郊のカピーで通過税の調査が実施された頃，定期的なワインの海上輸送は予想だにされていなかった。むしろ当時はワイン輸送に関しては，北フランス産のフランドル向け陸路輸送がもっぱら想定されるのみで，立地の点からいっても，バポームでの通関義務を課すことにさほどの違和感も抵抗感もなかったように思われる。むろん，当初よりある地域に関しては通関義務を免除されてもおかしくないにもかかわらず，そうならない地域もあったが，安全な通商を確保するという観点からしてある程度必要な取引コストと映っていたことは想像に難くない。しかし，見てきたように，13世紀後半以降海上輸送を中心とする新しいワイン流通の体系と担い手が生まれてくるなか，ステープル市場，サン・トメールの従来安定していた利益共同体構造は危機的な状況に陥っていたと推察されうる。危機を打開すべく，サン・トメールは，今やそこがフランドルではなくアルトワ領内であることに活路を見出したのか，様々な方策をアルトワ伯に打診し，とりわけこれまで容認してきたバポーム通関からの免除を部分的にでも勝ち取るよう動き出したと思われる。1276年のアルトワ伯ロベール2世によるボーヴェワインの陸路輸送に関する部分的免除特権の賦与は，こうした歴史的連関のうちに位置づけられねばならない。

しかも，例外的な1276年の特権の発給は，サン・トメール市史の枠内に収ま

る事件ではなかった。それは，本来特権を明記されるべき諸都市(例えばラーン)が紛争を機に成文特権を獲得する際の先例となった。逆に，バポーム通過税徴収人はこれに応じて，その統制志向をいっそう強くしたものと思われ，特にもともと特権の保有が疑問視されるような地域や都市(例えばトゥールネ)にとっては，思わぬ不運を呼び込むきっかけともなっていたように思われる。これは決して杞憂ではなく，1280年代後半以降になると，バポーム通過税をめぐる高等法院の裁定もより厳しくなっていく。トゥールネの場合は，1202年以来の体制が1293年には最悪のシナリオで変更されていく。

　最後に，今一つ別の裁定を示すことで本稿を結びたい。トゥールネが不幸な処遇を受けることとなったその翌年，ランス，シャロン・シュル・マルヌ，ラングルというシャンパーニュ北東部からブルゴーニュ北部に位置する3つの司教座都市が，バポーム通関義務からの免除を訴えて高等法院に提訴した。シャンパーニュ伯領にもブルゴーニュ公領にも属さないことから，そこが1202年文書が規定する「シャンパーニュ」や「ブルゴーニュ」には属さないことを主張した。この行為は，疑いなく約10年前に同じく司教座都市であったシャンパーニュ北部のラーンの成功を意識したものであったと思われる。実際，これら3都市はマルヌ河沿いから北上するルートによってカンブレ方面を経てフランドルなどへ達することは可能だったのである。しかし，1294年パリの高等法院はバポームの通過税徴収人の訴えを認め，当該都市民にバポーム以外のルートでも通過税の支払いを求めた[40]。まさにやぶ蛇というしかないが，彼らは慣習的にはおそらく回避できたかもしれないバポーム通関を，この裁定によって明確な義務とされたのである。

　こうしたバポーム通過税の広域的な統制はさらに14世紀にかけても強化されていく。問題の部分的免除特権を受けたサン・トメールも，いずれ1310年代になると新たな攻撃の対象となってくる。またその頃より数度にわたって，1202年の規定文書でトゥールネ同様③の免除地域に名を連ねていたはずのアミアン市が紛争のただ中に現れてくる。しかし，14世紀前半にかけてのバポーム通過税制度と地域との関係に関する考察は，さらに史料の検証を重ねた上で，別稿をもって論究していくこととしたい[41]。

注

1) A. Giry, *Histoire de la ville de Saint-Omer et de ses institutions jusqu'au XIVe siècle*, Paris, 1877, p.j. n° 62, p. 432: ‹..., pura lib[er]alitate et gracia damus et concedimus eisdem ut burgenses nostri Sancti Audomari, quando voluerint habere et duce[re] apud Sanctum Audomarum vina que gallice dicuntur de Biauvoisis possint ea duce[re] per quodcumque keminum voluerint sine redevantia aliqua facienda nostro pedagio Bapalmarum. A quo pedagio quantum ad predicta vina absolvimus eosdem et etiam liberamus et quietamus nisi forte dicta vina conducerent per districtus pedagii castellanie Bapalmarum, quod tunc sic transeundo per dictum pedagium, redevantias dictas pedagii solverent consuetas....›

2) D. Barthélemy, *Les deux âges de la seigneurie banale. Pouvoir et société dans la terre des sires de Coucy (milieu XIe–milieu XIIIe siècle)*, Paris, 1984, pp. 382–384. 関連して，拙稿「安全護送権と封建制の定立——12世紀フランス王領における王権と領主権を中心に——」『文学部論叢』（熊本大学文学会）65号，1999年3月，69–70頁も参照。

3) 拙著『中世フランドル都市の生成』ミネルヴァ書房，2001年，282–283頁。

4) Ph. Godding, Les ordonnances des autorités urbaines au moyen âge. Leur apport à la technique législative, in J.-M. Duvosquel & E. Thoen (ed.), *Peasants and Townsmen in Medieval Europe. Studia in honorem Adriaan Verhulst*, Gent, 1995, pp. 185–201. さらに，M. Leroy, Les débuts de la production d'actes urbains en Flandre au XIIIe siècle, in W. Prevenier et Th. De Hemptinne (éd.), *La diplomatique urbaine en Europe au moyen âge*, Louvain / Antwerpen, 2000, pp. 267–279.

5) 拙稿「13世紀バポームの通過税——制度変容の社会史のための一試論——」『西洋史学論集』（九州西洋史学会）34号，1996年12月，28–50頁（拙稿「バポーム」と略記）。

6) J. Finot, *Etude historique sur les relations commerciales entre la France et la Flandre au moyen âge*, Paris, 1894, p.j. n° I-1, p. 148.

7) J. L. Auduc, Bapaume: un carrefour routier aux XIIIe et XIVe siècles, in *L'homme et la route en Europe occidentale au moyen âge et aux temps modernes (Flaran 2)*, Auch, 1982, p. 245.

8) 拙稿「バポーム」31–32頁，及び47–48頁の注18を参照。

9) Finot, *op. cit.*, p.j. n° I-1, pp. 147–148.

10) *Ibid.*, p. 160.

11) *Ibid.*, pp. 155–157.

12) 拙稿「中世フランドル南部におけるワイン・ステープルの歴史的意味——13世紀サン・トメールの都市条例を素材として——」加藤哲美編『市場の法文化』国際書院，2003年2月，39–62頁（拙稿「ワイン・ステープル」と略記）。特に39–40頁。

13) Finot, *op. cit.*, p.j. n° I-8, pp. 191–196. 史料分析は，拙稿「バポーム」40–45頁も参照。

14) これらフランドル都市の初期史については，前掲拙著ならびにフルヒュルスト（森本芳樹・藤本太美子・森貴子訳）『中世都市の形成——北西ヨーロッパ——』岩波書店，2001年4月の第2・3章を参照。

15) F. Vercauteren, *Actes de comtes de Flandre, 1071–1128*, Bruxelles, 1938, n° 127, pp. 295–296; Th. De Hemptinne & A. Verhulst, *De oorkonden der graven van Vlaanderen, Juli 1128–Septem-*

ber 1191, dl. 2-I, Brussel, 1988, nr. 2, p. 15.
16) 拙稿「ワイン・ステープル」42–46 頁。
17) Finot, *op. cit.*, p.j. nº I-1, p. 149. さらに，ワインの重要性を改めて喚起するように，伝来する 1291 年作成の確認文書は，冒頭で述べた通関一般原則と免除原則をラテン語でほぼ繰り返した際に，フランス方面からフランドルへ持ち込む商品一般をあえてワイン‹ vina › と記述している箇所がある (*loc. cit.*)。
18) *Ibid.*, p. 151.
19) 拙稿「ワイン・ステープル」51 頁。
20) Finot, *op. cit.*, p.j. nº II-1, pp. 343–350. さらに前掲拙稿 46–47, 49–50 頁も参照。
21) Giry, *op. cit.*, p.j. nos 58–59, pp. 429–430.
22) *Ibid.*, p.j. nº 63, p. 433.
23) Archives municipales de Saint-Omer, BB 200.1
24) *Ibid.*, BB 200.19
25) *Ibid.*, BB 200.20; BB 200.21
26) これと関連して，サン・トメール市文書館(図書館)所蔵の，1270 年代以降 1290 年代以前——従って問題としている時期とほぼ同時期——の編集物と目される一冊のカルチュレール(文書集成帳)は，第 40 葉の表から第 46 葉の裏にかけて，1202 年にカピーで調査され作成されたバポーム通過税記録の写しを完全な形で含んでいる。正確には，赤のインクによる見出し記載によれば，国王のもとに作成・保管されていたルジストルを，1273 年一言一句正確に書き取ったものである (Archives municipales de Saint-Omer, ABXVIII15, Cartulaire, 40r: Chest li registres dou paage de Bapaumes estais dou registre le roy mot a mot . . . Lan Mil. CC.et LXXIII)。ここで，当該カルチュレールについて概観を示しておく。この文書集成帳は，12 世紀前半から 13 世紀後半のルイ 9 世治世までのサン・トメール市に関わる諸特権文書——特にフランドル伯やフランス国王による都市法やグラヴリーヌ等での商業特権状——を，確認文書も含めてほぼ網羅的に含み，13 世紀のものでは特に，ワイン計量税に関する仲裁文書，サン・ベルタン修道院との間のアルク村や水利に関する調停文書を転記している。さらにこのカルチュレールは，一連の特権文書に続いて，サン・トメール市の流通税表，問題のバポーム通過税成文記録(通過税表)の写し，そしてサン・トメール都市慣習法の俗語訳を記し，50 数葉をもって結ばれている。以上すべてが同一人物の手によって筆写されたものであることは，筆跡とインク状況がそれを証明する(後代の手による書込み・修正もいろいろあるが，ここではこの点にはふれない)。状況からしてこのカルチュレールは，1270 年代のある時点で，都市当局が都市の諸特権を守るために編纂したものであることは間違いなく，その過程でバポーム通過税記録がオリジナルに照らして転載されたという事実は興味深い。ちなみに，このバポーム通過税テキストの存在は，サン・トメール市固有の流通税表の陰に隠れていた感があり，意外にもこれまで一切の校訂作業の対象となっていない。新たなテキスト校訂作業を進める必要が出てきた。
27) アミアンを中心とするピカルディー地方がワインの活発な交易地であり，またそれを対象とする通過税が各主要都市に設けられていた点については，H. Duchaussoy, La vigne en Picardie et le commerce des vins de Somme, *Mémoires de la Société des Antiquaires de*

Picardie, t. 41, 1926, pp. 278–286.
28) *Les olim*, t. 1, p. 726.
29) J.-M. Cauchies, Pouvoir législatif et genèse de l'Etat dans les principautés des Pays-Bas, in A. Gouron et A. Rigaudière (éd.), *Renaissance du pouvoir législatif et genèse de l'Etat*, Paris, 1988, pp. 59–74; Id., Le prince territorial au bas moyen âge dans les anciens Pays-Bas. Quinze années de recherches en Belgique (1975–1990), in *Les princes et le pouvoir au moyen âge. XXIIIe Congrès de la S.H.M.E.S. Brest, mai 1992*, Paris, 1993, pp. 35–48.
30) E. Boutaric, *Actes du Parlement de Paris*, 2 vols., Paris, 1863–1867; rpt. New York, 1975.
31) *Les olim*, t. 1, p. 727.
32) トゥールネと王権の歴史的関係については，P. Rolland, *Les origines de la commune de Tournai*, Bruxelles, 1931, pp. 39–48. また，13世紀後半のトゥールネと王権の関係については，L. Vanderkindere, *La formation territoriale des principautés belges au moyen âge*, t. 1, Bruxelles, 1902, rpt. 1981, pp. 260–261.
33) Archives départementales du Nord, B 987, n° 2064.
34) *Les olim*, t. 2, p. 353.
35) 前掲注33に挙げた史料がシャルル6世期の確認文書である。
36) *Les olim*, t. 2, pp. 223–224.
37) R. Doehaerd, Au temps de Charlemagne et des Normands, ce qu'on vendait et comment on le vendait dans le Bassin parisien, *Annales, E.S.C.*, t. 2, 1947, pp. 266–280; Id., Une paradoxe géographique: Laon, capitale du vin au XIIe siècle, *Annales,E.S.C.*, t. 5, 1950, pp. 145–165.
38) *Les olim*, t. 2, p. 243.
39) 代表的研究として，J. Craeybeckx, *Un grand commerce d'importation: les vins de France aux anciens Pays-Bas (XIIIe–XVIe siècles)*, Paris, 1958; Y. Renouard, Le grand commerce des vins de Gascogne au moyen âge, *Revue historique*, t. 221, 1959, pp. 261–304がある。
40) Archives départementales du Nord, B 574, n° 15935. 本状もまた1454年のVidimus文書であり，内部にフィリップ4世の名による文書が挿入されている。
41) 最近刊行された中世後半から近世に至る西欧の公的租税制度の展開に関する研究集会論文集において，通過税等関税に関わる重要な業績として，F. Pfeiffer, Politique et pratique douanières sur le Rhin aux XIVe et XVe siècles: entre intérêts fiscaux et régulation du commerce, in Ph. Contamine, J. Kerhervé et A. Rigaudiere (éds.), *L'impôt au Moyen Age*, t. 3, Paris, 2002, pp. 741–762がある。その重要な議論は比較参照されるべき論点として次稿において検証していくこととしたい。

付記 本稿は，科学研究費補助金基盤研究(C)(2)(課題番号14510416)「中世北フランス・パポーム通過税の形成・展開と地域における社会的合意」にもとづく成果の一部をなす。紙幅の関係上，主要引用史料の原文を注に転記できなかったが，これらについては，未刊行分の校訂も含めて，同科研費報告書でまとめて提示したい。

キングストン・アポン・ハルの建設

田村 理恵

はじめに

　12世紀から14世紀前半は，ヨーロッパ全域で人口増加，農業技術の進展が起こった時期であり，それに伴い，商業も大きく発展した[1]。イングランドでは，交易と市場からの収入に関心をもった領主たちにより，12世紀と13世紀前半に多くの都市が建設された。聖俗の領主が市場開設等のために特権を獲得し，都市建設を試みたのである。ヨークシャーも例外ではなく，ニューマルトン（New Malton），バラブリッジ（Boroughbridge），ヘドン（Hedon），ラヴェンサーオド（Ravenserodd）等が，この時期に建設されている[2]。すべての試みが成功したわけではないが，この頃，建設された都市の中にはその後大きな発展を遂げたものもある。その顕著な成功例として，キングストン・アポン・ハル（Kingston upon Hull）があげられる。キングストン・アポン・ハルは，ミューズ修道院（Meaux Abbey）によって建設され，その後，エドワード1世による獲得を通して，バラ（borough）となった都市である。バラとは国王から特権を与えられた都市であるが，その特権の内容は様々であり，すべてを同じものとして扱うことはできない。その中でキングストン・アポン・ハルは，国王が自らその成立に深く関わっており，その後の関係も深い。以前から存在した都市と違い，ハルには既得権がなく，バラがもつ権利を一つひとつ獲得してきたのである。このハルの都市建設，特権獲得の過程を明らかにし，バラと称される集落の性格とその成立の一例を明らかにすることが，本論の課題である。

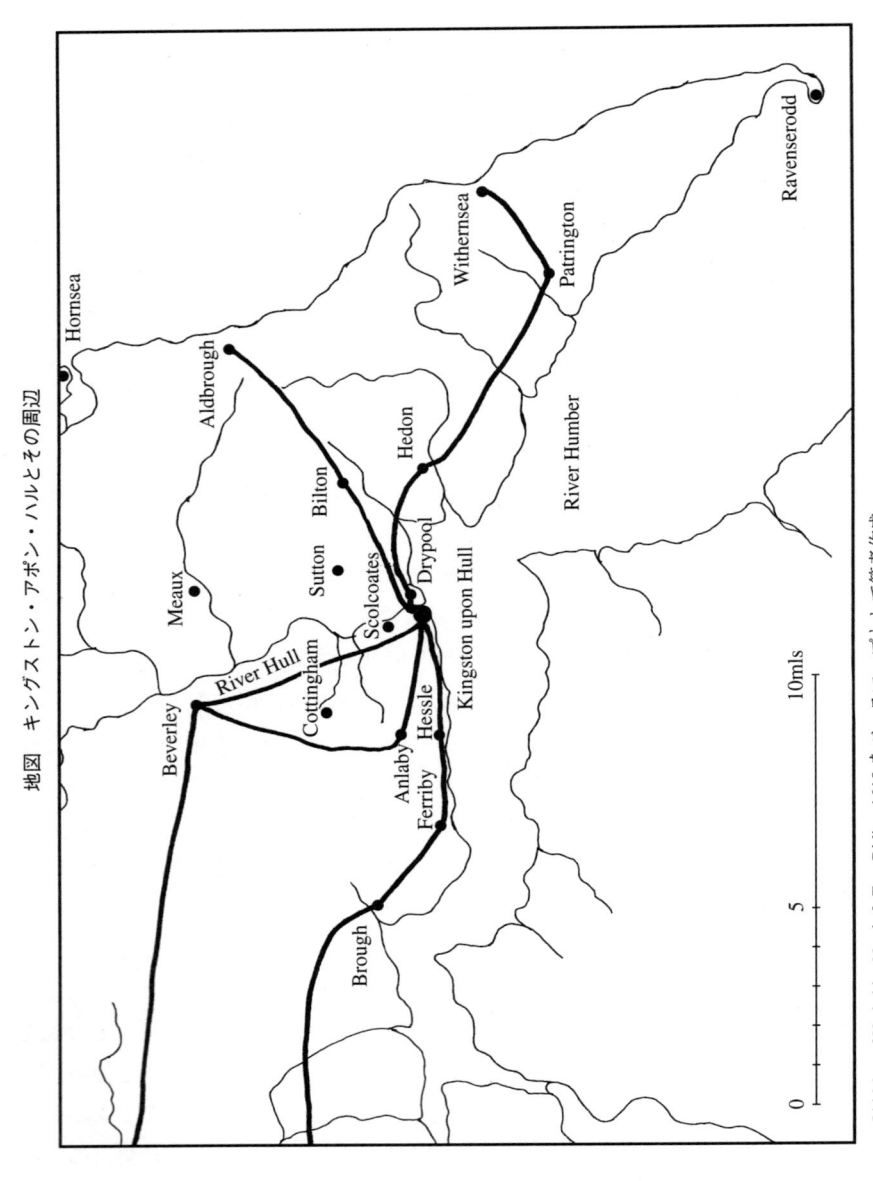

地図 キングストン・アポン・ハルとその周辺

Old Map of Yorkshire North & East Riding 1610 をベースマップとして筆者作成

I. ウィック・アポン・ハル（Wyke upon Hull）の形成

(1) ドゥームズディ調査

　現在，ハルと呼ばれる都市は，正式にはキングストン・アポン・ハルという名をもつ。イングランド北部の大河，ハンバー河の河口北岸に位置し，ハル河がハンバー河と合流する，ハル河の河口両岸に広がっている。しかし，中世においては，この都市はハル河の西岸に位置しており，東岸はその市域ではなかった。そのため，中世のハルは東方をハル河に，南方をハンバー河に接していたことになる。都市の起源は，はっきりしていない。ドゥームズディ・ブックには，この場所にラルフ・ドゥ・モーティマー（Ralph de Mortimer）がフェリビー（Ferriby）所領の一部としてマイトン（Myton）に1と2分の1カルケートを保有していると記載されているのみである[3]。ここに，後のキングストン・アポン・ハルが建設される。ドゥームズディ・ブック以降，この土地について確認できる史料は，ここに所領を形成したミューズ修道院の年代記である[4]。

(2) ミューズ修道院による所領集積と都市建設

　マイトンは，ミューズ修道院が所領を獲得する以前は，カミン（Camin）家が所有していた。ミューズ修道院の年代記には，所領の獲得が以下のように述べられている。カミン家は娘マティルダが，ロバート・ミューズ（Robert Meaux）と結婚する際に，嫁資としてマイトンの所領を与えた。彼らは，ホルダーネス（Holderness）の領主，オマール伯ウィリアム（Earl of Aumale, William le Gros）によって1150年に建立されたシトー派のミューズ修道院[5]に，1160年から1182年の間に，マイトンの4ボーベイトの土地と羊400頭分の牧草地，ハンバー河の漁場，製塩所の3分の2の権利，邸宅が位置する家屋地（toft）を寄進し，ウィック・オブ・マイトン（Wyke of Myton）の地代の3分の2とマイトンに属する羊400頭分の牧草地を売却している。この時，マティルダの母エイノール（Anor）の寡婦産として留保されていたマイトンの3ボーベイトの土地も彼女の死後，交

換によってミューズ修道院に渡されることが確認されており，それは1193年から1210年の間に，ロバートとマティルダの息子，ジョン・ドゥ・ミューズ (John de Meaux) によって果たされている。さらにマイトンの土地のうち，ジェフリー・ブリト・ドゥ・バゲッソーピア (Galfrid Brito de Buggethorpia) が2ボーベイトの土地を，ベネディクト・ドゥ・スカルコーツの息子トマス (Thomas filius Benedicti de Sculcottes) が1ボーベイトの土地を，ランバート・カミン (Lambert Camin) が1家屋地を，ミューズ修道院に売却している。ウィックに関しては，ウィリアム・ドゥ・サットン (William de Sutton) とベネディクト・ドゥ・スカルコーツ (Benedict de Sculcottes) が上記以外の部分をミューズ修道院に寄進している[6]。

　これらの寄進により，ミューズ修道院はマイトンおよびウィックに所領を形成したのである。マイトンとウィックの関係ははっきりしないが，所領形成初期にはハンバー河とハル河の合流地点一帯がマイトンと呼ばれ，ハル河の河口部に近い地点がウィック・オブ・マイトンと呼ばれたようである[7]。ウィックとは河口や港をさす言葉であり，ウィック・オブ・ホルダーネス (Wyke of Holderness) と呼ばれる場所もあることから，ウィック・オブ・マイトンはハル河西岸，ウィック・オブ・ホルダーネスを東岸と考えることができる。マイトンはハル河の両岸に広がっていたと考えられるが，13世紀にハル河がその流れを東よりに変えたことにより，マイトン及び後にウィック・アポン・ハルと呼ばれるようになる町は結果的にハル河西岸に位置することになる[8]。

　マイトンには当然教会が創建されたが，それはこの町から西に6–7キロのところにあるヘスル (Hessle) の教区教会に属するチャペルであって，教区教会になるのは1661年のことであった[9]。その上，このヘスル教会の司祭はヨークシャー，ノース・ライディングにあるギスバラ修道院 (Guisborough Priory) の修道士たちが務めていたため，13世紀前半に十分の一税の支払いでミューズ修道院との争議を経験している[10]。

　ミューズ修道院によって建設されたマイトンはハンバー河とハル河の合流地点にあるという利点をいかし，港湾都市として発展することになる。造船技術が向上し，船舶が大型化すれば，ハンバー支流へ遡行していく際に小型の船へ

の積み替えが必要になり,それだけこの港の重要性が増してくることになる。この港の最古の記録は1193年のパイプ・ロールである。そこには,リチャード1世の身代金のために集められた羊毛の集積地として「ハル河の港（'ad portum de Hulmo'）」の記述がある[11]。この記述が確実にこの港を指しているかどうかは分からないが,ハル河にある程度大きな港が存在したことは確かであり,ジョン王治世の課税額から見ても,それがハル河河口の港ウィックである可能性は高いであろう。1203年から1205年にかけて,イングランド南部と東部の港湾が課税された際,ウィックは345ポンドを支払っている。これは,ロンドン,ボストン,サザンプトン,リンカン,キングズリンに続く,6番目の高額課税であり,ヨークの175ポンドを大きく超えているのである[12]。さらに13世紀後半から14世紀にかけてはヨークシャー及びリンカンシャー産の羊毛の輸出で繁栄し,ロンドン,ボストンに次いでイングランド第3の港湾都市へと躍進している[13]。しかし,14世紀まではウィックと内陸とをつなぐ道路はあまり整備されておらず,内陸との交通も水路に依存していたと考えられており,この港の主要な役割は,ハンバー河の支流を航行する船と外洋を航行する船との間の荷の積み替えであった[14]。交易は低地地方を始め,バルト海沿岸,ガスコーニュ地方が主な取引先であった。ウィックの主要な輸出品は羊毛と14世紀になってその量が増える毛織物であり,多くは低地地方へ輸出された[15]。バルト海沿岸との貿易は主に木材とその加工品,ニシンをはじめとする海産物の輸入であり,これらは低地地方を経由してくることもあった。ハルの船舶がバルト海へ航海するのと同様ハンザの船舶も多くハルへ入港していた[16]。ガスコーニュとの交易は14世紀以降に特に活発になっていくのだが,それ以前からワインの輸入はさかんであった[17]。そのため,ハルには海外商人も多く居住していた。

(3) 領主の利害関係

ミューズ修道院はマイトンにベイリフ（bailiff）をおいていたが,国王もまたウィックの港の管理のために役人を置き,港で関税を徴収していた。さらにヨーク大司教もハル河への権利を主張し,この三者の権利がウィックの港で衝突していたのである。

1279年にミューズ修道院は週市と年市の開設を国王から許されている。修道院はハル河沿いのウィック（Wyk super le Hul）の彼らのマナーで，木曜日の週市を，トリニティの祝日の前日から15日間年市を開催することを認められたのである[18]。このことから，集落としてのウィックにミューズ修道院が領主としての権利を持っていたことは疑いない。しかし，港の管理に関しては修道院のベイリフがどの程度関わっていたのかを示すものはない。1290年の国王令状（writ）は修道院長のベイリフに向けて出されているが，他のものは単にハルのベイリフに向けて出されている。このベイリフのほとんどは国王のベイリフと考えるのが妥当なようである[19]。この中に，ヘンリー3世からハルの港の管理人に任命されているシアー・ドゥ・サットン（Sear de Sutton）がいる。彼は，ウィックの近郊サットンの領主であり，ウィックの港で，国王の輸入ワインに対する権利，すなわちウィックに入ってくるワインに対する試飲権（first taste），優先買取権（pre-emption）を行使し，ワイン税（prisage）の徴収を行っていたのである[20]。

　ヨーク大司教は，ハル河流域にある都市ベヴァリー（Beverley）の領主としてハル河の通行税徴収権を主張していた。また，大司教は，ウィックのハル河を挟んだ対岸のドライプール（Drypool）に所領を持っていたため[21]，ウィックの船荷の積み替え港としての役割をドライプールに期待し，そこからの関税収入をも期待したということは十分考えられる。ベヴァリーは，ハル河上流にあり，その川幅は広くないことから，ベヴァリーへの商品の輸出入には，河口での荷の積み替えが必要とされたのである。大司教は13世紀には権利をさらに拡大しようと図り，ハル河両岸の検屍官（coroner）任命権，輸入品への課税権を主張するようになった。1213年頃，大司教の役人が，サットンの領主としてシアー・ドゥ・サットンが保持していた測量税（tolls for measuring and weighing）徴収権の収奪を狙った事件が起こっている。大司教は港における測量税徴収権への主張を行うが，それはサットン領主としてのサットンの行為に対する主張という形を取りながらも，国王役人としてのサットンの行為にまで及んでいた[22]。また，1239年6月2日には，ヨーク大司教ウォルター・ドゥ・グレイ（Walter de Gray，在位1215–55）が，ハンバー河畔の彼のバラ——約24メートルの幅と

48メートルの長さ——の市民にベヴァリーと同じ特権を与えている[23]。これは集落名が与えられていないが、ドライプールかウィックのことを指しているとも考えられる。いずれにせよ、ヨーク大司教がこの時期にハル河やハンバー河への権利拡大を狙っていたことは疑いない。また同じくグレイのヨーク大司教在位期に、もう一度ハル河における権利拡大を試みている。サットンの家臣がワインの試飲のためにある船に乗った際、そこに財宝が隠されているのを発見し、サットンの指示でこれを奪い、その争いの中で乗員を殺してしまうという事件が起こった。これにより彼は告発され、その中で大司教の好意を得るためにハル河での彼の権利のすべてを大司教に譲渡したのである。これは1275年から1276年にかけて行われた審問でも確認されている。その調査記録では、サットンの罪により、大司教がハルの港（'portu de HUL'）を事実上占有していると書かれている[24]。これは大司教の正当な権利とはみなされていないようである。しかし、1267年には国王がチャーターで、ヨーク大司教ウォルター・ギファード（Walter Giffard）に、「かつてのヨーク大司教ウォルター・グレイと彼の前任者たちが保持していたように自由に、ヨーク大司教と彼の後任者たちは、彼らのハルの港とそこでの彼らのワイン税と他の商品への税（prises of wine and other merchandise）を永久に保持すること」を確認してもいるのである[25]。

II. バラの確立

（1）国王の都市へ

　13世紀の終わりから14世紀にかけてのスコットランドとの戦争においてヨークシャーの諸都市は国王にとって戦略上の拠点としての重要性を増していった。ヨークは1298年から1304年までイングランドの「首都」の役割を果たしており[26]、通常よりはるかに多くの物資が必要になり、交易も活発化したと考えられる。ハンバー河の一支流ウーズ河上流にあるヨークへ物資を送るための積み替え港、および北部の戦場への物資の集積港として、ハンバー流域にそれらの機能を果たすことのできる、かなりの規模の港湾都市が必要とされたのである。

その港湾はその必要とされる機能上,国王以外の領主をもっていることは好ましくなかった。これらの機能を果たすことができる都市として,ウィック,ヘドン,ラヴェンサーオドがあげられるが,エドワード1世はこれら三つの都市をすべてこの時期に国王都市としている。ヘドンとラヴェンサーオドはいずれもオマール伯の支配下にあったホルダーネスの都市であったが,1260年から1293年にかけてしだいに国王の手に落ちることになった[27]。しかし,ヘドンは,内陸に3キロも入ったところにあり,ラヴェンサーオドはスパーンヘッドの先端にあり,あまりにも無防備であるという欠点を抱えていた。

そこで,エドワード1世が良港として獲得しようとしたのがウィックである。そのために,国王は1292年11月にウィックの調査とその査定を命じている[28]。そして,査定に基づき,ミューズ修道院から国王へのウィックの譲渡が1293年1月31日に行われている。この時譲渡されたのは55の屋敷地 (messuage),76人のテナントによって占有されている54の区画 (plot),占有者も建物もない12の区画,7.25エーカーの年市のための土地,週市の出店権,裁判収入徴収権であり,総額78ポンド14シリング8ペンスの評価であった[29]。こうして,ウィックはキングストンへとその名を変え,国王都市となり,ミューズ修道院の役人に代えて国王役人が都市の管理のためにおかれることになる。その責任者は都市管理官 (custos) である。この下にベイリフがおかれた[30]。彼らによって都市が管理され,法廷が主宰された。国王都市になってからの最初の10年で,大幅に都市機能が拡充された。1293年7月には火曜と金曜の週二回の週市とセント・オーガスティンの祝日の前日(5月26日)からの6週間に及ぶ年市が設定されている[31]。埠頭,都市管理者の邸宅,水車,道路等の建設が計画され,実行されている[32]。1301年にはホーリー・トリニティ・チャペルの教会地がヨーク大司教によって聖別されたことで,ここでの埋葬が可能になった[33]。

(2) 特権の獲得

都市としてのハルにとって重要な転機は,1299年の一般にバラチャーターと称される特許状の獲得である。これは100マークの支払いによって国王から4月1日に与えられている[34]。このチャーターは,「朕のキングストン・アポン・

ハルの町の改良とこの町の朕の住民の利益と特典のために，前述の朕の町がこれ以降自由なバラとなるべきことを朕が望みかつ許したということを，汝ら知るべし」[35] という記述で始まり，まさしくバラチャーターと呼ばれるべきものである。以下，その住民を市民 (burgenses) と認めること，特権と自由な慣習を認めること等が書かれている[36]。そして都市管理官について言及する。「かのバラは，朕と朕の後継者たちによってそのために継続的に選び出される信頼すべき人によって管理されるべし。彼は最初に，聖なる神の福音書の上で前述の市民たちの前で，朕から同市民とバラに譲り渡された全ての自由を無傷のままに保護し，すべてのことを誠実かつ勤勉に実行するという堅い宣誓を行う」[37] と言及している。つまり，ここでは国王に選ばれた人物が都市の管理にあたることになっているものの，都市管理官は市民の前で宣誓することが義務付けられており，この点で，メイヤー (mayor) を市民が選び，市民と国王に対してその責任を負うという典型的な「自治」的形態をもつバラへの過渡期の性格が看取される。

次に，バラ内の土地の遺贈の自由，国王令状への復命権，国王役人の都市への立ち入り制限[38] など，国王役人の排除の項目が続く。その後には，裁判権に関する項目があらわれる。バラ内の保有地や犯罪に関しては都市管理官に裁判権があること，裁判の下準備がその役割である検屍官の市民による選出，市民への宣誓，そして牢と絞首台の設置が規定されている[39]。しかし，他のバラと同様に，絞首台は都市に設置することは許されておらず，重罪裁判権は国王が留保した。最後に，都市への商業上の特権が記されている。まず，各種の通行税の免除，そして週市と年市の許可である[40]。特に，通行税の免除は商人にとって非常に有利な特権であったため，このチャーターの付与の後にこの特権の享受を求めて市民になる場合もあったと思われる。そのため，「特権と自由な慣習を享受しようと望む前述のバラの全ての人々は前述の市民とともにそのバラにタリッジがかけられるごとにゲルド・アンド・スコットを負担すべきこと」[41] を認めるという規定が見られる。

1331年に，200マークの許可料と年間70ポンドの地代により，都市管理官に代えて，メイヤーをおき，それを市民が自ら選出することを認めるチャーター

が，エドワード3世によって発給される[42]。このチャーターはまず，エドワード2世によって与えられた1312年のチャーター[43]の追認を行った上で，ハルの果たすべき防衛上の貢献と商業の促進のためにという名目で，国王がこのバラにもっていた全ての権利を市民に譲り渡すとしている[44]。地代は70ポンドであるが，これは，1320年の評価額68ポンド17シリング6.5ペンスに増加分の22シリング5.5ペンスを加えたものだと書かれている。そしてそれをミクルマスとイースターに半分ずつ財務府 (Exchequer) に支払うことが定められている[45]。

バラの市民への譲渡に関連して，メイヤーと4名のベイリフの選出が規定されている。彼らの職務は，都市の維持，都市に関わる訴訟を行うこと，バラと市民に関わる他のすべてのことを実行することである。彼らは年ごとに選ばれ，即刻聖書の上で市民を前にして「国王とその後継者のために，国王とその後継者の権利の維持のために，このバラの特権と自由な慣習の維持のために，また彼らの職務の執行において適切かつ誠実に行動する」という宣誓を行わなければならなかった[46]。彼らはさらに都市管理官がもっていた裁判権のすべてを引き継いでおり，盗賊裁判権 (infangenethef and utfangenethef) を行使する権力を持つ。また，あらゆるバラ内部の保有地に関して最近の実力行使のアサイズ (assize of fresh force) を提起し，審理し，国王からのいかなる令状もなしに，40シリングをこえる動産や負債に関する訴訟を審理する権力を有していた。それ故，バラに関するすべての訴訟は，その訴訟が国王や彼の相続人，あるいはバラの共同体に関するものでない限り，バラ内部のメイヤーとベイリフの面前で提起され，審理され，結審されるべきであるとされた[47]。

さらに，国王は市民たちにバラ内の国王に属するすべての空地を譲渡し，その利用は市民の自由とされた[48]。また，1299年のチャーターで認められていた国王の令状に対する復命権に加えて財務府の令状と召喚状に関する復命権を与えている。これにより，国王役人の都市からの排除がさらに進むことになる[49]。市民にはこの他にバラ外での裁判における陪審員の免除，また外部の者をバラ内での裁判において陪審員にしてはならないことが明記されている。ここでも裁判が国王権や都市共同体に関わる場合の裁判は留保されているのではあるが。裁判に関しては，もう一つ，陪審員の規定と関連して市民はバラ内での訴訟に

おいて外部の者によっては有罪を宣告されないという規定がある[50]。さらに，商業上の特権として，商人は，彼らが主要な負債者，担保人，保証人でない負債によって，あるいは他の人の侵害によっては，差し押えをされるべきではないことが述べられており[51]，投錨税（anchorage），河岸税（strandage），停泊税（sedage），ラスト税（lastage）がイングランドと国王の支配領域において免除されることが書かれている[52]。このチャーターの後に，当時のハルの都市管理官ロバート・ハスタング（Robert Hastang）への命令が出されており，その内容は，バラを市民に引き渡すことと，それを済ませた後の彼の解任が記されている[53]。

1334年にも，ハルは戦時，特に対スコットランド戦争，における国王への貢献と40マークの手数料で新たなチャーターを獲得している[54]。これは主に商業関係のもので，商人法上の印章（a statute merchant seal）の保持と新たに埠頭税（quayage）の免除が明記されている。

こうして特権を集積して，バラとして成長したハルは平時には商業都市として，戦時には戦略拠点としてイングランド北部において大きな地位を占めていくことになる。

(3) 市政府の形成

ここで，1331年のチャーター以降形成された市政府を簡単に見ていきたい。まず，市政府の統轄者としてメイヤーがいる。これは前述したように市民の集会によって市民の中から選ばれ，その役務は市政府の維持，裁判の主宰などがあげられる。初代のメイヤーはウィリアム・ドゥ・ラ・ポール（Willam de la Pole）で，彼は，その後1332年，1333年，1335年とメイヤーを歴任している[55]。彼と兄のリチャードは1317年頃から，史料に現れ始め，国王とのつながりも強くなっていた[56]。このことが，彼のメイヤー就任にも大きく関わっていると思われる。また14世紀を通して，メイヤーを務める家は決まっており，商人寡頭制であった[57]。次に，あげられるのが，ベイリフであるが，この役職につく者は4名と1331年のチャーターには定められているものの，実際には2名しか選ばれていないようである。役務については，1331年のチャーターで定められた国王への地代支払いの責任を負うというのが，最重要役務であり，その他はメ

イヤーの補佐といって差し支えない。ただ，国王からの令状はメイヤーとベイリフに当てられることが多い。メイヤーと同じ商人層から選出されている[58]。次に重要なのが出納役（chamberlain）で2名おかれていた。都市の収支の管理が役務であり，より広い層から選ばれていた。1331年を挟んではいるがウィリアム・ドゥ・ラ・ポールのように，この役職を通じて，ベイリフ，メイヤーとなる人物もいたが，14世紀には，メイヤーベイリフとは異なる層から選出されていた[59]。上記の三役職が，市政府の中心となる。他に，印章の保管や証書の作成を行ったと思われる書記（common clerk）や裁判の下準備をするための検屍役，メイヤーの仕事の補佐をするためのサージャント（serjeant）などがおかれていた[60]。

この当時，市参事会と称されるようなものは史料には現れていないが，14世紀後半にはメイヤー，ベイリフ，出納役とともに数名の市民が市参事会のようなものを構成していた。彼らは条例の制定や市政府の補佐を行っていることが確認されている[61]。それは6–19名と人数は定まっていないため，常任ではなかったようであるが，市参事会に似た制度がすでにあったのである。また，1331年のチャーターでも市民がメイヤーとベイリフを選ぶことになっており，その際，形式的にではあっても市民集会（commons）が行われたことは推測できる。

また，議会への代表（Member of Parliament）も都市にとっては重要な人物であった。1304年初めて議会に代表を送って以降，特に1331年以降は継続的に代表を送っている。14世紀の代表の少なくとも52パーセントは商人で，市政府の役職をも務めたことがある人物であった[62]。

III. 権原の開示と権利の明確化

(1) ホルダーネスに対する権原

このようにして，王権はエドワード1世からエドワード3世までの3代に亘り，北部の重要港湾都市としてキングストン・アポン・ハルの「建設」とその

機能の拡大に務めてきたのであるが，そこには周辺領主の利害が絡み，その権利関係の整理が必要だった。その端緒がハルの対岸に広がるホルダーネスの領主権の国王による獲得であった。

それまで，ホルダーネスの領主権はノルマン征服以来オマール伯の手にあり，その地位は確固としたものであった。しかし，ヘンリー3世の治世の，1260年にウィリアム・ドゥ・フォルツ3世（William de Forz III）が死亡したことから，領主権の崩壊が始まる。当時，法定相続人であるトマスが6歳で，未成年であったことから，伯夫人イザベラに寡婦産分の領地と子供たちの後見権は残されたものの，3分の2の領地と子供たちの婚姻権が国王の手に渡った。伯妃イザベラは母のデヴォン伯母アミシア（Amicia countress of Devon）と共同し国王の手に渡った領地を翌年買い戻す。しかし，この母娘に争いが起こり，ホルダーネスはそのために国王に没収された。この争いは1274年のイースターに和解にこぎつけるものの，この時までにウィリアムとイザベラの間の男子たちは死亡し，残った法定相続人たる娘アヴェリンはエドワード1世の弟エドマンド・クロックバック（Edmund Crouchback）と結婚しており，この二人に占有（seisin）が認められた。1274年の12月10日にアヴェリンが死亡し，エスチーター（escheator）によりホルダーネスは国王に帰属することが宣言された。伯妃イザベラの寡婦産分も1293年の彼女の死により，国王の手に渡り，ホルダーネス全体が国王の手に入ることになった[63]。最終的に，ホルダーネス全体が国王の手に入るのは1293年になってからであるが，それより20年程前には既に，ホルダーネスのその後の帰結は明らかだった。国王がこれを見越した上で，ウィックの獲得に乗り出していることは考えられることである。

そして，このホルダーネスの領主として，国王は大司教がもつハル河への「領主権」に異義を唱える。1298年，5月にハルに到着した商人の中に重病人がおり，ドライプールの司祭によって臨終の祈禱があげられ，その10日後に彼は死亡した。仲間が彼を埋葬するためにハル河を航行していると，ヨーク大司教のベイリフと大司教領の農民がその船を止め，審問し，船を差し押さえた。これはグレイ以降ヨーク大司教が保持していたハル河における徴税権に由来していると思われる。しかし，国王はこれに介入し，ハルとホルダーネスの領主とし

てハル河の権利は国王のものであると主張した。調査が行われ，ハル河の「領主権」はホルダーネスの領主にあるとされたのである[64]。こうして，大司教のハル河における「領主権」が否定された。

(2) ハルにおけるワイン輸入税に対する権原

さらに，ハルの港での関税徴収の権利に関しても，大司教がその権利を主張し，ハルの都市および国王と対立した。大司教の主張の根拠は1267年に大司教ギフォードに与えられたチャーターであると思われる。しかし，1275から1276年にかけての審問においてこのチャーターは無視され，大司教が事実上占有しているに過ぎないとされている。1278年には国王によってハルの港にワインの計量官と出納官が任命されている[65]。この後もヨーク大司教は数回ハルの港におけるワインに関する権利を主張している[66]。しかし，国王はハルにおける関税収入を商人への借金の返済に使用していたことからも，これを失うことは避けたかったと思われる[67]。14世紀初頭，ハルにおける国王のワインに関する税の徴収を行っていたのは，タン税 (tunnage) を徴収する関税役人 (custom officer) と国王のためにワインを供給し，ワイン税を徴収するバトラー補佐 (deputy butler) であった[68]。

このような状況の中，ヨーク大司教メルトン (Melton) が再びハルにおけるワイン税の権利を主張した。1326年に審問が行われ，今回はワイン税は大司教に属するものとされ，1327年3月に国王はバトラーに大司教のワイン税徴収権に干渉しないように命じている[69]。4月に国王のバトラーになったリチャード・ドゥ・ラ・ポールは，当時ハルにおけるバトラー補佐であり，ハルにおける大司教の代理人でもあったが，この任命を受けて，大司教にその職を辞することを願い，代わりの人物ジョン・ドゥ・バートン (John de Barton) を推薦した[70]。しかし，大司教に徴収権があることが認められたワイン税を，リチャードは国王役人として徴収し続け，国王から徴収を止めるように，そうでなければ，国王命令に従わなかった理由を，トリニティ開廷期に大法官 (Lord Chanceller) に述べるようにという命令を出した。これに応じ，リチャードは大法官府に出頭し，国王命令に従わなかった理由を，ワイン税徴収権は国王にあるからである

と答弁している。これに関して，ヨーク大司教も答弁を求められ，証言している。その結果，リチャード・ドゥ・ラ・ポールには，7月に，3月の国王命令を遵守するようにという命令が出されている[71]。

しかし，国王はワイン税徴収権をあきらめたわけではなく，1330年5月に，ベイリフには，大司教が国王や都市の不利益になるようなあらゆる特権を享受するのを許さないようにと命じ，リチャード・ドゥ・ラ・ポールには，大司教を無視してワイン税とワイン関税(wine customs)を徴収するようにと命じた[72]。これを受けるように，ハルのベイリフは，大司教のハルにおけるワイン税徴収権に異議を唱え，国王はこれに応じる形で調査を命じている[73]。その結果，議会において大司教の徴収権が認められ，リチャードへの命令は12月には覆された[74]。それでも，国王とハルの商人たちは，ワイン税徴収権をあきらめず，国王はハルでの国王のワイン税徴収権を正当化するための調査を開始したのである。1331年7月には「大司教とキングストン・アポン・ハルのメイヤー，ベイリフ，共同体との間の争議」に関する全ての証書の調査命令が出されており，1332年1月には王座裁判所(King's Bench)の裁判官に，ハルの河と港についての国王とヨーク大司教との間の訴訟を早急に進めるようにという命令が出されている[75]。最終的に，1334年，大司教がその根拠とした1267年のチャーターに税(prise)とは書いてあっても，ワイン税(prise of wine)とは書いていないと指摘され，この結果，大司教のハル河及びハルの港でのワイン税徴収の権利は完全に否定され，これ以降，大司教はこの税に関する主張を断念する[76]。

おわりに

キングストン・アポン・ハルはミューズ修道院によって建設された都市ウィックとして生まれ，後に国王都市となった。ミューズ修道院はその対価の支払いに不満をもっているものの，国王への譲渡が決まってからはその権利のすべてを放棄している。しかしながら，実際の問題は，周辺領主との関係にあった。ハルの周辺にあっては有力領主はホルダーネスの領主オマール伯家とヨーク大司教だった。ヨーク大司教はベヴァリーの領主として，ハル河に対し，

「領主権」ともいうべき多くの権利を保持していた。キングストン・アポン・ハルの港がハル河に位置していることが問題となり，この大司教の権利の都市からの排除が交易の自由の保証に大きく関わってくることになる。オマール伯領の王領化が，ハルに関する諸権利の整理にも有利に働いた。オマール伯領が国王に没収されたことで，ヨーク大司教は，ハル河の権利を国王と争うという他の領主との争いとは比較にならない困難な状況に追い込まれた。また大司教の権利の排除という点で，国王とキングストン・アポン・ハルの市民，特に商人たちの利害が一致し，共同して大司教の権原の排除を実行することになる。それが国王とドゥ・ラ・ポール家，特にリチャードとのつながりに端的に現れていくのである。そして，1331年，国王と大司教の争いが激しくなっていた時に，キングストン・アポン・ハルが市民に与えられ，初代メイヤーにウィリアム・ドゥ・ラ・ポールが就任したのは偶然ではない。また，国王と大司教との間のハル河のワイン税徴収権の決着がついたまさにその1334年に，商人法上の権利がキングストン・アポン・ハルに与えられていることも，これらの争いと都市の確立が関連していることを証拠づけるものである。キングストン・アポン・ハルは建設都市が，特権をもち，「自治的」政府をもつようになる過程を明確に示してくれる一例である。

注

1) R. H. Brittnell, *The Commercialisation of English Society 1000–1500* (Cambridge, 1993).
2) M. Beresford, *New Towns of the Middle Ages* (New York, 1967), pp. 509–518, 523–524.
3) *Domesday Book*, i., fo. 325b; Phillimore 版を使用。
4) フェリビーやミューズの位置は地図を参照のこと。以下，周辺村落，河川などはできる限り，この地図に示している。
5) W. Page ed., *A History of Yorkshire*, vol. 3 (The Victoria History of the Counties of England: A History of Yorkshire, vol. 3, Oxford, 1974), p. 146; B, English, *The Lords of Holderness 1086–1260: a Study in Feudal Society* (Oxford, 1979), pp. 25–26.
6) E. A. Bond ed., *Chronica monasterii de Melsa* (London, 1866, rep. 1967), vol. 1, pp. 168, 310; K. J. Allison, 'Medieval Hull', in K. J. Allison ed., *The City of Kingston upon Hull* (The Victoria History of the Counties of England: A History of the County of York East Riding, vol. 1, Oxford, 1969)（以下，Allison, 'Medieval Hull' と略記), p. 11.
7) Allison は，副次的な定住地であるとも述べている。Allison, 'Medieval Hull', p. 11.
8) Allison, 'Medieval Hull', pp. 12–13. 現在ではマイトンという地名はハル河西岸に一部残

るのみである。その場所は，14世紀の市壁の西外にあたる。この集落が，ウィックと呼ばれるようになるのは，ハル河が流れを変えたことにより，ウィックがその中心となったからであろう。

9) D. Hey, *Yorkshire from AD 1000* (London, 1986), p. 49.
10) E. A. Bond ed., *Chronica monasterii de Melsa* (London, 1866, rep. 1967), vol. 1, p. 425.
11) *Pipe Roll 5 Richard I, 1193*, Pipe Roll Society, new ser. vol. 3 (London, 1927), p. 69.
12) Allison, 'Medieval Hull', p. 13.
13) W. R. Childs, *The Trade and Shipping of Hull 1300–1500*, East Yorkshire Local History Series, No. 43, 1990 (以下，Childs, *The Trade of Hull* と略記), p. 7; Allison, 'Medieval Hull', pp. 13–14. もちろん，年によって変動があった。1297年から1298年にかけてはロンドンに次いで2位であった。
14) E. Gillet and K. A. MacMahon, *A History of Hull* (Hull, 2nd ed., 1989) (以下，Gillet, *A History of Hull* と略記), p. 2.
15) Allison, 'Medieval Hull', p. 65.
16) Childs, *The Trade of Hull*, pp. 14–15; Allison, 'Medieval Hull', pp. 61–62.
17) Childs, *The Trade of Hull*, p. 16; Allison, 'Medieval Hull', p. 63.
18) *Calendar of Charter Rolls* (以下，*C. Charter R.* と略記), 1257–1300, p. 214; これは1285年に建立されたとされるホーリー・トリニティ・チャペルと関連があるだろう。Allison, 'Medieval Hull', p. 15.
19) Allison, 'Medieval Hull', p. 14.
20) Allison, 'Medieval Hull', p. 14.
21) Gillet, *A History of Hull*, p. 1.
22) Allison, 'Medieval Hull', p. 14.
23) Gillet, *A History of Hull*, p. 2.
24) *Rotuli Hundredorum*, vol. 1, p. 106; Allison, 'Medieval Hull', p. 14.
25) *Calendar of Patent Roll* (以下，*C.P.R.* と略記), 1266–72, p. 47. なお，prise of wine は prisage と同じと考えられる。よって，本論では両者ともワイン税と表記する。
26) E. Miller, 'Medieval York', in P. M. Tillot ed., *The City of York* (The Victoria History of the Counties of England: A History of Yorkshire, vol. 1, Oxford, 1961), pp. 54–55.
27) 後述 III (1) ホルダーネスの権原参照。
28) 査定は後に行われたマイトンとあわせて103ポンド2シリング8ペンスであった。国王は代替地が与えられるまで，ミューズ修道院にこの地代の支払いを約束するが，代替地もこの査定に見合うだけは最終的にも与えられず，地代もミューズ修道院に保有権があったはずの半年分も国王のものになったと修道院は主張している。Allison, 'Medieval Hull', pp. 16–17.
29) ウィックには他にウィリアム・ドゥ・エイトン（William de Aton）所有の2屋敷地，2家屋地 (toft) があったが，これは国王の獲得地には含まれない。このうちの1屋敷地がヨーク大司教に賃貸されていた。Anison, 'Medieval Hull', pp. 16–17.
30) Allison, 'Medieval Hull', pp. 17. 初期には都市管理者のことをベイリフとも称していたようであるが，2代目の都市管理者リチャード・オイセル（Richard Oysel, 在任 1296–

1307）が都市管理官としての役目の補助のためにもう一人をベイリフとして採用して以降，ベイリフは都市管理官の補助的役割を果たしていたと考えられる．

31) これは，ヨークシャーのシェリフとリンカンシャーのシェリフに出された書簡で，ハルでの市場の開設を州，都市，市場町等で宣言することを命じている．*Calendar of Close Roll*（以下，*C. Close R.* と略記），1288–96, p. 292.
32) Allison, 'Medieval Hull', p. 19.
33) K. J. Allison ed., *The City of Kingston upon Hull*（The Victoria History of the Counties of England: A History of the County of York East Riding, vol. 1, Oxford, 1969), p. 287: しかし，前述のように，依然として，小教区としては認められなかった．
34) このチャーターに関しては，A. Ballard and J. Tait, *British Borough Charters, 1216–1307*, 1923（以下，*British Borough Charters, 1216–1307* と略記）のなかに分割された形で，ラテン語本文があり，J. R. Boyle trans., *Charters and Letters Patent granted to Kingston upon Hull*（Hull, 1905), pp. 1–5（以下，Boyle, *Charters and Letters Patent* と略記）にその全文の英訳がある．これとほとんど同じ内容のものがラヴェンサーオドにも同時に与えられている．*C. Charter R.*, 1257–1300, p. 476.
35) 'Scitatis quod ad meliorationem ville nostre de Kyngeston super Hull et utilitatem et commodum hominum nostrorum eiusdem ville Volumus et concedimus . . . quod predicta villa nostra de cetero liber burgus sit', *British Borough Charters, 1216–1307*, p. 6.
36) *British Borough Charters, 1216–1307*, pp. 28, 133.
37) 'quod burgus ille per aliquem hominem fidelem per nos et heredes nostros ad hoc successive eligendum custodiatur, qui prius prestet sacramentum corporale burgensibus predictis super sancta Dei evangelia quod ipse omnes libertates eisdem burgensibus et burgo a nobis concessas conservabit illaesas et fideliter et diligenter faciet omnia,' *British Borough Charters, 1216–1307*, p. 366.
38) 土地の遺贈の問題に関しては，*British Borough Charters, 1216–1307*, p. 93; 国王令状への復命権に関しては，*ibid.*, pp. 171–2; 国王役人のバラへの立ち入り禁止については，*ibid.*, p. 160.
39) 都市管理官の裁判権に関しては，*British Borough Charters, 1216–1307*, p. 155; 検屍官に関しては，*ibid.*, p. 360; 牢と絞首台に関しては，*ibid.*, p. 170.
40) 通行税の免除に関しては「前述の市民と彼らの後継者たちは王国全土と朕の支配領域の全域において，彼ら自身の物および商品にかかるべき通行税（toll），通橋税（pontage），通過税（passage），舗装税（pavage），防壁税（murage），その他のすべての通行に関する税を免れるということ」*British Borough Charters, 1216–1307*, p. 261: 週市と年市に関しては，週市は火曜と金曜で，年市はイースター後のセント・オーガスチンの祝日の前日から30日間である．これは，1293年に述べられている期間より12日少なくなっている．*Ibid.*, pp. 247–9; Boyle, *Charters and Letters Patent*, pp. 3–4.
41) 'quod omnes illi de burgo predicto libertatibus et liberis consuetudinibus gaudere voluntes sint ad gildam et scottam cum eiusdem burgensibus, quociens burgum illum contigerit talliari', *British Borough Charters, 1216–1307*, p. 140.
42) Boyle, *Charters and Letters Patent*, pp. 13–18; *C. Charter R.*, 1327–41, pp. 219–221.

43) このチャーターは，前述の 1299 年のチャーターと 1302 年のチャーターの追認である。1302 年のチャーターは，必要に応じて未決囚釈放裁判（gaol delivery）を行うことを確認したものである。Boyle, *Charters and Letters Patent*, pp. 6–7.
44) 「前述の都市(キングストン・アポン・ハル)を，国王が保持していた時と同じように，前述のバラの市民とその子孫たちによって保持されるように国王とその後継者への地代（fee farm）によって与える。また市民たちは，年市，週市，特権，自由な慣習，それと，そのバラに付属するすべてのことをも保持する。」Boyle, *Charters and Letters Patent*, p. 14; *C. Charter R.*, 1327–41, pp. 219–220.
45) Boyle, *Charters and Letters Patent*, pp. 14–15; *C. Charter R.*, 1327–41, p. 220.
46) Boyle, *Charters and Letters Patent*, p. 15; *C. Charter R.*, 1327–41, p. 220
47) Boyle, *Charters and Letters Patent*, p. 15; *C. Charter R.*, 1327–41, p. 220.
48) Boyle, *Charters and Letters Patent*, pp. 16–17; *C. Charter R.*, 1327–41, p. 220.
49) Boyle, *Charters and Letters Patent*, p. 17; *C. Charter R.*, 1327–41, p. 220.
50) Boyle, *Charters and Letters Patent*, pp. 17–18; *C. Charter R.*, 1327–41, pp. 220–221.
51) Boyle, *Charters and Letters Patent*, p. 18; *C. Charter R.*, 1327–41, p. 221.
52) Boyle, *Charters and Letters Patent*, p. 18; *C. Charter R.*, 1327–41, p. 221. ここで述べられている関税は 1299 年のチャーターで述べられたものとは異なっており，これらが新たに加えられたと見ることができるであろう。
53) *C. Charter R.*, 1327–41, p. 221.
54) Boyle, *Charters and Letters Patent*, pp. 19–22; *C. Charter R.*, 1327–41, pp. 308–309.
55) Allison, 'Medieval Hull', p. 31.
56) 例えば，1321 年から 1327 年までリチャードはハルの港の関税徴収人に，1321 年から 1324 年までリチャードとウィリアム両名ともハルの出納役に任命されている。金銭面では，1327 年には，この兄弟に対する国王の負債は 7,200 ポンドにまでなっていた。また，1321 年にハルが市壁の建設の許可を獲得した際には，この兄弟が 306 ポンドをかけて市壁建設にあたっている。E. B. Fryde, *William de la Pole: Merchant and King's Banker (†1366)* (London, 1988), pp. 11–17.
57) Allison, 'Medieval Hull', p. 32; J. Kermode, *Medieval Merchants: York, Beverley and Hull in the Later Middle Ages* (Cambridge, 1998)（以下，Kermode, *Medieval Merchants* と略記），pp. 29, 39.
58) 稀に 4 名の名前があげられている証書もあるが，実際に 4 名であったと断定することはできないようである。Allison, 'Medieval Hull', p. 32.
59) ただし，15 世紀以降は出納役を務め，その後ベイリフ（後のシェリフ），メイヤーとなる者が多くなる。Kermode, *Medieval Merchants*, p. 40.
60) Allison, 'Medieval Hull', pp. 31–33.
61) 1351 年には条例の制定に 19 名の市民たちが名前をあげられており，1356 年には出納役の支払いがなされる前にメイヤーとベイリフと 6 名の「よき市民」によってその支払いが承認されている。少し時代が下るが 1379 年にはメイヤー，ベイリフ，出納役とともに「共同体に利益に関するすべてのことを討議し，決定するために」8 名の市民が選ばれるようにということが定められている。Allison, 'Medieval Hull', p. 35.

62) この中にはウィリアム・ドゥ・ラ・ポールも入っている。Hey, D., *Yorkshire from AD 1000* (London, 1986), pp. 48–49; Allison, 'Medieval Hull', p. 39; Kermode, *Medieval Merchants*, p. 51.
63) B. English, *The Lords of Holderness 1086–1260; a Study in Feudal Society* (Oxford, 1979), pp. 53–54; 鵜川馨『中世英国世俗領の研究』(未来社, 1966), pp. 3–12.
64) Gillet, *A History of Hull*, p. 9.
65) *Rotuli Hundredorum*, vol. 1, p. 106; Allison, 'Medieval Hull', pp. 14–15.
66) ギファードの次の大司教ウィッグワン(Wickwane)も権原を示すことができなかった。1276年から1277年にかけての審問では、彼はワイン税をあきらめたものの、試飲権と優先買取権は主張し続けた。大司教ロメイン(Romeyn)も同様であったが、彼はさらにハル河の検屍官の任命権も主張した。Allison, 'Medieval Hull', p. 15.
67) Gillet, *A History of Hull*, pp. 6–7.
68) タン税はタン(大樽: 約252ガロン)ごとに課される税であり、ワイン税は20タン以上を運ぶ船に2タン、10から19タンの船には1タン課されており、徴収された1タンごとに1ポンドが支払われた。1303年には、外部の商人にはワイン税を課さず新関税に代えたが、1309年から1322年まで再び課税され、1322年にはガスコーニュとドイツのワイン商たちがバトラー補佐のリチャード・ドゥ・ラ・ポールと争いになり、最終的に1322年以降は外部からの商人には課されなくなっている。Allison, 'Medieval Hull', p. 43.
69) 調査の結果、1267年に、ヘンリー3世によって、記憶にない時代(1189年以前)から大司教にハル河のワイン税徴収権が認められていたことが確認され、その後、エドワード1世のバトラーによって、ワイン税が不当に徴収されるようになっていたことが明らかにされた。これを受けて、エドワード3世はハル河におけるワイン徴収権を大司教に認めている。Allison, 'Medieval Hull', pp. 44–45; *C.P.R.*, 1324–7, p. 289, *C. Close R.*, 1327–30, p. 51.
70) *Calendar of Fine Rolls*, 1327–37, p. 33; J. Raine ed., *Historical Papers and Letters from the Northern Registers* (Rolls Series 61, London, 1873), pp. 334–5.
71) *C.P.R.*, 1327–30, pp. 150–1.
72) *C. Close R.*, 1330–3, p. 31; *Calendar of Fine Rolls*, 1327–37, pp. 174–5.
73) *C.P.R.*, 1327–30, pp. 569–70.
74) *C. Close R.*, 1330–3, pp. 94–95.
75) *C.P.R.*, 1330–4, p. 200; *C. Close R.*, 1330–3, p. 430.
76) Gillet, *A History of Hull*, pp. 9–10. ただし、前述したように、残存する1267年のチャーターにはワイン税と書かれており、この指摘を通すためにかなりの無理をしたようである。これに関して、ハルのジェームス・ドゥ・キングストン(James de Kingston)が「国王に対する長年の奉仕と特にキングストン・アポン・ハルの港における国王のワイン税の回復における奉仕」によって、生涯に亘る聖職禄を与えられている。Allison, 'Medieval Hull', p. 45; *C.P.R.*, 1330–4, p. 526; *C.P.R.*, 1334–8, pp. 107, 182.

中世後期フランス都市財政における
ぶどう酒税について*

花田洋一郎

はじめに

　フランス中世都市史の泰斗としてその名を知られるトゥール大学名誉教授ベルナール・シュヴァリエは，フランス中世都市史に関する記念碑的著書『14世紀から16世紀にかけてのフランスの良き都市』(1982年)において，14–15世紀のフランス都市財政収入におけるぶどう酒税の圧倒的地位に関する叙述の中で次のように述べている。「要するに，大いに飲みまくって我が先祖は都市の防備強化とその維持に成功したのだ」[1]。

　中世後期のフランスにおいて，都市及び農村の住民がぶどう酒をたくさん飲んでいたことは良く知られている[2]。ルアン大学名誉教授ジャン゠ピエール・ルゲは，「中世の人々はたくさん飲んでいた。15世紀トゥールでは，成人1人当たりぶどう酒の年間平均消費量はおよそ148–178リットルにのぼり，それは年齢や健康上の理由から完全に禁酒して水だけ飲んでいた者を除くと，他の者は毎日飲酒することができたことを意味している」と述べている[3]。シュヴァリエは，都市住民の1日当たりの平均飲酒量は1リットル以上であったと述べている[4]。

　実際，都市にはたくさんの居酒屋があった。例えば，14世紀のアヴィニョンでは66軒，1441年のブリュージュでは54軒，16世紀初頭のドゥエでは100軒，1416年のドールでは，住民58人につき1軒の割合で居酒屋が存在し，ルアンやイープルでは60軒，そして15世紀パリでは200軒であった[5]。また1451年の

プロヴァンでも32名の居酒屋経営者が，会計簿から確認できる[6]。居酒屋ではさまざまな階層の老若男女(そこには聖職者も含まれる)がぶどう酒を飲みながら，時には楽しみ，また時には暴力沙汰を起こし，ひいては犯罪や陰謀をたくらむ場ともなっていた[7]。このようにぶどう酒は，現在のようにきれいな水をいつでもどこでも飲むことができなかった[8]中世都市の人々にとってなくてはならない日常消費品であったのだが，それは同時に王権及び都市にとって重要な税源でもあったのである[9]。

そこで本稿は，フランスを舞台にして都市財政におけるぶどう酒税の存在形態に着目し，その重要性を解明することを主たる狙いとしたい。まず第I節では，近年豊かな研究成果を上げている都市財政史研究において，間接税の1種であるぶどう酒税がどのように分析されているのかをみてゆきたい。さらに諸侯財政におけるぶどう酒税の在り方を検討した論文を取り上げ，国家(国王・諸侯)財政における間接税徴収の実態，とりわけ都市間接税との併存状況をみる。第II節では，筆者が研究対象としているシャンパーニュ諸都市の事例(プロヴァンとトロワ)を，ぶどう酒税に関するいくつかの史料類型を用いて具体的に検討してゆきたい。なおあらかじめ断っておくが，本稿は課税対象としてのぶどう酒に焦点を当てるので，ぶどう酒がどこで生産され，誰によってどこへどのように輸送されたのかといった問題には接近しない[10]。

I. 中世都市財政史研究におけるぶどう酒税

フランス学界では，都市財政収入の大部分を構成する間接税の1要素としてぶどう酒税に関して言及されることが多く(その収益のほとんどは囲壁や塔などの都市防備施設建設・改修費用に充てられた)[11]，この租税そのものに着目した研究は意外と少ない。近年の租税史に関する国際研究集会でも，特にフランスについては直接税の種類・査定・課税基礎決定・徴収といった一連の手続きを対象とする研究報告が多いが[12]，間接税の実態解明を意図した仕事はそれに比べて少ない。そうした仕事はむしろスペイン学界の方で活発な印象を受ける[13]。他方我国学界に目を向けると，1990年代以降に限ってみても中世初期から後期

にかけて，ぶどう酒交易(商業)の展開とその担い手に関する研究は目立つが[14]，税制の観点からぶどう酒税を検討した仕事は少ないようである。しかしながら翻ってフランス学界を見てみると，ぶどう酒税に注目した研究が全くないわけではなく，以下に挙げる研究は現時点で参照する価値をもつと言えよう。

19世紀後半以降フランス中世財政史に関する研究において，ぶどう酒税はしばしば取り上げられてきた[15]。国家財政の観点から書かれたクラマジュランの『フランス租税史』(1867年)[16]，ヴィトリの『1789年革命以前のフランス財政体制の研究』(1883年)[17]といった古典的研究にはぶどう酒税に関する詳しい記述があり，また第2次世界大戦以前の一連の都市制度史の中でも財政を取り扱う章においてぶどう酒税の種類・税率・収益などの情報が盛り込まれることはあった(例えばサンリス[18]，シャロン=シュル=マルヌ[19]，トロワ[20]など)。しかし，中世税制の1類型としてのぶどう酒税研究がスタートするのは，戦後である。1960年代から都市財政史研究が本格化すると，多くのフランス諸都市に関してぶどう酒税に関する情報が少しずつ蓄積されるようになり，他方で国王財政の観点でぶどう酒税を捉える研究はわずかになっていった。そうした中で，ぶどう酒税に関する豊かな知見を与えてくれる仕事として以下のものが挙げられる。

都市財政におけるぶどう酒税の位置を詳細に分析した最初の仕事は，ルゲによるブルターニュ地方都市レンヌの研究である[21]。まずレンヌ財政収入のうち最古の部類に入る「防備強化の義務」« devoirs de Cloison »(14世紀後半に現れた，市門もしくは柵においてさまざまな種類の商品に対して，ブルターニュ公の許可を得て徴収された搬入税全体を指す。税収は囲壁・塔・堀の構築・維持といった防備施設工事に充当された)の課税対象中に，毛織物，諸物品(皮製品・繊維工業用素材・金属製品が主)，その他(皮，羊毛など)に加えて，ぶどう酒(リンゴ酒とその他の飲料も含む)があった。ぶどう酒はブルターニュ産とそれ以外とが区別され，レンヌに入ってくるブルターニュ産ぶどう酒1樽につき12デナリウス，その他(アンジュー産，ナント産など)については1樽につき2ソリドゥスが課税された。しかし早くも15世紀初頭にはこの税(公の許可を得て徴収しているので，授与分 « octroi » と呼ばれた)は防備強化工事への資金を

十分に供給できなくなったため，1423 年ブルターニュ公ジャン 5 世はレンヌに新税徴収を許可し，翌年「ぶどう酒計量桝の《目減り》」« apeticement ou apétissage des mesures à vin »，その後「税額表」« billot »[22] と呼ばれるぶどう酒税が徴収された。徴税は最初から 1 年間（その後 2 年）の請負制で行われた。« apeticement » 税は，都市及び郊外区において小売ぶどう酒 1 瓶の価格の 20 分の 1 に等しい額が課税されたとされる。« billot » 税は原則的には小売商に課されたが，現実にはぶどう酒を小売する際に巧みに減量された計量桝が使われたので，消費者が担税していた。つまり，課税額が売値の 10 分の 1 であった場合，ぶどう酒を小売する時に使う桝は 10 分の 1 だけ目減り，つまり減量された形で使われ，小売商（居酒屋）は 1 瓶売れるたびに売値の 10 分の 1 を徴税請負人に支払った。そして続いて小売商は桝に残ったぶどう酒 10 分の 1 を自分のものとすることで支払い分を取り戻したのである。

　この他にレンヌで徴収されたぶどう酒税に次のようなものがあり，その収益は防備強化費に回された。すなわち，1464–1469 年には外国産及びブルターニュ産ぶどう酒 1 樽 30 ソリドゥスの課税（ただしレンヌ司教区内のぶどう畑のぶどう酒を除く），1468 年から 2 年間につき外国産ぶどう酒 1 樽 10 ソリドゥスとレンヌ産ぶどう酒 1 樽 3 ソリドゥス 4 デナリウスの課税，1476 年からはアンジュー産ぶどう酒とその他のレンヌ及び郊外区で小売されたぶどう酒 1 樽 20 ソリドゥスの課税，1485–1486 年には飲料税 « cinquaign soult »（外国産ぶどう酒 1 樽 5 ソリドゥス，ブルターニュ産ぶどう酒・リンゴ酒・その他飲料 2 ソリドゥス 6 デナリウス），1487–1493 年には飲料税 « vingtain soult »（外国産ぶどう酒 20 ソリドゥス，ナント産ぶどう酒 15 ソリドゥス，ブルターニュ産ぶどう酒 10 ソリドゥス），1486–1487 年には « dizain soult » の課税（小売外国産ぶどう酒 1 樽 10 ソリドゥス，ブルターニュ産ぶどう酒・リンゴ酒・その他飲料 1 樽 5 ソリドゥス，ナント司教区で小売されたナント産ぶどう酒 1 樽 5 ソリドゥス，公領の他の司教区で小売されたぶどう酒 1 樽 6 ソリドゥス 8 デナリウス）。これらぶどう酒税が都市財政収入で占める割合は莫大で，例えば 1424–1426 年は 40％，1453–1454 年 58％，1490–1491 年 72％，1491–1492 年 84％ であった。

　次にリゴディエールのサン＝フルール研究を見てみよう[23]。オーヴェルニュ

地方の都市サン゠フルールにおいてぶどう酒税は早くも1345年から徴収され，都市の膨大な軍事費を賄うための経常収入となった。ぶどう酒税は«souchet»と呼ばれていた。ここでのぶどう酒税は2種類あった。第1は，都市に入ってきて小売用または自家消費用に購入されたすべてのぶどう酒に，毎年課された搬入税。税率は1ミュイにつき20ソリドゥスであった。第2は，居酒屋からぶどう酒の転売時に徴収された小売税。居酒屋には小売したすべてのぶどう酒について，1ミュイにつき5ソリドゥスが課税された。搬入税は都市財政に最も多くの税収をもたらした。例えば，1378–1379年には総収入984リブラ中884リブラ（89.8%）。他方小売税の税収は低く，例えば1368年は総収入1,124リブラ中222リブラ（19.7%）であった。しかし両者を合わせたぶどう酒税全体でみると，1408年以降総収入の45–55%を占めていた。サン゠フルール都市会計簿が系統的に伝来している1378–1466年でみても，ぶどう酒税は都市財政収入の大部分を占めていた。

リゴディエールは続いて，都市の防備強化工事の資金調達方法を総合的に分析した論文[24]で間接税体制の確立を詳細に論じ，その中でぶどう酒税の果たした役割を重視している。彼によれば，市政機関にとって間接税は，「直接税よりも受け入れられ易く，収入構造や財産構成をあらかじめ調査する必要がないため運用し易かった。そのため多くの場合，長期間にわたり防備強化施設がもたらす過重な支出に対応するために必要な資本を集めるのに最も適した技術として，市政機関を魅了した」[25]。そして1350年代以降[26]，百年戦争の激化に伴う軍事危機の中であらゆる都市が自然発生的に防備強化施設の建設と改修に着手し，同時に間接税が出現した。その中でもぶどう酒は，最も消費され最も収益性の高い日常品であった。ぶどう酒税が王国全体に普及するにつれて，この課税の呼称はもとより，課税標準決定や課税様式も多様化した。一般的に，地元産ぶどう酒は外国産に比べて安く課税されたが，徴税範囲は教区，郊外区，そして周辺農村にも及んだ。課税は，ぶどう酒の一定領域通過時[27]，市門通過時，居酒屋での転売時に行われるやり方があった。その中で一般的だったのは都市の市門通過時の課税で，例えばディジョンでは「搬入税」«entrage»と呼ばれ，外国産ぶどう酒のみに課税された[28]。居酒屋での小売転売時の課税は，前述した

ように《目減り》方式(税額分だけ量を減らして提供する)が一般的で，税率は仕入れ価格の10分の1に固定されていた。多くの地域の都市がこの方式を採用していたので，税の呼称もさまざまであった[29]。また都市によっては，異なる税率を採用するところもあった[30]。

　リゴディエール論文により，都市財政におけるぶどう酒税の地位とその存在意義が喚起されることによって，ぶどう酒税を主役に据える論文も発表された。すなわち，サヴォワ伯領都市シャンベリーとアヌシーを取り上げたブロンディーとレイサックの論文である。ブロンディー[31]は，中世後期シャンベリーにおけるぶどう酒商業と税を検討している。ぶどう酒小売税 « commun du vin »(ぶどう酒1スチエにつき4 quartellets，すなわち8分の1を金銭で徴収[32])の徴収業務には2つのやり方があった。1つは都市役人である徴収役が一定期間徴収業務を行い，その結果を会計簿として市参事会に提出するやり方(直接徴収制)。もう1つは請負制による徴収で，シャンベリーの富裕市民家系がその役目を担っていた。また実際の課税方式にも2種類あり，1つは販売するたびに売り手が税を支払うというもの，もう1つは定期的にぶどう酒を販売する者(とりわけ宿屋)が徴収役と契約を結んで，年間販売総数の推計に基づき2-4期(復活祭，聖ヨハネの祝日，万聖節，年末)に分けて一括予納を行うというものであった。彼女はさらに当時の都市内におけるぶどう酒販売量を推計する試みを行い，例えば1380年11月1日から1381年11月1日までは4,850スチエ，1387年1月11日から1388年1月11日までは4,245スチエ，1413年11月18日から1414年11月18日までは7,800スチエという数値を算出している(当時のシャンベリーにおける液量単位スチエの容量は，およそ60リットルからおよそ100リットルへと変動していた)。そして最後に，このぶどう酒税が都市財政収入のおよそ半分を占めていたことを確認している[33]。

　レイサック[34]は，14世紀-18世紀アヌシーにおけるぶどう酒商業と税の展開を長期的に分析している。1367年の都市慣習法によると，サヴォワ伯は居酒屋で小売されたぶどう酒1ミュイにつきグラス1杯分 « coupe » を徴収していた。1386年に伯は都市民と誓約人に10年間，1ソメ « sommée »(121.55リットル)につき12デナリウスを徴収する権利を授与した。この税はぶどう酒小売税

« commun du vin » と呼ばれ，徴収権は何度も更新され，革命期まで続いた。実際，小売ぶどう酒には2種類の課税がなされ，共に都市の収入となっていた。1つが « commun » と呼ばれるもので，1ソメにつき2カルトロン（約21分の1）の金銭価値に相当し，ぶどう酒の売り手と転売人すべてから徴収された。もう1つは « gabelle » と呼ばれるもので，1ソメにつき10ソリドゥス6デナリウスが，売り手の自家製でないぶどう酒から徴収された。徴税請負人の徴税のやり方には2種類あり，1つは売り手個人から直接徴収，もう1つは専門業者による前年度販売実績に基づいて算出されたぶどう酒量についての予納である（この量は，請負期間末に上方あるいは下方修正された）。レイサック論文には，以上のほかにアンシャンレジーム期における請負制の危機，都市評議会によるぶどう酒小売規制，脱税防止策に関する叙述もあり，この種の税がアンシャンレジーム期のみならず，20世紀初頭まで形を変えながらも存続したことを指摘している。

　以上の研究は，都市財政におけるぶどう酒税の課税様式・徴収システム・請負制・収益について基本的知識を我々に提供してくれるだけでなく，中世都市におけるぶどう酒の重要性を再確認させてくれる。さらにぶどう酒への課税標準決定における地元産・地方名産・外国産ぶどう酒それぞれへの異なる税率の適用は，地域経済の特徴を理解するうえで有益な判断材料となる。しかし直接税に比べて間接税の場合は伝来史料も少なく，間接税の全容を解明することは難しいため，フランス諸都市全体に関してぶどう酒への課税システムを明らかにすることは不可能である。ぶどう酒税に関する個別論文の対象地域が偏っているのはそのためであろう。

　最後に，このように都市財政研究の枠内でぶどう酒税研究が行われる一方で，諸侯財政の観点からの研究不足を指摘するケレルヴェの論文[35]は重要である。彼によれば，フランス王国のエド税[36]やイングランドの関税[37]のように，ぶどう酒税は広範囲にわたる間接税の中に含まれているので，ぶどう酒税固有の地位を明確にすることは容易でない。そこで彼はまず中世後期ブルターニュ公財政[38]において，商取引（その中心にはぶどう酒がある）にかかる間接税を次のように分類する。すなわち « brefs » と呼ばれる航行税，港及び陸路の関税，そし

てぶどう酒税である。15世紀において公領財政会計簿に現れる「ぶどう酒・リンゴ酒・その他の飲料への課税」« impost des vins, cidres et autres brevaiges » は，都市ではなくブルターニュ国家によってアルコール飲料消費から徴収された税を指していた。公のぶどう酒税はしばしば都市のぶどう酒税 « billot » と混同された。なぜならば近世において，この2つの税は同じ請負人によって徴収されていたからである。公財政のぶどう酒税としては，その後ジャン4世の時代(1364–1399年)に « imposition, livraiges et pipaiges des vins » と呼ばれる新税が登場し，その収益は莫大であった。これらの税制がより明確になるのは1420–1430年代からで，その頃の公領には「課税の義務」« debvoir d'impost » あるいは単に « impost » と呼ばれるぶどう酒に対する統一課税が存在していた。ケレルヴェ論文の後半部分は，ぶどう酒税の徴収システム(総括徴税請負制の発展，免税と脱税)，税負担の重さと収益に関する内容である。とくに税負担と収益に関してはその推計値算出のために，ぶどう酒生産費・販売価格・品質毎の相場の変動を考慮に入れており，可能な限り実態に迫ろうとしている。そこから得られた結論は，例えば1480年代には公はぶどう酒税だけで50,000–70,000リブラ，すなわち公領総収入の13–16%を引き出していた。さらにブルターニュ国家の末期には，公領総収入の20–25%を占めるほどになった。またぶどう酒税は公領の間接税収入全体の中でも毎年その80%以上を占めていた。

　本稿では，諸侯財政やフランス国王財政におけるぶどう酒税の地位を詳しく論じることは紙幅の関係上できないが，都市財政におけるぶどう酒税を検討する場合，諸侯・国王財政におけるぶどう酒税との関係を明確にすることは重要である。都市税制と諸侯・国王税制とが，都市領域において同時並行的に徴収されているのか，都市税制の中にそれが組み込まれているのか，あるいはその逆なのか，徴収作業はだれが担ったのか，この点の確認作業を避けることはできない。ケレルヴェ論文はこれまでの都市財政史研究がこれまで十分に目配りすることのできなかった問題を，ブルターニュ公領を舞台にして提示したところに独自の貢献を認めることができる。しかし現実に，伝来史料との関係からフランス王国内の諸都市について，ケレルヴェが試みたアプローチをそのまま応用することは極めて難しい。

II. シャンパーニュ諸都市におけるぶどう酒税

第I節で見てきたように，中世都市財政の研究史においてぶどう酒税に関してはいくつかの専門研究のおかげで情報の蓄積はあるとはいえ，少なくとも直接税システムに比べるとその成果ははるかに乏しい。そこで本節では筆者が研究対象としているシャンパーニュ地方の主要都市(プロヴァンとトロワ)に関して，伝来史料に基づきながらぶどう酒税の分析を試みたい。ただしここで取り上げる都市に伝来する史料はそれぞれが同じ類型に属するものではないので，都市間の比較を試みることはできない。また，各都市の地域経済の特徴を明らかにしてくれるほどの史料伝来数でもない。従って，本節はあくまでシャンパーニュ諸都市財政におけるぶどう酒税の特徴に関するスケッチに過ぎないことを断っておきたい。さらにもう1点断っておかねばならない。シャンパーニュ諸都市を検討する際，決して無視してはならないのがシャンパーニュ大市の存在である。実際，シャンパーニュ大市においてぶどう酒に対する課税(運搬税，流通税，通過税など)は頻繁に登場し，シャンパーニュ伯を始め聖俗諸機関の間で租税配分が行われていた。しかし，大市という舞台上では都市財政との直接的関係はないので，本稿で検討することはしない(この点については，拙著第4章を参照していただきたい)。

(1) プロヴァン

プロヴァン都市財政におけるぶどう酒税の存在は，早くも1273年の市制改革文書における税制改革に関する項目の中に確認できる[39]。しかし，14世紀中葉までのコミューン財政会計記録の収入部には間接税 « assise » とあるだけで，そこから各種税源の詳細な情報を得ることはできず，従ってぶどう酒税の徴収システム，収益などに関する記述を見いだすことはできない。プロヴァン都市財政の枠内でぶどう酒税の地位が明確になるのは14世紀後半(他のフランス諸都市の事例から考えて1350年代)からで，ここで取り上げるぶどう酒税徴税請負入札に関する史料が最初である[40]。

この史料は，プロヴァン市立図書館に手書本167番として保管されている未刊行手書本の中に伝来している[41]。手書本には，14世紀後半に都市防備施設のために都市評議会と諸個人との間で交わされた徴税請負入札文書(ぶどう酒税40通，小麦粉挽税50通)と，外堀工事及び大工・石工による防備施設改修工事の契約書60通とが筆写されている。ここではぶどう酒税請負入札文書のみを取り上げる。入札文書は，1368年7月2日-1369年7月2日と1369年7月3日-1370年7月3日との2年分が筆写されている。史料原文の一例は，本稿末尾の史料1に試訳をつけて載せている。また計40通のぶどう酒税請負入札文書から得られる，請負期間，請負人(及び本人が住む教区)，担当する徴税区域(教区)，請負額に関する情報は本稿末尾の表1に整理しているとおりである。

この史料から判明する14世紀後半のプロヴァンにおけるぶどう酒税は2種類ある。1つは「ぶどう酒1パント分の取り戻し」 « retrait de la pinte de vin » と呼ばれる税で，ぶどう酒1パントの価値の一部分を徴収した(これはおそらく卸売ぶどう酒に対する課税であろう)。この史料を刊行したメスキによれば，1369年9月12日からこの徴収はその価値の半分に達したとされる(しかしそれ以前については不明)[42]。もう1つは「小売ぶどう酒1パント分の取り戻し」 « retrait de la pinte de vin vendu à détail » と「宿屋で出されたぶどう酒1パント分の取り戻し」 « retrait de la pinte de vin dépensé dans les hôtels » と呼ばれる税である。1368年度-1370年度に関して都市会計簿が伝来していないため，都市財政におけるぶどう酒税の収益は不明である。なおプロヴァンにおけるぶどう酒計量単位1パントの容量は不明であるが，参考までに近隣都市ランスでは0.93リットルであった[43]。

間接税の徴収は基本的に1年間の請負制[44]でなされ，請負人の決定は国王役人(トロワ・モーのバイイ代理)が主催する入札会で，複数の国王役人あるいは都市役人の立ち会いの下で行われた。入札会は一時に一斉に行われるのではなく，開催日は分散していた。徴税担当区域の経済規模を考慮したうえで入札開始設定額が決められ，そこから何度か競上げが行われた後に，最も大きな額を入札した者がぶどう酒税の徴収業務を落札した。請負人は1人の場合がほとんどであるが，複数の場合もあった(例えば表1の20番，22番，23番)。徴税担

当区域はプロヴァン市内の4教区とプロヴァン周辺に位置する教区で，同一請負人が複数教区を兼担する場合も見られる(例えば表1の4番，30番，37番など)。請負人の職種に関する情報はわずかで，例えば表1の16番 Jehan le Fèvre は大青染色工，39番 Hugue de Malay は名望家で，1360年に都市会計役を務めた。

続いて1402年に発給された，プロヴァン防備施設改修のために租税徴収権を2年間更新することを認めた国王シャルル6世の文書に，ぶどう酒税に関する言及がある。そこでは，都市及びバンリュにあるその年にできた地元産ぶどう酒1樽につき，トゥール貨で15デナリウス，そして都市及びバンリュに持ち込まれたぶどう酒(あるいはぶどうもしくはぶどうの苗)1樽につき，それが売られるたびに買い手からトゥール貨で15デナリウス，を徴収するように規定されている[45]。

さらに，1451年度都市会計簿収入部にもぶどう酒税の言及がある[46]。15世紀中葉のプロヴァンでは，「減量と呼ばれた，プロヴァンの都市と4教区において，小売されたぶどう酒1パントにつき8分の1」 « chacune pinte de vin vendu à détail en la ville et quatre parroisses de Provins la viiie partie appelée la diminution » が徴収されていた(これは前述した « apeticement » と同種の税である)。しかし1451年度にはぶどう酒税徴税請負は行われず(理由は不明)，その代わりにプロヴァンの居酒屋経営者たちから予納金 « abonnage » が支払われた。それでも都市財政収入の34.4%を占めていた。なお15世紀中葉のプロヴァンでは，市門通過税 « droit des vennes et chaussées des portes de Provins » も請負によって徴収されていたが，課税対象物品にはぶどう酒も当然入っていたはずである。しかし会計簿から詳細は分からない[47]。

その後のプロヴァンにおけるぶどう酒税の展開については，伝来史料の調査が不十分であるため現時点では分からない。15世紀後半及び16世紀以降について，今後王令の調査と未刊行史料の読解を行わねばならない。

(2) トロワ

14世紀中葉以前のトロワ財政に関する史料はほとんど伝来していないので，

ぶどう酒税に関してもその実態は不明である[48]。トロワ財政の輪郭が明確になるのは，実際 14 世紀中葉以降である。

プロヴァンと同様に，トロワでは，ぶどう酒税には市門通過時に徴収される搬入税 « droits d'entrée » と販売時に課される売上税との 2 種類が存在した。これらの税の徴収権は，塩税と粉挽税と共に 1358 年 2 月 8 日トロワ住民総会の決定を経て，同年 2 月 17 日に摂政シャルル（後のシャルル 5 世）から都市に徴収権が授与された[49]。

まずぶどう酒搬入税の内訳は，6 リュウ（約 4 キロ）以遠から運ばれたぶどう酒について 1 樽 4 ソリドゥス，6 リュウ以内のぶどう酒について 1 樽 2 ソリドゥスであった。搬入税の課税対象には他に，ライ麦と小麦（1 スチエ 12 デナリウス），大麦と燕麦（1 スチエ 4 デナリウス），雄牛・雌牛（1 頭 2 ソリドゥス），子羊・山羊（2 ソリドゥス以下），豆と干し胡桃（1 スチエ数デナリウス）などがあった。搬入税は，都市の 4 市門それぞれにおいて徴税委員によって徴収された。彼らは税金を箱に入れ，それは毎週会計係によって開けられた。そのためこの税収は「4 箱からの収入」 « recette des quatre boîtes » とも呼ばれていた[50]。この搬入税は一時的であったようで，1358 年 9 月 21 日-10 月 6 日，1359 年 3 月 17 日-11 月 17 日の間に徴収された[51]。従って 1359 年以降会計簿に言及は見られない。その後 1429 年-1430 年について国王から再び徴収権を授与されている[52]。

上述の搬入税とは別種のぶどう酒搬入税が，兵士への俸給支払いのために徴収される援助金の一環として 1359 年に言及され，1364 年，1365 年，1367 年に市門通過時に徴収された[53]。ボーヌ産ぶどう酒 1 大樽 6 エキュ[54]，オセロワ産ぶどう酒 3 エキュ，トロワから 5-10 リュウ以遠で作られたぶどう酒 2 エキュ，トロワのバンリュ産ぶどう酒は 1 エキュ，トロワから 5 リュウ以内で作られたぶどう酒やその他のぶどう酒は低い通行税を支払うだけであった（1367 年にはぶどう酒 1 樽 5 ソリドゥス）。

この税については，1360 年 12 月 25 日のコンピエーニュ王令に基づき，イングランド軍の捕虜となった仏王ジャン 2 世の身代金支払いのために，上述のぶどう酒を含む飲料に対する搬入税にそれらの価格の 13 分の 1 を徴収する国王課税が上乗せされた[55]。この搬入税は 1369 年に会計簿上から消滅し，1431 年には

徴収権が放棄されている[56]。

　次にぶどう酒売上税について。この税はぶどう酒転売時に課されたが，これにも上述の13分の1国王課税が付加された。売上税は1358年，1359年，1360–1363年，1367年に徴収された[57]が，搬入税と同じく1369年に廃止された。その理由は，1369年8月8日のルアン王令により，6,000名の兵士からなる軍隊を維持するために，1年間に限ってシャルル5世が新税（エド）を設定したためである。すなわち粉挽税と共に，卸売ぶどう酒価格の6分の1，居酒屋で小売されたぶどう酒価格の4分の1，ビールとその他の飲料の価格の4分の1，ぶどう酒生産者が自家消費するぶどう酒の12分の1であり，それらの税額評価は司教区のエリュ（徴税担当国王役人）により平均価格を基にして行われた[58]。翌1370年からは，前述の6分の1卸売ぶどう酒税と4分の1小売ぶどう酒税は廃止され，卸売ぶどう酒及びその他の飲料の価格の13分の1税と小売ぶどう酒価格の4分の1が，1リブラ当たり12デナリウスの消費税，塩税，戸税と共に徴収されることになった[59]。しかしトロワでは，後述するように徴税業務の繁雑さから1367年以降市当局はぶどう酒税を徴収しなかったようである[60]。その代わりに15世紀を通じて間接税収入の大部分は，収益性が高かった粉挽税，白パン税，塩税が占めていた[61]。

　理由は分からないが，トロワにおいて国王課税であるぶどう酒エドに関しては徴税請負制をとらず，都市評議会が徴税係を市民の中から選んで徴収業務にあたらせたようである。しかし徴税業務を地区毎に分散させているといえ，各個人宅を訪ねて置かれているぶどう酒の価格を査定し，家族の人数・年齢・習慣などを調べて平均消費量を割り出し税額決定・徴収を行い，また居酒屋では消費されたあるいは消費されていないぶどう酒樽の量を調査・確認してリストを作成し，徴税する作業の手間は並大抵のものではなかった[62]。

　その後トロワは1430年以降，断続的にぶどう酒税を国王エド授与分として，国王から獲得することになる（1430年，1431年，1462年，1492年）[63]。しかし，14世紀後半の一時期を除いて，その後15世紀を通じてトロワ市当局は都市財政収入としてのぶどう酒税を頼りにすることはできなかった。

おわりに

　本稿では，中世後期フランス都市財政収入における間接税の中で重要な地位を占めていたとされるぶどう酒税を対象に，フランス学界における研究史をたどりながら現在の研究状況を確認し，続いて筆者が研究対象地域としているシャンパーニュ諸都市におけるぶどう酒税の事例を検討した。第Ⅰ節では，ブルターニュ都市レンヌに関するルゲの研究，オーヴェルニュ都市サン＝フルールとフランス全土の都市を対象としたリゴディエールの研究，サヴォワ伯領都市シャンベリーを対象としたブロンディー論文，そして同じくアヌシーを扱ったレイサック論文，最後にブルターニュ公領を対象としたケレルヴェ論文を主に取り上げ，都市財政及び国家(諸侯)財政におけるぶどう酒税制に関する研究成果を紹介した。第Ⅱ節では，プロヴァンとトロワを取り上げ，都市会計簿，王令，徴税請負入札記録などの記録を使ってぶどう酒税制の展開を追い，ぶどう酒税の種類，課税・徴収方法の検討を行った。

　本稿では紙幅の関係上，税制の概略をスケッチするだけにとどめたが，市当局は都市固有の事情に応じたぶどう酒税制を採用し，なるだけ合理的に課税・徴収できるように努力していた。また都市及びその周辺の政治的・社会経済的状況に対応して税制改革を行い，都市財政の安定化を図ろうとしていた。その際，高まる社会不安の中で課税に対する都市住民の不満も大きかったはずであるが，市当局は反税闘争を出来る限り回避すべく策を講じた。例えばプロヴァンでは，1451年に住民総会の決議でパン税の通年徴収が見送られた[64]。またトロワでも，15世紀には粉挽税・白パン税・塩税へと税源の重心をシフトさせてぶどう酒税の全面的導入を見送った[65]。

　ところで，本稿での検討を断念したシャロン＝シュル＝マルヌでは，都市評議会議事録，住民総会議事録，都市会計簿の検討から14世紀後半から16世紀初頭にかけてぶどう酒を含む間接税制改革の展開を詳細に検討することができる[66]。またランスについても伝来する多様な行・財政関係記録の分析を通じて，都市におけるぶどう酒税の在り方をよりヴィヴィッドに描くことが期待でき

る[67]。これらの都市におけるぶどう酒税については機会を改めて論じたい。中世都市及びその周辺世界において，直接税であれ間接税であれ，租税が導入され，定着し，税制改革が繰り返されていくプロセスに関する研究は，フランス学界でもまだ始まったばかりであり，同時代に進行する近代国家の生成と相関させながら，今後進めてゆかねばならない。中世における租税の在り方は実に多種多様であり，中世税制はそれが徴収されている空間の政治的・社会経済的状況をうまく映し出してくれる。近代の硬直化した租税体制に比べて遥かに柔軟な（場当たり的な側面は否定できないが，決して未成熟で原始的ではない）中世租税体制を分析することは，現代社会の税制の在り方にいろいろなヒントを与えてくれるものではなかろうか。

* 本稿は平成12年度–13年度科学研究費補助金奨励研究（A）による研究成果の一部である。さらに平成15–17年度科学研究費補助金基盤研究（B–2）「西欧中・近世における国家の統治構造と機能」（研究代表者: 九州大学大学院人文科学研究院教授神寳秀夫）の研究成果を一部含む。

註

1) B. Chevalier, *Les bonnes villes de France du XIVe au XVIe siècle*, Paris, 1982, p. 213.

2) R. Dion, *Histoire de la vigne et du vin*, Paris, 1959（福田育弘・三宅京子・小倉博行訳『フランスワイン文化史全書。ぶどう畑とワインの歴史』国書刊行会，2001年）。ロジェ・ディオン（福田育弘訳）『ワインと風土—歴史地理学的考察—』人文書院，1997年。

3) J.-P. Leguay, *La rue au Moyen Age*, Rennes, 1984, p. 155（井上泰男訳『中世の道』白水社，1991年，187–188頁）。

4) Chevalier, *op. cit.*, p. 212. 例えばサヴォワ地方都市アヌシーでは男性1人当たり1瓶（1.43リットル）を飲んでいたと言われている（M.-Cl. Rayssac, Le commerce et la fiscalité du vin à Annecy（XIVe-XVIIIe siècles），dans M. Fol, Ch. Sorrel et H. Viallet（Textes réunis par），*Chemins d'histoire alpine. Mélanges dédiés à la mémoire de Roger Devos*, Annecy, 1997, p. 311）。また河原によれば，「フランス都市ではぶどう酒の消費量は年間成人一人当たり150リットルをこえていたと考えられており，飲酒が原因となる暴力行為が都市の犯罪の大きな割合を占めていた」（河原温『中世ヨーロッパの都市世界（世界史リブレット23）』山川出版社，1996年，46頁）。

5) N. Gonthier, *Cris de haine et rites d'unité. La violence dans les villes, XIIIe-XVIe siècle*, Turnhout, 1992, p. 98（藤田朋久・藤田なち子訳『中世都市と暴力』白水社，1999年，104頁）。ヨーロッパ中世における居酒屋については，H. C. パイヤー（岩井隆男訳）『異人歓待の歴史—中世ヨーロッパにおける客人厚遇，居酒屋そして宿屋—』ハーベスト社，1997年，108–164頁における叙述も大いに参考になる。

6) J. Mesqui, *Provins. La fortification d'une ville au Moyen Age*, Paris, 1979, p. 260.
7) Gonthier, *op. cit.*, pp. 56, 98–100（邦訳, 65, 104–106 頁）.
8) J.-P. Leguay, *L'eau dans la ville au Moyen Age*, Rennes, 2002, pp. 220–222.
9) 拙著『フランス中世都市制度と都市住民―シャンパーニュの都市プロヴァンを中心にして―』九州大学出版会, 2002 年, 第 1 章および第 7 章を参照.
10) ぶどう酒生産・流通に関する最近の研究として, 次の国際研究集会報告集を見よ. サン＝テミリヨンおよびボルドー産ぶどう酒については, *Vignes, vins et vignerons de Saint-Émilion et d'ailleurs. Actes du 52ᵉ Congrès d'Études Régionales de la Fédération Historique du Sud-Ouest tenu à Saint-Émilion, les 11–12 septembre 1999*, Talence, 2000. ブルゴーニュ産ぶどう酒については, B. Garnot, (dir.), *Vins, vignes et vignerons en Bourgogne du Moyen Age à l'époque contemporaine, Annales de Bourgogne*, t.73, 2001. さらにロレーヌ産ぶどう酒については, M. Maguin, *La vigne et le vin en Lorraine. L'exemple de la Lorraine médiane à la fin du Moyen Age*, Nancy, 1982 を参照.
11) フランス中世都市財政における間接税体制の確立と防備強化政策との相関性については, 拙稿「中世後期フランス都市行・財政制度の特質―シャンパーニュ諸都市の場合―」田北廣道編著『中・近世西欧における社会統合の諸相』九州大学出版会, 2000 年, 359–391 頁; 同「フランス中世都市財政史研究の動向―1990 年代のフランス学界―」『西南学院大学経済学論集』35–4, 2001 年, 21–55 頁（特に 39–40 頁を参照）.
12) 西欧中世租税史研究における最先端の成果を収めた国際研究集会報告集『中世都市税制』の第 2 巻「税システム」において, 収載論文 20 本中フランス都市税制を対象とした 6 本のうち, 間接税に関する分析を含むものは 3 本である（すなわち, M. Hébert, Le système fiscal des villes de Provence (XIVᵉ-XVᵉ siècles), dans D. Menjot et M. Sánchez Martínez (coordinateurs), *La fiscalité des villes au Moyen Age (Occident méditerranéen)*, 2: *Les systèmes fiscaux*, Toulouse, 1999, pp. 57–81; M. Bochaca, La fiscalité municipale en Bordelais à la fin du Moyen Age, dans *Ibid.*, pp. 83–101; G. Larguier, Genèse, structure et évolution de la fiscalité à Narbonne (XIIIᵉ-XVᵉ siècle), dans *Ibid.*, pp. 129–152）. さらに, フランス経済・財政史委員会 « Histoire économique et financière de la France » 主催による中世の課税に関する研究集会報告集では, 27 本の報告中, 都市財政を扱った 3 本の報告でも直接税分析が主要部分を占めている（Ph. Lardin, La mise en place des impôts nouveaux en Normandie orientale pendant la deuxième moitié du XIVᵉ siècle, dans Ph. Contamine, J. Kerhervé et A. Rigaudière, (dir.), *L'impôt au Moyen Age. L'impôt public et le prélèvement seigneurial fin XIIᵉ-début XVIᵉ siècle, t. 2: Les espaces fiscaux. Colloque tenu à Bercy les 14–16 juin 2000*, Paris, 2002, pp. 509–540; F. Garnier, Le recouvrement de l'impôt millavois à la fin du XIVᵉ siècle, dans *Ibid.*, pp. 541–598; H. Pepke-Durix, La fiscalité, miroir d'une économie régionale à la fin du Moyen Age: Dijon et la région dijonnaise aux XIVᵉ et XVᵉ siècles, dans *Ibid.*, pp. 599–620）.
13) 例えば, Menjot et Sánchez Martínez, *op. cit.*, 所収の以下の論文がそうである（Pere Ortí Gost, Les composicion municipales catalanes au XIVᵉ siècle, pp. 399–422; Ch. Guilleré, Un exemple de fiscalité urbaine indirecte: les imposicions géronaises aux XIVᵉ et XVᵉ siècles, pp. 423–446; A. Collantes de Terán Sánchez, Les impôts municipaux indirects ordinaires et extraordinaires de Séville, pp. 463–484）. なおアラゴン王国, カスティリャ王国内諸都市

の財政については，同書末尾にある詳細な参考文献目録を見よ．
14) 1990年代以降の我国学界におけるぶどう酒商業及びぶどう酒税に関する研究には，次のようなものがある．斎藤絢子「中世リエージュの都市貴族とぶどう酒商業」比較都市史研究会編『都市と共同体(上)』名著出版，1991年，47–69頁; 同「13–14世紀リエージュのぶどう酒商業」『駿台史学』81号，1991年，40–70頁; 同「中世エノー地方における日常生活—ぶどう酒の消費と管理—」『明治大学人文科学研究所紀要』第35冊，1994年，274–290頁; 岡村明美「中世盛期における大西洋ワイン商業の展開と西フランス都市」『史学研究』220号，1998年，1–19頁; 高津秀之 ""誰が全ての事柄に決定権をもつのか""—近世ケルン市のワイン税徴収をめぐって—」『早稲田大学大学院文学研究科紀要』第46輯(第4分冊)，2000年，33–44頁; 谷澤毅「中世後期ドイツにおけるワインの流通」『長崎県立大学論集』34-4，2001年，147–174頁; 大宅明美「13世紀都市ラ・ロシェルの政治的危機と経済的危機」山代宏道編『危機をめぐる歴史学—西洋史の事例研究—』刀水書房，2002年，251–269頁; 山田雅彦「中世フランドル南部におけるワイン・ステープルの歴史的意味—13世紀サン・トメールの都市条例を素材として—」加藤哲美編著『市場の法文化』国際書院，2003年，39–62頁; 辻泰一郎「15世紀末帝国ワイン条例の成立」渡辺節夫編『ヨーロッパ中世の権力編成と展開』東京大学出版会，2003年，229–269頁．
15) E. Toubeau de Maisonneuve, Le droit du treizième sur le vin vendu en détail à Bourges, dans *Mémoires de la Société des Antiquaires du Centre*, t. 4, 1870–1872, pp. 211–239.
16) J.-J. Clamageran, *Histoire de l'impôt en France*, t. 1 et t. 2, Paris, 1867–1868.
17) Ad. Vuitry, *Études sur le régime financier de la France avant la Révolution de 1789*, 3 vols., Paris, 1878–1883.
18) J. Flammermont, *Histoire des institutions municipales de Senlis*, Paris, 1881, pp. 136–156; Id., Histoire de Senlis pendant la seconde partie de la guerre de Cent Ans (1405–1441), dans *Mémoires de la Société de l'Histoire de Paris et de l'Ile-de-France*, t. 5, 1878 (1879), pp. 220–239.
19) Ed. de Barthélemy, *Histoire de la ville de Châlons-sur-Marne et de ses institutions depuis son origine jusqu'en 1848*, 2ᵉ édition, Châlons-sur-Marne, 1888, pp. 100–106, 134.
20) T. Boutiot, *Histoire de la ville de Troyes et de la Champagne méridionale*, t. 2, Troyes / Paris, 1872, pp. 165–169.
21) J.-P. Leguay, *La ville de Rennes au XVᵉ siècle à travers les comptes des Miseurs*, Rennes, 1968, pp. 48–59. ブルターニュ諸都市における課税単位1樽 « pipe » は400–450リットルで，ぶどう酒瓶240個が得られた．Id., *Un réseaux urbain au Moyen Age: les villes du duché de Bretagne aux XIVᵉ et XVᵉ siècles*, Paris, 1981, pp. 146–166 には，ブルターニュ諸都市の都市財政に関する詳細な分析があり，ぶどう酒税についての記述も豊富である．そこでは，ブルターニュにおけるぶどう酒税額は通常，外国産ぶどう酒1樽が60デナリウス，地元産が30デナリウスであった．
22) « billot » は，居酒屋が税額表を出入口の上に吊るしてぶどう酒販売を周知させていたことに由来しているとされる (F. Godefroy, *Lexique de l'ancien français*, Paris, 1990, p. 55)．
23) A. Rigaudière, *Saint-Flour, ville d'Auvergne au bas Moyen Age. Étude d'histoire administrative*

et financière, t. 2, Paris, 1982, pp. 791–792, 905–909.
24) A. Rigaudière, Le financement des fortifications urbaines en France du milieu du XIVe siècle à la fin du XVe siècle, dans *Revue historique*, t. 273, 1985, pp. 19–95 (repris dans Id., *Gouverner la ville au Moyen Age*, Paris, 1993, pp. 417–497).
25) Rigaudière, *Gouverner*, p. 448.
26) 堀越宏一「14世紀フランスにおける会計院と王国財政」高山博・池上俊一編『宮廷と広場』刀水書房，2002年，67–88頁；同「14世紀後半のフランス王国における租税制度の成立」渡辺節夫編『ヨーロッパ中世の権力編成と展開』東京大学出版会，2003年，185–208頁に詳しい。また14世紀中葉以降の国王税制と都市税制との相関的発展については，B. Chevalier, Genèse de la fiscalité urbaine en France, dans *Revista d'Història Medieval*, t. 7, 1996, pp. 21–38; Id., La fiscalité urbaine en France, un champ d'expérience pour la fiscalité d'État, dans Manuel Sáchez, Antoni Furió i Prim Bertran (Coordinadors del Col·loqui), *Actes. Col·loqui Corona, Municipis i Fiscalitat a la baixa Edat Mitjana*, Lleida, 1997, pp. 61–78 を参照。その内容については，拙稿「フランス中世都市財政史研究の動向」31–33頁を参照。
27) 例えば，15世紀ナントでは，ナントを通過してフランス王国内，ブルターニュの港，イングランドへ向かうアンジュー産，トゥレーヌ産ぶどう酒は，1ミュイにつき2ソリドゥスが課税され，それは15世紀ナント都市財政収入の大部分を占めた (Rigaudière, *Gouverner*, p. 451, note 5)。
28) Fr. Humbert, *Les finances municipales de Dijon du milieu du XIVe siècle à 1477*, Paris, 1961, p. 156.
29) ブルゴーニュ地方では « courte pinte »，ブルターニュ地方では « billot »，ボーヴェでは « petit godet »，ラングドック地方では « souquet »，サン=フルールでは « souchet »，プロヴァンでは « retrait de la pinte » と呼ばれていた (Rigaudière, *Gouverner*, p. 452, note 3 et 4)。
30) ディジョンでは12分の1 (Humbert, *op. cit.*, p. 158)，ナントでは10分の1 (M. Le Mené, La construction à Nantes au XVe siècle, dans Id., *Villes et campagnes de l'Ouest au Moyen Age*, Nantes, 2001, p. 46)，シャンベリーでは8分の1 (R. Brondy, Commerce du vin et fiscalité à Chambéry aux XIVe et XVe siècles, dans *Les villes en Savoie et en Piémont au Moyen Age. Bulletin du Centre d'études franco-italien*, t. 4, 1979, p. 75)，リムーザン諸都市では8分の1 (P. Flandin-Bléty, Le pouvoir municipal en Limousin au bas Moyen Age, dans M. Cassan et J.-L. Lemaître, (éd.), *Espaces et pouvoirs urbains dans le Massif Central et l'Aquitaine du Moyen Age à nos jours*, Ussel, 1994, p. 25)，トゥールーズでは4分の1 (Ph. Wolff, *Commerces et marchands de Toulouse (vers 1350-vers 1450)*, Paris, 1954, p. 97) が減量されていた。
31) Brondy, art. cit.
32) 中世シャンベリーでは，1 setier = 32 quartellets，1 quartellet (瓶) は1.858リットルであった (*Ibid.*, p. 79 note 10)。中世アヌシーでは，1 quartellet (瓶) は2.86リットルであった (Rayssac, art. cit., p. 313, note 13)。
33) 例えば1373年9月21日から1374年11月23日までの会計年度で，ぶどう酒税は34リブラ19ソリドゥス3グロ貨デナリウス。それはおよそ700フロラン (petit-poids) (= 700

ソリドゥス)に相当し,総収入は 1,478 フロラン (petit-poids) であった (*Ibid*., p. 78)。「軽量」(petit-poids) フロラン貨は,ドフィネ地方およびその周辺で造幣されたフィレンツェ金貨のイミテーションで,価値基準はそれよりも低い (M. Bompaire et F. Dumas, *Numismatique médiévale, Monnaies et documents d'origine française, L'Atelier du Médiéviste*, 7, Turnhout, 2000, p. 559)。

34) Rayssac, art. cit., pp. 311–323.
35) J. Kerhervé, Le vin et l'impôt public en Bretagne aux XIVᵉ et XVᵉ siècles, dans *Études sur la Bretagne et les pays celtiques. Mélanges offerts à Yves Le Gallo, Cahiers de Bretagne occidentale*, t. 6, 1987, pp. 186–205.
36) M. Rey, *Le domaine du roi et les finances extraordinaires sous Charles VI 1388–1413*, Paris, 1965, pp. 387–388; G. Dupont-Ferrier, *Études sur les institutions financières de la France à la fin du Moyen Age*, t. 2: *Les finances extraordinaires et leur mécanisme*, Paris, 1932 (Genève, 1976), p. 72. 最近の研究では,J. B. Henneman Junior, France in the Middle Ages, in R. Bonney (Ed.), *The Rise of the Fiscal State in Europe c. 1200–1815*, Oxford, 1999, 101–122 が,中世フランス国王財政史概略として有益である。
37) M. Kirkbride-James, *Studies in the medieval wine trade*, Oxford, 1971, pp. 4, 5, 57, 71.
38) ブルターニュ公財政における間接税についてより詳しい分析は,J. Kerhervé, *L'État breton aux 14ᵉ et 15ᵉ siècles. Les ducs, l'argent et les hommes*, t. 2, Paris, 1987, pp. 651–662 を参照。
39) 前掲拙著,72 頁註 27,105 頁。1273 年文書における記述は次のとおり。« Item paiera de chascun tonnel de vin, qui devoit v sous iii deniers moins au portaige, xv deniers outre, aveuc les v sols iii deniers moins de chascun tonnel de vin, dedanz la banliue ou dehors, qui ne devoit portaige, vi deniers toutes les fois qu'il sera venduz par autrui que par celui en cui digne il sera crehuz en nom de lui » (F. Bourquelot, *Histoire de Provins*, t. 2, Paris / Provins, 1840, p. 424)。
40) 史料は,Mesqui, *op. cit*., pp. 232–248, 253–256 に刊行。
41) 手書本 167 番は 26 葉の紙からなり,55×30.3 センチの大きさである。真ん中で綴じられて 52 葉の折丁となっている。1590 年に羊皮紙の表紙が取り付けられた。この折丁に文書が書き写されたのは 1367 年 5 月 7 日と 1370 年 8 月 5 日との間で,筆写手は異なる。手書本の伝来状況は完全ではなく,折丁の下部は水分による侵食を被り,そのため文書の一部は部分的にあるいは全部が消されている (Mesqui, *op. cit*., p. 232)。
42) Mesqui, *op. cit*., p. 233.
43) P. Desportes, *Reims et les Rémois aux XIIIᵉ et XIVᵉ siècles*, Paris, 1979, p. 44.
44) 中世都市における徴税請負の入札会については,レンヌの事例が詳しい。Leguay, *La ville de Rennes*, pp. 67–76.
45) この国王エド徴収権授与文書は,Mesqui, *op. cit*., pp. 204–205 に刊行されている。関係する部分の史料原文は次のとおり。« ils puissent prendre sor chacune queue de vin qui seroit trouvé en la dite ville et banlieue, du cru de la dite année, quinze deniers tournois: et aussy sur chacune queue de vin qui croistroit, ou seroit amenée ou arrivée en icelle ville et banlieue, soit en raisins ou en basreaux, et pour tant de fois qu'elle seroit vendue, quinze deniers tournois des achepteurs »
46) Bibliothèque municipale de Provins, ms n° 166, fol. 3v.-fol. 4v.; Mesqui, *op. cit*., p. 260, 前掲拙

著，157頁。
47) Bibliothèque municipale de Provins, ms n° 166, fol. 2r.-2v., Mesqui, *op. cit.*, pp. 259–260.
48) 1270年以降，トロワでは道路管理官 « voyeur » が市政の一端を担い，市門において入市税・舗装税・車輪税など諸税を徴収し，その収益を市門・道路・橋の修復と維持などに充てていた。この税はぶどう酒にも課せられていたと思われるが，伝来する道路管理官会計簿からは詳細は分からない。この点については，拙稿「フランス中世都市における財政・租税制度―トロワの場合 (1)―」『西南学院大学経済学論集』36-2・3, 2001年，44頁以下を参照。
49) Fr. Bibolet, *Les institutions municipales de Troyes aux XIVe et XVe siècles (1356–1493)*, 1941, Thèse de l'École Nationale des Chartes, Archives municipales de Troyes, manuscrits n° 3316 et n° 3317, p. 302.
50) 税収は，1358年–1359年間の33週間で7,605リブラ9デナリウス（Bibolet, *op. cit.*, p. 304, note 4）。
51) *Ibid.*, p. 302, note 3 et 4.
52) 2年度だけ徴収されたようである。ぶどう酒税の税額は1樽5ソリドゥスと10ソリドゥスとがあった（*Ibid.*, p. 304）。
53) *Ibid.*, pp. 306–307.
54) 大樽 « tonneau » の容量は80スチエ＝4ミュイ，樽 « queue » は45スチエ（*Ibid.*, p. 307, note 7）。
55) 13分の1税については，Vuitry, *op. cit.*, t. 3, p. 109，堀越「14世紀後半のフランス王国における租税制度の成立」191頁以降を参照。
56) Bibolet, *op. cit.*, pp. 310–311.
57) 税は，①都市内を通過するだけのぶどう酒には，市門通過税と同額が課税・徴収された。②個人及び居酒屋が，商人から卸でぶどう酒を購入する時は，高級ぶどう酒の場合1樽2エキュ(売り手は1エキュを支払う)を，その他は1エキュあるいは2分の1エキュを支払った（*Ibid.*, pp. 312–313）。
58) Vuitry, *op. cit.*, t. 3, p. 126，堀越前掲論文，194頁。
59) Vuitry, *op. cit.*, t. 3, pp. 127–129，堀越前掲論文，194頁。
60) Bibolet, *op. cit.*, p. 316.
61) これら諸税については別稿を準備中である。
62) Bibolet, *op. cit.*, pp. 311–316.
63) 1430年には，ぶどう酒価格の10分の1が国王から都市に授与された。1431年には，ぶどう酒1パントの6分の1減量税を2年間国王から授与された。1462年と1492年には，8年間について都市及び郊外区内で小売されたぶどう酒とその他の飲料との価格の8分の1の徴収権が授与された。他方で1484年には，国王課税であるぶどう酒の4分の1の税率が8分の1に変更された。この国王課税の8分の1と都市課税の8分の1とは，市当局によって同時に徴収され，国王には毎年ぶどう酒収益平均の8分の1に当たる2,450リブラが支払われた（*Ibid.*, pp. 316–318）。
64) 前掲拙著，157頁。
65) Bibolet, *op. cit.*, pp. 317–318.

66) Barthélemy, *op. cit.*; P. Pélicier, (rédigé par), *Inventaire sommaire des Archives communales antérieures à 1790*, Châlons-sur-Marne, 1903, pp. 181-184; S. Guilbert, (éd.), *Registre de délibérations du Conseil de Ville de Châlons-en-Champagne (1417-1421)*, Archives municipales, Châlons-en-Champagne, 2001.
67) Desportes, *op. cit.*; P. Varin, *Archives administratives de la ville de Reims*, 5 vol., Paris, 1839-1848; Id., *Archives législatives de la ville de Reims*, 6 vol., Paris, 1840-1853; S. Guilbert, (éd.), *Registre de délibérations du Conseil de Ville de Reims (1422-1436)*, Reims, 1993.

表1 プロヴァンにおけるぶどう酒税徴税請負人リスト

請負期間	請負人 請負人の居住地	徴税区域(教区)	請負額 (トゥール貨)
Manuscrit no 167, Folio 18 recto			
① 1368. 7. 2–1369. 7. 2	Jehan Courtemer Saint-Loup de No	Saint-Loup de No	36 lb.
② 1368. 7. 2–1369. 7. 2	Jehan Huot Savins	Savins	4 lb. 16 s.
③ 1368. 7. 2–1369. 7. 2	Jehan Bruillart Le Plessié aux Brébans	Cucharmoy	6 lb.
Folio 19 recto			
④ 1368. 7. 2–1369. 7. 2	Jehan le Prévost Saint-Loup de No	Vullaines Saint-Soupplis Courtevrost Viez Champaigne Chasteaubliaust Saint-Just	18 lb.
⑤ 1368. 7. 2–1369. 7. 2	Jaquin Brullé	Gouvois, Soisi Challestre la petite	27 lb. 4 s.
⑥ 1368. 7. 2–1369. 7. 2	Jehan le Fèvre 大青染色工 / Provins	Chenoise	8 lb. 3 s.
Folio 20 recto			
⑦ 1368. 7. 2–1369. 7. 2	Gilot Robinot Gouvois	Challemaison	22 lb. 10 s.
⑧ ?	Robin	Saint-Ylier, Mortery Roilly	8 lb.
Folio 20 verso			
⑨ 1368. 7. 2–1369. 7. 2	Guillemin Le Perrier musiner	Lours	8 lb.
⑩ 1368. 12. 30 (?)	Guiart Malecoste Brasseaux	Brasseaux	15 s. / 樽, 予納
⑪ 1368. 7. 2–1369. 7. 2	Jehan dit de Paix Sourdu	Sourdu	12 lb.
⑫ ?	Geuffroy le Fèvre	Les Ormes	20 s. / 樽
Folio 21 recto			
⑬ 1368. 7. 2–1369. 7. 2	Jehan Buffère Saint-Briz	Saint-Briz	4 lb.
⑭ 1368. 7. 2–1369. 7. 2	Jaquin Goulier Ermez	Ermez	4 lb.
⑮ 1368. 7. 2–1369. 7. 2	Guichart le Fèvre Leschelles	Leschelles	48 s.

中世後期フランス都市財政におけるぶどう酒税について

Folio 21 verso			
⑯ 1368. 7. 2–1369. 7. 2	Perrin le Charron Bauchisi	Bauchisi	40 s.
⑰ =1368. 12. 30–1369. 7. 2	Pierre le François	La vielle de Voulton	10 s. / 樽
⑱ =	Rénier de Tonnelier Voulton		10 s. / 樽
⑲ = ?	Michau Mignost Voulton	Voulton	12 lb.
Folio 22 recto			
⑳ 請負人変更	Pierre Hibost, Colin Droolis, Renier Robin Voulton		12 lb.
㉑ 1368. 7. 2–1369. 7. 2	Pierre le Charron Bauchisi	Saint-Martin de Chasnetron	40 s.
㉒ 1368. 7. 2–1369. 7. 2	Jaque le Gras Jehan Monglat	Courtacon	3 franz d'or
㉓ 1368. 7. 2–1369. 7. 2	Jehan Diolot Gilot Beurrion Colin le Jayot Les Planches	Barbuise	2 franz d'or
Folio 22 verso			
㉔ 1368. 7. 2–1369. 7. 2	Jehan Michelin Challestre la grant	Meel et Meriot	12 lb.
㉕ 1368. 7. 2–1369. 7. 2	Jaquin Chardot	Sainte Colombe Pongnis	9 lb.
Folio 36 recto			
㉖ 1369. 7. 3–1370. 7. 3	Hanry Porieur Provins プロヴァンのプレヴォ？	プロヴァン内4教区 (St-Pierre, Ste-Croix, St-Quiriace, St-Ayoul)	1170 lb.
Folio 37 recto			
㉗ 1369. 7. 3–1370. 7. 3	Gilot Robinot Gouvois	Gouvois, Soisi, Challestre la Petite	28 lb. 15 s.
Folio 37 verso			
㉘ 1369. 7. 3–1370. 7. 3	Pierre le Houlier Challemaison	Challemaison	21 lb. 12 s.
Folio 38 recto			
㉙ 1369. 7. 3–1370. 7. 3	Jehan de Paix Sourdu	Sourdu	14 lb. 8 s.
㉚ 1369. 7. 3–1370. 7. 3	Pierre le Houlier Challemaison	Mortery, Saint-Ylier Roilli	12 lb.
Folio 38 verso			
㉛ 1369. 7. 3–1370. 7. 3	Guichart le Fèvre Leschelles	Leschelles	70 s.

539

	Folio 39 recto			
㉜	1369. 7. 3–1370. 7. 3	Jaquin Chardot Lours	Saintte-Coulombe Pongniz	9 lb. 12 s.
㉝	1369. 7. 3–1370. 7. 3	Jaquin Chardot Lours	Lours	8 lb.
	Folio 39 verso			
㉞	1369. 7. 3–1370. 7. 3	Jaquin Chardot Lours	Justigny	70 s.
㉟	1369. 7. 3–1370. 7. 3	Jehan Bruillart Le Plessié aux Brébanz	Cucharmoy	=6 lb.
	Folio 40 recto			
㊱	1369. 7. 3–1370. 7. 3	Jehan Bruillart Le Plessié aux Brébanz	Chenoise	9 lb. 16 s.
	Folio 40 verso			
㊲	1369. 7. 3–1370. 7. 3	Jehan Bruillart Le Plessié aux Brébanz	Vullaines Saint-Soupplis Courtevrost Viez-Champaigne Chasteaubliaust Saint-Just	21 lb. 12 s.
㊳	1369. 7. 3–1370. 7. 3	Jehan Huot Savins	Savins	7 lb. 8 s.
	Folio 41 recto			
㊴	1369. 7. 3–1370. 7. 3	Maistre Hugue de Malay 名望家 / Provins	Sainct-Loup de No	26 lb.
㊵	1369. 7. 3–1370. 7. 3	Gilot Robinot Gouvois	Ermez	4 lb. 16 s.

《典拠》J. Mesqui, *Provins. La fortification d'une ville au Moyen Age*, Paris, 1979, pp. 232–256.
《注記》lb. = リブラ, s. = ソリドゥス
　　　= は史料において線引き抹消された部分。
　　　? は史料中に記載がないということ。

史料1　プロヴァンにおけるぶどう酒税請負入札文書

La value dou retraict de la pinte dou vin vendu en la parroische de Cucharmoy, et aussin des vins des garnisons despensez des hostels.

Sont admoisonnées à Jehan Bruillart, demorant au Plessié aux Brébans, pour un an commenciant le second jour de Juillet derrier passé, pour le pris et la somme de iiii livres x sous tournois d'assise, à crehue de x sous tournois. Et fit tantost seur lui mesmes ii crehues. Et durront les crehues jusques au dymanche devant la feste Saint Symon et Jude prochainement venant. Ce fut fait en la main Guillaume le Vilois, lieutenant de Monseigneur le bailli de Troyes et de Meaux, présens Jehan Buadicart et Jehan Clamecy, endui sergenz du Roy, le mardi x^e jour d'Octobre jour de feste Saint Denys, l'an mil ccclxviii.

Item Jehan le Prévost de Saint-Loup de No crut le dit marché seur le dit Jehan Bruillart une foiz. Ce fu fait en la dite main, le dit jour, et présenz les dessus diz.

Et li est li marchez demoré comme au plus offrant et derrenier enchérisseur, pour le pris et la somme de vi livres tournois pour le dit an, entre assiete et enchères. A paier à iiii termes, c'est assavoir de iii mois en iii mois.

(典拠: Mesqui, *Provins.La fortification d'une ville au Moyen Age*, Paris, 1979, p. 245)

《試訳》

クシャルモワ教区(プロヴァンの西約8キロ。ルイリ村役人管区)で販売されたぶどう酒と宿屋で出された貯蔵ぶどう酒との1パント分の取り上げ額について。

これらはプレシエ・オ・ブレバンに住むジュアン・ブリュイヤールに，既に過ぎた6月2日から始まる1年間につき，トゥール貨で4リブラ10ソリドゥスの価格と総額を設定額とし，1回の競上げ額を10ソリドゥスとして，請け負わされることになった。彼自身すぐに2回競上げを行った。やがて来る聖シモンと聖ユダの祝日(10月28日)前の日曜日まで競上げは続いた。入札はトロワとモーのバイイ代理ギョーム・ル・ヴィロワの責任において，共に国王セルジャンであるジュアン・ブアディカールとジュアン・クラメシの同席を得て，1368年10月10日聖ドニの祝日の火曜日に行われた。

同じく，サン＝ルー・ド・ノ(プロヴァンの南西約6キロ。クルトン村役人管区)のジュアン・ル・プレヴォは，上述のジュアン・ブリュイヤールに対して，上述の取引(入札)に競上げを1回行った。これは上述のバイイ代理の責任において，同じ日に，上述の2人の同席を得て行われた。

そして契約は，最高額を提示し最後の競り手となったジュアン・ブリュイヤールのもとに，設定額と競り額との間をとってトゥール貨で6リブラの価格と総額で1年間，留まることになった。3ヵ月毎の4回払いで支払われねばならない。

ドイツ中世都市「最古の悪臭防止文書」
―― 15世紀後半のケルン経済社会 ――

田 北 廣 道

はじめに

1461年都市ケルンの聖マリア・キャピトールの修道女とウンター・パンネンシュレーガー通りの住民たちは，T. フェンローデ所有の鉛・銅精錬施設から立ち上る悪臭・異臭に耐えられず，市参事会宛に苦情を寄せた。「我らの市参事会は，レントマイスターと道路監視官 Wegemeister に対し，実地調査と事情聴取を行うように命令した。そして，悪臭・異臭が苦情書に述べられていたように，ひどい害を与えることが明らかになったので，彼らに命じて精錬施設所有者と手工業者達とに，次の3点を伝えるように決定した。すなわち，我らの市参事会は，今後ともそこで精錬仕事を営むことを望まないこと。そして，リントホーフ以外の場所で鉛精錬を営んではならないと定めた1415年の精錬施設に関する決定を読み聞かせること。さらに，今後とも精錬仕事を続けたい場合には，往来から離れた場所に限り行ってよいこと。(それと併せて)遣わされた者達に対し，精錬施設が建っている土地の所有者にも，精錬施設所有者に解約通告をし，今後2度と賃貸を行わないようにと伝えさせた」(L-II, 304)。

この史料は，ドイツ学界における技術史の大家であり，同時に環境史の開拓者の一人に数えられる U. トロイチュからは，「冶金・精錬所から発生する悪臭への対策を扱ったドイツ最古の文書」(Troitzsch 1989, 94) に位置づけられている。本論では，このドイツ中世都市「最古の悪臭防止文書」が発給された15世紀後半ケルンの経済社会の諸相を，環境史の観点から考察する。端的には，上記の

史料引用部にみえる，環境問題発生時に調査を担当したレントマイスターと道路監視官の活動，あるいは 1415 年の鉛精錬施設の建設禁止令や鍛冶屋の立地制限など先行事例にも注意を払いながら，時代射程を 15 世紀全体にまで伸ばして接近する。それを通じて，「経済構造の転換」期ケルンの市当局が「環境・健康保全」と手工業発展との選択をめぐり苦心して行った舵取りの足跡も明らかにできると，考えるからである。

　なお，本論は，接近方法の点で 1970 年代以降に急旋回した環境史の 2 つの新潮流から啓発を受けている(田北 2001, 2003)。第 1 に，環境史に関係する伝来史料の多くは，苦情書や抗弁書など自己利害に引きつけた主観的証言に偏りがちなため，その欠陥を補う意味から，できるだけ多様な類型の史料の利用が不可欠である (Wey 1982, 17)。本論では，トロイチュが定性分析と定量分析の橋渡しの方法として提示した，汚染源となる職種の地理的プロットによる「手工業地図化」（後掲の地図を参照）を踏襲した。第 2 に，1980 年代以降の学際研究の活性化がもたらした「玉石混交」状態から脱却するために，90 年代にその必要がとみに強調されている，環境問題を各時代状況のなかに的確に位置づける姿勢である。中世後期ケルン「経済構造の転換」の文脈内に「最古の悪臭防止文書」を位置づけつつ，その評価を試みるのもこの意味においてである。

　以上の論述からも明らかなように，小論は「西欧中世史料」研究会の設定した 2 つの目標のうち，特定の史料類型に照準を絞り込む方向でなく，多様な史料を活用して斬新な切り口を提示する方向を目指している。ただ，あらかじめ 2 点につき，お断りしておきたいことがある。一つに，小論は「最古の悪臭防止文書」を標題に掲げてはいるが，中世都市の公衆衛生の状況をめぐり近年 B. シュナイトミュラーや U. ディルルマイアーらの論考を契機として闘わされ，ケルンのゴミ処理問題にも言及した G. ヘーゼルらの参加した論争を正面から取り扱うことはしない (Schneidmüller 1989: Dirlmeier 1981: Hösel 1990)。次に，紙数の制約から，注は典拠を中心に，できるだけ本文中に掲げることにし，文献目録も最小限にとどめている。それを補う意味から，本論が依拠する主要な史料については，末尾の一覧表にまとめているので，参照願いたい。

　最後に，中世後期ケルンの「経済構造の転換」の主要な特質に触れておきた

い。このケルン「経済構造の転換」説は，中世後期における都市経済の「危機」説批判の文脈でF. イルジーグラーによって提唱され，その後，中心地理論の方法的援用もあってケルン周辺の中小都市・農村を巻き込んだ「経済システム」の編成替えにまで発展された (Irsigler 1979: 田北 1997, 1997a, 1998/99, 2000)。その主要な特徴は，以下のようにまとめられる。

　第1に，中世後期ケルン経済は，羊毛工業の衰退と絹工業の台頭，織布工程の後退と剪毛・染色工程の成長，葡萄酒取引の後退とビール醸造の成長に代表されるように，部門間・工程間の隆替に彩られた「構造転換」をとげており，その過程で繊維・金属・皮革3部門の均衡した手工業構造が形成された。

　第2に，主要な域外市場向け手工業における「構造転換」の推進者となった社会階層は，商人・問屋主と親方・問屋主だったが，彼らの影響力は周辺地域にも及び，ここに周辺中小都市・農村との間に原料・中間製品供給とその加工・域外市場向け販売を基軸関係とする有機的な分業圏，「経済統一体」が形成された。

　第3に，このような「経済構造の転換」は，手工業者の階層分化と並進しており，主要なツンフトでは少数の親方・問屋主，小生産者としての親方手工業者，出来高払工としての下層親方・職人，日雇い職人などが分出されて「賃労働依存型」の手工業構造を鮮明化させた。

　第4に，商業部門も，そのような「経済構造の転換」の影響を免れなかった。穀物・鰊・鉄などの基本商品では，地理的な影響圏に広狭はあれ，高次の分配機能を担うケルン市場に財の供給を依存する空間，「利益共有地」gemeinland も形成され，ケルンが調整者機能を果たす上で不可欠なシュターペルや安全護送など多様な制度も整備された。また，都市の穀物・パンなど必需品市場では，「賃金労働依存型」の構造に相応しい，適正な価格による公正な分配を保証する制度も生まれた。

I. 15世紀ケルン溶鉱施設・鍛冶屋の周縁部への移動

　1461年フェンローデの精錬施設に向けられた修道女や近隣住民の苦情は，市

参事会から原則的に認められたが,その移転までの道のりは,必ずしも平坦ではなかった。1463年銅加工師は,彼らに原材料を提供する問屋主フェンローデに対する移転令の撤回を求める嘆願書を36名の署名を添えて市参事会宛に送った。それは,繊維・金属・皮革加工の3部門均衡型の手工業構造への転換期の史料として,健康保全とは対照的に経済発展の観点を前景に押し出しているので,一瞥しておこう。

まず,銅加工師たちは精錬施設の移転が手工業者に与える深刻な影響を,先行事例を引き合いに出し,「憎しみ,妬み,利己心からツンフト成員のうち100人強が都市を追われたこと,そして都市を離れニーメーゲンで生活の糧を求めざるをえなかったこと」(L-II, 570–571) と,回顧することから始める。それに続き,「現在銅精錬施設を所有し,我々と他の者たちに仕事を出しているフェンローデは,事情を知らない数名の者たちから,彼の経営が身体に害を及ぼしており,したがって,他の場所に移転すべきであると苦情を受けた……フェンローデは,自発的に都市を離れるのではなく,憎しみのために追われるのである」(op. cit. 571) と,近隣住民の苦情を事情に通じない人々の個人的な憎しみに基づくものと非難している。

次いで,「都市会計局は,過去10年にわたり年100グルデン余を提供されて彼の経営から利益をえてきたことを,銘記すべきである」(op. cit. 571) と述べ,都市への多大な貢献を強調し,「我ら100名と,各々の5–6人(妻子)が生活できるよう」移転令の取り下げを嘆願している。

この場では,問屋制下の手工業者達が移転令の撤回を要求したこと,後述の1490年文書と同じく,都市会計局への多大な貢献が「利己心・憎悪」からの要求を退けるための拠り所に挙げられたこと,の2点に注意したい。とくに,第1点については,1421年ツンフト規約——親方資格取得条件,徒弟制度,職人の雇用条件,製品の巡回検査,夜業禁止など全13条項からなる——から判断する限り,平均的な小生産者の像が浮上してくるだけに,規範史料である規約からの史料基盤拡大の必要を印象づけている。

しかし,この嘆願書も実を結ばなかった。1464年4月道路監視官他6名に命じて「その場所の精錬施設を14日以内に取り壊し,そこで精錬業を二度と営ん

ではならないこと，そして経営を続ける場合，往来のない適切な場所でおこなうこと」(op. cit. 305) の2点を伝えさせた。しかし，今回は手工業者でなく，一人の市民から撤回要求が出されて，もう一度決定は修正された。「我ら市参事会は，ヨハン・ファン・ブライデから提出された，T.フェンローデの施設に関する決定の取り消し要請を考慮して，その期限をもう一月延長すると決定した」(op. cit. 306)。そこに名前の上がったブライデこそは，1437年から1467年まで金細工師ガッフェルを選出母体として3年周期で計11期市参事会員職を経験し，とくに1455年以降1471年まで市参事会員，市長，およびレントマイスターの要職を間断なく勤めた政治的指導層の代表者の一人である (Herborn 1977, 524: Kuske-III, 29)[1]。残念ながら，遺言状をはじめ伝来史料からブライデの経済活動を再現することは不可能だが，レントマイスターとして実地調査の経験をもつブライデが移転令の撤回を要求した事実は，共同体全体の利益を標榜した手工業育成策の萌芽を窺わせて興味深い (op. cit. 217–218)。その延長線上に，1490年シュトルイスの嘆願書が来るが，それには後ほど立ち返る。

　ところで，市民・住民の健康・財産被害と手工業者の生計保証をもたらす経済発展とを秤にかける葛藤的状況の中で，前者を尊重する決定が下されたわけだが，このような市当局の姿勢は15世紀を通じ一貫して堅持されたのだろうか。それとも変化したのだろうか。鍛冶屋（一部，火薬加工を含む）と，環境汚染の苦情の際に実地調査を担当した道路監視官の活動にまで対象を広げて，この問題を考えてみよう。

　1461年文書で引用された1415年の市参事会法令は，ヤコブ・ファン・ヘルテンがザイネそばに建設した鉛精錬施設の8日以内の取り壊しと，リントホーフ以外の精錬所の新設の禁止に言及するだけで，住民からの苦情の有無については不明である。鉄砲鍛冶と一対の経営として登場することの多い火薬加工場については，1433年市参事会法令が伝来する。それは，ホイマルクトそばのヴァーレン小路に位置する火薬加工場の取り壊しと，建設前の市参事会からの認可取得とを定めているが，その理由に「それによって他人の不動産（価値）が低下したり台無しになったりする恐れ」(St-II, 269) を挙げた事実が，近隣住民からの苦情を示唆している。この点は，1437年同じホイマルクト地区の鍛冶屋

に関する市参事会決定から，より明瞭に読みとれる。「最近ホイマルクトに建てられた鍛冶屋は，隣人たちから土地と家屋に壊滅的被害を及ぼしていると繰り返し苦情を寄せられたので，遠方に移転すべきであり，今後ホイマルクトとアルトマルクトに鍛冶屋を開いてはならないと，決定した」(L-II, 379)。不動産価値の低下に関する隣人たちの非難を真摯に受け止めて市当局は，都市の経済的中心部から鍛冶屋を排除する決定を下している。

1465年鉄砲鍛冶・火薬加工場の所有者クレートの隣人ヴェーゼルから市参事会宛に寄せられた火災の危険に関する苦情は，レントマイスターと道路監視官による実地調査から最終決定までの手続きの点で冒頭の1461–64年の事例と重なることが多い。すなわち，「鉄砲鍛冶クレートの土地にある精錬施設・火薬加工場は，ファン・ヴェーゼルの住居のすぐそばにあり，不安なことにその間には狭い隙間しかなく，以前に火災も発生している」(op. cit. 379–380) との申したての当否を確認させた後，道路監視官2人に次の命令を伝えさせている。「我ら市参事会は隣人達が受ける被害に鑑みて，経営続行を許可しないので，その場所で何も精錬し鋳造したりしないこと，また火薬加工を行わないこと」(op. cit. 380)。

この場では，15世紀初頭ケルンでは人口稠密化のなかで，デュレンなど周辺都市で16世紀に郊外市への移動が確認できる火災や健康・財産被害の恐れのある職種の，いわば市内外縁部への移転が推進されたこと，その際，市当局が決定の拠り所としたのは，19世紀初頭の注釈によれば「誰でも，自分の土地の上では好きなことを行うことができる。但し，他人の土地ないし住民に対し被害を与えるものを何も排出しないという制限のもとではあるが」(Brüggemeier/Toyka-Seid 1995, 153) と表現され，周辺住民の財産・健康保護をうたった「隣人権」であったこと，の2点を確認しておく。そして，この「隣人権」を基礎にした対処という点では，この時期調査を担当した道路監視官による取り締まりも，例外ではない。代表例を二，三紹介しよう。

1402年道路監視官に関する市参事会法令の第5条にうたわれた，建設中の土砂の路上放置禁止は，1475年の文書に明記されているように，近隣住民の不動産被害を危惧してのことに他ならなかった (St-II, 138, 529)。同じ1402年法令の

第7条に定められ1407年にも反復された，他人の門前への塵芥・汚物投棄の禁止も同じ文脈で理解できる (op. cit. 177)。

　それにもまして注意を引くのが，1478–80年染色工の廃棄物処理をめぐる市参事会の決定である。近隣住民からの苦情を受けて市当局は，鍛冶屋の場合と同じように，ホイマルクトに接する中心部から染色業の排除をはかっている。1478年10月マルツビュヘルに仕事場を構えるC.ファン・アイヒ他3名の染色工に対し，レントマイスターと道路監視官を通じて，大青カスと大青・茜灰汁の道路放置を罰金刑により禁止すると伝えさせた (L-II, 105)。それは，同年11月のアイヒ宛の市参事会文書から明らかなように，「大青カスと大青・茜灰汁が，道路を塞ぐとともに，ホイマルクトわきを流れる小川と飲料水を汚し（近隣住民の）利用を妨げている」(op. cit. 105) からに他ならなかった。しかし，その命令も遵守されず，同年10月市参事会はアイヒの召喚を決定した。事情聴取を受けたアイヒは，銅加工師の嘆願書を想起させるかのように，高額な貨幣支払いによって獲得した仕事場と「生業を台無しにしない」ために，「大青カスは，仕事場内に貯蔵後に片づけ」(op. cit. 105)，灰汁は垂れ流すことで容赦してもらうよう嘆願した。しかし，市参事会は「都市内のその地区で染色業を営むことが適切でないと判断し，クリスマスまでに染色場を相応しい場所に移すよう，そしてその期間，大青カスや他の物に関する決定を最大限遵守して，隣人たちと（ホイマルクトを貫流する）小川・飲料水を利用する人々が被害を受けたり不快になったりしないように配慮すべきと伝えさせた」(op. cit. 105–106)。その後，染色場の取り壊しと移転までの期限の延長に関するアイヒの申請を受けて，翌年の復活祭まで猶予が出された。1480年5月「アイヒの道路汚染に関して」と題する文書によれば，道路監視官2名を含む7名の執行官が，マルツビュヘルの仕事場に赴いており，この事実は，移転の困難を暗示している (op. cit. 106)。この場では，中世後期ケルン「経済構造の転換」，とくに繊維部門における織布の後退と仕上げの発展という工程間隆替を代表する染色業で，金属加工業と類似の問題が発生していることを再確認しておきたい。

　ところで，道路監視官関係の史料から判断する限り，ケルンの塵芥・土砂・汚物処理は15世紀のうちに困難の度を深めてくる。このことは，ライン河畔への

廃棄物の投棄禁止と都市中心部のホイマルクト・アルトマルクトへの投棄禁止とから容易に読みとることができる。

　ライン河畔や河中への塵芥の運搬・投棄の禁止は，すでに1353年市参事会決定に登場している (St-II, 23)。そこでは，荷車1台当たり1マルクの罰金刑で威嚇しつつ，投棄禁止の徹底をはかるとともに，聖カタリネン教会とノイエ・キルヒホーフのそばの2ヵ所の「ゴミ捨て場」を指定している。1400, 1404年にも同様の投棄禁止が反復され，とくに1404年には罰金を5倍に引き上げて，いちだんと強い姿勢で臨んでいる (op. cit. 138, 141–142)。15世紀半ばの市参事会法令は，「これまでにも命令されてきたが，あまり注意されていない」(op. cit. 161) と法令発布の理由を述べ，5マルクの罰金刑を繰り返すとともに，ミュールガッセとザルツガッセに2隻の「ゴミ運搬船」を配して効率的な処理をはかっている。さらに，1482年には市壁建設に適した素材は，荷車1台当たり1–2ヘラーの代価を払って買い取る方針を打ち出している (op. cit. 575)。

　他方，1402年と1407年の道路監視官に関する市参事会法令は，路上への塵芥・土砂の放置の禁止や，道路監視官による運搬人を使った除去と投棄者への代金請求を定めて，個別的な問題の広がりを示唆している (op. cit. 138, 177–178)。15世紀半ばの市参事会法令では「道路はどこでも大変汚れているので」(op. cit. 361)，道路監視官による巡回と清掃の徹底が，投棄者への5マルクの罰金刑と合わせて決定されている。1480年には「余所者に販売するための厩肥の積み上げ」が，「都市に大きな被害をもたらす」として，その除去が命令されている (op. cit. 569)。さらに，1486年には市庁舎，鉄取引所の異名を取るギュルツェニヒおよびアルターマルクトわきのマルスポルツェンといった中心部に塵芥・汚物投棄が禁止されている。しかも，投棄者による自弁での除去命令と，先述の道路監視官の代行とを超え，迅速な対処が行われなかった場合，道路監視官からの罰金徴収が初めて規定され，問題の深刻化を窺わせている (op. cit. 592, 623)。

　以上の2事例は，先述の染色工問題と合わせて，市当局の「ゴミ」取り締まりの姿勢の強化，裏返せば，15世紀後半，とくに1479–80年代以降の都市民のルール違反——それ自体，共同体関係の変質を示唆する——が，新たな次元まで達したことを示唆している。この文脈に内に1461–64年フェンローデ事件を

位置づけて考えるとき，健康・財産権擁護と経済発展推進との新旧ルールのせめぎ合う，まさに分水嶺の位置にあることが分かる。この点を，1490年シュトルイスの嘆願書から考察してみよう。

II. 1490年銅溶鉱施設のための燃料確保
―― 木炭不足のなかの経済発展支援 ――

1490年銅精錬施設所有者のH. シュトルイスは，市参事会宛に次の嘆願書を提出した。「シュトルイスは，数年来クッパーガッセにおける銅精錬によって市内に大きな生業と商業をもたらし，都市の利益・福祉と共同体全体の利益を高めてきた。その際，シュトルイスは大量の木炭を使用しているが，このところその調達が困難となっており，この状態が長く続けば，木炭不足から営業を停止し衰退させざるをえず，したがって（立地を）余所に移さざるをえなくなると，我ら市参事会に知らせ苦情を寄せ，また，彼がこれまで通りの生業と状態にとどまれるよう（善処を求めて嘆願してきた）」(L-II, 306–307)。その件につき「我ら市参事会は慎重に協議を重ねた後，次のように決定した。シュトルイスは，水路と陸路を問わず，営業に必要なだけの量の木炭を自由に持ち込めることにする。すなわち，木炭計量官と木炭運搬人からの規制を受けることなく持ち込めるが，その木炭については，共同体（住民）が木炭価格の高騰によって苦しめられないようにすべく，彼の乾燥商品ともども市内でアクチーゼを徴収されることにする」(op. cit. 307)。

1461–64年の事例と比べて，市参事会に訴え出たのが近隣住民か企業家かという点で違いがあるが，その点を割り引いても，その間の根本的な変化を読みとれる。まず，木炭不足のなかで市当局による特別な配慮を求める際の拠り所に挙げられたのは，シュトルイスによる都市の利益増進への寄与であり，1463年銅加工師の嘆願書の論理と同じだったが，今回は受容されたことである。次に，1461年と1464年の市参事会決定のなかで銅精錬施設の新規建設禁止を正当化するために引き合いに出された1415年の先例は，問題ともなっていない。最後に，銅精錬施設の立地するクッパーガッセが「往来からほど遠い場所」に相当

するか否か不詳だが、住民への配慮は、企業家シュトルイスによる木炭先買いを契機として発生する木炭価格の高騰に限られており、財産・健康被害には言及もされない。角度を変えれば、都市の経済発展の観点が、「隣人権」を拠り所にした住民被害より重要視されたといえよう。1461–64 年と 1490 年の間に生じた変化については、次節で検討することにして、ここでは木炭取引をめぐる特権発給の意義を考えてみたい。

　15 世紀ケルンの木炭市場の制度的枠組みは、その人的組織も含めて、別稿で扱った穀物市場と大差はない (田北 1997a)。1432 年の「木炭計量官」法令に従えば、市参事会に属し半年毎に半数交代の 1 年任期の「木炭監視官」Kohlenmeister 2 名を頂点に、ホイマルクトに集められた木炭の計量・徴税に当たる 12 名の木炭計量官から構成される (St-II, 267–268)。木炭監視官は市場を迂回した木炭の搬入・販売が行われないように取り締まり、木炭計量官が徴収した荷車 1 台当たり 1 シリンクのアクチーゼを定期的に会計局に納める義務を負っており、この職務に対して年 10 ラインルグデンの報酬を得ていた。他方、計量官は、市参事会の任免権に服しつつ現場での計量に当たり、6 袋以上積載した荷車 1 台当たり 6 シリンクの手数料を徴収しており、1407 年法令の第 6 条によれば、手数料収入は計量官全員の間で均等に分配された (op. cit. 185)。

　しかし、この制度は十全には機能しなかったようで、1446 年には「市内に持ち込まれ販売される木炭から徴収される税が、都市会計局に木炭監視官からきちんと納められていない」(op. cit. 334) との理由から、報酬の支払いを停止し、あわせて木炭計量官を 10 名に減員し彼らの間での手数料収入の均等配分をつよく要求している。その後、1467 年には計量官数を 8 名に制限するとともに、木炭のアクチーゼ率を 2 倍の荷車 1 台当たり 2 シリンクに引き上げた。

　この改革も、十分な成果を上げることはできなかった。1469 年の木炭監視官・計量官法令は、「これまでの法令に対する違反が多数発生している」(op. cit. 452) と、その発布の理由を述べ、直面する問題を解決しつつ木炭市場の制度改革を完成した。いや、それだけではない。後述の 1470 年ベルク大公領民からケルン市当局に送られた苦情書からも明らかなように、周辺地域の製鉄業における間接法の普及に起因した「木炭不足」という急迫した事態のなかで、厳格に

適用されている (Stursberg 1964, 27-52: 田北 1988, 468-470)。

この1469年文書を一瞥して気がつくことは，形式の大きな変化である (St-II, 452-458)。それまでの木炭市場の統制が，計量官に関する指図により行われてきたものが，今回は，木炭監視官と計量官にわけて詳細な指示が与えられている。改革の主要な項目は以下の通りである。

まず，木炭取引の市場集中がつよく図られている。搬入経路ごとに木炭市場を指示して，ザルツガッセ経由はホイマルクトへ，トランクガッセ経由は聖パウル教会前の広場へ，アイゲルシュタイン門経由は聖霊施療院前の広場へ集められることになった (op. cit. 452)。それぞれの市場では，8名から18名に増員された木炭計量官が計量・徴税に当たる (op. cit. 455)。また，木炭監視官が木炭商や市民の取引を厳格に取り締まり，1432年法令に定められた市場を迂回した取引，とくに先買い禁止の実が挙がるようにされた (op. cit. 453)。計量官の木炭監視官への服従義務や定期的な誓約義務の規定も，同じ文脈で理解できる (op. cit. 457)。

次に，木炭不足のなか市民・住民間への公正な取引・分配の達成が，木炭監視官の権限の強化を通じて行われている。共同体全体の利益のために必要と考えられるときの「木炭の積み下ろし」強制権，また売買後に不良品が発見された場合の取引不成立の宣告権，購入希望者に対する1-2袋の均等分配権 (op. cit. 453-454) が，その代表例をなす。

さらに，木炭監視官には4週間おきに徴収した税を会計局に納める義務が課されているが，1490年シュトルンデンの要求が1469年法令の根幹をなす取引の市場集中と分配の公正に抵触する「先買い・買い占め」に関わることを確認しておきたい。1490年市参事会による特権発給の意味は，1470年ベルク大公領民の苦情書を見るときより鮮明となる。

この史料は，ベルク大公領の7つの行政区域アムトと市場町1（ミュルハイム），村落1（シュタムハイム）の領民たちから寄せられた苦情をベルク大公の名のもとに集約して，ケルン市当局に改善を求めて送付したものである (K-II, 250-259)。それは，1469年ケルン木炭市場をめぐる制度変革が周辺の木炭供給者に与えた衝撃を直接に伝えている。いや，それだけではない。冒頭のアムト・シュ

タインバッハから寄せられた11項目の苦情のうち9項目について，都市書記(公証人) R. ファン・ダーレンの所見が付されており，「市場強制」や「木炭監視官・計量官」制度をケルン市当局側が，どのように理解していたかも知ることができる。

　まず，指摘すべきは，この苦情書の内容の多数が木炭に関連していることである。アムト・シュタインバッハでは11項目中の5項目，ポルツでは9項目中の3項目，ボルネフェルトでは12項目中の8項目，ゾーリンゲンでは2項目中の1項目，ミーゼローエでは6項目中の2項目，市場町ミュルハイムでは7項目中の1項目が，木炭を問題としている。それら苦情ないし改善要求は，およそ下記の3項目に分類される。

　第1に，計量手数料(税率)の一方的な強化がある。シュタインバッハの第1項は，「ヘル(ベルク大公)の領民たちが，友人を通じて木炭を送らせたとき，都市の木炭計量官と補助者がやってきて，古くからの慣習にない，最近(ケルン市当局が)その徴収を勝手に決めた計量手数料(税)の支払いを運搬人に強要した」(op. cit. 251)。第2に，高い代金を支払う買い手との自由な取引の妨害である。シュタインバッハの第3項は，それを「このアムトの貧しき人々が木炭を持ってケルン市場にきたとき，都市(役人)は，彼らの命令に従うように申し渡し，木炭をできるだけ高い価格で販売できなくした」(op. cit. 251) と述べている。第3に，計量官の立ち会いのない取引の禁止で，市場町ミュルハイムの第1項は，領民エンゲルが木炭1袋を計量なしに販売したために1マルクの罰金刑に処されたことを伝えている (op. cit. 255)。1469年市参事会法令は，厳格に実施されたのである。それでは，ケルン市当局は，「市場強制」を梃子にして木炭確保に走ったのだろうか。ダーレンの所見を手がかりにして，この問題を考えてみよう。

　上に引用したシュタインバッハの第1項に関してダーレンは，次のような所見を書きしるしている。「我らの市参事会が，木炭不足を理由として寛大な措置を講じたことは，友人(ベルク領民)たちが大きな利益をえる一方で，ケルン共同体全体の利益が大いに損なわれる事情を考えるとき，十分に堪え忍ぶべきである。木炭・木材によりできるだけ大きな利益を上げ，貨幣が費やされるべき仕事より利益を尊重する邪な事態が増えていることに鑑みるとき，都市共同体

の利益が失われないようにするために計量手数料を徴収して道路建設に充当しなければならない」(op. cit. 251)。筆者は，15世紀後半ケルンと周辺諸邦の間に穀物需給における「利益共有地」が形成されたことを指摘したことがあるが，木炭についても同種の運命共同体の形成と，その結果としてその空間内における利益平準化の意識の醸成とを読みとることが可能である。

　引用した同じシュタインバッハの第3項に対する所見は，「共同体全体の利益のために，誰もケルン市場の来訪を強要されないし，その者が出かけたいところ，売りたいところへ出かければよい」(op. cit. 251) と述べ，市場強制の行使を否定している。第9項に対する所見，「ケルン市場に搬入さるべき，その種の財貨を途中で買い占められないようにすることが，共同体全体の利益に適うと考えられる」(op. cit. 253) をあわせて考慮するとき，ケルン市場を仕向地とする財の先買い・買い占め禁止こそが，主要な狙いとなっていた。この点は，ダーレンによる次の総括的所見に明瞭に表現されている。「都市ケルンは，都市と共同体全体の利益を維持するために，法を自由に制定し廃棄することを皇帝・国王陛下より許されている。そして，都市ケルンは，誰に対してもケルンへの来訪，あるいは木炭や他の商品の市場搬入と販売を強制したことはない」(op. cit. 253)。

　1460年代「木炭供給」不足に直面したケルン市当局は，地域的な木炭市場としての地位を背景にして，対外的には先買い・買占め禁止による取引の集中を，そして対内的には木炭取引の市場集中と分配の公正を達成すべく市場制度を整備した。その到達点が，1469年の木炭監視官・計量官法令である。この制度は，1470年ベルク大公領民の苦情に明らかなように，木炭不足のなかでの取引・分配の公正達成という至上命題に答えるべく厳格に運用された。他方，銅精錬用の燃料確保が困難となった企業家シュトルイスは，市参事会に木炭調達の特別な便宜を要求し，事後的なアクチーゼ支払いを条件としてではあれ，事実上の先買い・買い占め権を容認された。角度を変えれば，市当局は共同体全体の利益のためという名目のもと，銅精錬施設所有者への肩入れによる経済発展の促進に踏み切ったのである。このような市当局の姿勢の変化自体，「経済社会の構造転換」を写し出す鏡と見なせるわけで，その検討が次節の課題となる。

III. 共同体関係の変化
――屋根葺き工と運搬人の場合――

　中世後期ケルン「経済構造の転換」は域外市場向け手工業だけでなく，都市市場向けの手工業や運搬・サービス部門をも捉えていた．以下，2つの職種を取り上げてみよう．

　屋根葺き工については，史料論的に無視できない新たな展開があった．1981年 A. シュニーデルによって屋根葺き工の創設した「聖ウアズラ兄弟団記録簿」が，刊行されたからだ[2]．その原本は，プロイセン州立図書館に所蔵されていたが，第二次大戦の戦災のため焼失した．幸い 1930 年代に撮影されたマイクロフィルムが，ケルン歴史史料館に保管されていた．ただ，中世ケルンのツンフト・手工業関係文書の編纂に力を尽くした H. レッシュは，この記録簿の伝来を知りながらも，規約とオリジナルを重視したためもあってか史料集に取り入れることはなかった．したがって，レッシュ編の史料集と W. シュタイン編の都市行政文書集に所収された建築関係手工業者に関わる文書と合わせて，14–15 世紀屋根葺き工に伝来する史料数は 8 点から 16 点へと倍増した（史料一覧を参照）．しかし，史料基盤の拡大は，この量的な面に留まらない．経済的ならびに社会・宗教的問題への手工業者の対応が，兄弟団やその代表者である首長・功労会員（首長職経験者）の決定の形で伝来して，これまで刊行されたツンフト規約，市参事会法令，手工業者の嘆願書・抗弁書に新たな種類の史料多数をつけ加えることになったからである．

　このような質量両面からの史料基盤の拡大が，1397 年ツンフト規約から 15 世紀末に至る内部関係の変化の追求を可能にした．とくに，この動態的な史料分析の必要は，兄弟団名簿・規約を刊行したシュニーデルが採用した静態的な方法と対比するとき，ただちに明らかになる (Schnyder 1981, 44–77)．すなわち，兄弟団の宗教的機能（練り歩き，蠟燭の献納，ミサ，死者供養）と宗教以外の機能（組織・役職者，社会的結合を固めるための飲食や平和維持のための行動規範，徒弟・職人問題を中心とした経済）に関する諸特質が，作成年代の異なる条項か

ら，いわば寄せ木細工的に再構成されているからだ。その詳細な検討，なかでも16世紀の「価格革命」時の一大再編成は別の機会に譲り，この場では，時代により異なる存在形態を示す徒弟・職人に関する史料証言を紹介しておこう。

徒弟と親方の関係については，14–15世紀と16世紀で相矛盾する条項が登場する。1397年規約の第1条と15世紀前半の兄弟団規約の第15条は，いずれも徒弟の無断外泊禁止を定めて，親方と家父長制的関係に立つ平均的な徒弟を想起させる (L-I, 23: Schnyder 1981, 29)。しかし，1545年と1546年の兄弟団首長の決定となると，「親方の家の外に居住する徒弟の雇用禁止」あるいは「修業中の徒弟の結婚禁止」をうたっており，仕事場と親方の家が空間的にも分離した建築関係の職種ではしばしば見られる，世帯的に自立した既婚の徒弟の存在を前提としている (op. cit. 39, 43)。このような多様な存在形態の徒弟の形成，あるいは16世紀半ばの親方家計内への包摂の努力は，その社会経済的背景とあわせて時代を追って考察しなければならない。同じことは，兄弟団における職人の地位についても言える。15世紀前半の兄弟団規約の第10条は，職人の兄弟団成員権の取得を禁止しているが，1527年のツンフト決定では「兄弟団資格を得ていない職人の雇用禁止」がうたわれるといった具合である (op. cit. 28, 41)。

ところで，1397年ツンフト規約以降の内部関係の変化は，15世紀前半と1480年頃とを節目にして生じている。15世紀前半については2つの兄弟団決定の形で作成された兄弟団規約の第1–30条と第32–35条が注意を引く。第1条は「我らケルン屋根葺き工ツンフトの聖ウアズラ兄弟団の首長・成員は，我らの兄弟団にとって不利益で不名誉な違法，妨害，および不和が発生したので，今後そのような事態の再発を防ぎ，平和的，協調的に統制すべく，一致して下記の罰則付きの条項と規則を定め，さらにそれを兄弟団記録簿に記載して遵守をはかる」(op. cit. 22) と，内紛の発生を規約作成の契機に掲げている。残念ながら，肝心な内紛の原因については不詳だが，以下の事情に鑑みるとき，少なくとも徒弟・職人問題がつよく関係していたと見なせる。

ほぼ同時期に作成された2つの兄弟団決定を比較したとき，第32–35条の示す形式・内容的な特異性が目を引く。まず，第32条の書き出しは，先行する条項からの継続を意味する「さらに」Vort から始まっている。つぎに，その内容

は徒弟・職人の親方資格取得条件に関連するが，余所者には12金グルデン（48マルク），市民・住民には4金グルデン（16マルク）の金額となっており，兄弟団規約の第10条の余所者12マルク，市民・住民6マルク，あるいは1397年ツンフト規約の第1,3条の4マルクと比較して，実質的に親方資格取得の排除にもつながる条件となっている (op. cit. 28, 34: L-I, 24)。したがって，兄弟団規約の第10条に最終的に落ち着く前の素案の一つと考えられるやもしれない。いずれにせよ，1397年ツンフト規約では余所者と市民・住民の間に成員権取得料に差はなかったが，15世紀前半に市民・住民の半額軽減という優遇措置が導入されたのである。さらに，第33–35条は，徒弟の出生証明提出義務，徒弟の賃金，修業途中で逃走した徒弟の再修業と，いずれも徒弟に関連している。そのうち最初の修業期間3年の支給賃金を半額とする規定は，1374年の建築関係手工業者に対する市参事会法令，とくに賃金公定の第1条と同じ内容だが，15世紀前半に反復された事実は，逆に違反の横行を暗示している (St-I, 41)。それが，徒弟の世帯的自立のための経済基盤の保証とどのように関係するか不明だが，15世紀前半に徒弟・職人が焦眉の急の問題をなしていたことは間違いあるまい。

　1480年代のツンフト内部関係の変化については，良好な史料伝来のおかげで，より鮮明な像を描くことができる。まず，1481年ツンフト首長・功労会員の決定(兄弟団規約の第38条)は，「誰も，ツンフトと兄弟団の成員権を同時に取得する必要はない。彼は，ツンフト成員権を最初に取得すべきであり，兄弟団成員権の取得の意志がある場合に限り，後から取得できることにする」(Schnyder 1981, 37) と述べて，「ツンフト・兄弟団の絡み合い」(op. cit. 53) の解消を宣言した。15世紀前半の兄弟団決定(規約)の第29条は，兄弟団資格取得後1年以内の6ないし12マルクの貨幣支払い義務を定めて，親方・兄弟団成員権の同時取得の過重な経済負担を窺わせているが，宗教的・社会的結合の絆の弛緩にもつながるだけに，看過できない意義をもつ (op. cit. 32)。

　それとほぼ時を同じくして，親方相互の内紛が発生する。1482年数名の屋根葺き工から寄せられた，ツンフト規約への条項追加の撤回要請に対し市当局は，「追加条項の決定に当たった過半数の市参事会員と友人達(市参事会員経験者)と協議の上」(L-II, 94–95)，それを遵守するように決定した。残念ながら，この追

加条項のオリジナルは伝来しないが，1482–89 年ツンフトの名で再度提出された追加条項の撤回要請から内容を知ることができる。すなわち，「我々のツンフト規約に添付された，共同体全体の利益のために 3 番目の職人まで雇用できると決めている追加条項を撤廃していただきたい。すでに我々のツンフトの 4–5 名（の親方）が，それに違反しているが，この追加条項がある限り，当地に職を求めてきた余所者職人を雇用——他のすべてのツンフトでは慣習となっている——できない。我々は，以前口頭で申し出たとおり，この追加条項の撤回と，職人問題に関して我々の古き良き慣習の堅持とを決定いただくようお願いしたい」(op. cit. 95) とあるように，雇用できる職人数の制限に他ならない。ここでは，職人数の制限が遍歴職人の雇用にとって障害となっていること，この制限がツンフトの慣習に抵触すること，およびこれらの事情もあって数名の親方が本条項に違反していること，の 3 点を確認しておきたい。そして，批判のやり玉にあげられたのが，ツンフト首長として追加条項の承認獲得にも尽力した J. シュトルンデンである。彼は，仲間親方の非難に答えるべく 1493–94 年に抗弁書を送っているので，それを概観しよう。

　まず，仲間成員からの非難が，4 人以上の職人を雇用する目的から追加条項を差し替えたこと，そして「無資格の職人を雇用し名誉ある市民のもとに送り，1 日当たり 1 グルデンの利益をえ，その間，私は怠惰に過ごしながら，その狡猾さによって短い年月に 300 グルデン以上を取得したこと」(op. cit. 96)，の 2 点にまとめられ，ついで，それぞれに反論を試みる。第 1 点については，手続きの正当性を下記のように主張し，非難が事実無根なことを論じている。数年前ツンフト首長の職にあったとき，「ツンフト首長経験者 4 名と協議し，ツンフト成員多数の合意と支持を得て追加条項を決めたこと」，そして撤回要求を提出したとき「市参事会は，S. トーアと H. エーレンらの市参事会員を，ツンフト成員が集会を開いている我々のガッフェル会館に送り，一人一人に会合の意図と要求内容について尋ね（て決められたこと）」(op. cit. 97)。内容は不詳ながら，1483 年市長 2 名が屋根葺き工と話し合い後に通達を行った記録が伝来することを考慮するとき，その主張は十分説得力を持っているといえよう (Schnyder 1981, 42)。

　それにもまして内部関係の変化を象徴する史料証言として注目されるのが，第

2点に関する反論である。「彼ら（仲間成員たち）の書面にあるように，私は怠慢と狡猾によってそれ（300グルデン）を得たのではなく，ワイン・ビール居酒屋から足を遠ざけ節約して獲得したのである。彼らは，安易に私が怠慢に過ごしていると言うべきではない。もし，彼らが，そのような行いを続けながら，1,000グルデンを獲得するのであれば，その種の非難も甘受しようが」(L-II, 96)。居酒屋での浪費に代わる「禁欲・勤勉・節約」による致富を誇示したこの証言は多少割り引いて考える必要があろうが，社会的結合や平和の維持のための機能を担う兄弟団への加入強制が解体した時期に，しかも4名以上の職人を雇用する親方の一人，シュトルンデンの口からこの意見が披瀝された事実が重要なのである。このことは，彼らのもう一方の経済基盤を示唆する1486年の市参事会法令を一瞥するとき，いっそう明らかになる。「市内の屋根葺き工は誰も，屋根用の釘や他の釘，ハンダ，屋根用石材を卸売りしたり小売りしたりしてはならない。この決定は，数年が経過するうちに忘れ去られて，厳格には遵守されていず，とくに数名の屋根葺き工が違反している」(op. cit. 98)と述べ，10マルクの罰金刑で威嚇しつつ法令の徹底をはかっている。数名の親方は，屋根葺き仕事と密接に関係する資材の取引を「数年前」から営んでいたのである。

以上のように，1480年頃から屋根葺き工ツンフトのもとでは，商業を兼営し職人多数を使いながら，節約・勤勉により富をなし，またツンフト首長職も務めるような少数の有力親方が台頭して，兄弟団とツンフトの一体性の解体や食卓共同体の弛緩など大きな変化が生じていた。それは，ツンフトの解体に直接つながるわけではなく，むしろ16世紀の「価格革命」期には，徒弟の結婚禁止や職人の兄弟団加入強制など再度編成替えを経験することになるが，経済状況の変化に柔軟な対応を示す際の活力源となったことを看過してはならない。

ところで，同様の変化は，遠隔地商業都市ケルンにあって高度に発展した運搬業からも看取できる。B. クスケの古典的論考に従えば，ライン河畔での起重機を使っての荷物の積み下ろし，積み替え，あるいは市場・取引所への運搬に従事する労働者は，中世末におよそ400名を数えたという (Kuske 1914, 72)。これら運搬・荷担人は，徴税や取引所・市場への財搬入という公的職務を帯びていたため，営業独占・加入強制を伴うツンフトへの結集を禁じられており，仕

事・収入の均等な配分を軸に緩やかな結合をなしていた。彼らのもう一つの特質は，仕事の範囲が空間的にも明確に区分されて，棲み分けが行われていたことである。一例を挙げれば，ライン労働者（14人衆）は魚を取引所や市民の倉庫まで，他方，16人衆は魚市場・取引所の入り口で荷物を引き継ぎ，荷解きと詰め替えを担当した (op. cit. 1–15, 27–28)。

しかし，1470年頃からそれら2つの側面で変化が生じてくる。まず，1473年ライン河畔，鉄秤および起重機における運搬業に関する市参事会法令が興味ある情報を含んでいる。「ライン河沿いで，そして他の市内の場所で荷車（を使った運搬業）によって生計を立ててきた多数の市民・住民たちが，次のような組合に声高に苦情を寄せてきた。すなわち，葡萄酒運搬人や他の者達が，荷車を借り上げて組合を結成し，葡萄酒や他の財を組合加入者以外の者には，ライン河畔で運搬させないでおり，また作業補助者が自前の荷車を持っている鉄秤や起重機のところでも同じことが起こっていると[3]。このような事態は，数年前にはなかったが，共同体住民達の生業の喪失と壊滅的損失をもたらしている。そこで，我ら市参事会が共同体の利益のために，その種の組合を解散させて，生業を共同体全体のものにするようにと嘆願してきた」(St-II, 506)。「数年前にはなかった」事態として，葡萄酒運搬人，鉄秤・起重機の補助労働者の間で，営業独占・加入強制を伴うツンフトが結成され，その解散要求が出されている。これを受けて市参事会は，「その種の組合は解散さるべきで，生業を共同体全体のものとすべきであると，したがって誰でも自由に荷車と馬を使ってライン河畔で，そして鉄秤・起重機のところでも葡萄酒や他の財を運んでよいと，決定して」(op. cit. 506) 解散を命じた。

その種の争いは，市民・住民間に限定されず，本来仕事の縄張りが空間的に明瞭に区分されていた公的な運搬業者相互間にも及んでいた。1487年魚市場と屋根付き起重機の作業補助者の争いに際し，市参事会は彼らと協議の上で「今後，屋根付き起重機の作業補助者は，起重機から上流に向かってはラインベルクの家まで，下流に向かっては板割き場とそこにある石段を超えて作業をしてはならず，市壁内では，その種の仕事をしてはならないと，決定した」(op. cit. 623)。上記のツンフト結成の試みをはじめ，この時期公的な作業に従事する運搬

業者の間に，一般市民・住民を排除した利益の囲い込みや，他人の既得権の侵犯の動きが生じていたが，それは中世後期「経済社会的な構造転換」の一こまをなす現象と理解されよう。

むすび

　これまでの検討結果の要点をまとめて，結びとしよう。

　第1に，1461年文書は，ケルン「経済構造の転換」過程で鮮明となってくる繊維・金属・皮革の3部門均衡型構造の形成にとって，まさに分水嶺に位置していた。すなわち，1461–64年近隣住民の銅精錬施設からたちのぼる悪臭・異臭への苦情に端を発した抗争と1490年銅精錬施設所有者から提出された木炭調達の特権発給願いの扱いとを比較するとき，市当局が金属加工業に対してとる基本姿勢の変化を読みとれる。1461–64年に市当局は，精錬施設と直接利害関係に立つ手工業者や有力市民が公益性を標榜しつつ提出した移転取り下げ要求を退け，逆に精錬所の新設禁止をうたった1415年法令を引き合いに出して，その取り壊しと往来から離れた場所への移転を強行した。他方，1490年市当局は，精錬施設所有者——その存在自体，1415年法令の適用を受けなかった証である——が，同じ公益性に基づき送付した嘆願に関して，対照的な対応を示した。すなわち，1469年以降木炭不足の深刻化のなか，取引の市場集中と公正な分配を期して整備された市場統制からの特例措置をあえて認めてまで，燃料確保の便宜をはかったからである。

　第2に，それだからといって，ケルン市当局が経済発展を一方的に後押ししたと理解してはならない。15世紀初頭から火災や健康・財産被害の危険性を訴える苦情にたいし，市当局は，レントマイスターと道路監視官による実地調査と住民・手工業者からの聞き取り調査を実施して真剣に対処し，隣人権に基づく住民の要求を基本的に認める判定を下している。この姿勢は，1478–80年の染色工の事例に見られるように，15世紀末にも変わらない。いや，中世末に人口数4万以上を数えた都市ケルンにあって，人口稠密な市場・市庁舎周辺の中心部から火災・悪臭発生の恐れのある手工業や土砂・塵芥を排除する姿勢が顕在

化してきた。別言すれば,周辺中小都市で確認できる,その種の手工業の市壁直外の郊外市への移動に対応した,市内の外縁部への移動が進行したのである。

　第3に,市当局が金属加工業支援に転じた1470–80年代頃に「経済構造の転換」の衝撃は,域外市場向け手工業に限らず,都市市場向けの手工業や運搬業にまで及んでいた。屋根葺き工のもとでは,15世紀前半以来徒弟・職人の扱いをめぐり内紛が発生して内部関係の変化の兆しがあったが,1480年代には決定的段階にまで達した。職人を4名以上雇用し,同時に建築資材の取引も兼営する数名の有力親方が台頭し,「禁欲・勤勉・節約」による致富を標榜して,親方間の亀裂が深まる。1481年ツンフト・兄弟団の同時成員権取得義務も解消され,それまで社会的・宗教的結束の要にあった食卓共同体の解体など結合力の弛緩が顕在化したからである。この内部関係の変化は,けっしてツンフトを解体に導くものではなく,16世紀の「価格革命」期に再度編成替えを受ける性質のものだが,逆にこの多様な階層を包括した組織形態こそが,経済状況の変化に対するツンフトの柔軟で敏速な対応を生みだしていたことを看過してはならない。

　商業都市ケルンにあって数百人を数えた運搬人からも,形こそ多少違え,「構造転換」の影響を読みとれる。クスケも指摘するように,徴税や市場・取引所への財の搬入など公的作業の担当者として彼らは,本来ツンフト結成を禁止され,空間的に限定された範囲の活動の生み出す権益を分け合ってきた。しかし,1470年頃から葡萄酒運搬人や起重機の作業補助者のツンフト結成による営業独占の試み,あるいは地理的縄張りを超えた既得権益の相互侵害の動きがでてきた。市当局は,ツンフトの解散と地理的な活動圏の遵守を命じて対処したが,この出来事は,それまでの棲み分けに代わる少数者の利益独占の動きとして,「構造転換」期の社会関係の変化の一つの現れと理解できよう。

　筆者は,この「構造転換」期のケルン経済社会を読み解く際の理論的枠組みとして,経済システム・社会集団・制度の交互作用に注目する方法を提唱したことがある(田北 1997)。小論の検討結果は,その方法的な有効性と併せて,ケルン経済社会の深部にまで浸透した「構造転換」の諸相とを,環境史の観点からも再確認してみせた。ただ,この時期のケルン経済社会は,16世紀前半の「価格革命」期の一大地殻変動に直面して再度編成替えを受けることになるが,

その検討は他日を期したい。

注

1) クスケ編の商業・交通史関係の史料集とレッシュ編のツンフト・手工業文書集とにおけるブライデに関する史料は，1464年市参事会法令を除いて，1450–71年の間に6点伝来している（L-II, 348–349: K-II, 39, 163, 232: K-III, 29, 217）。ただ，いずれも市長，市参事会員，およびレントマイスターの資格で行われた係争処理など政治・行政的活動に関わるだけで，肝心な経済活動に関する情報はない。その点，1471年の遺言状も例外ではなく，妻ゾフィーに遺贈された3軒の家屋と定期金証書から金利生活者の姿を窺えるに過ぎない。
2) 本論において史料と著者解説の引用に際して依拠したのは，最初に発表された1981年『ケルン歴史協会の年報』掲載の論考であるが，利用の便を考えて1986年の著書の対応する史料・解説のページを挙げておく（Schnyder 1986, 59–173, 463–495）。
3) 作業補助者とは，起重機の場合，商人・積荷の記録と徴税を担当する起重機監督官・書記のもとで，財の積み替えと倉庫までの運搬を担当する労働者であり，屋根付き起重機 Hauskrahn には4名配置されていた（Kuske 1914, 16–19）。

文献一覧

Brüggemeier, F. J. und Toyka-Seid (hrsg.), 1995, *Indutrie-Natur*, Frankfurt am Main.
Dirlmeier, U., 1981, Die kommunalpolitischen Zuständigkeiten und Leistungen süddeutscher Städte im Spätmittelalter, in: Sydow, J. (hrsg.), *Städtische Versorgung und Entsorgung im Wandel der Geschichte*, Sigmaringen, S. 113–149.
Herborn, W., 1977, *Die politische Führungsschicht der Stadt Köln im Spätmittelalter*, Bonn.
Hösel, G., 1990, *Unser Abfall aller Zeiten. Eine Kulturgeschichte der Städtereinigung*, München.
Irsigler, F., 1979, *Die wirtschaftliche Stellung der Stadt Köln im 14. und 15. Jahrhundert*, Wiesbaden.
Keussen, H., 1910, *Topographie der Stadt Köln im Mittelalter*, 2 Bde., Bonn.
Kuske, B., 1914, *Die städtischen Handels- und Verkehrsarbeiter und die Aufgäbe städtischer Sozialpolitik in Köln bis zum Ende des 18. Jahrhunderts*, Bonn.
Kuske, B.（hrsg.）, 1917/34, *Quellen zur Geschichte des Kölner Handels und Verkehrs im Mittelalter*, 4 Bde., Bonn（K-I/IV と略す）。
Loesch, H.（hrsg.）, 1907, *Die Kölner Zunfturkunden nebst anderen Gewerbeurkunden bis zum Jahre 1500*, 2 Bde., Bonn（L-I/II と略す）。
Schneidmüller, B.,1989, Städtische Umweltgesetzgebung im Spätmittelalter, in: Calliess, J.（hrsg.）, *Menschen und Umwelt in der Geschichte*, Pfaffenweiler, S. 119–38.
Schnyder, A., 1981, Die St. Ursula-Bruderschaft der Kölner Leiendecker. Edition und Interpretation des Bruderschaftsbuches, in: *Jahrbuch des Kölnischen Geschichtsvereins*, 52, S. 1–81.
Schnyder, A., 1986, *Die Ursulabruderschaften des Spätmittelalters*, Bern und Stuttgart.
Stein, W.（hrsg.）, 1893/95, *Akten zur Geschichte der Verfassung und Verwaltung der Stadt Köln im 14.*

und 15. Jahrhundert, 2 Bde., Bonn（St-I/II と略す）。

Stursberg, E., 1964, *Geschichte des Hütten- und Hammerwesens in ehemaligen Herzogtum Berg*, Remscheid.

Troitsch, U., 1989, Umweltprobleme im Spätmittelalter und der frühen Neuzeit aus technikgeschichtlicher Sicht, in: Hermann, B.（hrsg.）, *Umwelt in der Geschichte*, Göttingen, S. 89–110.

Wey, K., 1982, *Umweltpolitik in Deutschland*, Opland.

田北廣道，1988,「14–16 世紀大都市・周辺地間の経済諸関係——ケルン甲冑工ツンフトの場合」森本芳樹編著『西欧中世における都市と農村』九州大学出版会, pp. 449–498。

田北廣道, 1997,『中世後期ライン地方のツンフト「地域類型」の可能性——経済システム・社会集団・制度』九州大学出版会。

田北廣道, 1997a,「中世後期ケルン空間における経済・社会・制度——社会統合論としての市場史研究に向けて」『社会経済史学』63–2, pp. 56–80。

田北廣道, 1998/99,「中世後期ケルン空間の流通と制度——シュターペル研究序説」(1)(2),『経済学研究』65–4, pp. 1–25:『経済学研究』65–5, pp. 49–63。

田北廣道, 2000,「中世後期ケルン空間における『市場』統合と制度——15 世紀ケルン・ノイス間のシュターペル抗争を素材として」田北廣道編著『中・近世西欧における社会統合の諸相』九州大学出版会, pp. 287–320。

田北廣道, 2001,「ドイツ学界における環境史研究の現状——エネルギー問題への接近方法を求めて」『経済学研究』67–3, pp. 61–85。

田北廣道, 2003,「『ドイツ最古・最大』の環境闘争——1802/03 年バンベルク・ガラス工場闘争に関する史料論的概観」『経済学研究』69–3/4, pp. 235–269。

第2部　史料と理論の対話

地図　中世末ケルンにおける火災・健康被害の恐れのある職種に関する「手工業地図」

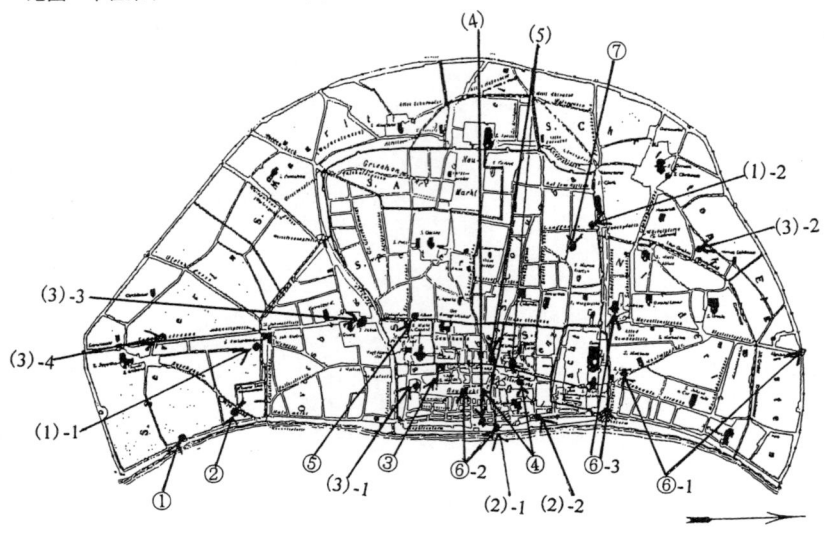

1. 銅・鉛精錬施設と鍛冶屋（火薬加工場）関係
   ① 1415　Lynthof 既存の鉛炉（St-II, 217）
   ② 1415　Seyne そばの鉛炉取壊し（op. cit.）
   ③ 1433　Walengasse 火薬場取壊し（op. cit. 269）
   ④ 1437　Heu-Altmarkt 鍛冶場取壊し（L-II, 379）
   ⑤ 1461　Unter Pfannenschläger 銅炉に苦情（op. cit. 304–305）
   ⑥ 1469　木炭市場指定（St-II, 452）
      ⑥-1 Eigelsteintor 経由は Allerheiligenhospital
      ⑥-2 Salzgasse 経由は Heumarkt
      ⑥-3 Trankgasse 経由は S. Paul
   ⑦ 1490　Kupfergasse 銅炉に木炭支援（L-II,. 306–307）
2. 道路監視官の取り締まり（「ゴミ投棄」）
   (1) 1353　塵芥・厩肥投棄場所の指定（L-II, 23）
      (1)-1 S. Kathrine,　(1)-2 neuer Kirchhof
   (2) 15c 後半「ゴミ」搬出用舟の配置（op. cit. 361）
      (2)-1 Salzgasse,　(2)-2 Mühlengasse
   (3) 1478　染色工の大青滓，大青・茜灰汁投棄（L-II, 105–106）
      (3)-1 Malzbüchel の C. v. Aich: 仕事場の移転命令
      (3)-2 Spielmanngasse (Altegrabengasse),　(3)-3 S. Jacob,　(3)-4 Severinsstrasse
   (4) 1480　Veltportzen (Hafengasse) 厩肥積み上げ（St-II, 569）
   (5) 1486　Marsporten, Gürzenich, Rathaus 塵芥・汚物投棄（op. cit. 592）

［典拠］Keussen 1910 を参考にして筆者が作成。

ドイツ中世都市「最古の悪臭防止文書」 567

表　主要史料の一覧

(註) RV→市参事会法令の省略形

年月	銅・鉛精錬と鍛冶屋	木炭監視官・計量官と道路監視官	屋根葺き工と運送人
1335			RV: 屋根葺き工業における余所者職人雇用 (St-I, 6-7)
1341/51			RV: 建築手工業者の賃金 (St-I, 62)
1353		RV: 道路監視官 (St-II, 23)	
1374			RV: 建築手工業者の賃金と係争処理 (St-II, 41-42)
1397			屋根葺きエンフンフト規約 (L-I, 23-25)
1400		RV: ライン河畔・河内への塵芥・土投棄禁止 (St-II, 99)	
15c 前半			兄弟団規約: §. 1-30 (Schnyder, 22-33)
15c 前半			兄弟団規約: §. 32-35 (Schnyder, 34-35)
1402		RV: 道路監視官 (St-II, 138)	
1407		RV: 木炭計量官 (St-II, 185-186)	
1415	RV: 新鉛炉の建設禁止 (St-II, 217)		
1421	銅加工師ツンフト規約 (L-I, 119-121)		
1432		RV: 木炭計量官 (St-II, 267-268)	
1433	RV: 新火薬場の建設禁止 (St-II, 269)		
1434		RV: 木炭計量官の人数 (St-II, 269)	
1437	RV: ホイ・アルトマルクトの鍛冶場移転 (L-II, 379)		
1446			兄弟団規約: §. 36 (Schnyder, 35-36)
1446 Oct.		RV: 木炭計量官の任命・人数 (St-II, 334-335)	
1447		RV: 道路の汚染 (St-II, 360-361)	
15c 半			兄弟団規約: §. 37 (Schnyder, 35-36)
1461	RV: 銅炉への苦情と移転命令 (L-II, 304-305)		
1463	銅加工師の嘆願書: 移転命令の撤回 (L-II, 570-572)		
1464 April	RV: 14日以内の銅炉取壊し (L-II, 305)		

568　第2部　史料と理論の対話

1464 June	市民の移転令取消し要請と1月延期 (L-II, 306)	
1465 Febr.		RV: 木炭計量手数料の引上げ (St-II, 401)
1465 Aug.	RV: 精錬所・火薬場の移転 (L-II, 379-380)	
1467		RV: 木炭計量官の人数と税率強化 (St-II, 429)
1469		RV: 木炭監視官・計量官 (St-II, 452-458)
1470		ベルン大公領民のケルン宛苦情書 (K-II, 250-259)
1473		RV: ライン河畔・起重機・鉄秤の運搬業 (St-II, 506)
1478		RV: 染色工の大青車、大青・商灰計投棄 (L-II, 105-106)
1480		RV: 厩肥の積上げによる悪臭被害 (St-II, 569)
1481		兄弟団規約: S. 40-41 (Schnyder, 37)
1482		兄弟団規約: S. 38, 50 (Schnyder, 37, 42)
1482 Dec.		兄弟団規約: S. 51 (Schnyder, 42)
1482/93		RV: 屋根葺き工の追加条項 (L-II, 94-95) 屋根葺き工の嘆願書: 追加条項の撤廃 (L-II, 95)
1486		RV: 市庁舎など中心部への塵芥投棄 (St-II, 592, 623)
1487		RV: 屋根葺き工の建築資材取引禁止 (L-II, 98)
		RV: 魚市場と起重機の作業補助者の縄張り (St-II, 623)
1490	RV: 鋼炉所有者の木炭購入特権 (L-II, 306-307)	
1493/94		屋根葺き工シュトルンデンの抗弁書 (L-II, 95-97)

裁判史料を通じてみたユースの
利用に関する一考察
―― Capell v. Scott（1493-4）を手がかりに ――

高　友希子

はじめに

　イングランドの土地の大部分には，1502 年までにユース use が設定されていた（Baker 2002, 251）[1]，と言われる。ユースとは，信託の前身であり，信頼だけに基づき，土地保有者が自らの友人ら複数人を譲受人（受託者）feofee to use として封の譲渡を行うことによって成立するものである。通常，封の譲渡を行うとコモン・ロー上の不動産権は譲受人に移るが，ユースを設定した場合，コモン・ロー上の不動産権が，譲受人に移るとはいえ，土地からあがる収益を取得する権利は，譲渡人が選定した受益者 cestui que use にある，とされた。要するに，ユースの設定によって作り出された受益者は，「[受託者が]意のままに，そしていつでも立ち退きをせまることが可能な状態で[当地を]占有していた」（B. & M., 96）にすぎず，コモン・ロー上はいかなる権利をも持たなかったのである[2]。

　研究史を振り返ると，A. W. B. Simpson は，15 世紀までにユースが設定された主な理由について，(1) 単純な詐欺行為に手を貸すため，(2) 相続料や婚姻料などの封建的付随負担を回避するため，(3) コモン・ローでは禁じられていた土地の遺贈を可能にするため，(4) 継承的財産権の設定をしやすくするためであった（Simpson 1986, 174-5）と言い，J. H. Baker は，15 世紀の間に土地にユースが設定された理由を，相続に関する不変かつ必然的なコモン・ロー上のルールの適用を回避することと述べている（Baker 2002, 252）。要するに，「『ユース』はその

設定を通じて,『ユース受益者』(cestui que use)が封建的土地所有に不可分に随伴する『付随条件』(feudal incidents)から自由に,自己のため当該土地の経済的価値を享受することを可能」(戒能 1980, 90)にし,コモン・ローでは脱法とされた行為を行うために用いられた,というわけである[3]。

このようなユースを設定した封の譲渡によって生み出された受益者に保護を与えるようになったのは,大法官府 Chancery であり[4],その立場は譲渡人と譲受人の間に存在する信頼の保護にあったと思われる[5]。大法官府の処置は,15世紀半ばに,土地に対するコモン・ロー裁判所とは異なる法であるとコモン・ロー裁判官が述べたほど (B. & M., 96-7)[6],広く行き渡っていたようである[7]。

ところがリチャード3世治世1年法律第1号(1484年)が制定されると[8],ユースに関する事例はコモン・ロー裁判所でも訴えることが可能になったから (Barton 1965, 574),受益者はコモン・ローにおいても一定の保護を受けうることになった。同じ事例が大法官府とコモン・ロー裁判所の両方で訴訟可能になった。その理由は,この制定法は,もともと受益者の法的な地位を確立するというよりはむしろ,売主である受益者と取引を行った買主を保護するために作られたものである,という解釈にあった (Baker 1978, *195-6*; Milsom 1981, 215)[9]。買主の保護は,受益者による封の譲渡を認めることになったから,結果的にユースに関する訴訟が,コモン・ロー裁判所においても訴権を生ずることになった,というわけである。

以上のような通説的な説明は確かに筋が通っていると言えよう。だが,もしユースがコモン・ロー上の脱法行為を行うためだけに設定されていたとすれば,コモン・ロー裁判所がユースに関する事件を処理するようになった理由は,脱法行為に正当性を付与するためであった,ということにはならないだろうか。制定法に施された解釈を見る限り,その背後に受益者による取引が存在していたことは間違いない。受益者が行っていた取引を有効とするような解釈が施されるようになった理由を考慮するなら,ユースは脱法行為の正当化というよりもむしろ,すでに受益権が広く取引の対象になっており,買主の保護が社会的に要求されていた,と考えられるのではなかろうか。

そこで本稿では,ユースに関するコモン・ロー裁判所における事例を,裁判

史料を用いて考察し，受益者による取引という点に着目しながら，15 世紀末のユースの利用について再検討を試みることにする。もっともこの時期の裁判史料は，現在の判例集とは著しく異なる特徴をもつため，課題遂行に先だって，あらかじめ史料の内容と性質について説明しておこう。

I. 裁 判 史 料

16 世紀前半までのイングランドにおける裁判史料の特徴は，正式裁判記録 records と判例集 reports という 2 種類の史料が並存していたことである。

正式裁判記録とは，「裁判所の任務，処理された事件の種類，そして関係当事者に関する唯一の正式な記録」(Baker 2000a, 70; ベイカー［葛西訳］2000, 114) であり，その目的は，決定された事柄を明らかにすることである。コモン・ロー裁判所における正式裁判記録は，訴訟記録集 plea rolls と呼ばれ，1194 年から 19 世紀まで，ほとんど中断することなく書き続けられた (Baker 1989, 15–6)[10]。訴訟記録集は，開廷期ごとに，羊皮紙にラテン語で書かれたが，その数は開廷期ごとに異なっていたようである[11]。

これに対して判例集は，実際の裁判における議論や判断の過程，すなわち令状の適否や訴答の作法や議論など，争点決定に至るまでの過程を記録したものである。「判例集は，いずれの事件についても，たいていの場合，結論の背後にある思考過程の一部を示し」(Baker 2000a, 73) たものであるが，逆に事実に関する記述や結論の省略が見られることも多い。中世の判例集であるイヤー・ブックは，訴答の過程をロー・フレンチを用いて逐語形式で[12]，開廷期を単位として編集されたものである[13]。もっともこれは「何らかの一貫した方針に沿って生み出されたのではなく」(ベイカー［葛西訳］2000, 118)，もともと開廷期ごとに作成されたものを，後に編集したものにすぎないから，これを「1 つの連続した判例集」と理解することは必ずしも正しくない[14]。さらにイヤー・ブックは，実際の判例を書き記しているだけでなく，法曹学院 inns of court において法律を学ぶ者が[15]，法に関する知識を獲得していくための教育的な機能も担っていた[16]。それは，法曹学院の評議員やバリスタらの間で「我々の書」(Port's Notebook, 47) と認識され，共有する法知識としてコモン・ロー法曹の間で普及していたと見なされている (Simpson 1957; 深尾 1981, 77; Baker 1989, 33)。

イヤー・ブックとは異なる様式の判例集が編集されるようになるのは，印刷術の導入によって，1480年代にコモン・ローに関する書籍の出版が開始され始めてからである。イヤー・ブックに特徴的な匿名による判例集の編集が中止され，代わりに編集者個人の名を付した判例集が編集されるようになった[17]。たとえば John Caryll や John Port, John Spelman によるものがその初期段階における代表的な判例集であるが，本稿では Caryll と Port が編集したものを用いる。

以上のような裁判史料の特徴を考慮すれば，当時の裁判を可能な限り再構成するためには，正式裁判記録と判例集の両方を，しかも数多くの史料を用いる必要があることは明らかであろう[18]。そこで本稿では，正式裁判記録，イヤー・ブック，Caryll 編集の判例集のそれぞれに記載されている Capell v. Scott (1493-4) を考察の対象として取り上げ，ユースの実態について詳しく検討することにする[19]。というのは，この事例自体は侵害訴訟であるが，事件の背景を詳細に探っていくと，実際には背後に受益者による商人との取引が存在していたことが明らかになるからである。以下，事例の検討に移ることにしよう。

II. 受益権の流動化——Capell v. Scott 事件の検討を通じて——

まず始めに正式裁判記録に基づいて，Sir William Capell が，William Scott たちに対して人民訴訟裁判所において提起した Capell v. Scott 事件について，事実の概要を考察しておこう (CP 40/ 925, m. 357)[20]。

本件は，Capell が，エセックスの West Haningsfield と South Haningsfield における彼の所有地に侵入したことを理由に，W. Scott たちに対する侵害訴訟を提起した事例である。原告はロンドンの商人 Sir William Capell，被告はロンドンに住んでいたジェントルマン W. Scott 他数名である。以下，訴答の順に沿って各々の主張を見ていこう。

もともと原告は，被告による不法侵入を理由に訴えを提起したわけだが，これに対して被告は，当該の土地は，Capell の所有地ではなく，Richard Illingworth

と John Scott の自由土地保有地であるから，彼らの代わりに当該の土地に立ち入った，と答弁を行った。

　この被告の答弁に対して行われる原告第二訴答において，原告は，次のように主張した。当該の土地は，Illingworth や J. Scott が占有する以前に，John Wawton が占有していた。原告である Capell は，この Wawton と，1486 年 3 月 23 日に，ロンドン市長の面前で，聖ヨハネ誕生の祝日[1486 年 6 月 24 日]に原告に対する 80 ポンドの債務を支払う旨記した正式誓約書 recognisance を作成したが，結局，Wawton がこの債務を履行しなかったので，1489 年 1 月 6 日に，原告である Capell は財産差押令状を大法官府に求め，それを入手した。その後の令状の報告によれば，彼はエセックスのシェリフによる強制執行の結果，本件で問題となっている土地を取得することになった。これ以後，Capell は当該の土地を占有し続けたが，その後，被告によって占有を侵奪されたため，コモン・ロー裁判所の 1 つである人民訴訟裁判所に侵害訴訟を提起した[21]。

　以上のような原告第二訴答に対する被告の回答となる被告第二訴答は，次のような内容であった。1486 年 3 月 23 日以前には，Agnes Foster という寡婦が当該の土地を占有していた。そして彼女は，Illingworth，Wawton，さらに W. Scott と J. Scott を譲受人として，彼らに，Wawton とその妻 Elizabeth（W. Scott の娘，J. Scott の姉妹）を受益者とするユースを設定した限嗣不動産権を譲渡した。この Wawton 夫妻のユースが設定された封が譲渡された後に，Wawton は，Capell が主張した正式誓約書を作成した。正式誓約書の中で Wawton は，借入の担保として，ロンドンにある土地を Capell や John More，Richard Hingham を譲受人とする封の譲渡を行った。

　Wawton 夫妻が死んだ後は，Illingworth と J. Scott だけが，ユースが設定されたエセックスの土地を，生存者への権利の帰属によって生じる持ち分増加権 jus accrescendi によって占有していた。この点からは，侵害行為を行った被告は W. Scott 自身ではなく，その従者であったと考えられる。というのも，Wawton による先の正式誓約書に基づく債務不履行を理由として，被誓約者である原告 Capell が財産差押令状を得て，当該の土地に立ち入ったことに対して，J. Scott は，当該の封の譲受人というコモン・ロー上の権利を主張したが，被告は

IllingworthやW. Scottの息子J. Scottの従者として，彼らの自由土地保有地である当該の土地に立ち入った，と記録されているからである。つまり被告側の主張によれば，彼は原告の占有を侵奪したわけではなく，あくまでも自らあるいは自らが仕えている者が自由土地保有権に基づいて保有する土地に立ち入っただけ，ということである。

その後，陪審員召集令状が発給され，1494年パスカル開廷期に，裁判官全員出席の上で，原告に対して有利な評決が下された。その結果，原告は31ポンドの損害賠償と5マルクの訴訟費用を得ると判断された。裁判所はこの評決を受けて，1494年ミクルマス開廷期まで検討し，判決を言い渡した。

正式裁判記録から分かることは，原告による当該土地に対する占有の正当性の根拠は，Wawtonとの間で作成された正式誓約書であり，被告によるその根拠はWawtonを受益者とする封の譲渡によって被告側が自由土地保有権を保有していたこと，そして原告に有利な判決が下されたことである。しかし正式裁判記録だけでは，争点決定の過程でどのような議論が行われ，原告の訴えが認められたのか，その具体的な内容が不明なままに留まる。

原告と被告による訴答によって争点が決定された後に，陪審評決が行われ，判決が下されていた当時の裁判事情を考慮するなら，争点決定の過程および結果が判決に及ぼす影響は，決して小さくなかったはずである。判例集が争点決定の過程である訴答を書きとめたものとして編集されたことを念頭におくなら，この事件で原告の訴えが認められることになった理由は，1493年のトュリニティ開廷期に関する判例に含まれている可能性がある。

実際，この判例には，被告による占有侵奪を主張した原告第二訴答に対して行われる被告第二訴答が十分であるか否かをめぐる法廷での弁論が記載されている。Caryll編集の判例集によれば，問題となっている被告第二訴答の内容は次のようなものであった。

「誓約者 [Wawton] は，正式誓約書を作成した時，ロンドンにある別の土地をAlice Stalbrokeという人物と，当該の土地を当該のAliceからの贈与によって，共同で保有していた。彼の持ち分に関する正式誓約書が作成された後，誓約者は，先述の [原告] Sir William Capellに捺印証書によって譲渡し，それはロンド

ンの市会議堂において市長によって開催された裁判所において記録された」(Caryll's Reports, 165)。

　この主張は，Capell と Wawton との間で正式誓約書が作成された時に Wawton が保有していたのは，この侵害訴訟で係争中のエセックスの土地ではなく，ロンドンにある別の土地である，という反論である。つまり Wawton は，このロンドンにある土地の一部を保有し，自らの持ち分に関する正式誓約書を作成した上で，貸付の担保のために Capell に譲渡したということである。

　これに対して，原告の弁護士であったと推測される Kebell は，この被告第二訴答が不十分である，と以下のような主張を展開する。

　「被告第二訴答は様々な理由から，不十分であります。たとえば，彼は，我々が強制執行しうる土地の持ち分を取得したことを理由に，土地のすべてが，債務が設定された状態から解放されたと考えています。…中略…しかしここでは土地だけでなく，当事者自身が当該の強制執行に対して責めを負うはずであります。依然として当事者が責任を負うべき状態にありますので，当該の土地は債務が設定された状態から解放されるわけではありません」(Caryll's Reports, 165)。

　この主張は，債務は当事者が負うものであるから，Capell によるロンドンの土地の取得だけによって，Wawton の債務が弁済されるわけではない，という反論である。こうして弁護士 Kebell は，「あなた自身の供述によれば，あなたは我々が［債務弁済のための］強制執行を行った後に，占有侵奪による以外のいかなる権原も持っていません。というのは，我々によって主張された占有侵奪は，依然としてあなたによって否定されていないからであります。あなたの意図に基づいて考えると，我々が持ち分を取得したことによってそれは無効にされている，ということになります。しかし，誓約者が占有しているいかなる土地も債務が設定された状態から解放されるわけではありません。なぜなら依然として当事者が責めを負うからです」(Caryll's Reports, 166) と反論を展開し，さらに続けて，「もしあなたが，我々による持ち分の取得以前に行われた封の譲渡を通じて権利を得，あなたがそれらの事実をすべて抗弁の中で述べたなら，事情は違ったでしょう。しかしながら，ここでは，たとえ事実がそうであったとしても，被告がその事実を利用するにはもはや遅すぎます。というのは，あなたは弁論を

通じて答えるのではなく，我々の原告第二訴答において主張された占有侵奪に対して直接抗弁するべきだったからです。侵害訴訟において，私が第三者による封の譲渡によって自らの権利を得，原告によって占有侵奪されるまで私が占有するなら，封の譲渡ではなく，この占有侵奪について答弁しなければなりません。というのは，占有侵奪は，我々の原告第二訴答の内容だからであり，それは答弁されなければならないからです」という (Caryll's Reports, 166)。

被告による当該の土地の占有侵奪を主張した原告第二訴答に対して答弁しなければならなかった内容は，占有侵奪だったにもかかわらずその点について何も述べなかった，ということを理由として，被告第二訴答は不十分であるという主張が展開されたわけである。

この見解を受けて，裁判官 Vavasour と裁判官 Townshend は次のように述べた。

「被告が被告第二訴答において，持ち分の取得以前に行った封の譲渡を通じて権原を自らに由来させるなら，おそらく彼は占有侵奪について抗弁する必要はないであろう。なぜなら占有侵奪は，法律によって十分解決可能な問題だからである。しかしここで，彼はそのような方法でいかなる権原も明らかにしなかったので，被告第二訴答は明らかに不十分なものである」(Caryll's Reports, 166)。

首席裁判官 Bryan も同意した彼らの見解に従うなら，被告が Foster による封の譲渡によって生じた権原を根拠とした主張を行っていれば，被告が占有を侵奪したという原告の主張は成立しなかったはずだ，ということになる。被告に不利な争点が決定され (Caryll's Reports, 216)，1494 年パスカル開廷期に行われた陪審評決において，原告に有利な評決が下されたのは，被告側の訴答が十分なものではなかったことが原因であった可能性がある。

結局，陪審評決を経て，原告に有利な判決が下されたのだが，その間に今一度検討されていたことが，1494 年ミクルマス開廷期に関する判例から明らかになる。すなわち，陪審評決の後に，被告側の弁護士であったと考えられる Rede が，シェリフに誓約者の身柄を拘束してその土地や動産を差し押さえることを命じるために発給される財産差押令状を理由に，判決抑止を申し立てたからである (Caryll's Reports, 217–8; Year Book, Paschal term, 16 Henry VII, plea 4, folio 6)。判決抑

止とは，陪審の評決が出された後になって，明白かつ重大な誤りがあることを理由に判決を下さないことである。弁護士 Rede が主張した，判決が無効とされるような誤りとは次のようなものであった。

「シェリフは，誓約者の動産について何ら言及することなく，土地に対する差押令状の執行に関する報告を行っていました。したがってシェリフは，当事者のすべての動産に相当するものを差押えている可能性があるわけですから，ここで答弁によって当事者が有利になるようにすることは当を得ています。というのは，この場合，当事者は誤審令状や陪審査問令状による救済を得られないからです」(Caryll's Reports, 217)。

弁護士 Rede の主張によれば，債務の弁済のために誓約者 Wawton の動産や土地の差押えを命じられたシェリフは，令状執行に関する報告の中で動産に関する言及を行わなかったのだから，シェリフは，実際にはすべての動産に相当するものを差押えている可能性があるというわけである。首席裁判官 Bryan は，次のように反論する。

「この問題は判決抑止に役立たないと思われる。なぜなら被誓約者 [Capell] による債務の弁済に関する強制執行の結果，彼[誓約者]はいかなる損害も与えられていないからである。というのは，シェリフが彼[誓約者]を収監し，その動産や土地が強制執行されたとしても，彼は金銭の支払を行うことができるし，その支払によって，彼はすべてのことについて抵当物の受け戻し redemption をすることが可能だからである。…中略…彼は彼の土地を金銭の支払によって受け戻すことができるから，再び財産差押令状やその他の救済を得るべきではない」(Caryll's Reports, 217)。

こうして Rede の主張した判決抑止は，財産差押令状の執行によって誓約者の身柄が拘束され，その財産が差押えられたとしても，そこから支払が可能であるから認められなかったようである。

以上が，Capell v. Scott 事件を裁判史料によって可能な限り詳細に再構成したものである[22]。Caryll 編集の判例集とイヤー・ブックの考察を通じて分かったことは，被告第二訴答が十分なものではなかったこと，そして陪審評決の後に判決抑止の申立が行われていたことであった。

極めて興味ある事実であるが，このCapell v. Scott事件に登場する人物は，Portが編集した判例集の中で1494年ミクルマス開廷期における大法官府の判例の中にも登場する。すなわち，人民訴訟裁判所における事例では原告であったCapellが，罰金付召喚令状によって大法官府に召喚された事例である（Port's Notebook, 13-4）。訴えの内容から判断する限り，原告はおそらくWawton，被告はCapellである。Portの判例集による事実の概要は次のようなものであった。

「罰金付召喚令状に見られる原告は，彼［Capell］から銀の延べ棒で60ポンド借りた［ことになっているが，実際は，それを］彼［Capell］は40ポンドで売った。また，彼［Wawton］はCapellらに，商人法上の捺印金銭債務証書statute merchantによって80ポンドの債務を負っていた。さらに彼は，［Capellらに］封の譲渡を行い，歯型捺印証書indentureによって次のことを決定した。すなわち，もし彼がこの60ポンドを支払ったら，封の譲受人たちは彼のユースが設定された封の譲受人となるが，しかしそうならなかったら，彼らはCapellのユースが設定された譲受人となるべし，と。結局彼は支払うことができなかったので，Capellは土地の収益を取得し，商人法上の捺印金銭債務証書の執行を求めた」（Port's Notebook, 13-4）。

この判例の記載を見る限り，WawtonとCapellとの間には，少なくとも3つの事実が存在する。第一は，WawtonはCapellに，銀の延べ棒を，実際には40ポンドで売ったが，形式的には，WawtonがCapellから，60ポンドを借りたことになっており，実質的には差額の20ポンド分は利子としてCapellが受け取ったと考えられる。この時点でWawtonはCapellに60ポンドの債務を負っている。

第二は，先に考察した人民訴訟裁判所の正式裁判記録の中で明らかになった正式誓約書に基づく80ポンドの債務である。第三は，Wawtonは，借金の担保として，ロンドンにおける土地をCapellらに譲渡した。この譲渡は，歯型捺印証書に基づいて行われ，その証書においてWawtonはCapellから借りた60ポンドの債務を弁済できなければ，自らが持っている受益権をCapellに与える旨記されていた。

とすれば，結局Wawtonは60ポンドの債務を弁済することができなかった

め，Capell は歯型捺印証書に基づいて彼の受益権を取得し，さらに Capell は，正式誓約書に基づく強制執行，すなわちエセックスの土地に対する強制執行の申立を行ったことになる。つまりここから分かることは，Wawton は Capell から借金をし，しかも彼は受益権を担保に借金をしていた，ということである。

以上，正式裁判記録と判例集を用いて Capell v. Scott を詳細に検討した結果分かったことは，原告に有利な判決が下された理由は，被告の訴答に不十分な点があったという手続上の問題であると思われるが，見逃し得ない重要なポイントは，この事件の背景に，Wawton が受益権を担保に，商人 Capell から借金をしていた事実が存在していたことである。実際に Wawton が債務を弁済できなかったため，彼の受益権が Capell の受益権となったという事実は，Wawton の受益権が債務の弁済に用いられたという事実に他ならない。受益権を債務の弁済に用いたという事実は，受益権そのものが流動化し始めている事実を示唆している。しかもこの事実は，受益者による封の譲渡を可能にしたリチャード3世治世1年法律第1号に施された解釈と矛盾するわけではない。以下，リチャード3世治世1年法律第1号に施された解釈の変容について考察することにしよう。

III. 受益権の拡大
——リチャード3世治世1年法律第1号の解釈の変容[23]——

1493年に人民訴訟裁判所でなされた土地への不法侵入に関する侵害訴訟において，物的訴訟援助の請願がなされた際に，勅撰上級法廷弁護士 Fyneux によって，今後類似の事例がある場合に先例とされる旨述べられた事例は，次のようなものであった。物的訴訟援助の請願とは，係争中の土地などの保有者が，裁判所に対して自らの権原に関連する権利を有する者の援助を求める手続のことである。本件では，受益者から定期不動産権として土地を貸借した者が，信頼に基づいて譲渡された封の譲受人に対してこの物的訴訟援助を求めており，これが認められるかどうかが議論された。全裁判官が同意した Bryan 首席裁判官の見解は次のとおりである。

「物的訴訟援助の請願は認められると思われる。…中略…というのは, ［リチャード3世治世1年法律第1号］制定法は, 当事者全員, すなわち定期不動産権を設定した受益者, 封の譲受人たち, さらに彼らの相続人を拘束するからである。従ってそのような事例においては, 全員が同意したように, 復帰権は疑いなく封の譲受人のもとにあり, それゆえ定期不動産権を拘束力を持つものにした当該の法, すなわちその制定法がさらに権利関係を作り出すのである」(Caryll's Reports, 178)。

本件において, 物的訴訟援助を請願したのは, 受益者から定期不動産権を賃借した者であるから, 受益者はコモン・ロー上は無権利者であるという理解に基づけば, 賃貸借そのものが成立しえない。しかしリチャード3世治世1年法律第1号を解釈すれば, 受益者による定期不動産権の設定は有効となるため, 受益者を通じて賃借人はコモン・ロー上の権利を主張しうることになる, というわけである。こうして受益者による定期不動産権の設定がコモン・ロー上有効になる。

さらに1502年には,「単純不動産権における受益者が, 当該土地に定期不動産権を設定したり, あるいは当該土地の売買取引を行うように, リチャード3世治世1年法律第1号によるなら, 当該土地に生えている樹木を売るという売買は有効である」(Caryll's Reports, 390) という見解が, 人民訴訟裁判所において述べられている。本件に関して, Caryllはこれ以外のことについては, 何も書き記していないが[24], この判例から明らかなことは, リチャード3世治世1年法律第1号が受益者自身の土地に対する権利を認める根拠となり, それによってこの取引が成立するのだ, という解釈が導き出されたことである。およそ10年前には「受益者による樹木の売買は, リチャード3世治世1年法律第1号の範囲外」(Caryll's Reports, 75) という見解が人民訴訟裁判所において示されていたことを考慮するなら, 新しい解釈が施されたことは明白である。

加えて1507年の人民訴訟裁判所の事例では, 受益者による定期不動産権に関する解釈に, さらに新たな解釈が施されている。

「もしある者が, 自らおよびその相続人のユースが設定された封を譲渡し, その後, 譲渡人が別の者に定期不動産権を設定し, 彼に一定の地代を与え, その

後死亡した場合，制定法[リチャード3世治世1年法律第1号]によれば当該賃貸借は有効である。…中略…さらに言うなら，たとえ地代が，相続人ではなく賃貸人自身だけのために保有されたとしても，彼の相続人は一定期間の地代を保有するはずである。というのは，たとえ定期不動産権においてはそうでないと言われるとしても，この地代は復帰権の一部であり，それゆえ，復帰権が継承される時には，［地代も］継承されるからである」(Caryll's Reports, 545)。

　自らとその相続人のためのユースを設定した封の譲渡人が，当該土地を第三者に定期賃貸借し，その後，譲渡人が死亡した際に，裁判所は，死亡した封の譲渡人が保有していた地代を，定期賃貸借を有効にする根拠であるとし，これを復帰権の一部とみなしている。つまり，リチャード3世治世1年法律第1号に解釈が施された結果，地代を通常の復帰権と同様に継承されるものとして，譲渡人の相続人である受益者の収益取得権を認めているのである。

　要するにリチャード3世治世1年法律第1号の解釈によって確立してきたことは，受益者による賃貸や売買が有効とされたことである。それゆえ，受益者は収益取得権である受益権を用いて土地の利用，すなわち収益を取得する権利を得たり，資産を運用するためにユースを設定することが可能になった，と考えられよう。とすれば，コモン・ロー裁判所がユースに関する事件を処理するようになった理由は，決して脱法行為の正当化ではなく，制定法を解釈することによって，受益権の独立に努め，こうして受益権の流動化を推し進めることであったと理解できることになる。

むすび

　以上5種類の裁判史料を用いて検討を行った結果，Capell v. Scott 事例の背後にあった Wawton と Capell との間の債権債務関係の内容が明らかになった。すなわち，Wawton は受益権を担保に商人である Capell から借金をし，実質的にはその債務をこの受益権によって支払っていたことである。この事実を考慮するなら，ユースによって作り出される受益権は，債務の担保として利用されるだけでなく，債務の弁済としても利用されていたことになる。このことから，受

益権の流動化のためにユースが設定され，利用された可能性は否定できないだろう。さらにリチャード3世治世1年法律第1号に施された解釈の変容を見れば，形式的には定期賃貸借であれ売買であれ，受益者による行為は有効と解釈する範囲を拡大していったことは明らかであり，解釈の範囲の漸次的拡張は，受益権を用いた取引が漸次日常的になって行った結果を示している，と理解できるのである[25]。

とはいえ，本稿の考察によって，ユースはコモン・ロー上の脱法行為を行うために用いられたという通説それ自体が否定されるわけではない。本稿の考察の結果は，そのような通説的な見解の段階は初期のものであり，15世紀末には，受益権の流動化そのものによってユースの利用が拡大していた，という事実の追加である[26]。

注

1) 本論文は第4版（Baker 2002）を利用したが，初版の邦訳（ベイカー［小山訳］1975）は多くの点で筆者の理解の助けとなった。
2) ユースの発展史に関するサーベイ論文として井上（1979）を参照。
3) ユースそのものを検討した論文ではないが，（小山 1983, 154）もユースの設定を，「コモン・ロー上は全く対抗手段のない脱法行為」であったという。
4) 大法官府については Haskett (1996), Tucker (2000) が詳しい。
5) 15世紀前半に，ユースに関する事例の処理が，大法官府の役割となる以前の14世紀後半に，教会裁判所において，譲渡人の意図に従わなかったという理由で，譲受人が破門された事例がある（Helmholz 1979, 1504–5）。
6) 実際に，大法官は「…譲受人の相続人が存在する信頼に基づく封の譲渡を理由に，［大法官府における救済を可能にする］罰金付召喚令状を発給することは［大法官府における］慣例となっている。というのは，我々はそのような事例を，大法官府における記録の中に見出すからである」と述べている（Select Cases in the Exchequer Chamber, 54）。
7) E. D. Henderson によれば，1475–83年の間に生じた裁判記録のうち，15% が捺印証書の留置 detention of deeds, 33% がユースであり，John Morton が大法官であった時代（1493–1500）には，22% が捺印証書の留置に関することであった（Henderson 1982, 101–2）。Wolsey が大法官であった期間（在職1515–29）には，大法官府における裁判記録7,476件のうちの 46% は捺印証書の留置あるいはユースに関わるものであり（Guy 2000, 83; Metzger 1980），この割合は Thomas More が大法官であった時代にも変わらない（Guy 1980, 50）。ただし，以上の先行研究が用いた史料（Public Record Office, Early Chancery Proceedings）には，当時，発給された文書がすべて残されているわけではない上に，史料全体の3分の2は訴状にすぎないため，統計的な数字だけに頼ることは危険であると

いう点は認識しておかなければならない (Guy 2000, 85–6)。
8) 「…不動産権estate，封の譲渡，贈与，不動産権の放棄，譲与，土地の賃貸借や追認，保有不動産，地代，奉仕，あるいは他の法定相続産などが，成年で正常な精神状態にある者ないしそのような者たちによって，強迫下においてではなく自由に，他の者に対して回復あるいは執行される場合に，適切かつ実効的であるべきは，それを設定された者と手に入れた者あるいは与えられた者，その他自らのユースが設定された者であって，売主，封の譲渡人，贈与者や譲与人およびその相続人ではない」(SR II, 478)。
9) Baker の議論については，井上 (1980) が詳しい。
10) 王座裁判所訴訟記録集については，北野 (1998; 2003) を参照。
11) たとえば16世紀前半の王座裁判所では，1年間にそれぞれ70–100葉の羊皮紙からなる訴訟記録集を開廷期ごとに年間4つ，人民訴訟裁判所では，それぞれ500–1,000葉の羊皮紙からなる4つの訴訟記録集が作成されていたと言われる (Henderson 1982, 104)。
12) ラテン語で書かれた正式裁判記録とは異なり，当時の判例集はロー・フレンチで書かれた。ロー・フレンチとは，イングランド法が用いた3つの言語のうち最も重要な位置を占めると言われ，18世紀までイングランドの裁判所の訴答や判例集において，また法曹学院における言語として用いられたものである。言語学的には14世紀半ば以降は衰退し，フランスで用いられるフランス語からは遠く隔たったものとなってしまったが，コモン・ローの基本的な用語の多くはこれをもとに定着・発展しており，また法律家が法的な議論を書きとめるのに有益な速記法を提供し得たので，あらゆるコモン・ロー法曹によって学ばれた (Baker 2000b, 225–46; ベイカー[朝治・直江訳] 1998)。
13) 我が国では一般に年書と訳されるものである。例えば，16世紀前半に広く流布していた *Doctor and Student* の中では，anni terminorum あるいは yeres of termes と記されているように (Doctor and Student, 68–9)，当時の人々はこの判例集をイヤー・ブックと呼んでいなかったようであるが，本稿では混乱を避けるためイヤー・ブックと表記する。なお，イヤー・ブックについては，セルデン協会を中心とした編集刊行作業が行われているが (Yale & Baker 1987, 19–32)，主に14世紀に関する作業が終了しただけであるため，本稿では，初めて全巻そろった状態で印刷され，いわゆる標準版として普及した (Baker 2002, 181) *Les Reports des Cases* (1678–90) を用いる。
14) 印刷業者が，異なる書体の写本をまぜて印刷した結果，1つの連続した判例集という誤解が生じた (Baker 1999, 431–2)。
15) 法曹学院については，深尾 (1979; 1987, 47–51)，Baker (1986; 2000b)，小山 (1992, 333–51) が詳しい。
16) この時期のイヤー・ブックについては，Simpson (1971)，Ives (1973) が詳しい。
17) 詳細については，Abbot (1973, 306–13)，Baker (1989, 44–6) を参照。
18) 裁判史料の特徴をまとめるなら，「既判力の確保のためには判断された結果[を記した正式裁判記録]の保存のみで十分であるが，法学の発展にとっては，[判例集の中に散見する]判断の過程であらわれる種々の議論，理由付けの保存が不可欠」(深尾 1980, 36) ということになろう。大法官府の裁判史料については，Horwitz (1995)，Macnair (1995, 123–32) を参照。
19) 考察に用いた史料としては，事件の全体を記した正式裁判記録の他に，Caryll 編集の判

例集に記載された1493年トュリニティ開廷期，Caryll編集の判例集とイヤー・ブックに収録された1494年ミクルマス開廷期における判例，および本件に関連する事例として Port 編集の判例集に書き残された大法官府における事例が挙げられる。このうち1494年ミクルマス開廷期の判例については，イヤー・ブックでは，ヘンリー7世治世16年(1501年)パスカル(イースター)開廷期の事例として収録されている。Caryll編集の判例集に記載された事例と筆者が検討のために用いたイヤー・ブックとを照合した結果，カンマやピリオドの位置が数箇所で異なることや単語の綴りに違いが見られること，Caryll の判例集で示された数字はローマ数字だがイヤー・ブックではアラビア数字であること，イヤー・ブックでは et や mes などの接続詞や前置詞 de の省略が見られ，2箇所で文中の語句の順が異なるが，内容そのものに大きな違いはないことが分かった(Caryll's Reports, 216–8; Year Book, Paschal term, 16 Henry VII, plea 4, folio 6)。

1494年ミクルマス開廷期の判例とほぼ同じ判例が，1501年パスカル開廷期のイヤー・ブックにも記載されている点からは，Caryll編集の判例集は，Caryllの同時代人の間で知られていたか，あるいはCaryll自身がイヤー・ブックの編集に携わっていたということになろう。もっともCaryll編集の判例集は，その一部が，1602年に出版された Robert Keilwey (1497–1581) の写本に収録されていることから，16世紀には，コモン・ロー法曹の間である程度知られていたと考えられる (Baker 1978, *171*)。

またこの判例は，Caryll編集の判例集では，確かに1494年ミクルマス開廷期に書かれたものとして収録されているが，その最後の部分を見ると，「[次の開廷期に]持ち越し。後の1494年ミクルマス開廷期に検討した結果，原告は[土地の占有を]回復するという判決を得た」と書いてあることから，実質的な内容は，それ以前のものであったと考えられる。というのは，この判例の冒頭には，「交易法上の債務証書 statute staple による保有者によって侵害訴訟が提起された。被告に不利な争点が決定し，陪審は損害賠償を査定した」と書かれているからである。このことから判断する限り，この判例が1494年のイースター開廷期に行われた陪審評決の後に行われたものであると考えることも不可能ではない。イースター開廷期とミクルマス開廷期の間にはトュリニティ開廷期しかないことを考慮すれば，おそらく1494年のトュリニティ開廷期に行われたものであると推測できる。

20) 残念ながら筆者は，法廷書体 court hand (イングランドの裁判所で用いられた，特有の略記を伴う特殊な手書き書体)に十分に慣れているわけではないため，Caryll's Reports (167) に示された要約を参照しながら，原典の確認作業を行わざるを得なかった。

21) 当時の人民訴訟裁判所については，Hastings (1947) が詳しい。

22) イヤー・ブックや私選判例集が，コモン・ロー法曹が知識を獲得していくために用いられたことは，1493年トュリニティ開廷期の判例の最後に「この事例では，誓約者が多くの人々に封を譲渡し，被誓約者が譲受人のうちの1人だけの土地に関して[債務の弁済を求める]強制執行を訴えるなら，このような事例において，彼は，被誓約者が他の譲受人に対する強制執行を行うことによって割り当てに応じて負担を負わせるために，事後申立令状を得られるであろう，ということが示された」と記されている点，1494年ミクルマス開廷期の判例の最後に「法によれば，シェリフが，交易法上の債務証書にもとづく強制執行令状によって動産を奪ったが，令状の執行に関する報告の中で当該の動

産について何も言及しないなら，シェリフは侵害訴訟令状によって責任を負わなければならない，ということは明らかだ」と記載されている点に見られる。しかしながら，本稿では紙幅の関係上，これらの論争については省略せざるを得なかった。

23) 前注 8。
24) このため Baker は事実の概要を次のものであると推測する。本件は，樹木の伐採に関して人民訴訟裁判所に対してなされた侵害訴訟である。原告第二訴答によれば，J は H の妻である E およびその相続人のためのユースを設定した土地を占有していた。H は当地における樹木すべてを，A に売却し，A はさらにそれを原告に売却した。
25) 大法官府が商業事件を取り扱っていたこと（Pronay 1974, 96; Guy 2000, 82-3），さらには「1535 年に Thomas Cromwell が，いかなる商人も 1 年に 40 ポンド以上土地を取得するべきでないと考えていた」（Thorne 1985, 199）ことは，この点と無関係ではないと考えられるが，この点についての詳しい検討は将来の課題である。
26) 本稿校正の途中で，Baker, J. H. 2003. *The Oxford History of the Laws of England, vol. VI. 1483–1558*. Oxford: Oxford University Press が出版されたが，議論に反映させえなかったことをお断りしておきたい。

史　料

Public Record Office, plea rolls of the Common Pleas.（CP 40 と略す）

Reports of Cases by John Caryll（vols. 1–2），Baker, J. H.（ed.），The publications of the Selden Society, vols. 115–6（1999–2000）. London: Selden Society.（Caryll's Reports と略す）

Select Cases in the Exchequer Chamber before all the Justices of England（vol. 2），Hemmant, M.（ed.），The publications of the Selden Society, vol. 64（1948）. London: Selden Society.（Select Cases in the Exchequer Chamber と略す）

Sources of English Legal History: Private Law to 1750，Baker, J. H. & Milsom, S. F. C.（eds., 1986）. London: Butterworth.（B. & M. と略す）

St. German's Doctor and Student，Plucknett, T. F. T. & Barton, J. L.（eds.），The publications of the Selden Society, vol. 91（1975）. London: Selden Society.（Doctor and Student と略す）

The Notebook of Sir John Port，Baker, J. H.（ed.），The publications of the Selden Society, vol. 102（1986）. London: Selden Society.（Port's Notebook と略す）

The Statutes of the Realm（reprinted in 1963. London）.（SR と略す）

Year Book（1679–80, reprinted in 1980–1. Oxon）.

参 考 文 献

Abott, L. W. 1973. *Law Reporting in England 1485–1585*. London: Athlone Press.

Baker, J. H.（ed.）1978. *The Reports of Sir John Spelman*（vol. 2），The publications of the Selden Society, vol. 94. London: Selden Society.

Baker, J. H. 1986. *The Legal Profession and the Common Law: Historical Essays*. London: The Hambledon Press.

Baker, J. H. 1989. 'Records, Reports and the Origins of Case-Law in England', in Baker, J. H. (ed.), *Judicial Records, Law Reports, and the Growth of Case Law*, Vergleichende Untersuchungen zur kontinentaleuropäischen und anglo-amerikanischen Rechtsgeschichte. Bd. 5. Berlin: Duncker & Humblot.

Baker, J. H. 1999. 'The Books of the Common Law', in Hellinga, L. & Trapp, J. B. (eds.), *The Cambridge History of the Book in Britain, vol. III. 1400–1557*. Cambridge: Cambridge University Press.

Baker, J. H. 2000a. 'Why the History of English Law has not been Finished', *The Cambridge Law Journal*, vol. 59, pp. 62–84.

Baker, J. H. 2000b. *The Common Law Tradition: Lawyers, Books and the Law*. London: The Hambledon Press.

Baker, J. H. 2002. *An Introduction to English Legal History* (4th edition). London: Butterworths.

Barton, J. L. 1965. 'The Medieval Use', *The Law Quarterly Review*, vol. 81, pp. 562–77.

Guy, J. A. 1980. *The Public Career of the Sir Thomas More*. New Haven: Yale University Press.

Guy, J. A. 2000. 'The Development of Equitable Jurisdictions, 1450–1550', in *Politics, Law and Counsel in Tudor and Early Stuart England*. Aldershot: Ashgate Variorum.

Haskett, T. S. 1996. 'The Medieval English Court of Chancery', *Law and History Review*, vol. 14, pp. 245–313.

Hastings, M. 1947. *The Court of Common Pleas in Fifteenth Century England: A Study of Legal Administration and Procedure*. Ithaca: Cornell University Press.

Helmholz, R. H. 1979. 'The Early Enforcement of Uses', *Columbia Law Review*, vol. 79, pp. 1503–13.

Henderson, E. G. 1982. 'Legal Rights to Land in the Early Chancery', *The American Journal of Legal History*, vol. 26, pp. 97–122.

Horwitz, H. 1995. *Chancery Equity Records and Proceedings 1600–1800: A guide to documents in the Public Record Office*. London: HMSO.

Ives, E. W. 1973. 'The Purpose and Making of the Later Year Books', *The Law Quarterly Review*, vol. 89, pp. 64–86.

Macnair, M. 1995. 'The Nature and Function of the Early Chancery Reports', in Stebbings, C. (ed.), *Law Reporting in Britain*. London: The Hambledon Press.

Metzger, F. 1980. 'The Last Phase of the Medieval Chancery', in Harding, A. (ed.), *Law-Making and Law-Makers in British History*, Royal Historical Society Studies in History Series no. 22. London: Royal Historical Society.

Milsom, S. F. C. 1981. *Historical Foundations of the Common Law* (2nd edition). London: Butterworths.

Pronay, N. 1974. 'The Chancellor, the Chancery, and the Council at the End of the Fifteenth Century', in Hearder, H. & Loyn, H. R. (eds.), *British Government and Administration: Studies Presented to S. B. Chrime*. Cardiff: University of Wales Press.

Simpson, A. W. B. 1957. 'The Circulation of Yearbooks in the Fifteenth Century', *The Law Quarterly Review*, vol. 73, pp. 492–505.

Simpson, A. W. B. 1971. 'The Source and Function of the Later Year Books', *The Law Quarterly Review*, vol. 87, pp. 94–118.

Simpson, A. W. B. 1986. *A History of the Land Law* (2nd edition). Oxford: Clarendon Press.

Thorne S. E. 1985. 'Tudor Social Transformation and Legal Change', in *Essays in English Legal History*. London: The Hambledon Press.

Tucker, P. 2000. 'The Early History of the Court of Chancery: A Comparative Study', *English Historical Review*, vol. 115, pp. 791–811.

Yale, D. E. C. & Baker, J. H. 1987. *A Centenary Guide to the Publications of the Selden Society*. London: Selden Society.

J. ベイカー[小山貞夫訳] 1975.『イングランド法制史概説』創文社.

ジョン・ベイカー[朝治啓三・直江真一訳] 1998.「コモン・ローの三つの言語」『法政研究』65 (2), 579–612 頁.

J. H. ベイカー[葛西康徳訳] 2000.「何故イングランド法制史はまだ書き上げられていないのか」『法制史研究』49, 107–33 頁.

井上彰 1979.「イギリス封建制度の崩壊とユースの発展 (1) (2)」『法学新報』85 (7・8・9), 21–83 頁, 85 (10・11・12), 163–220 頁.

井上彰 1980.「ユース法 (Statute of Uses) の成立過程」『法学新報』87 (9・10), 65–169 頁.

戒能通厚 1980.『イギリス土地所有権法研究』岩波書店.

北野かほる 1998.「14・15 世紀イングランド王座裁判所刑事裁判記録」平成 7–9 年度科学研究費補助金(基盤研究A1)『西洋中世史資料の綜合研究』(研究代表者朝治啓三), 50–4 頁.

北野かほる 2003.「中世後期イングランド王座裁判所刑事司法手続」渡辺節夫編『ヨーロッパ中世の権力編成と展開』東京大学出版会所収.

小山貞夫 1983.「判例を通して見たイングランド絶対王政期法思想の一断面——ウィムビッシュ対テイルボイズ事件(1550 年)を中心にして——」『イングランド法の形成と近代的変容』創文社所収.

小山貞夫 1992.「シェイクスピア時代のインズ・オヴ・コート——貴紳子弟教育機関としての——」『絶対王政期イングランド法制史抄説』創文社所収.

深尾裕造 1979.「チューダー期イングランド法学の形成とその展開過程 (1) (2) (3) (4・完)」,『法学論叢』105 (1), 79–106 頁, 105 (3), 15–43 頁, 105 (6), 23–51 頁, 106 (1), 66–90 頁.

深尾裕造 1980–1.「中世末イングランドにおける判例法主義の成立過程 (1) (2・完)——日本中世における判例法的発展の問題と関連して——」『法学論叢』107 (5), 25–49 頁, 108 (4), 69–89 頁.

深尾裕造 1987.「イングランドにおける学識法曹の形成」上山安敏編『近代ヨーロッパ法社会史』ミネルヴァ書房所収.

16世紀のカナリア諸島における奴隷現象
――「奴隷包摂社会」論,「差別論的奴隷」論を中心に――

関　哲　行

I. 問題の所在

　1970年代までの歴史学は,奴隷 esclavo と自由人を峻別する自由主義的歴史観,発展段階論に立つマルクス主義的歴史観の強い影響を受け,奴隷現象を主として法的指標や経済的指標(生産関係,労働形態)との関連で捉えてきた。これらの伝統的歴史観において,典型的奴隷制社会とされたのが古代ギリシア,ローマ社会であり,奴隷は家族や生産手段,法的能力を欠き,奴隷所有者の人格的支配に従属する「モノ」と位置づけられた。出生や戦争,債務に起源をもち,「モノ」として売買,譲渡される非自由人,一般に共同体外部から調達され,ラティフンディウムでの農業労働や家内労働,鉱山労働などに使役された非自由人が,伝統的奴隷論の支配的な言説であった。古代奴隷制社会を中世封建制社会,近代市民社会の大前提とする単系的発展段階論が,こうした伝統的奴隷論の所産であったことはいうまでもない(池本[19] 2–19; 関[22] 2)。
　しかし地中海世界ではキリスト教世界とイスラーム世界を問わず,中世や近世に入っても,多くの奴隷の存在が確認されるのであり,古代から中近世に至る奴隷現象の時間的連続性は顕著である。イスラーム世界との境界域に位置したカスティーリャ王国も例外ではなく,レコンキスタ運動の過程で多数の戦争捕虜奴隷が創出された。異教徒の戦争捕虜奴隷は,ローマ法を継受したカスティーリャ法や都市法,教会法によっても是認され,中世カスティーリャ社会の日常的景観の一部と化していたのである。中世を通じカスティーリャ社会で

みられた奴隷現象は，大航海時代にあたる 15 世紀末以降再び強化され，16 世紀のスペインの主要都市においては，都市人口の 6–12% に達した (Cortés L [4] 200-2; Franco S [9] 16, 28–37; Phillips [13] 15–20; 関 [22] 3–4)。

　奴隷現象の時間的連続性と共に，その空間的連続性にも注目すべきである。中世カスティーリャ社会の奴隷現象は，いくつかの不連続面を残しながらも，16–17 世紀のアメリカ植民地に移植された。その結節点となったのが，大航海時代のスペイン，ポルトガルによって征服・植民されたカナリア諸島，マデイラ諸島，サン・トメ島などの大西洋諸島である。これらの大西洋諸島では，15 世紀後半以降黒人奴隷を利用したサトウキビ栽培と砂糖生産が開始され，アメリカ植民地での奴隷制プランテーションの「実験場」となった。大西洋諸島はヨーロッパ，アメリカ，アフリカを結ぶ近代世界システムの結節点でもあった (Phillips [13] 140–58; Phillips [14] 112; 池本 [20] 49–55; 関 [22] 2)。

　池本幸三氏の奴隷制研究(池本 [19] 3, 13–6, 19)や，奴隷論の再検討をテーマとした 1994 年の『歴史学研究』(関 [22] 2, 12) が指摘するように，伝統的奴隷論をもってしては，奴隷現象のこうした時間的空間的連続性を説明することはできない。それに代わって提示されたのが，近代世界システム論とも共鳴する W. D. フィリップスの「奴隷包摂社会」sociedad con esclavos 論であり，奴隷現象が多様な生産関係と共存しうるとの主張である。「奴隷包摂社会」とは，奴隷を生産関係の主要な基盤とすることなしに，従って自由な労働力の広範な存在を前提としながらも，少なからざる奴隷をその内部に有機的に組み込んだ社会を指し，中世カスティーリャ社会と近世スペイン社会は，典型的「奴隷包摂社会」のひとつとされる。この「奴隷包摂社会」論にあって，奴隷を生産関係の主たる基盤とした奴隷制社会は，肥大化し極限状態に達した「奴隷包摂社会」と位置づけられる。奴隷制社会は，共和政末期～帝政初期のローマと近代アメリカ社会の一部にほぼ限定される一方，「奴隷包摂社会」は地域と時代を超えて普遍的に発現した。「奴隷包摂社会」論は，奴隷の遍在性を説明すべく案出された新たな奴隷論に他ならない (Phillips [13] 14–5; Phillips [14] 9)。

　「奴隷包摂社会」論と共に，フィリップスや O. パターソンなど 1980 年代以降の研究が重視するのは，「差別論的奴隷」論である。「差別論的奴隷」論は，文

化人類学や象徴人類学，比較歴史社会学などの研究成果に依拠した奴隷論であり，奴隷を戦争や売買によって母社会(出身共同体)から切り離され，言語や宗教，エスニシティーなどを異にする異文化社会に投入された「外国人マイノリティー」「アウトサイダー(異人)」と捉える。そこにおいて奴隷は「名誉」や親族関係，系譜関係(伝統宗教)，生得の名前を喪失した「社会的死者」，生殖機能すら奴隷所有者によって管理され，受容社会の支配文化への馴化を強いられたマイノリティーないしアウトサイダーとされる (Phillips [14] 5-9; パターソン [24] 32 以下)。紙幅の関係で本稿では割愛するが，奴隷や解放奴隷によって組織された兄弟団(信徒会)，「権威財」としての奴隷への着目は，「差別論的奴隷」論の当然の帰結でもある (Phillips [13] 167-8, 217; Phillips [14] 9; 関 [22] 2, 12; パターソン [24] 186-7, 195-6)。

本稿の目的は，奴隷論をめぐる以上のような研究動向に配慮しつつ，16 世紀のスペインを代表する「奴隷包摂社会」のひとつカナリア諸島の奴隷現象を，公証人文書を利用して再検証することにある。

II. スペインにおける奴隷研究と史料

1950 年代に Ch. フルリンデン (Verlinden [16] 7-23) と A. ドミンゲス・オルティス (Domínguez O [5] 369) は，発展段階論に基づく単線的奴隷論を批判し，中近世スペインにおける奴隷存在の時間的空間的連続性を指摘していた。これに触発されて 1970 年代以降，スペインとアメリカ大陸双方の奴隷現象を包括的視点から論じたフィリップスや J. L. コルテス・ロペスの総合的研究，セビーリャ，カナリア諸島，バリャドリード，マラガを対象とした A. フランコ・シルバや M. ロボ・カブレーラ，L. フェルナンデス・マルティン，B. ヴァンサンなどの実証的な地域史研究が相次いだ (Phillips [13] [14]; Cortés L [4]; Franco S [8]; Lobo C [11]; Fernández M [7]; Vincent [17])。1990 年代に入ると，A. ステーラが会計簿を利用して近世スペイン南部の黒人鉱山奴隷の実態を追究する一方，I. モレーノは文化人類学的手法で，セビーリャの黒人奴隷兄弟団の歴史的変遷を解析した (Stella [15]; Moreno [12])。これらの研究により前掲の仮説は一層補強さ

れ，現在では方法論や史料類型にも配慮しつつ，様々な角度から各地域の奴隷研究が進められつつある。日本でも 1980–90 年代の池本氏や布留川氏，西出氏の研究が，以上の視点を共有しており（池本 [19] 9–19; 布留川 [25] [26]; 西出 [23]），奴隷存在の時間的空間的連続性，「奴隷包摂社会」論，「差別論的奴隷」論は，ほぼ「市民権」を得たとみてよい。

本稿の主対象である 16 世紀のカナリア諸島についていえば，約 300 通の公証人文書を統計処理を交えて網羅的に検討した，1982 年のロボ・カブレーラの研究『16 世紀のカナリア諸島東部における奴隷制』（Lobo C [11]）が，ほぼ唯一の実証的包括的な奴隷研究である。表題に「奴隷制」esclavitud という表現こそ使っているものの，ロボ・カブレーラが 16 世紀のカナリア社会を「奴隷包摂社会」と位置づけていることは間違いなく，ここには「権威財」としての奴隷への言及，奴隷所有者による奴隷の生殖機能の管理など，新たな奴隷論の影響が明確にみられる（Lobo C [11] 147, 211–2）。しかし同書には「差別論的奴隷論」の研究成果が必ずしも十分に生かされておらず，公証人文書を再検証して，その欠を補う必要がある。

近世カナリア諸島の奴隷研究にあっては，異端審問史料，王権の発給した都市法や王令など様々な類型の史料を利用することができるが，とりわけ重要なのは公証人文書である。本稿では，ロボ・カブレーラの前掲書巻末に収載されている公証人文書（Lobo C [11] 319–86）を中心に，ペレス・エレーラ編の史料集『1557–1560 年のラス・パルマスの公証人アロンソ・エルナンデス』（Pérez H [2] 107–513）の公証人文書抜粋を併用した。アロンソ・エルナンデスは，16 世紀半頃にグラン・カナリア島の中心都市ラス・パルマスで活動した公証人で，ラス・パルマス市民でもあった。当時の公証人は王権の任命で，現地の事情に精通していることが条件とされた。アロンソ・エルナンデスは，1 通あたり 0.5 レアルの手数料を取り，4 年間で 63 通の奴隷関連の公証人文書を残している（Pérez H [2] 11, 17, 46）。多くは奴隷売買文書で，その他に奴隷解放，奴隷の譲渡，相続，賃貸借などの文書も含んでいる。

公証人文書は見開き 1 頁で，大きさは横 32 cm 縦 44 cm，1 頁 35 行と定められている（Pérez H [2] 28, 50）。公証人文書から得られる情報は，奴隷売買者の名

前と職業，奴隷の名前，推定年齢，奴隷の価格と性別，皮膚の色，価格に影響を及ぼす奴隷の性癖と言語能力，契約年月日などである。情報内容は画一的なものではあるが，売買者と公証人が公証人文書のオリジナルとコピーを所有し，公証人は同文書の保管を義務づけられたことから(関[22] 6)，伝来数も多く統計分析も可能な史料類型である。

III. 16世紀のカナリア諸島の基本構造

カナリア諸島は北緯28-29度，西経14-18度に位置するモロッコ沖合の諸島で，テネリフェ，グラン・カナリア，ラ・パルマ島(主要3島)など7島から構成される。人口の大部分が集中する主要3島は，気候が温暖で比較的降水量も多く，16世紀には主要な商品作物としてサトウキビとブドウが栽培された。とりわけサトウキビ栽培は奴隷現象と関係が深く，グラン・カナリア島には多くのサトウキビ農場と製糖工場が集中した。このグラン・カナリア島の主要海港都市がラス・パルマス市であり，ここには司教座教会も設置され，16世紀カナリア諸島の政治・経済・社会・宗教的中心地の一つとなった (Lobo C [2] 125-6, 201-2; Lobo C [11] 161)。

カナリア諸島には紀元前2500年頃から金属器を知らず，母系制社会を基盤に遊牧生活を営む先住民グアンチェが居住していた。しかし15世紀初頭以降ヨーロッパ人による征服，植民，布教活動が開始され，アメリカ植民地に先駆けて，ヨーロッパ人と金属器を知らない先住民との最初の「遭遇」が生じた。近代世界システムの結節点，軍事・交通上の要衝にあたったことから，スペイン(カスティーリャ)王権はカナリア諸島に多大な関心を示し，1479年のアルカソヴァス条約でスペインへの帰属が確定した。カトリック両王はグラナダ戦争，コロンブス支援の一方で，カナリア征服を本格的に進め，1488-96年グラン・カナリア，ラ・パルマ，テネリフェ島を攻略した。征服後，多数のカスティーリャ人が入植・定住し，グアンチェ奴隷の島外売却や疫病の蔓延も手伝って，グアンチェ数の激減とカナリア諸島の「カスティーリャ化」が進行した (Lobo C [1] 91-5; Fernández-A [6] 6-11)。

(1) 政治・行政機構

カナリア諸島の主要3島は，王権の主導下に征服，植民活動が実施され，王権の直轄支配下に置かれた。そのためカナリア諸島の主要3島では，王権を制約する有力貴族や騎士団，教会大所領の形成が阻害され，王権により任命された総督が国王代理として，軍事権，裁判権，水利権，土地分与権などの広範な権限を行使した。この総督の司宰下に，下級裁判権を行使した島参事会が組織され，島参事会で多数を占めたレヒドールが王権の任命であったことから，王権の統制は島参事会にも及んだ。スペイン王権は15世紀末以降教皇庁からカナリア諸島の教会保護権，従ってカナリア司教の推挙権と教会十分の一税の一部徴収権を認められており，カナリア教会も事実上王権の統制下に置かれた。そればかりではない。16世紀前半には，総督や島参事会に優越した裁判権を有する高等法院や，王権の利害と密接に結びついた国家・教会機関としての性格をもつ異端審問所が設立された。16世紀末に入るとスペイン王権は，アメリカ貿易の要衝カナリア諸島をイギリスから防衛するため，広範な軍事指揮権をもつ軍管区司令官も常駐させたのであった (Lobo C [1] 123–6, 135–6; Fernández-A [6] 43–4, 115–50)。

このように16世紀のカナリア諸島では，王権の統制下に多様な権力が重層化し，時に裁判権を巡る対立を惹起させつつも，王権の優位は基本的に維持された。主要3島以外では貴族による領主裁判権が行使された地域もみられたが，これらは例外的であり，カナリア諸島の政治・行政機構は，スペイン本国以上にアメリカ植民地との親近性が強いといってよい。

(2) 住民構成と社会構造

16世紀末のカナリア諸島の人口は約50,000人で，人口の約80パーセントはテネリフェ，グラン・カナリア，ラ・パルマ島の主要3島に集中した。主要3島の入植者の多くは，カスティーリャ人，とりわけアンダルシーア人であった。彼らは総督から小規模な土地を分与され，多くは小農民，手工業者，小商人として都市や周辺農村部に定住した。カスティーリャ人小農民は，小規模な非灌漑

農地にサトウキビ，ブドウ，穀物を栽培する小土地所有者であった。しかしそれだけで安定した小経営を実現できず，比較的大規模なサトウキビ農場を所有する寡頭支配層——婚姻関係などを通じ，社会経済的に一体化した貴族，官職保有者，有力商人，自由業従事者をさす——の分益小作農，農業労働者となり，収入を補完する者も少なくなかった。小商人を兼ねた手工業者の多くは，少数の奴隷を補助労働力として利用しつつ，皮革，繊維，金属加工などの手工業に従事した。カスティーリャ人の有力商人と自由業従事者の多くは，島参事会員などとして政治・行政機構を独占する寡頭支配層の一角を構成すると共に，灌漑設備をもつ比較的大規模なサトウキビ農場を所有し，製糖業や奴隷貿易を含む国際商業にも携わった (Lobo C [1] 201–2; Fernández-A [6] 14–31, 45–50, 84–5, 203–4; Lobo C [11] 199–200)。

　カスティーリャ人有力商人と並んで，あるいはそれ以上にカナリア経済に主導的役割を果たしたのは，多額の資本をもち金融業，製糖業，奴隷貿易を含む国際商業を支配したジェノヴァ商人であった。ジェノヴァ人以外の外国人としては，奴隷貿易に関与し，灌漑技術や製糖技術に優れたポルトガル人を看過できない。彼らの中には，サトウキビ農場を所有し，市民権を取得して帰化する者も少なくなかったからである。商業，手工業，自由業に携わったコンベルソ(改宗ユダヤ人)も，カナリア社会で重要な位置を占め，一部は都市官職を保有して，寡頭支配層の一角を担った。他方カナリア先住民グアンチェは，征服後早くからキリスト教を受容し，奴隷もしくは自由人として家内労働や農牧業に従事した。一般にグアンチェは，カナリア社会の下層民に位置づけられ，教化のため都市居住も強制された。大幅に人口を減少させたこのグアンチェの代替労働力として，ポルトガル経由で輸入されたのが黒人奴隷であり，16世紀後半には奴隷の大多数を占めた。グアンチェや黒人奴隷に加え，16世紀のカナリア諸島には，奴隷もしくは自由人のモリスコ(改宗イスラーム教徒)と少数のインディオも定住した (Fernández-A [6] 14–32, 40–4, 68, 125–6, 182–4, 197; Lobo C [11] 140–1, 215; Phillips [13] 152–3)。

　16世紀のカナリア諸島は，カスティーリャ人をはじめとするヨーロッパ人支配層の下に，宗教やエスニシティーを異にする多様な住民を包摂したモザイク

社会に他ならなかったのである。

(3) 経済基盤

　16世紀のカナリア諸島は，アメリカ貿易の中継拠点であったのみならず，ポルトガルのインド貿易との交点，フランドルなどの西ヨーロッパ貿易の拠点でもあった。16世紀のカナリア経済を主に支えたのは，アメリカ植民地やスペイン本国との奴隷貿易，アメリカ植民地へのワイン輸出，スペインや西ヨーロッパ諸国との砂糖貿易であった。カナリア諸島のカスティーリャ人寡頭支配層は，ジェノヴァ商人などと共同出資会社を設立し，多額の資本を要するポルトガル領カボ・ヴェルデ諸島との奴隷貿易に従事し，多くをアメリカ植民地やスペイン本国に再輸出した。数十人規模の黒人奴隷を使った比較的大規模なサトウキビ農場を所有し，多額の初期投資が必要な製糖工場を経営して，砂糖の生産と輸出を担ったのも彼らであった。カナリア諸島，とりわけグラン・カナリア島での比較的大規模なサトウキビ栽培には，灌漑設備が必要であり，労働力として黒人奴隷や，カスティーリャ人の分益小作農ないし農業労働者を利用した。製糖工場はサトウキビ農場を併設している場合が多く，多数の黒人奴隷と水車や大釜，圧搾機などの設備に加え，燃料としての木材資源，黒人奴隷のための住居などを不可欠とした。小農民はこれらを備えることはできず，小自有地でサトウキビを栽培しても，製糖工場に持ち込んだサトウキビの50パーセントを利用料金として徴収された（Lobo C [1] 125, 170–1; Fernández-A [6] 14, 21–32, 76, 85; Lobo C [11] 108, 181, 232–9; Phillips [13] 156–7）。

　このようにカナリア諸島ではグラン・カナリア島を中心に，黒人奴隷を使った比較的大規模なサトウキビ農場，製糖工場もみられたが，これらは決して支配的ではなく，分益小作農や農業労働者を兼ねた小農民による，小規模なサトウキビ栽培の比重が大きかった。しかもカナリア諸島でのサトウキビ栽培と製糖業は，アメリカ植民地で砂糖生産が本格化する16世紀後半以降，アメリカ産砂糖との価格競争に敗れ衰退——壊滅したわけではない——する。16世紀後半以降砂糖に代わる主要輸出商品として台頭していくのが，テネリフェ島のワインであり，最大の輸出先はアメリカ植民地であった（Lobo C [1] 170; Fernández-A

[6] 90–9; Lobo C [11] 233)。しかしブドウ栽培，ワイン醸造業は，サトウキビ栽培，製糖業に比べ，奴隷現象との関係が著しく希薄である。

IV. 16世紀のカナリア諸島の奴隷現象

1525年当時におけるグラン・カナリア島の人口は，家族係数を4.5として計算すると約4,800人，そのうち奴隷は約320人であった。他方1587年のグラン・カナリア島の人口は約9,000人で，そのうち奴隷は900–1,000人を占めた。都市・農村間格差や時代差があるにしても，これらの数字を前提とした場合，16世紀のグラン・カナリア島における奴隷の人口比率は，7–12%と推定される (Lobo C [11] 214–5)。16世紀のヨーロッパを代表する奴隷所有都市セビーリャやリスボンでも，奴隷の人口比率は10%前後であり (Lobo C [11] 215; Phillips [13] 164, 169)，前掲の数字は実態をほぼ反映した数字とみてよい。近代世界システムの結節点を構成した16世紀のカナリア諸島が，「奴隷包摂社会」であったことは，これらの数字からも裏づけられる。

(1) 奴隷論と奴隷の法的地位

ドミニコ会士のビトリアやメルカードをはじめとする16世紀スペインの主要な法学者や神学者は，アリストテレス哲学，教会法，ローマ法などを根拠に奴隷の存在を正当化した。キリスト教徒共同体の安寧，福音の拡大，「文明化」が奴隷制の目的とされ，奴隷の霊的救済が強調された。教会や王権の基本姿勢も同様であって，奴隷は公的権威と権力によって承認された存在に他ならなかった (García A [10] 125–56, 177–95; Franco S [9] 30–7; Sandoval [3] 22–23)。奴隷制が福音の拡大や「文明化」と結合したことから，キリスト教徒，とりわけ旧キリスト教徒(数世代前からのキリスト教徒)の奴隷化は基本的に否定され，奴隷は言語や宗教を異にする「他者」に限定された。16–17世紀のイエズス会士サンドバルによれば，奴隷とは母社会から切り離された異教徒の「野蛮人」であり，霊的救済を必要とする非自由人であった (Sandoval [3] 62–74, 136, 143–51)。

法的には奴隷は，奴隷所有者の絶対的支配下に置かれた「モノ」であり，異

端審問所への告発権などを除けば法的能力をもたなかった。「モノ」としての奴隷の法的能力に対応して，奴隷は財産目録では家畜と同様に動産として分類された。従って奴隷は奴隷所有者により居住地を決定されたのみならず，売買，譲渡，寄進，交換，相続，賃貸借の対象となり，担保物件や支払い手段としても利用された (Cortés L [4] 76–82)。奴隷の法的無能力は，奴隷が戦争や略奪，出生によって調達された「他者」であり，母社会から切り離され「名誉」を剥奪された「社会的死者」との観念に由来している。アロンソ・エルナンデスの公証人文書では，33 通の奴隷売買文書のうち 21 通で「義戦」による取得と明記されており，「義戦」が所有権の法的根拠として重視されたことを示している(パターソン [24] 34–5, 40, 100, 105; Pérez H [2] 119–463)。

(2) 奴隷貿易と奴隷のエスニシティー，出身地

カナリア諸島の奴隷貿易を担ったのは，ジェノヴァ人，ポルトガル人などの外国人商人と国王役人や島役人，在地の有力商人，製糖工場所有者を含むカナリア諸島の寡頭支配層であった。多くの場合，彼らは共同出資会社を設立し，黒人奴隷を主対象にカボ・ヴェルデ諸島やマグレブ地方との奴隷貿易(カバルガーダ)を展開した。ポルトガル領カボ・ヴェルデ諸島との奴隷貿易は，王権によって認知された合法的貿易であり，カバルガーダ以上に大規模であった。1567 年のカボ・ヴェルデ諸島との奴隷貿易では，投資額約 372,000m.(マラベディ)に対し純益が約 813,000m.で，収益率は約 220 パーセントに達した。これと並行して，更に収益率の大きいギニアとの密貿易も盛んに行われ，多数の黒人奴隷が輸入された (Lobo C [11] 108–13, 118–30)。カナリア諸島対岸のマグレブ地方との奴隷貿易は，略奪を伴う商業活動で，主として在地の有力商人によって担われた。イスラーム教徒との商行為によって黒人奴隷を購入したばかりか，しばしばイスラーム教徒を捕らえ，2 名の黒人奴隷と交換に 1 名のイスラーム教徒を解放した。こうした奴隷貿易の結果，16 世紀のカナリア諸島には黒人奴隷を中心に多数の奴隷が輸入され，その多くはアメリカ植民地やセビーリャに再輸出された (Lobo C [11] 62–90, 144, 162–5)。

ロボ・カブレーラの研究によれば，16 世紀のグラン・カナリア島で売買され

た奴隷総数は 1,956 人で，その内訳は黒人奴隷 1,371 人，モリスコ奴隷 243 人，ムラート(主に黒人とスペイン人との混血)奴隷 231 人，インディオ奴隷 15 人，エスニシティー不明 101 人であった (Lobo C [11] 146)。1558–60 年のアロンソ・エルナンデスの公証人文書にあっては，売買された奴隷 37 名のうち，黒人奴隷が 29 名，ムラート奴隷 4 名，エスニシティー不明 4 名である (Pérez H [2] 107–493)。16 世紀の前半と後半で黒人奴隷の占める比重に差が認められるとはいえ，16 世紀後半には黒人奴隷が奴隷全体の 70% 以上を占めた。奴隷人口の 11–12% を占めたムラートを黒人奴隷の範疇に加えると，その比率は 80% 以上に達する。圧倒的多数を構成した黒人奴隷に次ぐのがモリスコ奴隷で，全体の 10–12% を占めた。黒人奴隷の主要出身地はギニアとシエラ・レオーネであり，モリスコ奴隷はマグレブ地方，インディオ奴隷はアメリカ植民地ないしアジア出身の奴隷であった (Lobo C [11] 137–41)。他方，1515 年のスペイン王への請願書によれば，「(テネリフェ)市民は，彼ら(グアンチェ)の一部を奴隷としている」(Lobo C [1] 138) のであり，少数ながらグアンチェ奴隷も確認される。16 世紀のカナリア諸島では，黒人奴隷の優位というアメリカ植民地の奴隷現象に通底する一面と，モリスコやグアンチェ奴隷の存在(エスニシティーの多様性)という非連続性の両面が検証されるのである。

(3) 奴隷の性別，年齢構成と価格

(a) 奴隷の性別，年齢構成

16 世紀のグラン・カナリア島で売買された 1,956 人の奴隷の性別構成は，男性が 1,205 人，女性が 751 人で，男女の比率は男性約 62% に対し，女性約 38% であった。性別構成はエスニシティーによっても若干偏差が生じ，黒人奴隷の男女比 60 対 40% に対し，モリスコ奴隷では 54 対 46% となる。しかしこれは市場で売買された奴隷の性別構成であり，カナリア諸島に定住した奴隷の性別構成に関しては，男性 42%，女性 58% と男女比が逆転する (Lobo C [11] 146, 151–2)。アロンソ・エルナンデスの公証人文書からも，同様の傾向を検出できる。交換，賃貸借，相続，解放の対象となった奴隷の大部分は，カナリア諸島に定住した奴隷とみることができるが，これら奴隷 31 名のうち男性奴隷は 12 名(約

39%），女性奴隷は 19 名（約 61%）であった（Pérez H [2] 107–493）。女性奴隷の平均寿命が男性奴隷に比べ長い上，市場で売買された男性奴隷の多くが，アメリカ植民地へ再輸出されたこと，男性奴隷を必要とするカナリア諸島のサトウキビ栽培，製糖業が小規模であったことなどが，男女比逆転の主要因であったと考えられる。中世後期のイタリアやアラゴン諸都市にみられるように，伝統的に地中海諸都市では，女性奴隷の比重が大きいのが一般的であり（Franco S [9] 81; Phillips [14] 98, 123），これは 16 世紀のカナリア諸島にも妥当した。

　年齢構成——公証人文書に記されているのは推定年齢——についていえば，いずれのエスニシティーにあっても，16–30 歳の生産年齢の奴隷が最も多く約 50% を占めた。これに 7–15 歳の奴隷を加えると，奴隷全体の 60–70% に達し，労働生産性の高い青少年期の奴隷の比率が大きいことが窺える。奴隷の大半を占めた黒人奴隷を例にとれば，平均年齢は 23 歳であった。これは労働生産性の高い生産年齢帯の奴隷への需要が，大きかったことの反映でもある。その反面，40 歳以上の高齢の奴隷と 6 歳以下の子供の奴隷は極端に少なく，前者の比率は約 7%，後者に至っては 1% 未満であった（Lobo C [11] 147, 150）。労働生産性が低く，扶養しなければならず，病気の罹患率や死亡率も高かったからである。

(b)　奴隷価格

　奴隷価格は市場での奴隷の需給関係，物価や賃金上昇率といった要因に加え，疫病の蔓延や食糧危機によっても左右された。疫病や食糧危機の時には，奴隷購入が手控えられたからである。同時に奴隷の性別，年齢，エスニシティー，奴隷の身体的精神的状態や性癖，言語能力，技術力なども，奴隷価格に影響を与えた。奴隷価格はこれらの多様な要因によって決定されたのであり，時期によっても価格は変動した（関 [22] 7）。性別，年齢，エスニシティーを基準とした時，16 世紀前半において最も高額の奴隷は，労働生産性の高い 16–30 歳のモリスコ男性奴隷であった。しかし 16 世紀後半になると，アメリカ植民地での需要の大きかった生産年齢帯の黒人男性奴隷の価格が高騰し，16 世紀末にはモリスコ男性奴隷と黒人男性奴隷の価格がほぼ拮抗する。逆に最も低価格であったのは，労働生産性が低く，原則として奴隷化を禁止されたインディオ男性奴隷，と

りわけ6歳以下と40歳以上のそれである (Lobo C [11] 172-3)。1558-60年のアロンソ・エルナンデスの公証人文書によれば，売買価格の記載された34名の奴隷(黒人28，ムラート4，エスニシティー不明2)の平均売買価格は25,193m.で，男性奴隷の平均価格28,773m.に対し女性奴隷の平均価格は24,433m.であった (Pérez H [2] 107-493)。16世紀スペインを代表する奴隷所有都市セビーリャと異なり，カナリア諸島では16世紀の第3四半期まで女性よりも男性奴隷の価格が高かったことは注目してよい。サトウキビ農場や製糖工場で，女性以上に男性奴隷の労働力が必要とされたからであり，アメリカ植民地の奴隷現象との親近性が窺われる。時期的に奴隷価格が頂点に達したのは，物価が高騰しアメリカ植民地への黒人奴隷輸出が拡大した1570年頃であった (Lobo C [11] 173-6)。

奴隷の身体的精神的状況やインモラル行為も，奴隷価格に影響を与えた。病気や怪我，アルコール依存症といった身体的精神的疾患，盗癖，逃亡歴などは奴隷価格を下落させる一方，職人，徒弟としての技術力やスペイン語能力は，価格上昇の要因となった (Lobo C [11] 178-80)。

(4) 奴隷所有者と奴隷労働

(a) 奴隷所有者

公証人文書を基礎にロボ・カブレーラは，1514-1600年のグラン・カナリア島における黒人奴隷の売却者を，その職業，身分，官職と共に一覧表に纏めている。しかしロボ・カブレーラは，これに基づいた奴隷所有者の詳細な階層分析を行っていない。職業，身分，官職の明記された奴隷売却者が一部にとどまること，奴隷売却者と奴隷所有者が必ずしも一致せず，同一人物が複数の職業や官職を有するケースも散見されることから，奴隷所有者の階層分析に適合的ではないとの判断が働いたものと思われる。しかし一覧表には奴隷売却者の市民権の有無，一時滞在者か否かも記述されており，限界はあるものの，カナリア諸島に定住する奴隷所有者の実態解明にとって貴重な情報であることは間違いない (Lobo C [11] 巻末の一覧表 Ventas de negros)。

ロボ・カブレーラの一覧表に記載されたこれらの黒人奴隷売却者数は，外国人商人のような一時滞在者を除けば，367人にのぼる。職業，官職，身分別の内

訳は以下の通りである。司教や聖堂参事会員、異端審問官などの聖職者85名（23%）、貴族と総督、軍管区司令官、高等法院の聴訴官、レヒドールなどから構成される貴族、官職保有者は86名（23%）であったが、このうち貴族と軍管区司令官の比重は著しく低い。海運業者を兼ねた船長を含む有力商人 mercader 47名（13%）、靴職、鍛冶職、大工、仕立て職、製糖技術者、居酒屋などの手工業者と小商人69名（19%）、医者、公証人、薬剤師、教師といった自由業従事者39名（11%）、農牧漁民28名（8%）、そして解放奴隷13名（3%）であった（Lobo C [11] 巻末の一覧表 Ventas de negros）。聖職者の中には民衆層に属する教区司祭も少なからず含まれており、職業、官職、身分別の数字が、指標の取り方によって変動することは否めない。しかしサンプル数は376人に上り、これらの数字から一定の傾向性を読みとることは十分に可能である。

　まず第一に注目すべきは、貴族、官職保有者といった寡頭支配層と高位聖職者の比重が大きいことである。貴族、官職保有者と高位聖職者を合わせると、奴隷所有者全体の約45%を占める。有力商人と公証人、医者などの自由業従事者の比率は、それぞれ13、11%であるが、有力商人と自由業従事者の多くは、社会経済的に下級貴族や官職保有者と一体化していた。これらを加えると経済力と社会的地位を併せもつカナリア諸島の支配層の奴隷所有比率は、全所有者の70%に上る。他方、手工業者と小商人の奴隷所有率も、奴隷所有者全体の20%近くに達した。16世紀半ばの靴職、山羊飼い、サトウキビ圧搾工の年収は、16世紀半ばの賃金上昇率を2.5倍とすれば、それぞれ15,000m.、27,000m.、50,000m. であり（Lobo C [1] 207）、3者の平均年収は31,000m. であった。これを前述した奴隷の平均価格25,193m. と比較した時、少なくとも山羊飼い、サトウキビ圧搾工の平均年収は、奴隷の平均価格を上回る。奴隷価格は決して安価ではなかったが、手工業者、農牧漁民などの民衆層にとっても手の届く範囲内にあったといってよい。一部の解放奴隷による奴隷所有については、16世紀のセビーリャなどで同様の現象がみられることから（Franco S [9] 140）、売却者としての解放奴隷を奴隷所有者と想定して差し支えあるまい。

　このように16世紀のカナリア諸島では、奴隷所有比率に差が認められるものの、奴隷所有は貴族、官職保有者、高位聖職者から商人、手工業者、自由業従

事者，農牧漁民，解放奴隷に至るまで広範な階層に浸透していた。この他にジェノヴァ，ポルトガル，セビーリャ，フランドル商人などの一時滞在者による奴隷所有も，50人以上検証されるのであり (Lobo C [11] 巻末の一覧表 Ventas de negros)，16世紀のカナリア諸島にあって奴隷所有は，階層の別なく確認される一般的現象であったといってよい。パターソンの「差別論的奴隷」論によれば，こうした奴隷所有の「民主化」は，比較的低廉な奴隷価格と共に，他者支配への内面的欲求，労働への蔑視に支えられた「名誉」概念とも密接に関わっていた。奴隷所有には物的意味のみならず，「名誉」という道徳的意味も内在していたのであり，このことが奴隷所有の普遍性を説明する（パターソン [23] 185, 200–1, 208–10）。概して経済力の乏しい手工業者や農牧漁民，解放奴隷の奴隷所有を説明する上で，この仮説は説得力がある。

(b) 奴隷労働

一般に奴隷労働は，家内労働と「生産的労働」の二つに大別される。貴族，官職保有者，高位聖職者，自由業従事者にとって奴隷は，何よりもまず自己の「名誉」を，従って権力を強化するための「権威財」であり，従者，下男，下女，乳母などの家内奴隷として使役した (Cortés L [4] 102; Lobo C [11] 185–94, 198–99, 216, 244; Phillips [14] 8; 関 [22] 9)。家内奴隷としては男性よりも女性，多くの場合，黒人女性奴隷が利用された。寡頭支配層の一角を構成した有力商人についても，同様の傾向を指摘できる。その一方で外国人商人を含む有力商人，官職保有者などの寡頭支配層は，サトウキビ農場を併設した製糖工場での精製工程に，比較的多くの黒人男性奴隷を使役した (Lobo C [1] 151, 172; Lobo C [11] 202)。サトウキビの栽培，運搬，圧搾，搾汁，精製，砂糖の貯蔵と運搬，燃料である木材の運搬などがそれであり，1製糖工場あたり約30人の黒人奴隷が必要とされた。そのうちの数名は黒人女性奴隷で，炊事，洗濯などの家内労働に従事した。製糖工場で使役された奴隷は，すべてが製糖工場所有者の有する奴隷であったわけではなく，賃借された奴隷も少なくなかった (Lobo C [11] 233–8)。例えば1570年下級貴族の寡婦イサベル・シーボは，製糖工場を所有するレヒドールのバルタサール・デ・ビリャルタに4人の奴隷を，食事つき，厚遇を条件に3ヵ月間

27,225m. で貸与した (Lobo C [11] 373)。1526 年のカナリア諸島では，こうした製糖工場が 29 建設されており (Phillips [13] 149)，従って当時製糖工程に使役された黒人奴隷数は 900 人弱と算定される。当時のカナリア諸島の奴隷人口は 1,750–3,000 人(カナリア諸島の住民総数の 7–12%) と推定されるので (Lobo C [1] 125)，製糖工程に投入された奴隷の比率は，製糖業の全盛期にあっても，全奴隷人口の 2 分の 1 から 3 分の 1 とみてよい。このことはカナリア諸島の奴隷の多くが，家内労働や製糖工程以外の「生産的労働」に使役されたことを意味する。有力商人や官職保有者などの寡頭支配層は，製糖工場の経営以外にマグレブ貿易にも携わり，その際にアラビア語に堪能で現地の事情に精通していたモリスコ奴隷を，通訳や水先案内人として利用した (Lobo C [11] 85)。

　手工業者にとって奴隷は，生産に必要な補助労働力であり，職人や徒弟あるいはその下働きとして使用した。技術力のある奴隷は市場で高く売買されたことから，奴隷を所有する手工業者のみならず，様々な階層の奴隷所有者が奴隷を手工業者に無償で，時には教育費を支払ってまでも貸与し，技術力の向上に努めた (Lobo C [11] 241–3)。1573 年聖堂参事会員のフアン・サルバーゴは，家内奴隷のペドロを 3 年契約で仕立て職のクリストーバル・ペレスのもとに預け，ペドロの教育費として 3,750m. を支払っている。契約期間中仕立て職は，奴隷に食事，衣服，靴，ベッドを保証しなければならず，契約以外の労働への利用を禁じられた (Lobo C [11] 376)。賃貸奴隷を利用した手工業者としては，大工，鍛冶職，レンガ職の例が知られているが，賃貸期間中に奴隷に支払われた賃金の大部分は，奴隷所有者の収入となった (Lobo C [11] 241; 関 [22] 9)。

　奴隷は農牧漁業にも使用された。ロボ・カブレーラの一覧表に記載された前述の農牧漁民 28 名のうち，多数を占めたのは農民 18 名である。彼らは小規模な非灌漑農地でサトウキビ，ブドウ，穀物を栽培し，その労働力として少数の黒人奴隷を利用した。漁業や牧畜にあっては，主としてモリスコとグアンチェ奴隷が使役された (Lobo C [11] 3, 172, 199)。この他に海運業者も奴隷を利用した。1584 年アメリカ植民地へ向かう船長ロドリゴ・ホルダンは，2 人の奴隷を預かり，航海中水夫として使役する一方，アメリカ到着後これらの奴隷を特定の人物に引き渡す契約を結んだ (Lobo C [11] 381)。

このように16世紀のカナリア諸島では，奴隷が家内労働を中心に，製糖業，農牧漁業，海運業など様々な「生産的労働」に使役された。サトウキビ栽培を含む製糖工程に比較的多くの奴隷が利用されたことは，カナリア諸島の奴隷労働の特色として指摘されてよい。しかし奴隷の多くは家内労働や従来の「生産的労働」に使用されているのであり，製糖工程のみを強調するのは一面的である。家内労働に使役された女性奴隷の比率が，男性奴隷より高かったことからも，それは裏づけられる。そればかりではない。手工業者が「生産的労働」と共に，小自有地での農業労働に奴隷を利用している事例も確認されるのであって (Lobo C [11] 241-2)，家内労働と「生産的労働」の境界も曖昧であったといわざるをえない。多くの奴隷が多様な労働に使役されたことを併せ考えたとき，奴隷労働の特色は，家内労働か「生産的労働」かの区別以上に，奴隷が奴隷所有者の命じたあらゆる労働に従事した点にあったとみるべきであろう。

V. 「差別論的奴隷」論からみた奴隷名と奴隷の出生

(1) 奴隷名

中世中期に姓名革命を経験したため(芝[21] 101-45)，16世紀のスペインでは，職業，階層，性別を問わず，全てのキリスト教徒の奴隷所有者が姓と名の双方を有した。解放奴隷も同様であり，前述したロボ・カブレーラの一覧表に記載された13名全ての解放奴隷が，エスニシティーや性別と無関係に姓と名を保持した。例えば1524年に黒人奴隷を売却した黒人女性解放奴隷の姓名はマリーア・デ・フリアスであったし，1557年に黒人奴隷を売却したモリスコ男性解放奴隷のそれは，バスティアン・エルナンデスであった (Lobo C [11] 巻末の一覧表 Ventas de negros)。アロンソ・エルナンデスの公証人文書にも2名の解放奴隷が記載されているが，いずれも姓と名を有した (Pérez H [2] 107-493)。これに対し奴隷は，大多数が姓をもたず名だけの単名表記であった。ロボ・カブレーラの一覧表には1,371の奴隷名が登場するが，そのうち姓——奴隷の出身地名，所有者名，エスニシティーなどが姓とされた——を付された奴隷は21人にすぎない。

奴隷所有者との親密な関係が，姓付与の主要因であった。男性ではフアン，ペドロ，ディエゴ，フランシスコ，女性にあってはマリーア，イサベル，カタリナ，フアナが，頻度の高い奴隷名である (Lobo C [11] 巻末の一覧表 Ventas de negros)。奴隷はエスニシティー，性別を問わず，圧倒的多数が単名である一方，解放奴隷は姓と名の双方を保持したのである。しかもロボ・カブレーラの一覧表に登場する 13 名の解放奴隷——実態はともあれ，法的には自由人とされる——のすべてが市民権を有することから (Lobo C [11] 巻末の一覧表 Ventas de negros)，単名か姓名かの区分は非自由人か自由人かの区分にも対応していた。

　奴隷の単名表記の社会史的意味を考察する上で注目すべきは，歴史上の様々な奴隷現象を検証し，それを人類学の諸モデルと交差させた上で提示されたパターソンの「差別論的奴隷」論である。パターソンによれば，奴隷とは自己の生命維持の代償として，社会生活に不可欠の「名誉」を剥奪された「名誉喪失者」であり，言語や宗教，エスニシティーを異にする別種の共同体(異文化社会)に，強制的に組み込まれた「アウトサイダー(異人)」であった(パターソン [24] 31–41)。「名誉喪失者」としての奴隷は，一切の公的価値を否定され，アイデンティティーの根幹ともいうべき生得の名前すら失った「社会的死者」と位置づけられる。「名誉喪失者」にして「社会的死者」たる奴隷は，別種の共同体へ包摂されるにあたり，通過儀礼として生得の名前を剥奪され，正規の共同体成員と異なる様々な「差別的表象」を強制されたが，奴隷の単名表記は，そうした「差別的表象」の一例であった(パターソン [24] 44, 70, 100–5, 128, 134)。

　奴隷の単名表記は，姓を通じて維持される親族関係の喪失，姓を介して奴隷が祖先と取り結ぶ系譜意識(奴隷の伝統宗教)の否定さえ意味した。「名誉」を剥奪され，親族関係や祖先との系譜意識を否定された奴隷は，奴隷所有者との疑似親族関係を設定し，その宗教を受容しつつ，奴隷所有者を媒介として初めて共同体との関係を定立することができた。奴隷の単名表記は，奴隷が「名誉」を剥奪された「社会的死者」として別種の共同体に取り込まれ，親族関係や系譜意識すら否定されて，共同体の「無名性と不可視性」の中に閉じこめられたことの端的な表明に他ならなかったのである(パターソン [24] 32, 44, 129, 142–8)。パターソンの「差別論的奴隷」論には，明確に定義不能な「名誉」概念という

難点も付着しているが,16世紀のスペイン社会が「名誉」——地域や階層,性別などによって多様な相貌を示す「名誉」概念の内容は,ここでは問わない——を主要な社会規範としていたことを考えると(芝 [21] 207-74),彼の仮説は十分傾聴に値する。カナリア出身の16世紀セビーリャの有力商人ガスパール・デ・アルギホが,息子に「不名誉な労働」を禁じ,息子のために貴族身分を購入したことは,社会規範としての「名誉」概念の浸透を示す一例であろう (Vranich [18] 509-10)。「再生」した「社会的死者」としての解放奴隷(パターソン [24] 468)が,性別,エスニシティーを問わず,市民権と姓名を付与されたことからも,パターソンの仮説の有効性は傍証される。

(2) 奴隷の出生

乳幼児受洗者数を記載したグラン・カナリア島の教区簿冊を根拠に,ロボ・カブレーラは16世紀の奴隷の出生者数と出生率を推定した。それによれば,1503–15年の奴隷出生数と奴隷出生率(自由人を含む出生者総数に占める奴隷出生者の比率)は,それぞれ165人,約17%であった。1522–56年については565人,約12%,また1566–1600年に関しては745人,約7%である (Lobo C [11] 206-7)。1516–21年,1557–65年の教区簿冊が伝来しないため,これらの数字の信憑性は十分ではないが,傾向性を読み取ることは可能である。

以上の数字からも明らかなように,奴隷出生率が最大となるのは1503–15年であり,時期的な変動を孕みながらも,1522年以降減少傾向を示す。奴隷売買数が激減した1550年,1552–54年は変動期の典型で,奴隷出生率は約25–28%へと大幅に上昇した。この時期の奴隷出生率の大幅な上昇は,奴隷売買数の激減に不安を感じた奴隷所有者が,奴隷の出産を積極的に促したことによる (Lobo C [11] 211)。他方1560年代以降における奴隷出生者率の大幅な低下は,奴隷貿易による大量の奴隷供給や製糖業の衰微と関連していた。大量の奴隷供給と製糖業の衰微は,将来の奴隷労働力(乳幼児奴隷)への関心を弱め,女性奴隷の出産を抑制させたばかりか,労働生産性が高く,より経済的な輸入成人奴隷——物価が高騰した16世紀後半,乳幼児奴隷の養育費用は成人奴隷の購入費を上回った——への依存を強めたためである (Lobo C [11] 211-2)。

このように奴隷の出生率は，奴隷価格の変動や労働力を確保しようとする奴隷所有者の意志によって，大きく左右されたのである (Phillips [14] 14)。このことは奴隷所有者が，奴隷の生殖機能すら管理したことを意味している。それを端的に示すのは，奴隷所有者による女性奴隷の愛妾化であり (Franco S [9] 81)，奴隷人口の 11–12 パーセントを占めたムラート奴隷の一部は，その所産であった。1538 年に市参事会員フアン・デ・アリニェス(奴隷所有者)の友人ロドリゴ・デ・ラ・バレーダは，市参事会員の女性奴隷フアナとの間に男子ディエゴをもうけたが (Lobo C [11] 364)，それは奴隷所有者の同意を得た上でのことであった。ロドリゴが奴隷所有者の許可なく男子をもうけた場合には，財産侵害により損害賠償の対象となるはずだが，その記述は全くみられないからである。奴隷所有者による女性奴隷の生殖機能の管理は，「差別論的奴隷」論の一環をなすものであり，法的・経済的指標に依拠した伝統的奴隷論に修正を迫る仮説として重要である。

奴隷出生率(7–12%)と前述した 6 歳未満の奴隷の比率(1% 以下)の落差にも，留意すべきであろう。乳幼児死亡率が高かったこと，6 歳未満の奴隷の比率が市場で売買された奴隷の比率にすぎず (Lobo C [11] 147)，必ずしも実態を反映していないことが，この落差を説明する要因であることは間違いない。同時に多くの女性奴隷(母親)よる乳幼児の養育遺棄の可能性も，無視できないのである。この点についてパターソンは否定的だが(パターソン [24] 306)，異文化社会に強制的に組み込まれた「アウトサイダー」であると同時に，「名誉」を剥奪された「社会的死者」でもあった奴隷が，奴隷現象への抵抗の一形態として，乳幼児の養育を遺棄したとしても，決して不自然ではあるまい。

VI. むすび

16 世紀にスペイン王権の直轄支配下に置かれたカナリア諸島の主要 3 島は，アンダルシーア人小農民，手工業者を中心としながらも，奴隷が人口の 7–12% を占めた「奴隷包摂社会」であった。ここではアメリカ植民地と親近性のある政治・行政機構が樹立され，カスティーリャ人寡頭支配層と外国人商人による

奴隷貿易，黒人奴隷を使った比較的大規模なサトウキビ栽培と製糖業も一部で展開された。グアンチェやモリスコ奴隷の存在(エスニシティーの多様性)，地中海型の性別構成などアメリカ植民地との不連続性も認められるが，黒人奴隷を使った比較的大規模なサトウキビ栽培と製糖業の展開は，アメリカ植民地との連続性を示すものである。カナリア諸島などの大西洋諸島が，アメリカ植民地の奴隷制プランテーションの「実験場」，奴隷現象の時間的空間的連続性を強調する「奴隷包摂社会」論の連結環とされる所以でもある。

　福音の拡大，「文明化」などを目的に，教会や王権によってその存在を正当化された奴隷は，法的には奴隷所有者の絶対的支配に服属する「モノ」であり，特定の場合を除き法的能力をもたなかった。16世紀のカナリア諸島で奴隷の大半を占めたのは，ギニア，シエラ・レオーネなどの黒人奴隷であり，それに次ぐのがマグレブ出身のモリスコ奴隷であった。性別，年齢構成についていえば，男女比は4対6で女性の比率が大きく，労働生産性の高い16–30歳の奴隷が奴隷人口の約半数を占めた。奴隷価格は様々な要因によって変動したが，16世紀の第3四半期まで，男性奴隷よりも女性奴隷の平均価格が低かったことは注目してよい。サトウキビ栽培や製糖工程で比較的多くの男性奴隷労働力を必要としたからであり，アメリカ植民地の奴隷現象との親近性がみられる。奴隷所有は寡頭支配層，高位聖職者を中心に，手工業者，農牧漁民，解放奴隷まで，あらゆる職業，身分，階層の人々に浸透した広範な現象であった。「差別論的奴隷」論によれば，それを促したのは，他者支配への内面的欲求，労働を蔑視する「名誉」概念であった。奴隷労働としては，サトウキビ栽培を含む製糖工程に比較的多くの奴隷が使役されたとはいえ，家内労働や従来の「生産的労働」の比重がより大きかった。奴隷労働についてのこうした伝統的区分以上に重要であったのは，奴隷が奴隷所有者の命じたあらゆる労働に従事したことであり，この点にこそ奴隷労働の特色がある。

　以上の諸点を踏まえて，「差別論的奴隷」論の視点から，奴隷名と奴隷の出生を検証した時，奴隷現象の新たな一面が浮き彫りになる。「差別論的奴隷」論によれば，奴隷の単名表記は，奴隷が「名誉」を剥奪された「社会的死者」であること，親族関係や系譜意識(伝統宗教)を否定された「アウトサイダー」であ

ることの表明であった。別種の共同体に強制的に組み込まれた「アウトサイダー」,「社会的死者」であった上に,女性奴隷は奴隷所有者によって生殖機能を管理された。こうした状況下に置かれた女性奴隷(母親)の多くが,乳幼児の養育を遺棄したとしても不自然ではない。

　奴隷現象の時間的空間的連続性を前提とした「奴隷包摂社会」論と,文化人類学や象徴人類学などのモデルを援用した「差別論的奴隷」論は,16世紀のカナリア諸島の奴隷現象を理解するにあたっても,法的・経済的指標に依拠した伝統的理解を離れ,新たな地平を切り開く可能性を内包している。紙幅の関係で本稿では割愛したが,奴隷解放についても,同様のことが指摘できる。「差別論的奴隷」論は,奴隷解放を奴隷所有者と奴隷との「贈与交換」ないし「互酬関係」から読み解くべきことを提唱しているからである(パターソン[24] 465-96)。

文献目録

史料 (Lobo C [1] は史料と研究文献の双方を兼ねたもの)
- [1] Lobo Cabrera, M. etc., Textos para la historia de Canarias, Las Palmas, 1994.
- [2] Pérez Herrera, E., Alonso Hernández, escribano público de Las Palmas, 1557-1560, Las Palmas, 1992.
- [3] Sandoval, A. de., Un tratado sobre la esclavitud, Madrid, 1987 (初版 1627).

研究文献
- [4] Cortés López, J. L., La esclavitud negra en la España peninsular del siglo XVI, Salamanca, 1989.
- [5] Domínguez Ortiz, A., La esclavitud en Castilla durante la edad moderna, Estudios de historia social, t. 2, 1952, pp. 368-428.
- [6] Fernández-Armesto, F., The Canary Islands after the Conquest, Oxford, 1982.
- [7] Fernández Martín, L., Comediantes, esclavos y moriscos en Valladolid. Siglos XVI y XVII. Los esclavos de Valladolid en los siglos XVI y XVII, Valladolid, 1988, pp. 127-56.
- [8] Franco Silva, A., La esclavitud en Sevilla y su tierra a fines de la edad media, Sevilla, 1979.
- [9] Franco Silva, A., Esclavitud en Andalucía, 1450-1550, Granada, 1992.
- [10] García Añoveros, J. M., El pensamiento y los argumentos sobre la esclavitud en Europa en el siglo XVI y su aplicación a los indios y a los negros africanos, Madrid, 2000.
- [11] Lobo Cabrera, M., La esclavitud en las Canarias Orientales en el siglo XVI, Tenerife, 1982.
- [12] Moreno, I., La antigua hermandad de los negros de Sevilla, Sevilla, 1997.
- [13] Phillips, W. D., Historia de la esclavitud en España, Madrid, 1990.
- [14] Phillips, W. D., Slavery from Roman Times to the Early Transatlantic Trade, Manchester, 1985.

［15］ Stella, A., L'esclavage en Andalousie a l'époque moderne, Annales ESC, num. 1, 1992, pp. 35–63.
［16］ Verlinden, Ch., L'esclavage dans L'Europe médiévale, Brugge, 1955.
［17］ Vincent, B., La esclavitud en Málaga en 1581, Minorias y marginados en la España del siglo XVI, Granada, 1987, pp. 239–70.
［18］ Vranich, S. B., Lujo y ostentación de la clase media en Sevilla (siglo XVI), Revista de archivos, bibiliotecas y museos, t. 79, 1976, pp. 509–16.
［19］ 池本幸三『近代奴隷制社会の史的展開』ミネルヴァ書房，1987年。
［20］ 池本幸三『近代世界と奴隷制』人文書院，1995年。
［21］ 芝　紘子『スペインの社会・家族・心性』ミネルヴァ書房，2001年。
［22］ 関　哲行「15世紀末～16世紀のスペインの都市社会と奴隷」『歴史学研究』第664号，1994年，2–12頁。
［23］ 西出敬一「カリブ海地域圏と奴隷制」『南北アメリカの500年』第1巻，青木書店，1992年，213–46頁。
［24］ O. パターソン（奥田暁子訳）『世界の奴隷制の歴史』明石書店，2001年。
［25］ 布留川正博「砂糖産業の西漸運動と黒人奴隷制の成立」『経済学論叢』第39巻第3号，1988年，193–224頁。
［26］ 布留川正博「15, 16世紀ポルトガル王国における黒人奴隷制 (1)(2)」『経済学論叢』第40巻第2号，1988年，57–84頁，第40巻第3号，1989年，80–102頁。

森本研究室と研究会の思い出 （五十音順）

遍歴学生と森本ゼミ

市原宏一

　森本先生との私の「出会い」は学部のゼミでした。とはいえ，博多からは遠く離れた仙台の大学で，書物を通じての話です。そのころ出版された『西欧中世経済形成過程の諸問題』は前近代の西洋経済史を勉強するなら必読であり，ゼミ・テキストとして森本先生を一方的に知ったということです。お目にかかれたのは，修士院生のとき，青山学院大学で開かれた西洋史学会のおりです。その際のお話に乗じて，研究会に伺い，九州大学の博士課程にお世話になるという経緯をたどりました。勉強の基礎を持たない院生を受け容れて，あらためて教育するというのは，大変迷惑な話ではないかと今頃気づいてはいるのですが……。その後，こうした「放浪遍歴学生」は森本ゼミでは全く珍しくなくなりました。地方大学では，学生当人はもちろん，送り出す教員にも，大学院進学は課題の一つです。森本研究室は，そうした学生に貴重な機会を開放していたと思います。

幸運に感謝

大嶋　誠

　先生と親しくお付き合いさせていただくようになったのは，九州大学文学部西洋史講座の助手に着任してからのこと。研究上の恩恵をいただくようになったのは，1980年に大分大学に赴任し，先生主宰の研究会に加えていただいてからのことである。その頃の先生は，史料論に強い関心を寄せ，それを踏まえて「カエサリウス写本」の注解を研究なさり，「都市・農村関係」の再検討を総括する作業も進められていた。研究に没頭し，その成果を書き，語るのが楽しくてたまらないという様子であった。それは今もまったく変わっていない。また，先生の研究会の質の高さ，密度の濃さも忘れがたい。そこから優れた研究者が巣立ったのも当然のことのように思える。先生は世界を相手に第一線でつねにご活躍である。名伯楽でもある。尊敬の念を禁じ得ない。その先生の指導の下，何度か一緒に仕事をする機会を得た幸運に感謝している。

学問への憧れに輝く目

大宅明美

　森本先生の九州大学の研究室を初めて訪れたのは，修士課程終了間際のことであっ

た。母校広島大学での恩師山代宏道先生は，外の世界に飛び出して多くの先生に教えを乞うようにと常々言っておられたが，この時も，森本先生に紹介していただく機会を得た私の背中を押して下さったのだ。私は森本先生の研究会と史料講読ゼミへの出席を許可していただき，博士課程在学中は，広島と博多の間を月に数回新幹線で往復して2つの大学で同時に学ぶという，大変に恵まれた学生生活を送ることになった。今思い返してみても，フランス留学に発つまでのあの約2年の間ほど，短期間に多くのことを学び，自身が成長していると実感できた時期はない。その後10年以上が過ぎ，今，私自身のゼミ卒業生が一人森本先生のもとで学んでいる。何よりも学問の世界に憧れ，先生の知見に触れることができる幸せに目を輝かせている彼を見るたび，あの頃の私自身を思い出すのである。

シャルトルのカテドラルにて

岡崎　敦

　10年ほど前フランスに滞在していた折りのことだが，森本先生も在外研修で渡欧され，この間ヨーロッパの各地で，先生のかの地でのご活躍に身近で接することとなった。学問の場においても日常生活でも，先生は，私が日本で知るいつもの先生のままであり，サーヴィス精神にあふれ，どのような相手ともごく自然に付き合っていらした。そして，この同じようなご様子に，先生が，実は日本においても，ある緊張感のなかに暮らしておられることに，改めて気づかされたのである。ご帰国が迫ったある冬の日，ご一緒にシャルトルのカテドラルに出かけたときのこと，例によって旧跡巡りのノウハウを教えていただきながら，私はなかば強引に塔に登ることを提案した。そして，先生と私がともに高所恐怖症であることを，そのときはじめて知ったのである。お互いみっともない格好で「高いところが怖いのは知的なしるし」などと放談したときのことを，私は忘れることができない。

奪格別句で始まり動詞は接続法インペルフェクトゥム二人称単数で……

城戸照子

　共通一次元年。辻邦生と塩野七生を読んで感動し，文学部で西洋史を勉強するんだと決め込んだ田舎の女子高生は，象牙の塔の迷路で立ち尽くす仕儀となりました。学識深い教授陣の完成された講義にはどこにも手がかりがなく，遙か遠くで輝く星を凝然と仰ぎ見る気配です。そんな中，森本先生の講義を経済学部で拝聴したとき

初めて，広々と開け放たれた扉の向こうの，経済史の魅力を知りました。「史料ではここまで分かるがその先はこう想定される」と区別しながら全体像を構築する明晰な論理，精緻な史料分析，研究潮流の最前線にいる躍動感。難解なラテン語文書解読演習の際に垣間見た，先生の厳格さ，ねばり強さと同時に，溢れる史料への愛情。辻邦生が『廻廊にて』で書いた挿話，「一見完成された絵の額縁が偶然外れて，画布余白に現れた，巨匠の苦闘と自問の誠実な筆使い」を想起し，憧れそのものだった学問の世界は，ここ，まさに史料と歴史家の対話の中にあるのだと深く確信して，今に至るのです。

30年余がすぎました

斎藤絅子

　都市史について森本先生と初めてお話したのは，先生が九州大学に赴任されてまもなく，文学部の故森洋先生のご紹介で，F.-L. Ganshof, *Etude sur le développement des villes entre Loire et Rhin au Moyen Age* をお持ちかお尋ねしようと研究室におじゃましました時だった。その後数年してゼミに参加させていただく中で，実に多くの人々と出会う機会を与えていただいた。新学期恒例のお宅でのコンパは，宗像神社までのピクニックに始まった。さながら競歩会のようなもので，疲れて反乱一歩手前であった。九重での合宿では，大半の学生が昼寝する中で，仕方なくつきあう学生と一目山に登山。いつも何か動きのあるゼミで，いつしか，勉強を続けてゆく中での「幼なじみ」が生まれていった。30年余を経た今，九重の山々と玄界灘を背景に，これらの日々が浮かび上がってくる。

優れた教師

佐藤彰一

　森本先生がヨーロッパ中世初期領主制研究で，ワールド・クラスの大学者であることは，世間一般はともかく学界の人間であれば知らない人はいない。私が四半世紀の親交の中でつくづく感じ入っているのは，その事とならんで優れた教師としての一面である。ここ二十年近く一年に少なくとも一度は数日にわたって起居を共にして，それぞれの研究成果を発表しあう研究合宿を組織され，それに参加してきたが，一人の初学者がどのようにして一人前の研究者として成長して行くか，幾つもの事例に立ち会ってきた。研究仲間の諸氏よ，こういう言い方に気を悪くされたなら赦して戴きたい。学問教育に携わる若輩の私にとって，それはかけがえのない貴

重な体験であった。批判にも技術がいる。甘やかしてもいけないし，さりとて鬼の首を取ったような居丈高な指摘も本人のやる気を萎えさせるだけである。そのところの絶妙なバランスは，とても凡人の真似ることのできない芸当である。

森本先生に倣って

関　哲行

　私が初めて森本先生にお目にかかったのは，今から20年ほど前のことである。当時の私は初期中世スペイン史を研究していたが，研究に行き詰まり，どうするか思い悩んでいた。そうした時期に憧れの森本先生から連絡があり，緊張と不安の入り混じった気持ちで御茶の水の居酒屋にご一緒した。森本先生は初対面で所属も異なる私の話にじっくりと耳を傾け，研究会への参加を打診された。これを機に私は森本先生の研究会に参加するようになり，先生のご指導を仰ぐことができた。お忙しい中，私の拙い論文に逐一目を通され，ご自宅まで開放されて，懇切丁寧な論文指導をして頂いた。先生のご指導のおかげで何本かの論文を書き上げ，研究者として再出発することができた。最近私は若手のスペイン史研究者と共に，私的な研究会を行っている。森本先生に倣い，所属を問わずすべての者に開かれた研究会である。森本先生の知的開放性を多少とも実践するのが，今の私の課題である。

所領明細帳研究の名人への道

田北廣道

　1980年春ベルギー留学中の森本先生が帰国前にケルンの学生寮に立ち寄られた。ノイマルクト近くの喫茶店に入りコーヒーをごちそうになりながら，今後の勉強について語り合った。そのとき，所領明細帳研究に本格的に取り組む予定であること，そしてプリュムの所領明細帳の中の修道院長カエサリウスの手になる注釈部分の新解釈から始めること，をうかがった。先生の帰国直後に手元に届いた『ライン季報』の巻頭を飾るヘーゲルマン論文の標題を見て驚いた。まさに，カエサリウス注釈の解釈を踏まえたプリュム修道院領の再検討が，課題になっていたからだ。その後，森本先生が「所領明細帳研究における5人の名人の一人」の評価を与えられたことは，周知の通りである。我々の世界では展望の開ける場所に到るのに，緩やかな坂道を一歩一歩登りつめるのではなく一気に駆け上ることが，ごく稀にある。私は，幸運にも先生の飛躍の瞬間に立ち会えたのである。

移動する師，あるいは精神の運動

丹下　栄

　ベルギーで最初の留学生活を始めてまもなく，私は先生からブリュッセル・リュクサンブール駅で待つようにという指令を受けた。ルーヴァン・ラ・ヌーヴから列車に乗ってきた先生は，ブリュッセル公園を突っ切って歩く道すがら私にヨーロッパ滞在時の心得を説き，中央駅でヘント行きの列車に乗りこんでいった。多忙な日程から弟子のための時間をひねりだす心根に私は感じいり，同時にまた先生のいわゆる「合理的人生」をまのあたりにして驚きあきれたものであった。教室や研究会において，先生はまぎれもなく偉大な師である。しかしそれにもまして森本先生を特徴づけるのは，小間切れとなりながらもずしりと充実した，こうした瞬間であると，私には思えてならない。広島駅の新幹線ホーム，羽田・浜松町間のモノレール，その他で先生と数十分を過ごした経験を持つ友人たちもこの説を一笑に付しはしないであろう，と私は勝手に思いこんでいる。

打ち出の小槌「森本芳樹」

鶴島博和

　「森本芳樹」の名前を始めて意識したのはいつだったか。仙台で学生生活を始めた私には文字通り遠い人だった。1979年の夏，ベルギーに遊んだ。そのときふとした縁で，ヴァン・デル・ヴェー先生にお会いする光栄に浴した。先生は私の話を聞きながら『西欧中世経済形成過程の諸問題』を読んだかと聞かれた。それが森本先生を意識した最初だったのだろうか。86年に熊本に赴任してから，先生の傘の下に入るのにさほど時間はかからなかった。その入り方は，雨に体半分をさらしたものであったけれど，先生は打ち出の小槌だった。何か困ったとき，いつも先生にお願いする私がいた。請願リストは長すぎてここで広げることができないが，裏書ぐらいはしておこう。学生を研究者にしてもらった。私の傘は小さすぎた。シンポジウムを閉めていただいたが，品の良いテキヤ口上のような話にイギリスの友人たちは聞きほれていた。学会報告の司会をお願いしたこともあった。パフォーマンスだけで内容のない話に少し照れている。そしてこの本が印刷に付されているとき非常勤講師まで。終わったら温泉に行きましょう。それくらいなら私にもできそうですから。

森本研究会の思い出

中堀博司

　森本先生が九州大学経済学部をご退官されるまでの最後の数年間，先生のゼミに参加させて頂くことができたのは私にとって幸運であった。ゼミ以外でも，先生が小刻みに組織される研究会や講演会あるいは語学の勉強会などにもしばしば参加させて頂いた。集会全体を取り仕切られる先生にとっては，相手が高名な欧米の歴史家でも一線で活躍する日本人研究者でも，滞留フランス人や院生でも学部生でも構わない。先生によって澱みなく集会は進行される。明快でテンポのよい質疑応答の中で刺激を受け，学ぶ機会を与えて頂いた。最後は，その場かその辺りの飲み屋に流れ込むかして，融和的な雰囲気のもと集会は締め括られる。先生は，交響曲を奏でる名指揮者か巧みな手品師さながらに未熟な学生からは見えた。歴史学に対する先生の真摯な眼差しにもまして，それを魅力的かつ教育的に披露される先生のご手腕は，凡人の私には到底まねのできるものではない。

記憶の場としての森本邸

花田洋一郎

　森本先生の教えを受けた者たちにとって，森本邸は様々な思い出が交錯する特別な場所であろう。そこは歴史研究者に限らず，知識人から一般人に至るまで様々な国籍の人々が，もてなしを受け，宿泊してきた場所である。また森本先生がエンタテイナーとしての能力を遺憾なく発揮し，自らの家事能力を思う存分披瀝する場でもある。初めて御自宅に招かれた時，そうした先生の姿を目にして，研究会メンバーの全員が家事一般の達人である（あるいはそうでなければならない）理由がわかった。森本邸にはこれまで何度となくお伺いし，ついこの間も一緒に昼食を食べようとの電話でのお誘いに応じて，奥様と3人でそうめんを食べたばかりである。新築されてかなり近代化された森本邸ではあるが，旧邸からそのまま引き継がれたジェニコの間，ある研究者（女性）が入ったままドアが開かなくなったことのあるシャワールーム，図書館並みの設備を備えた書庫，生命力溢れる庭など見所は依然満載である。

イイダコと野菜サラダ

藤井美男

　月並みな表現ながら，機縁とは誠に異なものである。大学1年時にたまたま第2外

国語として仏語を選択したこと，その後仏語経済という科目で森本先生の講義を受けるようになったこと，同じく西洋経済史を受講するようになったこと，森本ゼミに入りやがて大学院で指導を受けるようになったこと，すべて偶然と必然の織りなす微妙な綾である。これを機縁と言わずして何と言おう。しかも，新米ゼミ生としてさっそく驚かされた。森本先生手ずから研究室で調理され，酒肴を振る舞われたのである。当時先生は御自宅近辺の畑を借りて野菜を作っておられ，ちょうど時期だったイイダコが釣れたといって，最初のゼミコンパでは「イイダコと野菜サラダ」となったのだ。何の奇も衒いもない森本流との出会いだった。あの時の味はいまだに忘れられない。

学び，働け

舟橋倫子

　森本先生は私にとって学問の師であると同時に生活全般の師でもある。長く不肖の弟子である私は，折りにふれて「理念と現実」がみごとに一体化している先生の日常生活をかいま見せていただいてきたが，そこで常に思い出すのは作家の村上春樹氏である。彼は「一に健康，二に才能」を座右の銘にしており，その理由として「長期にわたって努力や集中力を維持するにはどうしても体力が必要だ……意識的な自己訓練などというものは天才には無縁の作業であるに違いない。しかし現実問題として僕は天才ではないので，それなりの企業努力を必要とする。従って健康が大事である」と書いている。無論これは森本先生が天才でないということを言いたいのではなく，先生の卓越した学問は先生の自律的生活によって生み出されてきたという点を強調したいのである。「たいした才能もないくせに病的」という村上氏の言うところの最悪パターンにともすれば陥りがちな私にとって，先生は常に目標である。

森本先生とパリ事件

山田雅彦

　2003年の夏，史料調査に行ったサン・トメールのレストランで，私はついつい悪い癖が出ました。テーブルに両手をついて立ち上がろうとし，テーブルがグラッ。そして思わずドキッ。‹déjà vu› です。1987年のことです。パリに先生夫妻がいらっしゃいました。先生は帰国前で，トゥベール先生を招待されて，手巻き寿司パーティーをなさいました。私も城戸さんも，ベルギーから駆けつけました。楽しい一

時でした。が，私はいつもの失態を演じ……かけたのです。一瞬にして手巻き寿司が「散らし」寿司になるところでした。ヒヤッ，大汗だらだら，何とかセーフ。天性の？ 反射神経がテーブルの動きを封じました。でも，シーン。そして，当然怒られました。森本先生，本当にあの時はびっくりされたでしょう。こんなことばかりだったように思います。しかし，こういう記憶は永遠です。先生には勉強もさることながら，生活知を教えられました。我乞永遠叱咤。

執筆者及び主要業績の紹介(執筆順)

佐藤彰一 (さとう・しょういち)
1945 年生まれ。名古屋大学高等研究院長・文学研究科教授。単著,『修道院と農民』(名古屋大学出版会),『ポスト・ローマ期フランク史の研究』(岩波書店)。論文, L'agrarium: la charge paysanne avant le régime domanial, VIe–VIIIe siècles, *Journal of Medieval History*, 24; The Merovingian Accounting Documents of Tours: Form and Function, *Early Medieval Europe*, 9–2。

梅津教孝 (うめづ・のりたか)
1951 年生まれ。福岡大学非常勤講師。論文,「リウドゲルス著『ユトレヒト修道院長グレゴリウス伝』への覚え書き——聖者伝史料の理解のために——」『西洋史学論集』29,「シャルルマーニュの文書に見るラテン語の質——書記ヴィグバルドゥスの検討——」『西洋史学論集』39。

丹下 栄 (たんげ・さかえ)
1950 年生まれ。下関市立大学経済学部教授。単著,『中世初期の所領経済と市場』(創文社)。論文, Production et circulation dans un domaine monastique à l'époque carolingienne: l'exemple de l'abbaye de Saint-Denis, *Revue belge de philologie et d'histoire*, 75。

城戸照子 (きど・てるこ)
1960 年生まれ。大分大学経済学部助教授。論文,「インカステラメント・集村化・都市」江川温・服部良久編著『西欧中世史(中) 成長と飽和』(ミネルヴァ書房),「8–10 世紀イタリアにおける流通構造と地域統合——修道院経済との関係——」田北廣道編著『中・近世西欧における社会統合の諸相』(九州大学出版会)。

森 貴子 (もり・たかこ)
1971 年生まれ。愛媛大学教育学部講師。論文,「権利譲渡文書に見るアングロ・サクソン期ウスター司教領の動態」『西洋史学』194,「« Rectitudines Singularum Personarum » 再考——アングロ・サクソン後期ウスター司教領の構造解明にむけて——」『九州歴史科学』28。

足立 孝 (あだち・たかし)
1970 年生まれ。名古屋大学大学院文学研究科 COE 研究員。論文,「9・10 世紀アラゴン地方の農村構造——地域的類型化の試み——」『史学雑誌』107–3,「宴(アリアラ)と 11 世紀アラゴン地方農村社会——土地売買文書の分析を中心として——」『史学雑誌』110–1。

苑田亜矢（そのだ・あや）
1971 年生まれ。北海学園大学法学部講師。論文,「12 世紀イングランドにおける教皇庁への上訴をめぐって——1164 年のクラレンドン法第 8 条および 1172 年のアヴランシュの和約の再検討——」『法制史研究』50,「国王ヘンリ 2 世の Constitutiones と Assisa について——『1169 年の Constitutiones』をてがかりに——」國方敬司・直江眞一編『史料が語る中世ヨーロッパ』（刀水書房）。

直江眞一（なおえ・しんいち）
1952 年生まれ。九州大学大学院法学研究院教授。論文,「コモン・ローの形成と大学」『西洋史研究』新輯 22,「ヴァカリウスの婚姻論」『法学』（東北大学）63-6。

斎藤絅子（さいとう・けいこ）
1942 年生まれ。明治大学文学部教授。単著,『西欧中世慣習法文書の研究——「自由と自治」をめぐる都市と農村——』（九州大学出版会）。論文,「エノー伯領における自由と領主権力——ソワニーの慣習法文書の場合——」『駿台史学』115,「慣習法をめぐる最近の研究動向——西欧中世における『権力と自由』——」『アジア文化研究』11。

藤井美男（ふじい・よしお）
1956 年生まれ。九州大学大学院経済学研究院教授。単著,『中世後期南ネーデルラント毛織物工業史の研究——工業構造の転換をめぐる理論と実証——』（九州大学出版会）。論文,「近代国家形成過程に関する一考察——ヴァロワ朝初期ブルゴーニュ国家の財政改革を中心に——」政策評価研究会編著『政策分析 2002』（九州大学出版会）。

中堀博司（なかほり・ひろし）
1968 年生まれ。九州大学大学院文学研究科博士課程(西洋史学)単位取得退学。論文,「中世後期ブルゴーニュ伯直営製塩所グランド＝ソヌリの管理体制——ブルゴーニュ公国形成との連関において——」『史学雑誌』110-8,「中世後期ブルゴーニュ公国南部における諸侯直轄領の管理——サランの封＝ラントをめぐって——」『法制史研究』53。

西村善矢（にしむら・よしや）
1966 年生まれ。愛知県立芸術大学非常勤講師。論文,「ランゴバルド期トスカーナ地方南部における『国家植民』——715 年の裁判記録を手がかりに——」『西洋史学』192,「八・九世紀トスカーナ地方南部の土地貸借文書——自由農民の没落をめぐって——」『史林』84-5。

加納　修（かのう・おさむ）
1970 年生まれ。名古屋大学大学院文学研究科 COE 研究員。論文,「フランク時代の仮装訴訟とは何か——メロヴィング朝後期の国王法廷の役割に関する一考察——」『史学雑誌』110-3,「プラキタと七〜九世紀フランク王国の文書制度」『史林』85-1。

市原宏一 (いちはら・こういち)

1959年生まれ。大分大学経済学部助教授。論文,「中世前期バルト海南岸における交易と定住ネットワーク——北西スラヴ社会における交易地の意義について——」田北廣道編『中・近世西欧における社会統合の諸相』(九州大学出版会),「『民族』的危機と社会的求心力としての王権——エルベ＝オーデル間スラヴ人の場合——」角田文衛・上田正昭監修, 初期王権研究委員会編『初期王権の誕生 第Ⅳ集ヨーロッパ編』(角川書店)。

鶴島博和 (つるしま・ひろかず)

1952年生まれ。熊本大学教育学部教授。論文, The Fraternity of Rochester Cathedral Priory about 1100, *Anglo-Norman Studies*, 14 (Boydell); Domesday Interpreters, *Anglo-Norman Studies*, 18; Forging unity between monks and laity in Anglo-Norman England, *Negotiating Secular and Ecclesiastical Power* (Brepols)。

岡崎　敦 (おかざき・あつし)

1957年生まれ。九州大学大学院人文科学研究院助教授。論文,「中世盛期パリ地方における修道院の小教区所有と司教裁治権」『史学雑誌』104–7,「パリ司教座教会参事会の印章(12世紀)」『西洋史学論集』39。

舟橋倫子 (ふなはし・みちこ)

1967年生まれ。慶應義塾大学文学部非常勤講師。論文,「ヴィレール修道院の所領形成——12世紀シトー派の所領形成に関する一事例」『西洋史学』180,「シトー会修道院の所領形成と周辺社会——オルヴァル修道院12世紀文書の分析」『社会経済史』65–2。

藤本太美子 (ふじもと・たみこ)

1971年生まれ。日本学術振興会特別研究員(九州大学)。論文,「11–13世紀ノルマンディとイングランドにおける *burgagium*」『史学雑誌』109–8,「12世紀末ラ・トリニテ修道院のカルチュレールをめぐって」『史学』70–3・4。

大嶋　誠 (おおしま・まこと)

1947年生まれ。大分大学教育福祉科学部教授。論文,「大学と社会」江川温・服部良久編著『西欧中世史(中)　成長と飽和』(ミネルヴァ書房), Atlas des hommes du Collège de la Sorbonne au Moyen Age, *Papauté, Monachisme et Théories politiques*, II。

大宅明美 (おおや・あけみ)

1964年生まれ。九州産業大学経済学部助教授。論文,「13世紀都市ラ・ロシェルの政治的危機と経済的危機」山代宏道編著『危機をめぐる歴史学——西洋史の事例研究——』(刀水書房),「中世ポワチエ流通税表の分析」『社会経済史学』56–6。

山田雅彦 (やまだまさひこ)

1957年生まれ。熊本大学大学教育機能開発総合研究センター教授。単著、『中世フランドル都市の生成――在地社会と商品流通――』(ミネルヴァ書房)。論文、「ヨーロッパの都市と市場」佐藤次高・岸本美緒編『市場の地域史』(山川出版社)、「中世北フランスにおける都市付属領域の形成――アラスの事例を中心に――」熊本大学文学部『文学部論叢』78。

田村理恵 (たむら・りえ)

1968年生まれ。日本学術振興会特別研究員(熊本大学)。論文、「1306年の裁判と都市ヨーク――共同謀議を通してみた王権と共同体――」『史学雑誌』108-4。

花田洋一郎 (はなだ・よういちろう)

1968年生まれ。西南学院大学経済学部助教授。単著、『フランス中世都市制度と都市住民――シャンパーニュの都市プロヴァンを中心にして――』(九州大学出版会)。論文、「中世後期フランス都市行・財政制度の特質――シャンパーニュ諸都市の場合――」田北廣道編著『中・近世西欧における社会統合の諸相』(九州大学出版会)、「フランス中世都市における財政・租税制度――トロワの場合(1)――」『西南学院大学経済学論集』36-2・3。

田北廣道 (たきた・ひろみち)

1950年生まれ。九州大学大学院経済学研究院教授。単著、『中世後期ライン地方のツンフト「地域類型」の可能性――経済システム・社会集団・制度』(九州大学出版会)。編著、『中・近世西欧における社会統合の諸相』(九州大学出版会)。論文、「18-19世紀ドイツにおけるエネルギー転換――『木材不足』論争に寄せて」『社会経済史学』68-6。

高　友希子 (たか・ゆきこ)

1974年生まれ。九州大学大学院法学府博士課程(西洋法制史専攻)。論文、「セント・ジャーマンの法思想序説――研究史をたどって――」(未刊行修士論文)。

関　哲行 (せき・てつゆき)

1950年生まれ。流通経済大学社会学部教授。単著、『スペインのユダヤ人』(山川出版社)。論文、「14-16世紀の巡礼路都市アストルガの兄弟団」田北廣道編著『中・近世西欧における社会統合の諸相』(九州大学出版会)。

森本芳樹先生古稀記念論集
ヨーロッパ中世世界の動態像
――史料と理論の対話――

2004 年 3 月 31 日　初版発行

編著者	藤　井　美　男
	田　北　廣　道
発行者	福　留　久　大
発行所	(財)九州大学出版会

〒812-0053　福岡市東区箱崎 7-1-146
　　　　　　　　　　　九州大学構内
電話　092-641-0515　（直通）
振替　01710-6-3677
印刷・製本／研究社印刷株式会社

©2004 Printed in Japan.　　　　ISBN 4-87378-825-0

デュビィ，ミッテラウアー，デスピィ，シュネーデル，
キースリンク，ファン・デル・ウェー／森本芳樹 編／宮
松・藤田・森本・平嶋・山田・田北・藤井 訳
西欧中世における都市と農村

四六判 320 頁 3,200 円

地域内部での都市的・農村的諸機能の編成と分布をあらゆる定住地に目を配って再現しようとする地域史の手法により，中世における都市と農村との多様な共生関係が解明される。

斎藤絅子
西欧中世慣習法文書の研究
──「自由と自治」をめぐる都市と農村──

A5 判 320 頁 7,000 円

本書は，中世都市の重要な特徴の1つとされてきた「自由と自治」に焦点を当てて，フランス王国北辺から神聖ローマ帝国西辺の一帯を対象として，中世人の視野の広がりにおける，都市と農村との関係を模索しようとするものである。

宮松浩憲
西欧ブルジュワジーの源流
──ブルグスとブルゲンシス──

A5 判 536 頁 8,000 円

中世初期に新生した西欧ブルジュワジーが都市・農村の両性的存在から市民へ収斂していくと同時に，多核構造の中世都市を巨大な共同体へ発展させる過程を，都市と農村を一体とする地域史の視点に立って解明した総合的実証研究。

A. フルヒュルスト，森本芳樹 編著
Economie rurale et économie urbaine au Moyen Age
Landwirtschaft und Stadtwirtschaft im Mittelalter

菊判 228 頁 4,500 円

ヘント大学中世社会経済史講座と九州大学経済史講座の研究集会「中世における農村経済と都市経済」をもとに編まれた仏文・独文論文集。

L. ジェニコ／森本芳樹 監修
歴史学の伝統と革新
──ベルギー中世史学による寄与──

四六判 288 頁 3,800 円

社会史による問題意識の革新が豊かな実りをもたらすためには，ますます確実な史料処理が不可欠である。1982年日本での五つの講演から生まれた本書では，コンピューターによる中世文献史料の検索と分析の最近の達成を軸に，現代歴史学の進むべき途を示す。

田北廣道
中世後期ライン地方のツンフト「地域類型」の可能性
──経済システム・社会集団・制度──

A5 判 340 頁 6,500 円

H. レンツェの提唱した「ツンフト地域類型」を叩き台に一つの動的モデルの提示を狙いとし，「地域類型」の形成過程と，その経済史研究にもちうる可能性とを明らかにする。

藤井美男
中世後期南ネーデルラント毛織物工業史の研究
──工業構造の転換をめぐる理論と実証──

A5 判 320 頁 7,000 円

本書は，同工業の歴史に関する諸学説を批判的に検討するとともに，2つの有力都市イーブルとメヘレンを実証分析の素材に据え，'産業的中産層'出現の手工業史における意義を解明する。

ジャン・マビヨン／宮松浩憲 訳
ヨーロッパ中世古文書学

B5 判 762 頁 14,000 円

中世ヨーロッパに関する文書史料について，真正文書を偽文書から区別する手続きが，歴史学にとって不可欠の前提となる。著者は材質，書体，文体，下署，印章，日付事項から両者を区別する合理的方法を提示する。西洋古文書学の金字塔。世界初の現代語訳。
(第 36 回日本翻訳出版文化賞受賞)
(第 3 回ゲスナー賞「本の本」部門銀賞受賞)

田北廣道 編著
中・近世西欧における社会統合の諸相

A5 判 496 頁 8,200 円

中・近世西欧における社会諸階層が様々な生活領域と多様な空間的次元で取り結ぶ関係を，反発・緊張のなかの「社会統合」と捉えつつ，対象時代・地域を絞り込んだ実証研究を行う。それを通じて「社会統合」の具体相と，そこで生み出されるダイナミズムを照射する。

花田洋一郎
フランス中世都市制度と都市住民
シャンパーニュの都市プロヴァンを中心にして

A5 判 354 頁 5,800 円

ヨーロッパ経済が成長局面から「危機」局面へと移行した13-15世紀，都市住民はどのように生き，そして困難を乗り越えたのか。シャンパーニュ地方の都市プロヴァンを舞台に，都市会計簿などの未刊行・刊行史料を用いて，都市行・財政制度の諸側面に迫る。

(表示価格は本体価格です。)

九州大学出版会刊